Stalin
史達林

從革命者到獨裁者

奧列格・賀列夫紐克
Oleg V. Khlevniuk　著
陳韻聿　譯

New Biography
of a Dictator

紀念我的妻子Katya（1961-2013）

目錄

II

III

IV

導讀

為獨裁者立新傳：以歷史事實對抗當代政治神話

夏克勤（美國印第安納大學歷史系）

一本好看的傳記

俄國歷史學者賀列夫紐克在國際學界享有極高的聲譽。同行公認，他可能是世界上最熟悉史達林時期蘇聯檔案史料的專家。以他數十年檔案研究的功力，與對俄羅斯境內外相關研究的廣博知識，來撰寫一本雅俗共賞的史達林傳記，是最適合不過了。

《史達林：從革命者到獨裁者》充分地體現了賀列夫紐克在學界中，長期為人稱道的淵博卻謙遜的學術風格，同時又展示了他高明的敘事技巧，以及在冷靜節制中暗藏反諷的機鋒。以知識淵博、檔案堅實、綜覽學界研究等詞，來形容作者和他的《史達林：從革命者到獨裁者》，或許會讓一些讀者擔心，以為這又是一本書呆子寫給其他書呆子，枯燥晦澀，只適合放在書架上向訪客炫耀的催眠書。事實上，這是一本非常好看的傳記。無論對俄國史或蘇聯史是否熟悉，這本《史達林：從革命者到獨裁者》對所有讀者來說都有可觀之處。在流暢筆調之下，作者以堅實史料為基礎進行論證，卻又不掩蓋傳記該有的敘事本質；他用簡潔的筆法描述史達林各種讓人毛骨悚然的作為，不渲染卻更有震撼力。這是少數史家才有的功力。雖然主題沉重，閱讀這本書，對我來說卻是個「享受」。當然這也要感謝譯者所下、令人佩服的苦功，讓中文讀者得以一饗這精彩的高手出招。

賀列夫紐克很客氣地給本書一個不浮誇卻清楚實在的書名，《史達林：從革命者到獨裁者》（*Stalin: New Biography of a Dictator*）。但其結合作者精細的檔案研究，和近二十餘年（蘇聯檔案開放後）學界的研究成果，其實是以政治為主軸綜觀蘇聯前半的歷史。史達林是不擇手段、殘酷無情、草菅人命的獨裁者，他個人對於蘇聯及其人民的影響既深且遠。別的層面不提，因為他的決策而在非戰爭時期枉死的平民，至少有數百萬。光是第一個五年計畫（一九二八～一九三二）帶來的大饑荒（一九三一～一九三三），就造成了五百到七百萬人餓死。如再加上因為他的錯誤決策造成大量軍民在二戰及戰後饑荒中的傷亡，喪生人數遠遠超過三千萬。因此，寫史達林的傳記，不可能只描述他個人的生活、思考，與行動。但若要把一本人物傳記，提高至探討一個時代歷史的層次，挑戰不可謂不小。

作者寬廣的視野、淵博的知識，和對於同行研究的慷慨尊重，這時就派上了用場。在帶領讀者了解史達林邁向權力頂峰過程的同時，他生動地勾勒了其他布爾什維克與蘇聯黨政領袖人物之間的互動。這些人在革命理想與權力競逐之間的拉扯與取捨，與黨政高層之間爾虞我詐的合縱連橫，自然是本書的重要主題。另一方面，作者不只報導宮廷內鬥，也深入淺出地討論布爾什維克派在俄國革命勝出的原因、蘇聯高層政治的運作模式，以及在史達林等人領導下，蘇聯社會與經濟代價高昂的劇烈變化。蘇聯史研究最重要的課題，例如新經濟政策（NEP）的起落、一九二九年開始的強制工業化與農業集體化、一九三七到一九三八年的大恐怖、一九四一到一九四五年的德蘇大戰、成為世界強權後的國際布局，和二次大戰後國內一波接著一波的整肅，作者也以史達林為中心，結合宏觀的脈絡分析、高層政策與權力算計，與畫龍點睛的小故事，提供他獨到的見解。

史達林喜歡看電影，尤其喜歡在晚上邀請一小群同志觀影論片，然後喝酒吃飯（通常是自助餐）。酒酣耳熱之餘，有時還會一起唱歌跳舞到清晨。這看起來不過是二十世紀有點餘暇、閒錢與教育的階級常見的休閒活動。但到了作者手上，這看似平凡的聚會，卻成了了解史達林統御下屬，以及黨政高層浮沉的關鍵。受邀看片，是受史達林信任的信號；沒被邀請，就是失勢了。看電影成了交換資訊與意見，討論重要決策的場合。看片小會儼然是蘇聯的最高領導核心。

為了引導讀者在以高層政治發展為主軸的大敘事，和見微知著的細部描繪或分析之間能夠自然地轉換，賀列夫紐克採取相當有創意的二重敘事結構。這本傳記以史達林的成長、爭權、獨裁和死亡為主線，敘述了帝俄晚期革命運動到蘇聯「前半生」的故事。穿插在這些按照時間先後編排的章節之間的，則是以史達林生命盡頭的最後幾日為引子所延伸出的間奏曲。這一系列主題性的短章，生動地描繪史達林的「個人特質與權力體系」，由不同的角度切入，呈現了相對於大敘事的另一個蘇聯歷史。在這第二層的故事裡，我們看到了電影派對的政治意義；恐怖統治的運作模式，與駭人聽聞的受害者數字（從一九三二到一九五二年之間八十萬人被槍決，一九三二到一九三三年之間五百到七百萬人死於饑荒，史達林治下「每年平均有一百萬人被槍斃、判入勞改營或流放」）；史達林閱讀偏食症與其簡化、保守的思考習慣；他那讓身邊手下提心吊膽又感激涕零的統馭手腕；我們看到了政治動物之外的史達林：他是滿身病痛但不聽醫囑的工作狂，也是一個寵愛兒女卻又對之失望的父親。

史達林是聰明的組織高手，善於理性算計，在許多方面都堪稱「正常」。但一個「正常」人的施政，為何帶來如此瘋狂的後果？賀列夫紐克避開了簡單、似是而非的答案，尤其是關於史達林精神病理的揣測。《史達林：從革命者到獨裁者》呈現給我們的，是以檔案證據為基礎的複數側寫，和相互呼應的二重敘事。史達林的個性、偏好、意識形態信仰、權力鬥爭的邏輯、與政敵和手下的互動、政治體制的限制、國內外大環境的客觀政經條件、地緣政治的野心，以及這些因素之間的互動與相互形塑，都被納入考慮。作者甚至謙稱，讀者可以自行決定如何解讀這本書。換句話說，作者有自己的論證與關懷，但他邀請讀者來參與他論證的過程，而讀者也可決定要怎樣與本書對話。面對史達林這般複雜的課題，一部好的歷史作品，不可能、也不應該提供像口號一樣簡單的、單一因素的標準答案。

在高層政治之外，書中那些看似作者隨手拈來的小細節，也給讀者機會一窺史達林統治下的平民生活。例如在一九五二年，即便蘇聯已晉升核武大國，經濟狀況也有改善，人民卻平均每六天才能吃到一顆蛋；在鄉間，甚至可能有高達百分之六十的小朋友，因為沒有足夠的衣服，冬天無法出門上學。賀列夫紐克告訴我們，這始終低落不振的生活水準（「史達林治下的蘇聯幾乎每一年都在挨餓」），其實是人民在高壓恐怖統治的表面平靜之下，仍時時對政權表達不滿、反政府情緒始終存在的重要因素。二戰後，蘇聯晉身為新的世界強權，也很快地追上美國在核武等軍事科技的進展，史達林卻堅持推動一波波的新整肅。這般毫不放鬆的恐怖統治，除了「壓迫製造更多壓迫／舊迫害需要新迫害來合理化」的邏輯之外，也跟此心腹大患有關。作為一本傳記，這本書的內容其實更是高明的政治史；雖然以政治史為軸，作者又適時地加入對經濟、社會，與日常生活的描述與討論。加上其可讀性高，也難怪美國有些大學部的蘇聯史課程會採用本書作為指定閱讀了。

新檔案，新政治史

有些讀者或許會對本書成為蘇聯史課程指定閱讀一事感到驚訝。畢竟，西方史學界主流先是在一九六〇年代以降經歷了社會史觀點和方法的興起，「從下到上」寫史，聚焦社會下層或邊緣群體的研究蔚然成風。一九八〇年代中期後，又再經過注重語言、符號和象徵的新文化史洗禮。西方人回頭寫高層政治史，甚至是帝王將相的傳記，還當成大學部教材，對於長期焦慮要「跟上」西方新方法、理論、議題的中文知識界與文化界來說，豈不是一大諷刺？

除了博學好看兼具的教學實用性，賀列夫紐克受美國耶魯大學出版社之邀所撰的《史達林：從革命者到獨裁者》，事實上代表的是史達林時期蘇聯史研究的新趨勢：回頭關注高層政治，但是方法與觀點已經翻新。

過去五十年來俄國之外的史達林時期研究，大抵歷經了三種典範的競爭。[1]首先是受到鄂蘭、弗里德里希等人的極權主義（totalitarianism）學說影響，學者關注蘇聯黨國體制，研究它如何利用意識形態與恐怖統治，完全支配無力抵抗的社會，乃至擺布個人生活各個層面。在這個典範下，無論是研究高層政治鬥爭，或是探討基層社會如何被黨國重塑，很自然將焦點集中在國家機器的行為，與黨國領導人的思想與決策。此一典範的研究，也難免沾染冷戰時期意識形態辯論的色彩。

一九七〇年代末，社會史「下而上」的觀點，與不預設國家為歷史中心的取徑，開始改變對史達林時期的研究。出身澳洲，長期在美國任教的菲茲派翠克可以說是這個典範的旗手。她一九七九年的名著《蘇聯的教育與社會流動》，結合政治與社會史，顯示蘇聯的教育與人事政策刻意提拔工人階級背景的新人，在各行各業取代「資產階級專家」；此政策的確創造了一大批對史達林政權忠心耿耿的公民。[2]一九八〇年代，一批年輕的史家加入她的行列，研究如農民、礦工等社會群體，以及平民的日常生活。這一批學者強調，史達林時期的民間社會和個人並不是任國家宰割的羔羊。史達林時期的民眾主動調適，利用新體制提供的機會謀求發展，增加自己的優勢。平民也利用不同的管道，抗議甚至抵抗國家的介入。這些

1　這是為了方便理解，過度簡化的說法。恩格曼在《認識你的敵人：美國蘇聯專家的興衰》（David Engerman, *Know Your Enemy: The Rise and Fall of America's Soviet Experts*, New York: Oxford University Press, 2009）一書中，對美國蘇聯學（Sovietology）的知識政治與政學關係，有相當詳細的討論。蘇聯史研究在冷戰後更是蓬勃，可惜官方民間都因政治需求不再，減少相關的資金挹注。

2　菲茲派翠克著作甚豐，具代表性的包括《史達林的農民：集體化後俄羅斯農村中的抵抗與生存》（*Stalin's Peasants: Resistance and Survival in the Russian Village after Collectivization*, New York: Oxford University Press, 1994）和《每日史達林主義：非常年代的日常生活》（*Everyday Stalinism. Ordinary Life in Extraordinary Times: Soviet Russia in the 1930s*. New York: Oxford University Press, 1999）。她寫給一般讀者的小書《俄國革命》（*The Russian Revolution*, New York: Oxford University Press）在一九八二年出第一版時受到嚴厲批評，二〇一七年出第四版時卻已是公認的經典。

社會史家強調史達林時期已經是可以進行冷靜分析的歷史；他們認為學術不需要沾染前一代、以研究支援道德批判的冷戰風氣。這種強調歷史研究應該就事論事，下層人民既是獨裁政權受害者也是支持者、獲益者的觀點，在一九八〇年代曾引起激烈的辯論。[3]有些受到極權主義典範影響的學者，指控社會史家是為史達林及其政權辯護的「修正派」。

一九九一年蘇聯瓦解後，由於大批官方檔案開放，史達林時期的社會史研究更加蓬勃。但是另一個受到後結構主義與人文學界「語言轉向」(linguistic turn)啟發的新典範，也隨科特金一九九五年名著《磁山：作為一種文明的史達林主義》的出版逐漸成形。受到傅柯的影響，此派學者強調意識形態在蘇聯社會與日常生活中的重要性，認為權力的運作無所不在，且常以人民的自我規訓顯示其效力。史達林治下的蘇聯人民不只工具性地利用官方意識形態，在職場或生活中牟私利，或是在與官方打交道時表現自己的忠誠可靠。他們的確誠心地使用官方意識形態與詞彙，理解自己的生活與周遭的世界。當黨國機器企圖由上而下、完全地支配人民的同時，人民也透過在自己的在地脈絡中「學說布爾什維克話」(speaking Bolshevik)，重新詮釋了官方意識形態。此派學者認為，史達林獨裁政權，是統治者與被統治者透過語言與意識形態一同建構，協力維持的。[4]

一九九一年以來，受不同典範影響的歷史學者，有時利用新史料，在原有的研究取向上擴張他們的研究課題，有時則開發如環境史等全新的領域。但近十餘年來最有趣的發展，是在不同典範下互相競爭的歷史學者，不約而同地轉向研究史達林時期的高層政治，重新檢討史達林本人的影響。「修正派」社會史家的教母菲茲派翠克出版了《史達林的團隊：在蘇聯政治刀口上討生活》。[5] 在磁山鋼鐵城觀察日常「史達林文明」的科特金，也計畫了三卷本的《史達林傳》（目前出版了九百七十六頁的第一卷 *Stalin: Paradoxes of Power, 1878-1928*，和一千一百八十四頁的第二卷 *Stalin: Waiting for Hitler, 1929-1941*）。而這本「僅僅」七百頁的《史達林：從革命者到獨裁者》，非但不是走回頭路，更是新趨勢中的佼佼者。就篇幅與可讀性而言，本書對學界內外的讀者，幫助或許更大。

不同典範的代表性學者紛紛關注高層政治，並不讓人意外。隨著官方檔案逐漸開放，許多長期受限於史料瓶頸的題目，例如政治鬥爭的細節，與史達林整肅的確切社會、經濟後果，現在都有了解答。久無定論的疑案，例如史達林本人，在一九三七到一九三八年大恐怖殘殺

3 有興趣的讀者，可以參考一九八六和一九八七年間在 *The Russian Review* 刊出的大論戰。

4 在美國任教的德國歷史學者海爾貝克所寫的《革命在我心：在史達林年代寫日記》(Jochen Hellbeck, *Revolution on My Mind: Writing a Diary Under Stalin*. Cambridge, MA: Harvard University Press, 2006)，也是這個典範的重要作品。

5 她在二〇〇四年已撰文號召同行，一起用新史料與新觀點研究被學界冷落的蘇聯政治史。請見 "Politics as Practice: Thoughts on a New Soviet Political History," *Kritika: Explorations in Russian and Eurasian History* 5, no. 1 (2004): 27-54. 她特別稱讚賀列夫紐克，說他是俄國歷史學家中，少數很快就意識到該以新史料寫作詮釋性政治史專著（而非僅僅收集整理史料），並耕耘不輟的代表性人物。

潮的角色（是因為獨裁者大權在握可以為所欲為？還是因為史達林「只」是個弱勢獨裁者，才讓整肅一發不可收拾？），現在也能利用可信度高的檔案史料，進行深刻的詮釋與實質的辯論。史達林塑造了蘇聯前半的歷史；與他相關的檔案陸續開放後，不同派別的歷史學家「跟著史料走」，研究史達林和蘇聯黨國高層。二十餘年來，史料整理與專題研究已有可觀的累積。再下一步，就是利用這些成果書寫綜合式的蘇聯歷史，提供學界內外完整的新敘事與新詮釋。誠如不屬於任何前述典範的作者所說，新研究累積出的新共識，已經到了可以「寫出全新風貌的史達林傳記」的階段。這不是理想中按部就班、以專業研究的發展來推進普及知識的改寫與更新嗎？

這一波政治史寫作潮流，並非老式「帝王將相」敘事的還魂。在《史達林：從革命者到獨裁者》一書中，作者的確使用會議紀錄、備忘錄、上級向下級命令、下級向上級的報告、公私信件，與回憶錄等常見政治史史料。但他也使用公文收發紀錄、訪客登記簿等過去不被重視的「瑣碎」資訊，以日常生活史家般的偵探技巧，重建史達林在決策時，到底倚賴那些手下、使用什麼資訊，以及他在決策過程中的角色。本書在第六與最終章，數次以人民上書的請願、抱怨、舉發信，討論社會實態、官僚運作、人民心態與官民互動策略，以及史達林對於民情的認識與他的基本心態。這些其實是社會史家慣用方法與史料，也是「史達林作為一種文明」典範下常見的研究路徑。〈閱讀與思索的世界〉這一主題式短章，重構史達林的閱讀習慣、私人藏書、藝術品味及語言風格。在此我們又看到，作者巧妙運用閱讀史與思想史的方法和洞見，把史達林的思維習慣與布爾什維克的世界觀，連結到他在政策上的選擇與政治鬥爭操作模式。對負責任的歷史學家來說，重建歷史人物想法與行動之間的關係，一向是相當艱難的挑戰。本書可說是個值得參考的模範。新一代的史達林時期政治史，的確改頭換面了。

史學研究的用處

史達林政權造成了幾乎是世界現代史上空前的人命損失。他的恐怖統治，加上蘇聯在各地推動史達林式的共產主義，又給了同時或後起各共產與反共獨裁政權模仿的範例。新的檔案研究已經證實他作為這些暴行決策者的關鍵角色。賀列夫紐克在這本傳記中卻採取相對節制的寫作風格，訴諸讀者的理性，尊重讀者的判斷。沒有情緒化的控訴，也避免直接的道德譴責。《史達林：從革命者到獨裁者》源自對現實的關懷，但另一方面，也是藉實例替史學的價值與理想辯護。

從二〇〇〇年中期以來，俄羅斯的經濟發展起起伏伏，政治發展方向卻很清楚：以大俄羅斯民族主義情感，和宗教或「傳統」為名的保守社會文化價值為基礎，向強人威權統治邁進。在各種合法與非法的操弄下，民主選舉空餘形式。普丁總統的支持者控制了大部分的大眾媒體與公共資源。異議的表達空間雖然存在，發揮的機會卻越來越少。值得一提的是，俄羅斯官方檔案的開放程度也倒退了，歷史學家調閱檔案的申請，愈來愈常被拒絕（就俄羅斯與中國近年的作為看來，官方對於檔案開放的態度，是威權程度的可靠指標）。

在日益保守威權的氛圍下，緬懷蘇聯的「美好時光」，甚至為史達林公開辯護，在公共領域的音量越來越大。如作者在緒論中所說，雖然二十一世紀的史達林支持者不敢公開「否認史達林體制的罪狀」，但是他們強調，史達林的政策與作為是為了促成俄羅斯現代化，保衛民族與國家利益的「合理必要手段」，「甚至是有效的……畢竟歷史的巨輪得靠大量鮮血推動」。在大恐怖中被槍決的數十萬人，才是罪有應得的「人民公敵」。

作者認為，這些不負責任的神話，無視史達林自己都急轉彎、間接承認政策錯誤的事實；也惡意忽略獨裁者捨棄其他在史達林主義框架下的選項，採用了錯誤、危險、無效或殘酷的政策或執行方式。作者認為，歷史必然論（「史達林必要論」）和無條件地為史達林辯護，之所以在當今俄羅斯廣受歡迎，是人民在有心人士的鼓動下，將蘇聯瓦解後對現實生活的不滿與無力感投射為對史達林時期的美化與緬懷。[6]這些政治神話與虛構記憶，很可能在不知不覺間成為支持威權統治、滋養激進民族主義的「民意」。俄羅斯總統選舉期間，的確有不少普丁支持者，在受訪時將史達林與民族自尊、俄羅斯大國榮光畫上等號。

本書是作者個人對抗當代新史達林主義這個「無知、憤恨與社會不滿的混合物」的方式。對他來說，對抗無視歷史事實的政治神話，歷史學家的武器是堅實的檔案史料。面對史達林支持者或大眾寫手肆無忌憚創造出的惡質「歷史」，專業史家的回擊是建立在可信史料上的嚴謹立論。我認為，賀列夫紐克透過這本傳記強調，職業歷史學家以史料證據為本，進行合於邏輯與脈絡化的分析，但同時也深刻理解史料的限制。研究者之間意識形態難免不同，但是在分辨出可信史料與嚴謹推論之後，事實與虛構之間的差異，一目了然。以偏概全、強詞奪理的斷言，畢竟與專家深思熟慮後的謹慎論斷與寬廣視野是天差地別。但作者也承認，他的俄羅斯同胞們對於政治神話的免疫力不高。是以，《史達林：從革命者到獨裁者》冷靜的敘事與就事論事的風格背後，有他恨鐵不成鋼的複雜心情。[7]

作者主張以檔案研究為基礎的史學研究（他檢討日記、回憶錄一類史料價值的部分，值得一讀），也相信讀者看過誠懇的好研究後，會肯定以理性求真為圭臬的專業史學的價值。這個近乎復古的態度，跟當下流行的看法或許不同步。進步人士受到後結構與後殖民思潮的

6 台灣讀者或許也注意到，對於特定的台灣歷史時期（例如蔣經國統治或是日治下「摩登文化」）的頌揚，反映的其實是我們自己的政治態度與歷史時刻，而未必是那些歷史時期的實情。

7 史達林其實是約瑟夫・朱哈什維利參與布爾什維克運動後使用的化名，也是「鋼鐵人」的意思。

影響，懷疑各種自稱「理性」的論述或權威，也強調知識生產與學科標準中隱含的壓迫性權力關係。更激進的懷疑論者，完全不相信人可以獲得客觀真實的知識。比較保守的論者，則指責知識菁英以「專業的傲慢」，輕侮庶民的真摯信念與素樸真理，或任意毀棄得來不易的「傳統」價值與智慧；甚至借用前述進步人士的理論，質疑任何他們不喜歡的事實。意識形態光譜的兩端，不約而同地將那些與自己看法、價值抵觸的資訊，貼上「假新聞」或「話術」的標籤；或是以「歷史是勝利者所寫的」為理由，將歷史寫作完全視為黨派鬥爭的延伸，否定其價值與意義。在這個懷疑真相是否存在的年代，《史達林：從革命者到獨裁者》向讀者重申：史料中自有真相，嚴謹的研究與論辯能夠建立可靠的知識，進而向大眾提供獨立的評判依據。是以，本書也是作者期望改變大眾歷史意識的方式。專業史家對公眾論述有社會責任，但絕不是媚俗地參加爆料大會或口水戰，而應該堅持學術研究的高標準。面對不負責任的對手，史家更要講究史料的辨正、推論的嚴謹，與對歷史脈絡的掌握。

賀列夫紐克在《史達林：從革命者到獨裁者》中，傾向以權力爭奪的面相作為詮釋史達林決策的主軸。[8]這或許有過度強調「大人物（的權力鬥爭）創造歷史」之嫌，但本書也確實在多處融入了「下而上」歷史的洞見。只有博學慷慨如他，才可以自信地邀請讀者來見證歷史研究的價值。結合簡潔流暢的筆法，精彩的布局，對相關研究的充分掌握，與高明的史料運用，《史達林：從革命者到獨裁者》的主題雖然沉重，但請讀者不要卻步。這是賀列夫紐克以數十年之功力寫出，深入淺出的傑作。作者對於史學研究價值的信心，與對「真相才是愛國」基本原則的堅持，雖然不時髦，但在犬儒多疑與怨憤反智的當下，自有令人動容的高貴。

8　賀列夫紐克擔憂某些西方「修正派」史家，因為強調以新角度詮釋大恐怖的根源，過分降低史達林在其中的重要性。他認為，這些同行或是不自覺地被新史達林主義者利用，或是被新史達林主義者的出版品誤導。請參考他的 "Top Down vs. Bottom-up: Regarding the Potential of Contemporary 'Revisionism,'" *Cahier du monde russe* 56, no. 4 (2015): 837-857。

緒論

Введение

Preface

我研究此人超過二十年了。我探討他的生命路徑、行為的原因及邏輯。他的所作所為徹底改變，甚至糟蹋了數百萬人的命運。這樣的研究工作可以說令人神經緊繃，情感沸騰；但我無法放下這個工作。此外，俄羅斯當代史各種似是而非的發展，種種關於「另類」史達林的迷思，諸如稱其具「高度執行力」(「高效經理人」)及「值得當代效法」等，毒害大眾理智，讓我的工作有了學術以外的意義。

關於史達林本人、他的政策，及其時代的出版品實在太多，多到甚至相關領域研究者都不覺得沒讀過其中多數有什麼好慚愧的。在這思想與胡思亂想的浩瀚書海，治史嚴謹、態度認真的研究著作，與廉價、在短時間內由鄉野奇聞及虛構的「爆炸性資訊」拼湊而成的「文字蜉蝣」們，可以相安共存，互不通有無。這兩個陣營——學術性的歷史研究及多為史達林辯護的廉價政論文字——早就不屑與對方干戈了，偶爾才會有一位正經八百的學術研究者對造假的歷史公開發個牢騷，更罕見史達林擁護者或「爆點」狗仔會想稍微關心一下，那些嚴肅的書籍及歷史文件到底在說些什麼。不過話說回來，他們何必關心呢？讀者因此在虛構、「自由詮釋」，以及奇情異想的茫茫大海中越來越難定向，對資訊做出客觀的判斷。

就學術寫作來說，史達林傳記走過的路，與蘇聯歷史的書寫一樣。我個人偏好的作品大多寫於蘇聯歷史檔案完全封閉的年代，其經典包括烏拉姆和塔克[1]的著作。早在一九七〇年代，那些史達林時期沒條件盡情「憂國憂民」的史家們，一如其古老年代的前輩，能掌握的史料不多，這反而讓他們更仔細鑽研史料及回憶錄，開發作者細膩詮釋的空間。到了一九九〇年代，檔案大規模、如雪崩般快速地開放，情況就變了。新的史料排山倒海而來，研究者需要時間消化，才不至於在資料中滅頂。一直到新的學術性史達林傳記，及其他使用新史料寫就、關於史達林其人其事的研究著作出現，歷史書寫整體的發展狀況才算相對穩定下來。[2]

此外，檔案開放後還出現了一種頗受歡迎的史達林傳記類型。我稱之為「檔案風政論體」（the archival exposé）。我們有理由認為，蘇聯戈巴契夫改革時期的著名人士，沃科鞏諾夫將軍是這個類型的開山祖。就某方面來說，繼他之後在該領域掌大旗的，是俄羅斯劇作家拉津斯基，而寫了許多名作的蒙特費歐立則為集大成者。[3]這類型的史達林傳記特點為多方引用資料，包括歷史檔案及回憶錄，這一點相當重要。然而，作者篩選史料及詮釋資料的方式很明顯地帶有偏見。此外，他們特別容易受到私人材料的吸引，對「乏味」的數據和公文興趣缺缺。他們容許自己廣泛、未經批判性的審視即引用「第三手回憶」，這雖然可讓作品「活色生香」，卻也使其可信度有待商榷。這些作者對歷史文件一知半解，因此不時會犯史實層面的錯誤，並對歷史脈絡爬梳不足。一般而言，以史達林為主題的檔案風政論書籍常超越單純「出版品」的格局。它們常是整體性的計畫，其中包括強力的宣傳行銷及將文字轉化為大眾傳播商品。人們對書本身，及伴隨而來各項將作者捧上天的活動，意見不一。然而，不論是現在或未來，包括俄羅斯境外大眾對史達林的想像，不可否認會受這類檔案風政論文字的影響。而這或許還不是最壞的狀況。

在今天的俄羅斯，可見度最高的史達林相關寫作類型，我稱之為「偽學術風辯護文」（pseudo-scholarly apologia）。不同背景的人、基於各種不同原因，散播關於史達林的各種「神話」。多數情況下，這類文字的作者以無知著稱，並用大膽的意見抒發，彌補其基本常識的不足。他們常使用虛構的所謂「史料」，並無恥地曲解真實存在的資料。一般俄羅斯民眾對這類強力的洗腦行為沒什麼免疫力，因為日常生活中的麻煩事、無所不在的貪汙、令人髮指的不公不義，都足以使人身心俱疲。既然現實如此不堪，美化過去也就顯得順理成章。

俄羅斯的史達林擁護者已不敢像之前那樣，大力否認史達林體制所犯的罪行。他們已然「進化」，使用更刁鑽的手法「修正」歷史。舉例而言，蘇聯的官僚（祕密警察幹部、地方黨委書記之流）被宣告該為大恐怖負責，因為他們掙脫體制控制，且欺瞞史達林。更冷血的史達林擁護者則宣稱，大恐怖符合公平正義原則，史達林一聲令下「銷毀」的數百萬犧牲者，確實是「人民的敵人」。

這些俄羅斯的史達林主義者從西方歷史學者那兒挖了不少寶，其中包括關於恐怖統治的偶然性、史達林涉入恐怖統治的有限性，以及其作為政治人物「平凡」性的各色論述。我這樣說不代表我怪罪西方同行啟發了俄羅斯的「史達林復興」。西方學者無法為俄羅斯境內的意識形態之爭負責，就像馬克思無法承擔布爾什維克革命及史達林主義一樣。話雖如此，了解我們的言語能造成多麼意想不到的後果，有其意義。

當代俄羅斯的智識及政治土壤孕育、滋養，且廣泛繁殖了一種表面上溫和，但骨子裡仍是鐵打的要為史達林辯護的概念——即所謂「史達林式的現代化」。相關論述將史達林主義視為解決各項現代化任務及國家軍事整備的合理必要手段，而在此同時，當然還是會提一下數量龐大的恐怖統治犧牲者，以及「大躍進」的不良後果。我們可以從這些制式說法輕易偵測出幾個俄羅斯大眾意識中根深蒂固的偏見：國家利益至高無上，個人無足輕重；經濟、軍事策略等更高層次的歷史法則足以完全決定歷史走向等。在這個模式中，史達林不過是客觀反映了歷史需求。大家公認他的手段令人遺憾，但同時也是必要，甚至有效的（有種說法稱史達林是「高效經理人」），畢竟歷史的巨輪得靠大量鮮血推動。

與此同時，我們不需否認在一定程度上，布爾什維克主義及取而代之的史達林主義確實是俄羅斯歷史隱微「長浪」合理的推進路徑。大國家主義、專制統治傳統、薄弱的私有財產制、低度發展的公民社會，還有足以容納數個巨型「古拉格群島」的偌大領土——這些都是史達林體制得以茁壯的核心。然而若將這些事實絕對化到視其為「俄羅斯的宿命」，只會將思考引導到「史達林主義命定論」的死胡同。不令人意外地，這類論述的支持者通常不願對某些歷史事實多點思考，只管傳播史達林模式的蘇聯史觀；偶爾會將其重新包裝，但更常見的是連換包裝都省了。他們總是花費許多力氣逃避諸如國家改造及軍事勝利值多少犧牲，有無其他可能的國家發展道路及獨裁者的歷史角色這類問題。他們沒注意到，史達林在把事情搞砸、讓事態陷入危機時，仍得被迫調整自己的政策往「溫和」路線修正，以及這一切證明了就算在史達林主義的框架下，工業化達標的手段可能遠不只一種。為史達林辯護的論者無法說明，實際上也不曾嘗試說明，為何一九三七到一九三八年間槍斃七十萬人，是「現代化進程」不可或缺的環節。整體而言，「史達林式的現代化」這派說法沒有動力客觀並仔細地研究史達林體制的實質效益，更別提探索史達林作為一個主要歷史因素，在蘇聯一九二〇至一九五〇年代初期發展中所扮演的角色。

將有血有肉的歷史現象簡化成缺乏彈性、排斥個案因素的歷史必然論公式，是再現「過去」最簡便的方式。然而歷史學者處理的並非簡易模式，也不該做政治投機；他的責任是認真對待具體事實。歷史學者在分析歷史文件時必定會注意到客觀與主觀、常態與偶發因素間密切的糾葛及影響。在獨裁的政治環境中，個人偏好、偏見，獨裁者本身的偏執意念，相較於其他政治體制影響更為深遠。因此，為了解各項主、客觀因素在歷史上複雜的交互作用，研究獨裁者生命歷程不啻為一個好途徑。

然而不可忽略的是，「傳記」無庸置疑是一個特殊的研究體例——它可以被大量的歷史脈絡細節搞得枯燥無味，也可以被各種人情世故描述調味到失真。只見背景描述，或只見故事主角，是傳記作者最常犯，也最該避免的錯誤。我也遭遇到類似的難題，最後我了解到自己無法把所有史達林時期有意義的歷史事件俱列於書，因此在重建歷史情境時，不得不放棄許多現象及趨勢描述。在研究過程中篩選出的資料是我認為最能清楚生動地體現史達林本人、他的時代，以及其體制的歷史事實及事件。此外，過去二十多年出土的眾多新史料也讓我不得不在選材數量上加以限制。關於這些新的史料，我至少必須簡短地做個說明。

首先，有賴蘇聯解體後的檔案開放，歷史學者得以接觸第一手資料，而不需再費神與官方的偏頗說法或不實資訊奮戰。史達林自己的言談和文字作品就是官方造假的一個好例子。它們大多於史達林在世時出版。隨著原始文件的開放，研究者得以考證實際的言談內容為何、內容是如何被表達，而文字修訂者又如何「改良」原始內容。此外，檔案開放也讓過往未出版的史達林談話紀錄得以面世。對研究者來說，史達林曾擔任領導人的最高權力機關所保留的資料是相當重要的文件種類之一：政治局會議紀錄、戰爭期間國家國防委員會所發布的命令……等等。這些乏味的官方文件對了解史達林的人格與生活具有重要意義。身為國家領導人，史達林生前花許多時間審閱、批示這些文件，他透過它們行使權力。許多高層權力機關的決定都被史達林大幅「修正」過。

當然，這些機關命令的內容只是這幅史達林肖像的一部分。它們為何，以及如何被下達？史達林的行為邏輯與動機為何？就探討這些問題而言，史達林與政治局同事的通信會是更有意義的資料。這類通信並非常態，一般是在史達林休假時進行，以便他透過信件指導、操控留守莫斯科同僚的行動。一九二〇到一九三〇年代前半是這類通信的高峰，原因之一是當時的電話系統尚未穩定。這個例子正好說明了，為什麼科技發展慢一些有時對歷史學者來說反倒是好事。戰後，電話系統穩定了，位於權力高峰的史達林就不需用寫信的方式對自己的屬下粲叨，只要發個簡短又強硬的指示即可。雖然保存得並不完整，史達林信件仍是非常重要的歷史資料，也是饒有趣味的文本。不管怎麼說，它們是史達林留下的，最「真性情」的歷史文件。[4]

歷史學者也從史達林克里姆林[1]辦公室的訪客紀錄簿挖掘出大量重要資訊。[5]這些紀錄

1　譯註：「Kremlin」俄文為「Кремль」一般習慣譯為「克里姆林宮」，其實應譯為「克里姆林」，意指「內城」，並不專指某個建築物。除了莫斯科，許多古老的俄羅斯城市都有自己的「克里姆林」。

簿載有訪客姓氏，及其進出入史達林辦公室的時間。訪客紀錄讓歷史學者了解史達林每日工作行程，若將它們與其他史料比對（政治局會議紀錄，回憶錄……等），則可藉此了解他的決策過程。無庸置疑，這些紀錄就跟書信一樣，只反映了史達林的部分活動面向。除了克里姆林辦公室，史達林每隔一段時間就會轉移陣地，到蘇共中央委員會在莫斯科「老廣場」[2]的總部大樓辦公。此外，他也會在位於克里姆林的居所，甚至位於莫斯科近郊和俄國南部、為數眾多的度假別墅（行館）接見訪客。在國家安全機構[3]的檔案內存有史達林克里姆林居所的訪客紀錄簿，但研究者無法一窺究竟。[6]至於史達林在莫斯科市中心以外的居所及在「老廣場」的辦公室是否也有類似的紀錄簿，目前沒有相關的資料可以得知這一點。

一般來說，前面提到的紀錄是由史達林的祕書群及保安人員負責。我們有理由認為，為了滿足內部需要，保安人員是有可能記錄史達林的每日動態，以及他們執勤期間發生的大小事。不用說，相關資料對史達林傳記作者而言具有高度價值，然而至今仍無可靠證據，證明這類資料確實存在。

史達林的書信及克里姆林辦公室訪客紀錄皆存於史達林的個人檔案內。史達林親自監督這個檔案的建置，顯然並非不在乎「身後名」。他在許多檔案文件留下個人印記，例如「我的檔案」、「個人檔案」這類字樣。除此之外，從各檔案庫蒐集來的史達林相關資料，也是研究這位獨裁者的重要依據。這些資料，包括部分史達林的藏書，曾被集中交由中央黨務檔案館管理。今天，史達林的個人檔案及前述的其他綜合性資料則一併被保存在俄羅斯國立政治社會史檔案館（其前身即為中央黨務檔案館）。[7]這個史達林檔案群受到歷史學者廣泛利用，是認識這位國家領導人的重要資訊來源。史達林檔案群的重要性無庸置疑，但卻有很嚴重的問題。顯而易見，史達林的個人檔案經過有意識地篩選。它並不豐富，卷宗數量不超過兩千份；至於先前保存於中央黨務檔案館的資料則有零碎、缺乏脈絡的問題。總之，檔案館的史達林檔案只部分反映了這位獨裁者的日常生活及工作情形。這些檔案的最大缺點是缺乏史達

2 譯註：「老廣場」（Staraia Square, Старая площадь）位於莫斯科市中心。廣場上過去是蘇共中央委員會所在地的大樓，如今為總統府（Администрация президента）辦公室。

3 譯註：蘇聯的安全機構在不同時期有不同名稱，不同的職責範圍，受國家領導人直接控制的程度也不同。其前身為一九一七年成立的全俄肅反委員會（Всероссийская чрезвычайная комиссия по борьбе с контрреволюцией и саботажем, ВЧК），一九二二年改組為國家政治保衛局（Государственное политическое управление, ГПУ），一九二三年改為國家政治保衛總局（Объединенное государственное политическое управление, ОГПУ），一九三四併入蘇聯內務人民委員部（蘇聯內務部），並改稱國家安全總局（Главное управление государственной безопасности, ГУГБ）。在不同時期，國家安全機構皆屬蘇聯人民委員會議（Совет народных комиссаров, СНК，即內閣）或內務部（Народный комиссариат внутренних дел, НКВД）轄下單位，一九三四年獨立並改組為國家安全人民委員部（Народный комиссариат государственной безопасности, НКГБ），一九四六年改名為國家安全部（Министерство государственной безопасности, МГБ）。一九五三年，安全機構被併入內務部（Министерство внутренних дел, МВД）。一九五四年，國家安全委員會（Комитет государственной безопасности, КГБ），由黨中央直接控制。國家安全機構在蘇聯及俄羅斯現代史扮演了重要角色，也曾參與不少重大政治社會事件。

林每日親閱的資料。如此一來，歷史學者無法就史達林對各類事務、問題的掌握度及看法做比較完整的評估，因此也較難判斷他行動的邏輯。值得注意的是，即便是在這種情況，研究者需要的歷史文件其實並未消失，它們被保存於俄羅斯總統檔案館（前政治局檔案館），歸類為「主題式卷宗」。[8]寫作本書時，我只成功運用了少部分收藏於該處的文件。總統檔案館目前仍未開放讓歷史學者得以有系統地使用。不過，光是相關文件未隨歷史灰飛煙滅這件事，就值得研究者持續保持樂觀。如同俄羅斯歷史所揭示的，各類檔案遲早都會敞開大門。

就傳記寫作而言，最有趣的資訊來源當然是日記或回憶錄。有別於枯燥無味的官僚文件，它們有明顯的個人特色，描述也生動得多。若要寫一部充滿各色細節、引人入勝的作品，日記及回憶錄無疑會是作者文獻的最佳選擇。然而，歷史學者也早就深知回憶錄式文字的缺點。回憶錄的寫作者常犯諸如不夠坦誠、搞錯事件或日期等細節的毛病，有時甚至還會公然扯謊。若是這回憶錄與蘇聯史有關，以上的缺點只會變本加厲。據歷史學者了解，親近史達林的人，沒有一位有寫日記的習慣。史達林研究者因此無法像希特勒研究者，後者可以參考戈培爾有名的日記，運用日記中極富價值的細節。在回憶錄方面也是類似的狀況。只有兩位留下了比較仔細的、回憶性質的文字：赫魯雪夫及米科揚。[9]這兩位的回憶錄十分重要且深具價值，即使作者在言詞上常有所保留。例如，針對自己參與權力機構大規模的迫害行為，這兩位就刻意保持沉默。不過他們也的確在很多事情上基於客觀因素並不知情。史達林核心圈有個嚴格執行的規則：每個人只會得到與其職責直接相關的資訊。此外，值得注意的是，米科揚的回憶錄有部分內容被他兒子扭曲了——他兒子是負責整理手稿，將之交付出版的人。他隨意「補充」、「修正」父親的口述文字紀錄，也不另做說明，還宣稱這種改寫是依據父親較晚期的敘述。[10]回憶錄的作者尚有蘇聯或外籍官員，以及某些公眾人物，但他們並不常與史達林接觸，記得的也不多。此外，許多回憶錄（例如蘇聯元帥寫的那些）出版於蘇聯時期，因此勢必經過審查，包括作者的自我審查。蘇聯解體後，許多與史達林或多或少有過接觸的人都突然「有話要說」。相對的言論自由讓人們有發聲的欲望。除此之外，出版回憶錄還可以有實質的金錢回饋，在這方面史達林時期各領域領導人的後代及親戚顯得特別活躍。[11]商業考量及各色人物為自我辯護的熱情決定了遊戲的規則，而這樣的「兒童文學」——歷史學者祖可娃曾十分巧妙地如此定義這類回憶錄——的確十分孩子氣。[12]許多史達林及其同志的親戚無中生有、杜撰「神話」，把個人印象及幻想混為一談。他們對於政治的幼稚說法顯示他們根本不了解自己父親的作為。一種常見的情況是，這樣的敘事混雜了謠言傳說與耳語，「再生產」第三手的資訊。我們必須質疑這類「兒童文學」的根本原因在於，史達林時期的政治圈人物極度重視保密，他們生活在特殊機關持續的監控下，不時擔心自己會被監聽，害怕陷入刻意製造出的挑釁情境。大概很難有什麼理由會迫使這些人不得不對家人坦誠。在那個年代，「坦率直言」可能得付出重大代價。

我在書中對回憶錄的運用非常謹慎，雖然它們可以提供我足以激發讀者興趣的各類生動描述及劇情。抱著對史料基本的批判態度，我會盡可能在回憶錄及檔案資料間來回對照。若回憶錄作者對某些史實的描述夠精準，則可以大致確定他對讀者有一定的責任感；若回憶錄錯誤百出且明顯有虛構情事，就算某些片段沒有其他史料可供參照核對，我們也有足夠基礎懷疑作者居心。經過一番檢核，某些回憶錄被我納入「黑名單」。我不敢說這個名單足以作為其他研究者的「指導手冊」，但它至少對我來說是有意義的。

總之，我這篇異常簡短的史達林傳文獻探討，其結論為何？我認為，計畫寫史達林傳的歷史學者，例如在下，比起不少同行是相對幸運的。在史料多的情況下，歷史學者至少可以在很長一段時間內保持戰鬥狀態，朝成果豐碩的目標邁進；若文獻中有明顯的待補空白，或歷史學者拿不到許多資料，甚至某些資料根本不存在，工作勢必無法順利進行，研究者也會很沮喪。不管如何，在目前條件下，史家已可寫出全新風貌的史達林傳，這主要得歸功於新史料的出土，讓我們得以更新對這位獨裁者及其時代的想像。

總結前，容我再對此書的「尺寸」及架構做一點最後的說明。這本書不算什麼巨著，因此讀者無須要求它既全面又細微。基於種種因素，我不得不大幅精簡學術性的說明及檢索工具。另一方面，我用比較多的篇幅說明引述句、數據及事實的出處和脈絡。當然，我並沒有在註解中提到所有同行的佳作，為此我必須致上誠摯歉意。這類的限制讓我不時陷入矛盾情緒。我對必須捨棄某些有趣的史實及引文感到可惜，但另一方面，我也為讀者高興。我本身也是讀者，因此我很了解那種看著大部頭巨著，想征服它們，卻無奈提不起勁的心情。

除了篇幅不大，我想，書本身的結構應該也能讓閱讀更容易。無論如何，我朝這方面努力了。我花了不少力氣，透過篇章段落的特殊編排，讓史達林傳兩個互有關聯的層次——依時序陳述的事件，以及對史達林個人和其獨裁統治的特寫——成為一個有機整體，產生有邏輯的互動。如此一來，似乎有兩個文本同時並行，產生**俄羅斯套娃**般的效果：其中一個文本透過史達林生命的最後數日，研究他的個人特質及權力體系；另一個文本則走傳統路數，依時序層層抽絲剝繭獨裁者的個人生命，以及政治生涯各階段。這樣的寫作策略，讓讀者可以有兩種方式閱讀這本書：信任作者並跟隨他的引導，依序讀本書的各章節；或自行挑選任一環節閱讀。我已盡可能地讓這兩種閱讀方式同等方便且容易。

史達林的權力場所

Места сталинской власти

The Seats of Stalin's Power

一九五三年三月一日。清晨時分。近郊別墅。

「五人組」的最後晚餐。

一九五三年二月二十八日，星期六，史達林請了四位老同志來到克里姆林：馬林科夫、貝利亞、赫魯雪夫，還有布爾加寧。[1]史達林去世前半年與這四人形成了「統治小組」，或簡稱「五人組」。「五人組」會定期在史達林的家裡與他碰面。至於領導人其他的老朋友——莫洛托夫、米科揚、弗羅希洛夫等已遭冷落。史達林不想見到他們。[2]

組織人數不多的決策核心是史達林常用的統治手法之一，核心人士當然都是他挑選過的。史達林習慣以人數為基礎替這些小圈子命名：五人組（пятерка）、六人組（шестерка）、七人組（семерка）、八人組（восьмерка）、九人組（девятка），諸如此類。實質上的中央權力機關是這些由史達林直接控制的決策核心，而不是名義上的蘇聯共產黨或國家領導單位——這些單位在史達林統治下不過是「例行公事」、「奉命行事」，辦理各項業務，扮演常態性官僚機構的角色罷了。差別運用正式及非正式機構這樣的統治手法，讓獨裁者一方面可盡享龐大、且不斷增生的官僚機器所帶來的各種可能性；另一方面，也可將權力槓桿緊緊握在手中。史達林自行決定決策核心的組成，依照自己的方便決定核心成員開會及「小聚」的時間地點，完全無須面對官僚程序的各種麻煩。換句話說，史達林時時刻刻直接掌握統治權力核心；他視整個國家為「私人政治產業」，這種統治方式則無異是家父長式的。葛利茲基稱這種混和運用常態性官僚機構及獨裁者家父長式權威的國家為「新家父長制國家」（neopatrimonial state）。[3]

顯然，獨裁者對同志及其他高階官員的家父長式權威主要取決於「恐懼」的效用。藉著對祕密警察的穩固掌控（蘇聯國家安全機關），史達林能隨時逮捕並槍決任何人，包括高階黨國官員及其親屬。讀者將在本書認識許多這樣的例子。史達林的「家父長式政治事業」就是立基於這樣的恐怖統治。

任何稍有重要性的問題皆須經過獨裁者裁決，而這卻也是達成個人及機關目標最迅速有效的方法。與獨裁者面對面「商量」勢必得到他的權力場所（辦公室、鄉間別墅等），因此這些管制嚴格的地點對於眾多的蘇聯黨國官僚和高階領導人逐漸有了特殊，甚至神聖的意義。史達林的權力場所也分等級及特權範圍。由於史達林正是在這些地方度過其大部分的人生，因此也可以說，它們已然成為其人格及獨裁統治不可分割的一部分。

各種權力場所中最重要，而且官威最足的，就屬獨裁者在克里姆林的辦公室。它很寬敞，四周由高橡木牆裙包覆並分成兩個區域，分別以史達林的辦公桌及長形會議桌為中心。室內擺設中特別值得一提的是一座立鐘，以及列寧遺容石膏翻模。列寧遺容放在特製座檯上，加了個玻璃罩罩著；立鐘則是史達林拿來對時用的，以確認訪客是否準時赴約。辦公室牆上固定懸掛列寧及馬克思肖像。二戰時期，牆面肖像的「陣容」擴大，加入了蘇沃洛夫[1]及庫圖佐夫[2]等俄國歷史上知名軍事統帥的煥發英容。辦公室的陳設反映了主人的保守品味，且幾乎「始終如一」。就連激烈戰火都無法鬆動其品味的執著：二戰期間德國空軍猛烈攻擊下，史達林仍能在克里姆林的防空壕內，自己習慣的環境中辦公，因為防空壕內的辦公室與其位於克里姆林內的原型，在設計上幾乎「零違和」。無論身處地下或地上，史達林皆可使用同款家具、欣賞同樣的裝飾畫作、擁有同型窗幔——就算地底沒有窗戶也無所謂。不過，說句公道話，地面下的辦公室面積的確比地面上的「原版」小很多。[4]

1 譯註：蘇沃洛夫（Александр Васильевич Суворов, Alexander Vasil'evich Suvorov, 1730–1800）俄羅斯史上知名的將領之一，大元帥，為俄國軍事理論的奠基者，以戰無不勝及對士兵關懷備至聞名。俄羅斯民族英雄。

2 譯註：庫圖佐夫（Михаил Илларионович Голенищев-Кутузов, Mikhail I. Kutuzov, 1747–1813）俄羅斯史上知名的將領之一，在一八一二年俄法戰爭中擔任俄軍總司令，為俄國贏得戰爭、擊退拿破崙。庫圖佐夫的生平和作為被各種神格化的傳說籠罩，但歷史學者及軍事理論家對他有正反不一的評價。俄羅斯民族英雄。

在史達林掌權的三十年內，大約有三千人造訪過他在克里姆林的辦公室。[5] 辦公室的常客是史達林最親密的戰友。除此之外，有幸來到這間辦公室的還有各中央政府部門、企業或國安單位主管，以及學者、文化界人士、軍人、外賓等等。克里姆林辦公室可以說是所有史達林的權力場所中，最具公共性質、最「開放」的一個了。

然而，一九五三年二月二十八晚，馬林科夫、貝利亞、赫魯雪夫及布爾加寧依史達林指示前往克里姆林時，他們卻未獲邀進入其辦公室。史達林馬上將他們帶往克里姆林內的電影欣賞室——能進入這空間的人都是史達林「精挑細選」過的。

電影欣賞室不大，面積大約七點五乘以十七公尺，有二十個座位；其建於一九三四年，過去是沙皇冬季花園的所在地。還沒有這間電影欣賞室的時候，蘇聯領導人看電影要不就到克里姆林外的電影管理局大樓，要不就到克里姆林內播放默片的小房間。[6] 史達林喜歡與同志們一起看電影，而這樣的活動久而久之也變成一種必要的儀式。當時主掌蘇聯電影事務的舒米亞庇基為一九三四到一九三六年在克里姆林電影欣賞室內的會面留下珍貴、詳細的紀錄。[7] 舒米亞庇基為史達林及其同僚帶來電影，並在播放過程中耐心聆聽他們對影片所做的批評及指示。舒米亞庇基的紀錄不僅幫助我們在理智上了解，更能在情感上體會當時克里姆林內特殊的觀影氣氛，以及在封閉、只有「獨裁者選民」參與的觀影空間中，存在哪些不成文的行為準則。

克里姆林的觀影活動多在晚間開始，直到凌晨。史達林會坐在第一排，其他高階領導幹部則坐在他的周圍。影片播放當中，甚至之後，觀影者會不時發表意見；當然，史達林必須是第一個發言的。他會下指示，範圍從具體影片內容到蘇聯電影工業的發展問題，甚至意識形態政策都有可能。史達林不浪費時間，當場做出裁示：他的決定影響了相關領域的資金挹注及人事變動，也促成一篇又一篇「帶風向」的宣示性文章在蘇聯報章上出現。有時，電影人也會獲邀至克里姆林，與黨國領導階層一起欣賞自己的作品——這可是一項至高榮譽。史達林會恭賀導演在創作上的成就，且不忘提出「建議」，期待電影工作者能夠更上層樓。舒米亞庇基的紀錄顯示，克里姆林觀影活動不僅是蘇聯領導人的休閒娛樂方式，也是黨國高層的非正式會議，主要討論文化及意識形態問題。不過，史達林也有可能會在觀影前後，與同志們討論其他黨國議題。

舒米亞庇基的紀錄在一九三七年初戛然而止。無庸置疑，這與恐怖統治加劇有關，舒米亞庇基自己就在一九三八年初遭到逮捕，之後被槍決。史達林仍繼續看電影，但相關細節我們就所知不多了。各種跡象顯示，克里姆林電影欣賞室在史達林去世前幾年變成普通的休息室，以及統治小圈子舉行非正式會議的地方。這樣的非正式會議，一九五三年二月二十八日星期六進行的五人組會議，是最後一個。

這天，依照慣例，史達林在欣賞完電影後邀同志們到鄉間別墅晚餐。從莫斯科到位於沃淩斯基村的鄉間別墅不需多少時間，因此它在當時被稱為「近郊別墅」（the near dacha）。隨著時間過去，史達林不斷地在莫斯科以及俄羅斯南方，收編、建造更多的獨棟建築以作為自己的權力場所。他每年都會花不少時間在俄羅斯南方度假，不過，他最愛的還是這棟近郊別墅。這棟別墅對他個人生命及統治生涯來說，意義重大。

一九三三年，近郊別墅的第一間屋子落成。入住新屋工程浩大，而這時間點又恰好碰上史達林個人生命及政治生涯的巨大變化。一九三〇年代初期，史達林的農業集體化政策為蘇聯帶來嚴重饑荒；與此同時，史達林的妻子阿利路耶娃在一九三二年十一月自殺身亡。[8]為

近郊別墅。史達林住在那兒（自從他妻子自殺之後），也在那裡死去。
來源：俄羅斯國立政治社會史檔案館。

了與過去一刀兩斷，史達林在新的地點，展開新的生活。在史達林的積極參與下，近郊別墅重蓋了不只一次，幾經折騰之後出來的成品儼然就是個衙門風與壯盛浮誇風的古怪組合。[9]所有房間都很像，就像史達林女兒思薇特蘭娜說的，「毫無個性」。[10]屋子裡還有個通往二樓的電梯，但二樓幾乎沒用。史達林最愛的房間，至少是他晚年最愛的，是一樓所謂的「小飯廳」。「小飯廳」其實頗寬敞，面積有七十六平方公尺，室內陳設包括一張三公尺的長桌、沙發、餐櫃、扶手椅、放有數支電話的小桌、壁爐。壁爐旁立著打獵用具，還吊了個望遠鏡。地上則鋪著大型地毯。從「小飯廳」可以走到有玻璃窗的露台。據思薇特蘭娜所言，她父親無論工作或睡覺都在這個「小飯廳」。大桌上總是堆滿了紙張及書本。如果沒有訪客，史達林就自己在桌子的一角吃東西。餐櫃裡放的除了餐具，還有藥。史達林喜歡坐在壁爐旁，與致一來，命令一下，相關人員就會為他用壁爐的火做串烤。史達林在這個房間會見訪客，也在這個房間遭受病痛的致命打擊，走向人生終點。

史達林的鄉間別墅被一座二十公頃的公園圍繞。史達林在維護、完善公園，以及組織、監督別墅日常工作這兩方面，可謂「親力親為」。別墅區內，柑橘類作物的栽培溫室就是依據他的規畫打造；在他的指導下別墅有了葡萄園、西瓜田、養殖魚池。史達林甚至會指示，拿一部分的西瓜收成來供應莫斯科市區的商店。在史達林莊園內不但可看到馬、牛、雞、鴨等家禽家畜，還可看到養蜂場。根據別墅守衛的敘述，史達林花很多時間處理「家業」，甚至用可謂兢兢業業的態度，深入最微不足道的細節。莊園庶務總管羅茲哥喬夫中校保留了數百份史達林口頭裁示的文字紀錄，它們生動說明了史達林的用心程度：

> 一九五〇年四月七日：一、西瓜與甜瓜要在五月十日後種入培養土盒；二、七月中擇日修剪西瓜及甜瓜藤（…）
>
> 四月二十日：（…）裝飾廚房到池塘間的樅樹（…）在主建築外半公尺、池塘邊的蘋果樹間靠近歇腳亭的地方種植玉米。還有豆子（…）在菜園邊緣種植茄子、玉米、番茄等。

根據羅茲哥喬夫中校的說法，史達林每天會做出好幾個類似的裁示。[11]

事實上，史達林是個不折不扣的小型莊園主。他喜歡親自參與管理過程，而非完全仰賴助手。如此凡事一把抓、不講權力下放的家父長式管理文化，史達林沿用到自己更大的「產業」——蘇聯。他親手掌控並分配國家的資源及各項儲備，還把特別重要的資訊記錄在專用的小冊子裡。[12]史達林對電影劇本、建築設計、武器建造等方面林林總總的細節都想一探究竟。他可以一邊在自己的莊園鋪路，一邊為莫斯科的街道憂心：「聽說阿爾巴特街[3]上的廣場（…）磚片（或柏油）還沒鋪上。真是可恥！它是最熱鬧的廣場之一，卻破破爛爛！快對他們施加壓力，要他們趕快完工！」[13]

史達林的另一項建築成就是別墅的社交生活中心——一百五十五平方公尺的大廳。這座大廳其實是由書房及其中一個露台的半圓形加蓋組成，中央有一張七公尺的長桌，桌腳下鋪著一塊長十二公尺、寬六公尺的地毯。（值得一提的是，在一九五三年，這塊地毯的面積相當於一間平均可容納十六位市民的公寓面積。在當時的蘇聯，每位城市居民的平均居住面積為四點五平方公尺。）沿著牆面擺著扶手椅和沙發，史達林有時會在大廳的桌邊，或扶手椅、沙發上工作。不過，社交仍是這個空間的主要功能：會面以及餐宴都在這裡舉行。

根據證人所述，史達林的餐宴有一套標準流程。女僕不服侍客人，所有餐點都會擺在桌上，客人可隨意拿取，並在桌邊找個空位坐下。由於菜色豐富，餐宴可持續好幾個小時，結束時可能已是深夜或清晨。這類餐宴的主要功能之一，是提供一個平台讓主人與來客討論國是、決定國政方針，但又不僅僅是如此。疑心病重的史達林利用這種常態性的晚間聚會實行對同志的控制，並蒐集他需要的資訊。此外，對史達林個人而言，這類聚會也發揮了重要的社會功能：他可藉此排遣孤單的感覺，享受難得的娛樂。赫魯雪夫就曾這麼寫過史達林：「他的孤獨感讓他不知該拿自己怎麼辦。」[14]

3 譯註：阿爾巴特街（ул. Арбат, Arbat St.）位於莫斯科市中心，發展歷史可追溯至十六世紀或更早，與鄰近街道構成莫斯科的歷史街區，至今仍是所謂的「精華地段」。

確實，史達林在逝世前幾個月已無力對國政「錙銖必較」；他填補空閒時間的方式卻頗令人匪夷所思。舉例而言，他會在散步時和侍衛打賭，猜室外溫度：「某侍衛說了一個數字，另一位……提了另一個數字。史達林也會講出自己的數字，然後要求手下查看溫度，比較誰猜的數字最接近真實。別墅牆上有個溫度計，侍衛會特別走過去看，再回來通報精確的實測溫度。」除此之外，史達林還會和侍衛比較，誰的眼睛利，例如他們會猜兩棵樹木間的距離，接著拿捲尺實地測量。過不了多久，別墅區就到處掛著溫度計，侍衛們也都人手一把捲尺。[15]

晚年，史達林特別重視與同志的聚餐。有時候，史達林會再度召見才剛離開聚會不久的客人，且需經旁人提醒，才會取消命令。[16]無論舉行時間為何，在聚會過程中，享受美食之餘，主人和來客也會喝酒。史達林喝得不多，但他喜歡倒酒給人喝，並觀察客人喝酒後的行為。為了能觀察來客酒後的言行，史達林會端出各種各樣的藉口，像是一段又一段的祝酒辭、一輪又一輪的敬酒，而且每次都必須喝乾。如果有人逃避喝酒，這人就會被控「欺騙社會」，懲罰方式是另外喝滿滿一杯，甚至好幾杯。[17]一九四八年一月，南斯拉夫政治人物，同時也是位作家的吉拉斯親身體驗了史達林主持的別墅晚宴，之後留下了這段關於當日飲酒流程的紀錄：「每個人先說，現在室外氣溫是零下幾度，然後就依照失誤的溫度數，也就是實際上的與猜測的溫度差，喝下相等杯數的伏特加，作為懲罰。（⋯）我記得，貝利亞猜錯了三度。

不過根據他的說法，他是故意的，這樣才能多喝一點伏特加。」[18]

酒精飲料果然有用。「這類晚餐聚會的氣氛輕鬆宜人，大家有說有笑，甚至會開個黃腔，現場的人都對此反應熱烈。」[19]除了談天說笑，餐宴還有相對具「文化氣息」的娛樂活動，包括唱歌。據日丹諾夫妻子的回憶，史達林會用男高音輕聲吟唱。[20]晚餐宴上，主人及其來客的演唱「曲目」從革命歌曲到民間小調都有，日丹諾夫則會用低俗的順口溜娛樂大家。[21]「這種歌只有在史達林那裡可以唱，其他地方沒有辦法。」赫魯雪夫曾不滿地說。[22]有一陣子，大廳內擺了一台鋼琴。據說日丹諾夫彈過這琴，至於他演奏了什麼、功力如何，如今已不可考。日丹諾夫於一九四八年過世後，史達林下令把琴搬到隔壁的房間。更常用到的其實是一台收音電唱兩用機，史達林會自個兒一人，或在客人陪伴下，聆賞唱片，曲目包括民間歌謠、古典音樂等。別墅內收藏的唱片數量頗為驚人，總計大約有兩千七百片。有時，音樂欣賞還伴隨著舞蹈。根據赫魯雪夫的說法，最會跳舞的是米科揚。不過，無論天分如何，每個參加聚會的人多多少少都會來上一段。就連史達林「也會動動他的腿，伸展一下手臂」。[23]

在最後一次聚會，也就是三月一日凌晨，史達林和他的客人大概是沒跳舞吧。這次的晚餐僅限史達林最親密的戰友參與，沒有外人。「我們滿常到史達林那兒的，幾乎每個晚上都去。」赫魯雪夫如此描述那段時期。事實上，這樣頻繁的晚聚，尤其是要跟年邁、精神狀態又不甚穩定的史達林相處，對同志們來說並不是個輕鬆差事。「我們有職務份內工作得完成，還得參加史達林的晚會，像戲劇角色一樣娛樂他。那段時間可難熬了。」赫魯雪夫寫道。[24]不過可以肯定的是，同志們不但不曾公開向史達林抱怨，還盡心盡力服這吃喝玩樂的「勞役」，把這當作留在黨國最高領導圈內的必要條件。最後一場晚聚照例在清晨結束（赫魯雪夫說，當時大約早上五、六點；事後接受訊問的守衛則說，四點多時，車子正準備接走客人）。結束時，沒有任何意外狀況。赫魯雪夫說，「史達林有些茫，看起來對每個人都很友善。」史達林親自送客送到前廊。「他說了很多玩笑話，比手畫腳，我記得他還用手指戳了一下我的肚子，叫我米基塔（而不是尼基塔——譯者註）。他心情好時，都會用烏克蘭的傳統叫我米基塔。我們其他人的心情也很好，因為晚餐期間沒發生任何令人不悅的事。不是每次聚會都有這麼好的收尾。」[25]我們沒有任何理由不相信赫魯雪夫的說詞。沃科鞏諾夫堅稱，史達林當時很暴躁，還威脅要對同志不利。不過沃科鞏諾夫沒說明他的消息來源為何。[26]

不過，沃科鞏諾夫的說法也不完全是空穴來風。史達林確實可以在同一個晚上既施加恩惠獎勵他的同志，又恫嚇他們。讀者會在本書許多地方發現，靠著運用「棒子加蘿蔔」（但「棒子」還是多一點）的策略，史達林在將近二十年的時間不僅牢牢掌握了黨內同志和廣大蘇聯群眾的命運，也將「社會主義陣營」國家的前途操弄於股掌之間。

在史達林七十四年的人生路上，這位蘇維埃獨裁者經歷了漫長又激烈的奪權鬥爭，最終成為不僅是俄羅斯，也是世界史的重要角色。研究者將其視為各項歷史條件及學說的產物加以研究；各家之言在這方面與其說是彼此反駁，不如說是互相補充。他們在史達林個人及其體制中，既發現與俄羅斯專制及帝國主義傳統相似之處，也注意到歐洲革命及列寧布爾什維克主義的影響。[27]當然，這麼說並不是要否定史達林對蘇聯特殊的極權體系及意識形態所做的個人「貢獻」。意識形態教條及偏見對於史達林的個人生命和政治活動常發揮關鍵性的影響力。[28]然而，他並非被動地接收所有教條、學說，反而彈性運用它們，讓它們符合獨裁統治、新型強權的利益。另一方面，史達林的個人特質也影響了他所選擇的政治道路。他性格殘酷，不知何謂憐憫。解決政治、社會、經濟等領域矛盾的方式有上百種，但史達林就是選擇了恐怖統治，而且是不受限制的恐怖。如同其他獨裁者，史達林固執、缺乏彈性。他將任何讓步或妥協視為對自身權力的挑戰；只有在社會經濟危機嚴重到對政權穩定構成威脅時，他才會勉強同意執行有限、有一搭沒一搭的改革。理論教條主義是史達林政治保守主義的重要基礎。

極端反資本主義是史達林世界觀的基礎，而且他非常堅持這一點；列寧尚且願意做有限的妥協，施行新經濟政策[4]，但史達林就是「非黑即白」。他是鐵了心才允許某些資本主義的

4 譯註：Новая экономическая политика, НЭП（New Economic Policy, NEP）：俄羅斯共產黨（布）於一九二一年三月通過、代替內戰期間「戰時共產主義」的經濟政策，在一九二〇年代為蘇聯經濟帶來顯著的正面效益，內容包括鬆綁各類管制，允許部分的私人商業行為、私有財產制和市場關係，施行貨幣改革等。

經濟調節工具，諸如貨幣、極度有限的商品市場經濟、個人的物質追求……等，存在於蘇聯體制。一九三二到一九三三年那場讓數百萬人死亡的饑荒，終於逼史達林同意農民得以擁有微不足道的私人田產。然而，直到生命最後一刻，他仍相信自己很快就可以「撥亂反正」，取消這些被迫做出的妥協。史達林堅信，社會主義經濟必能塑造一個如同巨大聯合企業般的國家，在這個企業裡沒有貨幣流通，所有人都遵照國家指示工作，並獲得由國家發給，也只有國家有權力發給的勞動報酬；而且是實物性質的勞動報酬。

孫女出生時[5]，史達林給女兒思薇特蘭娜寫了信：「好好照顧女兒：國家需要人。」這句顯然不適合用來祝福年輕媽媽的話透露了史達林的本質。對他來說，國家就是一切。

所有人事物都得全面、徹底地服從國家，以及它的終極體現——黨和黨國領袖；個人利益只有在符合國家利益時才有存在的權利；國家有無上權力要求個人做任何犧牲，包括獻出生命；國家的行為不受限制，卻也永遠不會犯錯，因為它體現了歷史進程的至高真理。國家以其使命之偉大，為它的行為「自圓其說」；任何錯誤和犯罪都可以輕易地被歸類為歷史的不得不然、必要之惡，甚至是建設新社會的必經之痛。

史達林用以壓制所有個人性及個人社會性表現、強迫個人國家化的方法，就是標榜所謂的「階級鬥爭」，以及與內部和外部「敵人」的鬥爭。史達林熟諳此道，他在這方面是傑出理論家，也是熱血實踐者。史達林堅稱，隨著社會主義日益發展，階級鬥爭只會愈發激烈——

這個說法是他獨裁統治的基石。階級鬥爭理論不僅是詮釋現實的方法，更是強大的宣傳工具。政治或經濟領域的失敗、生活的困頓、軍事上的失利——所有的不幸與挫敗都有一個簡單方便的解釋：「敵人」的陰謀詭計。在階級鬥爭的加持下，國家對人民的恐怖統治愈加殘忍張狂，如同內戰。史達林一手打造、操縱了人類歷史上最為強大無情的恐怖統治機器之一。

值得注意的是，在史達林的意識及作為中，馬克思及布爾什維克－列寧主義的教條理論與大國專制、帝國主義榮光的理想，可以「有機融合」、並行不悖。一九三七年十一月，史達林對同志宣告：

> 俄羅斯沙皇幹了許多壞事。他們對人民強取豪奪，還奴役人民。為了地主利益，他們發動戰爭，強取領土。但有件事他們做對了：他們建立了一個邊界直到堪察加半島的大國。我們繼承了這個大國，還不只如此——我們布爾什維克開創了歷史先河，把這個國家統一、鞏固了起來，形成不可分割的整體（⋯）而且，我們以勞動者的利益為依歸（⋯）。[29]

5 譯註：這裡指的是一九五〇年五月出生的葉卡切琳娜・日丹諾娃（Екатерина Жданова, Ekaterina Zhdanova），史達林女兒與日丹諾夫兒子的孩子。

史達林是在慶祝布爾什維克十月革命二十周年的慶祝餐會上說出這番「真情告白」。十月革命周年是蘇聯最重要的節日之一，因此，史達林的這番話可謂極具指標性。在國際舞台上，史達林的言行與俄羅斯沙皇本質上並無二致——兩者同樣熱衷於擴充帝國版圖，只不過在意識形態上做了不一樣的包裝。舉個例子：一九四五年波茨坦會議前夕，美國駐蘇聯大使哈里曼於柏林火車站迎接蘇聯代表團。他問史達林，以勝利者的姿態來到敗戰敵國的首都，是否特別愉快？史達林這樣回答：「沙皇亞歷山大可打到巴黎去了。」[30]不過，史達林不需為此感慨，他很快就超越俄羅斯歷代沙皇了——蘇聯帝國成了世界兩個超級強權之一，還把很大一部分歐洲及亞洲劃為自己的勢力範圍。

二月二十八日，在他人生最後一次送走作客的同志時，史達林是否仍想著這些勝利榮光？或者，他是否回想過，這一切是怎麼開始的？他回憶過自己的童年、青年時期，或革命歲月嗎？史達林的人生就像許多革命者的人生，有界線分明的兩個階段：「革命前」與「革命後」。史達林的例子又有其特別之處：一九一七年的布爾什維克革命無論在抽象意義或直觀數據上，都是他人生的分界點——當年，他三十九歲，正好接近壽命的一半。在這三十九年間，有二十年，史達林是在革命道路上的。

1

革命前

До революции

Before the Revolution

朱哈什維利一家

根據蘇聯官方說法，史達林生於一八七九年。不過事實上他比官方說法要早一年出生。當然，史達林對自己何時何地出生心知肚明。

史達林出生於喬治亞一個名叫「哥里」[1]的小村莊，地處俄羅斯廣袤帝國的邊疆地帶。史達林的私人檔案中有一份哥里教堂的戶政資料，上頭記載他的正確出生時間：一八七八年十二月六日。同樣的出生日期也可見於其他文件，例如哥里神學校的畢結業證書。一九二〇年，史達林在某個表格親手寫下自己的出生年份為「一八七八」，但沒過多久，他的助手們在填寫表格時卻開始將他的出生年份一律寫為「一八七九」。自此之後，在百科全書及工具書中，「一八七九」就成了史達林出生的年份。權力穩固後，史達林曾在一九二

1 譯註：「Gori」喬治亞文為「გორი」，位於喬治亞中部。

九年十二月二十一日大肆慶祝自己的五十歲生日。可如此一來，不只出生年份有誤，連月份及日子都錯了——「十二月二十一日」換算成俄羅斯舊曆是「十二月九日」，但史達林正確的出生日期應該是「十二月六日」啊。[2]一直到一九九〇年，才有歷史學者注意到這個問題。[1]發生錯誤的原因仍不可考，唯一確定的是，史達林在一九二〇年代決定要年輕一歲，而他辦到了。

史達林的出身背景被各種傳說籠罩。喜愛渲染的論者宣稱約瑟夫．朱哈什維利[3]是私生子，他父親可能是富商、工廠廠主、貴族，甚至有一說是沙皇亞歷山大三世，而他母親即是亞歷山大三世出巡提夫里斯[4]時，伺候他的喬治亞姑娘。在實際的歷史紀錄中，史達林的出生平淡無趣多了。約瑟夫．朱哈什維利出生於樸實的喬治亞家庭。他的母親葉卡切林．葛拉澤[5]一八五六年出生於農奴家庭，一八六四年農奴制度廢除[6]，葉卡切林隨家人搬遷到哥里，十八歲時由父母許配給當地的鞋匠維薩里翁．朱哈什維利[7]。維薩里翁比葉卡切林大六歲，他們的前兩個孩子都不幸年幼夭折，約瑟夫是他倆所生的第三個孩子。[2]

關於史達林童年及少年時代的文件資料不多。對於他這時期的生活，我們通常僅能仰賴他人的回憶錄抽絲剝繭，但這些回憶錄多是在史達林攀抵權力高峰後寫就。顯而易見，這些回憶錄描寫的不是平凡的約瑟夫．朱哈什維利的童年及少年生活，而是國家領導人，同時也是一位獨裁者約瑟夫．史達林的成長之路。選擇性的誇大或隱晦不提是一般回憶錄常見的毛病，只是寫到史達林的，症狀更為嚴重。這些回憶錄作者受現實條件及政治偏好影響，要不大力宣揚史達林的正面人格特質及領導才能，要不刻意凸顯他似乎與生俱來的冷血殘酷及心理障礙。就如學者蘇尼所揭示的，平心而論，試圖在兒童約瑟夫．朱哈什維利身上找到未來獨裁者的蛛絲馬跡，可信度仍待商榷。

有個比較常見的說法，就是約瑟夫．朱哈什維利的童年生活艱困，對他的心理產生不可抹滅的影響。根據這個說法，嗜酒的父親對他的態度粗暴，動輒毆打，加上經濟狀況不好，因此小約瑟夫日後成了個既殘暴又充滿仇恨的人。然而，有許多證據可反駁這類說法。以各項標準而言，史達林的童年再平凡不過，甚至比一般人好。不同資料顯示，他的父親不但是名好工匠，還識字，可閱讀母語，並靠著自學掌握了包括俄語在內數個外語的口語溝通能力；他的母親也受過一定程度的家庭教育，並有母語（喬治亞語）讀寫能力。當時的喬治亞居民識

2 譯註：俄羅斯直到一九一八年才廢除舊曆。
3 譯註：此為史達林本名，喬治亞文為「იოსებ ჯუღაშვილი」，喬治亞語發音近似「Ioseb Juháshvili」。
4 譯註：「Tiflis」喬治亞文為「ტფილისი」，即喬治亞共和國首都「特比里西」（Tbilisi）舊稱。
5 譯註：「Ekaterine Geladze」喬治亞文為「ეკატერინე გელაძე」，喬治亞語暱稱為「可可」（კეკე），音近「Keke」。
6 譯註：一八六一年起，在各項政治經濟壓力下，亞歷山大二世統治的俄羅斯帝國進行一連串「偉大改革」，其中包括取消貴族對農奴的完全控制權，農奴也取得了有限的遷移自由。
7 譯註：「Besarion Juháshvili」喬治亞文為「ბესარიონ ჯუღაშვილი」，喬治亞語暱稱為「貝梭」（ბესო），音近「Beso」。

字率並不高[8]，朱哈什維利一家因此可說是出類拔萃。重點是，他的父親在婚後頭幾年，事業穩定發展，讓小約瑟夫一家生活無虞。[3]

但後來小約瑟夫的父親開始酗酒，接著就是拋家棄子，家庭重擔落到母親一人身上。幸好他的母親個性堅毅，勤奮刻苦，從打零工開始，學會了專業裁縫的技術。由於小約瑟夫，或可叫他「梭梭」[9]是家中獨子（別小看這件事的重要性！），因此可專注於學業，不像多數同齡的孩童必須幫忙家計。史達林的兒時友人在一封寫於一九五〇年的求見信中，也直接了當地提到了這點：「一八九四年，當您完成在哥里神學校的學業時，我也自哥里市學校畢業。同年，您獲准進入位於首府的特比里西神學院繼續深造，而我卻被迫中斷學業，因為我父親有八個孩子要養。所以我們不只窮，還得幫忙父親兼顧家計。」[4]

史達林母親，葉卡切林・朱哈什維利。
來源：俄羅斯國立政治社會史檔案館。

小約瑟夫的母親盡全力打造能讓他可以無虞接受教育的生活條件。母親夢想小約瑟夫能進入更高的社會階級，成為神職人員。為實現這個夢想，她可是在所不惜。有這樣的母親，我們實在很難想像小約瑟夫的童年會有多麼艱苦貧困、暗無天日。

當然，朱哈什維利一家稱不上什麼模範家庭，喝醉的父親會對妻小大動拳腳，而「梭梭」不但是父親，也是母親的出氣筒。不過，不少研究者說得好：各項與朱哈什維利一家相關、互相矛盾的資料並不足以讓研究者下定論，在家庭暴力方面，這家人是否偏離當時的常態，而「梭梭」生理、心理上所承受的粗暴對待，又如何影響了他的人生觀。[5]比較有根據的看法是，就小約瑟夫的出身背景和生長環境而言，他的童年和青少年時期其實再平常不過——這就是在帝國邊緣的小城鎮中，生活拮据但不至於貧困的工匠與小商人的世界。在這個世界中，粗鄙的習俗與互助的美善傳統並行不悖，人們也習於應對經濟生活的起起伏伏。孩童們很早就認識到何謂嚴峻殘酷，但同時也了解，什麼是愛與關懷。在梭梭．朱哈什維利前半段的人生中，光明面並不比黑暗面少。父親的粗暴、缺乏教養，有母親的紀律與無止盡的愛彌

8 譯註：並非只有喬治亞如此，而是俄羅斯帝國全境都有這樣的問題，雖然某些地區（例如歐俄及西部省份）的狀況比全國平均為佳。十九世紀下半，俄帝國已進入工業化發展階段，但以一八九七年為例，全國平均識字率不超過百分之二十一。雖然在二十世紀初，當局加強投資國民教育，但接下來的連年國內外戰爭又讓情況惡化。

9 譯註：喬治亞名字「約瑟夫」（იოსებ，Ioseb）的暱稱為「სოსო」，音近「Soso」。

補。就連「梭梭」求學期間，家庭的經濟困頓，都有親朋好友伸出援手。就讀神學校及神學院時，小約瑟夫也曾接受國家援助，更有同情他遭遇的人為他爭取各項資源。因此，整體而言，這對母子雖然在經濟上不甚順遂，但在帝國邊緣的這個小小社會，他們可是許多人心中道道地地的「自己人」。

許多年後，史達林在某個訪談中自承：「我的父母沒受過什麼教育，但他們對我並不差。」[6]當然，我們不能排除，史達林在回憶童年時會選擇性地記憶，並非全然實話實說。關於史達林對他那早逝父親的態度，沒有足夠資料可供判斷，但對母親，我們幾乎可以說，的確充滿了真摯的母子之情。

「妳好啊，我的媽媽！妳過得如何？身體還好嗎？妳好久沒給我寫信了。看起來，妳是在對我生氣囉？可是，沒辦法啊，我真的太忙了。」；「媽媽好！隨信附上披肩、背心和藥物。藥一定要先給醫生看過再服用，因為只有醫生能決定用量。」——這是成年後的史達林寫給母親信中的幾個片段。[7]

雖然兒子的事業發展迅速、幾乎可說是飛黃騰達，「可可」，也就是葉卡切林，並未搬離喬治亞。她在尊榮與安康中度過餘生。然而，史達林一九三七年並未現身母親的葬禮。在這「大恐怖」(Great Terror)的一年，史達林沒有離開莫斯科一步。他為葬禮花圈所做的喬治亞文與俄文題辭倒是留存至今：「謹獻給我摯愛的母親，兒約瑟夫・朱哈什維利（史達林）敬上。」[8]

史達林的確從他母親那兒受惠良多。她刻苦工作，只為了兒子能不虞匱乏，有安心接受教育的條件。她在小史達林反覆生病時悉心照料，與病魔奮戰。「梭梭」小時候得過天花，因此被迫一生與臉上的疤痕為伍。此外，小「梭梭」還不幸遭遇過一場意外，嚴重傷了左手。這還不打緊。各項資料顯示，他受傷後並未得到妥善治療，導致左手關節永久退化。這些後天的身體機能問題不過是雪上加霜，史達林天生就有個生理上的缺陷：左腳有兩根腳趾是黏在一起的。在殘酷的男孩世界裡，這些「特點」不太可能不被注意。然而同樣特別的是，「梭梭」並未被排擠——或者說，他不讓自己被排擠：他以堅強的性格及慧黠對抗譏笑他的人，也在平等、不要求「優待」的基礎上，與同年齡的人玩遊戲並彼此競爭。此外，小史達林的記憶力奇佳，這一點讓周遭的人不得不佩服他。種種跡象顯示，所謂困苦、暗無天日的童年，並未在約瑟夫·朱哈什維利的心中埋下日後形塑約瑟夫·史達林殘忍人格的種子。我們甚至可以說，史達林的童年經驗還不足以讓他成為一個造反者。

半途而廢的神學院學生

不只他的母親，許多人都注意到了小約瑟夫出色的智力。他母親費盡千辛萬苦，目標只有一個：讓兒子脫離這個他出生就必須接受的社會圈。到了小約瑟夫該入學的時候，葉卡切林很幸運地得到善心人士的協助，因為他們認定「梭梭」值得栽培。這些「慧眼識英雄」的人認為，小約瑟夫不僅該接受教育，還理應取得夠優越的社會地位，至少得當上神職人員。這些善心人士包括神職人員察爾克維安尼一家，也就是朱哈什維利家的房東。「梭梭」在他們的幫助下進入哥里神學校。在此之前，這家的小孩還教導「梭梭」俄語，而神學校正是用俄語授課的。小約瑟夫俄語學得很好，因此很快就獲准進入入學準備班的高年級就讀。無庸置疑，進入神學校是這位未來的國家領袖人生重要轉折點：十歲的喬治亞男孩「梭梭」跨出重要一步，從此邁入宏大的俄語世界。

史達林就讀哥里神學校，1890年代早期。
來源：俄羅斯國立政治社會史檔案館。

從一八八八到一八九四年，小約瑟夫在哥里神學校的入學準備班加上神學校本身總共待了六年。也是在這段期間，朱哈什維利一家遭逢巨變。在經過了一連串的家庭醜聞，一家之主維薩里翁・朱哈什維利毅然決然拋家棄子，離開哥里，沒為妻小留下任何後路。如此一來，小約瑟夫讀神學校的花費就成了嚴重問題。就在這對母子似已陷入絕境之際，葉卡切林再次獲得善心人士援助。當然，要不是「梭梭」在學業上表現出色，旁人大概也不會輕易伸出援手——小約瑟夫在校堪稱模範生，甚至還得到獎學金。葉卡切林用盡所有方法，就是為了不讓兒子在他人面前自慚形穢。「梭梭」永遠穿著得體，有足夠衣物應付任何天氣。眾多的回憶錄都指出，「梭梭」在學業上的勤奮和拚盡心力是有目共睹的：「他從不缺課，也不遲到」。他朗誦祈禱文的功力一流，是教會合唱團的重要成員，和老師的關係也很不錯。神學校內有個學生私底下戲稱為憲兵的俄文老師（這綽號取得十分貼切），更把「梭梭」納為助理，工作內容包括幫他借還圖書。[9]數十年後，一九四九年，曾於哥里神學校任職的馬林諾夫斯基厚著臉皮寫了封信，提醒這位前學生自己的存在：「值此垂暮之年，我很榮幸曾付出心力為您的教育做出微不足道的貢獻。」他同時對自己刻苦的物質生活抱怨了一番，並請求前學生、如今的大國領袖賜予他一筆「個人」退休津貼，以便「在年歲將盡之時，擁有維持生活的基本條件，並能在臨死前因為偉大的學生[10]未棄我於絕境不顧，而備感欣慰」。[10]據研究者所知，史達林親自了解過這封信的內容，至於他是否曾給予前老師相應的協助，就無法從歷史文件

10 譯註：原文中，「偉大的學生」每個字都以大寫開頭，以示尊崇。

中判斷了。

一八九四年五月，約瑟夫．朱哈什維利自神學校畢業。相關證書上不只顯示他修習的科目，也標註他獲得的成績。他在操行方面獲得師長極高評價，至於其他科目的成績如下：神學史、東正教教義、敬拜儀式及教會規章釋義——優；俄文、教會斯拉夫文及喬治亞文——優；希臘文——極佳；算術——極佳；地理、書法及教會誦唱——優。有這麼傑出的學業成就，約瑟夫很自然地被推薦進入神學院繼續深造。[11]雖然他所受的教育十分單向、狹隘，但不可否認，「梭梭」在神學校習得了不少能力、知識，也愛上讀書。當然，對他來說，最重要的功課，是把俄語學好。不同的人都有著同樣的回憶，約瑟夫在求學期間表現積極，亟欲出人頭地。他的優秀能力不容置疑，在學校的成績也是數一數二，這些都是他自信的重要基礎。總而言之，求學歲月絕對不會是史達林人生中想要遺忘的片段。數十年後，他仍記得昔日的同窗好友，且將給予他們不同方面的協助，現存檔案保留了相關資料。一九四四年五月，六十五歲的史達林寫道，「一、我的朋友彼得——四萬盧布；二、格里沙——三萬盧布；三、澤拉澤——三萬盧布」以及，「格里沙！這是我的一點微薄心意，請收下（…）你的梭梭。」[12]這些關於舊友的安排是用喬治亞文寫的，看起來像極了高齡人士遙想自己閃亮、歡快的年輕歲月，多愁善感的懷舊情緒猛然迸發下的產物。

有幾位回憶錄的作者提到，約瑟夫．朱哈什維利在青年時期就不畏展現叛逆者的姿態，且在哥里神學校就讀期間就已經和宗教一刀兩斷。只要將這些說法並列檢視，就會發現它們大多模糊不清、缺乏條理。作為率先替史達林作傳（且不可避免，受個人主觀意識影響）的作者之一，托洛茨基已頗具說服力地證明過，史達林的同窗明顯是把他在哥里的歲月與後來的提夫里斯時期搞混了。[13]事實上，要了解神學校模範生「梭梭」如何品學兼優、循規蹈矩十分容易——只要看他的畢業相關文件和神學院入學推薦書就知道了。

一八九四年九月暑假過後，年輕的朱哈什維利順利通過入學考，進入提夫里斯神學院（編註：也就是特比里西神學院）就讀。就連在這裡，在家鄉哥里之外，朱哈什維利母子也同樣受到幸運之神眷顧。神學院的課程並非免費，但因為約瑟夫實在出類拔萃，親戚朋友也大力為母子倆求情，這位未來的蘇共領袖最終還是取得了入學及免費寄宿、免費在學院飯廳用餐的權利。如此一來，他的母親只要操心學費及添購衣著的費用就好了。[14]諸如此類的善意，在好勝心發達的年輕人眼裡會不會像是充滿屈辱意味、對「窮親戚」的施捨呢？不無可能。但另一方面，公家獎助金又何嘗不是對入學者成就的具體肯定？

青年史達林在提夫里斯神學院待了超過四年半的時間——自一八九四年秋天到一八九九年五月。可以想見，在大城市的新生活需要一些時間和精神適應，而這不可避免成為他的壓力來源。不過，約瑟夫並非隻身一人前往提夫里斯奮鬥，同行的還有其他親朋好友，包括哥里神學校的畢業生。這讓適應新環境的過程變得比較容易。我們有理由推測，課業對約瑟夫來說並不是大問題：第一和第二學年他照例名列前茅，分別是該年級的第八和第五名；至於操行成績也不令人意外，拿高分是家常便飯。[15]

然而隨著時間過去，旁人終將驚覺，原來「模範生」內心的不滿與不平已逐漸不可遏制。目前尚未有足夠資料讓研究者判斷，約瑟夫到底是在什麼時刻、以什麼形式拒絕當個乖孩子、好學生、帝國順民。這個部分，有兩份頗知名、關於神學院惡劣環境的史料，或許能幫助我們理解問題。

第一份史料來自史達林本人。一九三一年十二月，史達林在接受德國作家路德維希訪談時宣稱，正是神學院將他推往異議人士之路：

> 為了反抗神學院內荒謬、可恨的體制，及其耶穌會式的高壓手段，我不排斥成為革命者，而日後也的確做到了。我信了馬克思主義，因為它是實實在在的革命思想。（⋯）例如在宿舍裡搞情蒐。九點時，早茶鈴響，我們前往飯廳。回到宿舍後，我們發現，房間被搜了，而且還被翻箱倒櫃了一番。[16]

有個常被引用的同儕證言可支持約瑟夫以上的說法。

我們被帶到一幢四層樓的房子，一棟有寬敞房間的宿舍。每個房間可住二十到三十個人。（⋯）神學院的生活單調乏味。我們早上七點起床，接著被迫晨禱，然後才能喝茶。鈴聲一響，我們就往教室移動。（⋯）課一直上到下午兩點，中間會有幾次休息。下午三點是午餐時間，五點則是點名。點名後我們就不能離開學院。在神學院簡直就像被關在監獄裡。接著，我們得進行晚禱，八點喝晚茶，喝完各班回到自己的教室繼續用功，一直到晚上十點才能上床睡覺。[17]

這樣艱苦的軍事化日常，大概就連星期日休假也很難彌補回來，更何況神學院學生星期日還得去參加敬拜儀式。此外，跟監、搜索、告密和懲罰，也是神學院文化不可或缺的一部分。相較於神學校，在神學院的研究及學習科目是變多、變廣了一些，除了經文、教會誦唱、俄文、希臘文及喬治亞文，神學院還會教授聖經歷史、俗世歷史和數學。不過，這並不能改變神學院狹隘的智識想像和教條主義作風。學生閱讀世俗文字作品會被嚴懲，學院內粗暴的俄羅斯同化政策深深傷害了喬治亞裔學生的民族情感。毫不令人意外，學院內反抗的氣氛相當濃厚。在約瑟夫·朱哈什維利入學前一年，這裡才剛發生過一場罷課行動：學生拒絕上課，要求管理階層停止濫權並開除數位教師。政府單位因此不得不暫時關閉學院，並開除了一群學生。

由於學院及政府單位對學生的抗爭行動強力鎮壓，在約瑟夫就讀期間，這裡的學生已不公然集體抗議，而是將不滿地下化，並在個人與同儕間的異議思辯中尋找救贖。每個神學院的學生都有自己的抗爭之路。約瑟夫・朱哈什維利最早是以文學作品中的英雄主角為榜樣，將理想的自我形象投射於不同的自由公義鬥士身上。眾所周知，他對喬治亞浪漫文學十分著迷，他第一個榜樣是喬治亞作家卡茲貝基[11]的小說《弒父者》中的人物——無所畏懼、品格高貴的不法分子暨復仇者柯巴，奮勇對抗著俄羅斯異族強權及喬治亞貴族的統治。[18]「柯巴」更成了這位未來政治強人的第一個化名。史達林對這個化名有特殊的感情，只有最親近的同志能用這個名號稱呼他。

既然青年史達林沉迷於帶有喬治亞民族色彩的浪漫反抗行為，提筆寫詩也不意外。神學院第一學年結束時，約瑟夫帶著自己寫的詩來到一家喬治亞報紙的編輯室。一八九五年六月到十二月間，史達林有五首詩作獲得刊登。隔年夏天，他的某首詩作甚至獲得另一份報紙青睞。這些詩皆以喬治亞文寫成，歌頌效忠祖國、服務人民的精神。在史達林成為蘇聯領袖後，他的詩句被譯為俄文[12]，不過史達林作品全集並未收錄這些作品。無庸置疑，史達林自己知道這些幼稚而平庸的詩句只會破壞「堅定革命者」的形象。

青年史達林的文學天賦如何，讀者可自行判斷：

雲雀在雲端
引吭高歌。
夜鶯振奮地說：
「繁盛昌榮吧，
美麗的土地！
雀躍歡騰吧，
喬治亞人的國家！
而你呢，喬治亞兒女，
用知識為祖國爭光吧！」[19]

然而，這樣的句子雖然不會為獨裁者史達林加分，但它們表現了神學院學生朱哈什維利

11 譯註：卡茲貝基（ალექსანდრე ყაზბეგი（喬治亞文），Alexandre Kazbegi, 1848 – 1893）喬治亞文學大家，出身貴族，作品富批判性，多觸及個體與社會傳統的衝突。《弒父者》為其代表作。

12 譯註：事實上，以俄譯評斷原文為喬治亞文的詩作水準如何易失公允，兩個語言的差異很大，例如，根據現行的語言學分類，俄語屬印歐語系（Indo-European languages），喬治亞語則屬卡爾特維利語系（Kartvelian languages）。又或者以讀者熟悉的中文而言，詩作譯成俄文，恐怕就連李白都難以「成仙」。

素樸的想法。「效忠祖國」、「服務人民」的理想對親近民主價值的知識分子而言十分自然，而青年史達林不過是效法他們。神學院三年級時，約瑟夫決定將自己模糊的理想情懷與衝動化為具體行動，他加入一個讀書會，那是神學院學生的非法社團。不只如此，他還成為這個團體的領導之一。社團成員會一起研讀、討論政府當局許可，但神學院禁止的書籍。神學院的操行紀錄顯示，一八九六年底及一八九七年初，學生朱哈什維利遭舉發閱讀禁書，其中包括法國作家雨果的著作。[20]可想而知，自從加入這個社團後，約瑟夫的學習狀況及德行成績越來越差。

漸漸地，約瑟夫的「異端」思想越來越激進。他不再寫詩，倒是對政治熱衷了起來，而且社團活動已不能滿足他的需求。秉持一股「幹實事」的熱誠，他開始親近社會民主主義，著迷於馬克思學說，甚至參加鐵路工人的非法集會。根據官方版傳記的說法，一八九八年八月，約瑟夫．朱哈什維利還在神學院就讀時，就加入社會民主主義組織，並在為數不多的工人社團中負責宣傳工作。

事實上，青年朱哈什維利雖然熱愛馬克思主義，但並未深入了解它。對這位神學院的年輕學生來說，馬克思主義別具意義——它訴諸普世性、通則性，其論述幾乎帶有宗教色彩，填補了這位年輕人因對宗教信仰失望，而亟欲填補的思想空洞。由於信仰歷史必然性，信奉人類發展最高階段——社會主義的歷史終極性，參與革命鬥爭似乎也成了帶有特殊歷史意義的行為。話說回來，對馬克思主義的濃厚興趣並不會讓年輕朱哈什維利明顯地與眾不同，因為這套政治學說有一定的「流行度」，其信徒頗眾，且來自社會不同階層。

至於是誰親身影響了約瑟夫・朱哈什維利，無庸置疑，其中包括神學院的學長、革命分子及從帝國不同地區被流放到提夫里斯的「滋事者」。科茲霍維利是其中最常被提到的一個。這是一位年輕的革命者，約瑟夫還在同樣的革命道路上摸索時，他已經一步步邁向自己的目標。科茲霍維利在被提夫里斯神學院開除後，輾轉入基輔神學院就讀，但也是在那裡因為持有非法文字作品而遭到調查。要不是沙皇尼古拉二世為了慶祝登基，舉行大赦，科茲霍維利大概難逃司法制裁。他離開基輔後先到提夫里斯，再到巴庫[13]。作為一個意志堅定的革命分子，科茲霍維利積極運作地下活動，更設了間非法印刷廠。一九〇三年，他被監獄的值班警衛射殺。根據革命圈子流傳的說法，他被射殺是因為對著牢房窗戶高喊革命口號。顯而易見，與這類人物交手對年輕約瑟夫・朱哈什維利的革命養成頗有助益。[21]

約瑟夫在神學院的最後一學年（一八九八／一八九九）是他開始與社會民主主義者走近的那段時間，也是他以行動昭告自己與舊生活決裂的時間。他的行為足以讓旁人認為，他進

13 譯註：巴庫（Baku）是亞塞拜然首都，裡海最大的港口城市，是十九世紀帝俄發展工業化的重鎮，瑞典的諾貝爾家族於十九世紀下半即在此開採石油。

入神學院以來所累積、壓抑的不滿情緒和反抗衝動已沖破閘口，傾瀉而出。神學院的操行紀錄簡直成了學生朱哈什維利的抗爭編年史。九月，學生朱哈什維利遭舉發對同學朗誦禁書選段；十月，學生朱哈什維利分別因缺席禱告活動、敬拜儀式期間行為不佳、過晚收假，三度被關禁閉。接下來的幾個月，約瑟夫持續因各種不當行為而遭到訓斥、關禁閉的處置。[22]

一八九九年一月，約瑟夫因為與神學院管理階層發生嚴重衝突，被禁足一個月。歷史學者奧斯特洛夫斯基認為，衝突起點是約瑟夫·朱哈什維利的某位同窗在一九三九年出版的回憶錄中所描述的某個事件。[23]根據那位同窗所述，神學院督學在搜查學生朱哈什維利的房間時發現幾本禁書。在關鍵時刻，另一位在場的學生柯巴奇安尼撲向督學，把書從他手中打掉，然後和朱哈什維利一起快速把書收集起來，迅速離開現場。[24]這些回憶錄內容雖然留傳甚廣，可信度卻有待商榷。首先，根據一八九九年的操行紀錄，柯巴奇安尼在事件當時的作為與他自承的內容，明顯地有出入。[25]在督學檢查學生物品時，被沒收的是柯巴奇安尼抄錄禁書內容的筆記本。他請求督學歸還筆記本，但督學不允，此時柯巴奇安尼才猝不及防地自對方手中奪下筆記本，並把它丟到廁所。接下來很快地，有人向神學院院長報告衝突經過，柯巴奇安尼則是被關在禁閉室數小時作為懲罰。

操行紀錄也記載，「柯巴奇安尼事後深深懺悔」，他承認自己犯了錯，同時祈求原諒。學生約瑟夫·朱哈什維利並沒有在這起衝突事件中扮演任何角色，就操行紀錄看來是如此。我們只能確定一件事：一八九九年一月，朱哈什維利被禁足一個月，而他的同學柯巴奇安尼在那時被開除了學籍。[26]從罰則的輕重差別，我們可以推斷學生約瑟夫應該是因為另一件事被罰，不然就是他在「筆記本事件」中並不是多重要的角色。

一九五一年六月，柯巴奇安尼寫了封信給如今已位高權重的昔日同窗：

梭梭同志！如果您知道，我現在處境有多困難，我相信，您一定不會不關心我的。我老了，沒有收入，需要別人幫忙（…）梭梭同志，在某方面，您欠我一個人情。我想，您應該還記得，我從神學院督學手上搶走（…）禁書，而禁書是在搜查您的抽屜時發現的。因為這件事，我被神學院退學（…）當然，我沒有要自誇自大的意思（…）因為生活實在太過艱苦，我禁不住想起這件事。請您幫幫忙，梭梭同志！[27]

這封信被直接交到史達林手上。現有的歷史文件沒告訴我們，柯巴奇安尼是否得到協助，或是什麼樣的協助。不過，信件內容提供了一些理解一八九九年神學院「筆記本事件」的線索。柯巴奇安尼毫無疑問是讀了一九三九年出版的記述，因此配合演出，為了不破壞史達林的「英雄形象」，將筆記本換成「禁書」，罪魁禍首也由自己變成朱哈什維利。值得注意的是，柯巴奇安尼十分篤定地宣稱自己是在沒有「梭梭同學／同志」的幫忙下，把筆記本從督學手上搶過來的；此外，他也以同樣肯定的語氣描述「梭梭」與「筆記本事件」的關聯，深信如今的政治強人的確對他有所虧欠。無論如何，神學院學生約瑟夫看來是和「筆記本事件」有直接關聯。我們或許可以推斷，柯巴奇安尼銷毀的筆記本是朱哈什維利同學所有。但不管怎樣，筆記本究竟是誰的應該在事件調查過程中就可水落石出，除此之外，朱哈什維利看來是沒幫柯巴奇安尼搶救所謂的禁書。蘇聯官方認可、宣傳的故事版本不過是眾多與強人崇拜有關的傳說之一，而且還是屬於「無害」的那種。

話說回來，就算沒有這場衝突，年輕的朱哈什維利在神學院管理階層眼中的錯處也是夠多的了。一八九九年五月，他被正式退學，官方說辭是「因為不明原因缺考」。但與此同時，他在神學院修業四年證書中[14]的操行成績竟然是「優」！[28]更早期的史達林傳記作者已注意到「神學院退學事件」有許多撲朔迷離的細節。史達林自己則偏好宣稱他之所以被神學院「掃地出門」，是因為他「大力宣傳馬克思主義」。他的母親葉卡切林在某次訪談中堅稱，因為兒子「健康欠佳」，她讓兒子中止學業。[29]我們不能排除神學院的官方說法、史達林的版本，還有他母親的說辭其實是反映了真實情況的不同面向。神學院的管理階層當然不喜歡麻煩人物，但同時也不想把場面搞得太難看。約瑟夫則不覺得神學院有什麼好留戀的。可以說，神學院與學生約瑟夫算是「好聚好散」：院內少了一個問題人物，被退學的學生則拿到好看的修業成績。至於事件能有這樣幾近「皆大歡喜」的收尾，很有可能是葉卡切林的功勞，她或許曾向神學院的管理階層求情，也怨嘆兒子的健康狀況實在每況愈下。總而言之，學生約瑟夫的確是被神學院「掃地出門」，但「掃出」過程平和，而且只要前學生願意「改過自新」，被「掃回」的可能性也不是完全沒有。只是前學生似乎對被「回收」沒有興趣。

地下活動、牢獄，以及流放

有了神學院修業四年的證書，約瑟夫・朱哈什維利大可進入教會體系工作，或擔任小學教師。[30]不過，這些人生選項意味重回舊生活，而這並不是他想要的。約瑟夫持續參與革命團體。一八九九年底，因為朋友的幫忙，他順利進入提夫里斯氣象站任職，擔任監測員的工作。監測員必須持續監控大氣環境指數，因此不得不以站為家。話說回來，這樣的工作不但提供收入，還解決了住宿的問題。

朱哈什維利屬於社會民主主義者中比較激進的一派。這一派不屑進行合法的宣傳活動，鼓吹組織罷工及其他集體抗議行動。青年史達林的激進態度並不令人驚訝，畢竟他在神學院就有反抗體制的經驗，更何況他才二十二歲，年輕氣盛，熟人圈裡還有像科茲霍維利這種「赴

14 譯註：在史達林就學的年代，神學院的課程一般以六年為期。

湯蹈火，在所不辭」的革命分子。

工人群體間不斷升溫的不滿情緒無疑為激進分子帶來莫大鼓舞。一九〇〇到一九〇一年間，提夫里斯發生一連串罷工行動，政府當局因此加強鎮壓及控制手段。為了避免遭到逮捕，朱哈什維利放棄在氣象站的工作，轉入地下活動。這是未來一國領導者人生的關鍵轉折：他成為徹底的職業革命者。

在此不得不提，雖然俄羅斯帝國各流派革命分子的個人命運殊異，但在許多方面，他們可說是「異中有同」。例如，在對既存體制的憤恨和反抗它的決心相互激盪到一個高點時，他們選擇與尋常生活決裂，潛入地下。在俄羅斯帝國，類似的忿恨不滿和推翻體制的堅強決心絕非稀有現象。專制體制與社會不公義是孕育抗爭者的溫床，而當局每一次的迫害只會帶來更激烈的反抗。約瑟夫．朱哈什維利對體制的恨意應該是被神學院內的濫權無法與蒙昧無知激發出來的，接著因為政治宣傳與革命學長的激憤行為滋養而壯大。至於革命事業所需的決心，約瑟夫．朱哈什維利一直以來都是性格堅毅，這與他的社會出身也有關係。他的出身讓他沒什麼好捨不得放棄。

許多論者在分析史達林的革命及殘忍性格時，會提到他生長的俄羅斯帝國邊疆有其特殊文化和氛圍，而這對他的人格養成不無影響。例如，美國歷史學者李博就稱史達林為「邊界人物」（Man of the borderlands）。[31] 高加索地區是個社會與族群矛盾持續升溫的大鍋爐，也是新興工業與氏族傳統的綜合體，而史達林不可能自外於這些因素。巴別洛夫斯基就曾寫過，史達林與他同樣來自高加索地區的革命同志「將高加索邊疆的暴力文化、血腥復仇與對『榮譽』的過時想像引進黨內，散播到帝國中心與其他地區」。[32]曾在外高加索（譯註：即南高加索）社會民主黨組織工作的著名歷史學者尼可拉耶夫斯基也提出證據，支持類似意見。革命前，尼可拉耶夫斯基曾與史達林見過幾次面。根據他的說法，史達林當時在革命圈的風評是「極其惡毒、報復心強烈的人物」，為在黨內鬥爭中勝出，「無所不用其極」。不過，史達林在社會民主黨圈子的反對者中，許多人也有類似的人格特點。與尼可拉耶夫斯基討論相關問題的人認為，這是「高加索道德觀入侵黨內鬥爭」的結果。[33]

以地域性的思維特點作為立論基礎無可厚非，也有其合理性。艱苦的生活與俄羅斯帝國邊疆的悲劇性命運正是造就這種思維的客觀條件。不過，我們也可以說，整個俄羅斯帝國就是一個大邊疆，是各類殊異因素的交會處——亞洲與歐洲、振奮人心的現代化過程與漸次崩壞的傳統生活秩序、城市與鄉村、專制主義與對民主的追求、掌權者的蒙昧無知與革命分子的偏執嗜血。因此，所謂的高加索「特色」不過是俄羅斯帝國整體的極端主義與暴力文化「常態」的一部分，它頂多只是推進相關現象的傳播而已。無論如何，年輕朱哈什維利必須為自己的選擇與人生方向負責，社會環境並不足以為主觀行為辯護。畢竟，「投身革命」是他的自主決定。

當然，革命分子的樣貌多元，不少人是因為年輕氣盛，受激情影響而毅然走向革命道路。史達林大概不是這麼感情用事的人。但不可否認，沒有必要的情感衝動，就沒有革命。我們或許可以稱史達林為「精於算計的革命者」。這類革命者能有條不紊，甚至謹言慎行地堅定貫徹自己的政治信念，推動革命向前，且在革命成功後，穩穩占據權力位置。堅毅和謹慎、偏執與憤世嫉俗在這些人身上的調和程度正好足以讓他們百折不摧，身經無數革命的危險關卡仍能明哲保身。

在提夫里斯憲兵處針對當地社會民主主義組織所做的監視紀錄中有這麼一筆：「約瑟夫．朱哈什維利行事十分小心，走路時還不斷觀察周遭。」[34]的確有一陣子，朱哈什維利能成功躲過任何逮捕行動。對地下政治活動參與者而言，這是極大優勢。當時，許多社會民主主義者身陷囹圄，機警的朱哈什維利卻成了提夫里斯地下政治組織的領導人之一。很有可能是為了躲過又一次的逮捕危機，他甚至從提夫里斯遷居至巴圖母[15]。當時的巴圖母是石化工業重鎮，朱哈什維利及其同志積極的政治宣傳活動也對工人產生了影響，導致當地一連串的罷工及示威活動。

當局對此反應強烈。一九〇二年三月九日，在工人企圖強攻他們同志被關押其中的監獄時，軍隊開槍了，總計死亡十三人，傷者數十人。相關事件撼動輿論，而作為主事者之一的朱哈什維利被逮捕了。

為逃避刑罰，他否認了自己的罪行。他堅稱自己事發當時根本不在巴圖母。他在獄中寫信給他的母親、朋友和親戚，請求他們為他提供不在場證明，並做偽證，聲稱他在三月中以前都在哥里。[35]可惜，信件落入警方手中。即便如此，執法機關仍無法證明朱哈什維利直接參與監獄暴動的組織工作，只是對他在提夫里斯時期的陳年往事有了一番認識。

監獄暴動事件的調查過程冗長緩慢，待在牢房裡的約瑟夫日益焦慮憔悴。他試圖加快事情發展的速度。一九〇二年十月和十一月，他在被捕的七、八個月後寫了兩封請求信到高加索總督署。他聲稱，母親「咳嗽日益嚴重，幾乎讓她喘不過氣。被丈夫拋棄、一人苦撐家庭十二年的母親已年老力衰。我是她人生唯一的支柱了」。朱哈什維利以撫養母親為由，並以自願接受警方監視為條件，請求總督釋放他。「懇求總督不要對我的請願視而不見。請回覆。」一九〇三年一月，約瑟夫的年邁母親葉卡切林親自出馬，請求當局釋放她的兒子。她在俄文的聲明書上用喬治亞文簽了名。聲明書上說，她的兒子「為養活自己和母親，努力工作，沒

15 譯註：喬治亞文為「ბათუმი」，音近「巴圖米」，歷史上曾有過不同名稱，一八七八到一九三六年為「巴圖母」（Batum），一九三六年至今為「巴圖米」，是位於黑海沿岸、喬治亞西南部的港口城市，歷史悠久，是歷史文化、經濟和旅遊重鎮。

有時間，也沒有機會參與謀反和騷亂」。[36]

可惜，事與願違，這些懇求並未發揮作用。約瑟夫還得在監獄受苦受難一段時間，忍受剝奪和壓迫感。一直到一九〇三年秋天，被捕一年半後，他才終於脫離囚牢——不過，這是因為他被流放到東西伯利亞了。過沒多久，朱哈什維利在一九〇四年初就逃離了流放地點。這倒沒什麼好奇怪的。當然，逃亡前有一系列準備工作得做，相關行動也得有堅強的性格、足夠的體能支持。即便如此，由於戒護鬆散，許多革命分子都能相對輕易地逃離服刑地點。史達林就這樣上了人生的第一堂流亡課，而相關的「啟發性」經驗也將在未來派上數次用場。

逃出西伯利亞之後，他回到了外高加索。有資料顯示，重回外高加索的頭幾個月，黨內同志為排除他與當局祕密合作、以便在革命圈挑撥離間的可能性，對他特別提防，同時也嚴加觀察。[37]同志的疑慮並非毫無根據，畢竟外高加索一帶的確有越來越多社會民主主義者被捕。不過，大規模逮捕行動雖然起先讓朱哈什維利活在叛徒嫌疑的陰影中，接下來卻助他在地下組織內「步步高升」。因為許多人遭到逮捕，組織人員不足，朱哈什維利就趁勢被推舉進入外高加索社會民主黨組織的領導委員會。當然，他在地下組織的地位提升也與他積極任事、不乏筆戰能力有關。至於革命圈內盛傳的「朱哈什維利與警方合作」一事，最終仍未獲證實。

值得注意的是，在朱哈什維利坐牢與流放西伯利亞的兩年間，俄羅斯社會民主黨經歷了重要變化，形式上還是同一個政黨，但內部實際上已分成支持列寧、較激進的布爾什維克派，以及相對溫和的孟什維克派。列寧認為，社會民主主義者必須建立一個擁有高度戰鬥力、團結一致、作為革命武器而存在的地下政黨。他的看法是，勞動者雖然是革命的中堅力量，卻無法靠自己的能力打造正確的革命思維，必須接受專業革命者的指導。列寧提出這樣的說法是為了加快革命時程和「人類社會的歷史進程」。另一方面，孟什維克一派則認為，政黨可以更有彈性，不只吸收行動者，也可讓其他想法接近的人加入行列。他們對勞動者比較尊敬，也不像布爾什維克派那樣凸顯自己的「導師」角色。這個策略的立論基礎是革命過程必須是循序漸進、局部推展的，在建立社會主義的必要客觀條件成熟以前，不宜躁動。年輕的朱哈什維利當然是站在列寧這邊，畢竟列寧的極端主義和熱切的行動號召，比溫和的孟什維克有吸引力多了。另一方面，我們不可忽略個人利益這個重要因素。他自己就是黨內的知識分

青年史達林，革命者，1900年代早期。
來源：俄羅斯國立政治社會史檔案館。

子，因此自然大力鼓吹由職業革命者來領導勞工運動。[38]擔任集體的領袖、領導群眾——知識分子參與革命，為的不就是這個嗎？史達林因而在許多文章中熱烈宣傳列寧教條。

一九〇五年，第一場俄國革命爆發。起先，它加深了布爾什維克與孟什維克之間的嫌隙，但後來卻創造了克服內部分裂的條件。原本意見不合的黨員為了對抗共同敵人——政府當局及其好鬥的支持者——團結了起來。隨著國內的政治對抗升溫，革命正反雙方也越來越暴力和殘忍。外高加索地區因為有嚴重的社會與族群矛盾，情況更為嚴峻。出於慣性反應，政府當局面對騷亂還是用了武力鎮壓這個老方法。其結果是，革命參與者對專制政權的支持者動輒殺戮，還縱火破壞企業設施。而在暴力橫行、腥風血雨之際，各類族群仇恨暴力事件頻傳。孟什維克與布爾什維克都建立了自己的武裝部隊，也廣泛使用恐怖手段遂行政治目的。[39]朱哈什維利非常積極地參與行動。他去了喬治亞許多地方，策畫一系列罷工與集會遊行，還寫了不少宣傳單張與文章，組織地下印刷廠與武裝部隊。漸漸地，他成了外高加索布爾什維克主義者的領袖之一。

一九〇五年十月，在革命壓力下，沙皇讓步。俄羅斯帝國有了國會，也就是國家杜馬（State Duma）。政府宣告，人民擁有政治自由，也就是信仰、言論、集會及人身自由。然而，縱使沙皇做了讓步，革命仍持續發展。這樣的情勢——一方面體制鬆綁了，但另一方面社會反抗力度不減——迫使正反雙方，也就是沙皇與革命人士，皆須有相對的應變措施。在基層的強力要求下，布爾什維克與孟什維克同意和解。看起來，黨又團結一心了。然而，對外高加索的布爾什維克人，包括朱哈什維利來說，這和解並沒給他們帶來任何好處。孟什維克一派在外高加索的革命組織處於領導地位，朱哈什維利與其他布爾什維克人「備受屈辱」。一九〇六年四月，黨的「團結大會」於斯德哥爾摩舉行。會前，在各地與會代表選舉上，朱哈什維利是外高加索布爾什維克陣營中，唯一的勝出者。這還不夠屈辱。一九〇七年五月，布爾什維克與孟什維克預計在倫敦舉辦共同大會。最初，根據地方票選結果，外高加索的與會代表清一色是孟什維克人。布爾什維克陣營見此只好在黨內強推補選案，以便至少有一位「自己人」能到倫敦參與大會。這位「自己人」就是朱哈什維利。

無庸置疑，到西歐國家參與黨大會讓朱哈什維利的眼界、政治想像和人際網絡較昔日寬廣。有資料顯示，在前往一九〇七年倫敦大會的路上，他在柏林與列寧碰過面。[40]回程途中，他在巴黎逗留了幾天。在巴黎期間，他住在一位大學生，同時也是同鄉邱奇亞那兒。後來，他是拿著邱奇亞已故友人的護照入境俄羅斯的。這本護照讓朱哈什維利行動起來較以往安全方便，畢竟他已經被警方監控了。四十年後，一九四七年五月，住在列寧格勒的邱奇亞突然向史達林提起了陳年往事：

一九〇七年年中，您在我住處停留幾天後，我送您到巴黎的聖拉查車站，您對我表示：「我永遠不會忘記你的協助。」（您指的是我讓出護照一事〔…〕）現在，我非常需要您的關注。懇請您撥冗五至十分鐘，讓我能與您見上一面（…）。[41]

這封信最後直接被「歸檔」處理。

史達林不常回想自己在國外的見聞。我們不清楚他在歐洲看見了什麼，又怎麼理解所見的人事物。他是否曾從國外為年輕的新婚妻子葉卡切林．斯望尼澤和剛出生的兒子亞可夫帶過禮物？[16]他和葉卡切林甫於一九〇六年七月結連理，兒子在一九〇七年三月，他動身前往倫敦參加黨大會前夕呱呱墜地。比較有可能的狀況是，朱哈什維利滿心只想著革命這回事。

就在朱哈什維利從西歐回來後不久，一九〇七年六月十三日，提夫里斯爆發俄國革命史上著名的郵局武裝搶劫事件，其策畫和執行者為外高加索布爾什維克主義者。武裝搶劫事件難免有死傷，但卻讓布爾什維克陣營進帳頗豐——「戰果」總計二十五萬盧布。這場行動的首領是朱哈什維利的好友德－彼得羅湘，外號「卡莫」。由於兩人走得很近，研究者有理由認為，史達林不但是這場掠劫行動的謀畫者，也是執行者，雖然缺乏確切證據支持這個說法。[42]著名的社會民主主義運動史家尼可拉耶夫斯基在仔細研究了事件脈絡後提出這樣的看法：朱哈什維利不但對卡莫小組的動向十分清楚，而且還是他們「在地方黨組織內的掩護」，但他「絕非其領導人」。尼可拉耶夫斯基找到一份文件，其內容顯示，卡莫是直接與布爾什維克的國外領導中樞聯繫的。這份文件是「掠劫執行協議」，其簽署人不是朱哈什維利，而是卡莫及以列寧為首的布爾什維克國外領導中樞。[43]

整體而言，除了豐碩的戰果，提夫里斯武裝搶劫事件並無特殊之處。在第一次俄國革命期間，本來就常發生布爾什維克及其他革命政黨劫掠公家機關，或單一個人的事件。這類行動雖然足以挹注黨務財源，卻對革命者的人格及其在社會上的聲譽造成極負面的影響。某些劫掠行動的執行者根本沒有政治動機，他們之所以接近革命圈子只不過是為了撈點好處。不過，就其行為的核心內涵而言，所謂的「良心搶匪」其實和普通罪犯並沒有什麼差別，縱使他們的犯罪是為了實現革命志業，從未將一分一毫放入自己口袋。社會民主黨的領導階層開始對此情況感到憂心。於是，在一九〇七年五月的倫敦黨大會上，經過孟什維克陣營的強力要求，與會代表通過決議：禁止黨員搶劫。作為外高加索的布爾什維克代表，朱哈什維利也在大會現場。不過，這個決議對列寧及其支持者而言沒有任何約束力，他們也不打算取消提夫里斯的武裝搶劫計畫。諷刺的是，倫敦黨大會才剛落幕，提夫里斯武裝搶劫事件也「大功告成」。社會民主黨內一陣譁然，發生激烈的爭辯。提夫里斯的孟什維克人再度大力批判朱哈什維利，畢竟大家都知道，他和卡莫走得很近。朱哈什維利只好暫時離開提夫里斯，到巴

16 譯註：關於葉卡切林·斯望尼澤和兒子亞可夫的詳細內容請參見本書「家庭」一章。

庫避風頭。

在巴庫的社會民主主義組織內占上風的也是孟什維克一派，不過組織內還有一群堅實的列寧支持者，而他們就是朱哈什維利的靠山。巴庫是工業大城，有充分條件供布爾什維克人一面在勞工階級間進行革命工作，一面與政治對手鬥爭。朱哈什維利在巴庫的黨組織內設法造成離間，其結果就是布爾什維克一派搶到了黨領導中心。可惜的是，他個人的悲劇替這場政治勝利蒙上了陰影——約瑟夫．朱哈什維利的年輕妻子葉卡切林在巴庫過世了。年幼的兒子被託付給妻子的親戚。他的父親沒有心思照顧他。

革命維持了近兩年。統治階級的確受到驚嚇，卻也學到了教訓。沙皇政府妥協了，俄羅斯變得自由了一些，也有了國會，雖然這個立法機關的力量仍十分薄弱。此外，政府也推行農業改革——這對俄羅斯尤其重要，因為農民構成其人口大多數，而這大多數長期壓抑的不滿一旦爆發，就能對政權構成重大威脅。

歷史學者至今仍對俄羅斯若持續走「改革」而非「革命」路線，其歷史發展可能會是如何，爭論不休。無論如何，俄羅斯顯然在改革道路上行進的時間長度還不足以讓它充分展現相關政策的具體成效。不過，執政當局雖然對人民讓步了，卻也同時加強對付革命地下組織，加緊「端正社會秩序」。朱哈什維利也是這波整肅運動的眾多受害者之一。一九〇八年三月，他再度被捕。就跟第一次被捕一樣，他否認罪行。他堅稱自己不屬於任何革命政黨，而且長年待在國外。[44]可惜，執法機關不吃他這一套。在監獄待了七個月後，他被流放到沃洛格達省[17]。在流放地點苦撐了四個月，史達林又逃走了。一九〇九年夏天，他回到了巴庫。

巴庫情勢複雜。當地的社會民主黨組織充斥臥底的警察和間諜。一連串的失敗和逮捕讓革命同志對彼此懷有戒心，且一旦情緒升溫，衝突及相互指責自然不可避免。就是在這段重返巴庫的日子，史達林又被懷疑與警方合作。一直到現在，關於革命青年史達林曾與警方祕密合作的傳聞仍不時浮上檯面。大多數歷史研究者認為，史達林不太可能過著雙面生活，檔案開放後，相關資料也支持這樣的看法。沒有證據顯示史達林曾與警方合作。對史達林做出相關指控的人，其引用的關鍵文件後來被證明是偽造的，是大革命後，由海外俄國移民圈捏造的。[45]

的確，若青年史達林真是警方派遣的間諜，那他也未免太常出入監獄，更不用說被流放了不只一次。一九一〇年春，他又被逮捕了。這一次，史達林面對的是嚴刑峻法的威脅。警方要求將他流放至「西伯利亞最偏遠的角落」五年。為躲避刑責，朱哈什維利又故技重施，以健康不佳和缺乏重大犯罪事證為理由，請求相關單位「法外開恩」。為表現其努力向善的

17 譯註：沃洛格達省（Вологодская губерния, Vologda province）位於歐俄北部，其中心城市沃洛格達與莫斯科市的直線距離約為四百零九公里。

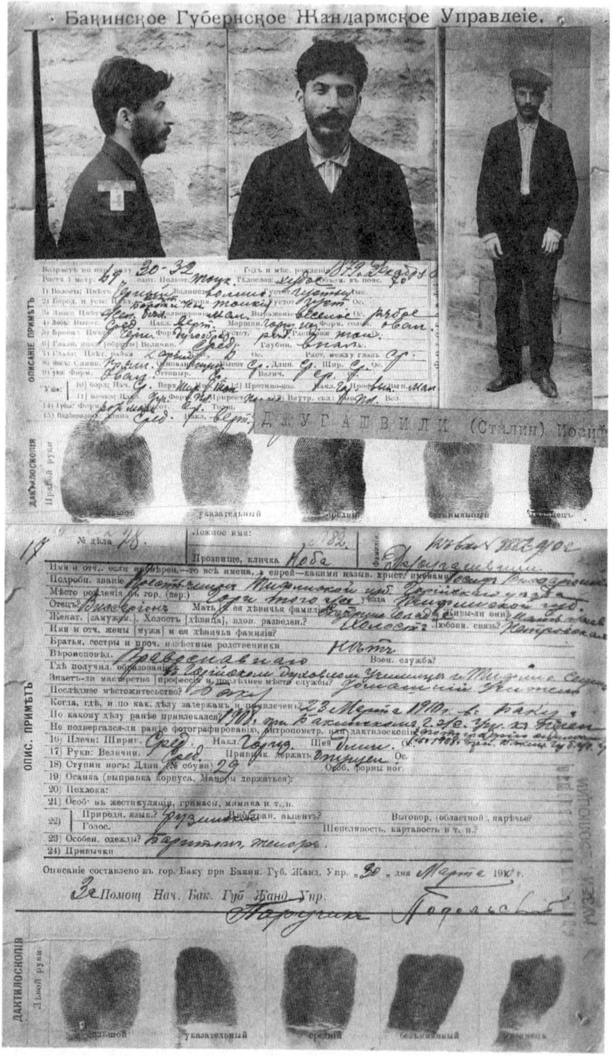

巴庫憲兵處檔案中，史達林1910年的逮捕紀錄。
來源：俄羅斯國立政治社會史檔案館。

決心，史達林請求當局允許他正式登記與同居人的關係。他們是在上一次流放時認識的。[46]很難說這些「極其低聲下氣」的懇求究竟發揮了多大作用，無論如何，一九一〇年十月，朱哈什維利不但沒被流放西伯利亞五年，還被送回沃洛格達省，繼續服完他上次的刑期。這算罰得輕了。這次，他乖乖服完了直到一九一一年七月的刑期。

在接下來的一年半，也就是到一九一三年二月，他最後一次被捕之前的這段期間，是他在大革命爆發前，地下活動「職涯發展」登峰造極的時候。他不僅成為布爾什維克陣營的頭號人物之一，還在一九一二年進入列寧政黨的中央委員會。這件事至少造成兩個後果。一方面，史達林不再回外高加索進行定點工作了，而是踏遍整個俄羅斯，也常在聖彼得堡和莫斯科兩大城逗留。另一方面，警方對他的監控更緊了。他被逮捕了好幾次，反覆被判刑流放沃洛格達省和西伯利亞地區。不過，無論流放地點為何，他總是有辦法脫逃。史達林除了從事革命地下工作，也發行布爾什維克報刊、寫文章，和國家杜馬的布爾什維克代表保持聯繫。他成了列寧極度親近的革命同志之一。列寧這位布爾什維克人的首領當時仍流亡海外，且亟需一個在俄羅斯境內的窗口、忠實的夥伴。青年史達林拜訪過列寧幾次，參加他在國外主持的會議。一九一三年初，他在維也納滯留數星期，耕耘一篇與族群問題有關的文章。列寧對這篇文章表現出高度興趣，史達林在文中表達了對列寧觀點的支持，也鼓吹俄羅斯社會民主主義者團結一心，勿以族群差異為基礎劃分你我、建立地方派系。

史達林自己就是這類國際主義思維的榜樣。他視自己為全國性的政治人物，那些年輕歲月的民族主義式悲憤與浪漫情懷、有外高加索色彩的社會民主主義過往，都被他遠遠拋在腦後。朱哈什維利徹底「轉型」為史達林了。「史達林」，這個俄語風格化的名號象徵出身喬治亞的朱哈什維利視自己為大俄羅斯革命運動的一員。就在他大步往布爾什維克中央領導層邁進的時候，朱哈什維利開始自稱「史達林」。[18]

作為一個知名的布爾什維克人，史達林是靠穩紮穩打在社會民主主義圈取得自己的地位和聲望的。他有組織才能，論述能力也有一定水準，勇敢、果斷、堅毅、不裝腔作勢、應變能力強，還有他對列寧十分忠誠。就連社會民主主義運動在第一次俄國革命被執政當局強力鎮壓、經歷重大危機之際，史達林對黨仍是不離不棄。社會民主主義運動曾因地下組織人員遭到大規模逮捕、警方臥底人員和間諜充斥、經費不足而瀕臨潰散。一九一三年三月，一名滲透進巴庫社會民主主義組織的警方祕密人員對上級報告：「委員會目前沒有任何活動。」[47]二月，在帝國的另一頭，史達林於聖彼得堡被捕。他是被黨內同志出賣的。這位同志是布爾什維克領導人之一，最受列寧信任的馬林諾夫斯基。事實上，馬林諾夫斯基已經和警方合作很多年了。[48]

在西伯利亞的四年

一九一三年六月，約瑟夫・朱哈什維利被判流放至西伯利亞的圖魯漢斯克邊區[19]四年。這將是史達林一生中最後一次，卻也是最嚴酷的流放。圖魯漢斯克邊區非常不適宜人居。史達林在流放頭幾個月所寄出的信中，盡是抱怨自己貧病交迫、哀求親朋好友協助：[49]

這麼可怕的遭遇，對我來說，應該是頭一遭。我沒錢，天氣變冷後（零下三十七度），還開始莫名其妙地咳嗽，我整個人病懨懨的，沒有一點乾糧、糖、肉或煤油可用（所有錢都被拿去另作花費和買衣鞋）。（…）我了解，所有人，尤其是你，都沒時間管這些事，但，該死，除了你，我沒人可找了。我（…）可不想死在這裡。這件事必須今天就辦好，馬上把錢電匯過來，因為再等下去、再餓下去，我可能就不行了：我已被折磨得又病又虛弱憔悴。[50]

18 譯註：革命者朱哈什維利在政治活動中使用過數個化名及筆名。他在維也納寫就的與民族問題有關的文章是他第一篇以史達林為筆名公開發表的作品。史達林（Сталин, Stalin）源自俄語「сталь」，音近「stal」，意指「鋼」。

19 譯註：圖魯漢斯克邊區（Туруханский край, Turukhansk region）位於東西伯利亞，今克拉斯諾亞爾斯克邊區（Красноярский край, Krasnoyarsk region）北部。十八到二十世紀初為刑事犯或政治犯流放、勞改之地。

我的匱乏狀態隨著時間過去只是有增無減。我坐困愁城，灰心絕望，還生了病，開始可疑地咳嗽。必須喝牛奶，但……錢呢？沒錢。親愛的，如果妳弄得到錢，馬上電匯過來。我沒有力氣等下去了。[51]

說實在的，史達林在最初一段時間是有可能重獲自由的。黨的領導層決定為他及另一位同志——思維爾德洛夫安排一場逃亡。不過，執行這計畫也是需要錢的，而錢來得很慢。此外，叛徒馬林諾夫斯基也向警方洩漏消息。一九一四年三月，當局下令，史達林和思維爾德洛夫得被流放到更遠的地方，北極圈附近的庫列依卡[20]村。這還不夠，史達林和思維爾德洛夫還分別有一位「專屬」的監控者。成功逃亡的機會變得十分渺小。

這對史達林來說無疑是個重大打擊。一九一四年三月底，他寄了封憤怒的信到聖彼得堡。信裡，史達林指責同志幾個月都沒給他捎來一絲訊息。他要求同志給個明確交代：到底會不會有資金幫助他逃亡。[52]過了幾個星期，史達林突然大大改變了自己的想法。四月，他告知馬林諾夫斯基：

（…）新的省長把我轉到遙遠的北方，還把我收到的錢給沒收了（總計六十盧布）。我們還活著，兄弟……。原來，有人在散播謠言，說我不會服完刑期。胡說八道！我正式向你宣告，也鄭重以我養的狗發誓，我會服完刑期（直到一九一七年）。我曾想過離開，但已放棄這個想法，永遠放棄了。[53]

這封信有幾個疑點。如此堅決否認逃亡的企圖是出於欺瞞警方？還是史達林想藉此表現對同志的不滿？畢竟他們沒提供必要的協助。或他真的有意乖乖服完刑期，因為逃亡毫無成功的希望？史達林就此沒再提逃亡相關問題，因此他很有可能真的向命運屈服了。

在庫列依卡服刑頭幾個月發生的幾件事決定了史達林「新生活」的樣態。一開始，他先是和唯一跟自己一起服刑的同志思維爾德洛夫吵了一架。來到庫列依卡後，他們兩人被安排住在一起，不過時間不長。思維爾德洛夫在寫給別人的信中很模糊地提過和史達林爭執的內容：「和我（一同服刑——譯者註）的是喬治亞人朱哈什維利（⋯）他是個好傢伙，但在日常生活層面太過個人主義，而我還是認為必須堅守基本的規矩。因為這樣，我有時會有點焦慮（⋯）」[54]還有一些事情可以幫助我們對相關情況有更完整的了解。根據史達林第二任妻子阿利路耶娃親姊姊的回憶，史達林後來承認，他曾用各種藉口逃避住所的打理、清潔，以及照

20 譯註：庫列依卡（Курейка, Kureika）村位於當時的圖魯漢斯克邊區，在葉尼謝河（Енисей, Enisey）右側支流庫列依卡河一帶。

看爐火等工作。因此，思維爾德洛夫不得不在自己份內的工作之外，為史達林「代勞」。[55]赫魯雪夫也記得史達林向他說過幾個類似的故事：

史達林說：「我們自己做飯（…）我們主要靠抓白鮭維生，這不需要太多專業能力。我們也打獵。我當時有隻狗，我叫牠亞許卡。」當然，這聽在思維爾德洛夫耳裡有點不太舒服——他的小名是亞許卡[21]，那隻狗也叫亞許卡。史達林接著往下說：「然後呢，思維爾德洛夫吃完飯後，會洗洗湯匙、盤子，我從來不做這種事。吃完飯，我會把盤子放在泥土地上，那隻狗就會過來舔個精光。那隻狗還真愛乾淨啊。」[56]

顯而易見，類似的日常生活問題很難不引起衝突，雖然我們不能排除還有其他的原因。史達林與思維爾德洛夫後來因為許多方面的分歧太嚴重，甚至必須分開住，也停止了往來。「妳知道，親愛的，我在庫列依卡的生活條件很糟糕，而且那位和我一起服刑的同志在個人特質方面竟然是這樣令人無法忍受，以至於我們後來都不交談，也不見面了。」過了一段時間，思維爾德洛夫在給妻子的信裡如此寫道。[57]

與思維爾德洛夫分道揚鑣之後，史達林來到一戶姓佩雷普利根的人家居住。[22]這一家住著五個兄弟、兩個姊妹，都是孤兒。當時三十五歲的史達林與姊妹倆中的一個，十四歲的莉蒂亞・佩雷普利根娜發展出親密關係。這件事引發了史達林與其監督員之間的衝突——不只口頭，還包括肢體衝突。不過，警察單位高層卻站在史達林這邊——這與當時圖魯漢斯克邊區警長、奧塞堤人奇比羅夫是史達林同鄉或許不無關聯。[23]有可能，史達林和奇比羅夫間有特殊約定：只要史達林答應不逃跑，奇比羅夫就鬆綁對他的監管機制。結果，史達林不但不用為自己的不良行為負責，還獲得一位新的、比較「好使」的監管員——梅爾茲利亞可夫。[58]多年以後，一九三〇年，當梅爾茲利亞可夫因為曾在帝俄警察單位服務而受到新的共產政權迫害時，他向史達林求救：「請史達林同志告知我們的村委會，我在圖魯漢斯克邊區工作期間的確與您交好，也沒礙著您（…）。」史達林果然伸出援手。他在回信中盡可能地肯

21 譯註：思維爾德洛夫的名字是亞科夫（Яков, Yakov），俄文小名可以是亞許卡（Яшка, Yashka）。史達林在此以狗諷思維爾德洛夫有潔癖，順便羞辱他。

22 譯註：一九三〇年代末至一九六一年，以佩雷普利根一家（Перепрыгины, Pereprygniy）所住的漁夫小屋為基地，蘇聯政府建立了史達林紀念館。這座高約十二公尺，外觀宏大的建築物（小屋被「包裹」其中）由囚犯建造，外牆有大理石及雲母石裝飾，因外型與古希臘羅馬神殿有幾分相似，故有「史達林神殿」之稱。紀念館的「特殊設計」包括專用的供電站及加熱系統，以維持其室內溫暖及全天照明（紀念館在晚間也十分「耀眼」），以及有三層玻璃的大面積窗戶，每層玻璃間都有暖氣循環，以避免結冰。在史達林於一九五三年去世以前，此紀念館為共產黨各組織成員的「朝聖地」之一。一九六一年，在赫魯雪夫「去史達林個人崇拜」的政策下，紀念館正式結束運作，立於館前的史達林大型石膏雕像則被丟入葉尼謝河。

23 譯註：奧塞堤人（Ossetian）是居住在高加索地區的民族。有資料顯示，史達林的先祖中有奧塞堤人。

定了梅爾茲利亞可夫一番：「（⋯）梅爾茲利亞可夫不過是形式上盡責罷了，他缺乏警察常見的拚勁。他沒跟蹤、刺探、迫害我，也沒找我麻煩；我常常不見人影，他也睜一隻眼，閉一隻眼（⋯）。」[59]

因為梅爾茲利亞可夫的樂於配合，史達林過得還算「愜意」——至少以北極圈流放地的標準而言是如此。他繼續和莉蒂亞．佩雷普利根娜同居。傳言指出，他們兩人有個兒子。不過，這些流言有很多不清不楚、互相矛盾的地方。[60]一九三〇年十二月，當莉蒂亞的兩個兄弟因為曾於白軍服務而遭到逮捕時，他們寫信請求史達林為他們作保，並在信中提醒如今的一國之首、昔日的政治犯曾經在流刑地與他們「友好」。從檔案文獻無法看出史達林是否曾對莉蒂亞的兄弟伸出援手。[61]

由於有很多自由時間，史達林常常釣魚、打獵、到鄰村拜訪同樣被流放的同志、在住處招待客人、參加庫列依卡一帶居民的聚會。他的財務狀況穩定了些，至少夠過簡單的生活。最重要的是，他不再病懨懨了。「我回到以前的生活狀態。我感覺很好。我挺健康的——應該是適應這裡的自然環境了。這裡的自然環境相當嚴峻：三個星期前，這裡的氣溫是零下四十五度。」一九一五年底，史達林精神抖擻地在一封信中寫道。[62]

流放的日子有其特殊性，其意義包括讓史達林個性的重要特點得以顯露。他對生活的要求不多，沒有「潔癖」，也很好地適應了嚴酷的生存環境。在庫列依卡這個只有八間屋子和六十七位居民的村落，史達林注定得孤獨——至少在精神與智力活動方面。不過，各項資料顯示，在忍受精神上的寂寞這方面，史達林也發揮了良好的適應能力。原來，沒有革命，他也能好好活著，他甚至沒有從事規律性智識活動的衝動。部分反對史達林的人習於控訴他在圖魯漢斯克邊區流放期間無所作為。例如，托洛茨基就寫過：「試圖在這段既孤獨又優游的時期，找尋一點他精神生活的蛛絲馬跡，只是徒勞。」[63]確實，在史達林作品全集中有很明顯的「空窗期」——一九一三年年初到一九一七年年初這段期間的文章數是零。

話說回來，檔案館保存的書信資料提供我們較為複雜的圖像。流放第一年，或許是尚未放棄逃亡計畫，或許出於慣性，史達林仍試著工作。他寫了一篇關於族群問題的文章投稿到某份期刊。他也請求同志給他寄點書籍、雜誌和報紙。此外，流放的第一年過後，史達林還會不時在信中提到，自己正為新文章做準備，也需要更多的書。[64]不過，從各方面看來，他的熱情逐漸消散了。一九一四年，馬林諾夫斯基警方奸細的身分遭到揭發，這對布爾什維克黨人而言，無疑是個重大打擊。由於史達林和馬林諾夫斯基關係良好，甚至曾試圖透過他解決自己的某些問題，這件臭名遠播的醜聞對史達林尤其不利。情況是每況愈下。史達林投的稿最終並未在雜誌刊登。同志也不再寄來新的出版品，而史達林並沒有餘錢可以訂閱或購買讀物。一九一五年十一月，在圖魯漢斯克待了兩年後，史達林在少數寫給列寧的其中一封信中說明自己的情況：「我過得不怎麼樣，幾乎沒做什麼事。不過，在這裡能做什麼呢？這裡幾乎沒有或根本沒有正經的書。（⋯）我腦中有許多問題與議題，卻沒有材料。我手癢想做事，卻沒事可做。」[65]史達林越來越少與身處海外的黨領導人接觸了，在信中還會不時抱怨他們忘了他。列寧在一九一五年分別向不同人提出幾個要求和問題，而這對史達林而言並不光彩：「你們還記得柯巴姓什麼嗎？」、「我有重大請求：請查出（⋯）柯巴的真正姓氏（是約瑟夫・朱什麼的嗎？我們已經忘了）。」[66]

無論如何，史達林的處境反映了布爾什維克黨內的整體狀況。該黨領導幹部要不被流放，要不在海外。希望、夢想與激化政治運動的失敗嘗試，同志間和政治對手間的爭執、嫌隙——這些都是整體情況的一部分。革命前景如同革命分子的個人命運一樣充滿未知。我們不知道當時三十八歲的史達林對自己的未來有什麼樣的想像。或許，他努力不去想這個問題。

史達林的政權支柱

Опоры сталинской власти

The Bulwarks of Stalin's Power

一九五三年三月一日。白天和夜晚。近郊別墅。
護衛人員忐忑不安。

三月一日清晨，客人離開後，史達林應該是躺下睡了。我們有理由認為，他此時應該不太舒服。[1]他老了，而且身體狀況不太好。白天，他還是沒踏出房門，也沒在正常時間，也就是接近用午餐的時刻，呼叫任何一位護衛或服侍人員。一九五二年年初，史達林寓所及近郊別墅總共有三百三十五位護衛人員[2]，除此之外還有七十三人負責安全以外的服侍工作，總計有四百零八位侍從。他們在不同的地方工作，採輪班制。史達林在這侍從大軍的環繞中度過大半人生。他們跟在他身後、在他住所的窗戶下站崗、為他準備飲食、為他打掃內外，甚至在必要時刻娛樂他。近郊別墅中，史達林的主要活動空間與護衛和傭僕的房間隔著一條長長的走道。所有史達林使用的房間中都有呼叫鈴，按個鈕就能隨時傳喚他們。

三月一日清晨史達林未如常行動，而這讓護衛人員惴惴不安。他們用行話向直屬領導報告，一國之首的房間沒有「動靜」。一直到傍晚，還是沒有「動靜」。護衛人員越來越焦慮，但領導人沒按鈕，誰都不敢接近他房間一步。晚上六點過後，史達林房間內的燈突然亮了，護衛人員總算鬆了一口氣。大家進入「備戰」狀態，準備隨時被傳喚。不過，史達林並沒呼叫任何人。緊張情緒再度升高，護衛群中起了一陣爭執：誰去找史達林。沒人想扛下這任務。

護衛人員之所以猶疑不定是有原因的。當然，他們對史達林的種種樣態已習以為常，就像寂寞的史達林早已習慣他們的存在一樣（對史達林來說，僕從發揮了家人的功能）。有時候，史達林會和別墅的工作人員一起在庭園裡勞動，或圍在壁爐邊做高加索式烤肉；有時候，史達林會到廚房，躺在俄式暖爐[1]上——他用這種方式治療腰痛。然而，護衛人員和史達林之間的距離比隔開他們雙方休息空間的長廊要大得多。史達林一直讓護衛人員處於恐懼狀態，對他們也十分嚴厲。

史達林及其他黨國高階領導人的人身安全由蘇聯國安體系中的特別部門負責。最初，體系中還殘留有浪漫革命情懷時，黨國高層相對「任性」許多。例如，在一九二〇年代，史達林的妻子還能搭乘電車，而史達林雖然有安全人員隨行，卻仍可以走在莫斯科街頭，或在不採取特別的防衛措施下乘坐汽車。一九三〇年七月，史達林在索契[2]度假時，他與妻子的座車就撞上了另一輛汽車；碎玻璃還劃傷了他的左眉。[3]

一九三〇年十月，當局與「敵人」鬥爭的歇斯底里狀態持續升高，政治局裁示：「要求史達林同志即刻停止在市區步行的行為。」[4]然而，史達林對禁令置若罔聞——畢竟，他自己就編造了許多「敵人陰謀」，很清楚實際的狀況。大約經過了一年，一九三一年十一月十六日，白天，史達林在安全人員陪同下從黨中央委員會大樓步行到克里姆林，半路上和一位來自國外、持有武器的反布爾什維克組織特派員擦身而過。根據國家政治保衛總局後來向史達林及其他政治局委員報告的內容，這個巧遇太突然，以致這位反布爾什維克分子來不及動用手上的武器，卻很快就被逮捕了。莫洛托夫在國家政治保衛總局的報告上加註：「致政治局委員。務必即刻禁止史達林同志在莫斯科街頭的步行行為。」[5]我們不知道史達林是否接受了這樣的要求。我們甚至無法確認，這個意外事件是否為挑釁，也就是刻意安排的結果。

一九三三年，史達林在南方度假期間也遭遇了一些危險事件。[6]八月，又是在索契，他的座車和一台酒駕的貨車相撞；史達林沒受傷。九月，在黑海，史達林搭乘的遊覽船隻被岸

1 譯註：俄羅斯、烏克蘭及白俄羅斯地區的傳統大型爐灶，主要用於烹煮及保持室內溫暖，某些爐灶附有可供躺臥的平台，大者可同時容納數人。

2 譯註：索契（Сочи, Sochi）位於黑海東北岸，克拉斯那達爾邊區（Краснодарский край, Krasnodarsk region）境內，屬亞熱帶氣候區，旅遊資源豐富：高加索原始林、海景、沙灘、溫泉……等等，為俄羅斯最大的休閒度假城市，也是舉辦國際性活動的熱門地點。

上開火的步槍攻擊；子彈飛向海面，船上無人受傷。經事後查驗，開槍的是沿岸巡防，因未被及時告知可能會有「高階遊客」經過，而鑄成意外。

情勢在基洛夫於一九三四年十二月一日被殺後徹底改變。[7]史達林利用這個悲劇，逐步展開對黨內昔日異議分子的清算。這些異議分子要不被控謀害基洛夫，要不被「揭發」計畫對其他蘇聯高階領導人，主要是史達林，進行恐怖攻擊。一九三六到一九三八年間，政治整肅的恐怖陰影籠罩了蘇聯偌大的領土，受害者有好幾十萬人。史達林漸次「處理」掉那些他懷疑政治忠誠度不足的人。其中，國家安全體系也是相關「清理」工作的重要目標之一，國安人員也像其他人一樣，受到恐怖統治打擊。一九三七年四月，史達林的侍衛長被捕，而且很快遭到處決。在他之後，一九三七到一九三八年間，換了兩任侍衛長——一位自殺，另一位則是被處決。一九三八年年底，負責蘇聯領導人人身安全的安全部門開始由弗拉西克領導。[8]這個人沒受過什麼教育，但執行力強。他很合史達林胃口，因此得以在同一個職位安全度過超過十三年的時間。弗拉西克的職業生涯穩定發展，甚至一九四二年十一月六日在莫斯科發生的事件也無法動搖他的穩固地位。

這一天，在蘇聯首府中心，一輛自克里姆林駛出的公務車在紅場上被步槍開槍攻擊。座車上是政治局委員米科揚——史達林極度親近的同志之一。沒有人在這場意外中受傷。開槍的人經過一番短暫纏鬥後，最終還是被侍衛隊逮捕。經查，這位恐怖分子竟然是莫斯科防空部隊士兵，而且很有可能有精神方面的問題。[9] 對侍衛長弗拉西克來說，這樣的意外事件無疑是他職業生涯的重大打擊——精神狀況不穩定的士兵手持武器在紅場，甚至克里姆林出入口那麼長一段時間，竟然沒人發現！弗拉西克遭到降職，不過，史達林給了他改過自新的機會。弗拉西克因此得以繼續負責國家領袖的安全。[10]

在史達林主政期間，弗拉西克的地位固若金湯。他如影隨形地跟在領袖身邊，不時與領袖同桌用餐，也獲得授權可以為領袖照相。負責高階領導人維安工作的警衛總局在弗拉西克領導下變成一個有強大影響力的組織。一九五二年初，警衛總局共計有一萬四千三百位職員，預算高達六億七千兩百萬盧布。這是非常龐大的數字。弗拉西克的單位不只負責保安，也負責維護蘇聯高階領導人的寓所和郊區別墅、蘇聯共產黨（布）中央委員會委員的日常所需、接待外賓並為他們安排住宿，甚至主持政府機關新設施的建造工程。一九五一年的警衛總局預算中，大約有八千萬盧布被用在維護十四位蘇聯高階領導人所使用的國有郊區別墅和住所（其中包括保安和服侍領導人所需的花費）。就待遇的尊榮度而言，史達林當然領先其他十三位高層。光是在一九五一年，他寓所及郊區別墅的維護費用就高達兩千六百三十萬盧布，而且這數字還不包括其他花費，例如交通費。

當時，在警衛總局工作能享有獨特榮耀與實質好處。一九五一年，每位被編入史達林護衛團隊的人員每個月都要花掉五千三百盧布的公帑（其中包括制服、住宿等費用）。在同一年（一九五一），全國的工人與職員每月平均薪資所得約為六百六十盧布，而在一九五〇年，集體農場成員每個月的金錢收入[3]平均大約是九十盧布。[11]弗拉西克與國家領袖的親近關係除了帶給他物質上的利益，也讓他享有不少政治影響力。他逐步涉入政治角力，而史達林也鼓勵他這麼做。受到一國之首的厚愛，弗拉西克甚至不用為自己的缺失負責，他對自己的成功陶陶然，終究亂了套。他開始耽溺於杯中物，也熱衷讓自己的情史更多采多姿。在這方面，不少弗拉西克的下屬可是與他「同舟一心」。

基本上，史達林對類似的「弱點」持包容態度，而這有利確保屬下對他忠誠順服。不過，史達林有時還是會對屬下嚴加管教，尤其當他們「太超過」的時候。一九四七年夏天，史達林近郊別墅中一位侍餐人員向他告狀，內容為別墅警衛總長及其副手趁國家領導人不在時在別墅飲酒作樂，召妓女作陪，還偷取公家的食物。尤有甚者，別墅警衛副總長和他的女朋友們還偷看史達林桌上的文件。經史達林裁示，別墅警衛副總長被逮捕、長時間地審問、痛毆，最後被槍決。[12]這個事件應該對弗拉西克具有一定的警示作用，但卻不然。事實上，史達林對自己的警衛總長並沒有很高的道德要求，雖然根據弗拉西克的說法，史達林曾於一九五〇年就他「濫用與女人的關係」，大大訓斥過他一頓。不過，罵歸罵，弗拉西克在這位國家領袖跟前仍舊相當受寵。[13]

弗拉西克的運氣一直到史達林晚年再度興起對國安體系進行「大掃除」的念頭才開始走

背。警衛總局也受到影響。一九五二年五月十九日，政治局通過決議，其中，包括弗拉西克在內的國家安全部警衛總局領導人遭批評「惡意濫用公帑」、「款項運用失當」。警衛總局的編制、職掌及預算被大幅刪減，有幾位職員甚至被移送法辦。弗拉西克遭黨除名，被調至有羞辱意味、位階低的新職位——烏拉山一帶勞改營主管的副手。[14] 一九五二年十二月，弗拉西克被逮捕。新的警衛總局局長由蘇聯國家安全部部長伊格納切夫兼任。[15]

一連串的逮捕、縮編和改組無疑使警衛總局內部人心惶惶，每個人都為自己的職位，甚至生命擔憂，沒有人想主動做任何無法預見後果的事。正因如此，一九五三年三月一日那天，侍衛才遲疑良久，不敢擅自探究一國之首的狀況——雖然他們十分清楚，事屬「重大異常」。

國家安全機關及其重要組成之一——史達林的侍衛隊——不過是歷史學者所稱「史達林黨國體制」（Stalinist party-state）這個龐大機器上層的一部分而已。這個機器的軸心和主要支柱是繼承自列寧、但經史達林多次依自己獨裁統治需求改造翻修的布爾什維克黨。在史達林治下，布爾什維克黨是一個高度中央集權的組織，黨機器的主要威力在於絕對的人事決定權，每位公務人員的職涯和命運皆與特定的黨委員會息息相關。包括黨幹部本身，沒有一個人能

3 譯註：集體農場成員不等於國營企業雇員，其收入不固定，原則上取決於集體農場的收入及個人的總勞動量和勞動品質，並分「金錢」及「實物」收入兩部分。

避開黨的控管機制。數年內，不同的職位清單（the nomenklatura）陸續形成。這些職位由不同的黨委員會負責，上至中央委員會，下至區委員會。在莫斯科的黨中央委員會決定核心領導職位的人事問題。

黨中央委員會控制的職位清單越來越長，這顯示黨中央企圖加強對國家的整體控制。一九五二年九月，在史達林去世半年前，該清單已包括五萬三千個職位。這些人可謂蘇聯社會的「精華」，其中包括黨國高階官僚、將官及各類「藝文協會」（例如作家協會）的領導人。中央委員會之下是各地方高階黨組織的領導幹部，範圍涵蓋州委員會、邊區委員會及各加盟共和國的中央委員會。至一九五二年七月一日為止，光是這一階層的黨組織就有三十五萬個職位，而且還不斷增加。[16]

這幾十萬人的黨國幹部大軍構成體制的主幹，也是獨裁政權的中流砥柱。自然，史達林與他們其中絕大多數人從未見過面。不僅如此，在某種程度上，黨國機器有自己的生命週期，國家領導高層對它只有相對性的影響力。為確保生路，也為了「更上一層樓」，這批黨國機器的組成人員會想方設法避開中央集權各項嚴格規範，並從事各種虛報、謊報，只要書面資料能蒙混過關即可。濫權的情況也所在多有。史達林時期一個重要的政治文化現象，就是政治行話中的所謂「過激」，意指官僚的行動比中央的吩咐還「激進」，或者官僚在執行來自莫斯科的指示時，有過度「偏激」的舉措。某些歷史學者過度放大「過激」現象，並試圖藉此證明史達林的獨裁統治並不穩固，許多歸咎於史達林的負面措施其實是「下層」無章法展現自主性的結果——甚至連大規模的政治迫害也是由下層發起、推動的。部分持這類意見的研究者更認為，在某些時候，史達林會受情勢所逼，而不得不暫時自權力中心淡出。[17]

以上論點固然有意思，但不太有說服力。現有歷史文件無法支持「史達林是外強中乾獨裁者」的假設。事實上，沒有任何一個重大決定是在史達林未參與的情況下做出。他也從未失去獨裁者的權力。他的獨裁體制孕育出一套有效的控制手段，一系列操弄社會與統治機器的機制，讓他可以確保重要決策獲得執行。持續的迫害和「門戶清理」工作讓社會及組成統治機器的人員無法「鬆懈」。歷史學者可以從檔案資料得到足夠精確的數據，以理解黨國機器的暴力程度。

根據官方機密資料，一九三〇到一九五二年期間，有八十萬人遭到槍決[18]——但實際上被「消滅」的人數比這個數字高出許多。除了死於槍下的八十萬人，還有許多人是死於國安單位廣泛使用的刑求逼供及身心凌虐，而某些勞改營因為環境惡劣，實際上就是死亡集中營——就算囚犯的大規模死亡或許「不在當局計畫內」。一九三〇到一九五二年期間，大約有兩千萬人被判勞改，以受刑人的身分被發放至偏遠地區或被判入獄。根據專家估計，在這段期間，有不少於六百萬人得依行政命令強制遷徙。這些被迫遷的人大多是所謂的「富農階級」（kulaks）或被迫害的民族。整體而言，在史達林統治期間，每年平均有一百萬人被槍斃、判入勞改營或流放。

當然，被槍決及判勞改的人當中，也有不少一般的刑事犯。不過，必須注意的是，由於法律過於嚴酷，且幾乎所有社會、經濟及政治生活領域都被當局高度「入罪化」[4]，因此在所謂的「刑事犯」當中，其實有不少只是因為輕微過失，或受害於政治運動[5]而被判刑的「一般人」。此外，在史達林統治期間，除了有兩千六百萬名蘇聯民眾被槍決、入監、流放，還有幾千萬人被強迫勞動[6]，或被逮捕，並在未執行必要司法程序的情況下，被長時間監禁，或被迫離職，或被迫搬離住所，有時只因為他們是「人民敵人」的親屬。總而言之，在史達林二十多年的獨裁統治下，不少於六千萬人遭到或硬或軟的迫害和歧視。[7]

此外，我們還必須將受害於饑荒及被迫挨餓的人納入考慮，而饑荒不時發生，雖然規模有異。光是在一九三二到一九三三年，就有約五百到七百萬人死於饑餓。史達林式的「饑荒」，就如讀者接下來會看到的，在很大程度上可歸咎於政治決定。為鎮壓農民的反農業集體化行動，中央不惜以饑餓懲罰農村。為了給農民一個「深刻的教訓」，當局拒絕採取任何可能減緩嚴峻情勢的行動，包括從國外進口糧食。相反地，權力中央從饑餓的農村全力搜刮僅剩的一點存糧。

以上這些令人膽寒，卻必須面對的計算顯示，許多蘇聯民眾曾在不同時間點遭受各類軟硬兼備的迫害與歧視。[19]由於受害民眾的數量十分龐大，我們可以說，這是「特權少數殘忍壓迫多數人」。不過，話說回來，這些優勢少數有時也成了恐怖統治的受害者。

為了達到自己的目標，包括大規模迫害和從饑餓的農村擠出最後一點糧食，政權其實不見得需要一座可以精確、規律運作如時鐘的統治機器。領土龐大、中央集權程度有限——這些「弱點」，可用頻繁的大規模政治運動加以彌補。這類運動是史達林式統治的重要基石。經過縝密研究，我們可以歸納出這些運動的共同點，及其歷經「千錘百鍊」的系統規則。

一般來說，這類政治運動由中央（再次強調是「中央」，且通常就是史達林）發起，宣

4 譯註：主要是指民眾「動輒得咎」，容易被入罪。

5 譯註：這裡指的主要是中央發起的政治運動。例如某些人可藉舉報、揭發「反蘇分子」，以公益之名行報私仇、獲私利之實，而地方當局則有政治「業績」壓力，必須逮捕、監禁一定的人數。

6 譯註：這裡的強迫勞動指的是被判刑的人仍能留在原勞動單位工作，但部分收入被強制上繳國庫作為懲罰。

7 譯註：為更好地理解受迫害人口占不同時期蘇聯全國人口的比例，特提出以下數據。根據蘇聯官方的幾次全國人口普查資料，一九二六年（在此之前，第一次世界大戰與革命後的大規模移民／逃難潮造成俄羅斯人口大量損失）蘇聯全國人口約為一億四千七百萬人。一九三七年，蘇聯政府進行第二次全國人口普查，初步結果顯示當時的蘇聯總人口為一億六千兩百萬人。由於該數據與官方的期待有差距，而且因為調查困難，的確有「漏網」的人口，此次普查結果最後被宣告具「破壞性」，數據被加密處理，統計人員及其領導被迫害或槍決。在相關統計機關被「清洗」一番後，一九三九年的人口普查顯示，蘇聯全國總人口為一億七千萬人。一九四〇年，蘇聯領土擴張至白俄羅斯西部、烏克蘭西部及波羅的海等地，人口因此增加約一千六百萬人。二戰後，一九五九年，蘇聯政府再度進行人口普查，得出全國總人口數為兩億八百八十萬人。

告行動目標，並分派具體任務。接著，黨國機器被動員以非常手段完成任務，以致「過激」現象處處可見。「過激」的政治運動持續激化到某個高點時，當局為避免情勢失控，開始退讓，並依現況決定如何壓制「過激」、壓制到哪個程度。於是，針對「運動」而起的「反運動」開始了。「反運動」方便前一波恐怖統治退場，消滅了被當作「代罪羔羊」的部分執行者，提出了「重建法紀」的口號，發揮「維穩」的作用，讓運動得以「功德圓滿」。這樣的鐘擺式運動——從一個極端到另一個極端——造成大量的物質和生命損失。然而，從史達林統治體系的角度看來，這樣的政治擺盪卻有利形成動員式的中央集權體制。

至於史達林本人，他並不需要透過嚴格管控黨國機器的所有環節以鞏固自己的獨裁者地位——他只需掌握關鍵控制桿即可。其中一個就是國安機關。史達林比其他蘇聯領導人更早「洞燭機先」，理解到國安機關在黨內鬥爭和鞏固個人專制中可以發揮巨大作用。史達林之所以能在黨內鬥爭中勝出，巧妙運用國安／懲治機器[8]是其致勝關鍵之一。自此以後，他不對這座好用的機器鬆手。

本書將證明，史達林花很多時間在國安體系的直接領導工作上，而在一九三七到一九三八年「大恐怖」期間，更是將大部分精力投注於此。他——不是別人——是主要的幾場迫害運動的發起人，他親自打造迫害計畫，更鉅細靡遺地監督計畫的執行狀況。史達林親自主導捏造大量的政治審理程序及「案件」；在某些情況下，他更親自操刀，編寫迫害劇本。他熱愛閱讀訊問紀錄，也樂於接收源源不絕的這類閱讀材料。由他在相關文件上所做的註記，我們可以推斷，他的閱讀非常仔細、深入。史達林不時在這類文件上加註評語，更會進一步下令，必須逮捕更多人或運用刑求手段，以利「真相大白」。許多槍決令也是史達林親自核准的——被他送上黃泉路的包括他認識及不認識的人。

除了以上的「常態性」功能，特務人員還為史達林提供較為特殊、「敏感」的服務。[20]一九四〇年五月五日，一個國安特務小組綁架了蘇聯國防副部長庫利克元帥的妻子。事發當時，她正準備從家裡外出。[21]她被祕密送到監獄，審問了許久，然後被祕密地槍斃了。這次行動由史達林授意執行。庫利克當時的妻子——奇拉·庫利克—西蒙妮區——出身沙皇政府高階官員家庭，在此之前，她的許多親戚已被槍決，其他人則幸運得以避居海外。而她在與庫利克元帥結為連理前，曾與其中一任丈夫在流放地待過一段時間——這位丈夫的罪名是非法買賣外幣[9]。特務人員向史達林報告上述不利西蒙妮區的「黑材料」，也「順便」替她羅織了其他罪名，包括與外國人有不當來往。史達林因此建議元帥離婚，元帥卻不領情。由

8 譯註：國安單位往往也是懲治機關。
9 譯註：蘇聯時期，持有和交易外幣是刑事罪，國安單位號稱可藉此打擊地下商業活動、間諜，甚至賣淫等。實際上，相關罪名在政治及私人鬥爭中，常被用以打擊「敵人」。

於元帥堅持己見，史達林只好對特務下令，盡可能不聲張地「解決」西蒙妮區。發現妻子不見的庫利克元帥先是打電話給內務部長[10]貝利亞探問實情，貝利亞否認所轄單位與這件事有關，但庫利克不相信，開始追討真相。黨中央委員會因此把他找來，問話問了大約三個小時，更警告他不許再「誣蔑」國安單位。此外，庫利克也被「告知」，他太太有可能是間諜，為避免被揭發而潛逃。[22]元帥投降了。[11]

這類基於政治考量不得不避免公開的逮捕與入罪，並非少數特例——雖然史達林不一定喜歡自己像這樣「被迫低調」。庫利克元帥的妻子被殺前一年，一九三九年七月，蘇聯駐中國大使及其妻子也在史達林授意下被「處理」掉了[12]。經過挑選的特務人員先是用鐵鎚打破他倆的頭，再製造出一場假車禍。[23]一九四八年初，在西方及蘇聯皆受推崇的知名猶太裔導演米霍耶爾斯也被以類似手法殺害。[24]國家安全部幹員先開貨車壓過米霍耶爾斯，再宣告這是一場不幸的意外。現存的歷史資料可以充分證明，這場「意外」也是由史達林親自授意的。[25]類似這種針對特定個人而施行的恐怖措施，繁不勝數。[26]除了國內的任務型殺戮，史達林也策畫了一系列在國外執行的恐怖行動——其中最有名的一起就是一九四〇年在墨西哥暗殺托洛茨基。

大量檔案資料都印證了史達林統治的恐怖、懲罰及報復性質。這些資料足以讓人有如下的強烈感覺——史達林親自組織恐怖行動，不僅是因為「公務需要」。顯而易見，權力的黑暗與血腥面十分吸引他，他從中得到不少樂趣，甚至心靈上的滿足。他沉浸在暴力、挑釁與殺戮的世界，病態的多疑性格也因為這血腥的「滋養」而愈發強化。由於堅信敵人無所不在，史達林可以輕易發動大規模暴行。無庸置疑，上述史達林的個人特質是一九二〇到一九五〇年代恐怖政治的重要元素。[27]

值得注意的是，史達林雖然十分倚重國安及懲治機器，卻沒讓自己成為它的人質。他授意國安單位執行各種骯髒的任務，與此同時卻也十分清楚，自己操的是把「革命雙面刃」——他有可能被反砍一刀。為有效牽制特務人員，史達林採取的主要手段是不定期施行「人員淘洗」，並在特務圈內搞（相互）迫害。在這方面，史達林甚至有一套自己的理論。某次，在與國家安全部部長伊格納切夫談話時，史達林突然一時衝動，坦誠了起來：「特務人員只有兩條路可走——要不升官，要不進牢。」[28]在實務層面，這道原則體現在許多案例上：一九三〇到一九五〇年代，特務單位多次被「血洗」，劊子手們透過殘殺、施虐相互「汰舊換新」。

事實上，類似的故事並非歷史特例。布爾什維克革命變質為殘酷的政權，摧毀了部分催

10 譯註：內務部長期以來也執行國安任務。
11 譯註：庫利克元帥數月後又結了婚，史達林親臨婚禮祝賀。
12 譯註：這裡指的是一九三七至一九三九年的蘇聯駐中大使I.T. Bovkun-Luganets（И.Т. Бовкун-Луганец）及其妻子。

生革命的英雄和領袖。然而，正是革命為恐怖統治鋪路——革命自恃有特權，而這特權凌駕於所有其他權力／權利之上；革命也為殘忍的行為背書，在「偉大使命」的號召下，血流成河也在所不惜。

2

跟隨列寧，「放下」列寧

За Лениным, без Ленина

In Lenin's Shadow

「右傾」布爾什維克

史達林及其他布爾什維克意外「重獲生機」。歷史學者至今仍常爭論一個問題：一九一七年二月底發生在彼得格勒的暴動，在多大程度上是場意外？部分研究者指出，在示威群眾中混雜專業革命者，是他們參與了行動組織工作。不過，沒有人能肯定地說，二月革命是革命陣營預先策畫的行動。事件發展得頗突然，也沒有明確方向可循。第一次世界大戰已持續近四年，終究造成社會暴亂。沙皇及其親信並未即時體認到二月事件的嚴重性。流亡海外的列寧則未在第一時間得知革命爆發，還得透過閱讀西方報紙才知曉。史達林仍在西伯利亞服刑，也是過了一段時間才得知革命爆發——地方政府當時決定先靜觀其變，避免民心騷動，因此封鎖消息，禁止地方報紙刊登相關新聞。

沙皇退位讓民眾歡欣鼓舞。一九一七年三月初，在史達林當時所在的阿欽斯克[1]，遭流放的革命者進行了一場集會，並通過了向沙皇之弟米亥伊爾大公表達贊同的文告。大公拒絕繼承沙皇尼古拉二世託付給他的皇位——這個決定等於為俄國帝制畫上休止符。史達林基於某些原因未參與這場集會。不過，他相當親近的同志之一卡緬涅夫在該集會上扮演了重要角色。[1]一九二五年，當史達林與卡緬涅夫在奪權之爭中各據一方時，他向老同志提起了這段往事。志在奪權的史達林現在對當年的「告米亥伊爾大公文」有了一番新詮釋：他宣稱，卡緬涅夫在一九一七年的阿欽斯克革命者集會上犯了政治錯誤，感情用事，竟然公開肯定大公。[2]一九一七年的史達林大概不是這麼想的。對米亥伊爾大公的公開讚揚反映了當時的主流情感和氛圍——突然降臨的自由和希望確實令人陶陶然。沉浸在樂觀氣氛中的史達林、卡緬涅夫和其他因革命而重獲新生的被流放者，千里迢迢來到了革命中心彼得堡。

史達林及他的黨同志在彼得堡花了一些時間了解情勢後，在新局面中各自找到自己的位置。現在，革命是合法的了。新的挑戰是雙重政權問題。俄羅斯國會（國家杜馬）組成了臨時政府，其成員多為自由派政黨的代表，主張在俄羅斯建立西方式的議會共和制。與此同時，很大一部分實權掌握在彼得格勒工人與士兵代表蘇維埃（Совет, Soviet）手中。此蘇維埃為革命政權機關，主力為起義的彼得格勒戍衛隊士兵，另外還有工人，領導它的則是兩個社會主義政黨——社會民主黨（孟什維克）和社會革命黨。這兩股政治勢力是革命陣營中最具影響力的，在革命初期，其他政黨皆難望其項背，包括布爾什維克。社會革命黨人和孟什維克的實力足以「帶風向」，他們在詮釋革命現階段任務及前景方面有著主導權。他們認為二月革命是布爾喬亞革命，而這場革命將為俄羅斯開啟綿長的布爾喬亞式民主發展道路。據此，這兩黨認為，在革命現階段應將政治主導權交付到布爾喬亞自由主義性質的政黨手上；至於和建設新俄羅斯有關的原則性問題，則交由制憲會議解決。社會主義被視為遙遠的願景。在社會主義道路上，引領世界人民的不該是俄羅斯，而是其他較發達的資本主義國家。這是當時革命圈子的主流意見。

當然，這並不意謂俄羅斯社會主義分子打算交出已經落在手上的權力，他們更不是僵化的教條主義者。比較接近事實的看法是，他們是務實的現實主義者，雖然或許不是很老練、果決的政治人物。較布爾什維克溫和的社會主義者對於國家可能面臨的威脅還算清楚，而這些威脅中最明顯的就是內戰——恐怖、血腥，足以讓俄羅斯瀕臨災難，甚至瓦解邊緣的全面暴亂。只消想像一下數百萬對世界大戰厭倦、心懷憤恨的人手持武器在廣大動盪土地上移動的畫面，就能理解內戰威脅的嚴重性——雖然類似的現象在俄羅斯歷史上早已不是新鮮事。

1 譯註：阿欽斯克（Ачинск, Achinsk）位於俄羅斯西伯利亞的克拉斯諾亞爾斯克邊區，歷史上政治犯流放路線的重要節點。第一次世界大戰期間，該地境內設有戰俘營。

在一九一七年的革命俄國，有責任感的政治家大概只能有一個立場——盡全力避免內戰。只有先確保國內的和平狀態，避免大量的人命損失，才有可能談建設更美好的未來。當時領導各蘇維埃的社會主義者視減緩革命殺傷力，以及與布爾喬亞階級和代表布爾喬亞階級利益的臨時政府合作為己任。這種合作是理性思考的結果。和平的重要性勝過一切。這些社會主義者的的官方版折衷口號是：只要臨時政府推動革命事業不懈，我黨將支持臨時政府不輟。

雖然布爾什維克以激進著稱，但他們之中的許多人也認同上述溫和、「右傾」的看法。[3]卡緬涅夫就是所謂「右傾」陣營的其中一位領導人。史達林和卡緬涅夫是老朋友。他倆的感情可以從一封史達林在一九一二年十二月寫給這位好友的信一窺究竟：「你好啊，老友！讓我親親你的鼻子，用愛斯基摩人的方式問候你吧！真該死，沒有你，我實在無聊到不行。我拿我的狗發誓，我實在超想你的。我身邊沒有可以好好談心的人，你這該死的傢伙。」[4]可以說，革命初期，史達林和卡緬涅夫的政治立場相似，這件事本身並不足為奇。

此時，列寧和其他許多布爾什維克「大人物」尚滯留海外，史達林和卡緬涅夫於領導黨在俄羅斯的活動方面，扮演重要角色。他們來到彼得格勒後，控制了布爾什維克的機關報《真理報》。當時，《真理報》宣傳的是溫和路線。姑且不論各項「但書」，此溫和路線指出，自由主義布爾喬亞階級在此時掌權有其歷史必然性，而實現社會主義的時機尚在遙遠的未來。持此觀點者呼籲有條件地支持臨時政府。史達林和卡緬涅夫兩人進入彼得格勒蘇維埃的領導圈，和其他社會主義者共事。此外，布爾什維克也開始和孟什維克左翼商討結盟事宜。

值得注意的是，史達林和卡緬涅夫兩人從一開始就必須不斷在列寧面前為自己的觀點辯護。列寧對《真理報》的立場不滿，更要求黨同志更改口號。他在那些從海外寄回俄羅斯的文字中捍衛自己的激進立場：他向臨時政府宣戰，堅持進行社會主義革命。史達林和卡緬涅夫同心協力抵抗列寧的文字攻擊，他們甚至不會全文照登列寧的文章，而是在大大剪裁一番後，才會讓它登上《真理報》版面。[5]他們兩人很有可能是真心不了解列寧的用心良苦，只把他的激進主義看作是不清楚俄羅斯國內政治社會現實的後果。

然而，列寧的立場其實經過縝密的政治計算。史達林和卡緬涅夫當時的溫和立場為幾個主要的社會主義政黨開啟合作空間。從革命及國家利益的角度來看，這樣的合作及共同制衡激進主義的做法是對的——但這卻不利於布爾什維克取得絕對權力。一旦加入政治聯盟，就算持續在聯盟中扮演反對派，布爾什維克在行動上勢必多所掣肘，也有可能失去激進派民眾的支持。列寧可不想要局勢朝這個方向演變。而這決定了所謂「右傾」布爾什維克主義者的命運。

列寧早在得知革命爆發之前，就已經規畫好行動腳本了：他預先徹底思考了許多問題，也將先前的政治鬥爭經驗納入考量。他打算在革命情勢穩定前先發奪權。人類的歷史經驗告訴他，革命激化期對奪權行動而言至為關鍵。他認定情勢必定激化，因此無視各項現實條件尚未成熟，在革命初期的溫和階段就提出激進的政治藍圖，以加快激化的速度。也就是說，列寧採取的是先發制人的策略，而這樣的策略對想盡快奪權的政黨而言，非常有利。多數人視為「投機」的激進口號為黨帶來必要的政治孤立——無人想與之結盟，但黨卻因此不受任何政治勢力約束。提出激進的政治藍圖也有助打擊黨內鴿派、動員鷹派，也就是最有行動力的一群人。此外，雖然多數人起初會否決「偏激」的政治選項，但隨著期待與現實的落差越來越大，必須解決的問題排山倒海，群眾會逐漸失去耐心，而此時激進的口號就會很有吸引力。

列寧在獲悉革命爆發後就積極準備離開瑞士，前往俄羅斯。在此，他充分展現高度意志力和戰鬥精神。他與德國當局商議好經敵對德國回到俄羅斯的條件。和敵方打商量這個舉動對列寧來說是有風險的——他可能會因此被控通敵、遭指為間諜。不過，為達目標，有時必須不擇手段——列寧的目標是到彼得格勒，而他做到了。一下火車，列寧就宣告了自己的政治計畫。[6]

他宣稱，布爾什維克應拒絕與臨時政府合作，並持續為社會主義革命奮鬥不懈。他主張將政權交給「無產階級及農民中最貧窮的群體」——實際上就是託付給布爾什維克。列寧認為，布爾喬亞式的民主政體在二月革命後還來不及穩固，就失去了存在的正當性；該是時候以蘇維埃共和代替議會共和制了。根據列寧的說法，在布爾什維克領導下，蘇維埃共和國將經歷一連串社會主義式的改造，其中最重要的包括：土地國有化、將大型莊園地改造為由蘇維埃控制的示範農場、金融機構國有化，或是將數家整併為一家國有銀行。有鑑於黨的新任務，也為了和其他社會主義政黨有所區隔，列寧提議替黨改名，拿掉「社會民主」這個字眼，改掛「共產黨」這個新招牌。

列寧的論述無論在黨內外都遭遇嚴重反抗。原因很清楚——列寧提出的不是經過深思熟慮的行動綱領，而是奪權口號。黨內外對列寧的質疑包括：成功奪權後，該拿到手的權力怎麼辦？何謂「俄羅斯式的社會主義」？如何保證俄羅斯的革命將擴及較發達的國家（以避免俄羅斯處於孤立狀態）？列寧並未充分回答這些問題，反而熱衷於空談，閃爍其詞，進行赤裸裸的政治煽動。結果是，他的號召為蠢蠢欲動的內戰搧風點火。腥風血雨一觸即發。不同的回憶錄資料都指出，有位過去與列寧十分親近的黨內同志曾忍不住在列寧抵達彼得格勒不久後舉行的某場演說上，當場大聲評論其內容：「這不是胡言亂語嗎？只有瘋子才說得出這種話！」[7]然而，一九一七年圍繞在列寧身邊的布爾什維克就算認為列寧的說法是一派胡言，也無法說服自己在外公開挑戰領袖。不過在一九一七年四月舉行的布爾什維克領導機關會議上，列寧的論點還是被多數票否決了。史達林持續反對列寧，卡緬涅夫就更不用說了。

不消說，黨外激烈的反對聲浪頗合列寧心意。他蓄意製造對立，刻意和其他政治勢力劃清界線。不過，他勢必得平息黨內的反對聲浪。當然，這裡所說的「平息」離未來獨裁者史達林的做法還差得遠。此時無論是黨本身或其首領，甚至剛經歷革命及民主洗禮的俄羅斯，都是另一種樣貌。列寧採取的策略軟硬兼施，鐵腕懷柔並濟。他的重要戰術之一是收編所謂的「右傾」布爾什維克主義者，主要對象就是史達林和卡緬涅夫。列寧的做法頗為謹慎，他不會讓反對者顏面盡失，也不把他們逼到牆角。相反地，他向反對者熱情大展「友誼的懷抱」，將反對者推向黨內領導高層。這樣的手法對史達林特別管用——至少，無論內心怎麼想，他很快就投入了列寧陣營。

他倆緊密合作的鐵證之一，就是一九一七年四月黨中央委員會改選期間，列寧在會議上對史達林的溢美之辭：「我們認識柯巴同志很多年了（…），他在所有重要工作上都表現良好。」[8]有列寧背書，史達林獲選為中央委員會委員，得票數僅次於列寧和季諾維耶夫。[9]史達林因此得以再度確認列寧在黨內的影響力有多大。就算在此之前曾有所動搖，現在他已十分篤定，務必堅定追隨最強者的腳步。

史達林這番決定是出於「職業生涯」考量，抑或他真對列寧的政治呼籲心領神會，把列寧的論述奉為圭臬？若想更深入地理解史達林這個人，我們必須明確掌握，他的「溫和」布爾什維克主義從何而來。顯而易見，他在一九一七年三到四月的政治立場有違他先前激進、不輕易妥協、有強烈權力欲的革命者形象。他之所以變得溫和，是受到卡緬涅夫影響嗎？或是受到彼得格勒蘇維埃內部其他社會主義者的影響？畢竟在他們之中有不少史達林的同鄉，也就是喬治亞裔的孟什維克主義者。有沒有可能是當時的史達林還不覺得自己是成熟的政治人物，因此必須「找靠山」？果真如此，當他收到列寧從瑞士寄來的信時，為何不趕緊投靠列寧麾下？會不會是強烈自尊心使然，讓他不願即時承認自己的「錯誤」？或許，一九一七年初的史達林是真心「溫和」，但隨著情勢演變讓他不得不有所改變——就像其他許多人一樣？由於沒有足夠可信的資料幫助我們解開以上問題，我們只能陳述事實：史達林並非一直是個激進的布爾什維克主義者。他的「溫和」和「右傾」作風在後來還會再一次「浮上檯面」——也就是列寧死後，黨內領導人爭論該如何將這個身軀龐大、與世隔絕的國家帶往社會主義目標之時。

史達林與列寧革命

與世界上其他地區的革命相較，俄羅斯革命的激化過程並無特殊之處。掌權的溫和革命勢力一心一意要避免內戰。他們不斷變換戰術，錯過鞏固政權的時機，犯下錯誤——包括頗為愚蠢的錯誤。群眾越來越不耐煩。他們對那些快速給出大量承諾、宣稱可以立即帶來根本性改變的政治人物越來越有興趣。毫無意外，布爾什維克的政治宣傳越來越受歡迎。對許多人來說，即刻退出戰爭、即刻沒收大型私有地並將之分與農民、即刻讓工人主宰工業——這些都是非常有吸引力的口號。如同我們在其他革命中可見到的，當時幾乎沒有人要求布爾什維克清楚說明他們政策的具體內涵。群眾受新的信仰鼓舞。此外，布爾什維克也越來越少向列寧提出各種可能令他難堪的問題：然後呢？掌權後的下一步是什麼？列寧以非凡的行動力帶領黨在奪權路上大步邁進，更承諾：社會主義將解決所有問題。無論如何，「重點是加入戰局！」——這口號現在成了列寧政黨的座右銘。數百萬的布爾什維克支持者則把古老的「民間智慧」當行為準則：「反正到時候就知道了」、「總之，不會更糟」。歷史只會不斷重演——缺乏耐心的多數人注定將被自己和他人狠狠欺騙。

史達林是不挑戰列寧的其中一位布爾什維克領導人。他拋棄自己對社會主義是否適用於俄羅斯的懷疑，拿列寧的說法當自己的論述工具：「有可能，俄羅斯就是那個引領人類走向社會主義的國家（⋯）我們應該拋棄過時的想像，以為只有歐洲可以指引道路。馬克思主義有兩種：教條式的和創造性的。我遵循的是後者。」[10]「創造性馬克思主義」這個說法實在太好用，以致史達林無法捨棄不用。「創造性」讓布爾什維克主義者得以根據當下的政治需求，以對自己有利的方式詮釋理論教條。一九一七年，史達林終究揚棄了「右傾」，堅定追隨列寧的奪權及建設社會主義的激進路線。他和列寧有時會說法不一，但沒有根本上的差異。史達林極有可能只是無法及時跟上列寧快速變化的戰術。這沒什麼好奇怪的，畢竟列寧看來也不是每次都跟得上自己的改變。

以布爾什維克奪權為目標，列寧隨著局勢變化，機動改變他的戰術。在變化多端、混亂無緒的革命局勢中，很難預測事件發展走向，並精準抓住發出致命一擊的時機。布爾什維克的戰術是這樣的：在合法範圍內加速革命進程，但在關鍵時刻可以違法。在時機尚未成熟時，公然對抗臨時政府與蘇維埃，有可能被重重回擊。布爾什維克必須伺機而動。不過，這個戰術有明顯的缺點：不試探敵人實力，勢必難以客觀評估敵我強弱。此外，以激進的工人與士兵為主要的群眾基礎，其代價就是政黨必須以實際的行動向支持者證明自己的強悍與決心。換句話說，政黨必須讓自己的「戰士」隨時保持在備戰狀態、不時讓他們有機會「練功」，而其中一次「練功」或許有可能演變成貨真價實的殊死戰。

上述布爾什維克戰術的雙面性是彼得格勒士兵及工人不時騷動的重要原因之一。最大的一場騷動發生在一九一七年七月初，一群帶著武器的士兵、水手和工人走上街頭，宣揚布爾什維克的「打倒臨時政府」口號，引發流血衝突。這場行動是布爾什維克煽動的結果，他們卻拒絕公開領導之。不過，這騙不了多少人，因為包括布爾什維克自己，每個人都心知肚明，誰該為這場「造反」負責，差別只在責任的多少。歷史學者至今仍就這個問題爭論不休。七月暴動以失敗告終，這顯示臨時政府仍有相對優勢，雖然它的反擊頗為混亂無章法。臨時政府宣告列寧是間諜，受德國金援煽動革命，因此對列寧展開調查。由於布爾什維克被控組織群眾騷亂，部分黨員因此被迫害、逮捕。布爾什維克的機關報辦公室及行動指揮部被迫關門。

諷刺的是，「溫和」派的卡緬涅夫也遭到逮捕，比他激進的列寧和季諾維耶夫反而逃過一劫，轉入地下。

史達林在臨時政府內的「知名度」不高，因此甚至沒被列入逮捕或調查名單。他自認處境安全，甚至建議列寧到他的住所避風頭——準確來說，不是「他的」，而是熟人、同是布爾什維克的阿利路耶夫一家的住所，史達林不過是占了其中一個房間。史達林與這一家人的深厚友誼已持續多年。不僅如此，他還在一九一九年娶了老友的女兒為妻——非常年輕的娜潔日達．阿利路耶娃。

逃過逮捕的列寧和季諾維耶夫離開了彼得堡，來到位於市郊的拉茲里夫鎮。史達林護送列寧到車站。在拉茲里夫鎮，列寧和季諾維耶夫躲藏在同情布爾什維克的工人葉梅里洋諾夫一家人所住的地方。他們住在葉梅里洋諾夫簡陋棚子的閣樓。接著，他倆偽裝成受雇割草的工人，潛逃到人口更稀少的地方，住在更破爛的棚子裡。八月，列寧移動到更遠的地方，到芬蘭去了。從七到十月，史達林和列寧從未見過面。然而，隨著史達林個人崇拜越演越烈，出現了一種說法，稱史達林和列寧在這段期間碰過面，而且還不只一次，是兩次。這個「神話」甚至還有「證人」——也就是工人葉梅里洋諾夫。

如同許多其他革命者，葉梅里洋諾夫的命運充滿了悲劇。他本人還有他的三個兒子於一九三〇年代被捕，其中兩個兒子被槍決，另一個要等到史達林逝世後才獲釋放。葉梅里洋諾夫本人被流放到西伯利亞。一九四五年六月，他懇請史達林准予他回鄉。為此，他不得不提出自己的往日「功績」，而且是採用史達林時代的典型說法：「一九一七年，您（史達林——作者註）命令我把列寧藏在自家棚子裡，因此救了列寧一命。」[11]史達林親自了解了這封信的內容。過了一段時間，葉梅里洋諾夫獲准返回拉茲里夫，甚至在當地的列寧紀念館謀得一職[2]。無庸置疑，這都是史達林親手安排的。葉梅里洋諾夫突然「想起來」，史達林曾經兩度到拉茲里夫拜訪列寧——這個「事實」可見於史達林的官方版傳記。[12]然而，「歷史見證人」的身分並未讓葉梅里洋諾夫一家就此免於不幸遭遇：一九五二年，八十一歲的葉梅里洋諾夫再度寫信給蘇聯政府和史達林。他在信中抱怨，地方政府又強奪了他的房產。針對這點，列寧格勒當局向莫斯科說明：「基於保密考量，葉梅里洋諾夫一家不宜滯留拉茲里夫。」直到史達林去世，葉梅里洋諾夫一家才完全獲得平反。[13][3]

列寧不在彼得堡的期間，史達林和其他的布爾什維克領導人繼續執行強化黨員陣容的工作。一九一七年七月底召開第六屆黨大會，史達林在大會上的角色頗為吃重。他發表了報告。

2 譯註：一九二八年，在列寧和季諾維耶夫當年避難的地點，有花崗岩打造的列寧紀念碑落成。一九六〇年代起，蘇聯當局不斷優化紀念碑附近的環境和交通網絡。是革命偉人崇拜的重要地標之一。

3 編註：關於葉梅里洋諾夫一九五二年再度寫信給史達林的段落，英文版無，此處為參考俄文版翻譯。

當時的政治情勢對布爾什維克是有利的；此外，臨時政府對他們的壓制時強時弱，黨因此得以恢復元氣。臨時政府主席克倫斯基搖擺不定、錯誤百出，這對布爾什維克人來說再好不過。一九一七年八月，克倫斯基和俄羅斯軍隊總司令柯爾尼洛夫將軍發生了衝突。事情可回溯至該年七月——七月暴動後，柯爾尼洛夫在克倫斯基慫恿下，將幾個比較可靠的部隊送往彼得格勒，以「整頓秩序」。過沒多久，克倫斯基因為擔心柯爾尼洛夫的勢力增強、足以對政府造成威脅，遂宣告他「意圖叛亂」（這指控並非毫無根據）。這麼一來，臨時政府就無暇顧及布爾什維克了，尤有甚者，布爾什維克還與其他政治勢力一同反對「柯爾尼洛夫黨羽」。情勢變得對布爾什維克有利起來，先前被捕的幾位同志陸續出獄——雖然列寧還是得躲躲藏藏。

九到十月，臨時政府的權力，以及支持臨時政府、由孟什維克和社會革命黨人主導的各蘇維埃的影響力日減。相反地，布爾什維克的羽翼越來越豐厚。列寧因此認為，該是「起義」奪權的時候了。這一次，他仍得面對黨內反彈、質疑的聲浪，而反對武裝奪權的同志中，最具聲望的就是卡緬涅夫和季諾維耶夫。不過，包括史達林在內，黨內大多數領導人都支持列寧。列寧知道，要擊倒黨內反對勢力，勢必得親自坐鎮。他為此甘冒被捕風險，偷偷來到彼得格勒。一九一七年十月十日，在布爾什維克中央委員會會議上，與會者就起義問題進行關鍵性投票。卡緬涅夫和季諾維耶夫的陣營雖只拿到少數票，卻不願退讓。隔天，該陣營向為數更多的黨積極分子發表了一封公開信。

反對列寧者所提出的論點頗具說服力，準確擊中列寧論述的要害。他們否認布爾什維克獲多數群眾支持，也不認為地位堪慮的臨時政府足以先發制人，進行「反革命」。他們提醒激進派，為奪權而高喊討好民眾的口號和掌權後捲起袖子兌現承諾，是天差地別的兩回事。此外，德國方面明顯不會接受布爾什維克的和談條件，而士兵們顯然也不會願意為「革命戰爭」犧牲。「士兵群眾會離我們遠去的」，他們說。列寧「西方很快就會爆發革命浪潮」（因此「俄國革命將獲得外部支持」）的說法，也被反對者斥為臆測。卡緬涅夫和季諾維耶夫提出的策略是在現階段以防止內戰為目標，和其他政治勢力和平共存。他們認為，既然布爾什維克在許多蘇維埃中已取得多數支持，下一步應該就是在制憲會議中盡可能取得多數席位，因為「沒有蘇維埃作為重要支柱，制憲會議將無法順利推動革命工作。我們要的是『制憲會議』加上『蘇維埃』這種治理國家的組合」。列寧反對者指出，目前事態發展是有利布爾什維克的，它也能在合法的權力機關——制憲會議及蘇維埃中——取得重要、甚至壓倒性的影響力。反過來說，要是現在急著武裝起義並失敗，後果會比七月暴動還慘烈。[14]

以和平手段取得布爾什維克在合法權力機關的主導權——這說法並非癡人說夢。不過，列寧不喜歡這樣的劇本。我們很難判斷列寧有多相信自己的主張。他宣稱要是布爾什維克不先聲奪人，反革命很快就會壞了革命大計。比較可以確定的是，列寧不想搞政治聯盟，也不希望布爾什維克——就算他們能取得多數優勢——參與合法的政治過程。在他看來，武裝奪權是阻絕與孟什維克及社會革命黨合作可能性最佳、甚至唯一有效的方式。此外，武裝奪權也能讓布爾什維克擺脫制憲會議的牽制——再過幾個星期，國會（制憲會議）大選就要展開了。但這樣的想法不但不符合布爾什維克承認制憲會議重要性的官方立場，也違背當時俄羅斯國內的主流輿論。相較之下，卡緬涅夫和季諾維耶夫要布爾什維克爭取制憲會議多數優勢的建議則沒有這兩個問題。史達林和其他布爾什維克依循黨的官方立場，參加了制憲會議選舉。值得注意的是，一九一七年十月十八日，就在布爾什維克武裝奪權的準備工作進行得如火如荼之際，史達林沒忘了發電報給制憲會議高加索地區選舉委員會，告知他將代表布爾什維克參與選舉。[15]

與此同時，列寧不厭其煩地重複自己的主張：布爾什維克可以、甚至必須武裝奪權，而且得即刻行動。他不言明自己實際的政治算計，也迴避具體問題，卻傾向用長篇大論和煽動性的口號轟炸他的目標。再來一場革命——然後呢？這個問題讓許多人不安，但列寧卻沒有這樣的困擾。事實上，要不是列寧夠頑固、決絕，大概不可能真的發生武裝奪權。由於許多黨員已對不確定性及無止盡的爭執辯論感到厭倦，且多數黨員是以領導人的意志為依歸，列寧的堅持最終仍發揮了決定性的作用。無論立場為何，大部分歷史學者都同意，沒有列寧，極有可能就不會有十月革命。

堅信自己立場正確（接下來的歷史發展證明，他們的想法並非毫無根據）的卡緬涅夫和季諾維耶夫決定放手一搏。由於卡緬涅夫無法在布爾什維克機關報上發表文章，他只好透過一份不屬布爾什維克陣營的報紙發表短文，闡述黨內反對派的觀點。列寧簡直氣瘋了。他要求開除卡緬涅夫和季諾維耶夫的黨籍，但此一激烈舉動遭到其他黨員反對，史達林是其中之一。史達林甚至更進一步在由他編輯、布爾什維克最重要的報紙《真理報》上刊登季諾維耶夫的來信，以及在社論發表意在調解對立兩造的評論：「這件事可以就此打住了」、「基本上，我們仍想法一致。」[16]除了這個事件，史達林在關鍵時刻違逆列寧的例子並不多。我們該如何解釋史達林這次對列寧的違抗呢？他的行為是否意謂，他尚未完全擺脫「右傾」布爾什維克主義的影響？這的確不無可能。史達林雖然表面上跟隨列寧批評卡緬涅夫和季諾維耶夫，內心深處卻有可能同意反列寧陣營的立場。除此之外，應該還有其他因素讓史達林敢公然忤逆列寧，其中最重要的一個是托洛茨基。

在俄羅斯社會民主主義圈，托洛茨基的角色一直很突出，他也有野心成為各流派的共主。革命前，他和列寧多次交手，兩人不時針鋒相對，甚至激烈對罵。不過，他們雖然在許多方面不對盤，卻也相互吸引。兩人都有社會主義革命狂熱，也都試圖證明革命很快就能實現；兩人都堅毅、果斷，也不怕風險。和列寧一樣，托洛茨基也是在流亡海外——美國——時得知二月革命爆發。他費盡千辛萬苦，總算在五月回到俄羅斯，且馬上就全心投入戰鬥。辯才和組織才幹、紮實的革命家聲譽（在俄羅斯一九〇五年的革命中，他是領導蘇維埃的其中一位革命者），都是托洛茨基之所以在俄羅斯革命圈有特殊地位的原因。托洛茨基在審度情勢後很清楚知道，在一九一七年的革命中，他和列寧無疑是同路人。列寧也這麼認為。兩人很快就結盟了，且不為彼此設下條件。托洛茨基現在是布爾什維克陣營的一員。列寧的算盤沒打錯：他身邊多了一位意志堅定、目標明確，願意以筆及槍為奪權而戰的同志。托洛茨基的影響力快速成長，逐漸占據事件中心位置——九月，他領導了被布爾什維克化的彼得格勒蘇維埃；此外，他也積極參與「起義」的準備工作。

老布爾什維克對托洛茨基在黨內的地位迅速竄升不甚滿意——縱使他們不得不承認，托洛茨基對增強黨的勢力具有重要意義。在他們看來，托洛茨基終歸不是「自己人」，更何況他還野心勃勃。史達林大概也做如是想，畢竟在許多方面，自己的確不如這位新出線的領袖。舉例而言，托洛茨基有能力讓數千人的集會毫無冷場，史達林在這方面就遜色許多。然而，在革命的激情氛圍中，最具「賣點」的正是宏偉辯才。史達林的論述和筆戰功力也不如托洛茨基，也不像他具有活用語言套路的嫻熟功力。然而，正是足以掩飾政治人物實際意向、迷惑目標群眾的套路式語言最能有效煽動集體、促成具體的行動。托洛茨基的出線讓列寧身邊的老同志們本能地團結了起來。在這樣的情況下，史達林該做什麼樣的政治抉擇呢？一旦卡緬涅夫和季諾維耶夫在黨內的地位被嚴重削弱，史達林還能與誰互相取暖呢？列寧死後，布爾什維克大老們的反托洛茨基陣線正式浮上檯面，但事實上這陣線早在一九一七年就已初具離形。

列寧不會不懂這些繞著他轉的派系鬥爭是怎麼一回事。不過，他需要黨員砲口一致對外，也需要黨領導層內部有足以相互制衡的力量。他妥協了。卡緬涅夫和季諾維耶夫因此保住了自己在黨內的地位。革命迅速地發展。一九一七年十月二十五日到二十六日的那個深夜，布爾什維克黨員逮捕了臨時政府成員，組成自己的政府——「人民委員會議」。列寧成了「會議主席」，而史達林則成為「民族事務人民委員」[4]。

日後，等到史達林掌權時，蘇聯官方宣傳會將他與列寧定調為領導革命的兩位領袖。他的反對者，尤其是托洛茨基，則會指出史達林在革命中的角色微不足道。這兩種高度政治化的說法都缺乏經得起檢驗的證據支持。無庸置疑，史達林不是革命領袖。然而，作為布爾什維克領導層的一員、中央委員會委員及主要黨報的編輯，他的責任仍是十分重大的。他既然跟了列寧，其實也就大致底定了他在革命中的地位。

史達林能從奪權之爭汲取什麼樣的教訓呢？看來，這段布爾什維克內鬥的歷史讓他理解到，要踩在制高點，必須像列寧一樣決絕，並且頑固地推動自己的行動方案。十年後，當他

4 譯註：事實上，以功能而言，所謂的「人民委員會議」就是「內閣」，各「人民委員」則是「部長」。接下來的譯文將使用「內閣」、「部長」等名稱。一九四六年，蘇聯又改稱「人民委員」為「部長」。

施行「由上而下」的「革命」、在多災多難的俄羅斯土地上企圖實現又一個根本性的巨變時，史達林將充分展現自己果斷、堅定的能耐。他也從列寧身上學到政治投機的巧妙，重點是先奪權、固權，接下來再看著辦。史達林一直根據這個原則行事，因此，他得以充分展現鐵腕、不受動搖。一九二〇年代末，當他在推動自己的革命時，他也學列寧，採用先發制人的激化策略。事後證明，這個策略無論對列寧，或對史達林而言，同樣受用。

黨的軍事化

列寧的優勢在於他完全不怕內戰。尤有甚者，他認為藉由內戰將國家帶向社會主義，是理所當然的。確實是如此。要俄羅斯所有人民、更不用說俄羅斯在第一次世界大戰的盟友，心平氣和地接受激進布爾什維克主義在政治上的主導地位，是不可能的。在布爾什維克武裝奪權初期，其行動的出其不意及群眾對紛亂局勢的厭倦，是決定事件發展的重要因素。不過，情況很快就變了。新政權缺乏正當性、新得勢者粗暴而冷血的行為、摧毀舊制度的社會實驗——以上種種不可能不引起廣大群眾的反彈。布爾什維克推翻臨時政府、建立人民委員會、一九一八年一月解散制憲會議、和德國另外簽訂「喪權辱國」的和平條約——這些事件都為接下來俄羅斯的全面內戰揭開序幕。公然反對布爾什維克的包括隨後組成所謂「白軍」

（the White movement）的中上階級人士、被迫害的社會主義者，以及作物被強制徵收的農民。布爾什維克政權單獨與德國談和也引來協約國干涉，並加入俄羅斯內戰。在一片亂局中，各色各樣的極端主義者和流氓盜匪得到施展身手的大好機會。農民反抗的不只有布爾什維克，還有「白軍」。這是場所有人對抗所有人的戰爭。布爾什維克掀起了腥風血雨，而這場內戰激化、深化、擴大的速度非常快，高峰期更持續了三年之久，從一九一八到一九二〇年。

就死亡人數而言，這場內戰的破壞力比起第一次世界大戰期間俄羅斯參與的戰事，還有二月革命後的國內衝突，有過之無不及。根據人口學家的估計，一九一四到一九二二年間，帝俄和蘇聯境內死於殺害、受傷、饑餓與疫疾的一千六百萬人中，有不少於八百萬人是死於一九一八到一九二〇年的內戰高峰期。除此之外，大約有兩百萬人為逃離布爾什維克政權，移居海外。一九二一到一九二二年間的可怕饑荒及疫病也取走了超過五百萬人的性命，而饑荒和瘟疫在很大程度上也是內戰的產物。一九一四到一九一七年，俄羅斯參加第一次世界大戰期間死亡的國民人數「也不過才」兩百多萬。[17]與其他一戰參戰國相比，俄羅斯最大的差別在於戰爭、饑餓、疫疾和國內流血衝突在其境內持續的時間比其他國家長了兩倍，殘酷程度也高出許多。

然而，驚人的傷亡數字仍無法完整呈現內戰的恐怖。沒有任何量化指標可以確實傳達人民普遍的殘酷及麻木化、道德感和權利被嚴重踐踏的現象。殘暴的殺害和大規模的恐怖成了日常生活的一部分。我們可以這麼說，在內戰中死去的往往是素質最好的一群人。布爾什維克也不可避免地受這股野蠻風氣感染。新國家是由內戰打造出來的，內戰也很大程度決定了它未來的走向。俄羅斯正站在最易令人絕望的歷史道路交叉口：只有壞或者更壞兩個選項。

無庸置疑，史達林是這個時代的標準產物。如同在布爾什維克準備武裝奪權的時候，他堅定追隨列寧。名義上，他是最具影響力的布爾什維克領導小圈的一分子。他是新政府成員、黨中央委員會委員、與列寧有直接往來的少數領導人。一九一九年，史達林獲選進入政治局。在接下來大約七十年的時間內，政治局作為黨的最高機關是俄羅斯與蘇聯的實質權力中心。史達林在政治局的專業是調解布爾什維克中央與多民族邊疆的關係。不過，一如許多其他的布爾什維克領導人，史達林的「專業」最終仍得讓位於最高指導原則——為鞏固黨的政權而作戰。一九一八到一九二〇年的大部分時間，史達林是在不同戰場上度過的。他現身莫斯科的次數不多。一九一九年，政治局舉行的五十一次會議，他只出席了其中十四個；一九二〇年，同樣的會議有七十五個，他只參與了三十三個。[18]布爾什維克成功奪權後，史達林的第一個公差發生在一九一八年六月。由於饑荒持續蔓延，史達林以俄羅斯南部糧食問題負責人的身分被派往察里津市[5]。他的任務就是把糧食運往饑餓的中央地區。不過，這個理應為經濟性質的公差，很快就轉變為軍事性質的——與布爾什維克敵對的勢力攻擊了察里津，因此連結市區與產糧區、市區與國家中央地帶的運輸線不時遭到破壞。布爾什維克在察里津市的武裝力量是內戰初期常見的組織，主幹為紀律渙散、缺乏軍事專業的游擊隊。身在莫斯科的黨中央領導人，尤其是統領紅軍的托洛茨基，體認到沒有正規軍實在難以作戰，因此決定善加利用帝俄軍官（軍事專家）群，但主導權仍將在各個黨委員手裡。然而，這個政策在地方遭遇極大反彈。初登歷史大舞台的革命軍事指揮官不願服從、也不信任帝俄軍官；同樣地，帝俄軍官也不信任革命勢力。不願受辱的帝俄軍官甚至轉而支持與布爾什維克敵對的陣營。要不是因為形勢比人強與中央逼迫，紅軍大概也不會出於作戰需要，逐步提升自己的專業度、勉強包容帝俄軍官。

另一方面，察里津之所以成為革命游擊作戰的「示範城市」，許多方面得歸功於史達林。他手擁政府代表及黨中央委員的權力，控制的不只是一般民眾，還有司令部位於察里津的北高加索軍區。弗羅希洛夫是他忠實、聽話的助手。這位紅軍指揮官帶著部隊從被德軍占領的烏克蘭撤退到察里津。弗羅希洛夫和史達林有個共同點——他們都不喜歡、不信任所謂的「軍事專家」。史達林常常在給莫斯科的電報中否定這些「專家」的價值：

5 譯註：察里津市（Царицын, Tsaritsyn）即今伏爾加格勒市（Волгоград, Volgograd），位於歐俄東南部，一九二五到一九六一年間的名字叫做史達林格勒（Сталинград, Stalingrad），即第二次世界大戰著名的「史達林格勒戰役」發生地。一九六一年，主政的赫魯雪夫意圖破除史達林個人崇拜，將該城再度由史達林格勒更名為伏爾加格勒市。

青年史達林在察里津打內戰，1918年。
來源：俄羅斯國立政治社會史檔案館。

專家們是死氣沉沉的辦公室人類，根本無法打內戰。[19]

要是我們所謂的軍事「專家」（他們根本是鞋匠等級的人物！）當時沒無所事事、大做白日夢，（鐵路——作者註）線大概也不會斷了。要是這條線最後能被修復，那也不會是這些軍人的功勞。[20]

（⋯）他們這些坐在「司令部」的工作人員只會「打草稿」、提改組計畫，對機動作戰、確保補給和掌握司令員動態完全無感。他們根本就像是局外人、像是客人。[21]

我們的軍隊之所以漸成氣候，是因為新兵之中逐漸有新的革命指揮官誕生。此時強迫他們接受這些很明顯就是叛徒的傢伙（史達林接著列舉數位軍事專家——作者註）無異於讓前線潰散。[22]

這些短評（類似的例子不勝枚舉）充分展現史達林對建軍的觀點與個人偏好。他用具體行動支持自己的言論：他不讓軍事專家領導部隊作戰，把指揮權抓在自己手中。他每每在發給中央的報告中強調這個政策的好處。不過，我們很難想像的是，像史達林這樣沒有軍事作戰經驗、沒服役過的人，該如何靠自己和其他半吊子迅速掌握複雜的專業技能。當然，他可以依憑常理和革命衝動，但成效只會是短暫而不可靠的。因此，在敵方正規軍持續猛攻下，史達林—弗羅希洛夫的游擊軍不時打敗仗。

一九一八年八月，察里津市幾近失守。史達林在危急存亡之際採取了新策略，而這策略在接下來的幾十年將成為他慣用的統治手法。察里津市內開始有大規模的「反革命陰謀整肅運動」，被捕的包括帝俄軍官——無論其是否曾為紅軍效力，帝俄時期的官僚、商人和一般民眾。交通部職員阿列克謝耶夫被宣告為反革命勢力的中心人物。阿列克謝耶夫出身貴族、軍官，因公從莫斯科來到察里津，是在新政府中服務的所謂「布爾喬亞專業人士」。總而言之，他很符合「反革命領導人」的刻板形象。針對「陰謀策反者」而發的指控內容幾乎如出一轍，也不甚明確。這起案子在短短幾天內就捏造完成，以槍斃和在報紙刊登相關消息作收。

我們可以說，要不是因為有最高國民經濟委員會高階官員、老布爾什維克馬赫洛夫斯基和阿列克謝耶夫一同出差到察里津，相關槍決案大概只會是「紅色恐怖」中微不足道的小插曲。在「肅反」熱潮中，馬赫洛夫斯基也被捕了，在牢裡蹲了幾個月。察里津的「革命」陣營不但不敢對他下手，最後更屈服於來自中央的壓力，放了他。這麼一來，「肅反」行動平白多了一位麻煩又多話的證人——被惹惱的馬赫洛夫斯基寫了一大篇報告說明察里津的情況。報告清楚顯示，阿列克謝耶夫根本是被地方上的特務羅織入罪，而這些特務是「發瘋似地搜尋反革命的蛛絲馬跡」。那些坐在辦公室觀戰的莫斯科高階黨國幹部應該對馬赫洛夫斯基的「察里津風俗寫實畫」十分吃驚：

我看見這樣的景象：（⋯）阿列克謝耶夫看來像是戴了血紅的面具，整張臉都是血。（⋯）其中一隻眼睛是完全閉著的，我甚至無法判斷他的眼球是已經被打掉了，或只是腫得讓人難以辨識（⋯）；他們用槍把、拳頭打阿列克謝耶夫；當他倒下後，他們用腳踢他。至於我親眼看見的那些被肅反委員會逮捕和關押的人，我必須說，他們大多不但是偶然被捕，後來更是莫名其妙被槍決。過一段時間，地方報上出現相關消息——這些人被視同罪犯，姓名被公告。

（⋯）兩個被捕的人從駁船上被帶進我的牢房。其中一人告訴我，伏爾加河上有艘駁船，船內約莫有四百人。這艘船其實是關押所——這是察里津撤退行動後才有的現象。（反布爾什維克的）哥薩克人進攻時，把囚犯從監獄遷移到船上。這群囚犯的組成很複雜：三十名苦役犯、七十名帝俄軍官、四十名布爾喬亞，其他則多是在不同情況下被捕的工人和農民。整艘塞滿人的船上只有一個地方可供排泄，這地方總是大排長龍，人們常常必須在隊伍中站上整整四個小時，有些人因此暈倒。被囚禁的人們沒有食物可吃（⋯）。[23]

馬赫洛夫斯基不但指責察里津的肅反委員會舉措失當，也批評地方領導人濫權，包括史達林。馬赫洛夫斯基舉了幾個例子，說明某些人之所以被捕根本只是因為和史達林意見不合、有過爭執。[24]幾個月後，弗羅希洛夫證實，史達林是察里津恐怖行動的主事者。針對帝俄軍官，弗羅希洛夫指出：「這些『先生們』（…）是被（我）和史達林同志（…）逮捕的。」[25]有了察里津的經驗，史達林食髓知味，要求將恐怖治理手段擴大應用在鄰近地區。一九一八年八月三十一日，他請列寧以中央政府的名義准許「值得信賴的一組人」自察里津前往沃羅涅日[6]執行「肅清反革命」的工作。史達林得到了列寧的授權。[26]

史達林就整肅沃羅涅日的問題向列寧尋求支持時大概不知道，就在前一天，也就是八月三十日，在莫斯科發生了恐怖行動。這場號稱出自社會革命黨之手的恐怖行動導致列寧受傷。這件事替史達林及布爾什維克黨開啟了新局面。「紅色恐怖」成了官方政策。九月初，史達林以北高加索軍區領導層的名義向莫斯科報告，稱他們將在所轄地區組織「公開、大規模、系統性、針對布爾喬亞階級及其代理人而發的恐怖行動」。光是在察里津市，就有超過五十個人在列寧遇刺後不久遭到槍決。整體而言，九到十月間，察里津肅反委員會共計處死了一百零二人，其中五十二人為帝俄軍官及憲兵。[27]

大規模的恐怖行動可以是當局對軍事失利的驚慌反應，也可以是經過計算的策略——恫嚇讓紀律不佳的紅軍聽命；只有恐怖手段能有效打擊的「反革命陰謀」則是合理化軍事失敗的好藉口。除此之外，恐怖統治也能展現當權者的決心與「效率」。當然，許多積極作為主要是表現給高層看的：史達林以「反革命」威脅日增為由，不斷要求中央授予他特權，也拒絕聽命於比他層級更高的軍事領導人。

研究者目前無法確定，關於察里津恐怖統治的訊息是透過何種管道、以何種形式為莫斯科知悉，也不清楚馬赫洛夫斯基的報告及其他相關證據流傳的範圍有多廣。事實告訴我們，國家最高領導層對史達林的作為有些了解。數月後，也就是一九一九年三月，列寧在第八次黨大會上說：「史達林在察里津大肆槍斃人的時候，我的想法是，這是不對的，他們不該這樣槍斃（⋯）」。列寧甚至聲稱自己曾發電報給史達林，要求他「小心行事」。不過，歷史學者至今仍未找到這份電文。第八次黨大會上還有一位發言人提到「著名」的「察里津之船」，稱這艘船「作惡多端，就是為了不讓軍事專家被我們同化」。[28]總而言之，史達林在察里津的恐怖作為並非只有少數人知道，但這並未嚴重礙著史達林。布爾什維克領導人大多心平氣和地看待這場恐怖氾濫。在第八次黨大會上，列寧甚至在前面提到的發言中主張，到頭來，在察里津的同志們是對的。這樣的說法確實也沒錯——畢竟，被消滅的是「先前漏殺的布爾喬亞」，沒有必要為此情緒化、譴責同志。

話說回來，大規模的槍決的確不怎麼困擾列寧，但軍事上的失利可就真的會讓他不滿

6 譯註：沃羅涅日（Воронеж, Voronezh）是位於歐俄南部、頓河支流沃羅涅日河沿岸的城市。

了。紅軍統帥托洛茨基在察里津問題上的立場特別堅定。他本來就不喜歡史達林，現實的考量則讓他更有理由反對這位同志。托洛茨基在察里津事件中觀察到一個危險現象：建軍有可能失敗，因為相關人員自作主張、自以為是，抗拒以嚴格紀律與專業能力提升軍隊的素質。托洛茨基曾向列寧清楚說明自己的立場。在他一九一八年十月四日發出的電報中，有以下這段文字：

（⋯）我堅持將史達林（從察里津——作者註）召回。那邊的情況很糟，雖然兵力看起來不少。弗羅希洛夫可以指揮一個團，但無法應付由五萬士兵組成的軍團。（⋯）察里津戰區應該歸上級指揮部管轄，或者乾脆廢掉。我們的軍隊在各地屢傳捷報，除了南部戰區，尤其是察里津。我們在當地的兵力遠勝敵方，但領導高層卻處於無政府狀態。只要您願意堅定、果斷地支持我，我可以在二十四小時內將情況控制下來。總之，這是我認為唯一可行的處理方式。[29]

對於托洛茨基的態度，史達林正面迎戰。他在給列寧的電文中和弗羅希洛夫一起指控托洛茨基意圖破壞前線、羞辱「傑出黨員以討好軍事專家叛徒們」。[30]史達林動身前往莫斯科。他想和列寧當面談，讓情勢轉而對自己有利。然而，他這麼做只是徒勞。黨高層支持托洛茨基，也決定以堅實軍隊為行動方針。一九一八年十月，史達林被迫離開察里津。接著，弗羅希洛夫和史達林的其他助手也遭到革職。無庸置疑，史達林不會忘了這筆帳。接下來的日子，他只要逮到機會就想盡辦法對付托洛茨基、扶持在察里津的「自己人」。

顯而易見，史達林在察里津市習得的經驗和觀念對之後的內戰十分受用，適用所有他負責的戰區。雖然史達林不得不接受黨招納軍事專才的政策，他仍然對這些人沒有好感。他寧願捨政治上可疑的軍事幹才不用，依賴「道地革命者」的熱情和「常理判斷」成事。在一封一九一九年六月十六日自彼得格勒前線寄給列寧的電報中，史達林帶著可笑的狂妄與挑釁語氣寫道：

> 海事專家堅稱，從海上進攻紅山的做法（這裡指的是奪取彼得格勒近郊的其中一個要塞——作者註）違反海洋科學。看來，我只能對所謂的科學表達深沉的哀悼之意了。要不是我和非職業軍人粗暴地介入，取消這些專家們對海、對陸下達的所有指令，並以自己的命令取而代之，紅山要塞大概是無法攻下的。我認為我有責任宣告，縱使我對科學十足崇拜、敬畏，日後在戰事上，我仍將比照辦理。[31]

從現有資料看來，列寧大概覺得史達林的自吹自擂十分逗趣。列寧知道，紅山要塞是從陸上，而非如史達林宣稱，從海上攻下的，因此只在電報上留下這麼一句簡潔評註，附加三個問號：「？？？紅山要塞是從陸上攻下的。」[32]

史達林一直到內戰後期都還是自信滿滿。一九二〇年的春夏兩季，他身處西南前線，面對的是弗蘭格爾將軍[7]所領導的軍隊。他們已突破主要陣地——克里米亞，成功擴大行動範圍；另一方面，蘇聯與波蘭之間的戰事也正進行得如火如荼。起初，波蘭軍隊數度讓紅軍嚴重失利，但情勢很快急轉直下，紅軍轉守為攻，一路推進到波蘭首都華沙，準備一舉攻下。以列寧為首的布爾什維克領導層被勝利沖昏了頭，他們要的不只是革命在波蘭得勝，還期待革命能（終於！）擴張到其他歐洲國家——畢竟，「軍臨華沙，柏林亦不遠矣！」一九二〇年七月十三日，針對列寧提出的問題——是否值得與華沙簽署和戰協議——史達林如此回答：

> 波蘭軍隊根本潰不成軍了，他們的通訊被阻斷、指揮沒了頭緒，軍令不但無法送達正確地點，還時常落入我們手中。總而言之，波蘭人持續崩解，要恢復原形還得經過一番折騰（…）我認為，帝國主義不曾像現在，也就是波蘭大敗時，這麼脆弱，我們也不曾像現在這麼強大過。因此，我們越堅定，對俄羅斯、甚至世界革命就越有利。[33]

史達林在這時期所做的宣告，皆充斥著類似的對世界革命的樂觀期待。然而，帶來或是推動這場世界革命的，卻是紅軍的槍桿子。七月二十四日，確信紅軍已完勝波蘭的史達林發了封電報給列寧，建議「考慮在義大利，以及其他還沒站穩腳步的國家，諸如匈牙利、捷克（羅馬尼亞可能需要直接摧毀）等，組織起義」。[34]史達林「言出必行」。他在自己被授命負責的西南戰區，特別關注的是能否奪取戰略要塞利維夫市[8]。他催促第一騎兵軍團的領導人加快行動，盡速衝刺完成決定性的最後一役。不過，利維夫還是沒被攻下。西南戰區的另一個重要戰場——克里米亞——也讓紅軍吃足了苦頭。弗蘭格爾將軍的軍隊利用部分紅軍忙於波蘭戰事之際，成功將防線突破至克里米亞以外。作為前線領導人之一，史達林勢必得為敗戰負責。他在呈給莫斯科的報告中把軍事失利歸咎於艱困的客觀條件，也指責紅軍總司令部毫無建樹。顯然，史達林不喜歡當「敗將」——尤其在鄰近的西線戰區屢傳捷報，堅定地朝向華沙推進之時。

7 譯註：弗蘭格爾將軍（П.Н. Врангель, P.N. Vrangel', 1878–1928），俄羅斯帝國軍官，革命爆發後為內戰中白軍的主要將領之一，主要活動據點包括克里米亞、前俄羅斯帝國領土南部、波蘭等，其勢力最後是在克里米亞被瓦解。一九二〇年底起流亡土耳其、歐洲，持續參與反對布爾什維克政權的政治及社會活動。一九二八年感染肺結核，猝死於定居不久的布魯塞爾。有一說他是死於布爾什維克政權的暗殺行動。

8 譯註：利維夫（Lvov），烏克蘭語「Львів」，音近「利維夫」，俄語音近「利沃夫」（Львов），此處採用烏克蘭語音譯。利維夫是烏克蘭西部最大城市，歷史上曾被劃入波蘭、奧匈帝國版圖。

不過很快地，情勢又再度急轉直下。紅軍對華沙的攻擊陷入膠著，波蘭方面向布爾什維克提出羞辱性的和談條件。紅軍在波蘭前線失利的原因有幾個，而其中一個與史達林有直接的關係——不少人認為，紅軍在調度上犯了嚴重的錯誤，那就是分散力。舉例而言，像第一騎兵軍團這麼重要的軍力竟然是在利維夫近郊一帶作戰，而不是前往支援進攻華沙。事實上，在紅軍吃敗仗之前，第一騎兵軍團確實曾被下令轉戰西方前線，但這道命令並未被執行。史達林在此可說「功不可沒」。一九二〇年八月十三日，他發了一封電報給紅軍總司令部，堅稱調度騎兵軍團有害戰事，因為他們已經準備好對利維夫發動新一波攻勢。史達林認為，類似的調度應該要在更早的時間點，也就是騎兵團還是後備軍力時執行。他斬釘截鐵地宣告：「我拒絕簽署相關命令。」[35]

然而，我們很難認定，若史達林接受命令，紅軍是否就不會在華沙吃敗仗。一九二〇年，在紅軍「打鐵趁熱」地檢討戰敗原因時，大部分的指責都是針對進攻華沙的西區司令部而發。不過，史達林確實曾一意孤行，而這很有可能就是他從前線被召回的原因之一。「第一騎兵軍團事件」發生後沒幾天，史達林就動身前往莫斯科，之後再也沒回到前線。很快地，弗蘭格爾將軍被擊敗，而勝利的桂冠終究不是落在史達林頭上。

史達林絕對不是以一個勝利者的姿態來到首都的。首先，他在利維夫戰場和對抗弗蘭格爾將軍方面並無重大建樹。此外，由於他拒絕服從上級調度第一騎兵軍團的指令，別人有理由認定他是華沙敗戰的罪人。研究者有理由認為，史達林很擔心自己會成為代罪羔羊，而恐懼與屈辱感驅使他採取先發制人攻勢。一九二〇年八月二十五日，當紅軍在波蘭戰線已篤定吃敗仗，史達林向政治局發了一封短文，主題是建立必要的軍事儲備。從實務角度看，史達林的意見並無特殊之處——增加作戰人員、擴大軍事用品生產、增加軍隊編制等——這些都是布爾什維克在內戰期間的重點工作項目，所有資源分配也都以滿足軍隊需求為優先。事實上，這份史達林文書的真意隱藏在以下這句話中：「波蘭人近期的勝利揭露了我軍的主要缺失——缺乏足夠的軍事儲備。」[36]這是史達林對紅軍在波蘭失利的解釋：紅軍高層必須負主要責任，且敗戰是整體結構性的問題。史達林自認這份文件十分重要，堅持政治局必須給他答覆。一九二〇年八月二十九日，他又發了一份聲明給政治局：「請中央委員會務必重視我提出的軍事儲備相關問題，這個問題**萬萬不可拖延**（…）至今（八月二十九日）這個問題尚未獲得初步解決。」[37]

焦慮數日的史達林最後還是得到了回覆。刻意拖延的托洛茨基以高高在上的語氣向他說明了現況，並提議建立供給委員會，還嘲諷式地假意邀請史達林加入成為委員。托洛茨基這一步棋可謂下得高明，他的「潛台詞」是：既然你能力這麼好，那在貧困國家建立充足軍事儲備這件事，就由你來做吧。從現有資料看來，史達林應該是氣瘋了。八月三十日，他一口氣發了三份文件給政治局，內容要旨都是批判托洛茨基。他在其中一份文件中指控托洛茨基不把他的意見當回事，形式上雖然給了回覆，態度卻十分「敷衍」。史達林接著要求中央委員會加強對軍事單位的控制——意即加強對托洛茨基本人的控制。[38]至於第二份文件，史達林則是簡短、語氣堅決地回覆了托洛茨基對他的邀請：「我在此宣告，我無法、也不會在托洛茨基一手規畫的供給委員會工作。」[39]為讓上述「最後通牒」顯得更具威脅性，史達林決定下一步險棋：他要求建立專責委員會，以「調查我軍在西區前線方面，七月進攻、八月退守的相關情況」。[40]在史達林「檢討」軍事儲備問題為何被相關單位輕忽的脈絡下，這個提案可說是他向托洛茨基提出的宣戰書。史達林當時是否意識到，攻擊托洛茨基等於間接向列寧開火，畢竟列寧是紅軍之所以在波蘭冒險一戰的始作俑者之一？若當時鬥爭意志旺盛的史達林不明白這點，那他終究會清醒過來——代價是直接面對列寧的不滿。

在九月一日的政治局會議上，各方終於攤牌。這場衝突的主要人物——史達林、托洛茨基和列寧——在莫斯科碰頭。會議氣氛稱不上愉快，大部分時間耗在討論與波蘭簽署屈辱的和平協議上。史達林與軍事儲備有關的提案被放在會議最後檢視，而且並未獲得支持。決議文中有這麼一段話：「可接受托洛茨基的說法，軍事單位的作為符合史達林提案的精神。」[41]換句話說，該做的都做了，史達林不需多給意見。後來設立的軍隊供給特別會議，主席是托洛茨基，史達林卻不在成員之列。更讓史達林難堪的還有另一樁：調查紅軍波蘭敗戰原因的提案被否決了。事實上，列寧就是這個提案的強力反對者之一。

很可惜地，如同其他許多重要會議，一九二〇年九月一日在政治局的這場會議並未留下發言紀錄。歷史研究者只能藉由簡短的決議筆記推斷，這場會議可能有多麼「氣氛熱烈」，或與會者內心可能有多麼「熱情澎湃」。史達林提出卸下軍事職位的辭呈。辭呈被批准了，史達林再也不是革命軍事委員會的委員。另一方面，托洛茨基的權力倒是日益鞏固。有同志建議他到西區前線巡查一趟。[42]列寧顯然站在托洛茨基這邊。九月二十日，中央委員會全體會議決議派遣史達林「至高加索地區從事長期工作」；他被授命「處理和當地高山住民的關係」、「整頓我（…）高加索和東方政策」。[43]這些新任務可以詮釋為「有尊嚴的流放」或「新一輪重大工作目標」。無論如何，在幾天後的第九次黨代表會議上，史達林公開衝撞列寧和托洛茨基。政治局核心圈關於波蘭戰爭的一連串激烈爭執及相互指責，終於浮上檯面。

列寧及托洛茨基在會議上公開反對史達林對西區司令部及紅軍整體領導的批判。列寧把戰略錯誤的主要責任攬在自己身上，更強烈否定史達林所提調查敗戰原因的必要性。托洛茨基則不無諷刺地提醒史達林，當紅軍在波蘭勢如破竹時，他也曾對戰況十足樂觀，還大膽保證將攻下利維夫——難道不正是史達林也無法免疫的樂觀主義，決定了中央委員會當時的政策嗎？[44]一九二〇年九月二十三日，備受屈辱的史達林向黨代表會議主席團發布聲明，堅決否認托洛茨基與列寧對他的強烈批判。他再次指責西區司令部（也就是間接指責托洛茨基）領導不力。他宣稱，他本人一直以來都是支持小心謹慎、「見微知著」的行動路線。他以如下的尖刻言語總結自己的立場：「看來，列寧同志對軍事領導高層十分寬容。不過我認為，應該被善待的是工作，而不是執行工作的人。」[45]從現有資料看來，我們可以確定，史達林說謊。不過，列寧雖然記得史達林曾奮力主張黨應採取更強硬的行動、推動世界革命，卻選擇不揭穿同志的謊言——畢竟，在戰場上，沒有人能全身而退。黨內寧願趕快忘掉令人不悅的敗戰篇章，而史達林卻敲鑼打鼓要求檢討錯誤，簡直在破壞團結——雖然他自己明明也犯了錯。然而，這一系列對抗、齟齬卻未給史達林帶來什麼嚴重後果。他只到高加索地區執行了數星期的公務，一九二〇年十一月底就返回莫斯科。至於他為什麼會回莫斯科，我們接下來就會知道。

可以說，史達林與其他布爾什維克領導人在內戰期間習得了一個重要的「習慣」，就是不斷與黨內同志衝突。嚴格來說，這習慣並不新，但內戰經驗強化了它，使其「根深蒂固」。因此，布爾什維克黨內「蓬勃發展」的既有針對原則性問題而起的爭執，也有無原則的野心衝突。相互傾軋鬥爭的結果是，黨內逐漸派系林立，其中一個派系的組成分子有察里津時期和外高加索地區的同志，以及第一騎兵軍團成員，而替他們撐腰的人正是史達林。其他的布爾什維克領導人也持續擴充自己的陣營，埋下了日後大規模政治衝突和權力鬥爭的導火線。

正是在烽火年代布爾什維克淬鍊了自己的執政風格，黨員們大量吸收各式軍事治理手法和思維。察里津市和彼得格勒市的經驗更加鞏固了史達林對「布爾喬亞階級專家」的猜忌，還有對「陰謀」的恐懼。接下來，在南部徵收糧食和在烏克蘭組織勞動軍的措施將讓黨國軍事化現象進一步擴展到經濟生活領域。[46]內戰期間屢見不鮮的傷亡和心狠手辣讓人們學會習慣戰爭——只要習慣了，戰爭就不可怕，也沒有什麼是不可能的了。

總書記

布爾什維克黨通過內戰考驗，以勝利者姿態站穩國內政治主舞台。然而，要向飽受戰火蹂躪的人民、甚至向勝利的自己說明到底所戰為何，並不見得容易。世界革命並未發生。此外，一如布爾什維克反對者所警告的，俄羅斯無法如列寧主張的，立即進入社會主義發展階段。列寧所指引的，是一條通往毀滅性烏托邦的道路。布爾什維克政權企圖取消市場經濟、導入由國家概括掌控的實物交換，卻只是讓經濟雪上加霜。普遍的饑餓和崩壞加深了人民對政府的不滿。許多地區出現了農民起義，城市裡騷動暴亂頻仍，甚至布爾什維克重要據點——莫斯科和彼得格勒——也不例外。彼得格勒近郊的克隆什塔德要塞發生海員武裝起義，顯示布爾什維克的軍事化社會主義搖搖欲墜。這些海員都曾參與一九一七年的布爾什維克起義。基於這起事件重大的象徵意義，「克隆什塔德」一詞在蘇聯時期成了饒富意味的政治概念。

在這樣的情況下，具有良好政治自保本能的列寧決定再度「急轉彎」。一九二一到一九二二年間，列寧推動「新經濟政策」，以替代社會主義。我們可以說，在許多方面，布爾什維克正在走「回頭路」：貨幣經濟、相對自由的市場重新回到人們的生活當中；農民在繳稅後有權銷售自己的作物；小型工商企業主再度現身，現在這些人被稱作「新經濟人」[9]。國家仍控制了大部分的經濟活動，然而，就連國家掌控的領域也導入了市場機制。正是布爾什維克厭惡的資本主義救了國家，也救了他們的執政權。蘇聯之所以能在短短數年內從斷垣殘壁中重新築起地基，「新經濟政策」可謂功不可沒。不過，我們不能忘記，一九二一到一九二二年間由內戰引發的饑荒已奪走數百萬人生命。

以上就是史達林與他那人生即將走向盡頭的「導師」列寧所共同面對的現實。從現有資料看來，史達林並未積極參與「新經濟政策」的內容討論與實施。一如往常，他遵循列寧路線，對列寧忠誠，並因此獲後者賞識。不過，內戰結束後，史達林的政治生涯的確可能有不同的發展。無庸置疑，史達林政治局委員的身分在黨內舉足輕重，不過在布爾什維克黨政治體系內，高層領導人的實際權力與他直接管轄的單位息息相關。從這個角度來看，史達林並非特別吃香，他有可能必須屈從二線角色的身分。

內戰結束後，史達林受命主掌兩個部會——民族事務與工農監察部。這兩個部門缺乏權力資源，政治遊說力量也有限。史達林曾在一場閉門會議上這樣評價民族事務部：「這個部門徒具宣傳價值，沒有（…）行政權力。」[47]因此，史達林甚少在部內露臉。一九二一年十一月，他向政治局提出辭去民族事務部部長一職，但辭呈未獲批准。[48]如此一來，他只好竭盡所能讓這個部門消失，而他果真在一九二三年做到了。至於工農監察部，則早在一九二二年就讓他擺脫部長一職。這兩個他真心期待的「損失」最終以如他所願的方式獲得補償：史達林受命領導黨中央委員會辦公室。這意味他已然晉升為一線的角色。

如此重大的政治生涯轉折，不能僅以史達林個人才幹突出或鬥志旺盛解釋，而必須考量客觀情勢的交互作用。內戰後，布爾什維克高層內部鬥爭激烈，史達林則乘著浪頭順勢而起；其中，列寧與托洛茨基之間的矛盾無疑起了關鍵作用。這兩位領導人相互施加的作用力與反作用力捲動了一系列規模較小的黨內衝突與辯論。托洛茨基是當時的布爾什維克最高領導層中，唯一有權宣告自己不是列寧學生或戰友的人。實際上，托洛茨基比較像是列寧的政治夥伴、革命盟友，而他在內戰期間及其後的作為也清楚地說明了這一點。正是他這種政治上的獨立性吸引了許多布爾什維克黨員。一九二〇年年底，列寧被迫正視現實——托洛茨基獲得許多黨幹部支持，其中包括中央委員會的幹部。列寧決定扭轉局勢。他利用自己的權威，

9　譯註：「新經濟人」（Nepmen）為意譯，亦有音譯為「耐普曼」。新經濟政策時期，私營工商企業的規模仍受到控制，企業主的政治權力（例如選舉權）仍被限縮。

做了必要的政治操作，順利取得勝利。在一九二一年年初舉行的第十次黨代表大會上，列寧的支持者取得多數優勢，黨領導機關也因此跟著換血，托洛茨基的支持者遭到淘汰。史達林是列寧鬥爭托洛茨基的戰友，對日益病重的列寧來說，史達林的忠誠別具意義。一九二一年年中開始，腦血管損傷越來越困擾列寧——他頭痛、易累、癱瘓反覆發作、口語能力和意識受損。他不得不休了幾次長假。人事調整、列寧與托洛茨基之爭、列寧的疾病，這些因素讓史達林在黨內的角色越來越吃重。史達林日益顯著的影響力在一九二二年年初獲得形式上的認可：他獲選為俄國共產黨（布爾什維克）中央委員會總書記，其職責包括主管中央委員會辦公室及其下屬領導機構（貫徹黨意志的官僚單位）。總書記有兩個職責值得特別一提：決定政治局會議議程、主導人事議題。也就是說，史達林牢牢掌握了許多中階幹部的政治命運。

新職務應不致於讓史達林窮於應付，畢竟他有足夠的黨務經驗，個性也適合。我們接下來將看到，轉型為獨裁者的史達林仍能從處理各種單調、細瑣的官僚事務中獲得樂趣。成為總書記後，史達林著手整頓政治局的組織工作。一九二二年八月三十一日，他在政治局會議上宣稱，有些機關太晚呈送審議資料。政治局因此做出決議，「若開會前一天下午四點以前仍未送達必要資料，則政治局將不審議相關問題」。[49]一個半月後，相關規定變得更加嚴格。根據史達林的要求，政治局推出新規定，審議資料務必在開會前一天中午十二點以前送達。[50]這些看似瑣碎、不甚重要的決定反映了新趨勢：史達林正一步步、越來越有自信地主導黨機關的運作。

黨機關內部對這個新情勢的認識及感受為何，可以從一些頗有意思的見證看出端倪。史達林的助理納札列強定期和歐爾忠尼齊澤（他在黨內有個外號「Sergo」）通信。[51]歐爾忠尼齊澤是史達林老友，一九二〇年代初在外高加索地區工作，而他和史達林助理之間的往來信件仍留存至今。

一九二二年夏，納札列強如此描寫當史達林下屬的感受：

我對工作滿意嗎？說滿意不是，說不滿意也不是。一方面，我在這裡接受的是紮實的訓練，也對世界和俄羅斯局勢有近距離的認識。我的紀律、工作精準度不斷受到磨練（⋯）另一方面，我的工作幾乎只和文書有關，細節繁多，難以帶來滿足感，體力活吞噬掉我大部分時間，以致我連打個噴嚏、喘口氣的時間都沒有，尤其在柯巴的鐵腕領導下更是如此。我們處得好嗎？處得好（⋯）可以從他身上學到很多東西。近距離認識他後，我對他油然升起深深敬意（⋯）他對工作人員雖然嚴厲，卻也不失關心。我們正逐步整頓中央委員會。

柯巴對我的訓練方式很好（⋯）他很懂得用心機。他很頑強、深藏不露，就像帶殼堅果（⋯）雖然他——不知這樣表達是否合適——稍嫌粗魯，但其實性格柔軟，是個有心腸的人，也懂得欣賞他人優點（…）中央委員會現在簡直煥然一新。我們接手時，它根本糟得不像話。我們給它大大改造了一番。[52]

納札列強給史達林高度評價：「伊利奇[10]完全康復了（…）柯巴昨天才剛探訪他。柯巴得看顧伊利奇和我們的俄羅斯母親。」、「柯巴無疑是伊利奇最忠實可靠的看守人，無畏無懼地守衛著俄國共產黨中央委員會的大門。」[53]納札列強提供了關於官僚群如何看待史達林的重要細節。根據納札列強的說法，在莫斯科甚至出現了這樣的流行用語：「在史達林下面走」（to be going under Stalin）。這是用來形容那些被徵召到莫斯科，但尚未獲得新職位、有如「懸在半空」的官員。[54]布爾什維克官僚行話中出現這樣的新概念，顯示許多人已意識到新局面的存在。

前面我們看到的是史達林在當總書記頭幾年，助理對他的印象。這位忠心耿耿的助理在形容自己的老闆時難免渲染、誇大，不太掩飾自己的景仰之情。不過，納札列強夠聰明，觀察力也夠敏銳，因此他的說法有一定的代表性。為數眾多的官僚群逐漸對史達林有了一個共同的印象：這是位經驗老到、有自信的官僚，在權力譜系中占據強勢地位。此外，他還夠冷靜，能控制自己的情緒，但在捍衛自己的利益和立場方面卻十分強硬、果敢。這樣的特質在黨不斷分化為大小派系和「保護人—被保護人」集團時，為史達林贏得不少支持者。

從納札列強的信可以看出，史達林在黨內的形象是列寧的忠實戰友，是他在政治鬥爭中的依靠。整體而言，這樣的形象並沒有離現實太遠。多年的合作讓史達林和列寧的關係益發緊密，縱使兩人有時也會意見不合亦然。某位布爾什維克黨員的回憶足以清楚說明這一點。事發時間是一九二一年九月，地點是史達林的寓所，出場人物包括這名黨員、史達林和列寧。他們當天聚會，以便討論彼得格勒黨幹部之間齟齬不合的問題。列寧試著讓敵對各方和解。史達林在房裡來回踱步，不停抽著菸斗。列寧看了看史達林，突然撂下這樣一句話：「看啊，真是強大的亞細亞人——吸個不停！」史達林一聽，立刻就把菸斗清空——不抽了。[55]這種只有在好友間才能開的放肆玩笑，顯示史達林與列寧的情誼已超越下屬與長官的共事關係。對列寧而言，史達林是可以開玩笑的戰友。我們很難想像，列寧可以這樣對托洛茨基開玩笑——兩人一直都是以敬語**您**互稱。

一九二二年五月三十日發生了某個事件，再度證明列寧和史達林之間的關係「非比尋常」。當時，為疾病所苦、害怕癱瘓的列寧傳喚史達林到自己位於莫斯科近郊戈爾基莊園的官邸。列寧要求史達林給他毒藥，以便必要時自我了斷。史達林馬上把這件事告知列寧的妹妹瑪莉亞．烏里楊諾娃，以及當時人在戈爾基的布哈林。[56]根據瑪莉亞的回憶，三人知情後

10 譯註：「伊利奇」（Ильич）是列寧的父名（俄文姓名的傳統結構是名—父名—姓）。傳統上，只稱父名，而不稱名加父名這種較為正式的格式，是向對方表現好感、或反應彼此關係相對親密的方式。

列寧和史達林在戈爾基，1922年。一年半後，列寧辭世。黨內開始激烈的奪權之爭。來源：俄羅斯國立政治社會史檔案館。

決定一起提振列寧的心情。史達林回到官邸並告訴列寧，實現願望的時候未到，而且醫生保證他會好起來。根據瑪莉亞的說法，列寧「很明顯地打起了精神，欣然同意史達林的說法，雖然還是不免問了句：『您是在騙我的吧？』史達林回他：『您何時看過我說假話了？』」[57]

列寧用各種方式向史達林表現自己對他的好感。一九二二年六月，病情已經十分嚴重的列寧還是從戈爾基給莫斯科提了個建議：「本人在此透過政治局責成史達林同志每星期有一天必須完全在市區外的別墅度過——星期天不納入計算。」政治局因此做了相應的決議。[58]史達林從列寧身上學會這套對同袍表現關懷的權術，且在日後掌大權時多次運用。上述決議做成後不久，列寧的病情開始好轉。整個八月，史達林花不少時間在戈爾基陪伴列寧。根據列寧妹妹瑪莉亞的說法，「伊利奇和他（史達林——譯註）就像朋友。和史達林一起時，他會開玩笑、大笑，還會要求我招待史達林吃的、給他們倒酒……等等。」[59]

列寧與史達林的融洽時光一直持續到一九二二年秋天。

師生之爭

列寧患病的政治後果是非常深遠的，讓一個強人掛帥的政黨，陷入危境。政治局委員自然開始思考，誰會是「列寧的繼承者」。在這方面，由季諾維耶夫、卡緬涅夫和史達林組成的「三人組」勢力特別強大；而托洛茨基是他們的主要敵人。這樣的對抗其實是延續了列寧孤立托洛茨基的戰術，不過在列寧生病的情況下，孤立托洛茨基無疑將壯大「三人組」，而這對黨來說是危險的。列寧意識到這一點，他希望自己能康復，更希望能再度力挽狂瀾。為了給「三人組」必要的教訓、維持黨內「均勢」，他必須找到最容易下手的目標——史達林或許是個好選擇。

列寧發動攻勢的起點，是黨內就如何將各蘇維埃共和國整併為一個國家所起的爭執。就實質上來說，這樣的整合在內戰結束後已自然成形。一九二二年下半，黨決定賦予這個整合正式的形式，也因此公布了新國家的建立原則。布爾什維克領導人之間在主要問題上並無歧異——沒有人認真考慮過要讓前俄羅斯帝國的任何一個組成部分脫離布爾什維克莫斯科的統治或取得實質自治權。所有的辯論都圍繞在該選擇何種國家型態，以及該讓各布爾什維克地方政府在一黨專政的紀律下擁有多少獨立性。

史達林在國家型態問題上的立場十分清楚。他建議不需大費周章、省略各種外交手段與辭令，直接以憲法鞏固現況並實踐莫斯科真正的想法——也就是說，賦予所有相對大型的共和國（烏克蘭、白俄羅斯、喬治亞、亞塞拜然、亞美尼亞）及其他較小的民族政治體自治區的身分，並將其納入統一的俄羅斯聯邦領土。整體而言，這個提案並無特殊之處，符合黨的政策路線，也獲得大多數中央及地方的黨員支持。然而，史達林應該沒想到，列寧居然會反對這個提案。列寧建議給予各蘇維埃共和國形式上的「獨立性」，並將其整合為一共和國聯盟——當然，依照列寧的想法，共和國的獨立性只能是形式上，而非實質上的。我們很難論斷，列寧強勢介入相關辯論的動機為何。他有可能是藉此回應部分喬治亞和烏克蘭領導人對史達林提案的不滿；也有可能這對列寧來說不過是個再度回歸政治鎂光燈下的好時機。正好，列寧的病況在這個時候暫時減輕，他也準備回到規律的工作狀態了。

一九二二年九月，列寧一如以往透過各種手段逐步推動自己的計畫，為此不惜批評史達林行動莽撞。史達林感到受傷。他向列寧退讓，但不忘反抗，批評列寧犯了「民族自由主義」的毛病。[60]史達林的行為模式並不難懂：他因為被迫改變自己不久前還極力捍衛的立場而顏面盡失。然而，史達林終究無法下定決心和列寧奮戰到底。九月二十八日，史達林和卡緬涅夫在政治局會議上互傳紙條，紙條的內容說明了很多事情：

卡緬涅夫：伊利奇打定主意不惜一戰，要共和國獨立（…）

史達林：我覺得，面對伊利奇，立場要堅定（…）

卡緬涅夫：我想，既然弗拉基米爾·伊利奇堅持這樣幹，**反抗**只會更糟。

史達林：不知道。他想怎樣，就怎樣吧。[61]

史達林讓步了。他很熟悉列寧的個性，也清楚就算列寧還病著，他的權勢仍不容小覷。一九二二年十到十二月，類似的劇情發展也可見於與對外貿易壟斷權問題有關的爭論。十月六日，中央委員會全體會議以多數決通過減少國家對外貿易壟斷權的議案。列寧人不在莫斯科，但表明反對這個決議。史達林是十月六日決議案的支持者之一，他並未馬上向列寧投降，而是有條件地逐漸讓步。這讓列寧不滿。

事件落幕的方式讓史達林不快。在就對外貿易壟斷問題而起的論戰中，列寧故意找來失勢的托洛茨基當盟友。這一招並不特別，列寧也不是第一次用——布爾什維克高層內鬥時就常運用類似的敵我矛盾。不過，現在情況不同了。列寧生病了——任何在他親信圈內爭權奪勢的行為，其意義將非同以往。為了向在黨內重要性與日俱增的「三人組」示威，列寧跟托洛茨基提議繼續攜手合作。一九二二年十二月二十一日，就在中央委員會全體會議通過列寧的對外貿易壟斷方案後，列寧向同為中央委員會委員的妻子克魯普斯卡雅口述以下寫給托洛茨基的便箋：「（…）好像不需任何攻擊，只消一個靈活的調度就達到目的了。我建議不要停止攻勢。」列寧建議托洛茨基在下一次的黨代表大會上提出對外貿易相關問題，並在蘇維埃代表大會上發表相關言論。[62]這些安排是為了在眾多黨幹部面前破壞列寧反對者——包括史達林——的威信。

托洛茨基隨即展開行動。他撥了通電話給卡緬涅夫，接著卡緬涅夫向史達林傳達了必要的訊息。但是，史達林拒絕遵照列寧指示，讓托洛茨基在蘇維埃代表大會上發言。此外，他還打電話給克魯普斯卡雅，責怪她自作主張，把列寧的口述內容寄給托洛茨基。史達林這番責罵應該頗不留情面——至少精神耗弱、敏感焦慮的克魯普斯卡雅是這樣認為的。理論上，史達林的確有理由向克魯普斯卡雅表示不滿。在事件發生前幾天，也就是十二月十八日，中央委員會全體會議才剛做成決議，對病情再度惡化的列寧提出通訊及人際往來方面的限制。「史達林同志將對弗拉基米爾．伊利奇的隔離狀況——包括與工作人員的個人往來和對外通信——負個人責任。」[63]克魯普斯卡雅的行為顯然是違背了這個決議。不過，史達林當時的確是情緒激動了一點，有違他高度自制自律的形象。這也難怪——至少對史達林個人而言，列寧向托洛茨基提出的行動方案挑釁意味十足，也足以構成重大危害。

雖然如此，史達林仍意識到自己犯了戰術上的錯誤，並因此向克魯普斯卡雅道歉。據列寧的妹妹瑪莉亞回憶錄中所述，史達林企圖和列寧重修舊好。他和瑪莉亞碰面並當面抱怨，和列寧關係破裂令他十分難受：

> 我整晚沒睡（⋯）伊利奇到底把我當什麼人，他是怎麼看我的！他大概把我當叛徒吧。我可是非常愛他的。您想個辦法轉告他吧。

然而，想要讓列寧軟化並非易事。瑪莉亞留下了這樣的歷史見證：

> 我忘了伊利奇是為了什麼把我叫過去。我順勢告訴他，同志們向他問好（…）「史達林請我轉達熱烈問候，還請我告訴你，他很愛你。」伊利奇冷笑了一下，就沉默了。我問：「怎麼啦，你要不要也向他問個好啊？」伊利奇冷冷回了一句：「好。」我繼續說：「不管怎樣，史達林到底是聰明人。」伊利奇皺起眉頭，回答得很決斷：「他一點都不聰明。」[64]

瑪莉亞並未精確指出，她和哥哥的這段對話發生的時間點——很有可能是在一九二二年年末或一九二三年年初。列寧和史達林的關係就是在這段時間明顯惡化、瀕臨破裂。十二月二十四日，列寧向祕書口述一份文件（俗稱「致大會信」），內容表現他對黨高層內部分裂的憂心。他在文件中這麼說史達林：「史達林同志在成為總書記後，將無限大的權力集中在自己手中。我不確定，他是否能永遠審慎利用這個權力。」[65]一月四日，列寧再度口述了一份文件，語氣更加強烈。他要求撤換總書記，因為史達林「太魯莽」。[66]

列寧的惱怒與日俱增，而這成了所謂「喬治亞案」的發展背景。「喬治亞案」是部分喬治亞布爾什維克黨員與外高加索聯邦（由喬治亞、亞美尼亞與亞塞拜然構成）高層持續不和的結果。精確一點來說，這是部分喬治亞布爾什維克與外高加索聯邦首長歐爾忠尼齊澤之間的衝突。史達林在此的立場和他與歐爾忠尼齊澤的私交有關。喬治亞布爾什維克黨員不時向莫斯科抱怨他們受到歐爾忠尼齊澤的壓迫——有時，這些黨員能成功地達到他們的目的。一九二二年年末的某一天，歐爾忠尼齊澤給了敵營一個抨擊他的好理由：怒火中燒的歐爾忠尼齊澤動手打了其中一位反對他的人。莫斯科為此特別派了由傑爾仁斯基領軍的調查委員會到外高加索地區一查究竟。[67]列寧對委員會的工作狀況非常感興趣。然而，委員會的調查結論對歐爾忠尼齊澤有利，這點讓列寧不滿。他認為，傑爾仁斯基和史達林包庇歐爾忠尼齊澤，壓迫失勢的喬治亞黨員。

如果不考慮生病的列寧和他日益壯大的同志之間正在波濤洶湧地明爭暗鬥，我們大概只會將「喬治亞案」視為官僚間尋常的勾心鬥角。布爾什維克黨內絕對少不了這類勾心鬥角，尤其在他們的政權尚未站穩腳步時更是如此。順帶一提，在外高加索地區，這些競爭團體往後還得互鬥多年。一九二二年的「喬治亞案」之所以成為大案，大抵得歸功於列寧刻意將相關事件炒作到一定的政治高度。對他來說，這是個砲打同志的好藉口。他雖然為疾所苦，但仍有足夠鬥志捍衛自己的領導地位，管束那些等著「導師」嚥氣就要瓜分權力的逆子們。在列寧眼中，史達林體現了黨員對他的背叛。

所有歷史證據顯示，一九二二年冬到一九二三年春初這段期間，列寧積極運作，以便在即將於三月舉行的第十二次黨代表大會上砲打史達林。一九二三年三月五日，在收集了必要的資料後，列寧再度邀請托洛茨基與他合作：

可敬的托洛茨基同志！我懇請您在黨中央委員會務必為喬治亞案積極辯護。這個案子現在正被史達林和傑爾仁斯基「壓」著。我不相信他們的調查會公正不阿。一定不會公正不阿。若您願意為此案辯護，我將安心得多。[68]

當天，也就是三月五日，列寧口述了一封給史達林的信，事由是一件往事：一九二二年十二月，史達林罵了克魯普斯卡雅。這封信語氣激烈，列寧威脅要與史達林斷絕往來：

可敬的史達林同志！您竟然莽撞到打電話大罵我妻子（……）我不打算輕易忘記那些違逆、冒犯我的事；不用說，違逆、冒犯我太太，就是違逆、冒犯我。因此，我請您善加衡量，是否願意收回說過的話並道歉，或者您傾向與我斷絕來往？[69]

這封寫於史達林與克魯普斯卡雅衝突後二個半月的信給後人許多想像空間。當然，我們可以認為，列寧直到一九二三年三月才得知一九二二年十二月發生的事。不過，學者塔克的觀點較具說服力：列寧將史達林衝撞克魯普斯卡雅一事，視為將他拉下總書記位子的有利論據。[70]所有來自列寧的明箭、暗箭，瞄準的都是同一個目標：史達林太過魯莽。相較於其他能對史達林做的抨擊，這樣的批判顯得更加明確、有效。的確，總書記不該對黨同志粗魯無禮。

隔天，三月六日，列寧又針對「魯莽」一事大做文章。他口述了幾句話想要傳達給失勢的喬治亞黨同志，命人將副本轉交托洛茨基和卡緬涅夫。卡緬涅夫動身前往喬治亞，以便親手將信交給收件人。列寧在信裡寫道：「可敬的同志們！我全心全意追蹤與你們有關的事件動態。歐爾忠尼齊澤的粗暴、史達林和傑爾仁斯基的縱容，都讓我十分憤慨。為此，我正著手起草相關紀要與發言。」[71]

對列寧的這一連串舉動，消息靈通的政治局委員的看法一致：列寧向史達林宣戰了。卡緬涅夫在動身前往喬治亞的前幾個小時寫給季諾維耶夫：列寧要的不只是平息外高加索地區的紛擾，還要「高層能在組織工作上做出相應的結論」。[72]史達林也感覺到風暴逼近。三月七日，他終於收到列寧五日寫的那封「最後通牒」。史達林不浪費時間，即刻回了封滿是不甘願的道歉信：「要是您認為，為了保持『關係』，我得『收回』說過的（…）話，那我可以收回。但同時我沒有意願了解，問題到底出在哪裡、我的『罪過』為何、其他人對我的期待為何。」[73]同一天，三月七日，史達林發了一封極機密的信給歐爾忠尼齊澤。他警告這位友人，列寧給他的反對者發了支持信。史達林要歐爾忠尼齊澤小心點：「爭取妥協吧（⋯）自然、自願的妥協。」[74]從他給歐爾忠尼齊澤的信可明顯看出，史達林意識到事態嚴重，正運用各種手段讓列寧無法如願。

一直到不久前，從未有人懷疑過列寧那些反史達林信件和行動的真實性。它們符合當時的歷史發展邏輯。近幾年，在俄羅斯則不時有試圖「翻案」的聲音，宣稱這些反史達林信件和行動都是不符史實的。[75]這些意見雖然可能是以狀似科學的方式闡述，甚至不乏檔案資料「加持」，但並非確實符合科學論述原則。相關著作的政治目的性太明顯了。不惜代價為史達林辯護、把他塑造成列寧理所當然的接班人——這些現象犧牲了學術良知和常理判斷。相關文字無論在編織上如何「殊途」，皆「同歸」於一個結論，也就是經不起檢驗的陰謀論：托洛茨基的擁護者不但偽造了反對史達林的信簡，還把它們偷偷塞到列寧的檔案裡！

事實上，列寧的同志，包括史達林本人，從未對這些信簡的真實性有過任何懷疑。這其實就是證明其真實性的有力證據。史達林並非勢單力薄或缺乏智慧，對黨機器和列寧的交往圈子也有足夠的掌控度，應不至於成為政治性偽造文書的受害者。史達林對列寧「遺囑」極度在意，他甚至花了不少心力，企圖排除這些列寧文件可能對他造成的負面影響。

總而言之，列寧在行動活躍期的最後幾個星期的確是反史達林的，這部分沒有任何問題，值得探討的是——他為什麼反。這裡討論的不僅是一位老練政治家，更是一位深受不治之症所苦的老練政治家的意圖和動機。「列寧的最後一搏」（列文的說法）展現的是個人對主導權和權力本身的熱烈追求——這可說是列寧的主要人格特質。[76]疾病無法折損、反而增強了他的意志。他縱使在生理和心理層面皆備受折磨，卻能在數年間持續展現驚人毅力，在數次被迫暫時退下政治舞台後，依然能「強勢回歸」。可以說正是這些「回歸」支持了他的生命、賦予他力量，讓他與病魔的痛苦纏鬥充滿意義。他的同志不只一次向他提出挑戰，他卻越挫越勇。然而，一九二二到一九二三年間，疾病讓列寧對任何挑戰他主導地位的言行特別敏感。

就「政治操作」而言，列寧於一九二二年年末至一九二三年年初所採取的戰術，較之過去並無特別不同。他拿自己在黨幹部中不容質疑的權威當籌碼——這些幹部包括新一次黨代表大會的出席人員；列寧也把賭注下在同志間（包括托洛茨基和「三人組」之間）將持續競爭。我們很難否認，史達林作為犧牲者不過是個巧合，因為他是相對容易使力的環節。確實，他在蘇聯建國議題及「喬治亞案」方面犯了一些錯誤，而這些錯誤可以輕易地被政治化。此外，他還羞辱了病中領袖的妻子，犯了黨同志間不得粗暴對待彼此的忌諱。史達林等於是自己給敵方製造機會。對列寧而言，攻擊史達林是馴服其他黨同志、也是鞏固個人政治權威的絕佳方法。值得注意的是，列寧大概沒有完全將史達林排除於權力高層之外的想法，因為這對支持列寧領導權的黨內運作機制本身不利。史達林可以制衡其他野心勃勃的同志，更是一位經驗豐富的行政人才，是黨機器不可或缺的一部分。列寧的種種反史達林作為不過是整體固權戰略的一部分：操弄同志、藉由稍微削弱史達林的勢力，達到對列寧有利的黨內權力平衡。

為何我們要花這麼多篇幅討論列寧言行可能的動機？就本書主題而言，史達林對失寵於「導師」這件事可能有的反應，是個很重要的題目。史達林有十二萬個理由對列寧不滿。不過，他的言行最終仍是因襲了蘇維埃高層既有的互動模式：起初是「百家爭鳴」、不惜和列寧「大唱反調」；接著，包括史達林在內的所有人卻又不約而同地向「導師」讓步。有時，列寧也會懲罰得罪他的人，他會把這樣的人從權力中心移除、再移回來，但卻同時顧及到受懲者的自尊，不特別張揚。現在的情況有何不同嗎？為何列寧需要如此明目張膽、不留情面地反對一直以來都對他忠誠不二的史達林？就現有資料看來，史達林的詮釋是惡疾影響了列寧。顯然，無論是從心理或政治需求的立場出發，這都是最方便的解釋。

前面提到的那封給喬治亞布爾什維克的信恰好是列寧最後一份口述文件。沒多久，他的健康狀況劇烈惡化。我們有足夠理由推斷，這讓史達林在政治上喘了口氣。列寧無法在黨大會上發言，政治局則「搓」掉了「喬治亞案」和列寧撤換總書記的提議。不過，這些都不是「朋友們」助史達林一臂之力、展現善意的結果。實際上，這不過是爭權奪勢之戰的中場，而這一系列激烈纏鬥將從列寧死前最後一段時間持續到一九二四年一月，列寧逝世之後。

集體領導試驗

史達林雖然躲過列寧那場無法預知下場的政治遊戲，但他在黨內的地位已鬆動。有一段時間，史達林被迫受制於政治局的其他委員。有一種說法是繼承列寧權力的布爾什維克大老們小看了史達林，視他為無害的平庸之才。這並不符合史實。政治局委員心知肚明，列寧關於史達林的說法，有部分是正確的——作為總書記，史達林手握大權。他們因而企圖限制史達林的權力。然而，諸多政治因素，加上史達林的高明操作，讓他的競爭對手和等著他落馬的人無法得逞。

一九二三年夏，政治局看似團結的反托洛茨基圈子內發生了第一場嚴重衝突。開完黨代表大會、擋掉列寧攻勢，勉強在可怕的大饑荒後成功維持國內局勢穩定的政治局委員，帶著相對輕鬆的心情，啟程前往南部度假。一九二三年七月，在基斯洛沃德斯克市[11]，養足精神的季諾維耶夫發動了一場陰謀，意在限縮史達林的影響力，並在政治局內部建立新的抗衡力量。在一封一九二三年七月三十日寫給人在莫斯科的卡緬涅夫信中，季諾維耶夫大力抨擊史

11 譯註：基斯洛沃德斯克（Кисловодск, Kislovodsk）市位於俄羅斯南部、北高加索地區，盛產礦泉水，其名稱即源於當地知名的碳酸礦泉。境內有不少度假療養設施。

達林：

> 如果我們的黨注定得忍受史達林專權一段時間（應該會是**很短**的一段時間），那我就認了。不過，我可不想掩飾這些卑劣的事情（…）實際上，根本沒有什麼三人組（作者註：季諾維耶夫指的是包括他自己、卡緬涅夫和史達林的三人組），只有史達林獨裁。伊利奇的說法正確得無以復加。看來，問題若不能被**認真**解決，就只好不惜一戰了。[77]

雖然季諾維耶夫並未在細節上多加著墨，但他在信中無疑是對史達林提出了挑戰。他強調，史達林玩弄政治局於股掌間，所有裁決實際上是史達林一個人說了算。特別值得注意的是季諾維耶夫提到了列寧的口述文件——「伊利奇的說法正確得無以復加」。季諾維耶夫視這些文件為與史達林作戰的有利工具。在基斯洛沃德斯克，他和布哈林約定將一起行動。布哈林也對史達林的某些行為不滿。此外，其他同時在南部度假的黨高層也參與商討該如何行動，給總書記一點顏色瞧瞧。以上這些幕後運作皆未形於文字，給史達林的信息也不是用寫的，而只是個「口信」。動身前往莫斯科的歐爾忠尼齊澤受託向史達林口頭轉達這些政治局委員的想法。礙於缺乏文字紀錄，後人無從確切得知身處南方的「度假貴客」究竟對在莫斯科運籌帷幄的史達林提出什麼「建議」。我們只能從接下來幾年的各方說法推斷，大老們向史達林提議重組中央委員會書記處：留下史達林，但「引進」季諾維耶夫和托洛茨基。這意謂在史達林的地盤——中央委員會——建立新的勢力平衡。

毫無意外地，史達林被激怒了。不過，他只得以無辜傷者的姿態及提出破壞團結的控訴來抗衡這些「朋友們」。一九二三年八月三日，史達林在與歐爾忠尼齊澤會面後，即刻給季諾維耶夫和布哈林寫了一封信：

> （…）你們顯然是不排斥**製造**分裂，視它為無法避免（…）你們要怎麼幹，就怎麼幹吧——我想，在俄羅斯，還是有人能正確評價這一切、譴責罪人的（…）不過，你們還真幸福啊，有閒情逸致捏造各種無稽之談（…）而我還得在這做牛做馬，像極了一隻被綁住的狗，累得半死。結果，我卻被指為「罪人」。這樣任誰都會被搞死的。你們準是閒著沒事找事，我的朋友們。[78]

這封一半惱怒、一半友好的信透露出史達林在一九二三年中尚未有足夠資源，得以與同志正面衝突。季諾維耶夫和布哈林的提議則顯示，當時的他們對成功削減史達林影響力仍有幾分把握。史達林的委屈並未發揮任何效果。同志們刻意以淡然但堅定的方式讓他明白：談判還沒結束。技術上，同志們近期就可以在南部與他面對面談。史達林計畫在八月中到南部度假。

史達林大概不會喜歡事情演變成這樣——畢竟，他的對手有一手好牌。重組書記處的提案表面上是以追求黨內團結、凝聚黨員向心力為宗旨，看來十分體面。若史達林反對，任何有心人都能輕易批判他不願和團隊合作、對集體的忠誠度不足，坐實列寧對他的指控。此外，季諾維耶夫也提出了一些史達林近期破壞集體領導原則的例子，在在對史達林不利。不過，最嚴重的指控大概是季諾維耶夫和布哈林宣稱，史達林在德國問題上「踩錯立場」。

一九二三年起撼動德國的各項危機讓莫斯科禁不住又做起了歐洲「救命革命」的美夢：布爾什維克尚不知作為「世界唯一」的蘇維埃社會主義共和國聯盟前景如何，可是一旦社會主義在德國站穩腳跟，俄羅斯社會主義建設將如獲救命解藥。與此同時，革命運動過去幾年在歐洲的屢屢挫敗又讓人不得不戒慎小心、避免過於樂觀。史達林屬於布爾什維克領導人中「戒急用忍」的那一派；相反地，季諾維耶夫與布哈林則和托洛茨基同聲一氣，呼籲支援歐洲革命。托洛茨基認為，世界革命是社會主義在俄羅斯得勝的必要條件。史達林的謹慎作風此時在政治上對他十分不利——他的競爭對手可以輕易藉此大做文章。幸好，史達林及時意識到相關政治風險。他通盤考量了自己面臨的各種挑戰，「化零為整」；接著，著手進行志在必得的政治操作。一九二三年八月九日，在與季諾維耶夫和布哈林「熱烈交換書面意見」的同時，史達林向政治局提議召集休假中的季諾維耶夫、托洛茨基和布哈林到莫斯科，共商德國革命大計。[79]這三位自然是應允了。會面預定於八月二十一日舉行。

這樣的計畫調整讓史達林在政治權謀上取得了顯著優勢。一方面，指控他輕忽德國革命潛能的同志因此少了批判立足點；另一方面，更「火熱」的德國議題把重組中央委員會書記處及集體領導等黨內爭執點「蓋過去」了。可以說，史達林成功澆熄了季諾維耶夫和布哈林的攻擊火勢，逼他們照著新劇本演出。確實，八月二十一日的莫斯科會議上，政治局委員們熱烈討論了指日可待的德國革命、蘇聯能提供的援助，以及歐洲各國的可能反應。與會者一致同意，戰爭勢不可免。史達林在表示與多數人一樣對德國革命充滿期待之後，說道：

> 如果我們真心想幫助德國人，而我們的確想、也必須幫助，那就得做好上戰場的準備，而且是嚴肅、全方位的準備，因為這攸關蘇維埃聯邦和世界革命在接下來幾年的命運；只會有兩種結局：德國革命失敗，我們挨打；或者革命成功，一切都很順利，我們的處境也安穩了。除此之外，沒有其他選擇。[80]

由此可見，這時期的史達林和其他布爾什維克領導人一樣，認為蘇聯的命運和世界革命的前景息息相關——雖然並未充分討論，究竟有多相關。史達林所說出「我們挨打」、「我們的處境也安穩了」的含意，也不是很清楚。「我們」會被「打」得多嚴重，或處境能多「穩」

呢？這些話似乎並不特別指涉什麼，大概只是為了向馬克思主義的世界革命傳統「致意」吧。事實上，史達林在討論戰術時是步步為營、持懷疑態度的。他拒絕支持托洛茨基和季諾維耶夫——這兩位甚至要求訂定引爆德國革命的具體日期。史達林的立場是必須先做好準備，再伺機而動。他警告同志，急躁不得，過分「左傾」必誤事：「現在，我們來談談左派（作者註：德國共產主義左派）。對我們來說，這是最危險的一群人。過早占領工廠和其他目標只會給我們帶來巨大危險。」[81]在是否需要為德國革命制訂「時程」方面，史達林的盟友包括布哈林和雷科夫。[82]雷科夫可說是最有始有終的「戒急用忍派」：「顯然，我們要有犧牲一切的準備，而我們卻毫無準備（……）這事應該要緩一緩。」[83]

總而言之，吵得火熱的德國議題讓季諾維耶夫和布哈林的兩個提案——改組中央委員會書記處、削弱史達林權力，無以為繼。確實，如果戰爭近在咫尺，誰有閒工夫討論這些問題呢？我們無法確認，兩個星期前還顯得重要無比的書記處改組問題是在何時、以何種方式被解決掉的。很有可能是相關人士在討論德國事件的空檔，私下解決了這個問題。一九二三年九月，中央委員會全體會議做了毫無意義、因此毫無用處的決議：季諾維耶夫和托洛茨基未獲進入書記處，而是去了蘇聯共產黨（布）中央委員會組織局。這樣的人事安排並不會對季諾維耶夫和布哈林強烈批判的既有決策系統產生任何影響。

在同一個中央委員會全體會議上，真正有關鍵性政治意義的是另一樁事件。全體會議做成決議：為國家軍事單位高層增添新成員，其中包括史達林和弗羅希洛夫。這對托洛茨基而言是「侵門踏戶」，這下他可是在自己的地盤上被政治對手包圍。托洛茨基憤而離席。他和史達林陣營徹底決裂。[84]

歷史學者迄今沒有足夠資料得以推斷，這波針對托洛茨基的張狂攻勢是怎麼一步步完成的。顯然，這是幕後串通的結果，參與者（至少）包括史達林、季諾維耶夫和卡緬涅夫。他們有可能這樣合理化自己的行為：國際局勢將有巨變，紅軍與軍事機關的重要性因此急速增長，正如俄國內戰時期；既然如此，公認的紅軍領袖托洛茨基手上的權柄自然日益吃重，也就需要政治局的其他委員及早介入，以利制衡了。究竟是誰提議把托洛茨基擠出軍隊領導圈？歷史學者無法確認。但可以確定的是，史達林的確從黨高層內部白熱化的鬥爭獲得了不少好處。

一九二三年十月，被羞辱、排擠的托洛茨基開始回擊。他向黨中央委員會及中央監察委員會發信，控訴政治局多數委員正推行充滿錯誤與缺陷的政策。托洛茨基逐漸成為心存不滿者的「共主」。激烈的鬥爭開始了——季諾維耶夫及其他政治局委員就算明白限縮史達林權力非做不可，也不得不先暫時與他結盟。畢竟，同時在兩條戰線上作戰——既反托洛茨基，又反史達林——風險太大了。接下來的兩年間，托洛茨基作為凝聚「次要敵人」的因素，將幫助史達林屢屢在黨內鬥爭中勝出。

受托洛茨基影響，黨內再度討論起列寧那封解除史達林總書記職務的口述信。列寧死於一九二四年一月，該年五月要召開黨代表大會。黨高層決定在大會上公開「領袖遺囑」。相關人士皆同意公開方式應盡可能顧及史達林的感受。因此，列寧的口述信件不是在大會上，而是在個別代表團的集會上被宣讀的。[85]這決定了事件走向——史達林再度獲選為總書記。托洛茨基這次無話可說了。不過，與其說是托洛茨基的沉默，不如說是托洛茨基這號人物的存在本身就有助史達林通過一次又一次的政治考驗。

史達林雖然手段高明，卻仍沒有絕對的勝算。他的優點和缺點被攤在陽光下檢視、討論。無論同志最終如何「判決」，光是檢視、討論本身就夠羞辱人的，也足以削弱史達林的政治威信。無庸置疑，史達林對那些在眾大會代表面前為他喉舌的同志並無感激之情。恰恰相反：他們的同情聽來更像是故作寬厚，而支持動作則像是施恩。恩情可不能不報。然而，史達林並不打算背負政治上的人情債、變成受制於人的「小老弟」。他想當領袖。黨代表大會閉幕後數星期，他就好好「回報」了季諾維耶夫和卡緬涅夫一番——一九二四年六月，《真理報》刊登了史達林對這兩位黨同志的強烈批判，其內容很明顯是對他們的言論吹毛求疵。

史達林如此囂張地破壞黨高層反托洛茨基「統一戰線」，自然在黨內掀起一陣風暴。可惜，我們沒有相關事件的文字紀錄。有資料顯示，在一九二四年八月的中央委員會全體會議上，一小群黨領導討論了史達林的行為。史達林極有可能不受多數領導支持，否則我們很難解釋，他為何於一九二四年八月十九日提出辭呈。這份辭呈至今仍可見於檔案館。[86]對研究者而言，這份文件很有意思。史達林宣稱，他在列寧完全退隱後與季諾維耶夫和卡緬涅夫在政治局合作，帶來的卻是悲慘後果，因為「在單一合議、決策小團體的狹窄框架下，無法和這些同志們誠實、誠懇地從事共同的政治工作」。有鑑於此，史達林要求辭去政治局委員及總書記的職位。他還要求休假兩個月「療養」。接著，他在辭呈中寫道：「懇請將我視為被分派至圖魯漢斯克邊區或雅庫特斯克州，或到國外去了，去做不起眼的工作。」

當然，史達林不過是在矯情作態、用不太高明的形式勒索同志罷了。史達林要去圖魯漢斯克邊區!?有誰會真的相信呢？這份辭職宣言並未在中央委員會所有委員間廣為流傳，雖然它的作者確實是將委員會全體設定為目標讀者。宣言最後只被一小群「朋友」及盟友審閱——可能是在文件出現當天，也就是八月十九日，或者隔天。我們有理由認為，這份文件促成委員會多數委員形成一非正式的派系。根據季諾維耶夫後來的證言，這一切是發生在八月二十日閉幕的中央委員會全體會議議程期間以外。一些最具影響力的反托洛茨基中央委員會委員宣告「自成一派」，組成「七人組」。「七人組」包括政治局除了托洛茨基以外的所有委員，以及中央監察委員會主席。[87]實際上，這就是「影子政治局」。一般認為，中央委員會多數派及「七人組」的成立宗旨是鬥倒托洛茨基。這樣的說法並不完全正確。我們可以從史達林的辭職宣言推斷，新的政治領導小團體之所以出現，和鞏固政治局多數、以非正式手段消弭其內部衝突有絕大關係。「七人組」取「三人組」而代之，因為後者無力解決政治局的內部矛盾。

上述黨內鬥爭插曲反映了政治局內部的勢力對比。史達林（顯然是有意地）在強化自己與季諾維耶夫和卡緬涅夫的矛盾。不過，他尚無法寄望其他十分在意「團結」問題的政治局委員一定會「挺」他到底。史達林的辭呈很明顯是為了探測自己有多少籌碼而寫；此外，它也顯示史達林的勢力還不到「一呼百應」的地步。我們也能把這一系列衝突視為史達林與季諾維耶夫和卡緬涅夫決裂、轉而與雷科夫和布哈林結盟的重要過程。史達林現在沒有「三人組」羈絆了，他現在是「七人組」一員。這意謂他在政治操作上擁有比以往更大的自由。

然而，無論史達林及其他布爾什維克領導人原先打的是什麼算盤，政治局於一九二四到一九二五年間團結對抗托洛茨基倒是促成了一個特殊的集體領導系統。這個領導組合的運作機制尚未被好好研究，其作為列寧死後國家高層可能持續發展的治理模式也尚未被好好評估。「集體領導」在此指的是幾位在政治上平起平坐的蘇聯領導人，與其所主掌的、保有相對自主性的政府機關，彼此的互動。這種領導模式的特徵之一，是黨與國家機關在分工上相對清楚。此外，國家整體政策路線是多方折衝、妥協的結果，因此較具彈性，也經過比較慎重的權衡。

正是在這段期間的集體領導之下，蘇聯政府做了最具建設性、有助新經濟政策施行的裁決。新經濟政策面臨困境時，也是集體領導適時做了必要的修正、調度和應變，避免政治危機或過激的「大破大立」發生。這樣的大老集體領導模式和相對溫和的政治經濟政策之所以可能，並非偶然，就像另一個極端——強硬的政策路線、政治激進主義持續升溫——也不是歷史的偶然，而和黨高層內鬥白熱化及集體領導機制逐步崩壞有關。史學界長期以來普遍認為，史達林刻意煽動內鬥。近期的檔案研究結果支持這樣的說法。

粉碎托洛茨基與季諾維耶夫

集體領導模式的生命力，說到底還是取決於蘇聯領導人是否願意遵守寡頭共治的特殊「規矩」。我們可以說，除了政治局委員的個人野心，沒有其他因素足以威脅這個治理系統的穩定性。顯而易見，它比獨裁統治好，而且符合布爾什維克傳統，也就是由一位公認的黨領袖與數位擁有相等權力的領導人組成最高決策圈。然而，這個治理系統最終仍遭遇了致命威脅。這裡指的主要是三位大老——托洛茨基、季諾維耶夫和史達林（此順序不代表三人權力高下）——的個人特質。他們彼此勾心鬥角，難免把其他黨高層也拖下水，撼動、破壞集體領導的運作機制。

托洛茨基遭遇到前所未有的粗暴對待，他被孤立、排擠出權力核心。這個現象讓黨內相對「民主」的作風面臨嚴重挑戰。一九二五年一月，托洛茨基遭革除陸海軍部部長一職，徹底失去實權。季諾維耶夫「乘勝追擊」，建議將托洛茨基踢出政治局。形式上，這個提案符合邏輯，畢竟，多虧了「七人組」，托洛茨基在政治局已「無事可做」。與此同時，政治局和中央委員會多數委員並不想再面對任何後果難料的「改組」。他們堅持「團結為上」。因此，季諾維耶夫此一大力排擠托洛茨基的提案反而為他招來人格低劣、「嗜血」的評價。愛開玩笑的布哈林為此還想出了「格言警句」：「要是在關奧泰羅（譯者註：指莎士比亞劇作《奧泰羅》）的籠子上看見名字「葛里哥里」（作者註：季諾維耶夫的名字）——不要懷疑，你準沒看錯。」[88]

史達林對黨內氛圍十分清楚。他和「七人組」其他人一樣，反對季諾維耶夫的提案。史達林非常小心地下每一步棋，將自己塑造成「團結」和集體領導模式的擁護者。一九二五年二月，他這麼寫給歐爾忠尼齊澤：「我們認為，必須用盡一切手段，無論如何都要讓七人組團結一致。」[89]表面上，「團結」是共同目標，但實際上，黨內鬥爭持續升溫。「七人組」多數派和季諾維耶夫與卡緬涅夫一派，明槍暗箭不斷。幾場鬥爭的發展軌跡顯示，史達林「看不見的手」幾乎從沒閒著。將近一九二五年年底，季諾維耶夫和卡緬涅夫另立陣營，向史達林、布哈林、雷科夫和他們的支持者正式提出挑戰。

如前所見，兩派人馬的戰爭起初是圍繞在一些個別議題上，例如：政治局內該由誰、如何設定及解決問題，該怎麼處理托洛茨基……等等。鬥爭目標很清楚，就是取得政治主導權、占領集體領導圈中的制高點。換句話說，這純粹是一場奪權之戰。至於將對抗擴大至「七人組」框架外，對黨領導體系提出更嚴峻的挑戰，則必須有更縝密的規畫、「配套」。季諾維耶夫和卡緬涅夫希望得到黨組織骨幹的支持，但也清楚類似「奪取政治局」的口號是行不通的。季諾維耶夫、卡緬涅夫及其支持者因此搬出了比較「體面」的口號：「反右傾」、反「新經濟政策」深化。他們宣稱，「新經濟政策」必定造成「資本主義元素」坐大，其中包括富農階級（kulaks）。這樣的言論出自昔日的「溫和派」代表、極力反「左傾」托洛茨基的季諾維耶夫和卡緬涅夫之口，或甚至念在交情支持這兩人反史達林的列寧遺孀克魯普斯卡雅之口，特別顯得格格不入，甚至荒謬。不過，季諾維耶夫和卡緬涅夫沒有其他選擇。政治局的主流正是他們所謂的「右傾」政策，不適時地「左傾」一點，勢必無法與之抗衡。此外，季諾維耶夫和卡緬涅夫應該也有計畫，把黨內不少排斥「新經濟政策」的活躍分子拉攏至己方陣營。

然而，他們徹底失算了。新「反對派」曾經參與建立、如今則企圖改造的權力體系，強烈受制於政治局。高層決定一切，其裁決再透過蘇聯領導人各自的「人脈」傳送到地方。當季諾維耶夫和卡緬涅夫於一九二五年十二月舉行的第十四次黨代表大會上針對政治局多數派與史達林展開關鍵性攻勢時，他們只能仰賴列寧格勒代表團的支持。季諾維耶夫是列寧格勒州的黨組織領導人，他親自挑選代表團團員。然而，列寧格勒代表團的支持尚不足以讓少數派得勝。季諾維耶夫和卡緬涅夫代表的少數「反對派」被狠狠擊潰。為了確保季諾維耶夫不再乘勢而起，他的對手奪走了他的地盤列寧格勒，並在黨代表大會結束後，即刻派遣一批中央委員會委員到該地。這批人馬確保列寧格勒黨組織將改由史達林陣營的基洛夫領導。我們可藉由分析基洛夫所寫信件對當時的情況有更清楚的了解：

> （⋯）情勢緊張。我還有很多事得處理，還得更常和人大聲爭吵。（⋯）
>
> 在這裡，沒有一件事是不需要戰鬥就能做成的。而且，這些戰鬥可不是普通地激烈！我們昨天在「三角」那邊，團隊總共有兩千兩百人（作者註：這裡指的是附屬於橡膠工廠「三角」的黨組織[12]）。一打架起來，那畫面實在難以想像。我從十月革命以來還沒見識過、也從沒想過，黨員聚會可以是這個樣子。有時候，在聚會的幾個角落，黨員痛毆彼此臉部可毫不手軟！[90]

支持季諾維耶夫的列寧格勒黨組織機關和主要骨幹被無情擊潰了。幸好，他們受到的懲罰不過是被大量解職和從城市被發派到偏遠地區工作。不過，列寧格勒的黨內「淨化」行動，就當時的標準而言，實屬殘酷，甚至可說是為接下來得勢派與反對派鬥爭的進一步激化與殘忍化開了大門。一九二六與一九二七年見證了這個轉折。經過了一段相對平和的時期，一九二六年春，政治局多數委員再度面臨新一波來自反對陣營的挑戰，這次「放火」的是托洛茨基、季諾維耶夫和卡緬涅夫。這樣的組合並非基於任何原則性的考量——不過，其他蘇聯領導人的合縱連橫也不見得多「有原則」——很有可能從一開始就注定失敗，但他們成功製造出的麻煩卻足以讓政治局多數委員頭痛多時。這個反對陣營吸引了所有心懷不滿之士，而心懷不滿者的人數可不容小覷。與反對派進行紮紮實實的鬥爭需要投注大量時間、心力、心機與高明手腕，甚至必須有人能將相關工作視為日常職務內容的一部分，鞠躬盡瘁在所不惜。史達林在這方面可謂「一時之選」——不僅是職位，更與他的人格特質有關。

雙方陣營的各種政治權謀心計值得另作專文研究，可惜相關學術論著尚未問世。雖然如此，我們仍必須特別關注這場鬥爭所促發、影響深遠的新趨勢。這裡指的是將國安單位作為壓制反對派的工具。這回，蘇聯共產黨（布）內部的反對派也被貼上「敵人」標籤——以往這個標籤多適用於布爾喬亞階級，以及孟什維克、社會革命黨等非布爾什維克社會主義政黨人士。「敵人」標籤在黨內的「普及化」過程雖然是漸次推進，卻十分堅定。現存的歷史文件讓研究者有理由認為，這樣的政策和史達林直接相關；此外，資料也顯示，史達林用此策略不僅見於血洗反對派高峰的一九三〇年代中期，而可見於更早的年代。

12 譯註：在蘇聯時代，稍有規模的企業或機構內都有黨組織，以及專門或兼職從事黨務的人員。

一九二六年六月六日，約七十名來自莫斯科、支持黨內反對派觀點的布爾什維克黨員在莫斯科市郊的別墅區聚會。他們之所以選擇在此聚會，是因為黨內反對派的合法集會活動被當權派禁止，因此必須盡量低調。六月六日當天，季諾維耶夫的支持者、老布爾什維克、時任陸海軍部副部長的拉舍維契在聚會上發言。毫無意外地，聚會者中有個「叛徒」——很有可能是國安單位「國家政治保衛總局」特別安插的。黨調查委員會介入調查，可惜無論如何努力，委員會就是無法證明黨內反對派領導人與這場莫斯科市郊的聚會有關。不過，史達林並不因此感到困擾。一九二六年六月二十五日，他在休假期間寫了封信給政治局，建議同志利用「拉舍維契案」作為粉粹季諾維耶夫陣營勢力、把季諾維耶夫自政治局拔除的藉口。[91]史達林在信中更開誠布公，闡述了他冷血的細心擘畫，包括如何以意識形態包裝滅敵行動、如何分化反對陣營……等等。史達林的劇本被接受了。一九二六年七月，中央委員會全體會議「熱鬧」非常，反對派火力大開，企圖完勝。然而，史達林早已為會議寫好結局。中央委員會做出決議：「反對派在捍衛自己的觀點方面，決定棄合法手段不用，轉而企圖建立規模廣及全蘇聯的非法組織（…）。」[92]十年後，當史達林穩坐權力最高點時，「規模廣及全蘇聯的非法組織」將升級為「規模廣及全蘇聯的反革命恐怖組織」，並成為他處決昔日政敵的好理由。

一九二六年七月，季諾維耶夫不再是政治局委員。根據史達林的計畫，這個時間點的確只需要把季諾維耶夫一人趕出政治局，因為有分散敵方注意力的效果，有助分化敵方，製造其內部不和，更能展現黨的「客觀中立」作風。數月後，也就是一九二六年十月，托洛茨基和卡緬涅夫也被趕出了政治局。然而，反對派可沒因此宣布停戰。他們利用機會發動攻勢、抨擊政治局多數委員及其路線。雙方對彼此的敵意達到高點。被逼到角落的反對派不時企圖「回咬一口」，甚至開展地下的宣傳工作。政治局開始動用臥底滲透進行反擊。一九二七年九月，國家政治保衛總局派了一名探子來到一座違反當局禁令、非法印刷反對派宣傳材料的印刷廠。這位探子佯稱自己是前白軍弗蘭格爾將軍軍隊的軍官。反對派因此被控與「反革命組織」有關聯，正謀畫軍事政變。當局的治罪根據幾為捏造。國家政治保衛總局逮捕了一些人。相關行動皆由史達林統籌。他坐鎮莫斯科，持續為休假中的政治局其他委員更新警察對付反對派的進度。[93]

一九二七年十月，中央委員會全體會議將季諾維耶夫和托洛茨基自中央委員會開除。過程挺「不好看」。當托洛茨基試圖質問時，回應他的是「天外飛來」的書本和杯子，接下來他就被強硬拖下發言台了。在場人員大聲鼓譟，以不太「體面」的字眼叫囂。在十月革命十周年當天，十一月七日，反對派試圖組織自己的集會遊行活動，卻遭到強力驅散。反對派的行動給了當權派發動新一波攻勢的好理由。一九二七年十二月，第十五次黨代表大會正式同意，反對派應該被瓦解。許多反對派成員因此被捕或被流放，另外一些人則公開宣告投降。

最「死硬」的當屬托洛茨基及其最親近的同志，而托洛茨基被流放到哈薩克，過了一段時間則被驅逐出蘇聯國境。絕大多數的反對派成員，包括「死硬」的和「投降」的，在一九三〇年代下半都被殺了。托洛茨基則於一九四〇年在墨西哥被蘇聯特務暗殺。下令的是史達林。一九二〇年代末的政治迫害雖然相對「溫和」，它卻標誌了黨發展路徑的重要轉折，也給黨元老們的心理蒙上一層陰影。俄國革命開始反噬自己的產物了——類似現象早見於布爾什維克主義者十分熟悉的法國革命。這兩個革命的相似之處此刻反倒讓人頹喪、不安。一九二八年一月一日，在反對勢力被徹底粉碎後，老布爾什維克奧辛斯基[94]寫了封私人信函給史達林，信中滿是對黨發展前景的不安、對不正義得勝的焦慮：[95]

可敬的史達林同志：

我昨天得知斯米爾諾夫[96]被流放到烏拉山地區某處（應該是切爾登縣）三年。今天，在路上遇到薩普羅諾夫[97]，得知他正準備前往阿爾漢格爾斯克省，也是被放逐三年。此外，他們星期二就得動身，但斯米爾諾夫之前已先把自己一半的牙齒拔了，打算裝假牙，現在卻得放棄自己的牙齒，趕赴北方。

列寧曾給馬爾托夫[98]方便，讓他能相對舒服地到國外去，送出國前還關心他有沒有皮大衣和膠鞋。列寧之所以這樣做，只因為馬爾托夫曾經是革命者。現在我們這些被流放的昔日同志雖然在政治上犯了重大錯誤，卻仍然是革命者。我們無法否認這點（…）因此，我們不得不問，是否真有必要把他們趕到北方去，實際上是打算在心理和生理層面摧毀他們？我認為，沒有必要。此外，我不懂，為何無法（一）把他們送到國外，參考列寧對待馬爾托夫的例子，或者（二）在國內找個氣候溫暖的地方讓他們待著（…）目前這樣的流放方式只會讓怨恨蔓延（…）強化那些將我們的政權比作舊時代警察國家的耳語（…）。[99]

隔天，也就是一九二八年一月三日，史達林回信了，回得快而粗暴：

奧辛斯基同志！

您只要想一下，應該就會了解，您沒有任何基礎，不管是道德或其他基礎，詆毀黨，或者自視為黨和反對派之間的仲裁者。我退回您的信，因為它侮辱了黨。至於對斯米爾諾夫和其他反對派的關懷，您沒有理由懷疑，黨不會對這些人採取必要、可行的措施。

所謂的「必要措施」是否又是史達林特殊的「幽默」措辭，實際上指的是在心理及生理層面「處理掉」反對者呢？史達林是否在一九二八年就規畫好一九三〇年代的「大清洗」和

「大恐怖」？這樣的說法缺乏事實根據。不過，從史達林給奧辛斯基的回覆可看出，史達林惱羞成怒。顯而易見，他已對與反對派有關的討論厭煩，對長年累月的鬥爭厭倦——畢竟，它令人神經緊繃，逼著參與者忖度每一步棋、不時提防戒備、務求萬無一失、隱藏自己的意向、掩飾自己的行動。從許多事證看來，史達林與奧辛斯基通信的時間正巧是史達林做出重要決定的歷史時刻：他不會再讓反對派或集體領導有生存空間了。當然，史達林有可能是因為太緊張而對奧辛斯基出言不遜；但也有可能正好相反，是因為對自己信心十足，心寧神靜，因此言詞不加雕琢地告訴奧辛斯基：他不過是個小角色。既然奧辛斯基是個小角色，那他最好與黨國領袖保持適當距離，少在那裡逼著人「談心」。

抉擇

史達林之所以和雷科夫、布哈林及政治局的其他委員結盟，是被情勢所逼。起初是為了對抗托洛茨基，接著是為了對付季諾維耶夫，主要目的是爭奪權力和影響力。驅動列寧繼承者們相互傾軋的初因有個人野心、他們有礙良性人際互動的人格特質、過度膨脹的政治企圖，以及「為鬥而鬥」、「無敵不歡」的革命習氣。不過，這並不表示這些互咬的蘇聯大老沒有自己的政治想像、藍圖或偏好。

在奪權之爭中，史達林所屬的政治局多數派支持所謂的「右傾」路線。這個路線延續了一九二一到一九二二年的政治轉向，也就是實施「新經濟政策」。以列寧為首的布爾什維克領導人體認到，即刻導入沒有貨幣與市場經濟的社會主義不符現實，因此務實地做了一定程度的讓步。他們把政治權力及大型工業留在國家手中，對小型企業主和雇主，尤其是農民，則給予相對的自由。市場及貨幣獲「平反」——雖然沒有人確切知道，最符合國家利益的發展方向及方式為何，多數領導人所「了然於心」的不過是大原則：推行混合式經濟、善用市場機制、建設強有力的國家並壟斷政治權力。他們甚至不曾就「新經濟政策」的執行時程進行辯論。直至一九二〇年代末，所有蘇聯領導人都和列寧一樣，將此政策視為「長久之計」。

激烈的黨內鬥爭自然不會放過「新經濟政策」這個方便拿來大做文章的議題。首先，托洛茨基及後來加入的季諾維耶夫和卡緬涅夫批判了政治局多數派所制訂的「新經濟政策」執行策略。「反對派」認為，黨和政府對農民及城市的布爾喬亞階級讓步太多，相反地，應該更積極發展大型工業。但這並非意謂反對派企圖喊停「新經濟政策」。整體而言，此陣營展現的是典型的左翼奪權作風：盡其所能從各類現實問題提取政治資本、訴諸社會上普遍的「平均主義」情緒和對「英雄年代」的懷念，最重要地，是論述不夠具體。所謂的「左翼」大老在得到權力後，大可依循自己務實的本性，在發展經濟的客觀壓力下「順其自然」地往「右翼」滑動，收斂自己曾有的張牙舞爪革命風格。「左翼」大老們先前的政治經驗讓以上假設顯得十分合理。讓我們回想一下：不正是超級革命家托洛茨基在內戰期間以帝俄時代的軍官群為基礎建立了紅軍嗎？難道不是所有布爾什維克大老都無異議支持「新經濟政策」嗎？「左翼反對派」的其中一位領導人卡緬涅夫一直偏好「溫和」路線，且在仍是政府一員時推行頗「右傾」的政策。至於後來才和反對派走近的索科利尼軻夫則曾是位傑出的財政部部長，在他領導之下，蘇聯的國家貨幣得以穩定。[100]總而言之，黨內對抗的發生原因往往不是政策或原則方面的歧異，而是權力欲、個人野心、自尊心或交情考量作祟。

無論如何，這場政治領域的個人野心和尊榮之爭所造成的後果極具破壞力，對布爾什維克黨造成難以彌補的人才損失。此外，殘酷、不輕易妥協、非把對手逼至絕境不可的鬥爭，讓黨員無法處理實／時事。內鬥讓集體領導層無法專心致志執行必要的改革、適時修正社會與經濟路線。領導高層的每個決策都經放大鏡檢視，其目的不僅為了確認其合理、適當性，更為了檢驗其是否符合死板的理論教條。如此一來，勢必左右掣肘、動輒得咎，國家領導層無法適時發揮必要的彈性和主動性。在一九二六到一九二七年間，也就是黨內鬥爭白熱化時期所做成的決定，許多都充滿政治考量，對國家經濟發展百害而無一益。所謂的「資本主義分子」——主要是相對殷實的農民和小商人——遭到更猛烈地攻擊。一連串高風險、甚至是錯誤的經濟決策對產業平衡和金融系統的運作造成程度不一的負面影響。[101]雖然如此，在這段期間推行的各項經濟措施還不到極端激烈或無法補救的地步。如同所有其他的經濟戰略，

「新經濟政策」也有適時修正、除錯、允許彈性和適當調控以避免失衡的必要。然而，沒有相應的政治條件，就無法有效率地合理解決問題。在此，我們看到的是政治條件明顯惡化，其中一個原因就是黨內鬥爭。

政治環境不健康，從號稱旨在「抵禦外來威脅」的強力政治動員就可看出。政府向民眾宣傳外在環境對蘇聯充滿惡意，為強化民間的軍事狂熱，政府以一九二七年的國際危機事件為柴火，戮力煽動，其中包括：英國外交大臣奧斯丁．張伯倫於二月對蘇聯發出照會，指責其於國內外策動反英宣傳；四月，蘇聯在北京的全權代表處（譯註：等同大使館）遭到攻擊[13]；五月，英國與蘇聯斷絕外交關係；六月，時任蘇聯駐波蘭大使、曾於一九一八年參與槍決沙皇家族的沃伊柯夫遭刺殺；中國境內對共產黨的迫害……等等。民眾對蘇聯政府「提高警覺」、「隨時備戰」的號召做出回應：各種耳語、流言不斷，各地皆有恐慌式大量採購商

13 譯註：這裡指的是一九二七年四月初，受張作霖實際控制的北洋政府率軍警搜查蘇聯位於北京的大使館以及遠東銀行、中東鐵路駐京辦事處和其他蘇聯在華機構，主要理由為蘇聯利用外交庇護在中國策動叛亂、暗中挑釁滋事、製造國際爭端。搜查行動結果包括數名使館人員和中國公民遭逮捕——其中之一即為中國共產黨共同創始人李大釗——並於使館內起出大量共產國際及蘇聯情蒐祕密文件。部分文件後來在該月底被翻譯成中文並公開揭露。值得注意的是，一九二七年初，北伐軍攻占南京時曾發生一連串暴力排外事件，史稱「南京事件」，有資料顯示，其中有中國親蘇勢力和共產國際參與煽動。整體而言，無論是北京或南京事件都必須放在中國境內「國共矛盾」、地方軍政勢力混戰，以及國際間商業、政治利益角力和意識形態對抗的脈絡下理解。

品及食品，以預做「戰時儲備」的現象。不可諱言，在很大程度上，政府使用戰爭語言是為了減弱左翼批判的力道——「左翼反對派」決定利用國家面臨的外部挑戰向掌權者發動一連串攻勢。

所有的布爾什維克大老，包括得勢與失勢者，皆或多或少參與製造了一九二七年的國內「軍事恐慌」。史達林也不例外。他在南部度假時得知沃伊柯夫遭害，而於六月八日傳往莫斯科的密碼電報中，闡述了他對相關事件的看法：「我得知沃伊柯夫被保皇派殺了。這件事應該和英國有關。他們想刺激波蘇不和。他們想重演塞拉耶佛。」從史達林將沃伊柯夫遭刺與奧匈帝國皇儲於一九一四年六月底遭暗殺、引爆第一次世界大戰相提並論看來，他認為區域局勢十分嚴峻、戰火一觸即發。[102]他建議政府對波蘭應「極度謹慎」，但在蘇聯境內則必須執行嚴厲的懲治和「整肅」措施：

必須即刻宣告，所有關在我們監牢、勞改營的知名保皇派都是我們的人質。現在就必須槍斃五個或十個保皇派，而且事先宣布，只要有任何一次暗殺企圖，我們就再處決一批保皇派的。務必給國家政治保衛總局指令，在蘇聯全境針對保皇派和各種各樣的白軍分子進行挨家挨戶地搜查和逮捕。這樣做的目的是用盡一切手段全盤消滅他們。沃伊柯夫命案給了我們理由，在蘇聯全境用盡所有革命手段，徹底瓦解保皇派和白黨巢穴。為了堅實後方（譯註：相對於前線而言），我們必須這麼做。[103]

這些宣示透露了史達林的重要政治方針，而它們在接下來數年將充分展現。他在國際政治領域相對謹慎，在國內政治方面卻可以「大刀闊斧」。「堅實後方」的口號在鎮壓、迫害手段的「加持」下，於一九三〇年代成了史達林的首要施政目標。

留在莫斯科的政治局委員接受了史達林的行動方案。迫害風潮蔓延全國。一九二七年六月十日，《真理報》報導，被公告為人質的昔日貴族中，有二十人遭槍決。野蠻處決無辜受害者這類行為嚴重地損害了蘇聯政府的名譽。集體領導圈的嗜血行徑塑造布爾什維克高層「都是一個樣」的形象。事實不盡然如此。政治局委員在許多重大問題上仍保有自己的獨立判斷。歧見有助於確保「均衡」和「制衡」，讓布爾什維克專制政權能保持相對理性。

一九二七年夏，集體領導圈幾乎是最後一次活躍了起來。這是充滿危機的時期。政治局委員在不斷爭辯的過程中，就幾個重大政治問題做成了決議。我們可以從莫洛托夫當時給史達林的幾封短信推斷出主要爭議點的本質。當時，一九二七年六到七月，史達林在南部度假。政治局委員主要在對中和對英政策方面爭執不下。至於是否要將「反對派」領袖托洛茨基和季諾維耶夫徹底自蘇共中央委員會驅逐這個問題也未獲最終解決。政治局委員展現了一定的自主性，組成多元多樣的策略同盟。對比接下來發生的事件，某些策略同盟甚至可謂出人意料。舉例而言，歐爾忠尼齊澤、弗羅希洛夫、雷科夫和魯祖塔克[104]批判蘇聯的對中政策（根據莫洛托夫於一九二七年七月四日給史達林的信，弗羅希洛夫甚至「不分青紅皂白地詆毀『您近兩年的領導』」）。與此同時，有史達林「挺」的莫洛托夫和布哈林則為現有政策辯護。[105]對於如何「處理」托洛茨基和季諾維耶夫，政治局委員分成兩個勢力均等的陣營。加里寧[106]、雷科夫、歐爾忠尼齊澤和弗羅希洛夫認為，應該等到一九二七年底的黨代表大會上再處理兩人的中央委員會除名案。史達林對此從南部發電報表示抗議，但效果不大。只有在史達林要求把他不在場投的一票也算進去，而且加里寧轉而支持即刻開除托洛茨基和季諾維耶夫後，政治局才在一九二七年六月二十日做成決議，盡速將兩人自中央委員會除名。[107]然而，這個決議也是拖延許久才執行。「反對派」領導人並不是在七月底到八月舉行的最近一次中央委員會全體會議上被除名，而是在一九二七年十月的那次。莫洛托夫對政治局內部的衝突、傾軋頗有感觸。他在一九二七年七月四日給史達林去了信，表達自己的憂心：

> 最令人不快的就是「七人組」內部的情形。[108]就反對派、中國、英俄委員會14等議題，已經或多或少看得出路線差異，而且決議時，票數常常只有一票之差（⋯）我越來越覺得，你可能需要提前回來莫斯科。雖然這可能不利療養，但你自己想想，現在是什麼情況（⋯）有不好的徵兆，穩定性很脆弱。我還沒跟任何人談過這些。我認為情況不

好。[109]

莫洛托夫發出的警訊有多少根據呢？從通信內容看來，史達林還算平靜：「團體內的事嚇不著我。為什麼呢？我到了再解釋。」[110]史達林並非毫無根據地樂觀。政治局的內部衝突僅止於事務性質，並不會對包括史達林在內的任何一位布爾什維克大老構成嚴重威脅。集體領導圈內已形成穩固的勢力平衡。莫洛托夫所描述、發生於夏天的爭執實際上是證明了，政治局的內部衝突還不到非爭個「你死我活」的地步。舉例而言，當時就有下列幾種組合：跟隨史達林的莫洛托夫加上布哈林；和布哈林親近的雷科夫加上史達林老友弗羅希洛夫；還是「獨行俠」的加里寧則不時變換立場。對奉行「寡頭共治」的政治局來說，如此多有變化的攻防來回既是常態，也有益於其正向運作。集體領導模式的未來正是取決於布爾什維克大老是否皆願意遵守寡頭共治的根本原則。就這方面來說，史達林是最有可能破壞集體領導系統的「寡頭」。

排除了個人野心過度膨脹的托洛茨基和季諾維耶夫後，政治局裡只剩一位野心勃勃的領導人——史達林。其他人基於各種因素在客觀、主觀上，都無法期待能獨自占有權力。史

14 譯註：英俄委員會（Anglo-Russian Unity Committee, ARK），即蘇聯在英國建立的英俄工會聯合組織。

達林位居總書記要職，他在與「左翼」反對派對抗的過程中，鞏固了自己的地位。正是黨內分裂為史達林創造了良好條件，讓他得以上升至「列寧遺產守護者」的地位、對黨機器和國安單位加緊控制。雖然這並不表示，史達林已「勝券在握」，但的確讓他有理由相信「成功在我」——只消靜待時機。

一九二七年十二月，委員組成剛由第十五次黨代表大會選舉更新的中央委員會第一次召開全體會議。史達林在此採取了一個意義深遠的行動。他提出辭呈，拒絕連任總書記一職。這一步棋是經過縝密計算的。史達林還提醒大家，列寧

1927年12月。史達林和雷科夫（左）及布哈林（右）。數月後，這三人之間將發生關鍵性的奪權之爭；1938年，雷科夫和布哈林將雙雙遭槍決。
來源：俄羅斯國立政治社會史檔案館。

有過「反史達林遺囑」。根據史達林的說法，黨內反對勢力已被成功瓦解，現在是實現列寧遺囑的好時機。他謙虛地表示，在反對派還氣焰張狂時，總書記必須由「敢做敢當」、夠「狂」的人擔任，以便「狠狠地打倒反對派」——但現在「這個高位已不需要（…）狠角色了。」[111]

一如史達林所料，全體會議否決了他的辭職案。史達林贏得了重要的政治紅利。首先，列寧拔除史達林總書記頭銜的提議又再度遭到否決。第二，史達林等於是間接向黨高階幹部們宣示，他是打贏反對派的主要力量——他是「敢做敢當」的領導人，必要時，可以心狠手辣。無庸置疑，這為史達林在支持「鐵腕」作風的人心中，加了不少分。第三，故作姿態表現忠誠、虛晃一招要求離職——這些動作應該能讓那些對集體領導的未來感到憂心、擔心革命將被葬送（托洛茨基曾稱史達林為「革命掘墓人」）的人平靜下來。總而言之，史達林主動出擊，確保他在黨內的顯著地位獲得了形式上的認可。我們很難相信，史達林的上述行為沒有特別用意，僅是為了維護黨內民主。緊接著發生的事件——包括史達林的西伯利亞行和「反右」行動——在在顯示，史達林於十二月全體會議上所做的每一個政治動作都是經過仔細盤算、推敲的。有可能，當時的史達林已做了重要決定，暗地裡測試，他是否適合當個「稱職的」獨裁者。

閱讀與思索的世界

Круг чтения и мыслей

A World of Reading and Contemplation

一九五三年三月一日深夜。近郊別墅。給史達林的郵件來了。

焦慮等待多時之後，一九五三年三月一日將近深夜時分，護衛人員終於下定決心走進史達林的房間。幸好，他們為自己可能被主子視為「莽撞」的行為找到了好理由——給史達林的郵件到了。護衛人員拿了郵包，往「老闆」的房間走去。

我們不知道這些送達史達林近郊別墅的最後一批郵包，其內容為何。一般而言，史達林總是會收到大量文書。那些在他夏季度假期間從莫斯科寄往南部別館的資料都有清冊羅列並被保存下來。根據這些資料，我們可以約略重建一國之首史達林的公務閱讀內容。舉例而言，一九四六年九到十二月休假期間，史達林每天平均收到將近五十份的文件和各式資料。在他生前最後的度假時光，也就是一九五一年八到十二月期間，相關數字已然降至三十五。但話說回來，這樣的公務閱讀量也算不小了。[1]史達林固定會收到各高階權力機關的命令或命令草稿——不會是全部，但最重要的一定在裡面。他閱覽、批准的資料中，來自外交、軍事、國安和情報單位的訊息占有顯著地位。此外，史達林也大量閱讀蘇聯官方通訊社「塔斯社」的外電整理，我們至今仍可在檔案館見到部分經過他加註的外電整理複本。駐莫斯科外國記者報導的摘要彙編也是史達林的閱讀材料。另一方面，史達林在二戰前就訂下規矩，他得每天收到與飛機和飛機引擎生產有關的報告。航空工業的高階負責人也常找他討論各類問題。史達林一直對航空領域有特別的興趣，不過，他也常收到與其他國防武器生產狀況有關的報告。自一九五〇年韓戰開打以來，史達林每天都會收到軍事匯報及外國媒體對戰事的報導整理。史達林與中國領導人的通信也變頻繁了。史達林定期會收到的文書還包括國家物資儲備相關報告、同志寫來的信件、政府單位的請求書、人事建議案……等等。顯而易見，史達林光是要讀完這麼大量的文字就得花去不少時間，更不用說許多文件還需要他的批示、回覆。

除了公務文書，史達林還能有餘裕讀什麼呢？他有看報習慣，對《真理報》的內容特別關注，也讀雜誌和書。舉例而言，一九二六年，從莫斯科寄給在南部度假的史達林作為閱讀材料的就包含大量蘇聯本地和僑居、出逃海外者所發行的報章雜誌，好比孟什維克和白軍陣營的刊物。這都有相關官方紀錄為證。[2]但在接下來的幾年，期刊雜誌自相關官方紀錄上消失了。這表示史達林不再研讀或翻閱它們了嗎？事實應該正好相反：正是因為這類材料已成了史達林「閱讀日常」不可或缺的一部分，所以沒有必要每次記錄。

根據某些人的回憶，史達林宣稱，他的每日標準閱讀量大約是四百到五百頁。[3]比較有可能的狀況是，他在某幾天的閱讀量的確很大，或者他習慣迅速瀏覽，將注意力集中在特別有意思的內容上。無論如何，我們很難想像，史達林如何能維持每日四百到五百頁的閱讀量。先不說公務文書，史達林光是每日的行程就常常被持續數小時的會議和辦公室會面填塞，另外還有同樣長達數小時的別墅餐會和定期舉行的觀影會。最後還得加上一筆：史達林「勤於筆耕」，著述不少。如果我們仔細檢視史達林的生活日程表，會發現他根本沒什麼時間「與自己獨處」，或是在沒人打擾的情況下閱讀、沉思。

話說回來，史達林的確是愛書人，他的人格養成與閱讀有不小的關聯。史達林還是個少年時就親近革命圈了。這個圈子十分看重智識領域的活動和分析論述的能力——縱使論述的意識形態可能是片面的、在政治上有明顯的功利主義傾向。片面、傾向性明顯的思維和議論對史達林的自我養成有深刻影響。他讀的盡是「有社會意義」的書籍，對馬克思與列寧的著述也死心塌地鑽研。此外，某位文學研究者在仔細分析史達林的著作與發言後發現，史達林在虛構類文藝作品（fiction）領域雖然號稱「博學多聞」，實則頗有認知與品味上的侷限性：他熟稔蘇聯文學，但對於「舊俄」和國外的經典文學則「孤陋寡聞」。[4]史達林的藏書清單透露出他的閱讀確實是政治需求導向、意識形態「偏食」的。說得準確些，這裡所謂「藏書」指的是因為有大量「史達林閱讀筆記」，而得以保存於他個人檔案的書刊雜誌，總計三百九十七本[5]。當然，史達林讀過的書不只這些，但他確實對它們特別用心——從評註和重點線就看得出來。

上述近四百本「藏書」中，列寧的著作就占了大部分，總計七十二本。史達林非常仔細地研讀它們。事實上，他的部分個人著述就是對列寧思想的演繹、改編和「普及化」。他常在公開演說時引述列寧，就連與親近的黨同志磋商事務時也會引用列寧著作，彷彿它們是聖經或行動守則。史達林時代的某位部長曾說：「我參與過史達林出席的大型、小型會議和報告。我注意到他有個習慣。如果有人給他一個具體、務實，但不太尋常的建議，他會走到擺有列寧著作的書櫃旁，想一下，然後拿出其中一本。他有時會說：『讓我們來看看，弗拉基米爾・伊利奇對這個問題有什麼說法。』然後，他會把看到的內容唸出來或轉述。」[6]相較之下，史達林對馬克思和恩格斯的興趣小多了——這可從他的文章和前述「藏書」中看出，馬恩兩人著作總計只有十三本。雖然馬克思主義號稱是蘇聯的官方學說，蘇聯的「聖像壁」上也可見到這兩位蓄著大鬍子的宗教導師肖像，史達林有時仍不忌諱對經典提出自己的想法。一九三四年，在寫給政治局委員和黨組織意識形態工作領導人的便函中，他批評了恩格斯的部分作品：「無論過去或現在，恩格斯一直是我們的導師——只有白癡會質疑這點。但這並不表示我們得粉飾、掩蓋他的錯誤，更不用說把他的錯誤標榜為顛撲不破的真理。」[7]

值得一提的是，在前述近四百本充滿評註和重點線的史達林私人「藏書」中，有二十五本是他的個人作品。「藏書」中比較重要的部分還包括俄羅斯與國外社會民主主義理論家的作品，總計超過三十本，其中有布爾什維克理論大家的文字——波格丹諾夫、普列漢諾夫、考茨基、布哈林、托洛茨基等等。此外，史達林也收藏並精讀了十九本布爾什維克於革命前發行的地下刊物——主要走分析評論路線的《啟蒙》雜誌。史達林也「典藏」了許多他執政時期的宣傳與教學材料。總而言之，馬克思—列寧主義大師（包括史達林自己）及其鼓吹者的作品，占了史達林「藏書」的大部分。

除此之外，歷史類書籍也是史達林閱讀材料的重要組成，其中包括數部出版於帝俄時代的俄羅斯歷史概論。史達林熱愛歷史，常在寫作、公開談話及與同志對話時引用歷史事件及運用古今類比，更發起籌備新的歷史教科書，甚至參與了部分的編寫工作。在史達林支持下，蘇聯生產了大量的歷史讀物及影片。眾所皆知，史達林對兩位俄羅斯沙皇備感親切：彼得一世（彼得大帝）及伊凡四世（伊凡雷帝）；主要原因不脫以下幾個：他們「整合」並擴張了俄羅斯領土、增強國家軍武、對付內部敵人毫不手軟。事實上，史達林之所以對歷史特別有興趣，是因為他可藉歷史合理化自己的政策。了解這點，我們就不會追究為何史達林對歷史的學術性探討乃至事實查證興趣缺缺，卻對歷史的「實用價值」和「可塑性」興致勃勃。舉例而言，史達林宣稱，伊凡雷帝是拯救俄羅斯免於分崩離析的戰士，讓俄羅斯免於二度「韃靼枷鎖」之害。在史達林看來，伊凡雷帝鐵腕統治下的殘酷迫害不但是必要之策，甚至還「有待加強」：「他應該要更有決心。」冷戰期間，史達林稱讚伊凡雷帝「堅守民族立場，不放外國人進來，不讓外來影響滲透國內」。與此同時，史達林批評他喜愛的另一位俄羅斯君主彼得大帝對外國人太「自由開放」。[8]不過，和蘇聯史比起來，帝俄時代的歷史被「調整」以符合當下政治考量的程度還不算太嚴重。偽造和改寫黨史的重大工程在史達林的熱心參與下暫可說大功告成——當今政權的意識形態聖經出爐，名為《蘇聯共產黨（布爾什維克）黨史簡明教程》。這部著作於「大恐怖」正如火如荼進行的一九三八年問世；透過它，史達林徹底確立自己是與列寧平起平坐的布爾什維克主義與革命運動領袖。許多與布爾什維克相關的歷史事件要不「被消失」，就是被扭曲得難以辨識。至於那些在此之前已被「解決」的反對派領導人，則被宣告自始至終為「人民公敵」。

史達林對軍事問題的興趣很大程度上也帶有歷史色彩。除了軍事準則，他也仔細研究了幾部戰爭史和作戰理論，包括普魯士軍事理論家克勞賽維茲和帝俄—蘇聯軍事理論家斯維欽的作品。從史達林的「藏書」看來，他特別關注的哲學家除了馬克思主義者，還包括柏拉圖和著有哲學思辨集的佛朗士。史達林研讀並勤做評點的經濟學書籍相對較少，主要是蘇聯時期的政治經濟學著作。在文學藝術方面，史達林的「藏書」中有幾本文學雜誌、托爾斯泰（小說《復活》）、薩爾悌科夫—謝德林、高爾基及其他蘇聯作家的作品。[9]

無庸置疑，現存「藏書」遠遠不足以表現史達林對蘇聯當代文學的關注。其他資料顯示，史達林時常閱讀蘇聯作家的作品，不時針對舞台劇、電影劇本等發表意見，也頒發文藝獎項。文藝界既有他的「寵兒」，也有「眼中釘」——後者往往被迫害，就算天縱英才也一樣。文壇領袖也得受公開檢視、批判。在「史達林管理學」中，就算是「創作者」也得認清自己在政權控制下是如何脆弱和缺乏主體性。史達林確實有能力判定文學作品「高下」——前提是這些作品必須先通過他的政治考驗。或許正因如此，史達林容忍、甚至「保護」了某些雖然很有才華，卻對政權沒有好處、更可能構成危害的作家，其中包括布爾加科夫[10]。不過，話說回來，這些作家的創作仍受到嚴密監控，最多只能勉強餬口，在創作、政治與現實生活擠壓間不斷摸索那隱微的平衡界線。獨裁者史達林之所以對文學和戲劇有興趣，主要是因為它們是不可忽視的意識形態工具，也是操縱社會、集體洗腦的手段。官方認可的作家為國家服務，也組成了國家龐大宣傳機器的一部分。作家、藝術家、作曲家組成官方職業團體，完全從屬於國家。這些團體如同蘇聯的國家經濟缺乏效率，其官僚體制不斷肥大增生，讓庸才出頭、天才低頭。高爾基曾在一九三六年的一封信裡私下抱怨：「早就該注意到（⋯）作家協會裡的那三千個人有多麼缺乏責任感。這三千個人裡面至少有兩千個和文學搭不上邊（⋯）。」高爾基是史達林「欽點」的蘇聯文學領袖。[11]

一國之首史達林知道文學巨擘高爾基對作家協會觀感不佳。高爾基的來信至今仍保存於史達林檔案中。不過，史達林對蘇聯文學整體水平不高這一點並不是特別在意。他是政治人物，他為權力而活。因此，他是拿政治的尺去衡量文學和藝術作品的價值，他看重的是這些作品的意識形態內涵和可能帶給宣傳工作的好處。對史達林而言，理想的藝術表現應把握「簡單」、「易懂」等關鍵因素。他肯定直接、易於掌握、避免造成大眾消化吸收困難的創作，也歡迎不「賣弄」技巧學識的政治勸諭和教化作品。文藝界受此號召，以白描、群眾容易理解的手法「反映現實」，但這「現實」——「正確的」，或謂「社會主義式」現實——卻往往是虛構、臆測的。也就是說，文藝作品被期待反映的不是眼下確實存在，而是「應該」存在的現實。此外，這類作品也必須能分散閱聽人對艱困生活的注意力，培養他們為黨為國犧牲奉獻在所不惜的精神。

要了解史達林的文化偏好、品味，有一項極有意思的歷史材料可供參考——史達林與黨同志在克里姆林觀影室的談話紀錄。[12]史達林對影視作品的評論不脫政治實用主義的框架。他要求電影必須兼具教化與娛樂效果，「要歡樂、帶勁兒、好笑」、「絕不能一味沉悶，在心理分析的迷宮裡轉來轉去。不需要讓人沉浸在毫無意義的哲學思辨中」——史達林如是說。正因如此，他非常喜歡蘇聯歌舞喜劇片《快樂的人們》。這部電影向好萊塢喜劇典範看齊，並不講究內容深度，也沒有強烈政治性，然而正如史達林所言，「引人入勝」，足以讓觀眾「愉快地休息一下」。在克里姆林觀影室看電影時，史達林不時丟個三言兩語，評論劇情、畫面和主角言行，彷彿「現實」歷歷在目。他可以不斷反覆觀賞自己特別喜歡的電影，例如《恰巴耶夫》一片，他於一九三四年末至一九三六年初這段期間就看了整整三十八次。不過，光是同一部片重複觀看將近四十次還不足以展現史達林的「品味堅持」。二戰後，史達林繼續反覆觀看戰前拍攝的電影，包括他最愛的歌舞喜劇片《伏爾加河》。[13][1]

史達林在戲劇與音樂方面的品味也十足保守。有強烈實驗傾向的戲劇導演梅耶荷德被史達林批判為「怪里怪氣」、「矯揉造作」、「裝腔作勢」。[14]史達林也帶頭反對創新的音樂風格，宣稱形式上的創新是作曲家「形式主義」作祟。蕭士塔高維契就是反「形式主義」政治運動的受害者之一。[15]史達林有上劇院看戲的習慣，他偏愛傳統風格的舞台劇、歌劇和芭蕾。年復一年，克里姆林舉辦的官方接待活動都有了無新意的音樂相伴，曲目一律走傳統路線。[16]根據女兒思薇特蘭娜的說法，史達林收集了大量俄羅斯、喬治亞和烏克蘭民間歌曲錄音，而且「其他的音樂他也看不上眼」。[17]這是誇張的說法。不過，史達林的音樂品味的確不是特別高明，他只對自己習慣、了解的有興趣。他對唱片的評語也很直白：「糟糕」、「垃圾」、「空虛」。[18]

在視覺藝術方面，歷史學者認為，史達林懂得不多。這個藝術領域一樣受制於嚴格的思

1　編註：關於史達林反覆觀看《伏爾加河》的段落，英文版無，此處為參考俄文版翻譯。

想檢查和「社會寫實主義」框架。根據研究者的看法，史達林的品味不脫「俄羅斯普通民眾保守、傳統主義式的偏好」。史達林認為，一幅好的繪畫作品應該有「淺顯易懂的主題、寫真式的描摹、流暢的畫法，『不要亂塗』」。[19]史達林統治時期的繪畫就是他個人品味的最佳展現：畫布上，政治領袖和勞動模範們各個宛若紀念雕像，展現制式「英姿」。根據史達林時代的主流美學標準，當代流派的繪畫作品「有礙觀瞻」，其最好的下場，大概就是落腳於美術館庫房，但上不了檯面。史達林的「獨到」品味可見於他女兒對其近郊別墅的描述（此為引用率頗高的資料）：「（…）房間和廳堂牆面上掛了許多放大版的、看來像是雜誌上的孩童照片：滑雪的男孩、用牛角餵小羊喝奶的女孩、在櫻桃樹下的孩子們……等等。在大廳出現了畫廊（畫是複製品，不是原作）（…）畫作描繪蘇聯作家（…）有一幅加上畫框和玻璃的畫是列賓〈扎波羅熱人給土耳其蘇丹回信〉的複製品。我的父親十分推崇這個作品，也很愛向其他人複述畫中不太體面的回信內容（…）我不習慣這一切，覺得怪，畢竟我父親對繪畫和攝影從來不特別有興趣。」[20]許多人誤以為，史達林在牆上掛的是從雜誌剪下來的複製畫。事實並非如此。取自雜誌的照片和複製畫是交由印刷廠特別放大、處理過，然後再裝框的。除了女兒思薇特蘭娜列舉的，在不同時期，史達林別墅的牆面還有不同的蘇聯「經典」繪畫作品複製品「進駐」，其中包括畫有史達林本人的。[21]說來說去，在視覺藝術方面，「史達林美學」的重點要求就是所謂的「生活化」和「社會寫實主義」莊嚴隆重、慶典式的視覺意象——彷彿注定流芳千古、充滿正面情緒的領袖會談，歡聲雷動的場面，臉部表情「光彩逼人」的人民群眾……。史達林無法忍受「雜亂無章」——在視覺藝術領域也是如此。[2]

史達林的文藝偏好與他個人的文風和闡述方式可謂「相互輝映」。許多人注意到，史達林並不善於辭令，無法滔滔雄辯，本書讀者只消聽過一段史達林公開講話的錄音檔就能理解這點。不過，史達林的書寫倒是比他的即席演說高明。「作家史達林」追求的是清楚明瞭的風格，為此他甚至不惜「一切從簡」。他大量使用重複句，彷彿企圖將特定想法牢牢釘在讀者意識裡。與其他布爾什維克演說家或政論家不同，史達林的論述稱不上文采煥然——不過，他根本連「曖曖內含光」也不講究。他的文字索然無味，但確實易讀易懂。他是口號和模組化用語的專家。在一個教育講求普及，卻對深度沒有特別要求的社會（在人文社會科學領域尤然），這樣的論述確實有效。

史達林的母語是喬治亞語。孩提時代，他完全使用喬治亞語做口語溝通；年少時期，他用喬治亞語寫詩和鼓吹革命的文章。後來，他有時也會使用喬治亞語。大約八、九歲時，小約瑟夫（即史達林）開始學習俄語。他學得很好，幾乎就像是他第二個母語，不過，他的口語俄語一直帶著濃重的喬治亞口音。「喬治亞特色」也可見於他的俄語寫作。整體而言，史

2 編註：關於思薇特蘭娜的說法，以及史達林對視覺藝術的意見，英文版無，此處為參考俄文版翻譯。

達林的俄語寫作合乎規範，更不乏表現力，然而，字裡行間仍可見違反語言習慣的修辭或不適當的用法。針對這點，研究史達林語言的專家可輕易從已出版的文字抽樣舉證：

> 敵人越張狂（…）布爾什維克就更加為新的鬥爭火熱；布哈林一夥人（…）在弄鬼；如果階級鬥爭的一端是在蘇聯進行，則其另一端是延伸到了圍繞我們的布爾喬亞國家；革命（…）總是一端滿足勞動群眾的需求，另一端則打擊群眾在暗處和明處的敵人。[22][3]

類似的例證亦可見於不公開的公務文書。史達林還是總書記時，總會在政治局決議文定稿前將其瀏覽、檢視一番，更不時「做適當調整」。有幾次，正是俄語未至精熟，讓他露了餡。例如，一九二五年一月八日的決議中，有這麼一句：「無法沉默以對」（не может пройти молча мимо），被史達林改為不合俄語語法的：「無法對以沉默」（не может пройти молчанием）。[4] 類似例子不勝枚舉。[23]

除了喬治亞語和俄語，史達林是否還通曉其他語言？沒有確切資料能直接佐證這一點。革命前，史達林曾到歐洲數次，去過柏林、斯德哥爾摩、倫敦、維也納和波蘭的克拉科夫。不過，史達林在旅行期間應該沒有認真學習外語的條件或需求。他出國都是為了黨務，接觸的人也都是黨同志。他有一部主要處理民族議題的「名作」，其中引用了德語文獻，寫於他一九一三年身處維也納期間，為此他找了通曉德語的顧問幫忙。一九一三到一九一七年流放圖魯漢斯克邊區期間，史達林似乎嘗試過學習外語。他曾寫信請人幫他寄來德語作家的作品（我們無法確定，他是否曾指定寄來的作品必須是德語版本）。一九一四年二月，他寫信到巴黎給一個俄羅斯流放犯支持團體，請對方寄給他法俄辭典及一些英語報紙。一九一四年五月，在史達林寫給季諾維耶夫的信中有這麼一句話，讓我們有理由推斷，史達林曾學習英

3 譯註：以上這些用字不合俄語規則的例子並非受喬治亞語影響的結果，但顯示史達林對喬治亞語和俄語的掌握仍有差別。在喬治亞語和俄語裡都有類似的句型：「一方面……，另一方面……」，在俄語裡用的是「сторона」這個字，但在最後一個例句中（「革命（…）敵人」），史達林用的卻是有「尾端」、「盡頭」等意思的俄文字「конец」，但在喬治亞語裡並沒有類似的說法。在第一個例句（「敵人越張狂（…）鬥爭火熱」）中，正確用字應為有「淬鍊（自己）」、「鍛鍊（自己）」意思的「закаляться」，而非「白熱化」、「變灼熱」的「накаляться」。第二個例句（「布哈林一夥人（…）在弄鬼」）中，史達林想說的是「搗鬼」或「搗亂」。他把「вставлять палки в колеса」（直譯為「把棒子插到車輪中，阻礙其轉動」）說成「把棒子「丟」到車輪中」（「бросать палки в колеса」）。譯者在處理本段時採取的原則是盡量貼近史達林原來的用字，保留其「字義相近，不會造成理解障礙，但就是不合規範」的樣態，並試圖保留史達林用字給人的「有點好笑」的感覺。

在此必須特別說明的是，史達林的俄語水平比帝俄及當時的蘇聯大多數人民要高，這與教育普及程度與教育品質的關係較大，與「民族／族裔」的關聯較小。俄文版中，作者並未以「史達林非俄語母語人士」的說法解釋史達林的語用錯誤，英文版「the fact that he was not a native Russian speaker led to errors and ambiguities」的翻譯處理並不完全恰當。

4 譯註：史達林應該原本想改成意義相近的固定用語：обойти молчанием，但改錯了，變成「пройти молчанием」。作者在俄文中還舉了另一個例子，同樣來自一九二五年一月八日的決議文，但因牽扯到太多俄語文法細節，在此不另譯出。英文版則完全捨棄語言問題的細部探討。

語：「萬萬拜託，給我隨便寄來一本英語（社會議題）雜誌吧（舊的、新的都無所謂，重點是有東西讀，不然這裡完全沒有英語可唸，我怕缺乏練習，會讓我前功盡棄，學了等於沒學）。」一九一五年十一月，史達林又給同志發了信：「你們何不給我寄點法語或英語的有趣東西來讀讀呢？」[24]一九三〇年，在南方度假時，史達林請妻子寄給他英語教科書。[25]史達林對語言學習的態度有多認真，他的精進程度如何？現存史料無法為這些問題提供確切答案。可以肯定的是，從現有資料看來，在與眾多外籍人士會面時，史達林從未試圖展現自己的語言功力。

要對史達林的個性與品味有更全面的了解，就不能不提他對粗鄙字眼和下流笑話的偏好。在別墅聚會上，史達林和賓客常演唱不甚文雅的俚俗歌謠。[26]如同前面提到的，根據他女兒的說法，史達林「很愛向其他人複述畫中不太體面的回信內容」。在第二次世界大戰開戰前幾天，心情顯然煩躁低落的史達林建議國家安全部部長梅爾庫洛夫「問候」一下蘇聯在德國空軍的耳目：「幹你老母」。[27]國家安全部部長伊格納切夫曾抱怨，史達林會用極其不堪的字眼辱罵他。[28]有時候，蘇聯高階領導人會互相畫諷刺畫自娛娛人，就算風格、主題不堪入目也無所謂。舉例而言，在某幅「幽默小品」中，財政部部長布呂漢諾夫被吊掛，繩子一端綁著他的生殖器。史達林對此作的註解為：「政治局委員們知悉：基於其目前及未來即將犯下的罪過，特處以布呂漢諾夫吊刑，繩子綁在他的睪丸上。如果他的睪丸經得起考驗，可以判他無罪；但如果罣丸耐不住，就讓他淹死在河裡吧。」[29]顯然，史達林認為自己十分風趣。5

粗鄙下流的言談和作風並不只是好玩而已，而是領袖史達林的「英雄本色」。可以說，史達林的神學院教育、自我養成、政治經驗和人格特質——這些因素在交互作用下，形成了一種不怎麼吸引人，卻對掌握權力極度有用的心智狀態。史達林過度簡化現實，將各種複雜的現象與機制「齊頭式」歸納、收攏為階級鬥爭以及資本主義與社會主義的對抗。這樣的思維竟比史達林個人與史達林體制更「長壽」。無論我們如何解釋史達林式的簡化思考從何而來，諸如歸咎於神學教育或他對列寧版馬克思主義的「愚忠」，有件事是肯定的：對階級的扁平化想像提供了獨裁者史達林不少方便。一維式的階級鬥爭觀讓人忽略現實，將受害、犧牲者視如草芥，容許政權將其所犯下的重大罪行解釋為歷史的必然與不得不然，但同時卻將他人的錯誤宣告為罪大惡極。這樣的世界觀也允許合理化「栽贓」，將犯意或罪行強加於無辜者。在一個文化水平相對低落的國家，「簡化」可以是操弄社會的方便利器。

史達林所塑造的、奠基於主觀思維的世界觀其實是站不住腳、易於被攻破的。它太粗糙、解釋力薄弱，經不起現實考驗，卻製造大量的矛盾與破綻。然而，有益於國家的意識形態修

5 編註：關於史達林言談及文字偏好粗鄙的段落，英文版無，此處為參考俄文版翻譯。

正、調整，卻被史達林視為（事實上，並非毫無根據）對政權的威脅。因為「不輕易向現實低頭」，史達林只好以強硬的意識形態及政治教條主義回應來自現實面的挑戰。在本書中，讀者將不只一次看到，史達林只有在危機高度尖銳化時，才願意做有限的改變。史達林將自己隔絕於現實之外，「縱情」於意識形態論辯的象牙塔，也盡其所能拉別人入塔內。在史達林個人檔案中（他親自編纂了許多內容），幾乎沒有類似「專家意見」的文件。與此同時，偌大土地上的蘇聯子民卻得鑽研史達林的著作，主題包括語言學、政治經濟學等，[30]還得跟著圍剿所謂的「形式主義者」和「世界主義者」（cosmopolites）。因為害怕變動、擔心西方世界「腐蝕人心」，史達林大力排斥某些當代科學研究成果，例如遺傳學。[31]他只相信「摸得到、看得見」，或自己了解、且主觀認定於政治無害的事物。

最終，我們將看到，史達林的教條主義和他對複雜性的排斥大大阻礙了國家發展。不過，就連在人生最後幾年，史達林也沒有意願改變那將他推向權力高峰的政治體制——這體制的開端正是「史達林革命」。

3

他的革命

Его революция

His Revolution

西伯利亞行

一九二七年，「左翼反對派」被徹底擊潰；一九二八年，「左翼」的潰敗逐步轉化為史達林個人的大獲全勝。先前為反對托洛茨基與季諾維耶夫而團結一氣的政治局高層開始分崩離析。與此同時，國內的社會經濟危機正逐漸升高，政治及社會經濟危機的交互作用終將炸裂布爾什維克革命體制。導火線是國家向農民收購一九二七年產季農作未能達標，顯示「新經濟政策」再度遭遇嚴峻挑戰。

事實證明，「新經濟政策」的發展模式並不可靠，國家與農民的市場經濟關係打從一開始即違背布爾什維克教條是其原因之一。但是即使「戰時共產主義」[1]已帶來悲慘後果，

1 譯註：「戰時共產主義」俄文為「Военный коммунизм」，較恰當的中譯應為「軍事共產主義」，但約定俗成譯為「戰時共產主義」，本書沿用既有譯名。「軍事共產主義」是布爾什維克政權於內戰期間執行的社會和經濟政策，主要表現在經濟活動的高度中央集權化和軍事化、對貨幣市場經濟的否定

執政黨仍堅持推行激進的社會主義，迫害私人的自發性經濟行為。另一方面，蘇聯農業持續積弱不振，無力在短時間內為國家提供工業化所需資源。執政黨領導層內部無論流派——「左」、「右」，或「忽左忽右」派都了解修正「新經濟政策」及推動工業化實屬必要，爭執點在如何修正（通常是藉由「在錯誤中學習」尋找理想的修正方式）。然而，激烈的奪權之爭嚴重限縮了討論和尋找解答的空間，政治對立和教條主義一如往常地殘害經濟活動。各路人馬為了謀求政治上的寡占權力，無不將各類社會經濟危機，當成奪權的契機利用。一九二〇年年末，史達林就是這方面的翹楚。

事實上，對黨國領導層而言，一九二七年年末危機發生的原因可說再「傳統」與清楚明瞭不過。定價政策錯誤、工業投資增加及其他因素破壞了整體的經濟平衡，也使農民缺乏向國家出售糧食的動機。在此之前的幾年，領導層曾針對這類危機擬定出還算有效的對策；一九二八年，他們得再找一次。起初，政治局團結一心，他們決定保留市場性的激勵因素，但同時嘗試對農民加強行政壓力，其中一個手段就是派遣國家高階領導人至主要產糧區強制徵糧。這些高階領導人強烈的存在感和威逼恫嚇令地方官員不得不繃緊神經，加強對農民施壓的力道。被派往烏克蘭的莫洛托夫在一九二八年的第一天告知史達林：

親愛的柯巴！今天是我在烏克蘭的第四天——大家說，我在這裡沒有白待。我讓懶散的烏克蘭佬（*khokhols*）[2]振作起來了（…）我成功逼迫烏克蘭的「各級領導」到地方上。他們發誓，會好好幹活。我目前在梅利托波爾市（是個財庫！）[3]，再次用慣常的糧食徵收罵人話好好地在地方上搜刮了一番（…）我有很多新感受，也很高興，我和土地更親近了。這部分，待我回去詳聊。幫我向大家問好。[1]

莫洛托夫信中語氣平靜，甚至帶著玩笑、未透露殺氣，顯示政治局當時的內部氣氛堪稱「祥和」。當時的莫洛托夫還沒開始揭發「機會主義者」，也還沒對「富農」和「破壞分子」進行人身攻擊。此外，他還建請史達林准許烏克蘭政府保留一部分糧食作為獎勵，以利其向國外採購農業機具：「這有很強的激勵作用（和行政壓力雙管齊下）。就各方面而言，也很合理。」——莫洛托夫在同一封信裡提到。

等。簡單來說，其核心概念就是把國家視為一座由黨（國）中央集中軍事化管理的大工廠。布爾什維克內部及歷史研究者對戰時共產主義是強迫導入社會主義的必要手段，或是面對內戰現實的「不得不然」，看法不一。

2 譯註：烏克蘭佬（*khokhols*），俄文為「Хохол」，複數型「хохлы」，一般而言是對烏克蘭人的貶稱或戲稱，原指烏克蘭的某種傳統髮型：頭剃光並留一串集中梳理、通常高度會有些突出的頭髮。

3 譯註：梅利托波爾（Мелітополь〔烏克蘭語〕, Мелитополь〔俄語〕, Melitopol'），此名稱有「蜂蜜城」之意，位於烏克蘭東南部。

不過，接下來的事態發展顯示史達林對同志「溫和友善」的態度並不認同，而他也正是在這個時期，處心積慮地讓政治上的非常手段「更上一層樓」。他正在醞釀新計畫，而新計畫的「左傾」程度遠勝托洛茨基和季諾維耶夫路線。是什麼催生了這樣的計畫？史達林為何不惜與「新經濟政策」一戰——是因為他深信非走極左路線不可，或驅動他的僅僅是政治算計？諸多事實顯示，史達林的行為動機不只一個。顯而易見，「新經濟政策」的內部矛盾驅使蘇維埃高層逐步左傾，朝加速工業化的方向修改政策。史達林在這方面走得比多數政治局委員快，早就對相關變化有所準備。他是不講究包裝的政治人物和組織者——沒有經濟領域的專業素養和實務經驗，卻偏好用暴力手段和行政高壓解決問題。史達林顯然真心認為，執政者可以用相對省事的方法，肆無忌憚地強迫經濟為政治服務。因此，他在經濟上的非常手段，往往帶有明顯的政治目的。史達林把籌碼壓在激進路線上，有意識地破壞現存的集體領導體系。政治局內部已不免一戰，而這場爭權奪勢將促使新的主流派出現——這一次，是「史達林派」。

在政爭中，史達林確實以列寧為師，採用他的革命戰略：盡可能刺激左傾過激行為、搶在趨勢前頭、淘汰「溫和派」並動員激進分子。一九一七年四月，列寧為推動革命特別自流亡地歐洲前往彼得格勒；十年後，也就是一九二八年年初，同樣懷抱革命志向的史達林則選擇從莫斯科遠征西伯利亞，將這個廣袤、遙遠的邊區，改造為變革試驗場。起初，政治局「首屆」三人組——史達林、雷科夫和布哈林——都留在莫斯科掌管國家大事，後來史達林逮到機會，眼見歐爾忠尼齊澤因身體不適無法前往西伯利亞，就親自代為出征。由於歐爾忠尼齊澤自一九二七年年底就健康狀況不佳，為疾所苦，我們可以推斷，他的西伯利亞任命案本就是為日後史達林的代他出征鋪路。從史達林滿心願意長途跋涉看來，他已下定決心要啟動「自己的革命」。他並不喜歡舟車勞頓。一九二八年後，他就很少出差了，頂多在前往南部度假的路上順道觀光，另外就是在一九三三年七月視察了白海—波羅的海運河[4]。他在第二次世界大戰期間去了一次近前線地帶，並三度參加著名的「三巨頭」會議，因此造訪了德黑蘭、雅爾達和波茨坦。總而言之，一向不喜出公差的史達林，在一九二八年竟然願意長途跋涉到西伯利亞，可見其動機之強烈了。

光是坐火車到新西伯利亞市[5]就需要三天。史達林沒搭飛機。他在西伯利亞待了三個星

4 譯註：白海—波羅的海運河（Беломорско-Балтийский канал），連接白海（Белое море）與奧涅加湖（Онежское озеро）的人工運河，可通往波羅的海，全長二百二十七公里。該運河為第一個五年計畫項目之一，史達林無視工程規模及複雜度，要求在二十個月內完工。運河完全由囚犯打造，當局將此工程視為勞動改造的模範，並特別為施工囚犯提出新名號：「囚犯運河軍」（заключенный каналоармеец, з/к）。工程使用的囚犯總人數為何，至今尚未完全確定，某些研究者提出文獻證明，應有二十八萬名之譜。由於施工環境非常惡劣，人員死亡率很高，但長期以來，運河的使用率並不高。

5 譯註：新西伯利亞市（Новосибирск, Novosibirsk），一九二六年以前稱「新尼可拉耶夫斯克」，位於西伯利亞南部，就人口總數而言，位居今日俄羅斯前五名。

期，從一月下半到二月初，幾乎每天都和地方領導人及黨積極分子（*aktiv*）會面，馬不停蹄。在史達林強力施壓下，西伯利亞當局扛起了難以達成的供糧責任額，而且還沒有商量餘地。史達林向西伯利亞官員解釋，目標是可以達成的，只要照著他說的去做就對了。事實上，史達林正在進行實戰演練，驗證他的構想是否可行。他的構想是大幅利用黨國懲罰機器修理「富農」，要他們為自己的「投機行為」負起法律責任。[2]這無疑是「戰時共產主義」還魂。並非每位西伯利亞地方官都預見了這樣的政治路線大轉彎，更不是所有人都對史達林言聽計從。某些人甚至「斗膽」與總書記公開爭論。農業銀行西伯利亞分行主任札古緬尼在一月十九日給史達林發了一封短信。他在信中質疑，用刑法逼迫農民賣糧給國家並非有效的達標手段，農民會將新措施類比為歷史上曾強硬施行過的「糧食徵集制」[6]，史達林的政策有可能適得其反。札古緬尼在信中指出：「我覺得，我們逼得太緊了。」而史達林不但在信上大量畫線、標示「哈哈」，還寫了不少評語。這或多或少透露了他的惱怒。他放話：「我們可從沒排除過行政手段。」[3]

雖然如此，史達林也確實感受到，農民有可能造反。不過，他依舊軟硬兼施地逼迫西伯利亞地區領導人務必達標，也公開批判了札古緬尼。他不厭其煩地強調，高壓手段絕對有效。與此同時，史達林和西伯利亞地區官員互動時頗為審慎自持，謹記「收放」之術：他持續對官員施壓，卻懂得適時鬆手；他責備他們徵糧不力，卻不至於威脅恫嚇。他不但展現自信、決心，更不吝對同志們「寬容」。舉例而言，在新西伯利亞市的某次會議上，某位與會人公開表示，史達林揭發了地方領導人的錯誤，對此，史達林和藹地回覆：「不，我沒有揭穿任何人的意思。」甚至對札古緬尼，史達林也是「舉重若輕」，不加嚴厲批判，甚至稱得上「態度友善」。[4]他一方面對私藏糧食的「富農」無情決絕，另一方面卻對同志溫情敦厚。史達林在西伯利亞沉著自持的兩手策略是極為重要的歷史事實。無庸置疑，史達林成功地在地方官員和黨幹部的圈子裡給自己塑造了良好印象，這是他的致勝利器——然而，一旦現實需求消失，史達林就不再強迫自己對同志「友愛」了。

史達林得到自己要的了。為時數週，他穿著當地作坊特別為他縫製的短大衣，奔波於廣袤的西伯利亞大地。他每到一個定點就只要求一件事：交出糧食。他在發給莫斯科的電報中提到：「我好好地教訓了所有人。」[5]這趟差旅結束前，二月二日，史達林得意洋洋地發了一封電報到莫斯科：「徵購糧食一事出現轉折了：一月二十六到三十日，我們超越一般標準的一百二十萬普特[7]，收到了兩百九十萬普特。這個轉折還真巨大。」[6]史達林表示，接下來，

6 譯註：糧食徵集制（продразверстка）在此指的是「軍事共產主義」的措施，主要內涵為國家有權強制農民繳出糧食，而且價格完全由國家決定。由於價格很低，農民往往幾乎是無償交出糧食。

7 譯註：普特（Пуд），已廢棄不用的重量單位，一普特等於四十磅。

徵糧速度可望穩定成長。他甚至誇下海口，可以在一個月內從西伯利亞徵得超過年定額三分之一的糧食量。

相關數據的確有顯著成長，但這是靠西伯利亞農村內飆升的暴力現象換來的。為數可觀的徵糧特派員大軍大揮鐵腕，硬是把糧食從農民手中奪走。這些徵糧員甚至顧不上表面守法，只遵照一個原則辦事：「還搞什麼官僚主義啊？史達林同志已經給你們口號了——逼、打、壓。」——以上是某位徵糧員對其職責的直白詮釋。[7] 搜索與逮捕的浪潮橫掃農村，國家的糧食徵收量遠超過農家所能負荷。正是受史達林影響，相較於其他產糧區，西伯利亞的徵糧行動引起了更大的社會緊張和對立——雖然整體而言或許差異不大。來自莫斯科的高階徵糧特使「積極任事」，導致地方上充斥暴力與專斷獨行。然而，在西伯利亞雷厲風行的「非常措施」仍具有特殊地位。畢竟，這裡有黨總書記親自坐鎮，對「富農」宣戰；既然黨總書記都宣戰了，戰場自然是涵蓋全國。

從政治行動的角度分析，史達林的西伯利亞行有幾個複雜的層次。首先，他改造了危機發生的原因及其意識形態內涵。他刻意忽略黨國機器的錯誤（事實上，政治局的指示文時常提到相關錯誤），而把重點幾乎都放在揭發「富農」及其他反蘇維埃分子的惡意行為。這為國家的龐大迫害機器開了一條「康莊大道」。史達林建議（這是他對一九二八年糧食徵收行動的「創造性貢獻」），徵收／徵購應不限於非常時期或視同特例，應將其常規化，並在任何時期皆以刑事罪論處。他的提案被接受了。不願賣糧給國家的農民被視同投機分子交付法律制裁。這無疑是輕賤法律。然而，法律並非沒有彈性，若「非常」手段必須成為「日常」，它也可以配合。說穿了，史達林主張的就是擺脫「新經濟政策」中國家與農村的互動原則。最後，還有一點不能不提——史達林的西伯利亞行是對政府機器（尤其是經濟單位）的重大挑釁，甚至可以說是衝著總理雷科夫來的。現在，史達林代表的黨機器把重大政治經濟問題自政府手中搶過來處理，表明「黨」才是老大，「國」只消配合。這破壞了政治局內部既有的勢力平衡。

自然，許多同志對史達林的行為十分不認同，史達林對此也心知肚明。各項資料顯示，他其實是刻意引起衝突，而且步步為營。西伯利亞行讓他得以占據攻擊優勢，塑造精力充沛、不惜以革命手段解決尖銳問題的領導人形象。國家的艱難處境讓「溫和路線」幾乎信用破產，刺激國家領導層本身的激進化。一九二八年二月，當史達林自西伯利亞歸來，政治局內部就明顯出現分裂危機。不過，史達林不打算在二月或接下來就與同志正面開打。旁觀者或許會認為史達林錯失良機，不過他本人大概不這麼認為。畢竟，還沒有跡象顯示他可以輕易取勝，甚至是否能「取勝」都還說不準。他堅定地為個人獨裁而戰，但採用的是「游擊風」戰術——不動聲色、敵明我暗、逐步推進、聲東擊西、暗中顛覆。

極左政變

有幾個因素讓史達林無法即刻公開與政治局同事交戰，而政治局其他委員同樣也無法公開要求史達林為危險的政治激進主義負起責任。對雙方而言，主要的牽制因素是既有的權力分配格局。從史達林的視角分析，我們可以以他個人的政治利益為基準，將黨國高層分成兩股勢力。第一股勢力由史達林的潛在政敵組成，他們相對有自主性，其成員包括總理（政府主席）雷科夫、黨的意識形態首席軍師暨中央黨報領導人布哈林、蘇聯工會領袖托姆斯基、莫斯科黨組織書記烏格蘭諾夫、蘇聯最高蘇維埃（國會）主席加里寧等。[8]這些人對史達林的野心和「非常手段」不滿，支持集體領導制，鼓吹逐步改革「新經濟政策」。他們是政治局內的多數派。至於少數派則是與史達林有較穩固私交的委員，包括中央委員會書記莫洛托夫、國防部長弗羅希洛夫、黨監察機關領導人歐爾忠尼齊澤、商貿部長米科揚。對他們來說，史達林是從大革命和內戰以來就一路與他們並肩打拚的老同志。不過，就連身為史達林親近友人的他們都不見得無條件、二話不說地支持他打破集體領導制、追求個人專政。一九二八年年初，黨國高層的「史達林派系」尚未成形——要使它成形，只有鬥爭一途。

然而，鬥爭不易，總有風險。與黨內「反對派」鬥爭的四年來，政局紛亂、「團結」日遠，反對派被定調為分離主義者、一群將個人野心置於黨集體利益之上的不良分子。因此，任何在一九二七年後企圖挑戰「團結」的領導人，自始就得面對不利於自己的作戰環境。但既然想取得壓倒性的政治權力，就得冒著破壞團結的風險。如何將風險降到最低？方法只有一個：在檯面下悉心營造內部分裂，檯面上則鄭重擺出「欲求團結而不可得」的委屈姿態，並把自己的敵人封為破壞團結的害群之馬。這就是史達林的劇本。

史達林不可大意的原因還有一個。他提出的激進措施雖然簡單明瞭，也符合黨內左派的口味，卻破壞力十足。不需深入分析，我們就能看到兩個明顯的問題。第一，一般而言，施行糧食徵集制時，播種面積會縮減。第二，紅軍內部也開始騷動不安。被迫害的農民向自己在紅軍內的親戚（譯者註：紅軍多出自農村）寫信訴苦，其內容不免加深軍隊內的反政府情緒。於是，被徵召在地方部隊營區接受軍事訓練的年輕農民，常有同鄉「探訪」——實為「上訪」申訴、求救。[9]史達林的政治實力還不夠強大，無法宣稱這些現象與事實不符，因此不得不暫時迂迴行事。不令人意外的，黨高層在史達林自西伯利亞歸來初期通過的文件，皆帶有明顯的妥協意味。它們一方面贊同木已成舟的徵糧非常措施，另一方面又譴責執行者「曲解」政策、手段「過激」。在政治局內部初期尚不明顯的衝突中，史達林的勝利之路已昭然若現：他一貫遵循特定戰術，其精神要旨為「肯認＋忽視」。他避免與同志正面衝撞，卻暗中積極運作，操弄黨機器、進行必要的人事調度。[10]

無論如何，決定輸贏的關鍵因素仍是政治局內部的權力分配格局。一九二八年間，透過一連串政治計謀，史達林不但成功削弱了雷科夫—布哈林陣營的勢力，也將搖擺不定的同志收編進己方陣容。此外，對手（尤其是布哈林）太過大意，甚至犯下愚蠢錯誤——這都有助史達林在鬥爭中勝出。當然，威逼恫嚇不可少。新曝光的史料顯示，正是在一九二八年，黨在帝俄警政署的檔案中找到對加里寧和魯祖塔克不利的「黑材料」，但沒有公開。根據一份日期標示為一九〇〇年二月的警方訊問筆錄，加里寧在提出相關請求後，被傳喚應訊，他表示：「願意坦承不諱，供述自己的犯罪行為。」筆錄顯示，加里寧詳盡描述了非法組織的運作狀況。至於魯祖塔克則於一九〇九年被判服十年苦役時，在問訊過程中向警方供出革命組織成員名單及其活動地點。警方依照他的供述「按圖索驥」地搜索，也沒收了武器和宣傳資料。[11]或許，未來還會有更多這一類的史料出現，讓我們了解史達林在政爭中運用了哪些「黑材料」對付他視之為敵的黨國高層。

反過來說，史達林動輒需要「黑材料」助他一臂之力——這顯示他當時的黨內地位不如後世某些治史者「事後諸葛」所言穩固。相反地，他不得不下猛藥，透過要脅、勒索逼退政敵。事實上，就連那些與史達林交好的政治局委員也心裡有數，什麼才是黨內分裂的真正原因。縱使史達林口號喊得漂亮，擺出力挽狂瀾、阻絕「右傾威脅」的姿態，也難掩他企圖輾壓異己、稱霸政治局的野心。政治鬥爭再一次充斥私人因素。身為史達林的多年好友，歐爾忠尼齊澤試圖調解各方矛盾。一九二八年秋天，黨內衝突正熱，他寫了一封頗為坦白的信給雷科夫：

> 接下來的任何一場幹架都免不了在黨內造成劇烈震盪。必須從這一點出發。我深信，我們能撐過這一切。針對糧食及其他類似的問題我們可以有爭執，然後一起做決定，但不需要幹架（⋯）我們沒有根本性的不合，這是最重要的（⋯）顯然，史達林和布哈林之間的關係嚴重惡化，但我們必須盡力讓他們和好。這是有可能辦到的。[12]

歐爾忠尼齊澤應該不是虛偽地意思意思，以誤導雷科夫、暗助史達林。他不過是闡述了黨內多數人（其中包括許多史達林的支持者）的觀點與心思。截至目前為止，政治局的「集體領導」模式頗有效能；就連作風專制如歐爾忠尼齊澤的布爾什維克大老也明白，「爭執，然後一起做決定」比亂貼政治標籤好。所有蘇聯頭頭都承認，為了加速工業化，改革是必要的，經濟政策也必須調整。各方爭執的是「如何」，而非「為何」改革。事實上，無論政治局內部的衝突、摩擦有多嚴重，若非「集體領導」圈中有人野心勃勃、欲獨攬大權，分裂絕非必然。

史達林很清楚黨內的主流意見，因此口頭上必稱支持團結。與此同時，他暗中假他人之手，施展一連串計謀對付政敵。一九二八年，史達林仗著利益共同體與心懷不滿者對他的支持，分別在托姆斯基主管的工會和烏格蘭諾夫主掌的莫斯科黨組織中，策動了一系列「造反」。「內部叛變」為史達林強占這兩位領導人的「地盤」打下良好基礎。大約就在這個時候，布哈林不巧犯了致命錯誤，進一步削弱史達林政敵的力量。一九二八年七月，布哈林私下與失勢的卡緬涅夫碰面，坦然與他分享政治局內部的鬥爭情況。卡緬涅夫記錄了兩人的對話內容。這份紀錄後來被偷，落入托洛茨基的支持者手中。托洛茨基的支持者既痛恨史達林，又厭惡布哈林，因此滿心歡喜地公開這份文件，還把它印成單張。目前研究者還不是很清楚整起事件的來龍去脈，不過就算我們假定，史達林和他控制的政治警察機關未直接涉入卡緬涅夫談話紀錄被盜一事，我們仍能肯定，史達林是不會吝於讓托洛茨基支持者的單張廣為流傳的。[13]如此一來，布哈林及其支持者就徹底名譽掃地了。

藉由炒作相關事件，史達林成功「揭發」布哈林破壞團結，竟背著政治局與失勢的反對派領袖串通勾結。與此同時，史達林也積極準備重砲出擊。一九二八年年中，「沙赫汀案」[8]獲得公開審理，被告是頓內茨克產媒區的工程師。這個案子是捏造的，被告工程師遭指為「破壞分子」，強力政治宣傳機器在審查過程中一路搧風點火。與此同時，一九二八年新一波的糧食徵購再度演變成國家與「富農」的戰爭。史達林提出新理論：隨著社會主義建設與時俱進，「階級鬥爭」必然加劇，因為社會主義的敵人會加強抵抗。他甚至意味深長地警告：敵人也會試著對黨發揮影響力。身為「理論家」與「實踐家」的綜合體，史達林不屈不撓、有系統地將新命題導入黨文件和宣傳工作——「右傾威脅」無處不在，甚至蘇聯共產黨（布爾什維克）內部也有敵對勢力的代理人。新命題搭配公式化的推導和死板的闡述模式足以吸引教育水平不高的黨幹部。然而，這樣的「模組化」思維對嚴肅分析國內現狀和實施精細的現實政治操作並無助益。強逼、猛攻、消滅「敵人」及其在黨內的「右傾」盟友——這就是史達林為社會主義最終勝利、解決國家沉痾所開立的速效配方。

成功孤立布哈林和雷科夫陣營後，史達林發出致命的最後一擊，稱他們兩人為黨內「右傾派」的頭頭。由於政治上的歇斯底里加劇、極端主義情緒日益高漲，黨內的「溫和派」不得不沉默自保。政治局多數委員基於各種不同原因，在被迫選邊站時，選擇了史達林。史達林已實際掌控了政治局。布哈林、托姆斯基、烏格蘭諾夫和雷科夫在一九二九到一九三〇年間相繼被逐出政治局，被迫退居第二線。「大恐怖」期間，他們全都死了。

整體而言，史達林在政治局的勝利得歸功於他個人縝密的運籌帷幄和敵方的失誤。豐富的勾心鬥角經驗派上了用場，他與托洛茨基、季諾維耶夫和卡緬涅夫的硬仗沒有白打。當然，

8 譯註：一九二八年的政治性假案，鬥爭對象是所謂的舊時代菁英、知識分子（工程師、技術專業人員等），甚至牽涉波蘭、德國等外籍人士，引發蘇聯與德國外交關係緊張。當時的德國在蘇聯重工業領域有不少投資，也派遣技術人員赴蘇。

位居黨總書記要職也讓史達林握有足夠的行政資源，得以在人事任命方面上下其手。他善於操縱人，懂得伺機而動，更善於巧妙地調配攻擊「劑量」與次數，以免過早嚇跑潛在盟友與「騎牆派」。他不動聲色，掩飾自己的意圖，表面看來是位沉著穩重的政治家、對同志忠實厚道的黨員，唯一能逼他鐵石心腸的只有黨的「敵人」。不過，這個史達林形象在數年後有了重大轉變——許多當初選擇支持史達林的人將不只一次表示後悔，因為他們發現，自己不過是下一個受害者，差別只在時間早晚而已。這就是史達林高明之處：讓人只能在後悔莫及時後悔。

史達林陣營勝出的結果就是黨機器開始推動「大躍進」。就許多方面而言，正是在史達林的影響下，「階級鬥爭」和「革命突擊」的手法被挪用到經濟領域；社會經濟規範和考量被當作無用武之地的廢物；工業計畫擬定和工業投資擴充不是依照客觀評估，而是主觀認定施行。蘇聯高層把工業化成功的賭注壓在向西方大量採購設備，甚至整廠輸入上頭。國內產業必須盡速掌握取得的設備和技術，以便在最短的時間內發展在地生產。很幸運地，當時的客觀環境有助於推展相關計畫。西方正經歷危機和蕭條，因此有動機與蘇聯合作。

一九二九年四月，蘇聯通過了高難度的五年經濟成長計畫。第一版計畫就已經難度頗高，但它很快就被改掉，目標值被改得更荒謬——成長目標從一點五倍逐步加碼到三倍，五年計畫卻反向縮短成四年、甚至三年計畫。黨國幹部在瘋狂的經濟競逐中努力「拔尖」，喊出一個又一個毫無根據的「破紀錄」數據。史達林宣稱：「最多十年，我們一定要消除自己和西方先進資本主義國家之間的差距（⋯）有人說，掌握技術很難。他們錯了！沒有哪個碉堡是布爾什維克攻不下的。」[14]

把經濟當成布爾什維克必須攻克的碉堡——這樣的思維無異把國家帶回內戰時期的「戰時共產主義」。生產和勞動的組織方式不再以客觀的經濟利益或誘因為出發點，反倒被政治口號和運動取代，建立在少數人的熱情與多數人的受迫害之上。金融與商業體系崩壞、通貨膨脹嚴重等現象被詮釋為社會主義發展的必經階段，顯示商品貨幣經濟凋亡，城市和鄉村間出現更為進步的、以物易物的交易方式。然而，正如黨內溫和派領導人所預見的，一味瘋狂地加速疾衝，只會犧牲諸如追蹤客觀數據這類的產業基本功。一九三〇年十二月，新任工業首長歐爾忠尼齊澤表示，就連像馬格尼托戈爾斯克和庫茲涅茨克冶金聯合企業、下諾夫哥羅德汽車廠，以及波布里科夫化工聯合企業這樣指標性的單位，都是還沒擬好計畫就開始建造。歐爾忠尼齊澤也提到，錢常常是「沒有頭緒地亂花」，因此支出增加是再自然不過。「報表做得很差、很亂。到現在都還沒有人能說出，我們到底花了多少錢蓋史達林格勒拖拉機廠。」史達林讀完歐爾忠尼齊澤提供的訊息後，只在回文上留下官腔十足的註記，顯示他完全不想做任何改變。[15]

執行昂貴的國家政策需要有充足物資和勞力。為此，農村必須有所犧牲。

與農民的戰爭

史達林「大躍進」的代價，是全國人民生活水準急遽下降。[16]其中，農村受到特別殘酷的剝削，其境遇相當於「國內殖民地」。當然，各方自一開始就很清楚，在像蘇聯這樣以農業經濟為主的國家，工業化的代價自然主要得由農民承擔。既然農民非犧牲不可，問題就只在該犧牲多少、當局該如何「提取」這個犧牲。布爾什維克對農民沒有好感，視他們為即將被歷史淘汰的階級。不過，在「新經濟政策」時期，由於農村產業確實對國家經濟意義重大，當局因此盡量避免讓農民受委屈，甚至對政治不正確的「富農」在農村的影響力與日俱增也睜隻眼閉隻眼。好景不常。一九二〇年代末，國家又覺得農民「礙事」了。當時的集體領導圈一致同意，國家必須增加工業方面的投資，因此與農村的互動模式勢必得有所改變。一九二七年年末到一九二八年年初，尚未分崩離析的政治局持續「左傾」，在經濟誘因之外加強對農村施以行政壓力。這個「左傾」路線的實際成果，如今已難以評斷，因為史達林接著就搶了主導權，把「左傾」變成「往左暴衝」：以激烈、迫害手段與農民爭糧還不夠，一般只在戰時實施的「糧食徵集制」又借屍還魂。

如同史達林的「右傾」反對者所警告的，恐怖手段雖能在短時間帶來顯著效果，卻會把農村逼入死角。強徵糧食剝奪了農民從事生產的經濟誘因，自然造成農業總產出持續下降，收成一次比一次差。面對這樣的情形，官方的應對措施卻是加強壓迫力道。結果是惡性循環——農村加速凋敝、政治危機四伏、農民集體暴動、多為農村出身的軍隊成員騷動不安。此時的史達林已大權在握，政治局委員們等著他下指示，該怎麼從這個惡性循環脫困。

然而，極左路線讓政治選擇變得很有限，但這個路線卻是史達林在與「右派」鬥爭時，極力倡議的。毫無意外地，史達林選擇了最簡單、對他個人（不是國家）而言最安全的道路。他徹底剝奪農民的私有財產權，強迫他們實質上成為國營農業企業的工作人員。達成前述目標的方法為「集體化」，也就是強迫農民組成集體農場。史達林捨棄了黨之前的「溫和」作風，於一九二九年十一月宣布全面推行集體化。同年十二月，史達林呼籲消滅「富農階級」。

現在，政爭勝利者史達林把主戰場設定在農村，在那裡啟動了新一波更為強勢的革命。地方上的政治積極分子只要宣稱是依照史達林的指示辦事——加速農業集體化、猛打「富農」——幾乎就能為所欲為。新的集體農場計畫還沒經過認真討論、具體化為行政命令，狂熱的強制集體化措施和恐怖暴力就已橫掃農村。黨被迫接受既成事實。在史達林的巧手催化下，集體化看來像是「由下而上」的政治社會運動，因此黨沒有理由不支持、不擴大它的規模，無視其諸多可議之處。許多野心勃勃的黨員和激進主義者在體認到史達林的威權和決心後，滿腔熱血地響應了他的號召。各地上呈莫斯科的「成功案例報告」簡直如雪片般飛來。

一九三〇年年初，史達林的集體化辦法才正式被黨採納。當時，黨中央委員會為了討論相關細節，還召集了特別委員會。這些委員們雖然對史達林堪稱順服，但一開始也對新政策有疑慮。他們雖然基本上贊同史達林的農業大規模集體化號召，但建議將執行期間延長為數年。「階級鬥爭」確實已進行得如火如荼，但特別委員會仍試著讓數百萬的國內「富農」稍微好過一點。委員們宣稱，「富農」當然是農業集體化的敵人，但不需要把他們逼入絕境；此外，只有積極抵抗當局的「富農」需要鎮壓，其他的則可以有條件地編入集體農場。特別委員會的立場相對溫和，他們主張不需將農民產業全面公有化（實際上就是強制徵收為集體農場所有），只需將主要的生產工具充公即可，讓農民保留一小部分產業的私有權。[17]

考量一九三〇年代的時空背景，中央委員會特別委員會所提意見確實有價值，至少有助讓地方上的激進黨員稍微冷靜下來，也讓農民安心。未來的事態發展將顯示，有限的公有化及公私混合制，才是解救集體農場制度及國家整體經濟的最好方法。我們可以做這樣的歷史類比：特別委員會建議讓農民回到帝俄的農奴制；農民必須對國家這名大地主服傜役、納貢賦，但有權自主使用部分土地。如此一來，縱使集體農場普遍產能低落，農民至少可養活自己和家人，甚至同胞。

但史達林不想要這樣的國家—農民關係模式，他的理想是讓農民完全受制於國家，成為國家的奴隸。他支持將農民財產**全部**充公，將農村併入反市場的國家經濟體系。

史達林強烈批評特別委員會的立場。他決定親自出馬，著手擬定新計畫。[18]在他筆下，集體化運動變成一場與古老農民世界為敵的戰爭。首先，史達林大幅度縮短完成集體化過程的時程表。他的目標包括在該年（一九三〇）秋天就要盡速完成幾個主要農業區的集體化。收到史達林命令文的地方黨幹部，獲得的訊息非常明確：集體化要快，還要更快！第二，史達林快刀斬斷所有將「富農」編入集體農場的相關討論，這件事想都不要想。「富農」及其家人都該被流放到蘇聯的偏遠地帶、被逮捕、被關入勞改營、被槍斃。最後，史達林否定集體農場與私有田產長期共生共存的可能性。「溫和版」命令文草案中，與保留農民私有財產有關的字眼都被他毫不留情地刪掉。此外，他更進一步宣稱，農業集體化的終極目標與最高理想為建立「公社」，也就是烏托邦式的生產與社會單元、社會主義狂熱分子的空想。在蘇聯版「公社」中，農民財產高度地公有化，甚至家禽和私人物品也不例外。

推動快速集體化、消滅最殷實且最具影響力的農民階層——史達林顯然企圖一次解決幾個任務。「富農」的田產為集體農場打下厚實基底，集體農場則可在最短時間內建立起一套機制，將農村資源「無障礙」轉移到工業領域。史達林之所以如此「鐵血」，其中一個原因是他和許多其他黨幹部都相信，揚棄貨幣、實踐以物易物經濟的社會主義階段很快就要來臨了。在工業化進行得如火如荼的蘇聯，貨幣確實失去了調節經濟的功能，但黨內左派卻認為，這正證明了貨幣之惡。整體而言，我們看到的是「戰時共產主義」的強勢回歸。

史達林之所以敢在政治上「玩火」，槓上農民，其中一個原因是他不認為農民有足夠的力量反抗國家。他的看法不完全正確。農民確實不敵龐大的極權國家體制，也未能解決自身階級的內部矛盾。不過，他們可沒放棄抵抗集體化政策。這讓史達林惴惴不安。

為落實史達林全面建設集體農場的指示，黨高層動員了地方上的積極分子，從城市派遣數萬名全權代表到農村進行相關工作。莫斯科透過黨報（主要是《真理報》）鼓勵地方彼此競爭，目標是在最短時間內、不惜一切代價把農民趕進集體農場。雖然官方說法極為樂觀，以史達林為首的黨國高層對農民加入集體農場的意願可沒有不切實際的想望。他們知道要讓農業集體化成功，非得動用逮捕和流放措施。不想以身試法、重演同鄉悲劇的農民只好咬緊牙關，加入他們恨之入骨的集體農場。

藉由威脅「打倒富農階級」和逮捕行動，當局成功地在短時間內將農業活動大規模集體化——至少報告顯示的成就十分驚人。截至一九二九年十月一日，被集體化的農民生產單位在全國的占比只有百分之七點五，但過不了多久，一九三〇年二月二十日，此數據已來到百分之五十二點七。[19]隱藏在這些漂亮數字背後的是悲慘、駭人的現實。來自城市的眾多全權代表及地方上的政治積極分子在農村裡活像是一群蹂躪戰敗國草民的外邦侵略者。不願加入集體農場的村民遭到逮捕、毒打；被「打倒」的「富農」，其財產被掠奪、侵占；女性被強姦——這已成了蘇聯農村的生活日常。教堂被關，神職人員遭到逮捕。「鬥志昂然」的共青團成員褻瀆教堂，穿著法袍在路上遊逛。

傳統上忍耐力很高的農村，面對如此高強度的恐怖與羞辱也忍不住開始反抗。農民戰爭爆發。官方數據顯示，一九二六到一九二七年間，農村有六十三起集體反政府示威，接著，單是一九二九這一年，數據就攀升到超過一千三百起，總參與人數為二十四萬四千人。一九三〇年一到二月間，示威總數來到近一千五百起，總參與人數為三十二萬四千人。[20]史達林當然知道這些數據，但卻好一陣子不回應。他很有可能認為，農民暴動不至對當局構成嚴重威脅，不過是「衰亡階級」的垂死掙扎。不過，一九三〇年二月底，來自各方的訊息越來越令人不安，就連史達林也不得不正面看待。[21]第一個重要警訊來自當時的烏克蘭首都哈爾科夫[9]，時間是二月二十六日。消息稱，近邊界的舍佩托夫卡郡自二月二十四日起就有暴動，大批農民要求重啟教堂、廢除集體農場，更痛毆地方上的政治積極分子。類似的通報陸陸續續從哈薩克、沃羅涅日，甚至莫斯科近郊傳來。二月二十一日，首都近郊、莫斯科州梁贊郡皮切林諾區[10]爆發動亂，農民從集體農場奪回自己的牲畜和種子，甚至把財產還給「富農」。暴動發起人敲響警鐘，派遣數名代表到鄰近村莊進行動員，散播足以燎原的「星星之火」。

9 譯註：哈爾科夫（Харків〔烏克蘭語〕, Харьков〔俄語〕）烏克蘭東部大城，是蘇聯重工業中心。
10 譯註：布爾什維克掌權後，數次重新劃分行政區域，其中，部分的「縣」（уезд）改為「郡」（округ），「鄉」（волость）改為「區」（район）。

農民手操尖木樁，抵抗「富農」逮捕行動。一名警員因此被殺、八名與當局合作的積極分子受傷。國家政治保衛總局成員對起義的農民開火，造成三人死亡、六人受傷；以上皆為官方數據。[22]

由於暴動強度不斷升高，春季播種有可能因此中斷，當局不得不讓步。一九三〇年二月二十八日，政治局決定委予史達林重任，在各報發表與農業集體化有關的文章。[23]這篇以「被成功沖昏頭」為題的知名文章於三月二日見報。該文樂觀地評價了農村的「巨大成就」，宣告「農村徹底轉向社會主義」。同時，作者史達林強烈批判了某些「反列寧主義情緒」，包括強迫農民接受所有財產充公的公社制、破壞「自願性及因地制宜原則」、拆掉教堂的鐘（譯者註：教堂鐘可做警鐘用）等。史達林把這些「過激行為」全然歸咎於地方上的黨國人員。三月十日，黨中央委員會向地方發出密令，要求停止建立公社、將充公的自留地及部分禽畜還給農民、修正「打倒富農階級」時犯下的「錯誤」、停止關閉教堂等。[24]為安撫農民，讓他們可以好好完成春季播種，當局不得不暫時讓步。

可惜，史達林的文章和中央委員會的命令並未成功安撫農民，因為文章和命令文皆未說明，該拿既有的集體農場怎麼辦。農民決定自己辦。他們摧毀集體農場、搬光充公的財產和種子、恢復遭廢除的個體戶田界。中央發出的政治訊號往往相互矛盾，農民因此更加反對集體農場，地方上的積極分子則越來越不知所措。一九三〇年三月，農村戰爭進入高峰，光是該月就有超過六千五百起集體示威，大約是一九三〇年總數的二分之一。一九三〇年間共有約三百四十萬名農民起義。[25]我們可由此推斷，該年三月的單月起義人數約為一百五到兩百萬人。兩百萬是比較可信的數字，因為政治警察傾向壓低反政府運動的相關數據。值得注意的是，部分暴動經過良好組織；農民建立了自己的部隊，也控制了不少地區。

烏克蘭農民起義的狀況特別嚴重。一九三〇年三月，蘇聯全境大約有一半的農民起義就是在烏克蘭發生的。當局對近邊界地區的騷亂特別敏感。以圖欽郡為例，三月十六日，該郡的十七個區中，有十五個發生農民暴動，有五十個村驅逐了政府代表、選出自己的村長。該郡有許多村把集體農場給廢了。起義農民痛毆共產黨員和共青團員，把他們從村裡趕走。某些村甚至有武裝暴動；農民和國家政治保衛總局的懲治隊交火。

莫斯科對蘇聯西境的騷亂特別敏感，因為波蘭可以藉此趁虛而入。三月十九日，烏克蘭國家政治保衛局局長巴里茨基被史達林狠批了一頓。史達林要求巴里茨基「不要光說不練，要有決心一點」。巴里茨基覺得自己被羞辱了。他回應，自己可是親力親為，帶領行動小組前往「危險地帶」，就地解決問題，而不只是「從車廂發號施令」。[26]話是這麼說，但巴里茨基仍然把史達林的命令聽進去了。來烏克蘭巡察的歐爾忠尼齊澤就注意到，近邊界地區的暴動是被壓制下來了，但靠的是「武力、機槍，有些地方甚至用上了大砲。死亡者一百，傷者數百人」。[27]

由於缺乏正規武器，農民無法長期對抗裝備精良的國家政治保衛總局部隊與被動員的共產黨員。部分農民曾試著聯合作戰。他們派遣緊急代表到鄰村進行動員或通風報信，拿教堂鐘當警鐘，以利村民即時備戰；但所有努力終究是徒然。整體而言，農民的反抗行動太過分散、缺乏整合，機動性懲治部隊因此得以在同一時間內有效控制大片土地。此外，針對暴動領袖、「富農」和鄉間知識分子而發的大規模逮補，以及懲治部隊刻意表現的殘忍和冷血，也削弱了農民的反抗力量。然而，農民竟比當局「善良」。他們通常不會對敵人趕盡殺絕，而僅是「驅逐出村」。當局因此未遭受重大損失。此外，當局虛情假意的承諾影響了農民的態度，春天播種季來臨也讓農民難以堅持反抗。他們必須下田，這事關收成與性命。然而，農家多事之「春」一過，一九三〇年秋天，當局又重新強力推動農業集體化，殘酷程度不下以往。很快地，大多數農民都被趕進集體農場幹活了。

農業集體化可謂史達林的重大「成就」之一，也是他獨裁統治的重要支柱。我們甚至可以說，史達林體制的其他特徵實際上是農業集體化的派生物。為強力控制國內最龐大的社會階級，當權者需要有強大的懲罰機器以供使喚，最好還有發達的勞改營和流放制度。如此一來，「恐怖」成了統治國家的主要手段。農業集體化政策在短時間內激烈破壞了許多傳統的社會連結，加深了社會的「原子化」，讓當局更容易進行各類意識形態操作。擁權自重者為自己敞開了任意門——既然能隨意、專斷、無情地從農村榨取物質和人力資源，何需縝密擘畫經濟、何必斤斤計較各項措施耗費的金錢和人命呢？

從一開始，強制性的農業集體化和低效率的工業化政策就重重打擊了國家，造成其難以痊癒的創傷。一九三〇到一九三二年間，有數十萬名所謂的「破壞分子」和「富農」被槍斃或關入勞改營，還有超過兩百萬的「富農」及其家屬遭到流放。[28]一般而言，被流放和被槍斃是差不多的，終究難逃一死。在流刑地，「富農」家庭被安排住進不適人居的簡易木屋，有時甚至直接被丟在原野，任其自生自滅。惡劣的生存條件、超負荷的勞動及饑餓造成大量死亡，尤其是孩童。[29]

僥倖逃過迫害的農民也沒好過多少。被集體化政策蹂躪的蘇聯農村很明顯地退化、腐化了。穀物生產及收成量雙雙下跌。畜牧業的狀況則只能用「災難」形容。舉例而言，一九二八到一九三三年間，馬匹數量由三千兩百萬銳減為一千七百萬，牛隻由六千萬減為三千三百萬頭，豬則是從兩千兩百萬降至一千萬。[30]雖然農村整體產能下降，國家還是有辦法透過集體農場從農村榨取越來越多的資源。不過，一直到蘇聯政權崩解，集體農場還是無法餵飽國家。史達林治下的蘇聯公民多數只能勉強溫飽，還得忍受多次饑荒。其中最駭人的大饑荒發生在一九三二到一九三三年間——這是史達林「大躍進」的必然結果。

饑荒

該是時候公開報告第一個五年計畫的執行成果了。史達林不得不發揮一些「創意」。他善用「贏家」優勢，避免提出具體數據，更公然顛倒黑白。根據史達林的說法，五年計畫可是提前達標！[31]當然，大量投入資源並向西方購買設備和技術或多或少帶來成效。蘇聯境內新建了許多現代化企業，工業製品產量也顯著增加。不過，奇蹟仍未發生——計畫目標不切實際，結果甚至連達標邊緣都談不上。舉例而言，按照計畫，一九三二年（譯者註：第一個五年計畫的最後一年）的鑄鐵總生產量應為一千七百萬噸，實際產出卻只有六百二十萬噸；石油的目標生產量為四千五百萬噸，實際產出兩千一百四十萬噸；新出廠的拖拉機應有十七萬台，結果只生產了四萬八千九百台；汽車應該有二十萬輛的產量，結果呢？兩萬三千九百輛。[32]情況最糟的當屬民生消費品工業。

第一個史達林五年計畫的主要問題在於，它打造的是低效率、高成本、低創新的工業化模式。許多金錢和資源被消耗在有頭無尾的建設案，以及自國外重金購入卻無用武之地的設備上；急就章和「突擊式」作風的負面效果之一，就是往往得付出額外成本進行改造工程；產品的瑕疵和報廢率高，導致投資報酬率維持在低檔。歷史學者至今仍無法粗估五年計畫的損失規模，也尚未對重工業發展的品質及計畫執行的實質經濟效益做出完整評價。不過，史達林「大躍進」的另一個悲慘後果已被相對深入地研究——這裡指的是一九三〇年代的大饑荒。

大饑荒於一九三二到一九三三年間達到高峰，總死亡人數約五百到七百萬人。[33]此外，有數百萬人因饑荒成了殘廢。明明沒有戰火肆虐，氣候條件也相對正常，傳統上農業經濟發達的地區竟然蕭條一片、農地荒廢。雖然一九三〇年代初的饑荒是多重因素造成的複雜現象，我們仍有權力將它「擬人化」，稱它為「史達林饑荒」。怎麼說呢？首先，正是史達林的政策造就了饑荒；再來，一九三二到一九三三年大饑荒期間，情況將變好或變壞往往取決於主要決策者史達林的一念之差。結果就是很差。

就很多方面而言，饑荒是史達林強力工業化和農業集體化政策的必然後果。從經濟生產的角度看，不合理的集體農場制度在效益上難以取代所謂的「富農」。不過，正是因為有集體農場，國家才能相對容易地從農村榨取資源。農民長期被高度剝削，農村不但因此挨餓，還有勞動力流失、缺乏生產動機、氣氛絕望消沉的問題。農民知道國家會奪走所有農穫，差別只在他們將因此非常饑餓，或可以只是處在半饑餓的狀態。這樣的政策持續個幾年，農村生活當然會崩壞。一九三二年的收成不好，但收割狀況更差。

國家和農民的立場完全不同。前者侵略性十足，無所不用其極地要榨乾農村；後者則一如世界上其他地方的受饑受難者，往往只能被動地使用「弱者的武器」（weapons of the weak）。[34]

他們刻意不配合履行國家義務，盡可能自己藏私糧。史達林清楚，被強迫集體化的農村對國家有何敵意，但把帳完全算在農民頭上。他宣稱這是農民對蘇聯政府的宣戰。

早在一九三二年秋季那段饑荒高峰期前，有一段很長的時間，包括史達林在內的所有人都了解，危機一觸即發。所有人也都清楚，有哪些方法可以避免或減緩饑荒。其中一個方法就是給上繳的糧食制訂嚴格規範。換句話說，就是實施有**固定稅率**和收取標準的糧食實物稅制。該措施可望提高農民的生產意願，史達林卻否決了這個辦法。[35]他寧願不受責任義務束縛，盡可能對農村予取予求。除了施行糧食實物稅制，另外一個可以避免饑荒擴大的方法是減少穀物出口或向國外購糧。事實上，一九三二年春天，蘇聯政府曾有限度地進口糧食[36]。由此可見，這辦法並非行不通，不過史達林不願繼續往這個方向走。他的個性無法接受任何讓步妥協，如果它們足以直接或間接證明「大躍進」有錯。此外，任何政治上的「退讓」都可能對獨裁體制構成威脅。為減輕國家給農民的壓力，工業化的速度勢必得緩一緩，史達林卻遲至一九三三年才「下定決心」，勉強同意修正政策。可惜有數百萬人等不到這一刻。

事實上，在一九三二年秋天之前，嚴重的決策延遲、頑固和殘酷已把史達林逼向政治死角——「好」決策已不可得。一九三二年的收成比一九三一年更差，而且造成慘況的人為因素更多。與此同時，工業化火車正全速前進，蘇聯政府為添購工業設備和原料所累積的外債也攀上高點。這樣的情況縮小、但還不至於完全剝奪當局運籌帷幄的空間。為解決饑荒，政府可以動用所有現有資源和糧食儲備，大不了向國際社會求援，畢竟布爾什維克在一九二一到一九二二年的饑荒期間也曾這麼做過。[37]當然，相關措施有一定的經濟和政治成本，但並非行不通。只是史達林很有可能壓根沒考慮過這些選項。相反地，饑荒越嚴重，國家對農村施加的壓力就越大。

近年曝光的大量文件讓後人得以一窺當時慘狀。國家奪走挨餓農民的所有糧食「私藏」，包括穀物、蔬菜、肉類和乳製品。地方官吏和來自各城市的政治積極分子組成糧食掠奪隊伍，他們尤其對「暗崁」中的儲糧特別有興趣——農民自古以來為防饑饉，習慣在地面挖坑，貯藏備用糧食。為強迫饑餓的人們指出「暗崁」及其他「私藏」所在（這等同強迫農民及其家人自盡），掠奪隊不惜刑求逼供。農民被毒打、全身光溜溜地被趕到冰天雪地中、被逮捕、被流放到西伯利亞。餓到快活不下去的農民或許會試著逃到狀況比較好的地區，但「盡責」的糧食徵集隊伍會狠狠斬斷這條生路：農民要不被送回原來的村莊等死，就是被逮捕。至一九三三年年中，在勞改營、監獄和流刑地的農民大約有兩百五十萬人。[38]諷刺的是，這些「受刑人」的命運往往還好過被饑餓凌遲至死的「自由人」。

一九三二年年底到一九三三年年初，饑荒進入高峰，主要受到影響的是那些人口超過七千萬的地區——烏克蘭、北高加索、哈薩克，和一部分的俄羅斯。這並不是說其他人沒挨餓

（當時的蘇聯總人口數約為一億六千萬）。事實上，就算是官方資料中未受饑荒影響的地區，許多居民仍活在饑餓邊緣。此外，蘇聯人民還被各種疫病蹂躪，頭號殺手是傷寒。數百萬人曾受重病所苦，甚至因此成了殘廢，在饑荒結束後還苦活了幾年才死去。不過，相對於肉體傷害，精神上的衰敗、退化更是難以估計。國家政治保衛總局及黨機關的祕密情資匯報顯示，人吃人在當時是常見現象，一九三三年頭幾個月尤然——母殺子，不足為奇。與此同時，獸性大發的「積極分子」們倒是持續冷血地強奪民眾求生資本，逞凶肆虐。

雖然饑荒和大規模迫害對蘇聯人民來說已不是新鮮事，這個「死亡組合」在烏克蘭和北高加索卻特別兇猛。[39]文獻顯示，一九三二到一九三三年間，史達林對這兩個重要地區特別關注。它們也是糧食徵收和恐怖統治政策執行最徹底的地方，主要有兩個原因，而且互有關聯。首先是經濟因素，烏克蘭和北高加索地區的穀物產出幾乎占國家徵收量的一半，但在一九三二到一九三三年間，這兩個地區的糧食上繳量卻銳減，較前一年少了百分之四十。幸好俄羅斯本土產糧區稍微解救了局勢——它們雖然也挨餓，但繳糧「超標」。不過烏克蘭在蘇聯供糧系統中的地位仍難以取代。蘇聯政府於一九三二年徵收到的糧食量幾乎較一九三一年少了百分之二十。[40]這可以部分說明，為何史達林對烏克蘭和北高加索的態度如此「特別」。他一心一意要得到「他的」糧食，上繳量銳減簡直讓他抓狂。

另一方面，史達林認為一九三二年的徵糧危機是國家與農民之戰的延伸，也是農業集體化深化的必經過程。這樣的想法並非毫無根據。一九三三年五月六日，史達林寫信給作家肖洛霍夫，他在信中堅稱：「可敬的莊稼漢們實際上正『靜靜地』與蘇聯政府作戰。這是一場比賽誰先餓死的戰爭（⋯）。」[41]無庸置疑，史達林認為，烏克蘭和北高加索地區的農民就是「反蘇農民軍先鋒隊」。長久以來，這兩個地區的反蘇情緒特別強烈。一九三〇年春，烏克蘭農民是反集體農場運動的「主力部隊」；一九三一到一九三二年間，烏克蘭和北高加索還發生了幾場騷亂。此外，烏克蘭位於蘇聯邊境，這也讓史達林容易對它有疑慮。史達林認為，與蘇聯為敵的波蘭有可能利用烏克蘭危機，趁虛而入。[42]總而言之，正如日本學者黒宮広昭精準指出的，史達林對所有農民都懷有戒心，但「對烏克蘭農民是雙倍的警戒，因為他們既是農民，又是烏克蘭人」。[43]

既然史達林將徵糧比為戰爭，那他和執行他命令的人就可以「放手一搏」了。他在意識形態上是這樣合理化這場對農民的戰爭：「糧食供應困難」是「敵人」和「富農」暗中破壞、扯後腿的結果，社會經濟危機和國家政策沒有關聯。這當然不是事實。史達林宣稱，「敵人」和農民是危機的罪魁禍首，有心人士惡意誇大饑荒的規模。依照這個邏輯，史達林自己和中央政府都沒有責任「救民於水火」，更何況「民」本身或許稔惡藏奸。一九三三年二月，史達林在第一次集體農場模範農民大會上發表講話，其內容可謂挑戰道德倫常的「佳作」。他表示：「我們成功讓數以百萬計曾經吃不飽的貧農在集體農場上成了中農，過著有保障的生活（…）這樣的成就在世界上是前所未見的，世界上還沒有哪個國家曾取得這樣的成就。」[44]史達林做以上聲明時，饑荒正處於高峰，每天奪走數千條人命。

話說回來，史達林騙不了所有人。一九三三年五月，饑荒仍持續肆虐，史達林於這時接見了來自美國的雷蒙．羅賓斯上校。這位上校對蘇聯頗有好感；一九一七到一九一八年間，他曾以紅十字會美國駐俄代表團團員的身分與列寧見過幾次面，並因此知名。由於史達林企圖藉羅賓斯之助加強與美國的關係，因此對這位美籍客人十分友善，甚至展現了某種程度的坦率。但他也清楚，羅賓斯對蘇聯內部的實際狀況有一定的掌握，因此不敢斷然否認饑荒。羅賓斯直接了當地針對一九三二年的壞收成提問。史達林先是迂迴輾轉了一番，最後還是承認了：「某些農民的確在挨餓。」為向「美國友人」說明農民挨餓原因，史達林不得不展現過人機智與想像力。根據史達林的說法，挨餓的盡是些「米蟲」蛀腦、只想占便宜、太晚加入集體農場，且毫無勞動成果可言的人。他還說，嚴重挨餓的還有不在自己份地上好好幹活，卻盡偷集體農場糧食維生的農民「個體戶」。在當局針對「竊盜」下了嚴刑峻法的猛藥後，這些「個體戶」就沒戲唱了。[45]最後，史達林給自己的「神話」來個漂亮結尾，他斬釘截鐵地向羅賓斯表示，國家向挨餓農民伸出援手，集體農場成員卻大力反對：「集體農場罵我們罵得可兇了：怎麼可以幫懶鬼？讓他們死一死算了。我們的民風就是這樣。」[46]羅賓斯應該沒吃史達林這一套，但展現了「外交官風範」，不往下探究這個危險話題。他讓史達林暢所欲言。

我們很難判定，史達林有多相信自己的說法。不過，他和羅賓斯的談話至少告訴了我們兩件事。第一，史達林對饑荒並非不知情，也承認饑荒不是「敵人」捏造的現象，而是活生生的現實。第二，史達林自己並不相信饑荒是「敵人與破壞分子在搞鬼」。與羅賓斯談話時，他根本沒提到自己在國內大肆宣傳的那個說法。這可以間接證明，史達林知道饑荒發生的真正原因及其與農業集體化政策之間的關聯。不過，就算是面對最親近的同志，史達林大概也不會「示弱」、承認自己的錯誤。只有「神話」、而非「實話」能為他的政策立基。他把錯推給「敵人」、蓄意壞事的農民和辦事不周的地方領導人。史達林成了「不沾鍋」。

與此同時，我們很難從史達林的發言判斷，他對饑荒的了解程度。當他告訴羅賓斯，部分農民「嚴重挨餓」時，所指為何？他眼前是否浮現這樣的駭人景象：瘦得皮包骨的活死人、農民把病死動物的屍體挖出來吃、發瘋的母親親手殺了自己的孩子？答案大概是否定的。史達林「走入群眾」的場合僅限於慶典集會，平日坐在轎車內往外看到的，也是比較富足的莫斯科，國家的門面。近年出版的國家政治保衛總局資料提供了我們相對客觀的歷史圖像。這些資料詳細描繪饑荒的細節，包括人吃人的場景和民眾的反蘇情緒。[47]史達林是否讀過這些資料？研究者目前不清楚。不過有份描述饑餓農村慘狀的知名文件，史達林肯定讀過，那就是作家肖洛霍夫一九三三年四月四日寫給史達林的信。[48]被駭人景象震懾的作家詳細描述了北高加索孚佑申斯基區[11]糧食徵收造成的慘狀，他當時就住在那裡：

我看到了至死難忘的景象（⋯）夜晚，狂風吹，冰凍嚴寒，連狗都躲起來避寒了，一個又一個被掃地出門（作者註：因上繳糧食少於指派量）的家庭在小路間升起火，坐在火邊取暖。孩子們被用破布包著、放在因火而冰融的地上。孩子們尖叫不止（⋯）在巴茲可夫斯基集體農場，有個女人被趕出來了，她的孩子還在襁褓中。她整晚在村子裡挨家挨戶求鄰居放她進門，讓她和孩子可以取暖。沒人放她進門。（作者註：為「怠工者」或「破壞分子」提供援助者以嚴刑峻法論處）早上，小孩就凍死了，死在母親懷裡（⋯）

肖洛霍夫還仔細地描述了其他強徵糧食的辦法，包括集體毒打、搬演意在威嚇的假槍決、用燒紅的鐵灼炙身體、吊脖子、半窒息訊問⋯⋯等。作家無畏指出，當地的大規模暴行並非源於地方上的積極分子「曲解」、「誤讀」政策，是地方當局戮力引導，讓執行者「目標導向」辦事的結果。當然，肖洛霍夫終究沒把悲劇發生原因往上追溯到莫斯科，而這也沒什麼好奇怪的。

雖然肖洛霍夫的來信內容坦率，甚至嚴厲，史達林的回覆倒是挺客氣的。他下令對孚佑申斯基區實施糧食救濟，並針對作家指控的內容進行調查。不過，史達林終究是支持地方黨國機關的做法。他在給作家的回信中批判對方的觀點不夠全面，質疑對方不願承認確實有農民惡意怠工。孚佑申斯基區的領導層起初因為「專斷濫權」，遭判重至槍決的刑責，但最後仍無罪釋放。多虧有史達林干涉，他們沒被開除黨籍，只不過被革職、口頭批鬥一番而已。[49]史達林不想退讓。他已下定決心與農民決一死戰，無視代價。

「溫和」的史達林

國家「戰勝」了農民，卻敗給自己。縱使殘酷手段出盡，徵糧計畫仍然沒達標。一九三二年，國家收到的糧食比一九三一年還少百分之二十。[50]畜牧業的情況更慘。從農民身上榨取資源有其極限，接下來該怎麼辦？繼續實施強迫性徵糧有不斷製造饑荒的風險；與此同時，激烈的工業化政策也未帶來預期的效益。蠻幹、「大躍進」、一股腦兒投錢——以上皆非長久之計。史達林的反對者呼籲減緩工業化速度。托洛茨基一如以往提出了有力口號：讓一九三三年成為「大翻修年」。[51]

11 譯註：孚佑申斯基（Вёшенский район, Veshenskaya）位於羅斯托夫州（Ростовская область）境內，一九八四年更名為肖洛霍夫區（Шолоховский район）。

需要「翻修」的不只工業和農業政策，還有看似性能卓越的史達林恐怖統治機器。大規模的槍決、逮捕和迫遷在危機時刻確實有助「維穩」，但就連史達林也親身體會了恐怖手段對國家治理體系的破壞性影響力。一九三三年，勞改營及監獄的既有「容積」已無法負荷快速成長的受刑人口。為此，中央政府決定在偏遠地區緊急興建新營區，以容納約兩百萬的迫遷人口。一九三三年，被流放的卻「只有」二十七萬人。[52]原來，消滅和孤立「敵人」仍有其極限。

正當內部危機削弱了蘇聯國力時，國際局勢不巧也明顯緊張了起來。一九三一年年底，日本占領滿洲。這是大戰即將爆發最初的警訊之一。一九三二年六月，史達林給歐爾忠尼齊澤寫道：「日本人當然（當然！）正準備和蘇聯開戰。我們必須有萬全準備（這是一定要的！）。」[53]蘇聯緊急增加遠東地區的軍隊部署。不過，幾乎就在同一時間，歐洲也出現了嚴重的軍事威脅。一九三三年一月，正當蘇聯遭受饑荒肆虐之際，納粹在德國掌權了。在此之前，布爾什維克政權與威瑪德國交好，並以此為基礎，建構自己的歐洲政策。腹背受敵的史達林為化解來自東方與西方的威脅，不得不在西方民主國家中尋找盟友。一九三三年十二月十九日，政治局通過高機密決議，不排除蘇聯加入國際聯盟的可能性，甚至將與部分西方國家簽訂針對德國的區域性互助防禦協議。政治局認為，蘇聯務必要拉攏法國和波蘭。[54]史達林很清楚，要成功啟動新的對外政治方針，必須先向外界發出史達林蘇聯是「正常」國家的信號。同時，莫斯科也必須讓潛在盟友買帳：蘇聯和納粹政權確實有本質上的差異。為此，國家的對外形象勢必得翻新——就算不到把軍上衣脫掉、換穿燕尾服的程度，至少也得鬆開軍上衣最上面的那顆扣子。

一言以蔽之，史達林又帶著布爾什維克們來到歷史三叉路了。國家已沒有資源繼續執行第一個五年計畫的各種實驗。在延宕多時、犧牲多條人命之後，史達林終於同意開始進行早在數年前就該做的事。

他做的第一件事或許微不足道，但對農民而言，卻有救命之效。史達林向農民讓步了。雖然他領導的國家接下來仍將以暴力作為治理農村的主要手段，但還是發生了局部的變化。一九三三年一月，政府宣布導入糧食上繳的固定規範（糧食實物稅原則）。這無異於承認，過去的需索無度是錯的。國家向農民承諾，不會任意調整徵糧標準，而且農民有權利處置剩餘糧食。新規定看似立意良善，但從未付諸實行。不過無論如何，我們可以視它為某種政治宣言，宣告國家從第一個五年計畫的史達林式「戰時共產主義」，過渡到史達林式的第二代「新經濟政策」。這個過渡帶來了較為務實有效的治理作為。

另一個重要現象是農村逐漸發展出私人農業經濟副業。這攸關農村本身與國家整體的生存。一九三三年二月，在第一次集體農場模範農民大會上，史達林承諾，國家將在一至兩年內，幫助集體農場的每一戶農家取得一隻母牛。[55]過了一段時間，法律更允許農民在住家旁擁有一定面積的私用自留地。這對農村而言意義重大。國家與農民妥協有望。史達林「心有不甘」，卻不得不接受這些有違集體農場精神的讓步。合法的私用自留地縱使面積不大，卻能讓在集體農場幾乎一無所獲的農民勉強打平。而事實證明就算被課了重稅，私用農地也能展現旺盛的生命力。蘇聯官方資料顯示，雖然與集體農場相比，私用農地只占全國農地總面積很小的一部分，但其在一九三七年產出的蔬菜與馬鈴薯占全國總產量百分之三十八以上，肉類與乳製品則占全國總產量的百分之六十八。[56] 一九三六年農作收成不佳，多虧有私用農地，蘇聯才能在又一場的饑荒之下，死亡人數卻較昔日少了許多。這樣的事態發展顯示一九三〇年代初的農業集體化政策確實充滿弊病。當初若能在集體化政策施行初期，仍保有部分私人農地，農村或許不會因為瘋狂的全面公有化而瞬間破產。

蘇聯政府也調整了工業化方針——雖然遲了好幾步，但早晚得有所作為。有跡象顯示，一九三一到一九三二年間，政府不得不放棄燒錢的激烈工業化措施，並放鬆對產業人才的迫害。一九三三年一月，史達林在蘇聯共產黨（布）中央委員會全體會議上發表演說，為黨和政府的新路線提出政治說帖。他一方面宣告新一波的階級鬥爭即將展開，另一方面卻承諾減緩第二個五年計畫的工業建設速度。這個史達林口號不僅止於「紙上談兵」。一九三四到一九三六年，國家的工業投資成長速度確實趨緩；同時，政府還推行了一系列實驗和「改革」，目的在提升產業的經濟自主性、恢復生產活動的物質誘因。以物易物經濟被定調為「左激」，如今，當紅議題是貨幣、貿易與盧布升值的必要性。史達林也改變了自己的政治經濟座標。他在一九三四年十一月的黨中央委員會全體會議上，做了極具代表性的「市場經濟」聲明。當時會議上討論的是配給制問題（譯者註：蘇聯共產黨及其政府從未真正取消配給制）：

> 取消配給制的意義為何？它的意義在於我們想強化貨幣經濟（…）貨幣經濟是我們社會主義者務必大肆利用的幾個布爾喬亞經濟工具之一（…）它很好用，我們需要它（…）發展商品流動性、發展蘇聯貿易、強化貨幣經濟——這就是我們改革的主要用意（…）錢會開始流通，錢會開始流行，這現象已經很久沒見到了。貨幣經濟會強化。[57]

這是新的類市場經濟路線、特殊的史達林式「新經濟政策」——其主要立基點為何？簡單來說，就是承認私人利益和物質誘因的重要性。第一個五年計畫執行期間，黨國機器大力宣揚苦行主義，呼籲民眾自我犧牲，鼓勵群眾質疑「高收入」。現在，意識形態轉了個風向，官方宣導的是「富足文化生活」。當局在第一個五年計畫初期給蘇聯人民畫了大餅：在光明燦爛的社會主義未來，人們將在花園城市裡過上豐衣足食的生活。現在，餅變小了，但看起來比較具體：「蘇聯夢」就是擁有這些民生消費品——一個房間、一點家具、一些衣物、還可以的飲食、相對多樣的休閒活動。官方積極利用這樣的物質型「蘇聯夢」來刺激勞動生產力。

一九三三年，農作收成頗佳，蘇聯人民的整體生活水準確實提升了，但這只是相對而言，畢竟和前幾年的大饑荒相比，任何些微改善都是重要成就。值得注意的是，就在大城市裡的貨架充斥各類商品之際，某些地區的農村還在挨餓，就連大饑荒過後亦然。當然，和一九三二到一九三三年的人間煉獄相比，這算「小事」。

就連黨國恐怖機器也稍有「收斂」。一切就從史達林於一九三三年五月簽署的特別命令開始。根據這道命令，人滿為患的監獄必須釋出一部分「輕度罪犯」。情治機構也被禁止執行大規模逮捕和迫遷（流放）。[58]

受情勢所迫，史達林如今奉所謂的「社會主義法制」為圭臬。一九三四年二月，政治局接受史達林建議，通過裁撤惡名昭彰的國家政治保衛總局，並建立蘇聯內務部以取代之。事實上，政治警察並未消失，不過是「溶解」於內務部眾多看似「正常」的下轄單位中，其職掌包括打擊刑事犯罪、消防滅災等。形式上（譯者註：在此有必要特別強調「形式上」這三個字），正規司法系統的職權擴大了，而司法系統以外的各類機關，也就是實施大恐怖的必要工具，則被限縮了權力。[59]除此之外，在史達林主導下，當局也對懲治政策做了宣示意味濃厚的局部調整。在蘇聯政治體系中，官僚們正是藉由解讀這些或隱或顯的政治「訊號」猜測領袖心意、決定自己的行動方針。

為展現「溫和」作風，當局最早採取的政治動作之一就是重審「謝里亞夫金案」。在一九三〇年代早期的「獵巫」時期，前重工業部高階官員、內戰英雄謝里亞夫金被判十年刑期，罪名是出賣軍事機密。謝里亞夫金後來在勞改營表示，他當初簽的是假口供，因為偵訊官員威脅他若不配合，就會被槍斃。他是照著偵查員的口述寫下了自白。[60]很幸運地，這份申訴在對的時機出現。當初若無史達林授權，謝里亞夫金不至於被捕，但史達林現在卻透露出完全相反的訊號。毫不令人意外，查證結果顯示，罪名確實是被特工捏造的。一九三四年六月五日，政治局不但取消了對謝里亞夫金的判決，更要求相關單位「注意國家政治保衛總局偵查員在執行調查職務時犯下的嚴重缺失」。[61]

「閘門」鬆動了。一九三四年九月，在史達林裁示下，政治局設立了內部委員會，以針對牽涉其他「顛覆破壞」和「間諜」舊案的申訴內容進行調查。史達林給委員會下達了命令：釋放無罪者，清理國家政治保衛總局門戶以淘汰使用「特殊偵查手法」的幹員，並「不顧情面地」懲罰之。「在我看來，事關重大，必須堅持到底」——史達林如是說。現存文件顯示，委員會並非空殼，的確做了實事，包括收集懲治機關濫權專斷的各類事證（這一點都不難）。[62]

然而，我們接下來將看到，基洛夫刺殺案扭轉了這個局面。委員會最終並未「堅持到底」。這是否意謂基洛夫命案破壞了前景看好的蘇聯「脫恐」進程呢？大量事實顯示，這樣的樂觀看法未免高估史達林的「溫和」潛力。雖然被捕人口總數在一九三四年明顯下降，但各式迫害案，包括政治迫害案，仍有數十萬件。史達林自己也不斷發出相互矛盾的政治訊號。一九三四年九月，在「社會主義法制」推廣運動進行得如火如荼的同時，政治局簽准了一批史達林治金廠（位於西伯利亞地區）工作人員的槍決令。這些治金廠工作人員被控為日本蒐集情資。相關指控是史達林授意的，他親自下達指示：「所有日本間諜格殺勿論。」[63]這不是唯一的例子。史達林懲治機器的基本運作原則沒變，不過被稍加「整頓」、調低強度罷了。

雖然「溫和」路線缺乏一貫性、多有限制，它仍間接證明了「大躍進」之惡。理論上，這樣的政策「急轉彎」確實有可能損害史達林的政治威信、引發黨內對他的不滿。這些看似合理的推論讓部分歷史學者傾向相信，當時某些黨高層成員正圖謀趁機推翻史達林。史達林最親近的同志中，有一位特別引起研究者注意，那就是蘇聯「第二首都」列寧格勒的黨州委會第一書記基洛夫。由於基洛夫命案的案情複雜（讀者接下來會看到），且命案發生後，蘇聯黨國機器再度走回強硬老路，不少研究者因此推論，基洛夫作為「溫和」路線的重要代表人物惹禍上身，成了史達林的下手目標。不過這個流行的說法，事實上只有二手、三手的回憶錄資料可為其佐證。[64]

若我們把各「見證」材料中，眾多相互矛盾的說法擺一邊，則大致可以梳理出這麼一條事件軸線。在蘇聯共產黨（布）第十七次代表大會上，幾位黨高層（確切是哪幾位，說法不一)討論了,是否有可能讓基洛夫取代史達林,坐上總書記的位子。基洛夫本人拒絕這麼做,但消息已傳到史達林耳裡。有種不難見到的說法是,基洛夫自己曾警告史達林,有人要把他拉下台。據說,在第十七次黨代表大會舉行中央委員會選舉時,許多代表對史達林投了反對票;史達林得知後甚至下令,讓反對票自票箱「消失」。十個月後,他策畫了基洛夫謀殺案,成功消滅這個政治上危險的競爭者。

類似的說法自一開始即疑點重重、充滿矛盾,而在越來越多檔案獲得開放後,更是站不住腳。無論研究者如何悉心翻找檔案資料,都找不到反史達林陰謀的蛛絲馬跡,甚至連間接證據都沒有。

事實上,基洛夫在黨內崛起的過程就顯示,他不太可能在政治上「自成一家」。他和一九三〇年代許多其他的政治局委員一樣,是史達林的人。身為列寧格勒的黨務領導人,他的政治主動性也僅限於轄下地區,例如要求黨中央提高資金和資源挹注、請求開設新商店等。基洛夫不常出席在莫斯科舉行的政治局會議,也很少參與(顯然主要是受限於兩地距離)政治局的表決過程。總而言之,從現有資料看來,基洛夫不像是個「改革者」,也未積極參與所謂的「大政治」。直到生命最後一刻,基洛夫都是史達林的盟友,黨內也未將其視為足以與史達林平起平坐的政治人物。他從未背離史達林的政治路線。[65]無論如何,就國家發展而言,「亡者」基洛夫的影響力要比「生者」基洛夫大得多——一如歷史上常見的,正是死亡催生了政治神話。

基洛夫命案

基洛夫是在列寧格勒布爾什維克的大本營——斯莫爾尼宮[12]被殺的，時間是一九三四年十二月一日。在蘇維埃政權七十多年的歷史中，這是繼一九一八年列寧行刺案後，唯一成功實現的、針對蘇維埃高階領導人而發的恐怖行動。不過，這並非歷史學者對基洛夫之死特別感興趣的主要原因。事實上，基洛夫之死的重要性在於它讓恐怖統治機器再度活躍了起來。許多研究者認為，行刺案是一九三七到一九三八年「大恐怖」的前因，間接造就史達林獨裁統治體系的穩固性。此外，由於史達林成功從基洛夫命案提取諸多政治紅利，也讓有些人認為，他根本就是幕後黑手。這樣的懷疑也反映在蘇聯的官方宣傳中，主要是赫魯雪夫的「去史達林化」和戈巴契夫[13]的「改革」（Perestroika）時期。雖然政治人物介入歷史詮釋通常不會讓真理越辯越明，但在基洛夫一案上，我們倒是看到了例外。赫魯雪夫和戈巴契夫擔任蘇聯領導人期間有許多委員會成立，這些委員會收集並分析了大量的基洛夫命案相關事證。這些事證有助後人重建歷史場景，重回列寧格勒恐怖行動現場並回溯事件後續發展。[66]

一九三四年十二月一日晚上，在列寧格勒的塔孚利宮[14]預計舉行黨幹部會議，基洛夫將就蘇聯共產黨（布）中央委員會全體會議的開會結果提出報告。全體會議前一天才在莫斯科舉行。基洛夫的報告主題與取消配給制有關，該議題事關重大，足以影響全國民眾。報紙上也可見到即將召開列寧格勒會議的消息。十二月一日，基洛夫一早就著手準備報告內容。約莫下午四點時，他叫了公務車，前往自己在斯莫爾尼宮的辦公室。他穿過主出入口來到三樓，他的個人辦公室和州黨委會辦公室都在那裡。他沿著三樓的主廊道，先是左轉，再順著小走廊往自己的辦公室移動。在斯莫爾尼宮貼身負責基洛夫安全的是鮑里瑟夫。十二月一日當天，他並未緊跟著基洛夫，而是與後者保持一定的距離。當基洛夫轉向小走廊時，鮑里瑟夫並未隨即跟上，他人還在主廊道。基洛夫因此從他眼前消失了一段時間。

就在同一天，蘇聯共產黨（布）列寧格勒州委會前工作人員、黨員尼可拉耶夫正準備刺殺基洛夫。我們暫且不談其行兇動機，先檢視他在行兇當天的行為。起初，尼可拉耶夫預計

12 譯註：斯莫爾尼宮（Смольный），建於十八世紀的建築群，包含女子學校、教堂等。二月革命後，成為布爾什維克大本營；一九一七年八月，彼得格勒工人與士兵代表蘇維埃及軍事革命委員會進駐，該年十月，列寧在此宣布臨時政府遭廢除，布爾什維克工農革命成功。革命後，斯莫爾尼宮曾為蘇維埃政府所在地，列寧也曾在此辦公。

13 譯註：正確音譯應接近「戈爾巴喬夫」。

14 譯註：塔孚利宮（Таврический дворец）建於十八世紀，為原波瓊姆金（較常見的翻譯為「波坦金，Григорий Александрович Потёмкин-Таврический, Grigoriy Alexandrovich Potemkin-Tavricheskiy）元帥在彼得堡的官邸。二月革命後，曾以此宮為基地的包括臨時政府和彼得格勒工人與士兵代表蘇維埃。一九一八年一月，立憲會議於此召開。

在黨幹部會議上殺了基洛夫，但沒有邀請函，他進不去。為試試運氣，他動身前往斯莫爾尼宮，希望動用在那裡的關係拿到邀請函。憑著黨員證，他成功進入斯莫爾尼宮。這並不違反當時的出入管理規則。進到建築物內部後，他沿著廊道漫步，意外看見了基洛夫。基洛夫正朝他走來。尼可拉耶夫側身讓基洛夫先走。由於廊道上只有他們兩人，沒有其他人礙事，尼可拉耶夫決定即刻執行暗殺計畫。他

史達林與其忠實戰友們（由左至右）：基洛夫、卡岡諾維奇、歐爾忠尼齊澤、史達林、米科揚，1934年。該年12月，基洛夫將遭女性同僚的丈夫暗殺。1937年，歐爾忠尼齊澤將因受不了史達林迫害而自殺。
來源：俄羅斯國立政治社會史檔案館。

跟著基洛夫來到小走廊，跑向行刺目標，接著往目標後腦勺開了一槍。尼可拉耶夫隨即企圖自殺，將槍口朝向自己的太陽穴，但被阻撓。事情發生得又快又突然。當鮑里瑟夫和斯莫爾尼宮的其他職員趕到案發現場時，他們只看見倒在血泊中的基洛夫。基洛夫當場死亡。

一群醫師和內務部列寧格勒州支部領導人被召集到斯莫爾尼宮。史達林是在電話上被告知基洛夫遇刺的消息。他當時人在莫斯科的克里姆林辦公室，一收到基洛夫的死訊，馬上連續召開數場緊急會議。十二月二日清早，史達林帶著一群人搭乘專用火車前往列寧格勒。就在同一天，他和其他莫斯科調查團成員一同訊問了尼可拉耶夫。史達林不可能沒發現，他的審問對象根本不像是個堅定為理想而戰的恐怖主義者。

一九三四年十二月，尼可拉耶夫已經三十歲了。他出身於聖彼得堡的工人家庭，幼年喪父，家境貧困。他還有佝僂病，十一歲以前沒有行走能力。現存的役男資料顯示，二十歲的尼可拉耶夫有多重生理缺陷：手長及膝、短腿、身形過瘦，身高約一百五十公分。尼可拉耶夫多病、脾氣差、不好相處，但他的職涯發展在初期還算順利。多虧社會出身「正確」，尼可拉耶夫得以進入共青團工作、入黨，因此有機會占據「油水」多的崗位，包括蘇聯共產黨（布）列寧格勒州委會。然而，因為容易與人起衝突，他無法在一個單位待很久。行刺基洛夫前幾個月，他失業了，到處遊蕩，狀告各機關，一心想著復仇。尼可拉耶夫被捕後，調查人員自其住處取得各類筆記、日記和信件，其內容呈現一個極不穩定的心理狀態。他抱怨世道不公，要求權責單位提供職缺和度假勝地旅遊配額，動輒威脅，擺出戰鬥者姿態，宣稱自己將與歷史上其他偉大革命家平起平坐。

尼可拉耶夫之所以越來越絕望、偏激，家庭關係不無影響。他和未婚妻德拉烏蕾是在共青團工作時認識的。這是位有吸引力的年輕女子。一九三四年，她滿三十三歲。與未婚夫不同，她的職涯發展很順利。一九三〇年，德拉烏蕾靠著關係進入蘇聯共產黨（布）列寧格勒州委會工作，任庶務職。自一九三〇年代至今，有個廣為流傳的說法是德拉烏蕾和基洛夫有親密關係。[67]這種說法不無根據，畢竟基洛夫的家庭生活也不是很美滿。他沒有小孩，妻子比他大四歲，而且時常生病，一年中有好幾個月是在度假療養中心度過。雖然嚴肅的歷史學者至今仍無法確定，基洛夫和德拉烏蕾之間到底有過什麼樣的關係，但兩人確實有可能過從甚密。至於尼可拉耶夫，則就算他對「桃色風暴」的可能性嗤之以鼻，流言蜚語大概也很難不影響他對基洛夫的觀感。

一九三四年十二月二日，史達林訊問的就是這麼一個人。當然，相關人員事先向史達林報告了尼可拉耶夫的工作經歷，甚至有可能連德拉烏蕾和基洛夫之間的事也小心地提點了一下。尼可拉耶夫的外貌似乎也坐實了命案發生原因的主流初步假設，亦即他是對世界滿懷憤恨、理智不清的「孤狼」。在莫斯科調查團成員見到他不久前，尼可拉耶夫才剛經歷一場激烈的歇斯底里發作——殺了基洛夫、自殺未遂，讓他的精神症狀惡化。當時和史達林一道的莫洛托夫對尼可拉耶夫的印象是這樣的：「落魄（…）不高。削瘦……我想，應該是有什麼事讓他充滿怨恨（…）覺得受屈辱。」[68]

史達林對尼可拉耶夫的看法大概不脫這個範圍。不過，他不喜歡「心病孤狼」這個說法。還在莫斯科的時候，各方就在克里姆林召開的緊急會議上「喬」好了官方版的命案說明。這個官方版說明反映了史達林的思路。隔天，也就是十二月二日，蘇聯報紙告知讀者，基洛夫是死於「勞動階級敵人的叛變之手」。這個說法可謂毫無新意——在史達林的政治局內，委員還能死在誰手中呢？總不能是心理不健康、盡走霉運的黨員吧？還是「戴綠帽」的丈夫？當然萬萬不能！只要有史達林在的一天，政治局委員就只能死於陰險詭詐的（階級）「敵人」手中。容許其他說法存在就得冒政治風險，包括基洛夫名譽受損、政權威信頓失——黨國機器想必是有好幾個螺絲鬆了，不然黨高層怎能如此輕易被攻擊？當史達林思量該怎麼應變時，他除了考慮上述一般性因素，還會受自己的疑心病和權力欲影響。

十二月三日晚，在回到莫斯科以前，史達林下令捏造事證，以指控尼可拉耶夫和失勢的昔日黨內反對派，也就是季諾維耶夫的支持者，狼狽為奸。正巧，列寧格勒在一九二〇年代曾是季諾維耶夫的地盤。捏造案件的任務將由內務部在莫斯科的偵查員，以及留在列寧格勒的政治委員們完成。這些政委是史達林的人馬——葉若夫和寇薩列夫。兩年後，在一九三七年二到三月的中央委員會全體會議上，葉若夫將如此說明當時的任務內容，史達林也在場：

「（⋯）我記得的是這樣。史達林同志開始了，把我和寇薩列夫叫過去，說：『從季諾維耶夫黨羽中挑出殺人犯吧。』」[69]從法律角度看，史達林交派的是「不可能的任務」。尼可拉耶夫不但從來不是反對派，而且根據內務部資料，也不是「反對派同情者」。這麼一來，罪證只好用捏造的了。史達林親自主持「調查」工作；「調查」期間，他收到約兩百六十份訊問筆錄和大量密函。他甚至與內務部、檢察機關和最高法院軍事庭的領導人會面數次，討論調查和審判事宜。文獻顯示，史達林親自規畫開庭劇本、決定案件受審者「陣容」。[70]

一九三四年年底到一九三五年年初，法院就照著史達林的劇本演，開了幾次庭。數十位昔日反對派被判槍決或關入勞改營。尼可拉耶夫也是其中一位。[71]判決書說，他們全都是活躍的季諾維耶夫分子，在獲取大眾支持無望後，建立了「恐怖主義反革命地下組織」。同時受審的季諾維耶夫和卡緬涅夫被控須為基洛夫之死負政治和道德責任。整體而言，基洛夫案的「法律包裝」頗為粗糙。藉由子虛烏有的指控，史達林和昔日政敵算總帳。

由於史達林明顯從基洛夫命案得利，不少人質疑他根本是主謀。針對相關疑慮，第一波有實質意義的調查在赫魯雪夫的「解凍」（Thaw）時期展開，並在中斷許久後，於戈巴契夫時代獲得延續，一直進行到一九九〇年代初。調查工作揪出了幾個疑點，但至今仍無史達林謀畫基洛夫謀殺案的關鍵事證。而且應該也不會有了。

現在，我們來快速回顧一下「史達林謀害」論的梗概。這個陰謀論一直到一九九〇年代初都是論述主流。其支持者認為，史達林不滿基洛夫越來越受歡迎，因此決定除之而後快，並在基洛夫死後，把命案當作實施「大恐怖」的藉口。為此，他向內務部長亞果達下達直接或間接的指示。[72]為完成史達林交付的任務，亞果達給內務部列寧格勒州支部派了一位新的副首長——札波洛爵茨，其職責包括在當地策畫以基洛夫為目標的「恐怖行動」。尼可拉耶夫被找來當殺手，並因此取得武器和相關單位的保護。舉例而言，當尼可拉耶夫在十二月一日前試圖實施恐怖攻擊，並因此被內務部幹員拘留時，札波洛爵茨就曾要求將他釋放。基洛夫被殺之後，陰謀參與者就把基洛夫的護衛鮑里瑟夫給「處理」掉了，因為他「知道太多」。十二月二日，鮑里瑟夫被安排乘貨車去見史達林、接受訊問，結果途中發生「假車禍」，鮑里瑟夫成功「被死亡」。以上就是「史達林謀害」論的梗概。

事實上，這個論述處處是弱點。首先，殺害基洛夫充滿政治風險，史達林為何願意冒險？如同前文提到的，基洛夫並非史達林的對手，卻是他的忠實「人馬」。其他細節也很缺乏說服力。就拿武器來說好了，許多人誤以為尼可拉耶夫有左輪手槍這件事非常重要，卻不經意犯了「時空錯置」、「以後事論前事」的毛病。一九三〇年代初，蘇聯政府尚未對武器持有施行嚴格控管；這情形要到命案發生後才有所改變，或多或少也是受到它的影響。尼可拉耶夫早於一九一八年就取得後來作案用的左輪手槍，當時國家可謂被武器淹沒。尼可拉耶夫就這樣合法持有武器約十六年（一九一八～一九三四）。[73]他的情況並非特例，至少對黨員而言是如此。我們再來檢驗尼可拉耶夫在十二月一日前就被逮，而且還「神奇獲釋」的說法。文獻顯示，他只被拘留一次，而非如某些人認為的很多次。一九三四年十月十五日，尼可拉耶夫在基洛夫住處附近遭內務部幹員拘捕，但很快就獲釋了。根據尼可拉耶夫的口供，他當天意外遇上基洛夫和他的隨身人員，臨時起意尾隨他們直到基洛夫住處。不過，他下不了決心與基洛夫攀談。「我當時還不想殺他」——尼可拉耶夫在一九三四年十二月二日的訊問過程中將如此堅稱。內務部幹員在檢查了尼可拉耶夫的文件後，放他走了。基洛夫命案發生後，這起曾留下紀錄的往事被特別調查了一番。放走尼可拉耶夫的內務部幹員事後簡明有力地說明了自己的行為。根據說明，尼可拉耶夫的身分經查明無誤，他也出示了黨員證及用於斯莫爾尼宮的舊工作證。據此，尼可拉耶夫企圖接近基洛夫以請求對方提供工作機會——這件事「合情合理，無可疑之處」。[74]就算我們假設，尼可拉耶夫之所以在命案發生前曾被捕又「神奇獲釋」是因為「上頭」有交代，這個事實在一九三四年十二月大概是躲不過調查程序的。

護衛鮑里瑟夫之死在「史達林謀害」論中占有舉足輕重的地位。一九三三年下半年起，基洛夫的護衛編制不斷擴大，最終來到十五人的規模。每名護衛皆有其作用。鮑里瑟夫的職責就是在斯莫爾尼宮入口迎接基洛夫，護送他到個人辦公室，在基洛夫辦公時待在會客室等候，最後再從辦公室護送基洛夫到斯莫爾尼宮出口。除了鮑里瑟夫，負責基洛夫在斯莫爾尼宮三樓人身安全的還有一位內務部幹員——巡邏偵察員杜雷伊科。[75]命案發生時，他正沿著小走廊走向基洛夫。我們可以肯定地說，基洛夫被殺，杜雷伊科和鮑里瑟夫的罪責一樣大，但「史達林謀害」論的支持者對杜雷伊科卻興趣缺缺。他們忽略一個顯而易見的問題：假設陰謀參與者「擺平」了鮑里瑟夫，那留下杜雷伊科這個活口的用意是什麼？

鮑里瑟夫未能跟上基洛夫腳步，導致尼可拉耶夫成功行刺——這個看似「饒富深意」的姍姍來遲，其實並非別有用心。我們只要仔細檢視相關事證就能明白這一點。請讀者想像一位當年五十三歲、從基洛夫於一九二六年被調任列寧格勒時就跟在他身邊的護衛。他日夜跟在主子身邊，而且這位主子還不容易照顧。許多證據顯示，基洛夫不喜歡安全人員「跟太緊」，有時甚至會從保鑣身邊「逃走」。鮑里瑟夫當然清楚這些細節，也盡力不讓老闆不開心。一九三四年十二月一日，在斯莫爾尼宮的廊道上，他一如往常，避免「跟太緊」。除此之外，基洛夫當天還在廊道上停留數次，和不同人短暫交談。基洛夫與他人說話時，鮑里瑟夫當然更不想接近他了。以上都是尋常不過的現象。

十二月二日，莫斯科調查團決定訊問鮑里瑟夫。他被緊急送往斯莫爾尼宮，兩位內務部幹員跟著他。所有公務客車都被徵用了（這也沒什麼好奇怪，畢竟從莫斯科來了一大群「空降部隊」），鮑里瑟夫只好坐貨車前往訊問地點。沒想到，貨車是壞的，還失控撞上一棟建築物。鮑里瑟夫正好坐在撞上牆壁的那一邊，頭部被建築物牆面重創。他昏迷，最後死在醫院。不同時期的調查和鑑定資料為我們重建了以上情景。[76]這個情景的說服力夠，但「陰謀論」

的擁護者仍堅持，車禍並非意外，鮑里瑟夫是「被死亡」的。但這樣的說法有個疑點：為何非得在史達林訊問前殺鮑里瑟夫不可？「陰謀團體」在怕什麼？

總而言之，「史達林蓄意謀害基洛夫」的說法可謂標準的「陰謀論」思維。「陰謀論」思維傾向將相關人士事後獲取的好處詮釋為他們犯罪的證據。陰謀論者否定「偶然性」；其預設立場為「事出必有因」，「無理」中必有「合理」之處。事實上，一九三四年恐攻事件的發生情境牽涉太多偶然因素了。無論如何，「史達林謀害」論並不值得後世如此關注。就算我們認定史達林是命案主謀好了，這對理解史達林時期的歷史及史達林本人並無助益。說穿了，和這位蘇聯獨裁者的其他罪行相較，基洛夫命案實在稱不上重大。

半個恐怖統治

根據史達林的親戚瑪麗亞·斯望尼澤的證言，基洛夫的死重重打擊了蘇聯最高領導人：「他整個人似乎縮小了，臉色發白，眼中藏著痛苦。」史達林還告訴自己的妻舅帕維爾·阿利路耶夫：「我變成孤兒了。」[77]這些證言以及史達林的悲痛本身皆屬可信。歷史上有太多類似的例子了——對數百萬人死亡無感的殘酷暴君，在親朋好友眼中卻是個多愁善感、展現愛與溫暖之人。基洛夫之死激發了史達林不同的兩面——強硬和柔軟。就強硬的一面來說，史達林毫不客氣地利用朋友之死啟動新一波恐怖迫害。「基洛夫風暴」不僅波及昔日黨內反對派，另外還有數千名列寧格勒居民被送往勞改營、被流放。這些居民是「舊時代代表」，包括帝俄貴族、官僚、軍官、神職人員等。越來越多人因政治罪名被捕，「清黨」行動也漸入高潮。

有很長一段時間，許多研究者認為，這波以列寧格勒為主場景的迫害行動開啟了一九三〇年代下半的「大恐怖」。但這樣的看法經不起嚴格的史實檢驗。一九三五到一九三六年間，「恐怖」與「溫和」路線是同時並行的，我們或許可稱之為「半個恐怖統治」。當時有兩個重要趨勢顯示，一九三五到一九三六年間，還稱不上「大」恐怖。一方面，內務部下轄單位在這個時期執行的逮捕和槍決數較一九三〇年代初要少得多。另一方面，在迫害發生的同時，又有建立在「社會和解」原則上的「社會團結」政策，其表現方式為逐步消除「正確的」與「不正確的」公民之間，難以跨越的政治與社會鴻溝。[15]

一九三五年一月三十一日，在「基洛夫迫害風暴」高峰期，政治局在史達林提議下做成重大決定——重新制訂蘇聯憲法。[78]其中最重要的變革是擴大選舉權，賦予眾多過去被視為「異己分子」的群體政治權力。根據提案，蘇聯將實行直接選舉，而非多層選舉制；投票也

15 編註：關於一九三五到一九三六年間恐怖統治的描述，英文版無，此處為參考俄文版翻譯。

會是祕密的，而非施行已久的公開投票制。一言以蔽之，政策方向是憲法「正常化」、「布爾喬亞化」，捨棄過去多有限制的「革命式」憲法。史達林在政治局決議文草案的附隨文件中，對同志做了如下說明：

> 我認為，蘇聯憲法的問題比表面上看來複雜多了。首先，在改變選舉制度方面，我們不能只消除多層投票制，還要把公開投票改成祕密投票。我們可以也必須貫徹始終，不可半途而廢。目前的國內狀況和勢力分配對我們是有利的；在政治上，我們只會是贏家。另外，這樣的改革符合世界革命運動的利益，因為類似的改革一定會成為打擊國際法西斯主義的超強武器（…）。[79]

我們可以看到，甚至在基洛夫被刺後，史達林仍試圖在國內和國際事務上盡其所能地利用「溫和」路線的優勢。或許，對史達林來說，國際因素還是比國內因素要緊。由於來自法西斯國家的威脅越來越大，蘇聯逐步走向與西方民主國家結盟的策略，以對抗德國與日本。一九三五年五月，蘇聯和法國及捷克斯洛伐克簽訂互助條約。同年夏天，共產國際第七次代表大會一改先前與所謂的「右傾」陣營水火不容的立場，號召建立共同抵禦法西斯主義的人民陣線（popular front）。史達林體認到，在新的國際局勢下，有必要建立蘇維埃社會主義共和國聯盟的良好形象，對外將之塑造為蓬勃發展、崇尚民主價值的「社會主義祖國」。與此同時，史達林也盤算，如此一來西歐國家有可能「左傾」，蘇聯支持者的陣容也將擴大。

讓「異己分子」重獲選舉權——這是蘇聯內部「社會和解」政策的基礎。史達林大概是這樣盤算的。除了為數龐大、「貨真價實」的敵人，蘇聯國內還有許多被激烈階級鬥爭「流彈」打到的人，當局必須收編這些人，尤其是年輕人。若繼續走「出身歧視」的老路，當局有可能只是不斷「再生產」潛在敵人——敵人生敵人，代代相傳。一九三五年十二月初，在某個聯合收割機手會議上，史達林演了一齣政治小戲，這齣戲可謂「和解」政策的重要信號之一。當來自巴什基里亞[16]集體農場的成員提爾巴在講台上宣誓：「雖然我是富農的兒子，但我會老老實實地為工農階級、為建設社會主義奮鬥。」史達林撂下這麼一句傳世名言作為回應：「子不承父罪。」[80]話是這麼說，但實際上，子承父罪、父連子罪仍是常有的事。不過，在「半個恐怖統治」時期，情況確實有些鬆動。除了承諾給予平等選舉權，當局還就部分「異己分子」推出「溫和」措施。舉例而言，大約有數十萬非政治犯自監禁地獲釋，或獲得平反。

社會穩定是維持和促進經濟正向發展的重要條件。一直要到一九三三年年末到一九三四

16 譯註：巴什基里亞（Башкирия, Bashkir）為巴什基爾（突厥民族）人居住的傳統領域，主要範圍涵蓋今日俄羅斯聯邦內的巴什克爾托斯坦共和國。

年，蘇聯的經濟狀況才好轉。史達林從過去的悲慘經驗學到教訓：實施迫害是要付出經濟成本的。一九三五年，蘇聯政府對農民做出自集體化政策推行以來的最大讓步：農民從事私人農業副業的權利不但正式獲法律保障，更被有限度地擴充。這有效改善了國內的供糧狀況。一九三五到一九三六年，工業領域也出現了類似的鬆綁措施。一九三五年十一月，史達林喊出了又一個流芳百世的口號：「生活變得更好了，生活變得更歡樂了！」同樣也是在一九三五年，配給制取消，某些限制薪資成長的機制也被廢除了。物質誘因有效提升了勞動生產力。整體而言，蘇聯經濟在這幾年的發展不錯。

照理說，社會、經濟領域的成就應該有助史達林持續「溫和」下去。然而，事實正好相反。恐怖統治機器逐步重新啟動，且益發隆隆作響，對黨內的影響尤鉅。至今，研究者仍無法解釋，史達林為何在社會相對穩定、經濟相對蓬勃發展的時期選擇「恐怖轉彎」。史達林果真相信有恐怖分子謀反，擔心自己的性命不保嗎？大量歷史文件告訴我們，答案應該是否定的。縱使史達林強烈要求，內務部仍無法找到有力證據，證明昔日的黨內反對派確實建立了地下恐怖組織。相關指控只是空穴來風，史達林對此心知肚明。無論如何，他的私人生活一如往常，不像是個心懷恐懼之人。他的工作行程沒變，照樣到南部度假，而且還不忘安排時間「走入群眾」、「與人民同在」。

一九三五年四月二十二日晚，史達林的一些親戚和同志們在他的克里姆林住所聚會。史達林的小孩也在場。他女兒思薇特蘭娜要求試乘不久前才開通的莫斯科地鐵。史達林當時的心情不錯，提議來一場地鐵遊覽。由於這不是事先安排好的行程，史達林和他的親友自然會在地鐵站內與其他乘客人擠人。某位參加地鐵之旅的親戚在日記中詳述當天行程：「(…)引起一陣難以想像的騷動，群眾一擁而上和領導人們打招呼，高呼『萬歲！』，還跟在我們後面跑。我們被人群衝散了，我差點沒在一根柱子旁窒息而死(…)還好，警方和警衛及時出動。」史達林的十四歲兒子瓦希里「比所有人都緊張」。不過，史達林自己可是「挺快活的，向一個不知打哪兒來的工程領導問東問西(…)」。到了下一個地鐵站，史達林又走出車廂，來到月台上。他的幾個親戚和女兒思薇特蘭娜卻留在車廂內，因為「被群眾的熱情嚇壞了。瘋狂的群眾在某個地鐵站還推倒了離領導人不遠的鑄鐵燈座(…)」。地鐵之旅結束後，史達林動身前往別墅。他的兒子瓦希里因為在人海中驚嚇過度，一回到家就「倒在床上，歇斯底里地嚎啕大哭」。史達林的親戚們則喝了鎮靜劑。[81]

既然史達林不怕這樣維安困難的行程，他大概不擔心會遇上恐怖攻擊吧。一九三四年年底開始的新一波迫害行動其實是史達林深思熟慮的結果。為解決獨裁政權的根本問題——也就是鞏固獨裁者權力——基洛夫之死幾乎是完美的藉口。當然，有些人會提出異議，指出在一九三四年年底前，史達林就已經是個獨裁者，不需要擔心自己的權力穩固性。不過，獨裁體制的支持基礎其實並不穩定，因此需要不斷壓制潛在威脅。對當時的史達林而言，主要的威脅有兩個；乍看之下，它們彼此沒什麼關聯。這裡指的是政治局「集體領導」的「餘毒」和昔日黨內反對派的「餘孽」。事實上，兩者都是「布爾什維克傳統」的一部分，卻是懸在史達林頭上、隨時有可能落下中傷他的兩把劍——它們提醒他，獨裁者不是不可替代的。史達林政治局的同志在政治或行政領域仍保有相當程度的自主性。他們主掌大型國家機關，有自己的黨國官僚「人脈」。以「集體領導」與「內部民主」為「經」、單位及派系利益為「緯」交疊發展出的人際網絡，是史達林獨裁之路上的最後一道障礙。

在一九三七年年初的某場演說中，史達林把領導幹部分成兩大類。第一類是「黨將帥群」（約三千到四千高階領導人），另一類則是「黨軍官群」（約三萬到四萬中階領導人）。[82]至一九三〇年代中期為止，屬於這兩大類的重要職位主要被老一輩的黨菁英占據。史達林有理由不信任這些「大老」。無論他們的公開發言內容為何，無論他們如何熱烈展現自己的一片赤誠，史達林知道，這些老黨員還記得一九三〇年代「總路線」的各種慘烈挫敗。這些「大老」也記得，史達林的政治生涯差點就要被列寧遺言斷送。而史達林之所以能保住一線地位，還得歸功於後來被他鬥倒的季諾維耶夫和卡緬涅夫。當然，老布爾什維克們也沒忘，一九二〇年代末，要不是有黨中央委員會支持，史達林是無法戰勝布哈林－雷科夫陣營的。不久以前，黨高階幹部們還有足夠理由認定，史達林是與他們平起平坐的同志，不過是當中的「頭號人物」罷了。然而，縱使關係相對平等的年代已快速成為「只能回味」的歷史風景，史達林對這些記憶力太好的「大老」們仍一直充滿戒心。

當然，共事久了，老黨員之間自然發展出錯綜綿密的人際網路。史達林不忘偶爾來個「洗牌」。不過，徹底斬斷既有連結、打破各級領導人的忠誠團體，並非易事。工作上有調動時，這些領導人也會把「自己人」帶著走。黨內因此形成數個小圈圈，其成員既「效忠」獨裁者，在政治局或其他領導機關又有自己的「老闆」、「保護人」。這些團體基本上各擁山頭，卻沒有強大的政治實力，無力抗衡史達林，最多只能在小圈子內發不平之鳴。不過，一如其他獨裁者，史達林總會以最壞的狀況作為思考基準。他總是懷疑，一旦國內或國際情勢惡化，就會有人密謀策反或背後捅他一刀。鞏固專制獨裁的有效手法之一是「換血」——提拔完全效忠最高領導人的年輕一輩黨員、擺脫老一輩菁英。讀者接下來會看到，戰爭威脅如何激化史達林的危機感，讓他有預防不測的焦慮。「敗者死，勝者安」——在某本個人藏書中，史達林特別給這句號稱出自成吉思汗之口的話畫重點。[83]

確實，「戰敗者」——也就是備受屈辱、「深自懺悔」的昔日反對派——是「大老」群中最容易被擊破的環節。雖然這些反對派不時被輕賤、被特務監控，在黨內，他們並非萬眾之敵。許多反對派在黨國機關占有要職，是經濟部門或大型生產單位的領導人。對許多老布爾什維克來說，這些反對派不但是同志，更是在布爾什維克奪權的「英雄年代」中扮演要角的戰友。然而，基洛夫命案及史達林授意捏造的季諾維耶夫和卡緬涅夫恐攻版本大大扭轉了局面。昔日反對派從「離經叛道者」變成「敵人」、「恐怖分子」。

這樣的轉變不僅觸及反對派本身。畢竟，很難找到和反對派完全沒關係的黨大老。多數將帥曾在托洛茨基麾下工作。托洛茨基建立了紅軍，也領導紅軍多年。此外，許多在史達林時期「飛黃騰達」的黨幹部也曾因「少不更事」犯錯。舉例而言，一九二〇年代，不少人因為沒搞清楚哪方占贏面，或純粹受情感驅動，選擇支持反對派。另一些人則是從地下組織時期、革命年代就與反對派成員有私交，更在內戰期間與其並肩作戰。其他人則是在一九三〇年代，當反對派已「深切悔過」時，和他們合作。總而言之，史達林藉著打擊昔日反對派及其「友人」，啟動貨真價實的「人事革命」，一方面可對付潛在政敵，另一方面可藉機「清理」黨國機器，連自己在政治局最親近的同志也不放過。

一九三五到一九三七年年初，當昔日反對派遭拘捕、整肅時，黨國高層內部也發生了人事調整。基洛夫死後，史達林強化了黨領導層內幾位「青年才俊」的地位，包括葉若夫、日丹諾夫和赫魯雪夫。葉若夫的人事案別具意義。史達林把領導人事「淨化」的重責大任交給他。葉若夫透過捏造「基洛夫案」習得了寶貴經驗；現在，史達林又給了他新任務。一九三五年年初，一群在克里姆林內服務的公務人員被捕，包括清潔人員、圖書館人員、駐衛隊人員等。他們被控策畫以史達林為目標的恐怖攻擊。由於被捕人員中有卡緬涅夫的親戚，卡緬涅夫因此被控為主謀。[84]史達林更指控老友恩努齊澤是主要幫兇。[85]恩努齊澤當時主管克里姆林庶務和蘇聯高階領導人的物資供給。有強力證據顯示，史達林特別關注「克里姆林案」。他定期取得並詳閱訊問筆錄，在上頭做批註，也向內務部下指令。[86]恩努齊澤雖然不是政治局委員，卻是「集體領導」體系的要角，因為他和許多高階領導人走得很近，包括史達林。可以說，恩努齊澤不過是「試金石」，史達林藉由「打磨」他，測試「集體領導」圈還有多少「含金量」。這是史達林對自己親近圈的首發重擊，而結果堪稱滿意。政治局委員並未頑強抵抗，決定選擇「犧牲」恩努齊澤。恩努齊澤遭革職、逮捕、槍斃。當然，我們還是得為史達林說句公道話：此時的他尚未「大刀闊斧」，在人事調動上仍願意投注時間成本。不過，在「克里姆林案」後，他的動作加快、加大了。「小恐怖」穩定轉型為「大恐怖」。

諸多史實顯示，一九三六到一九三七年間，史達林認定，黨和國家必須被大規模、嚴酷地「清洗」一番。所謂的「清洗」不只是隔離，而是徹底的肉體消滅。第一個重要時間點是一九三六年八月，事件是針對昔日反對派領袖的「第一次莫斯科公開大審」。被告卡緬涅夫、季諾維耶夫和其他黨內知名人士在被刑求了很長一段時間後，遭判為「恐怖分子」和「間諜」，最後被槍斃。這場公開審判掀起了新一波「獵巫」狂潮。沒多久，史達林任命葉若夫為內務部長。在史達林督導下，葉若夫著手準備新的審判程序，也加強了黨國機器的「淨化」工作。一九三七年一月，發生「第二次莫斯科公開大審」，這次針對的是在經濟部門擔任領導職的昔日反對派成員。他們遭控為「顛覆破壞分子」、「間諜」。史達林的昔日戰友也被控

「通敵」，雖然「敵人」是虛構的。被鬥爭的老同志大多認命，只有歐爾忠尼齊澤持續給同仁提供保護，盡力不讓他們被捕。歐爾忠尼齊澤和史達林因此鬧得不愉快，結果歐爾忠尼齊澤自殺了。[87]連歐爾忠尼齊澤這樣的大老都絕望自殺，顯見政治局委員無能對抗有懲治機器撐腰的史達林。昔日戰友就此分崩離析，各機關的中階幹部亦然。每個人但求自保，莫管他家瓦上霜。

一九三七年二月底到三月初，因拘捕行動而人數明顯減少的蘇聯各級幹部迎來了又一次的黨中央委員會全體會議。會議上，史達林下令，繼續施行迫害政策；中央委員會則根據葉若夫的報告做成決議，立案調查昔日黨內「右派」領導人布哈林和雷科夫。至於第三位「右派頭人」托姆斯基，則早在一九三六年八月自殺身亡。一九三八年三月，布哈林和雷科夫在「第三次莫斯科公開大審」上遭判槍決。一如以往，莫斯科的懲治行動是足以造成「漣漪效應」的重大政治訊號，蘇聯境內其他地方也有大量逮捕和審判發生。

撼動整個黨國機器的恐怖迫害對「槍桿子部門」——內務部和軍隊——的打擊尤深。疑心重的史達林對這兩個單位特別有戒心。葉若夫在當了內務部長後，順理成章地消滅了自己的前任亞果達及其許多同僚。一九三七年六月，在一陣刑求虐待後，一群以國防部副部長圖哈切夫斯基為首的高階軍官被判槍決。他們的罪名是建立「反蘇托洛茨基主義軍事組織」。[88]這個組織是被捏造出來的。不過，「圖哈切夫斯基案」不過是冰山一角。整個軍隊都被逮捕

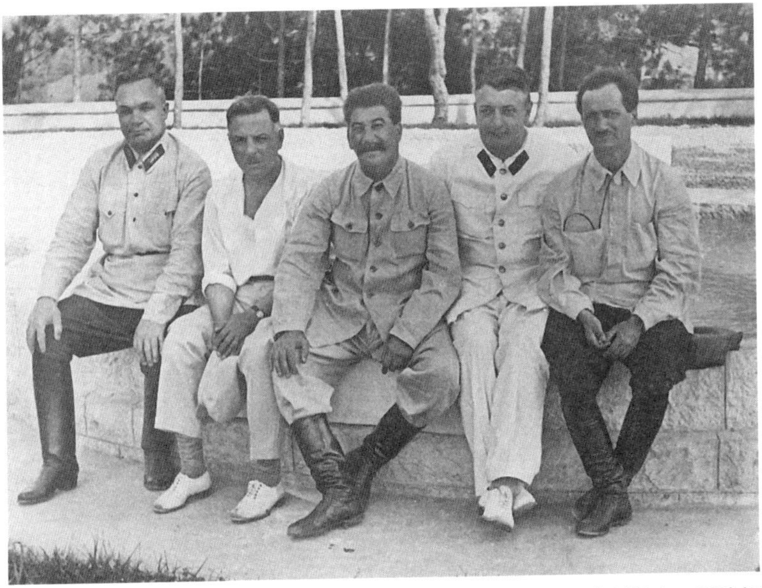

在南方度假的史達林與客人，1933年。由左至右：紅軍參謀長葉果勒夫、國防部長弗羅希洛夫、史達林、軍事長官圖哈切夫斯基、阿布哈茲領導人拉科巴（Nestor Lakoba）。拉科巴將於三年後（1936年）去世，死因不明，且將被宣告為「人民公敵」。圖哈切夫斯基將於1937年遭槍決，隔年則換到葉果勒夫。
來源：俄羅斯國立政治社會史檔案館。

行動搞得天翻地覆。長期以來，針對這波以軍人為目標的迫害行動，各方曾提出不同假設，以說明其發生原因和過程。近年根據特務機關檔案所做的研究顯示，一如其他類似的迫害行動，羅織罪名、編造罪證的工作雖由內務部執行，卻是在史達林直接督導下完成的。所有控訴都缺乏堅實的事實基礎。[89]

有很長一段時間，政治迫害幾乎僅限於黨國機器，「老百姓」被波及的程度有限。若政治恐怖僅限於黨國幹部，我們或許可以說，史達林的主要目標是進行「人事革命」，摧毀舊菁英勢力、提拔完全忠於最高領導人的年輕人。不可否認，這確實是史達林的動機之一。然而，一九三七年下半，恐怖統治已殃及廣大的蘇聯群眾，研究者因此有充分理由稱其為「大恐怖」。就規模及受害者總人數而言，擴及平民的迫害行動遠勝針對黨公職人員的。史達林鞏固了自己在黨國體系的權力後，接下來，他要全國「大清洗」，以防「第五縱隊」滲透。大戰威脅強化了他的偏執狂。為此付出代價的，是數十萬的無辜民眾。

戰友們

Соратники и другие

Trepidation in the Inner Circle

一九五三年三月二日夜。近郊別墅。

四人組首訪。

護衛拿了郵件後，便前往尋找史達林。他走過數個房間，在小飯廳找到一國之首。領袖此時的處境只能用無助和難堪來形容：他躺在地上，而且「尿溼了」。[1]之所以必須強調「尿溼」這個細節並不是為了製造廉價的戲劇效果，而是因為它與接下來發生的事情有關。史達林已無法言語。護衛覺得，領導人似乎虛弱地揮了揮手，示意他靠近。他找了同伴過來，接著他們一起把史達林放到沙發上。把領導人安頓好後，他們即刻打了電話給直屬上級——國家安全部部長伊格納切夫。根據護衛們事後的回憶，伊格納切夫拒絕做任何決定，只把屬下的問題轉交給更高層級的貝利亞和馬林科夫處理。

伊格納切夫當下的行為合情合理，不令人意外。國家安全部部長和那些幾個小時前還不敢動身去找史達林的護衛有類似的思考模式。替史達林傳喚醫生這件事十分敏感，伊格納切夫不敢擔這個責任。他兩年前才高升部長一職，在此之前，他是黨中央委員會內某部門的主管。部長的位子並不好坐，伊格納切夫大概已不只一次在心裡詛咒史達林欽點他當部長的那一天。史達林不但要求他加強尋找「敵人」，還用嚴刑峻法威脅他。伊格納切夫如驚弓之鳥，惶惶不可終日。一旦對他的心境有這層了解，我們就不會太驚訝，為何得知史達林的健康受重創時，伊格納切夫整個人竟龜縮起來，無法做出任何決定。既然直屬長官發揮不了作用，護衛轉而找馬林科夫解決問題。馬林科夫將相關訊息轉達給領導圈「五人組」的其他成員——貝利亞、赫魯雪夫和布爾加寧。馬林科夫這個行為邏輯上很合理。他不清楚史達林目前的實際狀況為何，不想單獨一人前往史達林的近郊別墅，更不想獨自一人做出傳喚醫師的決定。所有決定都必須是集體做的，尤其是針對高風險的問題。馬林科夫、貝利亞、赫魯雪夫和布爾加寧決定在史達林那兒集合，以便做現場評估，而且可因此共同承擔責任、互相保護。

根據赫魯雪夫的回憶及護衛的證詞，史達林的戰友們深夜來到別墅後的行事極為謹慎。他們不想惹史達林生氣——說不定他只是「微恙」，還沒病倒。根據赫魯雪夫的說法，趕到別墅的四人決定暫且不找史達林，先聽聽護衛們的說法。聽了護衛的敘述後，四人更加為難了。史達林的情況到底有多糟？他們不清楚。但他們知道，史達林不會想讓其他人看到自己難堪的一面。說不定，疾病不過是暫時的？這四位與史達林相對親近的同志太了解他了。他們知道，史達林一旦復原，不可能會對曾見證他如此無助、失去尊嚴的人有好感。無論如何，一如赫魯雪夫所寫，當趕抵近郊別墅的四人從護衛處得知，史達林「似乎睡著了，我們認為，此時出現在他面前、留下我們在場的紀錄，不太方便，畢竟他的狀態是這麼不體面。我們於是各自打道回府。」[2]赫魯雪夫的說明似乎不無道理。

然而，根據護衛的回憶，赫魯雪夫並未全盤托出實情。在動身離開前，「四人組」派了馬林科夫和貝利亞去查看史達林的房間，親自評估現場狀況。這個決定毫無爭議。四個人一起行動會造成不必要的驚擾，某個人單獨行動則意謂此人需承擔非常大的風險。赫魯雪夫和布爾加寧留在護衛那兒等候，馬林科夫和貝利亞躡手躡腳、潛步接近史達林的房間。他們顯然不敢吵醒史達林。護衛記住了某個饒富意義的細節：馬林科夫的鞋底（鞋子大概是新的）會吱吱作響，因此他把鞋脫了，挾在腋下。馬林科夫和貝利亞來到史達林所在位置附近，聽到了他的打呼聲。貝利亞狠狠罵了護衛們一頓，要他們別無事亂起浪，史達林正睡著。護衛們只好辯解，數小時前的情況要比現在糟得多。[3]趕到別墅的四人未多加理會護衛，就驅車回莫斯科了。

某些歷史學者和評論家認為，「四人組」之所以匆匆離去是因為他們謀害了史達林。支持這類說法的人聲稱，史達林之所以死亡，是因為同志們刻意不提供醫療救助。至少從奧福托爾漢諾夫的名作問世以來，已有數十年的時間，各界流傳貝利亞刻意毒死史達林的說法。[4]這個說法在當代俄羅斯善於煽動人心的政論者間特別受到歡迎，但缺乏堅實證據支持。歷史事實呈現給我們的卻是有邏輯的圖像，而且容不下任何「陰謀論」。史達林年事已高，又不健康。根據解剖醫師的回憶，史達林的死因是中風，而這中風是長年宿疾所致。[5]無論醫師何時趕到現場，史達林都免不了一死。當然，他的戰友們當下對此是否知情，又是另一個問題了。他們當時確實不清楚發生了什麼事，也不了解醫療行為早一點或晚一點介入，到底有何差別。當然，我們不能排除「四人組」或許心存惡意。許多蘇聯領導人在內心深處大概都不希望作賤他們的史達林長命百歲。與此同時，我們不該忘記，事情發生的原因可能比我們想像得簡單。史達林的戰友們確實害怕接近他，他們也不習於表現主動性。在史達林即將撒手人寰的那幾個三月天，所有人——四人組成員，以及他的護衛們——的行動都合情合理。疑心病重、捉摸不定的史達林自己把他們調教成戒慎恐懼、瞻前顧後、傾向推卸責任的類型。

有好幾年的時間，就連史達林最親近、有多年共事經驗的同志和朋友都不免得提心吊膽地過日子。全面壓制、對最高領導人絕對服從，是獨裁統治下的重要生存基礎。從消滅昔日反對派領袖開始，史達林在一九三七到一九三八年間槍斃了許多政治局委員。也是在這個時期，某些僥倖逃過一劫的同志被迫看著自己的親人死亡或受到監禁，例如卡岡諾維奇的哥哥自殺身亡，卡里寧的太太則是被送入了勞改營。[6]就連在第二次世界大戰結束後，史達林仍繼續壓制潛在的「寡頭」，幾位受史達林提拔的年輕新秀就因「列寧格勒案」被處決，包括沃茲涅先斯基和庫茲涅措夫。[7]也是在戰後年月，莫洛托夫的妻子被捕。在死前幾個月，史達林槓上了莫洛托夫和米科揚，將他們排除在權力圈之外。要不是史達林「先走一步」，蘇聯領導高層勢必得面對新一波人事「清洗」。

可以說，所有蘇聯高階領導人都曾在不同時間點經歷「受屈辱、懺悔，最後向領袖輸誠表忠」的儀式。史達林可以反覆地冷落又拉攏他的同志，放肆地痛罵他們，或在報章雜誌和各式集會上公開就政治問題「拷問」他們。史達林有時會暴怒。外貿部長緬什科夫就在某次會議上讓史達林大動肝火，理由十分瑣碎：他不過是沒聽清楚史達林提的問題罷了。結果，根據緬什科夫的回憶，史達林「怒氣沖沖地看了我一眼，接著用全身的力量把他手上那枝很粗的鉛筆沿著桌子朝我丟過來。一瞬間，大家都安靜不動，等著看接下來會發生什麼事」。[8]史達林死後，國家安全部長伊格納切夫也忍不住抱怨前領袖時常不留情面地罵人：「史達林同志用我從沒聽過的粗魯方式、極其難聽的字眼狠狠地罵了我一頓，還說我是白癡。」[9]作家西蒙諾夫[1]曾出席一九五二年十月的中央委員會全體會議，他對史達林憤恨、「幾

1　譯註：西蒙諾夫（Константин (Кирилл) Михайлович Симонов, K.M. Simonov, 1915–1979），著名蘇聯作家，曾擔任戰地記者，與官方關係良好，支持當局批判各類「異議作家」。

近兇猛」、「失控」的語氣十分驚訝。當時，史達林正在「揭發」莫洛托夫和米科揚的罪行。[10]在他生命的最後幾年，史達林因病情惡化，益發易怒和捉摸不定。這裡指的是他的動脈粥狀硬化症。

蘇聯高階領導人及屬於史達林核心圈的官員可謂住在鍍金的籠子裡。雖然他們有權決定部下的生死，但在史達林面前，他們是沒有權力的人。他們享有專屬衛隊、交通工具（轎車、火車、船）、書信傳遞服務、專用電話通訊，度假別墅和住家有專人維護、提供物資，但所有這些特權都在國安單位的控制中，而國安單位則被史達林牢牢抓在手裡。如此缺乏隱私的生活讓史達林的同志們無法培養彼此間非正式、公務以外的連結——而這正是獨裁者史達林要的，他要對所有事「瞭若指掌」。他甚至覺得自己永遠都控制得不夠——他不時要求特務監聽政治局委員。[11]

雖然史達林極力擺脫黨的「集體領導」傳統，但在其獨裁統治中，「寡頭共治」的元素卻不斷再生，威脅他的個人專權。確實，某些「大老」就算在政治上已無法呼風喚雨，卻仍保有一定的行政自主性。他們是大型政府機關的主管，可以自行就許多政務做決策。對史達林來說更糟糕的是，當他因為健康問題不得不減少涉入各項日常治理事務，「集體領導」和「寡頭共治」逐漸坐大。史達林很清楚這個現象對自己的威脅。作家西蒙諾夫記錄了某位證人描述史達林如何評論自己的黨同志，其「史氏點評」可謂極具代表性：

> （…）如果他們意見不合，他們會先努力化解這個不合，然後再把商量好的版本呈給我。他們了解我無法知道所有事，他們要的只是我蓋章。我的確無法知道所有事。我會注意到有不同意見、有反對聲音；我會分析，為何有這樣的情形，問題的根源在哪裡。他們卻把問題藏起來，不讓我知道。他們投票表決完就裝沒事，我只要蓋章就好。他們想把我變成印章。[12]

為破壞如上所述的互相包庇機制，史達林想出了一個姑且可稱為「無規則介入法」。獨裁者的屬下永遠不知道，他會在哪個時間點、對哪個問題有興趣，也無法預測他對特定決策會有什麼反應。如此一來，整個黨國機器和獨裁者個人的親近圈被迫隨時處於緊繃狀態。「無規則介入法」彌補了史達林無法百分之百監控（基本上也不可能）所有人事物的缺憾——無規則的選擇性出擊可達到近似恆常監控的效果。此外，史達林更多管齊下，建立了情資蒐集的多元管道。事實上，龐雜的蘇聯政府機關和黨組織、檢察和國安單位皆彼此監控。為了向史達林展現自己的高度警覺性和高工作效率，黨國人員不時彼此告發，積極揭發他人的不是。

蘇聯高階官員表面看來風光，實則和無權的「小老百姓」一樣，必須承受迫害、嚴刑峻法的壓力，忍受史達林的「任性」和怒火。史達林的戰友們長期處於高壓狀態。某位資深的蘇聯外交官曾如此回憶外交部長維辛斯基——他是史達林最忠心耿耿、職涯發展最成功的戰友之一：

> 維辛斯基非常怕史達林。他每個星期四都會向史達林做報告，而且光是想到要和史達林碰面，他好幾天前就會心情不佳。離星期四越近，他就越憂鬱和暴躁（……）每到星期五，當這一切終於結束時，他會讓自己放鬆個兩天。有經驗的人都知道，若要向部長報告比較棘手的事情，或因私人問題有求於他，最好在這兩天行動。[13]

史達林是個手下不留情的「老闆」。他要求屬下極力奉獻自我，偏好軍事化管理，所有人都必須為求「使命必達」不計任何代價，無論客觀條件為何。對逮捕的恐懼、生理心理超負荷——戰友的這些問題因史達林習慣過「夜生活」而更形嚴重。為了配合史達林，黨國機器夜間無法休息，白天還得和其他人一樣上班。並非所有人都有像莫洛托夫和卡岡諾維奇一樣強的適應力，在接受史達林「鍛鍊」後，還能身體勇健，甚至長壽——他們倆都只差一點就能活到百歲。黨中央委員會某份一九四七年的文件透露：「針對黨和政府領導幹部所做的健康狀況分析顯示，某些相對年輕的人竟有嚴重的心臟、血管和神經系統的疾病，且工作能力因此顯著衰退。其中一個病因是日夜工作緊繃，有時連節日也得如此工作。」[14]然而，只要史達林還活著一天，這樣的日子就不會改變。不過，他逝世後沒多久，蘇聯政府和黨機關就被禁止晚上工作，工作時間也正常化了。[15]史達林是操控官員的關鍵人物。發起、主導迫害的是他，做主要人事調整的也是他。藉由不斷人事「洗牌」，史達林企圖避免黨國機關中出現因缺乏流動而滋生的腐敗及因襲習氣。一如其他獨裁者，史達林透過各種方式讓臣民及手下對他心懷畏懼、崇拜景仰，甚至有本能反應般的忠誠順服。舉例而言，莫洛托夫自己身為鐵桿派的史達林主義者，竟還稱卡岡諾維奇是「百分之兩百的史達林主義者」。[16]「培養」這種人就是獨裁者的任務之一。

一九三〇年代的「大清洗」有助蘇聯官僚系統（包括高層）的「史達林化」。幾個月內，「大清洗」摧毀了老一輩的黨骨幹，取而代之的是一群沒有顯赫政治血統的受提拔者。那些靠著革命功勳在體制內掙得一席之地的官員被迫讓位給缺乏實戰經驗的年輕人。在「大恐怖」結束後，一九四〇年，百分之五十七的州黨委書記及各蘇聯共和國的黨中央委員會書記都未滿三十五歲。[17]許多史達林安插的部長、將軍、重要企業的經理和文藝創作協會的領導人，年齡都落在三十到四十歲之間。

這些年輕人的權力是由史達林親自授予的，他們因此「自成一格」，化身為小一號的獨裁者。雖然相對於史達林，他們堪稱「輕量級」，卻足以影響數百萬人的命運。他們掌握許多資源的分配權，也能影響大型企業的運作。他們形成一個特殊的階層，有自己的遊戲規則，也享有特權。這個階層不知饑餓、物資缺乏、住房危機[2]、落後醫療為何物。他們有寬敞的住家和度假別墅，有守衛保護，還有公務車代步，無須在大眾交通工具上人擠人。他們自己和他們的親朋好友都不用排隊好幾個小時，只為在幾乎空無一物的商店中搶到一點什麼。這個特權階級的薪資和免課稅的額外津貼（所謂的「信封袋」）是一般民眾區區薪水的數十倍。官方作家的稿酬一年可達數十萬、甚至百萬盧布，是蘇聯農民收入的數千倍。[18]身為「無所不能」黨國集團的一分子、人上人——自我感覺良好讓許多年輕人昏了頭。他們或許真誠正直，但缺乏同理心、反思和理解「他者」的能力。

然而，進入黨國菁英世界的鑰匙被史達林牢牢握在手中，一切皆取決於他的好惡和支持與否。前人被捕後經歷的駭人試煉、眼下越演越烈的恐怖迫害，都只會讓「有幸」存活的人對史達林感激涕零。史達林的年齡大約是許多受他提拔者的兩倍。新一代的黨國官員多數並不清楚黨的革命史，也不認識如今被定調為「敵人」的領導前輩。對他們來說，史達林代表至高無上的權威、唯一的革命領導人、常勝大元帥，甚至是和馬克思主義奠基者平起平坐的理論家。

史達林極力維護自己傑出導師的形象，「誨人不倦」地向同志灌輸自卑感——「你們真是一群瞎子、小貓。要是沒有我，帝國主義者準把你們一個一個掐死。」[19]漸漸地，他把任何有點重要性的提案主導權變成自己的特權，同志們只有處理執行細項的份。他的演說、談話和信件內容有越來越多教化訓喻的成分，滿是貌似「意味深長」的斧鑿痕跡和執意論述。史達林喜歡給事件賦予實際上並不存在的意涵，以凸顯自己學養豐富、對問題有深刻的理解——如此才能凸顯「薑是老的辣」。由於他的語氣足夠自以為是，閱聽者大多不容易察覺他說教的內容中純屬臆測和站不住腳的部分——就算有人發現了問題，但誰敢公開指出來呢？對多數不夠精明老練的幹部而言，史達林的言論可謂顛撲不破、幾近神聖的真理。不過，要維持領袖至高無上的權威，光有「高階論述」壟斷話語權還不夠。史達林確實博覽群書，記憶力佳，也善於運用警句格言式的筆法表達自己的想法，可謂「言簡意賅」又予人「字字珠璣」的印象。史達林通常會為公務會面做準備，因此可出其不意，適時透露自己對隱晦細節的掌握。這讓許多人印象深刻。

史達林之所以能如此「消息靈通」，主要原因之一是他善於利用為數眾多的會晤。他是個好聽眾，也懂得如何巧妙運用他所聽到的。這方面我們可參考《消息報》主編葛隆斯基對史達林的觀察，他在一九三〇年代初期和領袖見過幾次面：「他把他需要的人叫來，一副隨興的樣子開啟對話，然後不著痕跡地在過程中套話。他的記憶力驚人，足以讓他記住針對特

2 譯註：這裡指的是蘇聯長期以來存在（尤其是赫魯雪夫時期以前）的住房不足及設施落後的問題。由於住房不足，分配及建造權又掌握在國家手中，不少學者認為，住房配給是蘇聯當局控制，甚至懲罰人民的重要手段。

定問題獲取的所有資訊。之後，他會在和其他人談話時，煞有介事地高談闊論，引用他壓根兒沒讀過的書，總之就是塑造『內行人』的形象。消化、利用別人的知識，再把這些知識當作是自己的智慧結晶呈現給眾人——史達林完美掌握了這項技能。」[20][3]

顯而易見，出自史達林的每一個字、每一句話之所以有特別的份量，其主因為它們出自坐擁大權，且同時予人恐懼及「神聖狂喜」感的獨裁者。為了維持這樣的形象，史達林也給自己打磨出一套睿智仲裁者的姿態與架式。開會時，他不和眾多與會者混在一起，而是手拿菸斗獨自漫步。在與會者入迷的注視下，史達林把自己還在發展中的想法說出來，彷彿正仔細忖度每一個決定。他從不曾公開說自己是個獨特或偉大的人物，因為這點自有荒謬、歇斯底里的官方宣傳四處為他宣揚。他很清楚「謙遜」對塑造崇高的人格形象有益，因此謙稱自己不過是列寧的學生，黨和人民的公僕。對於該如何有效呈現「謙遜」，史達林想得頗為透徹。他會在人們對他熱烈鼓掌時，明顯表現出不耐、甚至困擾的樣子——縱使他每一次現身，必有熱烈掌聲相迎。他會在發言時斟酌夾帶一些帶有歉意的話和不拘小節的玩笑。度假別墅有訪客時，他還會幫其中的某些人脫外衣。一九五〇年一月，毛澤東在莫斯科舉行招待會。史達林抵達活動現場，和衣帽間工作人員打了招呼，卻拒絕被服務。他說：「謝謝。不過，這件事……應該連我也做得來。」史達林自己脫掉軍大衣、把它掛起來。[21]然而，如此表演意味濃厚的「虛懷若谷」並不妨礙史達林在必要時刻「正視自己的價值」。一九四七年，他親自編輯校訂了官方版的個人傳記，還補上了這樣的句子：「史達林卓越地執行身為黨和人民領袖所被賦予的任務，也受到全蘇聯人民的全力支持，但他從不自命不凡、妄自尊大、自我陶醉。」這本傳記的總印量是一千三百萬本。[22]

無庸置疑，史達林認為，長期把持權力的重要條件之一是讓眾人相信，他在政策上絕無犯錯可能。他幾乎從不承認失算，而且就算他承認有失算這件事，失算的也不是他。錯誤的決定和行動他歸咎於「政府」、官員，或最常用的——「敵人」。史達林拒絕為失敗負個人責任，但不排斥把他人成就歸在自己名下。一如我們在其他獨裁者身上看到的，不受約束的權力讓史達林逐漸深信，他擁有與眾不同的特質，且高瞻遠矚、見微知著。不同於有神祕主義傾向的希特勒，史達林「自己永遠是對的」錯覺主要源於他的多疑性格和恐懼感。他堅信，凡事只能靠自己，因為周遭有太多敵人和叛徒。某些時候，史達林的政治妄想症足以造成不可思議的大規模悲劇——例如我們在一九三七到一九三八年間所看到的。

3 編註：關於葛隆斯基對史達林的觀察，英文版無，此處為參考俄文版翻譯。

4

恐怖與戰爭

Террор и война

Terror and Impending War

一九三七年間，輾壓昔日反對派及黨國幹部的迫害浪潮不斷升高，並在該年八月升級至海嘯的規模。當時，不僅數萬名官員遭到迫害，還有幾十萬平民被消滅。正是在這個時間點，恐怖成了「大恐怖」；也多虧了美籍史家康奎斯特，「大恐怖」成了正式的歷史學概念。[1]

檔案開放後我們發現，「大恐怖」主要由幾個大規模的懲治行動組成，相關決議則是出自史達林控制下的政治局。其中最重要的一場行動有「反反蘇分子」之稱，其實施根據為政治局於一九三七年七月三十日批准通過的內務部第〇〇四四七號令。行動計畫如下：執行時間為一九三七年八到十二月，每個州和加盟共和國都拿到了槍決和判入勞改營人數的「業績目標」。正如糧食或金屬產製需要規畫，人也需要被有計畫地消滅，第一階段的目標就是把約二十萬人送進勞改營、槍決超過七萬五千人[1]。在此必須強調的是，第〇〇

1 編註：英文版槍決人數為七萬人，此處依俄文版數字。

四四七號令中已埋有伏筆，讓恐怖可以不斷升級——地方領導人有權向莫斯科請求提高拘捕和槍決的「配額」。所有人都心知肚明，所謂「有權」在此指的其實是「有義務」。實際情況也的確如此。地方上很快就完成了第一階段的任務，轉而向中央要求「更高的責任額」，而中央也幾乎不會讓地方失望。莫斯科的「激勵」機制讓原初的「滅敵」計畫得以「超標」達成。

「反反蘇分子」行動的第一個下手的目標是所謂昔日富農。第〇〇四四七號令稱，這些「富農」自流刑地和勞改營歸來後，仍繼續從事「反蘇維埃的顛覆活動」。由於對「富農」特別著力，某些人因此稱根據第〇〇四四七號令執行的迫害行動為「反富農」行動。但這有失精確。除了「富農」，被逮捕和槍斃的還有許多其他社會群體，包括當初反布爾什維克的政黨黨員、前白軍分子、沙皇時代的官員、刑期服滿獲釋的「人民公敵」、還在勞改營服刑的政治犯。刑事犯在這個清單中不過是「吊車尾」。

從這個「反反蘇分子」目標清單就可看出史達林真正的意圖，他努力要把真實或潛在的敵人消滅或送進勞改營。這樣的意圖在同時進行的所謂「反反蘇民族」行動中尤其明顯。「反反蘇民族」行動也是由莫斯科規畫、受內務部的特別命令規範，而這些特別命令皆經政治局批准。「反反蘇民族」行動的主要受害者是蘇聯境內的波蘭裔、德裔、羅馬尼亞裔、拉脫維亞裔、愛沙尼亞裔、芬蘭裔、希臘裔、阿富汗裔、伊朗裔、華裔、保加利亞裔和馬其頓裔居民。此外，前中東鐵路員工也被特別揪出來「處理」。這些員工在一九三五年蘇聯把鐵路賣給日本後就返鄉了。無論是前面列舉的民族或前中東鐵路員工，在史達林領導圈的眼中，他們都是潛在的間諜和通敵分子。

一系列「反反蘇分子」和「反反蘇民族」行動構成了「大恐怖」的骨幹。行動在一九三七年夏天開始，一九三八年十一月於政治局和史達林下令後結束。根據現有資料，一九三七到一九三八年間，約有一百六十萬人被捕，其中七十萬人遭槍決，[2]另外有數量不明的人死在偵訊過程中。雖然相關數據須經進一步確認，但整體而言，他們反映了「大恐怖」的規模和殘酷程度。在不到一年半的時間，每天有大約一千五百名「敵人」被槍斃。這還不包括被送到勞改營的那些。就規模和殘酷程度而言，這段期間的懲治行動在史達林「治國」經驗中可謂空前絕後——即使是以世界史的尺度來衡量也足稱罕見。

以上數據有助我們了解，為何是「大恐怖」成了史達林獨裁統治及其殘忍性格的象徵。認真的研究者從未懷疑，史達林就是恐怖統治的「靈魂」，而公開檔案證實了這一點。它們清楚顯示，一九三七到一九三八年的懲治行動是高度「中央集權化」的。在證明了史達林是「大恐怖」的推動者和組織者後，歷史學者們開始試圖重建他的規畫和盤算細節。在這方面，研究者已爭論多年。當然，精準重建史達林的心思是不可能的。研究者只能透過分析大量事實，重建出一個高度接近真實的圖像。當研究者分析史達林推行「大恐怖」的動機時，首先必須擺脫事件過後數十年才被虛構出的事發原因。一九八〇年代，一群年輕的西方修正主義學者就提出各種解釋史達林恐怖統治的「驚世駭俗」理論。舉例而言，他們宣稱（實際上只是假設，因為他們並未握有堅實證據），「大恐怖」之所以發生，是因為史達林的獨裁體制軟弱，而非強大，而其軟弱也表現在無力控制地方領導人的混亂與自私行為上。支持這類說法的人認為，「大恐怖」是場所有人對抗所有人的大混戰，很難從中理出邏輯與驅動力。因此，史達林不過是「部分參與」恐怖迫害罷了。[3]這種先驗、立論不嚴謹的說法，在其出現之初就遭到強而有力地批判。一九九〇年代初，檔案開放，前述修正主義式的說法立刻失去學術意義。檔案文件清楚地顯示：恐怖迫害是由中央主導，而且策動者就是史達林本人。

然而，過時的西方修正主義者說法竟在當代俄羅斯找到安身之處。幾乎已被遺忘的陳舊說法捲土重來——這乍看反常的現象，背後有明顯的政治因素。某些歷史研究者為史達林開脫，稱他是黨國陰謀及地方官員專斷濫權的無辜受害者。透過簡單、但與科學無關的手段，史達林支持者得到了他們想要的「另類史達林」形象——他不再是毀掉大量同胞生命的罪人。他們甚至宣稱，這位「另類史達林」其實是位民主主義者，他極力想給國家一部進步的憲法、誠實的祕密投票制，但心生警戒的地方領導人們（一九三〇年代的寡頭）密謀對他不利。他們害怕在選舉中失利（他們顯然還沒學會如何「正確」計算票數），因此強迫史達林放棄他的「民主」計畫、實施「大恐怖」。[4]總而言之，一切又是自私貪婪貴族的錯；善良且正直的沙皇無辜，可惜被脅迫了。

「另類史達林」缺乏經得起考驗的事實佐證，甚至連基本的邏輯都付之闕如。反對者只消問一個問題：「果真如此，那為何史達林在地方領導人被大量消滅後，仍不停止實施恐怖政策呢？這次又是誰逼他讓其他人流血呢？」近一九三七年七月時，當「大恐怖」政策確立，蘇聯加盟共和國各自的共產黨中央委員會、州和邊區委會，總計五十八位的第一書記中，有二十四人遭革職（被捕後，多被槍決）；七月，又有十一人遭遇相同命運；到了年底，幾乎所有人都無法倖免於難。書記被捕這件事足以在他們的圈子中造成連鎖效應。修正主義者視為「大恐怖」組織者的黨國幹部們其實是第一批受害者。他們受恐懼制約，努力討好史達林，極力表現順服與忠誠，盡其所能要保住自己的性命。史達林不但很有方法地摧毀黨國幹部，還不斷延長對平民實施「大恐怖」的時間。一九三八年的「恐怖」程度可說不下一九三七年，因為在這一年，所有前任地方領導人及大部分官僚，都不在人間了。[2]

由於史達林的作為令人髮指，某些人認為，他精神失常。然而，這樣的說法並沒有精確、經得起考驗的證據支持；雖然我們的確握有許多證據，足以間接證明史達林在一九三七到一九三八年間的精神狀態堪屬「特殊」。例如他突然捨棄多年習慣，未前往南方度假，反而留在莫斯科領導大規模鎮壓清算。此外，他在訊問筆錄及內務部報告上留下的大量註記和裁示

2 編註：以上兩段關於修正主義者對「大恐怖」動機的推測及「另類史達林」說，英文版無，此處為參考俄文版翻譯。

也透露了許多資訊。

給葉若夫同志。非常重要。一定要烏德穆爾特、馬里、楚瓦什和莫爾多瓦共和國整個掃過。[5]

要痛揍溫施利赫特[3]一頓，因為他沒把各州的波蘭通敵分子交出來。[6]

給葉若夫同志。非常好！盡量挖，繼續清理這些波蘭奸細髒東西吧。[7]

該做的不是「查核」，而是逮捕。[8]

華特（德國人）。痛打華特。[9]

要分析史達林為何在一九三七到一九三八年間「猛爆性震怒」，我們可以參考近年才開放的演說紀錄逐字稿。除了思緒紊亂、笨口拙舌，他的這些演說還有一個特色——充斥陰謀論和敵人無所不在的執念。在此試舉數例。一九三七年六月二日，史達林在國防部委員會會議上表示：「每位黨員、正直的非黨員和蘇聯公民不但有權力，更有責任通報他發現的缺失。就算他的通報只有百分之五的真實也好。」[10]一九三七年十月二十九日，在克里姆林接見冶金及煤業勞動模範時，史達林說了以下這番讓在場人士「驚呆了」的話：「我甚至不確定——各位，非常抱歉，請原諒我必須這麼說——在場所有人都是站在人民這邊的。我不確定，甚至在你們之中——我再次道歉——是不是也有人既給蘇聯政府工作，又給西方的某個情治單位包養，不管是日本的、德國的，還是波蘭的。」在公開出版的官方版會面報告中，這幾個句子被拿掉了。[11]

類似的例子不勝枚舉，且完全證實了蘇聯外貿部長羅森戈爾茨的說法。這個說法可見於他的偵查卷宗內。[4]羅森戈爾茨很了解史達林。他說，史達林的疑心病已到了「瘋狂」的地步。根據羅森戈爾茨的說法，史達林其實轉變很大。先前，他在聽報告時，還能平心靜氣地簽核上呈文件。但現在，他的「情緒不時爆發，而且是失去理智的暴怒」。[12]「史達林之怒」自然不能等閒視之。無論如何，它是「大恐怖」之所以大、之所以特別兇殘的重要原因。不過，史達林的激動狀態並不能完全說明事件本質。至少，有幾個關鍵問題無法單以「史達林之怒」解釋：他的怒火到底是燒向誰，為何非得在一九三七年燒起來不可？

影響史達林心智狀態的可能因素之一是蘇聯再度經歷了一場饑荒。受到集體化政策荼毒的蘇聯農村，就連在相對豐收的年月也只能勉強供糧給全國。一九三六年的收成不佳。來自

3 譯註：溫施利赫特（Иосиф (Юзеф) Станиславович Уншлихт, Józef Unshlikht, 1879–1938），資深布爾什維克，革命後曾任政府要職，並參與各國安和內務單位的組織工作。

4 譯註：羅森戈爾茨（Аркадий Павлович Розенгольц, Arkady Pavlovich Rosengolts, 1889 – 1938），於一九三七年十月遭到逮捕，是第三次莫斯科公開大審的被告，事由為蓄意謀殺史達林。一九三八年三月槍決身亡。

各地區的大量信件（包括指名給史達林的）顯示，一九三六年秋到一九三七年春，蘇聯境內饑荒蔓延。城市的狀況尤其吃緊，因為饑餓的農民無視重重困難，湧向市區尋找食物。一九三七年，檢察官維辛斯基就數次告知史達林，在蘇聯各地區有農民偷病死動物屍體吃、人吃人及殺害孩童的現象。[13]饑餓往往會加深社會緊張。內務部定期向史達林報告社會上的反政府言論，以及集體農場罷工、農民往市區逃難、牲畜因缺乏飼料而被宰殺的現象。特務典型的應對策略就是加強逮捕「敵人」、「破壞分子」和搗毀「反革命組織」。

內務部於一九三六到一九三七間呈給史達林的報告中，不時出現這樣的訊息：民間盛傳戰爭即將開打，而且「未戰先敗」的情緒蔓延。以下就節錄來自內務部北高加索邊區支部極具代表性的報告，說明當時的社會氣氛：「在我們村，人們幾乎就只討論和戰爭有關的事。全體農民都反蘇維埃政權。他們說：有戰爭又怎樣，能趕快把這個政府打倒最好；就算會過得比較差，只要不是布爾什維克當政就好。既然布爾什維克把我們洗劫得一乾二淨，那就讓他們牢牢記住，我們不會饒了他們的。」[14]事實上，在史達林掌權期間，蘇聯社會中的失敗者心態（失敗主義）、反蘇情緒和行動從未中斷。不過，一九三六到一九三七年間，國際局勢變了。大戰威脅已不僅僅屬於「假設」或「臆測」的範疇，而成了血淋淋的事實。這對史達林而言十分重要。[5]

為更好地了解史達林體制的本質及其個人特質，我們不能忘記這一點——蘇聯崛起於第一次世界大戰結束後，其藉由贏得內戰站穩腳步，而這內戰是有外國勢力介入的。蘇聯是個隨時處於備戰狀態的國家。布爾什維克領導人是靠著戰爭掌權的；他們總是認為，自己有可能在國外敵對勢力與國內反革命分子聯手攻擊下，失去權力。因此，對布爾什維克而言，備戰有兩個層面：強化軍事經濟及堅實後方，內容包括消除實際的及潛在的內部敵人。

一九三〇年代下半，當蘇聯國內的恐怖情勢逐漸強化，國際局勢的緊張程度也逐步升高，大戰威脅日近。除了有日本侵略蘇聯的遠東地區，歐洲的狀況也越來越令人不安：希特勒掌權；波蘭在外交上採取在蘇聯和德國間保持平衡的策略，被史達林詮釋為波蘭和希特勒走近、利用蘇聯；西方強權對納粹採「綏靖」政策；一九三六年春，萊茵非軍事區（軍事緩衝區）再度軍事化等。除此之外，一九三六年十月二十五日，義大利和德國簽署協調外交政策的同盟條約；十一月二十五日，德國和日本簽訂《反共產國際協定》。各種跡象顯示，大戰即將開打。

西班牙內戰對於形塑史達林領導圈的政策也有很大的影響力。首先，它讓史達林深信（其實，就算沒有西班牙內戰，史達林對西方民主國家也是抱持懷疑、不信任的態度），英國及法國無法有效對抗德國。西方對納粹德國的「不干預」政策在蘇聯高層眼中完全破產，因

5 編註：這兩段關於饑荒及戰爭可能對史達林心理造成的影響，英文版無，此處為參考俄文版翻譯。

此蘇聯決定在西班牙戰區加強行動。除此之外，在史達林看來，西班牙國內不同政治勢力間——包括共產主義者和托洛茨基支持者之間——的尖銳矛盾，證實「清理後方」有助強化國防。西班牙戰區內處處可見內戰常有的現象，諸如無政府狀態、游擊戰、顛覆破壞活動、地下組織運動、前線與後方的界線相對模糊、背叛、以及國內不同地區間的矛盾等。正是西班牙內戰催生了「第五縱隊」這個有名的負面概念。一九三六年十月，在內戰關鍵時刻，當佛朗哥陣營以四個縱隊的陣勢進攻馬德里，領軍的將官莫拉宣稱，他已事先在敵對的共和主義者間安排好方便裡應外合的「第五縱隊」。「第五縱隊」這個說法很快就成了蘇聯領導人固定的政治語彙。

西班牙戰事升溫和蘇聯迫害政策加劇是同時發生的。起初，在西班牙內戰於一九三六年七月十八日爆發後，史達林領導圈採取的是謹慎行事的策略。不過，在共和軍數次慘敗後，蘇聯高層決定積極介入戰事。一九三六年九月二十九日，政治局對相關行動拍板定案。[15]與此同時，往後將長期背負「大恐怖」主事者罪名的葉若夫獲任命為內務部長。

藉由研究檔案文件，我們得以確定，史達林確實親自涉入西班牙事務，且著力甚深。他堅信：共和軍失敗主因之一是其陣營內有叛徒。據此，他要求強力掃蕩潛伏於國內各角落的「敵人」。一九三七年二月九日，駐西班牙瓦倫西亞及馬德里的蘇聯代表收到了史達林署名的電報，其內容指出，某些敗戰是司令部內部叛變造成的：

要好好利用這些事實，小心地和共和軍裡最好的指揮官談談（⋯）好讓他們要求調查馬拉加市失守的來龍去脈，把司令部內佛朗哥的奸細和破壞分子清理掉（⋯）若前線指揮官的這些要求無法立即得到該有的結果，你們就說（⋯）我們的顧問沒有辦法在這樣的條件下繼續工作。[16]

過了一段時間，史達林重複了要求：

在此告知我們的堅定想法：務必徹底清理舊編制的總司令部及其他司令部，這些專家們不但不懂內戰的作戰條件，在政治上也靠不住（⋯）把那些在實戰中無法正確領導作戰行動的指揮官通通拔掉（⋯）所有的密碼譯員、無線電兵和通訊員都檢查一番，司令部全部放忠誠度高、善戰的新人（⋯）若不採取這樣的極端手段，共和軍一定會吃敗仗。我們深信這一點。[17]

正當史達林忙著傳電報至西班牙，惡名昭彰的黨中央委員會二到三月全體會議在莫斯科結束了。這個會議預示了恐怖力道即將加大。莫洛托夫為會議準備了一份報告，史達林在審閱該報告草稿時，做了許多有意思的註記。例如，他給某段話標記重點，其內容為托洛茨基指示自己在蘇聯的支持者，務必「養精蓄銳，為最重要的時刻做準備——在開戰時，鼓起萬般決心，打擊經濟中最敏感的部分」。[18]草稿中還有以下字句：「離開我們（作者註：離開黨）的都是無法和布爾喬亞作戰，把自己的命運和布爾喬亞、而非勞動階級綁在一起的人。」史達林在這些字句旁寫下：「這是好事。如果他們是在戰爭期間走掉，會更糟。」[19]史達林在全體會議上的演說也提及，在戰爭期間，顛覆破壞及通敵分子的危險性會比和平時期高：

> 要贏戰，必須動用幾個軍的紅軍；要讓前線前功盡棄，卻只需要軍團或師司令部裡有幾個能把作戰計畫偷出來交給敵方的間諜就夠了。要建造大型鐵路橋，必須動用幾千個人；但要把橋炸掉，只消幾個人就夠了。類似的例子我可以舉出幾十、幾百個。[20]

史達林在這個議題上持續「耕耘」，開始積極為此撰文。一九三七年五月四日的《真理報》有一篇標題為「外國情報單位的陰險招募手段」的文章，該文篇幅宏大，占了報紙整整三個底欄版面，是「大恐怖」意識形態鋪陳的重要元素。這篇長文重刊了不只一次，分別在不同報刊上出現過，是熱門的宣傳素材，也是黨員的重點研究材料。我們從存於史達林個人檔案的初稿可看出，原先的文章標題似乎不太合他的口味，和後來定案的版本相比，原本的的確太樸實無華了些——「外國情報單位的幾個工作方法和手段」。

和其他「反間防諜」類文章相較，這篇文章的特殊之處在於它不只抽象論理，更具體描述敵方吸收蘇聯公民——曾在國外工作者尤為焦點——的手法（雖然多數是虛構的）。由於敘述堪稱具體詳盡，文章因此看來十分逼真、頗具說服力。史達林親自給文章補強了近一頁的內容，號稱取自真實案例。故事是這樣的，某位在日本的蘇聯雇員與一位自稱是貴族的女人數次於餐廳約會。某次，兩人再度碰面時，一位穿軍裝的日本人出現了。他宣稱是「女貴族」的丈夫，對與他太太幽會的蘇聯人大表不滿。此時，另一個日本人出現了。第二位日本人幫蘇聯人平息「桃色糾紛」，條件是蘇聯人必須白紙黑字做出承諾，日後將提供日方關於蘇聯的情報。原來，出面打圓場的是日本情報員，而惹上麻煩的蘇聯公民自此成了間諜。[21]

接下來的幾個月，史達林的恐懼和疑慮逐步具體化為大規模的迫害行動。一九三七年春夏，衝著紅軍來的「反革命組織」起訴案就是以揭發「間諜」和預防叛變為基礎。一九三七年六月二日，史達林向蘇聯國防部軍事委員會說明「陰謀分子」的意圖如下：「他們想把蘇聯變成第二個西班牙。」[22]西班牙內戰期間常見的叛變情事和無政府狀態是蘇聯「提高警覺」及「抗敵」政治宣傳的重要元素。一九三七年六到七月間，在國家準備大力掃蕩「反蘇分子」的同時，蘇聯報刊版面充斥與下列事件有關的文章：西班牙前線現況、德國間諜在馬德里被捕、托洛茨基主義者在巴塞隆納被捕、巴斯克人的首都畢爾包因軍隊「窩裡反」而被佛朗哥陣營攻下等。一九三七年夏天，西班牙政府建立了專門對抗間諜與「第五縱隊」的國安機構——軍事調查局。該機構很快在仍由共和政府控制的西班牙境內布下羅網，強力鎮壓異議分子。這樣的做法甚至連西方國家的左派都看不下去，當時就有人把西班牙境內的迫害行動與蘇聯政府的做法類比，更指出蘇聯特務大概對西班牙共和政府做了必要工作。[23]兩國掃蕩「第五縱隊」的節奏可說是越來越同步了。

一九三七年七月，遠東地區的情勢因為日本侵略中國而更形緊張。該年八月二十一日，發生了兩起重大事件：中國與蘇聯簽訂互不侵犯條約，以共同對抗日本；另外，蘇聯內閣及蘇聯共產黨中央委員會通過決議——「將韓裔人口遷離遠東邊界區」。一九三七年秋天，蘇聯遠東地區的韓裔人口被大規模逮捕和迫遷，受影響人數超過十七萬人。迫遷宗旨為「避免日本諜報系統滲透遠東邊區」。[24]

一九三〇年代在蘇聯蔚為流行的「清理後方」和「排除潛在第五縱隊」等說法深植史達林戰友的腦袋。甚至在數十年後，他們還要堅定地重複：

一九三七年發生的事是不可避免的，只要想想，我們就算在革命後左攻右打、取得勝利，但各種敵對勢力的殘餘依舊存在。面對法西斯的侵略威脅，他們有可能會聯合起來。我們之所以在戰爭（譯者註：第二次世界大戰）期間沒有第五縱隊的禍害，都要感謝一九三七年。[25]

那是一場和「第五縱隊」的鬥爭，他們為在德國掌權、一心要與蘇維埃國家開戰的希特勒法西斯主義者服務。[26]

無庸置疑，這些想法都是史達林灌輸給他們的。類似說法看來既符合邏輯，又有說服力。確實，國內有許多「敵人」和「被欺壓者」；一旦戰事吃緊或國家打敗仗，他們就有可能趁機出頭。此外，相對有自主性的老一輩黨幹部有可能仗恃和軍方或內務部的關係，藉機另立新共主。昔日反對派大概也不會放過機會，在長年受辱受迫後來個大復仇。所謂的「富農」和長期吃不飽的農民、舊時代的貴族、白軍殘餘和教會人士有可能會採用布爾什維克在一九一七年的戰術，將對外戰爭轉化為內戰，對抗他們所痛恨的政權。許多蘇聯公民（德裔、波蘭裔及其他族裔）也有可能幫助血緣上與他們相近的外敵。要排除以上威脅，最好的辦法就是盡可能消滅潛在敵人和通敵分子，清理得越乾淨越好。這就是大戰逼近時，史達林的內心世界——他的疑懼與行為準則。事實上，就算所謂的「第五縱隊」存在，那也和布爾什維克政權的作為不無關係。然而，史達林及其戰友過分誇大了「第五縱隊」的威脅性。可以說，恐怖統治對抗的不是真實威脅，而是威脅的幻影。消滅虛構潛在「敵人」的行動嚴重削弱了國家力量。

全都是葉若夫的錯？

對大恐怖的認識越多，史達林的支持者及崇拜者就越張狂，堅持他們的偶像和這些罪行無關。史達林的行為模式也是如此。許多人都知道，史達林是怎麼向知名飛機設計師亞可夫列夫解釋迫害行動的原因：「葉若夫卑鄙下流！他腐敗透頂。打電話到部裡找他，得到的回應是：他去中央委員會了；打電話到中央委員會找他，得到的回應是：他回辦公室了；派人到他家去——原來，他躺在床上，醉得一塌糊塗。他害死了很多無辜的人。所以，我們把他槍斃了。」[27]

一九三八年年底到一九三九年年初，「大恐怖」即將結束之際，史達林啟動了「預防性退場機制」，以避免實際策動、組織血腥迫害行動的人被懷疑涉入其中。葉若夫被撤職、所謂的「誹謗者」們被虛張聲勢地公開揭發——這些現象都可歸類為「大恐怖退場機制」。根據主其事者的說法，所謂的「誹謗者」就是寫告密信，讓無罪之人受罪的「大恐怖」幕後推手。今天，關於史達林與「大恐怖」無關的說法越來越有「學術論證」的外貌——其重點為，「大恐怖」是不受控制的現象，而且多為地方官員自發性的行為云云。不過，事實勝於雄辯。當然，數十萬人如同生產線上的物品被一一「處理」掉——無論操作員或各級幹部如何「按部就班」，在這樣的大規模作業中，總免不了有失序及恣意專斷的情況發生。史達林時代的官僚語言稱之為「過激」（перегибы / peregiby）。然而，「過激」並非影響「恐怖」規模與殘忍程度的關鍵因素。文件顯示，大規模迫害行動就算有「執行過當」的情形發生，也不會超出莫斯科或史達林的指令太多。

一般而言，「大恐怖」的執行流程如下：得到來自中央的整體性規畫，以及逮捕和槍決的具體分配額後，內務部的州和邊區分部會召集下屬的市和區分處首長，召開共同會議。依據州從中央得到的計畫書，每個區會拿到各自的「目標額」。接下來，必須列出「敵人」名單，為此必須從各警察局調出「維護」多年的「反蘇分子」資料卡，以及其他「黑材料」。目標被逮捕後，調查行動展開；調查的目的是「查明」被捕者的「反革命人際網絡」及「反革命組織」的底細。[28]調查人員有各種方式取得他們需要的「口供」，其中最常用的就是刑求。蘇聯領導高層並不反對刑求；在「大恐怖」之前，刑求逼供就不是什麼新鮮事，差別只在施用頻率和強度而已。當時的刑求極其殘酷，要把人逼死並不難。用這種方式得來的「口供」往往會引發新一波的逮捕行動；第二「梯次」的被捕者也會被刑求逼供，然後出現第三、第四、第五……「梯次」。如此一來，懲治行動可以無止盡延續，最終甚至波及國家大多數人。這個現象之所以沒有發生，是因為情況都在史達林的控制之下：迫害力道要加強、減弱，或完全終止迫害，都由他掌控。他把國安單位和黨機關牢牢抓在手裡。所有關入勞改營或執行死刑的判決都由莫斯科做最終裁定。

起初，「大恐怖」約莫在一九三七年下半就該「退潮」，後來卻持續到一九三八年十一月，史達林是關鍵角色。一九三八年一月十七日，他給內務部長葉若夫下了新指示：

（⋯）社會革命黨人的網絡（包括左派和右派）還沒被拆解（⋯）要知道，我們軍隊內外還有不少社會革命黨人。內務部有軍隊內（「前」）社會革命黨人的資料嗎？我想盡快拿到。內務部有軍隊外（民間單位內）（「前」）社會革命黨人的資料嗎？我希望能在兩到三週後拿到。（⋯）在巴庫和亞塞拜然搜查逮捕伊朗人的事情進行得怎麼樣，有何成果？我給個提示，社會革命黨人在薩拉托夫市、坦波夫市和烏克蘭的勢力曾經很大，在軍隊內（指揮層）也是，還有塔什干和整個中亞。在巴庫的電廠內，他們到現在還在那裡待著，在石油工業搞破壞。行動要更活躍、有條理。[29]

這份文件證明了史達林在策畫、組織「大恐怖」中，扮演決定性的角色，而葉若夫不過是遵命行事。類似的證據很多。大量文件證明，正是史達林策動了一波又一波的「清洗」和迫害。他不只下令逮捕和槍斃數以十萬計的人，更對整個過程有病態的熱情和「求好心切」——他發電報到各單位，要求逮捕更多人；他威脅嚴懲「缺乏警戒心」的相關人員；他簽核黨國幹部槍斃及發放勞改營名單；在某些案例中，他甚至親自裁定，該用什麼方式迫害特定人士……等。[30]史達林個人檔案及政治局檔案中的材料顯示，一九三七到一九三八年間，史達林投注許多時間在領導、指揮大規模的「滅敵」行動上。在這二十個月期間（一九三七年一月到一九三八年八月），光是葉若夫就給史達林呈了約一萬五千份的所謂特別密函，內容包括逮捕和懲治行動報告、請示史達林核准新的迫害行動、訊問筆錄……等。平均下來，在前述期間，葉若夫一天會呈報約二十五份文件給史達林，而且許多文件的內容都稱得上詳細、「厚實」。[31]除此之外，史達林克里姆林辦公室的訪客登記簿顯示，一九三七到一九三八年間，葉若夫造訪領袖辦公室將近兩百九十次，待在裡頭的時間總計超過八百五十個小時。這稱得上是某種歷史紀錄了——就造訪史達林克里姆林辦公室的頻率而言，只有莫洛托夫勝得過他。[32]

葉若夫稱得上是史達林的學生，而且他「勤奮好學」，也頗有才幹。入罪昔日反對派的審判程序就是由他安排的；此外，他還每天指揮大規模迫害和懲治行動，兢兢業業。他甚至親自參與訊問，下達刑求、施虐的命令。史達林不斷要求加強和「敵人」鬥爭的力道，更親自「指點」哪裡還有新目標。為了讓史達林「老師」開心，葉若夫鼓勵屬下不但要達標，更要「超標」：逮捕和槍決人數最好超過政治局給的額度。此外，他也主動虛構了一些「敵人的陰謀詭計」，以合理化新的迫害。為鼓勵「克盡職責」的相關人員，黨中央在一九三七到一九三八年間毫不吝嗇地表揚內務部和葉若夫。所有能得的獎章和頭銜，葉若夫都得到了，甚至身兼數個黨國要職。數座城市、企業和集體農場也以他的名字為名。

然而，我們有理由認為，打一開始，工於心計的史達林就刻意與葉若夫保持一定距離，把「揭發敵人」的「桂冠」獻給整個內務部及其部長，而非葉若夫個人。毫無意外——在某個時間點，史達林對大規模迫害行動喊停，過去「戮力從公」的葉若夫及其屬下被指控「違法」、「過激」。精打細算的史達林並非驟然改變自己的政策，而是一步一步來，審勢而行。一九三八年八月，時任喬治亞共產黨中央委員會書記的貝利亞獲任命為葉若夫的第一副手。表面上看來，葉若夫未失寵，也還未失去影響力，但他身邊突然多了一個他無論如何都不會選來當副手的人。幾個月後，葉若夫在給史達林的信中承認，他將貝利亞任命案視為史達林「對我缺乏信任」的徵兆，「我想過，他的任命案是為我的撤職案做準備」。[33]葉若夫的想法沒錯。承受不了龐大精神壓力的他，喝酒喝得更兇了。如此一來，他不但無法掌控情勢，連自己都控制不了。

兩個月後，史達林針對內務部的運籌帷幄又更積極了。十月八日，政治局成立委員會，其任務為針對內務部的業務情況提出報告。葉若夫的屬下一個接一個被逮捕。貝利亞的手下藉由刑求逼供，從他們口中套出對葉若夫不利的「證詞」。過去葉若夫的手下也是這麼對付亞果達的。十一月十七日，政治局參考前述委員會的報告做出決議，指出內務部在消滅「人民公敵和外國情報單位的間諜顛覆網絡方面卓有成就」，但仍有值得被批判的「缺失與扭曲」。[34]這份文件充滿虛偽矯飾。史達林在此之前從未懷疑過「大恐怖」的道德正當性及實務上的適當性，而且他自己身為策動者，竟然控訴執行他命令的葉若夫和其領導的內務部？顯然，假如葉若夫有機會好好為自己辯護，他應該很容易就可以替自己平反。不過，葉若夫只有期待自己能安然度過風暴和深切懺悔的份。

很快地，葉若夫被捕。他雖然忠心耿耿，但已無用處。他被槍決，罪名是領導「反革命組織」。這個組織是被虛構出來的。較為特別的是，從逮捕到槍決，整個過程堪稱低調。這件事再一次證明，史達林擔心一旦自己處理葉若夫的動作太大，社會對內務部的所作所為和「大恐怖」會有不必要的興趣。葉若夫不過是又一個代罪羔羊：他實現了史達林的意志，現在，他必須完成最後一個任務——犧牲生命，保全「主子」不受懷疑，縱留身後罵名也在所不辭——長期以來，蘇聯民眾只知道「葉若夫惡現象」(ежовщина)，不知道「大恐怖」。

在史達林嚴密監控下完成的「大恐怖退場」，影響的主要是以葉若夫為首的內務部高層。至於大規模迫害行動的受害者，尤其是一九三八年下半落入內務部網羅的人，被釋放者可謂少之又少。恐怖機器的基本運作原理不變，只不過稍做調整。殘酷無情的迫害行動一直持續到史達林過世。未來，史達林仍會要求各級機關和民眾「揭發敵人」，下達逮捕或刑求令。差別只在他不再下類似一九三七到一九三八年的「大恐怖」猛藥。

很有可能，史達林自己也知道「大恐怖」猛藥的強力副作用。當然，無論是在公開場合或親近同志小圈子內，史達林從未對一九三七到一九三八年「大恐怖」的必要性或正當性表示過一丁點的懷疑。不過，他自己也清楚，客觀因素的力量有可能勝過他的主觀意志，他必須視情況提整作為。舉例而言，大規模逮捕經濟和生產單位的領導人不過是造成國家經濟生活紊亂：勞動紀律鬆動，工程師害怕表現主動性，以免日後被控搞「顛覆破壞」。一言以蔽之，「恐怖」讓工業生產的成長速度明顯趨緩。[35]受影響的不只有經濟，還有軍隊：紅軍中具有足夠專業能力的指揮官人數減少，軍紀和責任感皆下滑。由於相關問題實在太嚴重，蘇聯領導高層後來不得不讓被捕或被撤職的指揮官們回到昔日崗位。當然，被挽回的只能是那些還來不及被槍決的。[36]

另一方面，一九三七到一九三八年間的「大恐怖」造成社會緊張和許多民眾心有不滿。兩年間，因為與「人民公敵」有牽連而被槍決、關入勞改營、集體迫遷、撤職、強行趕出居住地（包括住所和其所在行政區）的就有數百萬人。如此大規模的劇烈震盪和冤屈大概很難「船過水無痕」，也不見得能獲得「順民」們的全心認可。就算被集體恐懼感壓制，民眾的不滿有時還是會浮上檯面的。一九三七到一九三八年，這個不滿的主要表現形式為各黨國機關收到的數百萬封申訴和抱怨信。光是一九三七年一月，蘇聯檢察署就收到了約一萬三千封的這類信函，而在一九三八年二到三月期間，數字已來到十二萬之譜。[37]研究者目前還不清楚，在「大恐怖」期間，有多少申訴和抱怨信、聲明及請求是指名給史達林的，而其中又有多少被挑選出來給領袖親閱或經相關人員報告予他知悉。為了探討這個問題，研究者必須掌握史達林祕書處的相關材料，但它們目前付之闕如或根本沒被保存下來。不過，我們沒有理由懷疑，史達林的祕書們，一如其他黨國機關，疲於應付「雪片般飛來」的民眾來信。史達林或多或少對民眾的絕望、悲痛和失望有所了解。

既然如此，那他對這一切的看法又是如何呢？研究者目前能運用的各項紀錄和文件還不足以提供必要的研究基礎。史達林大概不覺得自己需要惋惜或同情任何「受害者」。他主要受政治實用主義驅動——無論他如何痛恨、厭惡、害怕各形各色的「敵人」和「陰謀」，他無法不考慮政治現實。自此之後，史達林不會再走「大恐怖」的回頭路，數以百萬計的民眾也「只能」受害於較為「單純」、「例行性」的迫害行動。

尋找盟友

「大恐怖」的其中一個後果是蘇聯的國際名聲變差。史達林顯然知道西方輿論，尤其是左派圈子，對頗有成就的布爾什維克黨員遭槍決感到震驚。有鑑於此，史達林積極策畫了一系列政治宣傳，以降低迫害行動在國際社會的後座力。舉例而言，莫斯科大審判的相關資料就發行了數個歐洲語言的版本，而且印量還不小。在這些宣傳材料中，受審者——列寧的戰友們及其他老布爾什維克——懺悔罪行，「承認」自己意圖對史達林實施恐怖攻擊，並與國外情報單位有聯繫。受邀訪問莫斯科的西方「社會賢達」，諸如德國作家福伊希特萬格，被當作史達林在西方的輿論工具。這些歐洲知識分子或「良心」代表受困於納粹的刀與史達林主義的劍之間；他們願意對蘇聯境內的許多負面現象視而不見，也容易被誤導、欺瞞。不過，實際做決策的西方政治人物不但有千百個理由不信任史達林，還從「大恐怖」及歇斯底里的「揭發敵人」運動看出其體制既有及潛藏的弱點。他們的主要論據之一是紅軍司令官被「清洗」、知名將帥遭槍決。由此可見，史達林和西方政界對「大恐怖」後果的想像不一：執著於消滅「第五縱隊」的史達林大概不明白，在西方，大規模逮捕和槍決展現的可能不是力量，而是政權／體制在當下及未來的支持基礎不足。

與此同時，「大恐怖」的破壞力道很快就顯現在蘇聯軍事力量被削弱上。一九三八年六月，國安部門位階最高的將軍之一、內務部遠東邊區支部首長琉什可夫穿越蘇聯與滿洲的邊界，向滿洲的日本當局投誠。毫無疑問，琉什可夫是叛國者，但把他推上叛國之路的是史達林。他本來對布爾什維克政權忠心耿耿，為此讓其他人血流成河也在所不惜，但他後來發現，自己的末日也快到了。他收到命令，理應前往莫斯科，卻寧願盡早投奔日本人。琉什可夫知道的太多了。他在莫斯科工作了很長一段時間，和史達林有直接接觸，對遠東地區的狀況瞭若指掌，也十分了解蘇聯軍隊的編制和部署。現在，他把所知資訊都透露給敵國了。與此同時，史達林卻讓情況進一步惡化：他特別派了一群委員到遠東地區去督導新一波的軍人逮捕行動。在這樣的背景下，一九三八年七月底到八月初，紅軍和日軍在邊界區的哈桑湖一帶發生武裝衝突，史稱「張鼓峰事件」。史達林十分關注事件發展，要求蘇方行動盡可能強硬。他在某次與遠東方面軍司令布琉赫爾元帥談話時，面對這位遲疑用空中作戰力量的元帥，史達林強硬下令：

> 我不懂您為何害怕轟炸會傷及韓國人，為何擔心空軍有可能會因為濃霧而無法完成任務。誰禁止您與日本人交戰時波及韓國人呢？您管韓國人做什麼？我們自己人可是被一堆日本人打耶。就算天候多雲，對真心想捍衛祖國榮譽的布爾什維克空軍來說，又算什麼！[38]

軍事行動以對蘇方有利的結果作收。不過，蘇聯當局也在這場對日戰役中發現，軍隊在訓練與領導指揮上有諸多不足。一如往常，史達林懷疑有人暗中背叛他。布琉赫爾元帥因此被捕，後來因遭刑求、虐待而死於獄中。

雖然莫斯科當局大力迫害軍方，西方領導人認為蘇聯體質虛弱、外強中乾，但這些都還不是史達林及其西方夥伴關係惡化的關鍵原因。蘇聯境內的大規模逮捕不過是給那些原本就對史達林有疑慮的勢力又一個不信任他的理由。一九三〇年代中葉，蘇聯曾和法國走得頗近，但就連快速升高的納粹威脅也無助於維持蘇法間的短暫友誼。在西班牙內戰中，蘇聯和西方民主國家實質上立場相異。雙方不合的原因包括他們各自代表的體系彼此間有根本上的利益矛盾，史達林主義與「布爾喬亞民主體制」難以相容。一九三〇年代下半，西方領導人寧願對希特勒採取綏靖政策，也不願與史達林結盟。這樣的政策在可恥的慕尼黑協定達到高峰。一九三八年九月三十日，法西斯政權領導人希特勒和墨索里尼，與英國首相張伯倫和法國總理達拉第簽署協定，把有數百萬德裔人口居住的捷克斯洛伐克蘇台德地區「轉讓」給德國。英法強迫捷克斯洛伐克接受這個致命合約，後者只好妥協。在各方折衝角力的過程中，曾與法國和捷克斯洛伐克分別簽訂互助條約的蘇聯被忽略了。也就是說，在大歐洲政治棋局中，史達林被晾在一旁，空有玩家身分，而無下場機會。

無庸置疑，史達林視此為個人恥辱。慕尼黑簽約事件讓史達林更加懷疑，民主國家和法西斯政權將相互勾結，各取所需，犧牲蘇聯的利益；納粹勢必往東擴張，而史達林卻沒有籌碼對抗慕尼黑協定。除了發聲明，被排除在談判過程之外的蘇聯在一九三八年九月底只能虛張聲勢地讓部分紅軍部署向西部邊境集結。然而，這樣的武裝陣仗為時不久。十月十六日，政治局做出決議，解散為因應捷克斯洛伐克事件而被徵召的後備軍人。有三十三萬軍人、兩萬七千五百匹馬和大約五千台車和拖拉機因此被解編。[39]這樣的軍事動員看似規模不小，但缺乏實際作用。

慕尼黑協定讓史達林別無選擇。他得試著在西方民主國家和希特勒之間挑撥離間。為達此目的，蘇聯政府做了一系列聲明、採取了一些外交措施，內容為批判英國和法國，拉攏德國。莫斯科邀請德國一同改善雙邊關係。其中最具代表性的聲明可見於史達林在第十八次黨代表大會上所做的報告，時間是一九三九年三月。在這場西方稱為「炒栗子講話」的演說中，史達林警告英國和法國人，他不打算幫他們「從火裡撿栗子出來」；他更稱英法是在煽動挑釁，企圖讓蘇聯和德國起衝突。同時，史達林向德國表示，西方國家企圖「讓蘇聯對德國憤怒、破壞氣氛、無端挑起與德國的衝突」，但失敗了。[40]史達林做完這番聲明後沒幾天，歐洲的脆弱和平就崩盤了。自信滿滿、自認對國際制裁免疫的希特勒併吞了捷克斯洛伐克全境。這樣的事態發展讓史達林的聲明更顯得「擲地有聲」。現在，就連樂觀主義者也無法否認，慕尼黑協定為大戰揭開了序幕。作為「第三勢力」代表的史達林此時身價水漲船高。他終於有選擇權了。

一九三九年春夏，歐洲各國外交動作頻仍，各種操作、周旋、試探和談判盡出。掌握所有外交動作的實質意涵、參透各方的實際意向——這甚至對當事人而言都是極大挑戰，更遑論後世歷史學者。當時，各方彼此不信任，也都期待自己能「智勝一籌」。蘇聯與英國和法國的談判也不例外。談判過程一波三折，問題重重，雖然時任蘇聯外交部長李特維諾夫確實用心甚深，以團結反希特勒陣營（蘇聯也是其中一員）、鞏固集體安全體系為己任。[41]一九三九年五月初，史達林出狠招，將李特維諾夫革職。代替李特維諾夫上台的是總理莫洛托夫，他將同時兼任外交部長。這樣的人事變動無異對德國伸出友誼之手，同時也對蘇聯的國際政治決策機制產生深遠影響。史達林不但在實質上，甚至在技術上也把對外政治集中在自己手裡。莫洛托夫常常和史達林談話，或者當他的聽眾；和不常造訪史達林辦公室的李特維諾夫相較，莫洛托夫無疑較為「好使」。史達林的人事布局讓他得以改造權力體系高層，使其運作能配合自己的習慣和生活步調。莫洛托夫的人事案不過是其中一例。

史達林在外交領域的主要目標為何——對西方盟友施壓或拉攏納粹政權？有種說法不無吸引力，那就是史達林遠在關鍵的一九三九年之前好幾年就決定與希特勒交好。表面上，有幾個因素可以支持這種說法：極權體制的相似性、對善變且易於向暴力妥協的西方民主國家的不信任……等。然而，這類立基於大原則的見解經不起嚴格考驗。研究者掌握了大量事實，而這些事實甚至可以有完全相左的詮釋——它們可以支持，也可以反駁前述說法。根據米科揚的證詞，史達林曾對希特勒在一九三四年「清洗」助納粹掌權有功的衝鋒隊（SA）表示贊同。[42]此外，有資料顯示，史達林曾主動出擊，試探與希特勒接觸、建立關係的可能性。[43]最後，一九三九年秋天，德蘇簽訂互不侵犯條約，為兩國「友誼」立下重要見證。與此同時，我們也看到大量的反方向操作，諸如蘇聯境內的強力反納粹宣傳，無視納粹政府嚴正抗議、持續針對蘇聯境內德裔居民實施的大規模迫害等。由此可見，史達林對希特勒和德意志民族的態度是正反兼具。一九三八年九月，內務部呈給史達林一份備忘錄，內容是關於摧毀列寧格勒州的某座一戰德裔烈士墓園。史達林不只簽「如擬」，還忍不住情緒爆發，隨手加註：「這就對了（拆除、填平）。」[44]一九三九年八月，德國外交部長李賓特洛普來到莫斯科就德蘇互不侵犯條約進行最終談判。當時的德國傳譯後來表示，在談判過程中，史達林否決了語氣較為樂觀的新聞公報草案。史達林的說法是：「你們難道不覺得，應該多考慮一下我們兩國內部的社會輿論嗎？有好幾年，我們彼此中傷，毫不手軟（……）」[45]

德國傳譯的證詞頗為可信，史達林有足夠理由這麼說。

話說回來，無論史達林的心態與個人偏好為何，提議簽訂德蘇互不侵犯條約的是希特勒。一旦希特勒認定，進攻波蘭前需要先安定蘇聯、使其不礙事，德蘇間的關係發展就加快了。為了盡快與史達林的國家談成「友好」協議，希特勒使出殺手鐧。八月二十一日，希特勒發了一封指名給史達林的信件，內容再明白不過地暗示，德國就要攻打波蘭了，因此德蘇盡快簽訂互不侵犯條約勢在必行。時間不多了。希特勒懇請史達林隔天，也就是八月二十二日（八月二十三日是最後期限）就讓德國外交部長李賓特洛普親赴莫斯科。八月二十一日，也就是史達林收到希特勒來函的同一天，莫洛托夫就把史達林的回信交給人在莫斯科的德國駐蘇聯大使。史達林同意讓李賓特洛普於八月二十三日抵達莫斯科。[46]

史達林與莫洛托夫就在預定日子接見了李賓特洛普，雙方的互動不但客氣有禮，甚至友好融洽。每一方都得到自己想要的。除了互不侵犯條約，雙方還在史達林堅持下，簽署了祕密附加協議書。根據這份祕密協議，德國和蘇聯瓜分了東歐；波蘭的東部州區（烏克蘭西部及白俄羅斯西部）、拉脫維亞、愛沙尼亞和芬蘭，被劃入蘇聯的利益／勢力範圍。德國也支持蘇聯對比薩拉比亞的野心，該地區當時受羅馬尼亞控制。波蘭西部和立陶宛先是「分給」了德國，但很快地，立陶宛又轉而劃給蘇聯。整體而言，第二次世界大戰前夕的德蘇互不侵犯條約可謂第一次世界大戰末期「布列斯特和約」的相反版。當時，蘇維埃政權與以德國為首的同盟國簽訂獨立的和戰協議，提早退出戰爭。現在，希特勒為確保德蘇邊界安全，不惜付出代價，在領土問題上讓步。

史達林牢牢掌握德蘇談判的來龍去脈，只讓莫洛托夫參與相關過程。與希特勒的「友好」盟約可謂史達林個人的心血結晶。德蘇互不侵犯條約還有個歷史名稱，叫「莫洛托夫—李賓特洛普條約」，但它實際上是「史達林—希特勒條約」。史達林自己擔起與德國「交好」的責任。結交像德國這樣的「朋友」不無風險，但史達林顯然另有盤算。研究者特別想知道的就是：他的盤算是什麼？

先從道德及政治層面談起。史達林及其繼任者其實很清楚，像這樣與希特勒談條件，無論在政治或道德層面都對蘇聯不利、無助它的聲譽。支持這個說法的有力證據之一，就是蘇聯政府長年堅決否認德蘇間有祕密協議。尤有甚者，當祕密協議的複本曝光後，蘇聯當局還大力否認其真實性，稱其為假造。史達林知道，對納粹政權瞬間「由恨轉愛」會造成蘇聯及國際共產主義運動內部的意識形態混亂。不過，這個問題最終仍是次要的。「解決」它一點都不難，只要聲稱這樣做符合社會主義利益即可。消滅質疑的聲音更是再容易不過——迫害機器隨時待命。事實上，德蘇互不侵犯條約的道德爭議要再過一段時間才會受到重視，也就是在納粹主義失敗、國際社會將之定位為絕對的惡之後。

一九三九年時，就連「最民主」的幾個國家都允許自己對納粹主義抱持「靈活有彈性」的態度，並以「只求不要有戰爭」的說法合理化自己的所作所為。面對納粹政權，英國與法國在一九三九年並不特別在意「自尊」問題，史達林自然也沒有理由尊敬這些西方國家。在當時的國際政治環境中，爭議不在某國是否與希特勒簽了協定，而是簽了「什麼樣」的協定。身為務實的政治人物，史達林的表現可不比那些簽了慕尼黑協定的西方夥伴差。不過，史達林不只是務實的政治人物，他還是個獨裁者。簽了慕尼黑協定的西方國家為求自保，形式上犧牲了一個國家，實際上卻是「獻祭」了數個小國，任它們被希特勒魚肉。史達林則更進一步——他不只要自保，還要一同魚肉、瓜分眾小國。除此之外他深信，簽了慕尼黑協定的那幫西方「友人」是刻意引導希特勒深入東方；因此，他不認為自己讓希特勒無後顧東方之憂、得以放手西向，有何可恥。最後，史達林之所以與希特勒「交好」，更是為了「取回失物」、實踐「物歸原主」的正義。這裡指的是「重建歷史公道」，爭回俄羅斯帝國在衰弱時期被強行奪走的土地和利益。諸如此類的動機不但在蘇聯境內容易得到迴響，在國外也不難找到支持者。

研究者至今仍難以判斷，各類道德考量和主觀感受在史達林的思緒中分別占據何種地位。無庸置疑，他更關心的是其他與戰爭威脅直接相關、更有分量且更深層的利益。目前，已有許多人從地緣政治與區域戰略的角度出發，就蘇聯選擇與德國簽約的原因提出各種見解。其中一個較為極端的看法體現在所謂的「一九三九年八月十九日史達林政治局會議講話紀錄」中。值得注意的是，一九三九年八月十九日過後不到五天，德蘇就簽訂了互不侵犯條約。號稱是史達林講話「紀錄」的文字於一九三九年底在法國問世。當時，這份文字掀起軒然大波，評論者號稱它揭發了史達林的「真實」意圖。根據會議「紀錄」，史達林的盤算如下：

> 我們十分確定，一旦我們與法國和英國簽訂同盟條約，德國就只好放棄波蘭、被迫暫時與其他西方強權和平相處。如此一來，就不會有戰爭，但接下來的事態發展會陷我們於危境。[47]

這段話的意思是說，史達林認為，沒有德蘇互不侵犯條約，就不會有戰爭，但史達林需要戰爭，以利弱化西方國家的勢力、擴張蘇聯領土、將歐洲共產主義化。前引會議「紀錄」傷害了史達林在希特勒眼中的形象，也挫傷法國共產黨的聲譽——現在，它成了敵對勢力的代理人。事實上，這樣的負面效應反而凸顯，為何號稱高度「機密」的文件會被公開，甚至炒作。嚴謹的歷史學者從未在意過這份假文件。政治局和史達林的個人檔案也沒有任何足以直接或間接證明史達林曾做過這樣的講話，或政治局曾於一九三九年八月十九日開了這麼一場會議的蛛絲馬跡。不過，這也沒什麼好奇怪的。只有完全不了解一九三〇年代末史達林獨裁體制本質的人才會相信，史達林有可能在黨同志面前如此坦白陳述自己的想法。事實上，他壓根兒對同志的意見不感興趣，也不需要有真正的「同志」。前引「史達林講話紀錄」不過是眾多著名歷史偽造品之一。雖然如此，它仍透露了某種對史達林個人及其作為的看法。這個看法是，史達林之所以與希特勒有互不侵犯的約定，是因為他想要讓歐洲陷於戰火，以利完成自己的宏圖大業。

另一個完全相反的觀點是史達林自己說出來的，有共產國際領導人迪米特洛夫的日記紀錄為證。一九三九年九月七日，史達林於會面時對迪米特洛夫說：

> 我們想和所謂的民主國家簽協議，所以才有那幾場談判。英國人和法國人卻把我們當作來幫他們幹活的，而且還不想付錢！我們當然不會幫任何人幹活——尤其什麼都拿不

到的時候，更不可能。[48]

當然，就連這段話也不需要完全相信，但它呈現另一種分析史達林作為的觀點，也就是史達林之所以和希特勒簽訂協議，是因為他發現自己被孤立於國際政治角力之外、覺得自己被西方「盟友」唬弄朦騙。這個觀點並非沒有根據。

一九三九年八月的史達林到底在想什麼？針對這個問題，各界的見解與假設，一直以來差異頗大，這顯示出戰前的國際局勢極其複雜詭譎。然而，現有文獻與歷史證據讓我們可以相對有把握地提出幾種看法。蘇聯、英國、法國之間的談判確實困難重重，進展有限，而且問題不僅是單方面的。談判越是不順，史達林就越確定，西方國家企圖犧牲蘇聯，以「安撫」希特勒。史達林非常有可能認為，德國與波蘭不免一戰。他的看法應該沒有失準，而德波戰爭對蘇聯的影響也不難預測。納粹軍隊不斷往蘇聯邊界的方向移動。為確保東面無事，希特勒願意付出不小的代價，包括與蘇聯簽訂互不侵犯條約。這給了史達林一個保護蘇聯領土、拓展國防安全帶的好機會。

與此同時，日本因素也發揮了一定的影響力。一九三九年春，蘇聯與日本軍隊在蒙古發生衝突。一開始，情勢對紅軍不利，但在時序接近德蘇互不侵犯條約在莫斯科的談判時，紅軍已贏得幾場關鍵戰役。這讓史達林在對德談判上更有話語權。德蘇之約無疑打擊了日本外交界。短期內，日本已無法期待德國會出面，幫它在遠東牽制蘇聯。以上都是史達林在對德談判時可能考慮的因素。

總而言之，一九三九年八月的史達林有理由認為自己是勝利者。他與當時最可畏的軍事強權簽有協議，得以確保自己的國家在一段時間內，不會與這個強權硬碰硬；如果運氣好，這樣的局勢甚至能維持很久。此外，史達林還成功「收回」不少俄羅斯在二十年前失去的土地。不僅如此，作為「第三勢力」的代表，他現在甚至能笑看歐洲大國間的「鷸蚌相爭」，期待「漁翁得利」。當然，德蘇協議本身，尤其是祕密條款的部分，在道德上確實有瑕疵，對社會主義大國蘇聯的名聲有不良影響。不過，這個難以避免的道德成本還算可以忍受。當時的史達林是否已展望紅星閃耀的未來，計畫在大片歐洲土地上建立社會主義帝國呢？這樣的野心與一九三九年的實際狀況兜不太上。那麼，他與德國簽約，是為了開啟戰火嗎？事實上，史達林沒有開啟戰火的必要，因為納粹的侵略行為早已將世界推向火坑。當然，我們永遠不會知道，如果史達林當時沒和納粹簽訂互不侵犯條約，而是繼續和英法無止盡地談判，戰事會如何發展。

我們也不會知道，如果史達林當時將包含祕密附加協議在內的德蘇互不侵犯條約，單純視為遏制德國的工具，兼具在軍事和外交領域對蘇聯勢力範圍國家施壓的功能，後世將如何看待這份歷史文件？後世的評價很有可能會說，這樣的德蘇關係不太「體面」，但很「務實」。

不過，史達林是獨裁者、極權體制的領袖。對他而言，德蘇協議的必要性並不限於防止納粹滲透與蘇聯交界的國家，更在獲取新領土，而為達此目的，侵略行為及血腥的社會清洗實屬必要。我們可以這麼說，在第二次世界大戰的邊緣地帶，史達林正打算大展身手，玩自己的遊戲。

世界大戰的邊緣地帶

一九三九年九月一日，納粹德國入侵波蘭。波蘭的英國和法國盟友對德國宣戰。第二次世界大戰開打。納粹很快就擊潰波蘭。支援波蘭的英國和法國軍隊整軍太慢，而且似乎不急著打仗。根據德蘇協議，紅軍也應該要入侵波蘭，與德國一同瓜分這個國家。德國外交部長訪蘇時即已談定相關細節，不過，史達林與波蘭的西方盟友一樣，不急著涉入戰事。他拖到九月十七日才出手，也就是德波勝負已大致底定的時候。他顯然不想直接和波蘭人衝突，徒增侵略者的罵名。紅軍在烏克蘭西部和白俄羅斯西部占領的土地，主要就是波蘭自己在一九二一年以武力強行奪取的那些。這給了蘇聯官方宣傳機器一個好理由，以烏克蘭及白俄羅斯人民的名義宣稱，紅軍並非「占領」，而是「解放」這些地區。西方國家的政治人物並不反對這樣的宣傳。他們避免觸怒史達林，以防他與希特勒走得更近。

不過，真實與宣傳的世界不只有一線之隔。西烏克蘭和西白俄羅斯成為蘇聯一部分的過程不似「兄弟民族恢復一統」般充滿友誼光輝。究其本質，蘇聯是得到了新領土。這些新領土在一年半的時間內經歷了「老蘇聯」在數十年間走過的蘇維埃化道路，包括大規模的政治和社會「清洗」。這些西部地區必須盡快被蘇維埃化、接上蘇聯「正軌」——摧毀資本主義經濟制度、導入新的意識形態、搗毀所有可能的「異端思想」來源、粉碎抵抗新政權的力量。蘇聯當局「規格統一化」的手法還是舊的那套：讓「可疑分子」被槍斃、關入勞改營、迫遷（流放），不然就是沒收私人財產，建立集體農場。短短幾個月內，當局動用各種手段防止新到手的西部領土被「反整合」，也努力從根斬斷當地居民「通敵」的可能性。血洗「第五縱隊」的政策造就了「卡廷慘案」。一九四〇年三月五日，政治局做出決議，槍斃數千名波蘭軍官、官員、地主、工廠主、警察和被徵召入伍的知識分子。當時，這些波蘭人不是被關在戰俘營，就是被監禁在烏克蘭及白俄羅斯西部的牢房。一九四〇年四到五月間，在針對波蘭人的「國安」行動中被槍決的，計有兩萬一千八百五十七人。[49]史達林試圖消滅波蘭菁英，以防波蘭人重建他們戰前的國家。

相較之下，史達林在愛沙尼亞、拉脫維亞和立陶宛的作為就比較謹慎、循序漸進。這些國家在俄羅斯帝國解體後曾獨立，卻在德蘇互不侵犯條約的祕密附加協議中被劃入蘇聯利益範圍。與德國一同瓜分波蘭並解決若干爭議後，蘇聯當局即刻於一九三九年九到十月強迫愛沙尼亞、拉脫維亞和立陶宛簽署條約，允許蘇聯在當地——包括波羅的海港口——建立軍事基地。恫嚇、脅迫波羅的海鄰居的工作由莫洛托夫和史達林親自負責。他們兩人和波羅的海沿岸國的政府代表在克里姆林舉行了談判。談判氣氛緊張、透露出火藥味。波羅的海方不願屈服，堅持維護自己的政治主權和中立態度。莫洛托夫除了表示蘇方將不惜一戰，還提出許多強硬要求。史達林則扮演「白臉」，同意做意義不大的妥協，例如減少蘇聯駐軍人數。波羅的海方的「冥頑不靈」顯然讓史達林惱怒，但他盡量不動聲色。根據拉脫維亞外交部長的證言，談判過程中，當各方忙著發言時，史達林不斷東寫西塗，繞著房間走，或一會兒抓書、一會兒拿報。在關鍵時刻，史達林會介入，把談判引往別的方向，花很長時間就抽象的民族學和歷史學議題進行思辨。[50]

無庸置疑，占贏面的是史達林。紅軍部隊已集結於波羅的海沿岸國家的邊界地區——這些國家不大，但紅軍還是擺出不小的陣仗。當時唯一能制衡蘇聯的德國在波羅的海問題上選擇和蘇聯站在一起。不過，史達林並不急著「一次全拿」，而是步步為營。當蘇軍逐步進駐拉脫維亞、立陶宛和愛沙尼亞時，一九三九年十月二十五日，史達林向共產國際領導人迪米特洛夫說明自己的戰術：「不要跑太快！（…）要提出符合戰爭現階段需求的口號（…）我們（和拉脫維亞、立陶宛和愛沙尼亞簽署）的互助協定可以沿用，藉由類似的模式把其他國家納入蘇聯影響範圍。不過，這個方式要管用，我們必須先忍耐——嚴格遵守他們國內的規矩、讓他們保有自主性。我們不會強力要求他們蘇維埃化。等時間到了，他們自己就會這麼做了！」[51]

史達林的最終目的就在他的最後幾句話裡：把蘇聯從德蘇密約獲取的土地蘇維埃化、徹底吞噬。歷史或許可以正當化這個政策方針——史達林顯然是有整合昔日俄羅斯帝國疆域的野心。在軍事戰略方面，史達林如此可以合理化莫斯科對波羅的海沿岸國的態度——大戰一觸即發，務必得在遠方要衝就將戰火阻絕於蘇聯境外。然而，世界大戰主戰場的情勢仍不明朗，史達林因此決定再等一等。目前，他寧願在相互對抗的兩個陣營間取得動態平衡；非有重大必要，應避免刺激英國和法國，尤其是納粹德國。史達林甚至在小細節上也堅守這個原則。他對某事件的反應頗具代表性，可以說明他在這個時期相對謹慎的作風。當時，他收到來自白俄羅斯的消息，是關於白俄羅斯軍區波布魯伊斯克集團軍司令崔可夫在該共和國議會的發言。崔可夫被蘇聯在波蘭輕易取得的勝利沖昏頭，發言時，目空一切地譏諷了所有「敵人」一番，而且他的話還透過電台廣播放送出去：「只要黨說一聲，我們就照著歌詞辦事——拿下華沙，拿下柏林！」[6]史達林氣炸了，他對崔可夫的上級、時任國防部長弗羅希洛夫下

6 譯註：這裡引用的是紅軍的所謂《布炯尼元帥進行曲》歌詞。歌詞於一九二〇年寫就，經數次變動、加入符合時代需求與現實的新元素（例如第一版歌詞未提及一九二五年才成為軍事首長的弗羅希洛夫）。

達指示：「崔可夫如果不是敵人，那顯然就是個笨蛋。我建議好好罵他一頓。至少要做到這樣。」[52]崔可夫算是幸運的了，史達林的怒火沒有直接燒到他。至於多數蘇聯公民就沒那麼好運了——一旦公開表達禁忌的反納粹思想，就有可能遭到嚴厲懲罰。一九三九年八月之後，一直到與德國開戰前，在蘇聯表達、傳播反希特勒思想與言論，視同犯罪。[7]

不過，雖然在世界大戰邊緣地帶悄悄擴張勢力對史達林而言是最有利的策略，但它無法無限持續下去。首先，芬蘭就是個絆腳石。一九三九年十月，史達林從拉脫維亞、立陶宛和愛沙尼亞處得到他要的讓步後，轉而「處理」芬蘭。根據德蘇互不侵犯條約，芬蘭也屬於蘇聯的勢力範圍，但蘇聯對芬蘭提出的條件比對波羅的海三國更嚴苛。除了軍事基地，蘇聯還要求芬蘭釋出近列寧格勒州的大片土地，但可得到其他近邊界地區作為補償。形式上，莫斯科當局提出這些要求的理據看似頗有說服力，畢竟蘇聯必須防止敵人自波羅的海入侵，確保列寧格勒安全。當時的列寧格勒可是軍事工業重鎮。不過，芬蘭也有理由不相信蘇方「心思純正」。芬蘭曾是俄羅斯帝國一省，於一九一七年獨立；該國政府有理由懷疑，史達林治下的蘇聯有「收復失土」的帝國野心。芬蘭人還記得一九一八年那場主要由共產黨鄰居挑起的可怕內戰。此外，捷克斯洛伐克的血淋淋教訓猶在眼前——他們一開始把蘇台德地區讓給德國人，結果失去一切。芬蘭政府堅決反對莫斯科的提案。史達林決定用武力解決問題。

一九三九年十一月底，紅軍入侵芬蘭。從各方面看來，戰爭進行得很快，蘇軍很快就取得勝利。然而，我們必須考量以下因素。當時的芬蘭人口少於四百萬人，蘇聯人口是它的四十多倍。領土面積、經濟資源和軍事力量更是不能比：芬蘭人只有二十六輛坦克，蘇聯有一千五百輛。此外，蘇聯還有條件不斷補充作戰資源，它在接下來的幾個月也確實這麼做了。這一次，史達林決定善用壓倒性的軍事優勢，採用不同於對付波羅的海三國的手法，併吞芬蘭。跟在紅軍後面進入芬蘭領土的就是所謂的「芬蘭人民政府」，其成員是經莫斯科挑選過的芬蘭共產黨員。史達林計畫把治理芬蘭的權力交給他們。

不過，這個計畫沒成功。芬蘭人受到蘇聯侵略行為的刺激，團結一氣，奮勇且有技巧地反抗紅軍。戰爭還沒結束，國際社會倒是開始蔓延反蘇維埃的情緒。蘇聯被逐出國際聯盟；法國和英國準備介入戰爭，加入芬蘭陣營。史達林決定不要冒險。雖然紅軍已在芬蘭戰場大量集結，勝券在握，一九四〇年三月，史達林仍與芬蘭簽署了和平協定。把北方鄰居蘇維埃化的計畫只好暫且作罷。然而，受制於和平協定，保住政治獨立的芬蘭仍然失去了大片土地與經濟資源。蘇聯方面，紅軍陣亡、因病或傷而死及失蹤者約十三萬人，傷者及凍傷者超過二十萬人。相反地，芬蘭軍隊的損失還比較小：兩萬三千人陣亡及失蹤、四萬四千人受傷。[53]這對蘇聯與史達林個人而言無疑是個恥辱。蘇芬戰爭揭露出蘇聯戰爭機器的諸多不足

7 譯註：當局可因此強加予民眾不同的罪名，包括「施行反蘇宣傳」（也就是說，當時反希特勒等於反蘇）。

之處。許多研究者認為，這場「冬季戰爭」在某個程度上鼓舞了希特勒攻打蘇聯。

與此同時，希特勒的軍隊正逐步取勝。史達林在這個節骨眼上暴露自己的弱點確實很危險。蘇芬戰爭結束後不久，一九四〇年四到六月間，德國占領了許多西歐國家，並在幾個星期內成功讓法國投降。英國軍隊自歐洲大陸撤退。義大利加入德國陣營。法國如此快速、毫無光彩地投降，徹底扭轉了世界局勢。根據赫魯雪夫的證言，法國投降一事讓史達林十分沮喪、焦慮。史達林抱怨，法國人竟然挺不住。[54]赫魯雪夫對史達林有成見，因此我們無法盡信其言，但即便如此，史達林感到不安這一點確實無庸置疑。蘇聯領袖失去了在交戰方之間運籌帷幄的條件，原先看似穩當的戰略瞬間化為烏有。這問題可不是動動手簽個條約就能解決的。現在，史達林已經沒有退路。過去他以為可靠的盟友，如今成了足以致命的敵人。

面對局勢轉變，他的反應相當急躁，甚至稱得上亂無頭緒。一九四〇年七到八月，當德國在西歐的地位越來越穩，莫斯科也把拉脫維亞、立陶宛、愛沙尼亞、比薩拉比亞及部分的布柯維納[8]收入蘇聯版圖。當時，史達林領導圈的重要工作之一就是盡快將這些國家和地區蘇維埃化。為此，大量的私有財產被沒收，社會和政治領域遭到大規模「清洗」。戰前，這些莫斯科當局新入手的西部土地被迫害行動的腥風血雨狠狠掃過——「忠誠度不足」、「不可靠」的當地居民遭逮捕、槍決、迫遷至偏遠地區。一九四〇到一九四一年上半，蘇聯政府主導了四場迫遷行動，下手目標為西烏克蘭、西白俄羅斯、波羅的海沿岸國家和比薩拉比亞的居民，受害者總計約三十七萬人。這個數字對人口不多的國家和地區來說，非同小可。[55]

史達林亟欲消滅的不只有數十萬的「可疑分子」和潛在的「第五縱隊」。一九四〇年八月，托洛茨基在墨西哥遇害身亡。誅殺令是史達林下的，內務部的特務用冰斧對托洛茨基實施致命攻擊。事實上，史達林已經追殺這位最不願妥協、最活躍，而且辯才最佳的敵人很久了。他的動機為何？渴望報私仇嗎？或擔心托洛茨基派會利用戰爭再掀一波狂瀾？這兩個動機應該是同時存在的。

依照與希特勒談好的，把自己「該得」的都收入囊中之後，史達林不免苦惱：接下來該做什麼？由於德國的力量以驚人之勢壯大，蘇聯似乎不得不進一步鞏固與它的友誼。然而，來自德國的威脅越來越大，這讓德蘇友誼充滿危險與不確定性。蘇聯與德國在芬蘭明顯有利益矛盾：蘇芬戰爭後，尤其在挪威被德軍占領後，德國對芬蘭的影響力越來越大。除了芬蘭，巴爾幹地區也是德蘇利益有正面衝突之處：希特勒急需羅馬尼亞的石油，而史達林也想在羅馬尼亞和保加利亞分一杯羹。史達林的目標之一是鞏固蘇聯的西南和南部邊界，還有更重要的——完成俄羅斯帝國長期以來的夢想，控制黑海海峽航道。

然而，德國、義大利和日本於一九四〇年九月二十七日簽署了「三國盟約」，三個簽約

8 譯註：布柯維納為一歷史性的地理概念名詞，其涵蓋範圍的南、北部分別屬於今日羅馬尼亞與烏克蘭境內。

國不但允諾將互相提供協助，還把世界版圖也先瓜分了。這對史達林來說是惡兆。德國和義大利將稱霸歐洲，亞洲則是日本的。表面上，這個條約是衝著英國和美國而來，但史達林確實有理由感到不安。

為避免在此關鍵時刻破壞與蘇聯的關係，希特勒決定示好。一九四〇年十一月，莫洛托夫受邀赴柏林。在和希特勒與李賓特洛普談判的過程中，莫洛托夫鍥而不捨地強力要求德方承認蘇聯在芬蘭、巴爾幹地區和黑海海峽的利益。希特勒也很堅持，尤其在芬蘭和羅馬尼亞的問題上。他不給任何具體承諾，卻提議蘇聯加入「三國盟約」，成為同盟中的第四個玩家，一起瓜分大英帝國；至於蘇聯的其他利益範圍，則留待日後透過談判議定。[56]綜觀史實，我們很難不做這樣的判斷：柏林談判的雙方都在試探，新的同盟關係是否有可能成立。我們現在知道，談判進行的那幾天，希特勒就有攻打蘇聯的構想了。我們也知道，史達林並不認為，德國一定不會對蘇聯宣戰。與此同時，我們必須考慮到，在德蘇於一九三九年八月簽訂互不侵犯條約前，這兩國可號稱是不共戴天的仇敵。然而，一旦史達林與希特勒找到共同的利益，瞬間就能「化敵為友」。

莫洛托夫回到莫斯科後不久，蘇方就向德方提出新的協議草案。一九四〇年十一月二十五日，莫洛托夫透過德國駐蘇大使，將簽訂四國（德國、義大利、日本和蘇聯）同盟條約的條件送到柏林。就實質而言，這是一九三九年八月戰術的延續。根據史達林的提案，蘇方將支援新同盟成員（包括提供大量原物料予德國），而他們必須滿足蘇方的若干要求。首先，德國必須自芬蘭撤軍。相對地，蘇聯保證將與芬蘭和平共處，並提供芬蘭的原物料（木料、鎳）予盟友。與莫洛托夫談判時，希特勒對原物料供應這一點特別堅持。第二，新盟友必須認可蘇聯為鞏固自己在保加利亞的影響力而採取的必要措施。蘇聯將與保加利亞簽訂互助條約，也會在黑海海峽一帶建立軍事基地。第三，新盟友必須承認蘇聯取道伊朗和土耳其往南推進至波斯灣的權利。第四，日本必須放棄在北庫頁島的煤和石油特許經營權，但會因此得到「合理的補償」。[57]從各方面看來，這是史達林所能設想的最理想方案；就本質而言，這些要求都不脫帝俄的地緣政治戰略框架。史達林提案時，給對方和自己都留了討價還價的空間。從他願意承擔風險，向納粹德國提出新的結盟條件看來，史達林已做好加入「侵略者同盟」的心理準備。他願意承受國際政治局勢因此可能產生的劇烈變化。

當然，有一種說法是史達林自始就不接受希特勒提出的四國結盟條件，而前面提到莫斯科於十一月二十五日提供的方案不過是虛張聲勢，因為德國顯然不可能接受這樣的內容。支持這種說法的人有各種論據，其中最重要的包括史達林號稱於一九四〇年十一月十四日在政治局會議上所做的發言。這個論據的大意是說，從柏林歸來的莫洛托夫號稱在這場政治局會議上，針對與德國人的談判做了報告。史達林對此表示，希特勒信不得，蘇聯必須為與德國開戰做準備。這個說法沒有任何歷史文件可資佐證；沒有任何文獻可以證實政治局曾舉行過這麼一場會議，而史達林曾在會議中做這樣的發言。之所以會有這樣的資訊，是因為前內閣辦公室主任查達耶夫曾聲稱，自己參與了這麼一場會議，而且還做了會議記錄。[58]

不過，他的證詞缺乏說服力。首先，一九四〇年十一月十四日當天，莫洛托夫根本不可能現身莫斯科，因為他正是在這一天搭火車離開柏林。再來，史達林當時並沒有理由召集這樣規模還不小的會議。[59]眾所周知，在戰前時期，蘇聯最重要的對外政治決策（包括德蘇的一九三九年之約）都不是透過政治局開會討論做成的。史達林把對外政治的決策權緊抓在自己手裡，頂多與莫洛托夫磋商。加入「三國盟約」之事屬重大國家機密。

史達林克里姆林辦公室的訪客登記簿顯示，十一月六到十四日，史達林沒接見任何人。很有可能，他這幾天都待在別墅。[60]至於說到查達耶夫，他是否能參加政治局於十一月召開的會議（如果有會議的話）都還是值得商榷。問題在於，身為內閣辦公室主任的查達耶夫一直要到一九四一年五月，史達林成了總理（閣揆）後，才開始較常與史達林來往。在此之前，查達耶夫的身分並不足以讓他參與國家最高領導層的會議，更不用說做會議紀錄了。

不過，事實擺在眼前：一九四〇年十一月二十五日，史達林很有效率，甚至可說是心急地把加強同盟關係的條件傳達給希特勒。柏林方面沒有回應，就算莫斯科不斷提醒亦然。莫洛托夫離開柏林不久，完全受制於德國的匈牙利、羅馬尼亞和斯洛伐克就加入了「三國盟約」的陣營；接著，一九四一年三月，史達林亟欲控制的保加利亞也加入了。一九四一年四月，德國搶到了希臘和南斯拉夫。

一九四〇年十二月，希特勒確定了攻打蘇聯的計畫，行動將於一九四一年五月展開。史達林只剩下自己的國家和人民當他的盟友了。德蘇戰爭爆發前幾個月，史達林投注許多心力在權力整合和軍事準備上。

高層權力整合

「大恐怖」的重要結果之一是政治局內部的權力平衡改變。一九三〇年初，甚至直到中葉，政治局內部還有「集體領導」文化的殘餘，但在一九三七到一九三八年間，政治局就完全受制於史達林一人了。史達林邁向另一個權力高峰。他徹底「轉型」為獨裁者，可以任意擺弄一般民眾和老同志的命運。五位政治局委員及委員候選人被槍斃（寇休爾、丘巴爾、艾依賀、波斯提舍夫，和魯祖塔克）；另有一位則是被擠出權力高層（彼得洛夫斯基），多虧史達林網開一面才保住性命。因為受不了來自史達林的壓力而自殺的歐爾忠尼齊澤也是受害者。同志們就算形式上保住了個人政治權力，實際上卻是被迫接受自己從屬於史達林的難堪地位。他們如履薄冰，頭上懸著「史達林之劍」，生與死往往只是一念之間。當自己最信任的同僚、朋友，甚至親人被逮捕、被槍斃，他們無能為力。透過刑求，內務部可以逼問出大量人名。但是，這些「供述」、「自白」有沒有用，只會由史達林一個人決定。任何人都可以被輕易定罪。史達林身邊的同志對此了然於心。

史達林總是能找到新人替代被消滅掉的政治局委員。這是獨裁體制得以鞏固的重要條件。年輕領導人的權力直接由史達林授予，史達林是他們唯一的權力來源。有別於黨大老，這些新出頭的領導人沒有革命戰績，因此完全有賴史達林提攜。一九三九年三月，政治局委員中出現了史達林的「第二代」同志：日丹諾夫和赫魯雪夫；候選委員則是輩份為「第三代」的貝利亞。一九四一年二月，三位史達林的「第三代」同志加入了貝利亞的政治局委員候選人行列：沃茲涅先斯基、馬林科夫和薛爾巴科夫。[61]這些任命案的用意並非單純「提攜後進」，而是讓年輕領導人在重要黨國職位上抗衡大老勢力。

人事操作不過是深層政治運作的外在表現。一言以蔽之，各種人事案的終極目的不外乎徹底摧毀既有的「集體領導」外在結構（其內涵已嚴重受損），並建立新的非正式或半正式權力單位，以滿足獨裁統治的行政與政治需求、配合史達林的個人生活型態。政治局最終可謂徹底名存實亡。「大恐怖」時期，各類領導小圈子取代了政治局的角色。近一九三九年初，所謂的「祕密五人組」成形，其成員有史達林、莫洛托夫、弗羅希洛夫、米科揚和卡岡諾維奇。這個非正式的「祕密五人組」實際上取代了政治局，但臣屬於獨裁者。它具諮議功能，但最後決定權仍在獨裁者手上。「五人組」會聚在一起磋商各類事務，但史達林也會另外就具體問題徵詢個別同志的意見。無論是商議或諮詢，都沒有正式的程序規範，一切都依憑獨裁者個人意志。除此之外，「五人組」開會還得配合史達林的個人習慣和「夜生活」作息，因此形式非常多樣。開會地點可以是史達林克里姆林辦公室、別墅、電影放映室，或往往耗時許久的餐會，時間可以是白天，也可以是夜晚。

權力金字塔的下一層就是各個治理機關。史達林賦予它們一定的權責，但整體控制權仍抓在自己手上。在這一方面發展最快的是黨中央委員會辦公室，它們集中火力在意識形態工作和篩選領導幹部上。主導相關業務的就是史達林的人馬——日丹諾夫和馬林科夫，但他們能做主的只是些相對無關緊要的事務，較為重要的問題還是得由史達林裁決。一九四一年一月，史達林如此解釋了中央委員會的新「規矩」：「我們在中央委員會已經有四、五個月沒召集政治局了。所有問題都由日丹諾夫、馬林科夫以及其他人透過分別徵詢知情同志的意見準備好了。領導工作不但沒因此變差，反而變好。」[62]

相較之下，政府機關（內閣）適應獨裁統治需求的過程要顛簸得多。蘇聯政府結構複雜。它主管所有經濟活動，在戰爭陰影逼近時，還得全力備戰。史達林的目標是讓整個政府機器也臣服於自己的意志，變成從屬於獨裁者的一個類似委員會的機構。各種跡象顯示，史達林對數量龐大的政府機構虛胖而僵硬、反應遲鈍、缺乏控管（譯者註：組織疊層架屋也是原因之一）的狀況感到惱火。一九三九到一九四一年間，為化解自己的不滿，史達林對內閣的組織架構做了許多調整。一九四一年三月，一個新的政府機關誕生了——蘇聯內閣常務局，它的首長是總理莫洛托夫及其副手們。常務局握有極大實權，擁有「蘇聯內閣的所有權力」。內閣常務局是史達林的心血結晶，其角色類似政治局內的領導小圈，是內閣中實際做決策的圈子。內閣常務局擁有「蘇聯內閣的所有權力」——這句話是史達林自己寫入命令文的。[63]

建立內閣常務局對重建高層權力結構、使其符合史達林需求而言，非常重要。他的另外一個重要政治操作是將自己的人馬、相對年輕的沃茲涅先斯基任命為莫洛托夫的第一副手（副總理）。這麼重要的職位竟然不是由更資深的政治局委員（例如米科揚、卡岡諾維奇）擔任——這件事在史達林的親近圈中造成了一定的不滿。舉例而言，米科揚在過了好幾十年後，仍忍不住在回憶錄中訴說自己的委屈：

> 但常務局中最讓我們震驚的莫過於沃茲涅先斯基竟成了第一副總理（⋯）史達林頻繁做人事異動的動機為何，至今仍不清楚。沃茲涅先斯基因為無知，對自己的任命案感到非常高興。[64]

有可能，史達林任命沃茲涅先斯基是為了制衡莫洛托夫，也是為了「激勵」現任總理：你並不完全勝任這個職位，需要年輕、有活力的副手來推你一把。無論如何，史達林在一步步實行政府組織改造時，總不忘譴責、指控內閣及閣揆莫洛托夫辦事不力。這「明示」了史達林另有計畫。

一個月後，當內閣常務局開始運作時，史達林的心思就昭然若揭了。一九四一年四月二十八日，史達林發給常務局成員一封備忘錄，其內容指出，內閣常務局的成立目的是整頓政府機關業務、消滅經濟領導工作的混亂局面。史達林稱，之所以會有「混亂」，就是因為內閣「透過調查表決解決重大經濟建設問題」。史達林認為，調查表決（譯者註：也就是藉由傳遞公文，讓相關人員在公文上表示意見，而不開會討論）缺乏效益。為說明自己的觀點，他舉了庫頁島地區石油管線鋪設決議文草案當例子。史達林憤怒地寫道，莫洛托夫在未經內閣常務局內部討論就批准了這個草案。既然如此——史達林毫不客氣地指出——所謂的調查表決根本是「辦公室官僚的拖拉作風和無謂的公文塗抹」。他甚至下達最後通牒：

> 我認為，不能再這樣「領導」下去了。我建議在中央委員會政治局討論這個問題。不過，我在此還是必須說，我拒絕就任何或多或少具有重要性的經濟問題參與調查表決——如果文件上沒有內閣常務局證實，該草案已經過其討論、批准的話。[65]

無庸置疑，莫洛托夫沒想到史達林會如此不滿。在蘇聯行政體系中，藉由調查表決彙整意見，再做最後決定的做法相當普遍。史達林自己在一九四一年一月，也就是大約三個月前，還責怪內閣首長們搞「國會主義」，意指會議太多、太頻繁。同志們當然注意到，史達林舉的例子其實不太恰當，因為莫洛托夫的做法正好違背「調查表決」的原則，而且庫頁島地區石油管線鋪設案也不見得需要經內閣常務局細部討論。總而言之，史達林於一九四一年四月底對莫洛托夫發動的攻勢缺乏威脅性。莫洛托夫本人及政治局其他委員應該猜得到，史達林其實別有所圖。果然沒錯。一九四一年五月四日，政治局在討論過前述史達林四月底所發出的文書後，做成決議，其中提到：

> 為徹底整合蘇聯各政府與黨組織、確實統一黨及國家的領導工作，亦考量當下國際局勢緊張，蘇聯政府全體務必全力以赴，加強國家防衛，因此有必要進一步提升各國家機關的權威性，蘇聯共產黨（布）中央委員會政治局一致決議：
>
> 一、任命史達林同志為蘇聯總理。
>
> 二、任命莫洛托夫為蘇聯副總理兼蘇聯對外政治首長，保留其外交部長一職。
>
> 三、有鑑於史達林同志在中央委員會政治局強烈要求下續任蘇聯共產黨（布）中央委員會第一書記一職，但無法持續對中央委員會書記處的業務投注足夠心力，特任命日丹諾夫同志為史達林同志在中央委員會書記處的副手，並依此解除其在蘇聯共產黨（布）

中央委員會宣傳鼓動局的職務。[66]

現存文獻(包括事件參與者的回憶錄)中,找不到與決策討論過程相關的細節。不過,決議文本身透露了一些訊息。權力高層的洗牌在此被詮釋為「列寧革命領導模式」的回歸。黨兼國家的領袖應同時領導政府機關,尤其在戰火逼近時更是如此。依此邏輯,史達林必須採取的下一步應該是,拒絕接受黨中央委員會書記這個職位。因為列寧既是黨的創建人,也是黨領袖,卻不曾在黨機關中占據任何書記等級的職位。不過,列寧的領袖至上主義和史達林的獨裁體制終究不同。史達林要的是集黨和政府所有最高職位於一身。

獨裁體制的權力系統總算完備了。在權力階序的最頂端是握有實權,也擁有相應頭銜的獨裁者。位於獨裁者下一層的是政治局領導小組,小組成員經獨裁者挑選,具諮議功能。再下一層有兩個機關——黨中央委員會書記處(由日丹諾夫領導)及內閣常務局(由沃茲涅先斯基領導),它們也從屬於獨裁者,可以說是自成特色的委員會,一方面有權就執行面及相對枝微末節的問題做決策;另一方面,針對較為重大的議題,他們又只能先備好命令或決議文,再交由史達林批示。

權力組織架構優化大概不是獨裁者史達林大刀闊斧的唯一目的。「黨領袖兼任總理」這件事對外發出的訊息是,在國際政治危機逐步升高的環境中,黨國領導人必須將所有領域的最高指揮權收攏在自己手中。當然，我們不能小看史達林個人特質對權力整合過程的影響。他熱愛權力，不僅想握有實權，也想擁有權力的所有外在表徵。此外，他對同志充滿戒心。因為他的改革，許多年輕一輩的同志得以占據重要的黨國領導性職位，這一點很難說史達林不是刻意為之。日丹諾夫和馬林科夫成了中央委員會辦公室的領導人；總理史達林的第一副手竟然不是莫洛托夫，而是沃茲涅先斯基；貝利亞成了懲治和特務機關的頭頭，而這些機關在獨裁體制中皆有舉足輕重的地位。史達林的老同志們就算沒被排除在權力高層以外，至少也會覺得被排擠，被逼著讓路給後輩。

忙著重新分配權力的史達林把莫洛托夫當主要的「出氣筒」。他不僅讓老同志莫洛托夫失去總理一職，甚至連第一副總理的位子也不給他坐。一有機會，史達林就公開表現對莫洛托夫的不滿和輕視。兩人在德蘇戰爭爆發前不久曾發生過一次衝突，當時是一九四一年五月。在某場內閣常務局會議上，史達林猛烈批判莫洛托夫。煙硝味濃厚。當時擔任會議紀錄的文書官事後回憶：

> 史達林毫不掩飾自己對莫洛托夫的不滿。他非常不耐煩地聽莫洛托夫針對常務局成員傳達的每則意見做出冗長評論（…）可以感受得到，作為攻擊方的史達林有權則強（…）莫洛托夫的呼吸速度變快，有時從他的胸膛會傳出沉重的嘆息聲。他在椅子上坐不安

穩，不知在嘟囔什麼。最後，他終於忍不住了：

「說得倒容易。」

莫洛托夫尖刻但小聲地說。

史達林聽到了。他說：

「眾所周知，誰害怕被批評，誰就是懦夫。」

莫洛托夫打了個哆嗦，沉默了（⋯）其他常務局成員一言不發地坐著，把頭埋進紙堆中。[67]

史達林對自己最親近的同志如此粗暴，其動機為何？有可能他確實對莫洛托夫不滿，加上國際政治局勢發展不如自己預期，他就把憤怒發洩在同志身上。也有可能，史達林刻意在戰爭爆發前夕欺侮老同志，讓其他人對自己心存畏懼。無論如何，結果很清楚：權力高度集中，高階領導人不敢多表示意見，戰爭與和平的關鍵問題由史達林一人裁決。簡而言之，數百萬人的生與死，取決於蘇聯元首的一念之間。

先發制人攻擊？

被任命為總理的隔天，一九四一年五月五日，史達林和軍方會面。那是個傳統場子，是在克里姆林舉行的軍事學院畢業生慶祝典禮。六年前，一九三五年五月四日，在同樣的場合上，史達林提出口號：「人才決定一切！」一九四一年，史達林也在典禮上做了講話，但報紙並未提及口號為何——口號成了「內部資訊」。一九四一年五月，在德蘇戰爭爆發前一個半月，他呼籲國內各界以實力堅強的紅軍為後盾，由守轉攻。[68]

雖然史達林的這場一九四一年五月講話特別引起研究者關注，但在此之前，他已數次公開發表過類似的看法。一九三八年十月，他在某場會議上表示：

（⋯）布爾什維克黨員和那些渴求和平，但只有在別人發動攻擊了、才懂得拿起武器的和平主義者不一樣。那是錯誤的。有時候，布爾什維克自己就會發動攻擊——如果戰爭是正義的、環境適當、條件良好，布爾什維克就會開打。他們不反對進攻、不反對戰爭。我們現在高喊防守不過是障眼法、障眼法。所有國家都會偽裝：「和狼一起生活，就得學狼叫。」（笑）把自己的內在掏出來攤在眾人面前是很愚蠢的。[69]

一九四〇年四月，史達林在蘇芬戰爭後召開的軍事會議上，進一步闡述這個理念。他花許多時間向軍方代表解釋，「沒有攻擊能力，只能消極防守的軍隊」稱不上是現代軍隊。[70]

顯而易見，無論是在一九三八年或一九四〇年初，當史達林公開做出以上表示時，他並沒有進攻德國的打算。不過，部分歷史學者和政論者有不同看法。他們指出，一九四一年局勢已經變了。德軍集結在接近蘇聯邊界的地區，為迅速入侵做準備。這有可能讓史達林認為，實施先發制人的攻擊是必要的。還有其他間接證據可以支持這樣的說法。[71]對為史達林寫傳、研究他的人來說，這個議題有一定的重要性。一九四一年的史達林果真「不同以往」嗎？他不再是那個謹慎為上、沒有把握就不會「加入戰局」的人嗎？難道他成了願意冒險的國家領導人，相信紅軍有實力挑戰德軍嗎？這樣的看法和傳統上對戰前史達林所作所為的詮釋不同。傳統觀點是建立在蘇聯將帥的回憶錄和眾多史實上。史實告訴我們，在德蘇戰爭爆發前幾個月，史達林確實搖擺不定，行事也缺乏一致性。迥異於傳統的看法——也就是認為史達林確實有採取先發制人攻擊的決心——缺乏堅實證據。事實上，面對節節升高的納粹威脅，史達林拿不定主意該怎麼辦，甚至茫然失措，因此造就了戰爭初期紅軍的慘敗連連。這個存在已久的觀點依然經得起考驗。

不過，一九四〇到一九四一年間，史達林確實投注極大心力在加強紅軍的實力上，國家機器也在他的鞭策下進入備戰狀態。一九四〇年已經是史達林沒到南部度假的第四年了。他要務纏身，其中最重要的包括軍隊和軍工業。加強發展重工業及軍工業是史達林自一九二〇年代末以來的優先政策。史達林的工業化手段「特殊」，結果是政策成本特別高昂；犧牲了數以百萬計一貧如洗的農民和古拉格[9]裡的奴隸、耗費了廣大國家的龐大資源後，史達林終於在軍事和經濟領域取得顯著成就。我們可以從數據看出軍事建設的整體成果。在德蘇戰爭爆發前，蘇聯有超過兩萬五千輛的坦克和一萬八千架作戰飛機，是德方的三到四倍之多。[72]史達林「先發制人攻擊」說的支持者以這類數據為出發點，宣稱當時的蘇聯已準備好與德國一戰。不過，「破紀錄」的數據往往有誤導嫌疑。就蘇聯而言，驚人的量化指標背後往往是低落的品質和資料作假、灌水。此外，軍事專業人才不足、軍事基礎設施不發達也是難以否認的弱點。

無論如何，當時的史達林和軍方領導人並不認為蘇聯軍工業在一九三〇年代取得的巨大進展（包括武器總量）已然足夠。戰爭威脅近在咫尺，必須採取非常手段。從歐洲方面不斷傳來「壞消息」，指出德軍軍力強盛、技術精良。在德蘇開戰前，蘇聯政府採取許多激烈措施，以期在相對短的時間內擴編軍隊，並提升軍隊和武器品質及現代化程度。一九四〇年的軍工業產能已然是一九三七年的二點五倍。[73]這是相當高速的成長。此外，蘇聯政府投注許多資源在製造新式武器，尤其是現代坦克、飛機和火砲上。為提升軍工業生產的現代化程度，蘇聯向德國採購了不少軍工業製品和設備。德蘇之間為此簽了許多協議。

然而，雖然相關工作進行得如火如荼，重新裝備軍隊的任務仍遭遇許多挑戰。為縮小論證篇幅，在此先舉幾個常被提到的例子——坦克及飛機製造工業。根據一九四一年六月的數據，蘇聯擁有的兩萬五千輛坦克中，屬於新式設計的不超過一千五百輛。新飛機只占全體機隊的四分之一。[74]當然，這並不表示其他飛機、坦克和舊式武器的性能都很差，無法作戰。不過，以上數據顯示，蘇聯領導人念茲在茲的武裝現代化還有很長一段路要走。而且他們對此心裡有數。

值得注意的是，史達林對蘇聯在軍事經濟領域遭遇的問題較後世「先發制人攻擊」說支持者的理解更全面，不似後者執著於軍工業生產成果。史達林了解，軍隊和軍事工業不過是巨大社會經濟機器的一部分，而機器內有許多錯綜複雜，互有關聯也互有依賴的環節和機制。軍事開支的增加總有其極限。戰前，蘇聯經濟再度陷入危機，而這與「過度積累」有關。工業成長速度趨緩，因其有資源不足的問題，包括金屬和電力供應短缺。將大量資源投入軍事生產，意謂犧牲早已孱弱的民生需求。稅賦及物價攀高，全國各地再度出現物資供應危機，多數民眾只能吃半飽，部分鄉村地區甚至出現饑荒。一九三九年底，農村開始實施麵粉及麵

9 譯註：古拉格，為「Главное управление лагерей и мест заключения」的單位名稱縮寫，英文（Gulag）及中文慣用的譯名皆為俄文縮寫音拼。「古拉格」隸屬蘇聯內務部，總管全國勞改營和監禁、服刑地。

包禁售。數量龐大的饑餓農民湧入城市，但市區商店連當地居民的需求都無法滿足，更遑論來自鄉村的農民。包含史達林在內的莫斯科當局收到大量抱怨信和絕望的求助信：

發生了可怕的事（⋯⋯）我變得好瘦弱，不知道自己接下來會如何（一九四〇年二月，來自烏拉山地區給史達林的信）

我們現在完全沒有時間睡覺。大家半夜兩點就開始排隊搶買麵包，一到早上五、六點，商店外就排了六百、七百到一千人。（⋯⋯）您關切一下，工人在食堂裡都吃些什麼吧。以前拿來餵豬的，現在都拿來餵人了。（來自史達林格勒給蘇聯共產黨中央委員會的信）[75]

蘇聯領導高層很清楚狀況。政治局不只一次地討論了物資供給相關問題，包括如何優先供給大城市人口和工業單位。糧食供應危機加深了蘇聯經濟體系常見的問題——勞動力高度流動和勞動紀律敗壞。戰前動員時期，為根除這些現象，當局導入了新一波強硬措施。一九四〇年六月二十六日，在法國淪陷於納粹砲火之下的同時，蘇聯境內通過新法，延長法定單日勞動時間和每週勞動時數，工作遲到及任意離開工作崗位也成了刑事罪。蘇聯農民早在一九三〇年代初就失去遷徙自由，但現在被剝奪遷徙自由的還有工人和公務員。在德蘇戰爭於一九四一年六月爆發前夕，也就是大約一年之內，有超過三百萬人被依前述那項一九四〇年開始實施的新法治罪，[76]其中有四十八萬人獲判四個月以內的監禁，[77]其他人則獲判六個月以內的強制勞動，保留人身自由。這些因新法獲罪的人往往會留任原工作單位，但他們原本就微薄的工資有滿大一部分會被上繳國庫，以作為懲罰。這讓許多獲罪者及其家人挨餓。

嚴苛的法律和明顯下降的生活水準對社會氛圍產生負面影響，而這更加深了史達林對隱性「第五縱隊」的疑慮。如同前文提到的，在戰前年月，受害於社會和政治「清洗」的主要是蘇聯新取得的西部地區。不過，一旦戰爭開始，史達林懷疑的對象自然會擴及其他人口，畢竟受害於殘酷蘇聯體制的人太多，更不用說吃不飽、穿不暖，苟且度日的人了。官方宣傳中，前線與後方大團結的刻板話術是說給群眾、外敵和後世聽的。宣傳受眾或許容易輕信受騙，但史達林自己可不。

蘇聯官方宣傳總喜歡稱紅軍與人民血肉相連。事實也的確如此。史達林體制的主要特徵和矛盾性在紅軍內表現得特別明顯，雖然表現方式不免有軍隊特色。一九三九年一月到一九四一年六月，蘇聯軍隊總人數成長超過兩倍。但這樣的急速壯大卻有副作用；各種史達林式「大躍進」所蘊含的矛盾在此亦無所遁形。戰前年月的紅軍重蹈覆轍，重現了史達林於一九三〇年代初工業化時期遭遇的根本性問題。當時的蘇聯政府期待透過向西方大量購入設備、甚至移植整間廠房，促進國家的工業化，但這樣的政策經證實效益不彰。年輕、缺乏訓練的蘇聯工人因操作不當把機床搞壞，或製造出一堆瑕疵品是常有的事。史達林以他自己的方式理解到，技術和社會進步之間有錯綜複雜的關聯，因此原先的口號：「技術決定一切！」才被改良為「人才決定一切！」[10]編制迅速擴大的紅軍不只需要武器，還需要訓練。這兩件事，很難說哪一件比較難。

一九三七到一九四〇年間，蘇聯軍官人數成長了超過二點五倍。可以想見，在這樣的「大躍進」之下，專業訓練多是急就章。很大一部分的指揮官缺乏必要的知識和實務經驗。戰爭期間，史達林就曾針對軍事人才培育的問題責罵某位將軍：「你們這些軍人當初把各種垃圾送到學校和各單位受訓，結果把軍隊害慘了。」[78]一如往常，史達林指控別人犯錯，但他自己就是罪魁禍首。正是在他主導下，一九三〇年代，有數萬指揮官基於政治因素被革職、送進勞改營或槍斃。他們之中不乏優秀人才。然而，軍事專業人才流失還不是唯一的問題。持續實施到德蘇戰爭爆發的迫害政策對軍隊整體產生深遠的負面影響。人才被「逆向淘汰」。庸才或才能低下者若善於見風轉舵，就有機會踩著別人的頭「步步高升」。迫害政策踐踏了優秀指揮官須具備的重要特質——主動性和敢做敢當的精神，反而鼓勵「明哲保身」。一如經濟領域的「反破壞分子」運動，對軍方的迫害導致領導幹部威信受損、軍隊管理綱紀廢弛。紀律欠佳、酗酒，不過是紅軍眾多長年疾患的其中兩個，而迫害只是讓情況更糟。

事實上，蘇聯領導高層遭遇的困境應已清楚暗示了他們，軍隊內部的狀況不好。舉個最有名的例子：一九三九年年末到一九四〇年年初的蘇芬戰爭。面對實力比自己弱得多的敵人，紅軍竟會打敗仗——這無疑重創蘇聯的軍事名聲，更何況是在這麼不恰當的時機。與芬蘭簽訂和平協議後，史達林決定來個徹底檢討。檢討後發現，軍隊在訓練、武裝與領導方面有許多缺失。史達林把自己的老友弗羅希洛夫從國防部長的位子趕下來，讓許多新人加入領導軍隊的工作。不過，這些人事變動只有局部性修補的作用。人事調整後大約一年，一九四一年四月，以史達林為首的政治局就檢討了空軍中意外事故頻仍的問題。就連在和平時期，空軍因意外事故損失的飛機都高達每日平均兩到三架。暴怒的史達林把罪全推給空軍領導層。[79]德蘇戰爭爆發前，還有數名指揮官被捕。

史達林一方面戮力經營自己的軍隊，另一方面也持續關注敵軍的進展。德軍似乎大有成就，其壓制力及無情令人憂心。德國與蘇聯在戰前有軍事合作；蘇聯軍事技術參訪團在參觀德國軍工企業後，從當地回傳的資訊讓莫斯科心生警戒。參訪團成員無法掩飾自己對德國軍工業的崇敬，無法不描述其取得的巨大成就。蘇聯的情報、軍事和經濟單位人員彷彿應驗了俗話說的「疑心生暗鬼」，總傾向誇大敵人的實力。新的航空工業部長沙虎林在一九四〇年向史達林報告，德國航空工業的產能是蘇聯的兩倍。至於情報單位，它們往往會在給史達林

10 譯註：一般譯為「幹部決定一切」，但幹部範圍太窄，無法涵蓋史達林指涉的所有對象，故此處譯為「人才決定一切」。

的報告中，誇大德國工業的潛能、替德國軍隊人數灌水。[80]多虧這樣的「錯誤哄抬」，敵人看來比實際上要恐怖得多。

足以造成史達林對敵方高度疑懼、對己方卻信心不足的因素很多，但本書篇幅有限。史達林絕對有理由害怕與德國交戰。面對看似三頭六臂的敵人，史達林的可能對策包括（如同許多研究者認為的）盡可能拖延開戰時間、等待國際局勢轉向對己方有利、增強己方實力。政治人物的想望很少是「空想」。史達林確實有理由認為，拖延開戰時間是辦得到的。從各項資料看來，史達林認定，希特勒應不至於「狂」到兩線作戰，也就是把英國和它越來越積極的盟友美國晾在後頭，轉而對蘇聯宣戰。這樣的思考並不違反邏輯常理，抱持同樣想法的也不只史達林一人。希特勒也是這麼想的，而且他善加利用了這個想法的合理性。為攻敵個措手不及，希特勒決定冒兩線作戰這個險，因為他預設敵人不認為這樣的戰術有人敢用、可以用。納粹的「反情報」或「反宣傳」也是從這個立場出發。可以說，史達林是中了邏輯的圈套，中了「自保本能」假設的圈套。

引誘史達林落入圈套的還有其他因素。蘇聯與德國的經濟合作正發展得如火如荼。多虧蘇聯出口，德國才能滿足自己的諸多原料需求。德國購自第三國的貨物也是經過蘇聯領土入境德國的。對德國來說，與蘇聯開戰無異於拿石頭砸自己的腳，自斷經濟血脈。至於史達林，他收到的情報資訊往往自相矛盾。他的成見和預設立場讓情報單位難以施展，傾向配合他的心情和偏好寫報告。這在世界史上並非特例。[81]

許多人都知道史達林對一九四一年六月十七日收到的某個情報消息反應激烈。該消息稱，戰爭很快就會開打。不出幾天，德國人果然就進攻了，但收到情報的史達林用文字告知國安部長：「您可以叫您在德國空軍的『消息來源』滾回去找他被幹爆的老母了。他不是什麼『消息來源』，是提供假消息的騙子。」[82]有可能，在這個案例中，史達林是對的。然而，獨裁者如此粗暴的回應顯然容易讓情報單位嚇得噤口、無法獨立自主、工作缺乏效益。與其說實話，不如說史達林喜歡聽的話，這樣會簡單、安全得多。或乾脆什麼都不說。這樣的行為和思維模式甚至可見於直接負責國家安全、做軍事決策的人。

就這樣，德蘇開戰前，史達林得到他要的了。除了他，沒有人有發言權或擁有個人意見的權利。所有人都在等獨裁者一句話。他們期待或心存僥倖，史達林一定知道該怎麼辦。但史達林其實不知道。

頭號病人

Пациент номер один

Patient Number 1

一九五三年三月二日早。近郊別墅。呼叫醫生。

史達林躺在沙發上，沒有醫護人員上前幫他。可能因為恐懼，也可能因為對他缺乏好感，史達林的「戰友」們並不特別積極處理這個突發狀況。確認史達林睡了之後，同志們開始不怎麼想理會護衛人員的話——真的有急性發作嗎？護衛人員又不是專業的醫護人員，很有可能只是妄加揣測。別忘了，史達林前不久才宣告自己的醫生是「殺人兇手」呢。沒有重大必要，誰敢幫史達林叫醫生，這不等於是招來「殺手」嗎？呼叫醫護人員明明是一件很簡單的事，但在當時的政治情境，竟變成一件複雜、無法一步完成的任務。

三月一日到二日的那個夜晚充滿焦慮。史達林的侍衛非常擔心一旦老闆死了，他們會被指控怠忽職守。為避免招來責難，他們又給上級打了通電話，強調老闆的確不太對勁。這通電話發揮了作用，「四人組」決定派遣醫生到別墅。不過，為保險起見和避免連坐之災，他們同時也召集了中央委員會主席團常務局的其他委員。[1]如此一來，呼叫醫護人員就變成是黨高層集體做出的決定。一旦史達林康復後要發火，火舌也會掃到所有委員，這樣就算被灼傷，也沒那麼可怕了。三月二日早上，醫生們來到史達林的床邊。

蘇聯著名的心臟科學家和醫師米斯尼可夫在自己的回憶錄中很仔細地描寫了醫生對史達林採取的醫療措施。當時，參與診療的都是醫界權威。米斯尼可夫寫道：「還好我們在診斷上沒遇到什麼困難，可以確定就是高血壓及動脈粥狀硬化造成的左半部腦溢血。」[2]醫師們為史達林注射大量興奮劑，但並不期待這有助於避免或許很快就會來到的死亡。整體而言，從醫學的角度看來，史達林的死亡並未讓專業醫療人員有多驚訝。驗屍結果確認醫師最初的診斷無誤——腦內有大區域出血，腦動脈因動脈粥狀硬化而嚴重受損。[3]史達林在死前就已舊疾纏身，只差一點，他就可以活到七十五歲。

自史達林掌權以來，各方就對他的健康問題特別關注。他還在世時，西方就不時有圍繞他健康問題而起的流言和議論，至於在蘇聯境內，民眾只能悄聲耳語。史達林死後，每當學者和評論者試圖解釋這位獨裁者為何如此嗜血，他們常常提到他的身心健康問題，以及各種可能影響他人格的因素。這樣的探究不難理解。眾所皆知，在集權體制下，世界幾乎圍繞著獨裁者個人運轉。不過，長久以來，與史達林健康狀況有關的說法往往建立在缺乏事實佐證的假設上，這樣的情形在近年新的歷史材料出土後而有所改變。這些新材料包括史達林的病歷資料，和一路觀察他由生到死的醫師所留下的證言。

如同前面提到的，史達林是朱哈什維利一家三個小孩中，唯一活過童年時期的。不過，這位唯一的「倖存者」也稱不上勇健。他年少時得過天花，因此臉上有許多瘡孔。此外，他還曾受瘧疾所苦。[4]還不只如此，他曾在不明情況下（有一說是被車撞）嚴重傷了左手，且有可能因為未接受適當治療，這個創傷導致他日後左手萎縮，一生受害。一八九八年，還是提夫里斯神學院學生的約瑟夫．朱哈什維利給院長寫了封陳情書，請求准予免重考，因為他「長年苦於胸腔疾病，且病情在考試期間加重了」。[5]一九〇二年十月和十一月，他在被捕後向相關單位請求釋放時，也提到自己「容易患肺病」、咳嗽加重。[6]不過，資料顯示，年少時期得的肺結核最終還是放過了史達林，年紀大一點後他已沒這方面的困擾。

身為專業革命者，史達林經歷了許多考驗——坐牢、流放、身為自由人期間生活條件不佳等。他還在某次流放期間得了傷寒。[7]不過，最沉重的試煉發生在圖魯漢斯克邊區度過的最後一次流放，為期三年。史達林未能很快適應當地的嚴酷氣候及艱困生活，也不太能接受自己被隔絕於「廣大世界」之外、被迫無所事事。在寫給友人的信中，他針對自己的健康問題發了點牢騷：「因為酷寒加劇（零下三十七度），我開始咳嗽了，狀況頗為可疑。整個人像是生病了。」[8]雖然如此，整體而言帝俄政府對待受刑人的態度還是要比史達林的獨裁體制有人性得多。史達林自己大概也撐不過古拉格系統的大量逮捕和流放。

造成數百萬人死亡的革命和內戰對布爾什維克黨產生了重大影響，包括傷害其領導人的身心健康。承受巨大身心壓力的領導人開始有健康方面的問題。一九二一年三月，史達林動了闌尾炎的手術。[9]一九二一年四月二十三日，政治局做出決議，准允史達林、卡緬涅夫、雷科夫和托洛茨基放長假。[10]一個月後，史達林在五月底前往北高加索，直到八月八日之後才回到莫斯科，也就是說，他在北高加索地區待了將近兩個半月。一九二二年史達林沒休假，不過，該年七月，政治局強制要求他一週得在郊區待上三天。[11]內戰後，布爾什維克高層及其家人開始有在莫斯科郊區別墅度假的習慣。史達林和家人就住在前石油工業業主被徵收的別墅中。後來，妻子過世後，他開始給自己蓋了間新的別墅，離莫斯科市區不遠。這就是知名的「近郊別墅」，位於沃洼斯基。這棟別墅與史達林的名字緊緊連在一起，是他待了將近二十年的官邸。他也在這裡辭世。

史達林在別墅與親友和同志相處，次數頻繁的筵席是其中不可缺少的元素。他們還會打撞球、玩俄羅斯傳統擊木遊戲[1]。不過，史達林並不熱愛運動，對活動筋骨也沒有太大興趣。根據他女兒思薇特蘭娜的說法，史達林雖然熱愛張羅別墅大小事，但他「和真正的園藝愛好者不同。他從沒挖過地，也沒拿過鏟子」，只會有時用剪刀修剪一下乾樹枝。「（⋯）他寧願躺著看書、讀公務文件或瀏覽報紙。他可以和客人坐在餐桌邊好幾個小時。」[12]隨著年紀增長，史達林「四體不勤」的狀況恐怕只會更加嚴重。

除了在莫斯科郊區休息，在療養勝地度假對史達林來說也很重要。一九二三到一九三六年和一九四五到一九五一年間，他每年都會到療養勝地度假。[13]在南方度假時，史達林仍會持續關心公務。如前所提，他會收到各單位給他的大量材料，也積極和同志進行文書往返。對歷史學者來說，這些信件極具研究價值。不過，無論史達林如何心繫公務，他到南方去的主要目的仍是度假。他在療養地處理自己數量不少又折騰人的病症。第二次世界大戰前，他就飽受類風溼性關節炎所苦，反覆罹患扁桃腺炎，還有慢性腸功能失調和神經耗弱的問題。[14]浴療可以讓他比較舒服一點。一九二五年八月一日，史達林寫給莫洛托夫的信中提到：「我逐漸恢復。馬切斯塔的礦泉（離索契不遠）有助對抗硬化症、治療神經問題、擴張心血管、緩解坐骨神經痛，還有對付痛風和風濕。」[15]

不過，史達林實在稱不上是個聽話、認真療養的病人。他的生活型態、不良習慣和過勞只會加劇慢性疾病的症狀。他的不良習慣包括抽菸、飲酒、飲食缺乏規範。一如多數的一般人，史達林在療養的同時，也傷害自己的身體。一九二六年五月，他再度到高加索地區度假。在索契短暫停留後，他和米科揚一同前往喬治亞旅行，有到家鄉哥里，也去了提夫里斯拜訪

1 譯註：簡單來說，遊戲規則就是從一定距離外，以棍棒依序打擊堆疊方式各異的短木柱。能以最少揮棒數完成打擊目標的人就是勝利者。

歐爾忠尼齊澤。根據史達林在索契的侍衛長戈爾巴喬夫保存至今的信件，這趟喬治亞之旅十足歡鬧。戈爾巴喬夫寫道，在酒精催化下，史達林毫無理由地把他從索契叫來提夫里斯，而且自己後來還忘了這件事，在看到戈爾巴喬夫時顯得十分吃驚。澄清誤會後，所有人，包括史達林，「都哈哈大笑，而且笑很久」。不過，莫名其妙被「召見」的戈爾巴喬夫卻得再次穿過千山萬里，火速趕回工作崗位。[16]

玩得起勁的史達林還坐車遊覽高加索很長一段時間，最後是拖著病體回到索契。他通知莫洛托夫和布哈林：「今天是六月十五日，我回到索契了。在提夫里斯，我突然鬧胃痛（吃魚中毒），目前勉強恢復中。」[17]戈爾巴喬夫則寫了封信給史達林的助理托夫斯圖赫：「總之，老闆為這趟高加索之旅付出巨大代價。米科揚和歐爾忠尼齊澤操他操得太過火了，帶他跑一堆高加索的偏僻地區和鄉下地方。」[18]受病症所苦，史達林下令把醫生叫來，也開始調整飲食、積極地進行浴療。[19]這段時間在索契為史達林看診的醫師瓦雷津斯基事後回憶，他的病患曾抱怨手和腿部的肌肉疼痛。雖然醫師禁止他喝酒，史達林卻問：「那白蘭地可以嗎？」瓦雷津斯基回答：「週六可以消遣喝一下，但週日就得休息了，這樣週一才能頭腦清醒地去工作。」瓦雷津斯基還寫道：「史達林很喜歡這個回覆，所以他下次就辦了個『週六社會活動』[2]，令我難忘。」與此同時，醫師沒具體說明，病患的「週六社會活動」和活動飲食為何令他難忘。[20]

一九二七年休假期間，史達林也生病了。該年七月初，他通知莫洛托夫：「我病了，躺著休息，所以會盡量簡短。」[21]根據瓦雷津斯基的說法，那一年史達林仍不時抱怨手和腿部的肌肉疼痛。浴療療程結束，史達林又辦了場「週六社會活動」好好慶祝一番，他還邀請了醫師們共進午餐。瓦雷津斯基回憶，史達林「請我們喝白蘭地，結果我隔天，星期天，才回到家」。[22]一九二八年，史達林在索契進行浴療前再度抱怨自己手痛腿疼。此外，他左手的類風濕性關節炎症狀也加劇了。[23]一九二九年八月度假期間，史達林告訴莫洛托夫：「在納奇克生病後，我在索契開始恢復健康。」[24]一九三〇年，在索契療養時，史達林再度罹患扁桃腺炎，而且還深受牙齒的問題困擾。一九三〇年九月，他寫信給妻子自承「心情不佳」，因為牙醫師一口氣就給他「鑽」了八顆牙。[25]一九三一年，他再次接受浴療。他告訴恩努齊澤，「我在茨哈圖博待了十天，泡了二十次澡。那邊的水很好，非常珍貴。」[26]一九三一年九月，他告訴妻子自己正在索契休息，和基洛夫一起。「去了海邊一次（只有一次！），泡了水。非常好！我在想，以後得多去。」[27]資料顯示，史達林不會游泳，所以他寫的是「泡了水」。

2 譯註：所謂的「週六社會活動」（субботник），意指在週六從事的社會服務活動。在革命熱情尚未被收編、「體制化」的年代，尚有可能是民眾自願從事的社會服務，但後來就演變為強迫性勞動，其強迫性主要表現在個人若拒絕參加，即有可能被視為在政治上不可靠的「可疑分子」。另外尚有「週日社會活動」（воскресник）。

史達林最長的一次休假是在一九三二年。根據史達林克里姆林辦公室的訪客登記簿，一九三二年五月二十九日到八月二十七日這段將近三個月的期間內，他沒見過任何人。他為何會在南部休息那麼久？資料顯示，大概和健康狀況不佳脫不了關係。該年春天，外國媒體就已散播史達林生重病的傳聞。四月三日，應美聯社要求，《真理報》前所未見地刊登了史達林否認相關流言的聲明：

這已經不是第一次，外國報章雜誌散播關於我生病的不實傳聞。顯然，有人希望我生重病、久病不癒，甚至更慘。雖然這可能不太禮貌，但很可惜，我的確沒有好消息可以告訴這些人。這或許令人扼腕，但事實勝於雄辯。我很健康。[28]

這個聲明充滿典型的史達林式嘲諷，但他其實又惱又恨，還很悶。他確實深受健康問題所擾，而休養對他的幫助有限。一九三二年六月，史達林從南部寫信給卡岡諾維奇：「看來，我的身體不會很快好起來。我沒勁、嚴重過勞——病症現在才跑出來。我以為自己正在康復，其實，還早得很呢。沒有風濕症狀（不知消失到哪兒去了），但整個人還是沒勁。」[29]然而沒過多久，他的狀況好轉，好到他可以搭乘快艇跋涉兩百三十英里遊黑海。[30]

由於史達林固定會到南部度假，為他個人興建的別墅也就一一出現。這波興建工程在一九三〇年代展開，一路進行到他辭世。一九三三年八月，他曾這麼形容自己索契近郊的新別墅：「小屋蓋得很棒。」一九三三年九月，他也如此描寫自己的行館：「我今天去了嘎格臘一帶的新別墅。（已完工的）它很美。」[31]

一九三三年八月十七日至十一月四日，史達林都沒待在他的克里姆林辦公室。八月十八日，他和弗羅希洛夫一同離開莫斯科，到南部進行為期七天的出遊。史達林搭火車、坐輪船、乘轎車造訪了國內數個地區；假期中（包括在海上的時間）他也接待客人，還不忘處理公務。這次的休假頗為順利。一方面，在經歷了可怕的大饑荒，國內情勢終於逐漸穩定，蘇聯領導人的心情也隨之好轉；另一方面，各項資料顯示史達林這次沒受病痛之苦。弗羅希洛夫是這麼通知恩努齊澤：「柯巴一直覺得還不錯。」這次，唯一困擾史達林的只有牙齒問題。[32]

一九三四年的休假就沒那麼順利。史達林得了流行性感冒。當他回到莫斯科時，親人都覺得他變瘦了。[33]這一年陪同史達林度假的基洛夫也對度假時光不甚滿意。基洛夫在度假地寫道：「命運安排我來到索契，但我對此很不滿。這裡的高溫不是熱帶的那種，是地獄式的（⋯）我非常後悔來到索契。」[34]一九三五年，情況又更糟了。史達林在休假期間不但再度染上流行性感冒，還弄傷了手指——是被侍衛長不小心用車門壓傷的。休假接近尾聲，史達林到提夫里斯探望母親，期間飽受胃部不適之苦。[35]一九三六年八到十月這段期間，史達林寫給同志的信件都偏簡短，語氣強硬，甚至可以說是暴躁。他幾乎只發命令，不多談私事，大部分的通信內容都與「對抗敵人」有關，包括如何安排公開審判季諾維耶夫和卡緬涅夫，也就是第一次的莫斯科大審判。

一九三七年打開始就籠罩在陰影中。當時，國家正逐漸陷入另一個恐怖迴圈，而這恐怖統治的組織者自己也不太好過。一九三六年十二月底，史達林又得了扁桃腺炎，這幾乎已成了某種慣性。史達林直到一月五日才康復，但為了「慶祝」這件事，他又邀請同志和醫師們吃喝。晚餐後，史達林放唱片，賓客開始跳舞。[36]也是在這一年，無視各種病痛，史達林罕見地沒離開莫斯科度假。無庸置疑，這和他忙於一波未平一波又起的逮捕和槍決有關。如前所提，史達林從不放鬆對懲治行動的控制。一九三七年之後有好幾年，他都沒到南部度假。當然，其中一個重要原因是戰火逼近，尤其多事的一九三九年八月正好落在傳統的度假季節——夏季。這時的史達林正忙著與西方各國交涉，也和希特勒簽了德蘇互不侵犯條約。就在這一年，史達林滿六十一歲。各項資料顯示，他的老毛病還是沒被根治。一九四〇年二月，瓦雷津斯基醫師記下：史達林又患了扁桃腺炎，而且還得了重感冒。[37]

一九四一年夏，如火如荼展開的戰爭不但讓史達林無法思考度假休養的問題，更讓他不得不繃緊神經、勞心勞力。當然，不同於後方的廣大民眾，他沒挨餓，勞動負荷也不至於大到足以危害生命的地步。不過，他的工作強度確實大幅提升，而這自然對他的健康產生影響。一九四四年九月，史達林在和美國駐蘇大使哈里曼談話時，企圖說服對方最好不要把他和羅斯福及邱吉爾的會面安排在蘇聯以外的地方。他的解釋是，「我越來越常生病。」談話紀錄中有這麼一段：「史達林同志以往得流行性感冒不過病個一、兩天，但現在症狀卻能持續一個半到兩星期。年紀還是有影響的。」[38]這有可能是堅決拒絕坐飛機的史達林為了避免飛行，尤其是飛到蘇聯以外的地方，多少誇大了自己的健康問題。不過，他的說法倒不至於和事實天差地遠。不少回憶錄作者都提到史達林在戰爭期間仍持續有疾患，只要前線的局勢允許，史達林就會到離莫斯科不遠的別墅，待在那裡工作。

一九四五年十月，與日本的戰事結束後不久，史達林就動身前往南部，而這距離上一次的南部行已過了好幾年。[39]晚年，他大多在接近秋季時休假。他會在八、九月離開莫斯科，通常在十二月回來。顯然，夏季氣候較為宜人，他寧願待在莫斯科一帶的別墅，等到當莫斯科的氣候變差就到南部去。戰後，史達林的假放得越來越長。一九四六到一九四九年間，他大約每年休假三到三點五個月，一九五〇到一九五一年間則變成四點五個月。[40]一般而言，史達林在南部和在莫斯科的生活型態差不多。他每天都會收到各種信函，也持續和同志通信。他在南部也會接待客人，雖然次數不如在莫斯科頻繁。無論是在莫斯科或在南部，他都會舉行持續數小時的筵席、玩撞球。與此同時，南部度假療養地的生活還別有特色。史達林會作浴療、散步、旅行。一九四七年他表示想乘轎車從莫斯科前往克里米亞，不過因為道路品質不佳，他只到得了庫爾斯克，在當地換乘火車。長途搭車顯然加重了他的風濕症狀。根據某些回憶錄資料，史達林不喜歡坐在有柔軟坐墊的後座，反而偏好坐墊偏硬、椅背可往後放的座椅。[41]即使健康狀況不佳，他還是依循多年習慣，不固定待在一個地方，反而輪流住在他南部越蓋越多的別墅。[42]有時，他的兒女會受邀到南部與父親「團圓」。基於各種原因，在莫斯科，史達林一家很難聚首。

戰後，史達林不但會前往南部，一待就是好幾個月，也會在莫斯科的別墅足不出戶頗長一段時間。他越來越少出現在克里姆林的辦公室了，主要原因就是他的身心狀態每況愈下。一如以往，史達林受腹痛、胃功能失調、伴隨胃功能失調的高燒、喉部疾病和感冒困擾。此外，他的動脈粥狀硬化也越來越嚴重。[43]他曾做過一些嘗試，但已無法改變習以為常的生活型態——缺乏動態活動。他多次在宅邸宴請的「深夜食堂」往往餐點眾多，而且大概不會是什麼「健康飲食」。曾於一九四〇年代數次造訪史達林別墅的南斯拉夫黨幹部吉拉斯證實：「食物和飲料的選擇很多。肉類和烈酒是重點。」[44]匈牙利共產黨領袖拉克西則回憶：

晚餐氣氛都挺隨興。眾人說笑話，而且有不少還是猥褻的那種，在場的人聽了也哈哈大笑。有次，他們試圖灌醉我，但我千杯不醉，在場的人因此對我表示肯定，甚至有些驚訝。我最後一次參加這樣的晚餐會是在一九五二年秋天。當清晨三點聚會結束，史達林從房間走出來時，我向在場的政治局委員們說：「史達林已經七十三歲了，這樣鬧到深夜的聚餐不會傷害他的身體嗎？」同志們安慰我。他們說，史達林知道該適可而止。[45]

與此同時，史達林越來越常和他身邊的人提到，自己年歲已高，該多多提攜後進了。[46]然而，無庸置疑，他在內心深處還是希望自己能活得久一點。一九四九年十一月，當阿爾巴尼亞的黨國領導人霍札祝願史達林長命百歲時，史達林開玩笑說：「一百歲還太少。在我們喬治亞，有些老頭兒已經一百四十五歲了，還活得好好的。」[47]他的女兒思薇特蘭娜證實：「晚年，他很希望自己能健康，而且活久一點。」[48]

一九五二年，在他生命最後一年，史達林沒到南方去。不過，整整一年，他在克里姆林辦公室現身的次數也不超過五十次，也就是平均約一星期一次。一九五二年十二月二十一日，他女兒最後一次到他的別墅。眾人慶祝他的七十三歲生日。思薇特蘭娜回憶：「這天，他看起來滿糟的。他應該有感覺到一些病症，可能是高血壓，因為他突然不抽菸了，還為此感到驕傲。他菸抽了少說有五、六十年。」[49]確實，史達林的病情已顯著惡化。兩個半月後，屍體解剖結果顯示，史達林的腦動脈嚴重受損、過於狹窄、影響血流到腦部。[50]

各項與史達林之死相關的文獻都免不了會觸及一個問題：他所接受的治療和他的死亡之間的關聯性有多大。許多人認為，由於「猶太醫生案」引得人心惶惶，史達林晚年根本沒從公立醫院得到應有的醫療協助。他女兒思薇特蘭娜寫道：

顯然，他覺得自己的血壓過高，但身邊沒有醫生。維諾格拉德夫（作者註：著名醫師，曾治療過史達林）已被捕，但他（史達林——譯者註）不信任其他人，也不讓其他人接近他。

他自己吃藥，用杯子裝水，再滴幾滴碘酒進去——這些可疑配方，他不知是打哪兒學來的。不過，他自己也做了不該做的事：兩個月後，在那要命的急性發作前一天，他跑去獨立於別墅之外的小屋作蒸氣浴，照著自己從西伯利亞時期留下的老習慣。[51]

在此我們必須留意，思薇特蘭娜並不是個好證人。她不常和父親碰面，對父親的生活也不太了解。她的文字所記錄的是她的主觀詮釋，而非精準理解。此外，研究者目前尚未掌握相關文獻，以判斷史達林過世前幾個月是否曾接受過醫療協助。目前也沒有研究著作能具體告訴我們，當時克里姆林內部的醫療水平如何、足以維持這位「頭號病人」的健康到何種程度。很有可能，醫學並非關鍵因素；很有可能，史達林的大限已到。

由於缺乏具體事證、問題複雜，研究者很難證明，史達林的病痛如何影響他的決策和行為。前面提過的米斯尼可夫醫師確信，腦動脈重度硬化對史達林的個性和行為無疑造成影響：

我認為，史達林之所以殘酷、多疑、擔心敵人害他、對人事物有不合理的判斷、極其頑固，和腦動脈粥狀硬化脫不了關係（精確一點來說，動脈粥狀硬化強化了他的這些特質）。就實質而言，國家是由一位有病的人領導（…）腦血管硬化的過程是漸進式的，可長達數年。史達林的腦軟化區塊不只一個，而且有的存在已久。[52]

這位著名醫師的觀察和史達林的「戰友」及護衛們的證言不謀而合。在他生命的最後幾個月，他不再提早告知侍衛人員自己的行車路線；人已經在路上了，才宣布自己要去哪裡。某次，他要求不要走習慣的路線，要繞路。他對侍衛們說：「你們每次都帶我走同樣的路線。你們是要我被暗殺！」他也逐漸失去時間感。有位同志回憶：「他問護衛，現在幾點。得到答案後（例如，六或七點），他會再次確認：是早上，還是晚上。」就連「戰友」中最忠心的莫洛托夫也不得不承認：「我覺得，晚年的史達林不太受控。」[53]史達林的女兒確實愛他，也極力塑造他溫暖、有人性的形象。她難過地回憶：「他老了。他想要平靜。他有時也不知道，自己要的到底是什麼。（…）他強硬地與全世界為敵，到處都看見敵人。這已經是一種病態，是迫害妄想症。這是空虛、孤獨感造成的。（…）憤恨簡直要炸裂他。只要有任何微不足道的理由，他就會隨便痛罵人。」[3]

歷史學者也能輕易舉出許多例子，說明史達林思維、行為方面的「怪異」和政治行動的不合理。不過，歷史學者並不是醫生。他們寧願把心力放在歷史事實和歷史過程上；雖然不會忽略歷史人物可能罹患的疾病，但不會把它們當作首要關注點。

3 編註：關於史達林護衛跟女兒對其晚年的「證言」，英文版無，此處為參考俄文版翻譯。

5

戰爭中的史達林

Сталин на войне

Stalin at War

可預期的意外

六月二十一日晚間，莫斯科的軍事領導人收到情報：德軍的士官長越過國界，告知蘇方，德軍將於隔日一早發動攻勢。[1]相關消息很快就被轉達給史達林。軍方代表和政治局委員隨即到史達林那兒集合，共商對策。國防部長提莫申科和總參謀長朱可夫（根據他本人回憶錄的說法）請求准予軍隊進入備戰狀態。[2]但史達林表示懷疑：「德方將領會不會是故意放這個叛徒來挑起衝突？」在聽完軍方的意見之後，他宣稱：「現在下備戰令為時過早，問題說不定有可能用和平手段解決。應該要下個簡短命令，給軍隊這樣的指示：德軍有可能先挑釁，再攻擊；近邊界區的軍隊不應受敵方挑釁行為影響，以免情況變複雜。」[3]史達林的命令在午夜過後不久即被下達至軍隊。

在這之後，史達林和政治局委員就邊界情勢又做了一番討論，交換意見到約莫凌晨三點，才筋疲力盡地各自散去。

沒過多久，朱可夫打電話給史達林，要告知他，開戰了。史達林已入睡。侍衛長和朱可夫爭論了一會兒，最後還是去叫醒史達林。

> 大約三分鐘過後，I．V．史達林走到電話旁。
>
> 我向他報告了最新情況並請求准許我方啟動反擊措施。I．V．史達林沉默。我只聽到他沉重的呼吸聲。「您懂我的意思嗎？」
>
> 又是一陣沉默。「會下達相關指示嗎？」
>
> 我堅持不輟。[4]

從朱可夫的回憶錄看來，史達林最後還是沒准予反擊，只把朱可夫和提莫申科叫到克里姆林。一九五六年，朱可夫透露了他與史達林通話的重要細節，但這個細節在日後的回憶錄中並未出現：根據朱可夫的說法，史達林在電話中已對軍隊下達第一道指示：「這是德軍的挑釁行為。不要開火，以免引起對方更大的動作。」[5]基本上，史達林不是不可能下這樣的命令。

朱可夫稱，當日清早四點三十分，他和提莫申科一同來到史達林的辦公室，那裡已有幾位政治局委員等著了。這個說法和史達林辦公室的訪客登記簿資料不符。登記簿顯示，朱可夫和提莫申科六月二十二日首次來訪的時間是早上五點四十五分。[6]不過，這情況可以有合理的解釋，即四點三十分的那場會面很有可能並非在史達林的辦公室，而是在距離辦公室不遠的史達林克里姆林寓所。聽過軍方的報告，史達林再度表示懷疑：「這會不會是德軍將領挑釁？（……）希特勒應該不知情吧。」為了解情況，史達林要求莫洛托夫和德國駐蘇大使舒倫堡碰個面。[7]根據朱可夫的說法，他和提莫申科建請史達林下達反攻令。史達林指示，等莫洛托夫回來再說。

「德軍將領陰謀」論、「德方挑釁」說、關於「希特勒不知情」的假設——以上想法和說法基本上都符合史達林的思維模式。蘇聯領導人確實對希特勒有高度不切實際的期待，其中一個證據就是莫洛托夫和德國大使會面時的言行。雙方於六月二十二日早上五點三十分開始談。情緒顯然不太平穩的德國駐蘇大使受政府之命，向莫洛托夫誦讀了簡短文書：「由於紅軍全力集中部署、動員備戰，對德國東部邊界造成不可忍受的威脅，德國政府被迫以武力手段回應。」莫洛托夫的反應則顯示，他不清楚現在到底發生了什麼事。他開始辯白蘇聯軍隊並未採取德方宣稱的備戰行動；最後，他甚至近乎絕望地說：「如果這麼容易就毀約背信，德國當初為何要簽訂不侵犯條約？」[8]有豐富外交事務經驗的莫洛托夫應該清楚，德國大使沒有決策權，就算要抗議也得有方法，但他卻開始極力向對方證明，錯不在蘇聯，是德國背信忘義。莫洛托夫的行為就像是在和送來壞消息的郵差爭辯。

莫洛托夫和舒倫堡大使是在克里姆林碰面的，為時約十五分鐘。五點四十五分，他和貝利亞、梅赫利斯、提莫申科以及朱可夫來到史達林的辦公室。[9]根據朱可夫的說法，從莫洛托夫處得知德方宣布開戰後，史達林「默默坐下，陷入沉思。接著就是長長的、令人沉重的停頓。」史達林同意下令殲滅越界的敵人，但附上補充條件：「除了空軍，我們的軍隊暫時不要越過德國邊界。」[10]七點十五分，這道命令被下達至軍隊，但戰爭其實在四個小時前就已經開始了。[11]這一切證明了蘇聯最高領導層對現實缺乏掌握。史達林並未在前述命令上簽名。簽名的是提莫申科、馬林科夫和朱可夫。

接下來的幾個小時，史達林密集地和同志就不同問題進行會商，其中一個重要問題就是，該如何通告人民「開戰了」。然而，光是正式宣告開戰還不夠，政府還得有一套行動方案、提出主要的政治口號和願景。同志們十分確定，出面向人民進行相關講話的人選，非史達林不可。但他竟然拒絕了。這個艱鉅的任務最後只好由莫洛托夫扛下來。當然，史達林十分清楚這個決策有何政治缺陷、對他個人有何壞處。不過，他真的不知道該對人民說什麼。情勢不明朗，他決定再等一等。莫洛托夫對人民宣告，戰爭開始了；他強調，展開侵略行動的是德方，蘇方必勝。他那留名青史的結論——「正義在我，敵人必敗，勝利在握」——成了這場駭人戰爭的口號。

今日，研究者可以在檔案中找到莫洛托夫廣播講話的其中一個版本，是由莫洛托夫親自撰寫、修改過的。[12]最終版比初稿多了幾句話，包括提及史達林和導言的部分：「蘇聯政府及其領袖史達林同志委託我做以下宣告。」此外，結論也多了一段，呼籲民眾以黨、政府及「我們偉大的領袖史達林同志」為中心「凝聚隊伍」。為何要添加這些「陳腔濫調」？其中一個原因，是要避免各方對史達林的沉默有「不必要」的揣測，進而散播對其不利的耳語。

在開戰頭幾個小時，有幾個政治問題讓史達林惴惴不安，莫洛托夫的演說內容反映出了其中一個。莫洛托夫在短短幾分鐘的講話中多次強調，德軍的侵略行為並非由蘇方引起，蘇方一直嚴格遵守與德方簽訂的互不侵犯條約：「在遵約守信方面，德國政府從來沒有理由對蘇方不滿。」他強調，德國是「侵略者」，納粹是「叛徒」——也就是說，他們「背叛」了蘇聯。

英國著名的二戰史家埃里克森認為，莫洛托夫的講話透露了蘇聯領導人的不安（unease），甚至受辱感（almost of humiliation）。[13]莫洛托夫確實有如在為己方辯解，堅稱蘇方恪守信諾。這些話會不會是說給希特勒聽的呢？畢竟史達林對德國元首還存有一絲希望——難保德軍將領不是脫離政府掌控、一意孤行。或者，這些話是說給西方社會聽的？畢竟在此關鍵時刻，非得把蘇聯洗成納粹主義的「受害者」，而非「盟友」不可。也有可能，這些話是「內用藥」，說給蘇聯人民聽的？激發他們對背信忘義的敵人心生憤慨。

十二點五分，莫洛托夫走出史達林的辦公室。沒多久，他對全國人民發表廣播談話，二十分鐘後，就回到了史達林辦公室。與此同時，辦公室人來人往，蘇聯領導層魚貫而入。軍隊動員令下了，但情勢仍舊不明朗。史達林決定派遣高階特使到前線，也就是朱可夫、沙波什尼科夫和庫立克。[14]自此以後，史達林軍事領導的慣用手法之一，就是依需求委任各式全權代表。

二十一點五分，軍隊收到一道新指令。該文件顯示，黨國高層十分樂觀地評估了第一天的戰事結果。他們承認，德軍在某些方面確實「小勝」蘇軍，但堅稱在多數邊界地區，敵軍「被擊退，而且損失慘重」。在如此「虹光四射」、「樂觀進取」的前提下，命令文要求軍隊反攻，殲滅敵人。這一次，簽署命令的仍舊是提莫申科、馬林科夫和朱可夫。[15]朱可夫在回憶錄中堅稱，他不同意命令文的內容，因為與實際情形有落差。[16]

史達林確實並未掌握與第一天戰事相關的客觀資訊。軍隊通聯被破壞了。各級指揮官為了避免受罰，回傳的多是經過修飾美化的報告。史達林對這種集體自欺欺人以及資訊混亂的現象「不無貢獻」。六月二十三日，各報刊載了紅軍總司令部的第一份戰情匯報，史達林也參與了匯報製作——「經過一番激烈戰鬥後，敵軍被擊退，而且損失慘重。」根據官方說法，德軍只有在兩個地區成功推進，但也不過推進了十到十五公里。[17]事實上，情況正好相反：交戰第一天，蘇軍慘敗。蘇方資料顯示，光是六月二十二日一天，紅軍就損失了一千兩百架飛機，而且不少還是在機場被敵軍擊毀的。另一方面，根據德方數據，當天蘇軍損失了超過一千八百架飛機（約一千五百架是在地面被擊毀）。一天之內，德軍在波羅的海地區就推進了六十到八十公里，在白俄羅斯推進四十到六十公里，在烏克蘭則是十到二十公里。[18]

就算無法掌握戰爭全貌，心存僥倖，史達林也該明白情況大大不妙。根據在場人士的證詞，對史達林而言，「開戰」無疑是個難以承受的事實。朱可夫在回憶錄中寫道：「開戰第一天，他無法真正控制自己、堅定地扮演領導的角色。敵軍的攻擊行動大大震撼了I・V・史達林，以至於他甚至連說話的聲音都變小了；在組織戰鬥行動方面，他也會下達不符當下情勢需求的指令。」[19]查達耶夫也回憶：「六月二十二日清早，我在走廊瞥見史達林。他在小睡片刻後回到工作地點。他看來身心俱疲、神色憂傷。他的麻臉（譯者註：天花後遺症）顯得消瘦了。看得出來，他心情很差。」[20]

確實，從他在開戰頭幾個小時的猶疑不定、六月二十二日拒絕對全民廣播這兩件事看來，史達林的狀態不太好。六月二十三日，在討論總統帥部大本營的建置問題時，他再度拿不定主意，更拒絕領導總統帥部。最後，這個任務被託付給國防部長提莫申科，史達林不過和莫洛托夫、弗羅希洛夫、布炯尼[21]、朱可夫和庫茲涅措夫[22]一同成為總統帥部的成員，另外一些政治局委員和軍事領導人則成了顧問。[23]這樣的決策從一開始就是失敗的。作為總統帥部大本營領導人，提莫申科沒有相應的政治地位。根據庫茲涅措夫上將的說法，來自黨國高層的總統帥部成員和顧問「根本沒有要服從國防部長的意思。他們要求他做報告、提供情資，甚至交代自己的作為」。[24]無論如何，提莫申科不可能越過史達林行事。如此一來，勢必拉長決策的形成及執行過程，且變得複雜，甚至令人摸不著頭緒，徒亂己方陣腳。

史達林的戰前策略徹底失敗。蘇聯與德國終究不免一戰。更糟的是，戰爭還是在蘇方意料之外的不利條件下展開。對史達林個人而言，德方開戰打擊的不只是他領導的國家，還有他的自尊心。沒人敢公開指責史達林失算。不過，他自己心知肚明，無論是同志、或是數千萬蘇聯人民，都不免曾這麼想過。

建立國防委員會

史達林在戰爭頭幾天的作為可謂衝動、亂無章法、處於被動劣勢。他掌握不了局勢又不會領導軍隊，只好抱持這樣的態度：雖然不知該做什麼，但總得做點什麼；無論做什麼，有做總比沒做好，因為總不能什麼都不做。而結果就是蘇方的反擊既稱不上適當，又透露其茫然無所措、幾近絕望的處境。在許多（甚至是大部分）情況下，試圖反擊只是讓事態更糟、造成更多傷亡。

各項資料顯示，史達林十分清楚國家面臨的威脅。歷史學者掌握有力證據，足以證明在戰爭頭幾天，史達林試圖與希特勒談和，條件包括將蘇聯西側部分領土割讓給德國。在史達林授意下，貝利亞安排了一場蘇方代表與保加利亞駐蘇代表的會面。當時，保加利亞已與納粹德國同盟，蘇方期待保加利亞方面能轉達希特勒：請德方開出停火條件，並表明想要哪些領土？[25]歷史學者目前並不清楚這件事的後續為何，保加利亞代表很有可能根本迴避擔任中間人這個角色。史達林的這番試探透露許多重要資訊。他果真願意釋出領土、或只是為了退敵虛晃一招？無論如何，他顯然對勝利沒有信心。

有其他資料可證明，史達林確實對勝利缺乏信心。舉例而言，在戰爭頭幾天大規模動員兵力及鞏固新防線的同時，前線地區的民眾和物資開始被大量撤往後方。不僅如此，連距離戰火遙遠的首都也有祕密撤退行動。這件事極具指標意義。一九四一年六月二十七日，政治局做出決議，緊急（在三天內）將國家的貴金屬、寶石和鑽石儲備，以及克里姆林軍械庫的珍品撤出莫斯科。六月二十八日，同樣的緊急命令擴及藏於國家銀行和國家貨幣局莫斯科金庫的貨幣儲備。六月二十九日，政治局決定，內閣各部會及其他領導機關也該撤往後方。七月二日，政治局下令，將裝有列寧遺體的靈柩運往西伯利亞。七月五日，撤往後方的命令也開始適用於檔案資料，主要是政府及黨中央委員會的檔案。[26]六月二十六日被史達林召見的其中一位幹部事後回憶：「史達林看來頗不尋常。他不僅有倦容，而且看來像是經歷了重大的心理衝擊。在和他會面之前，我已從各種跡象間接感受到我軍在近邊界區的戰事困難重重，甚至有可能被徹底擊潰。一看到史達林我就知道，最壞的已經發生了。」[27]接下來的幾天，情況並未轉而對蘇方有利。史達林越來越深刻地體認到，下令往往徒勞，軍隊作戰紊亂失控。

開戰不過一星期，莫斯科就收到西部前線極度吃緊、白俄羅斯首都明斯克失守的消息。克里姆林和軍隊之間幾乎無法進行正常通聯。六月二十九日，史達林的克里姆林辦公室沒有任何會議。這是開戰以來首見。根據米科揚的說法，當天晚上，他、莫洛托夫、馬林科夫和貝利亞還是在史達林那兒集合了。我們可以根據各項資料推斷，會議舉行地點應該是史達林的克里姆林住所或他的別墅。史達林撥了通電話給提莫申科，但只是徒勞。[28]軍方也不清楚戰場實際情況。忐忑不安的史達林打破慣例，向政治局委員們提議一同前往國防部。[29]在國防部，史達林更加確信災難已達驚人規模。他對將軍們大發雷霆，大肆訓斥、指責他們。總參謀長朱可夫受不了這種張力急速升高的氣氛，放聲痛哭，奔往隔壁房間，莫洛托夫前去安慰他。這一幕大概有助史達林恢復清醒，他突然理解到對軍方施加壓力是沒有意義的。根據米科揚和莫洛托夫的證詞，當史達林走出國防部大樓時，他說：「列寧給我們留下了偉大遺產，作為他的繼承者，我們卻把一切搞得像坨屎。」[30]史達林本來就沒在少用激烈的措辭和粗魯的字眼，但這一次他是真的懊惱、心慌意亂。離開國防部大樓後，史達林前往他的別墅。

隔天，也就是六月三十日，史達林不但未現身克里姆林辦公室，甚至根本不在莫斯科。在災禍日益擴大、惡化的情況下，這樣的「自我封閉」有可能帶來毀滅性的後果。尤其要命的是，以史達林馬首是瞻的龐大黨國機器在領導人缺席的情況下自然頻頻「故障」。該是拿出對策的時候了，莫洛托夫主動出擊。他在政治局非正式的權力體系中，算是輩分比較高的。根據相關人士的證詞，六月三十日，在沒見到史達林人影的情況下，莫洛托夫開始打電話到他的別墅。[31]由於一直沒得到回覆，或其實是史達林對他發了脾氣（這狀況的可能性比較高），莫洛托夫推斷史達林狀態應該很差。根據米科揚的說法，莫洛托夫聲稱：「史達林意志極度消沉，對任何事都沒興趣，失去動力，狀況很糟。」[32]多年後，莫洛托夫在與作家楚耶夫[1]的對話中，也間接證實了這樣的說法：「他消失了兩、三天，就待在別墅。無庸置疑，他很難受、抑鬱消沉。」[33]莫洛托夫顯然是搞錯了細節：史達林在別墅裡沒待到兩、三天那麼久。不過因為對蘇方來說，開戰就是災難的開始，因此就算元首只是短暫缺席，其他人也會覺得他消失太久，事態嚴重。

不安的莫洛托夫決定採取行動。他召集貝利亞、馬林科夫和弗羅希洛夫開會。他們討論的不是如何在名義或實質上將史達林排除於權力圈之外，而是如何把他「騙出」別墅、強迫他面對現實。這可不是個簡單的任務。根據既有的規矩，沒有史達林的邀請，就連親近的同志都不能隨意造訪別墅。尤其現在情況非比尋常，同志的意外現身可能會讓史達林更加不悅。此外，為造訪別墅理出一個說法亦非易事。沒人敢坦白告訴史達林，他個人的灰心喪志

1 譯註：楚耶夫（Феликс Иванович Чуев, Feliks Ivanovich Chuev, 1941–1999）是作家、詩人、評論家。最著名的作品包括*Сто сорок бесед с Молотовым*（暫譯：《與莫洛托夫的一百四十次對談》）。

攸關國家存亡。不過，政治局委員可不是混假的，嫻熟政治操作的他們想了個頗為高明的策略。他們決定所有人（一定要所有人！）一同前往史達林那兒，敦請他成立戰爭期間位階高於所有部會的最高權力單位——以史達林為首的國防委員會。除了史達林，四位提案人（莫洛托夫、貝利亞、馬林科夫和弗羅希洛夫）也將成為國防委員會委員，莫洛托夫則被任命為國防委員會第一副主席。

現在，一切看來都很理所當然且具說服力：四位政治局委員們不請自來不是因為史達林躲在別墅逃避現實，而是因為有重大議題必須與元首磋商。成立國防委員會的提案顯示蘇共黨高層不但有與敵國作戰的決心，也尚未有放棄史達林的打算。四位政治局委員集體拜訪史達林，可降低他藉故發飆的可能性。

莫洛托夫、貝利亞、馬林科夫和弗羅希洛夫談好共同行動計畫後，就把米科揚和沃茲涅先斯基找來莫洛托夫的辦公室。「四人組」並未把這兩人納入國防委員會，他們被找來主要是為了充實史達林別墅行的陣容，展現「團結一心」的氣勢。

米科揚記錄了在史達林別墅中發生的事。政治局委員們在小飯廳找到了史達林，當時他正坐在扶手椅上。他用帶著疑問的眼光看了同志一眼，問他們所為何來。米科揚回憶：「他看來平靜，但不太尋常。」聽完同志對國防委員會成立案的闡述，史達林表示贊同。但在貝利亞唸出「四人組」擬定的委員會成員建議名單時，引發了一場短暫辯論，史達林認為，米科揚和沃茲涅先斯基也該被納入委員會。不過，受「四人組」其他成員之託的貝利亞陳述了反對意見：內閣不能沒有人領導；換句話說，不能把所有史達林親近圈的人都擺在國防委員會。史達林不再表示異議。[34]

然而，至少就這場別墅事件而言，一九九九年問世的米科揚回憶錄遭到了大幅地更動。回憶錄是由米科揚的兒子籌畫出版，將其與檔案中的原始版本加以比對，後來問世的版本多了不少「新東西」。[35]米科揚的兒子明顯地試圖讓讀者相信，在別墅迎來「不速之客」的史達林內心可是七上八下。為此，我們看到，米科揚原先的口述紀錄被加了幾句話：「一看見我們，他（作者註：史達林）彷彿整個人縮進椅子裡。」、「我（作者註：米科揚）確定，他當時認為，我們是來逮捕他的。」[36]當然，替原文如此加油添醋是犯不得的錯誤。讀者必須記住：嚴格來說，回憶錄並非米科揚的第一手證詞。

無論如何，史達林是否有可能在看到同志時膽戰心驚？我們該如何詮釋六月三十日的那場別墅會議？無庸置疑，對致力於鞏固個人專制獨裁的史達林而言，這是危機時刻。無論他的同志們如何處處小心、步步為營，他們都破壞了獨裁體制的規矩。政治局委員們「發球」，私下擬好行動方案，再來到史達林處，而且未事先徵得他的同意；他等於被迫「接球」。他們建請他接受提案，但堅持案子必須保持他們事先議定的樣貌。此外，經過這次事件，莫洛托夫也確立其作為國家第二把交椅的地位；與此同時，史達林於一九四一年五月捨棄地位較高的莫洛托夫並任命為內閣第一副手（也就是第一副總理）的沃茲涅先斯基，卻未被納入國防委員會。這樣的勢力分配意義重大：史達林的同志們等於「明示」他，在國家危急存亡之秋，務必鞏固「大恐怖」後成型的領導圈；史達林在戰前企圖再來一波的人事重整應該暫緩執行。在史達林獨裁統治發展歷程中，六月三十日的別墅會議占有獨一無二的地位，在此之後，再沒有發生過類似的事件。獨裁體制的「個性」暫時有了改變。史達林不得不在戰爭期間接受必要的政治妥協，並在戰爭前期的「暴君」與一九三〇年代初的「友善」形象間取得動態平衡。政治局內部互動的「妥協」原則幾乎貫穿了整個戰爭期間。

成立國防委員會的消息隔天就見報了。雖然進入國防委員會的只有史達林、莫洛托夫、貝利亞、馬林科夫和弗羅希洛夫，但這並不表示政治局其他領導人失去了政治的影響力：米科揚和沃茲涅先斯基負責極其重要的行政和經濟工作；日丹諾夫全力防衛列寧格勒；作為交通部長的卡岡諾維奇肩負全國鐵路網的營運，其職務在戰爭和撤往後方期間意義重大。一九四二年二月，米科揚、沃茲涅先斯基和卡岡諾維奇也成為國防委員會委員。[37]

另一方面，國防委員會的成立給了史達林空間進一步將最高權力符碼集中在自己手中。一九四一年七月十日，總統帥部大本營的領導權由國防部長提莫申科轉移到史達林手上，而且名義上還升了一個層級，成了最高統帥部大本營。七月十九日，政治局做出決議，任命史達林為國防部長；八月八日，他成了最高統帥。[38]所有安排似乎都「適得其所」——史達林

「回來了」，以眾人習慣的獨攬大權領導人之姿回到人民與軍隊身邊，意志堅定並對勝利充滿信心。在史達林「強勢回歸」的過程中，七月三日的「告蘇聯人民」廣播可謂發揮了關鍵性的影響力。

莫洛托夫在六月二十二日的全國廣播是從克里姆林旁的中央電報局大樓發出。史達林要求他的規格必須高於莫洛托夫——他的講話必須直接從克里姆林播送。電報局的技術人員們在戰爭期間已經夠忙了，卻不得不滿足元首的任性要求。工作人員緊急牽電線電纜、安排電網。史達林坐在桌旁，面前有數文麥克風和一瓶伯爾喬米礦泉水[2]。[39]他逐句緩緩讀完文稿。就很多方面來說，這是獨特的「史達林告人民書」。「同志們！公民們！兄弟姊妹們！我陸海軍戰士們！我有話對你們說，我的朋友們！」[40]——光是這個開頭就非比尋常，完全不符合「史達林風格」。當時有不少人特別注意到，而且記憶深刻的就是開頭這幾句話。人們緊貼著收音機，一字一句仔細閱讀報紙報導，只為了在史達林的話語中找到足以解開關鍵問題的蛛絲馬跡：接下來會發生什麼事？戰爭要打多久？不過，史達林並未帶來任何振奮人心的消息。他雖然刻意誇大德軍損失（「敵方最精良的師和最精銳的空軍部隊已被我軍擊潰」），但

2 譯註：伯爾喬米（ბორჯომი）礦泉水，來自喬治亞同名地區的知名碳酸氫鈉礦泉水，資料顯示有助促進消化系統的健康、加速新陳代謝。

仍不得不承認：「事情攸關蘇維埃國家的生死存亡，攸關蘇聯人民的生死存亡。」他對人民的呼籲也沒有穩定人心的效果：民眾「必須透徹了解我們國家面對的威脅」、必須在德軍後方組織游擊戰、必須建立民兵隊伍、必須從敵軍有可能占領的領土運出或銷毀所有物資。史達林公開表示，這是場全民戰爭（*usenarodny*）、衛國戰爭（*otechestvenny*）。總而言之，對廣大民眾來說，重點再清楚不過——戰爭會持續個幾年，而且會打得很吃力。

對當局而言，當前要務之一是向人民——尤其是軍隊——解釋災難發生的原因，找出有說服力的「代罪羔羊」。代罪羔羊簡直唾手可得。當局很快地宣布西部方面軍潰敗，以方面軍司令帕夫洛夫將軍為首的軍事領導人犯了一連串錯誤——也就是說，該有人被迫害，以「殺雞儆猴」了。帕夫洛夫和他的幾位部下遭到審判、槍決。史達林簽署的相關命令在軍隊中廣為流傳。[41]

笨拙的軍事統帥

蘇聯總參謀部的資料顯示，自一九四一年六月二十二日開戰至一九四二年一月一日，紅軍及海軍艦隊共有四百五十萬人身亡、受傷或被敵軍俘虜，其中被登記為下落不明或被俘的有兩百三十萬人。[42]這些數據極有可能是被低估的。不過，光是這些數字就足以證明，第一時間與德軍交戰及開戰後新添的軍力，幾乎已被消滅殆盡。發生這樣悲劇的原因值得進一步細究。原因顯然很多，其中包括蘇方備戰不足、德軍的攻擊出乎莫斯科意料、德軍在軍力和組織上的優勢等。紅軍雖然有許多可歌可泣的英雄事蹟，也有不少體現堅忍不拔戰鬥精神的具體模範，但軍心渙散、作戰缺乏紀律與方法卻也是不爭的事實。此外，國家的政治和軍事領導層缺乏專業能力，也是釀成悲劇的重要原因。

由於對情勢缺乏掌握，導致莫斯科當局做出錯誤、時機不當的決策，可謂再平常不過。此外，以總參謀部為首的軍事領導單位無法正常運作，有很長一段時間與作戰軍隊的通聯時有時無。某次，史達林就嚴詞責備屬下：「就連中國和波斯軍隊都知道通聯在軍隊管理方面的重要性，難道我們會比中國人或波斯人還差嗎？沒有通聯，要怎麼管理、領導部隊？（⋯）這種荒唐事，這種恥辱，不能再容忍下去了。」[43]史達林的克里姆林辦公室旁有一間特別為他打造的通聯室，戰爭初期他花許多時間在這裡與各方通訊、進行遠距會談。當時的通聯系統既複雜，又不方便，對使用者造成不少困擾，但對歷史學者來說卻別具價值——大量通聯文字紀錄因而得以保留至今。高層領導軍隊及後方多依靠各類所謂的全權代表。透過他們，史達林得以蒐集情資，解決交通運輸、工業和其他領域不斷冒出的難題，雖然成功機率不一。戰爭初期，當己方敗戰連連、軍心渙散時，這樣的「手動」領導方式或許難以避免，但總是缺乏效率。「突擊式」、「急就章」、「補破網」的行事風格，終歸贏不了系統化和規律性。

史達林沒有領導現代軍隊的經驗，只能依憑自己有限的能力，按「常理」行事、做判斷。舉例而言，一九四一年八月二十七日，他就防衛工作給了列寧格勒領導人這樣的建議：

（…）KV（譯者註：字母K與V分別取自弗羅希洛夫名字與姓氏的第一個字母）坦克（作者註：蘇聯當時最先進的重型坦克）的部署方式：每輛坦克防禦範圍平均為一公里的正面，視情況，有些地方可以防禦五百公尺至兩公里不等的正面。在這些坦克後方，或在它們之間，應部署其他較輕型的坦克和裝甲車。在這個坦克防線後方應放置比較大型的火砲。步兵師應部署坦克正後方，這樣坦克就不只是攻擊武器，還可作為掩蔽。[44]

為了執行這個作戰計畫，史達林願意撥出一百到一百二十輛KV坦克——龐大資源就這麼任既非將才，亦非謀師的人揮霍。另一個軍事領導不力的明證就是最高統帥部竟試圖直接領導軍隊的戰術行動，自降格局至管理低如「排」的層級。[45]蘇軍在戰爭頭幾個月籌畫失當、準備不足的反攻可謂徒傷軍力。紅軍及其領導者不懂制敵的精妙學問，也不了解該如何藉由有組織地撤退到事先預備好的陣地保全己方軍力。史達林要求，務必不計任何代價死守防線，並且嚴禁撤退——直到不得不退，但往往為時已晚。結果是，蘇聯軍隊容易被敵軍包圍、各個擊破。

軍事上節節敗退、一再失利的事實難免加深史達林的疑心，讓他懷疑「奸細就在身邊」。一九四一年八月十九日，當時指揮後備方面軍的朱可夫顯然是利用了這一點，發了封這樣的報告給史達林：「我認為，敵人非常清楚我們整個防禦系統，對我們的戰役戰略部署瞭若指掌，也知道我們目前有何能耐。顯然，在我們熟悉整體情況的高階人員中，有通敵者。」[46]一九四一年八月二十九日，史達林發信給人在列寧格勒的莫洛托夫：「你不覺得，有人刻意給德國人開路嗎（…）？」[47]雖然史達林確實對「間諜」有偏執的恐懼，但這並未造成重大影響。他心知肚明，在戰爭期間尋找潛藏於將領群中的「敵人」，很有可能是拿石頭砸自己的腳。因此，他只好「收斂」一點，僅逮捕了幾位將軍、指控他們懦弱無能罷了。另一種更常用的「預防性懲戒」手法則是撤職，以及實質為降職的調職。

武器、作戰經驗和軍事專業不足，只能從「精神力」或多或少得到彌補——這裡指的是「犧牲小我、成全大我」的壯烈氣概和堅強求勝意志。然而，蘇聯士兵的集體英勇行為及自我犧牲精神是事實，軍隊在慘敗後士氣低落、紀律崩壞也是事實。史達林對兩種事實皆多有所聞。[48]他宣稱，心慌意亂導致的自亂陣腳、集體投降、大批逃兵、領導不夠強而有力——這些都是蘇軍一再敗戰的主因。由於越來越不相信軍隊可以自我整合、自力圖強，史達林只好使出已經驗證有效的政治性控制手段。一九四一年七月，他恢復軍事委員[3]舊制，也重啟在各分隊設立黨特任代表的制度。[49]這些軍事委員和黨特任代表握有極大權力。軍事委員有國安單位在軍隊的特別處撐腰。官方資料顯示，自一九四一年六月二十二日開戰至同年十月十日，軍隊中有一萬零兩百零一人遭槍決，其中有三千三百二十一人是在自己的單位同袍前被公開槍斃。[50]這樣的數據或許令人印象深刻，但十之八九未全盤反映前線及近前線區的實際狀況。歷史學者有足夠基礎論斷，相關迫害行動的規模事實上要比官方資料顯示的大得多。

為強迫軍隊奮戰到底、視死如歸，史達林盡其所能醜化，甚至非法化「戰俘」這個身分。相關指示可見於開戰後不久，由最高統帥部於一九四一年八月十六日下達的著名二七〇號令。從行文風格看來，這道命令主要由史達林撰寫（如果他不是唯一的作者的話）。該命令要求，所有紅軍被俘者格殺勿論，消滅他們時，「務必用盡地面和空中的任何可行手段」；指揮官中的「惡意逃兵」必須面對家人被捕的風險；至於紅軍戰俘，則其家人將被剝奪各類國家補助。這道命令在紅軍各分隊被公開誦讀、廣為周知。[51]「被俘」是恥辱、是叛國——這樣的理解逐漸深植於大眾意識，因此有很長一段時間，前戰俘在蘇聯社會受盡偏見與歧視之苦。

藉由威脅恫嚇、承諾加大增援力道，史達林試圖激化屬下頑強抵抗的意志。一九四一年七月十一日，當德軍逼近基輔，史達林發了封電報給烏克蘭共產黨中央委員會第一書記赫魯雪夫：「我警告您，只要您做任何動作把軍隊撤往德聶伯河左岸，或未使盡全力防禦德聶伯河右岸的要塞區，你們所有人都會以懦夫及逃兵的身分被嚴懲。」[52]七月十六日，史達林簽署國防委員會令，命令文要求西方戰線的領導人窮盡所有資源和努力捍衛斯莫廉斯克市。任何放棄防禦該市的行為都「幾乎等同叛國的罪行」。[53]一九四一年七到九月的斯莫廉斯克會戰，紅軍在敵方包圍下英勇戰鬥，阻擋德軍往莫斯科推進。除此之外，希特勒決定將大量兵力調往烏克蘭和列寧格勒——這件事也有助穩定中央方面軍對其責任區（包括莫斯科）的防衛。該年七到八月，史達林對保全幾個蘇聯主要城市還有一些信心——這裡指的是北邊的列寧格勒、中央的莫斯科和南方的基輔。時間對德方不利：秋天要到了，天氣變差，道路泥濘勢必影響交通運輸，更何況緊接而來的將是冰雪嚴寒。

與此同時，史達林懂得在與西方盟友（主要是英國和美國）談判的過程中，善用蘇軍「抵抗能力頑強」這一點作為籌碼。這兩國的領導人在德國侵略蘇聯的頭幾天就公開宣告，全力支持蘇聯人民。接著就是英美與蘇聯顛簸的磨合及談判過程。為獲取第一手資訊，美國總統

3 譯註：當時，在各級單位中監軍、從事政戰工作的黨代表就是「政治／軍事委員」。他們也是軍中軍事委員會的成員。一般來說，最常被使用，含意也最清楚的就是「政治委員」，但本書作者在內文少數幾處會使用「軍事委員」一詞，包括引用相關命令時。是以，本書翻譯皆依俄文原文處理。

羅斯福派遣霍普金斯作為自己的代表到莫斯科。史達林刻意對霍普金斯殷勤禮遇備至，但同時不忘表現莫斯科對勝利的信心及求勝決心。談判因德國空軍發動攻擊而被迫中斷，史達林用自己的車送霍普金斯到位於地鐵「基洛夫站」[4]的防空避難所。在他倆抵達前，護衛們和內務部長貝利亞已在那等著了。一位蘇聯黨國幹部牢牢記住了下面這個饒富意味的場景：

他（作者註：貝利亞）牽著史達林的手，要帶他往下，中間說了不知是什麼和「危險性」有關的事。史達林粗魯、口氣強烈地回了貝利亞，就像他平常不耐煩、惱怒時常有的樣子：「滾遠一點，懦夫！」（⋯）史達林站在夜色籠罩的院子裡，抬頭看著黑色的天空，看著德國人的飛機和引導高射砲的探照燈光束。霍普金斯也站在旁邊看著。然後，就發生了一件不常在夜間空襲時發生的事。德國容克斯機開始亂無章法地往下掉——這表示，它被擊落了。很快地，高射砲又打下了第二架德國軍機。史達林說話了。傳譯把他的話譯給霍普金斯聽：「帶著劍來的人都會遭遇這樣的命運，但帶著善意來的人，我們一律款待如貴客。」

語畢，史達林牽起美國人的手，帶他往下走。[54]

諸如此類的意志力展演與紅軍的持續戰鬥（這是主因），讓西方盟友信了他們自己也熱切希望相信的。希特勒的閃電戰失敗了。西方盟友樂於說服自己，蘇聯是必須、且值得幫助的對象。一九四一年九月二十九日到十月一日，英國、美國和蘇聯在莫斯科舉行三方會議。英國代表團由軍需部長畢福布魯克領軍，美國代表團則是由代表總統個人、後來成為美國駐蘇大使的哈里曼。至於蘇聯方面，參與會談的是史達林與莫洛托夫。這場莫斯科會談以議定重要的援蘇具體方案作結。援蘇規模將逐步擴大。西方於戰時透過租借（Lend-Lease）政策供應給蘇聯的坦克和軍用飛機在德蘇戰場上扮演重要角色；紅軍的車隊主要由美製貨車組成；在高品質燃料、通訊設備、蒸氣機車、列車廂及糧食供給方面，租借模式也貢獻卓著。一九四五年二月，史達林在克里米亞見到羅斯福總統、談及戰爭整體結果時說道：「要不是有租借政策，我們要贏，恐怕很難。」[55]

蘇聯新盟友之所以行動積極當然和德蘇戰區情勢嚴峻，以及擔心紅軍全面潰敗有關。在莫斯科會議舉行前不久，全力保衛基輔的蘇聯西南方面軍才剛經歷一場大災難。根據朱可夫的說法，他在七月底向史達林報告此事，建議放棄基輔，在德聶伯河左岸加強防禦，以避免德軍突破西南方面軍右翼。朱可夫說，史達林不但粗魯地否決提案，還解除他總參謀長的

4 譯註：莫斯科地鐵「基洛夫站」，是今日的「清塘站」（暫譯，原文為：Чистые пруды, Chistye prudy）在一九九〇年以前的舊稱，位於莫斯科市中心。

職務，將他派往西部方面軍戰區。[56]與此同時，烏克蘭的情勢日益惡化。八月初，在烏曼市近郊，兵員總數約十三萬人的蘇聯第六和第十二軍團被敵軍重重包圍。[57]八月八日，由於德軍持續推進，史達林特別把西南方面軍司令基爾波諾斯將軍找來進行電訊會議。史達林以其招牌風格開啟談話，先發制人，把對方從未明說，但或許「暗忖」的想法預先強行塞到他嘴裡。「我們接獲消息，方面軍因兵力不足有意棄守基輔，而且沒有良心不安的問題。這是否屬實？」基爾波諾斯向史達林確認：「您接獲的報告有誤。我個人及方面軍的軍事委員會正採取一切可能手段全力保衛基輔。」[58]史達林下令，無論如何都要撐下去，並且承諾，過幾個星期，援軍就會到了。

蘇聯軍隊確實有可能在基輔一帶遭到全面包圍。西南方面司令部在莫斯科總參謀部支持下，九月初即提議緊急撤軍，但史達林堅決不接受這樣的提案。瓦西列夫斯基在回憶錄中寫道：「一聽到有人提，非放棄基輔不可，史達林就發飆，瞬間失控。」[59]九月十四到十五日，德軍在基輔以東將蘇軍團團圍住。根據蘇方資料，被包圍的有四十五萬兩千七百人。[60]這是開戰以來蘇方最重大的失敗。九月二十日，包括基爾波諾斯將軍在內西南方面司令部的領導軍官全部陣亡。基輔失陷，軍隊也被大舉殲滅。在此之前，蘇方是有可能藉棄守基輔保全軍隊的，但錯過時機。蘇方如此巨大的損失無異給德軍創造良好戰略格局。

幾乎所有（甚至包括那些對這位蘇聯領袖有好感的）研究者都同意，史達林是基輔敗戰的頭號罪人。根據朱可夫的說法，史達林曾在與他談話的過程中承認自己的錯誤——雖然是間接，而非直接承認。一九四一年九月，在任命朱可夫為列寧格勒方面軍司令時，史達林想起，朱可夫曾對他就西南方面軍面臨的威脅提出警告。史達林對朱可夫說：「您當時的報告都是正確的，但我沒完全懂您的意思。」[61]

蘇軍在基輔慘敗還不夠，接下來失守的可能是列寧格勒。九月八日，列寧格勒周邊遭到全面包圍。隔天，德軍再度進攻，很快就把前線推進至列寧格勒本身。九月十一日，列寧格勒方面軍司令換人——弗羅希洛夫下，朱可夫上。[62]朱可夫後來對作家西蒙諾夫說，史達林當時認為情況已經沒救了，甚至不排除棄守列寧格勒。[63]九月十三日，史達林在克里姆林辦公室接見海軍部長庫茲涅措夫將軍，研議一旦列寧格勒被敵軍攻下，我方該如何鑿沉以該市為基地的蘇聯軍艦。同一天，史達林批准了相關計畫。[64]接下來的兩週期間，列寧格勒近郊發生激戰。德軍往列寧格勒方向猛攻；蘇聯士兵集體展現英雄精神，奮勇反抗。近九月底，敵軍停止攻擊。列寧格勒被封鎖了——這場圍城戰可謂第二次世界大戰史上最駭人的悲劇之一，也是蘇聯人民最偉大的英勇事蹟之一。其結局是，有數十萬平民死於饑餓與槍林彈雨之中。

在兵臨城下的莫斯科

眼看蘇軍在西南戰場大量傷亡，希特勒信心滿滿，自認在嚴冬來臨前就能一舉拿下莫斯科，遂派遣大量德軍前往莫斯科戰線。十月七日，西部和後備方面軍的主力部隊在維亞茲馬市一帶被包圍；十月九日，布良斯克方面軍也遭遇同樣命運。前往莫斯科的道路大開。在這難熬的日子，空軍飛行員格羅凡諾夫受史達林召見，和一國之首有過一對一的談話。彼時，史達林坐在椅子上，不發一語；桌上有沒動過的食物。

在此之前，我沒看過這樣的史達林。現場一片寂靜，有一股壓迫感。最後，我終於聽到史達林微弱，但清楚的聲音。「我們大禍臨頭，苦難深重。德國人突破維亞茲馬一帶的防線了（…）」停了一會兒後，他好似在問我，又好似在對自己說話，輕聲細語地：「我們該怎麼辦？該怎麼辦？！（…）」

接著，他抬起頭，看了我一眼。無論在此之前或之後，我都沒看過這樣的面容——內心承受巨大苦痛的人才會有的面容。兩天前，我才剛和他面對面談過話，但他現在明顯是憔悴了。[65]

史達林的艱難處境與疾病也脫不了關係。根據朱可夫元帥的說法，那段日子，史達林還染上了流行性感冒，但他無法臥床養病。局勢危急，史達林的工作量一直很大，他必須督導將各項後備資源調撥到莫斯科的相關工作，也試圖重新將軍隊牢牢抓在自己手裡。為此，他採取了多種措施，其中一個就是召回領導列寧格勒方面軍的朱可夫，任命他負責莫斯科防線。十月八日，史達林簽署國防委員會的決議，其內容是關於莫斯科市及莫斯科州境內的企業即將遭到強行摧毀。摧毀名單上有一千一百一十九個設施。[66]十月十四日，德軍攻下勒爵夫和卡里寧。這兩個城市距離莫斯科不過區區數公里。

根據米科揚的證詞，十月十五日早上九點，一群蘇聯高階領導人在史達林那兒集合（除了米科揚自己，還有莫洛托夫、馬林科夫、沃茲涅先斯基、薛爾巴科夫和卡岡諾維奇）。史達林告訴眾人，德軍有可能突破莫斯科防線，因此建議撤離外交使館及政府機關。米科揚稱，史達林當時認為無論如何應該堅守莫斯科，進行巷戰，直到後備資源運達。十月十五日的會商結果具體呈現在史達林簽署的國防委員會決議文：史達林決定留在首都，直到最後一刻。[67]決議文對此有言：「史達林要到明天或更晚才會撤退，視情況而定。」[68]無論如何，該做的必要措施得先做。根據瓦西列夫斯基（他與總參謀部部分人員一同留守莫斯科）的說法，為了在最後一刻順利撤退，幾架飛機已做好待命準備。當時，瓦西列夫斯基和為數不多的總參謀部成員陪同史達林留守莫斯科。[69]

將莫斯科撤往後方的決定在第一時間造成大量蘇聯官員逃離首都。他們沒有很多時間收拾，包括將檔案整理裝箱；撤退行動極其混亂。官方資料顯示，就連蘇共中央委員會大樓內也是一片狼藉：「許多桌子抽屜的鎖及桌子本身遭到破壞，表格和各式書信被丟得到處都是，甚至包括機密文件（……），極機密文件應該要一疊疊拿去鍋爐室燒毀，但卻未燒毀，就這麼放在那裡（……）」[70]許多官員趁亂丟下負責的企業和機關，只顧搶救自己和家人，搶救財產。長長的公務車隊自莫斯科市區蔓延出去。侵占、竊取公家財產，以及私運貴重物品出城的案例所在多有。根據官方資料，光是十月十六和十七日兩天，就有超過一千位莫斯科共產黨員銷毀了自己的黨員文件。[71]官員出逃及各種流言耳語讓莫斯科居民焦慮恐慌。十月十六日起，一連數天，市區內持續動盪騷亂。研究者從大量文件和回憶錄的記載可以推斷，當時莫斯科的街頭騷動主要有三類。第一類是對商店和工廠庫存的劫掠（酒精飲品的庫存特別受歡迎），而這往往伴隨飲酒作亂或作樂。第二類是對那些駛離莫斯科、載著家當和各類財產的汽車的襲擊、洗劫。第三類是工人在工廠的自發性抗議，這多是因為工人未獲應得工資，或聽到自己工作的單位即將被當局摧毀的傳言。類似的現象也可見於國防工業事業體。工人覺得自己被背叛、被拋棄，有些人因此集結起來阻擋設備被運出工廠，要求解除預備摧毀廠房的爆破裝置。[72]

由於蘇聯領導高層未照原定計畫於十月十五日離開莫斯科，十月十六日，史達林把一群同志找來自己住處。航空工業部長沙虎林在回憶錄中記錄了這場會面的部分細節。沙虎林是第一個抵達的。克里姆林看來空蕩無人。史達林寓所穿堂的門是開的。史達林在飯廳內，邊抽菸，邊四處走動，不發一語。屋內明顯有預備撤退的跡象——書架上沒有書。史達林穿著慣穿的外套和長褲，褲管塞進靴子裡，靴面上連接腳背和腳踝的地方有個破洞。察覺到沙虎林驚訝的眼神，史達林解釋：「鞋子被運走了。」

沙虎林的回憶錄出版於蘇聯時期。根據他的證詞，史達林個人確實有撤往後方的打算。不過，庫曼紐夫後來出版了自己與沙虎林的對話紀錄，在庫曼紐夫的版本中，這段發生在史達林住所的小插曲卻有完全不一樣的劇情。根據這個版本，沙虎林對庫曼紐夫說：「我走進飯廳，這時史達林也從臥室走過來。我們互打招呼。他抽菸，到處走來走去。飯廳裡的家具都還是在原來的位置。史達林的穿著一如往常：外套和長褲，褲管塞進靴子裡。」[73]顯然，以上描述有助讀者不知不覺接受這樣的結論：史達林沒有離開莫斯科的打算。此外，庫曼紐夫的版本也沒提到書櫃空空如也，以及史達林的鞋子已被運走這件事。就算不探究諸如人類記憶的各種神奇潛能或訪談者的政治傾向等問題，我們還是可以肯定地說，史達林不可能沒考慮過自莫斯科撤退，就算他是打算堅持到最後一刻才撤退亦然。至於庫曼紐夫版本中提到的家具，根據史達林女兒的說法，甚至在過了一年後，一九四二年的秋天，她父親在克里姆林的住所仍是「空空蕩蕩，住起來不舒服。父親在飯廳裡的書櫃是空的——書都被運到庫依比雪夫去了」。5

不過，我們還是先回顧一九四一年十月十六日這一天。沙虎林和庫曼紐夫版本對接下來發生的事有大致相同的描述。過不了多久，莫洛托夫、馬林科夫、薛爾巴科夫及其他人也到了。史達林並未請他們坐下。他來回踱步，向每個抵達的客人問相同的問題：「莫斯科的狀況如何？」沙虎林說，某工廠未付給所有工人薪資，電車和地鐵停止運作，麵包店和其他商店也都關門了，還有趁亂打劫的案例。史達林於是下達相關指令：把貨幣空運進城、整頓並重啟交通和商業活動。他和同志們的談話為時不長，近尾聲時，他還安慰了自己和同志一番：「嗯，沒什麼。情況比我預期的好。」[74]果然，接下來幾天莫斯科市區的狀況逐漸穩定，而這很大程度與十月二十日起施行的戒嚴及當局大規模逮捕「可疑分子」有關。[75]

沙虎林回憶錄中關於史達林對莫斯科騷亂的評論（「情況比我預期的好。」）十分合乎情理。無庸置疑，史達林高度關注後方情勢發展。他於一九三〇年代末採取的政治路線在很大程度上就是受到布爾什維克自身的歷史經驗影響：一九一七年，該黨善用情勢，把對外戰爭轉化為國內戰爭。而這次大戰對莫斯科而言，開打就是開啟一連串的災難，史達林難免擔心會有「槍口對內不對外」的情形發生。他定期收到內務部提供的民情報告。[76]從中可看出，對既有體制的厭惡讓部分民眾對納粹政權有不切實際的期待。此類對體制的憎恨或失望可見於內務部於一九四一年七月二十一日上呈史達林的報告內容，其中引述民眾說法：「軍隊不知為何而戰，不知該保衛什麼。二十年來，工人、集體農場人員、知識分子都已經深刻體會到，什麼叫社會主義。我們不知道法西斯主義是什麼，不過，它應該不會更糟，因為情況已經無法再糟了。人民甚至在當下這種危機時刻都忘不了自己遭受過的屈辱和災禍。每個人都早已在期待（終於來到的）現在，以藉機展現對體制的不滿、把投敵和叛變當行為標竿。」[77]民眾也怪罪政府無力打勝仗：「五年計畫何其多，每個人都餓肚子，以為我們建立了強大的軍隊，結果一切都是枉然。」[78]不過，以上這些思緒騷動在蘇聯政權歷史的各階段都屢見不鮮，因此不成氣候。在戰爭頭幾個月，貝利亞一如往常向史達林報告「敵人」、「間諜」和「反蘇組織」遭到揭發、移送法辦的情形。根據他的報告內容，自開戰至一九四一年十二月一日，因政治罪名被捕的蘇聯民眾共計四萬五千七百人。[79] 6 不過，就算蘇聯社會的反政府及失敗主義情緒有升高趨勢，卻未達到危機沸點。無庸置疑，戰前建立的警察國家體系有助於戰時「維穩」。一九四一年六月二十二日德蘇開戰後，這個控制體系不但沒弱化，還變得更強硬。然而，嚴刑峻法並非戰時後方政治情勢堪稱穩定的唯一原因。在艱困的烽火年代，凝聚民心的還有愛國主義、對法西斯主義越來越深的痛恨、對「大我」的責任感、服從的習性等。這

5 編註：關於庫曼紐夫與沙虎林兩人的回憶版本不同的部分，英文版無，此處為參考俄文版翻譯。
6 編註：關於史達林定期收到內務部報告的段落，英文版無，此處為參考俄文版翻譯。

是個複雜的情緒與思維組合。就算有發生群眾騷動、暴亂的現象，以歷史學者目前掌握的資料看來，相關案例為數不多，也大多與中央或地方當局亂無章法的行動，及人民覺得自己未獲保護有關。

一九四一年十月中發生在莫斯科的集體騷亂就是個好例子。接著，在伊萬諾沃州[7]也發生了類似的事件。由於德軍有可能突破蘇軍防線，當局決定撤出紡織工廠。相關準備工作即時啟動，而與此同時，民間開始流傳當局決定爆破工廠、運走糧食儲備，某些負責人員甚至打算出逃等消息。情緒激動的工人們擔心自己會被拋棄、活活餓死。十月十八到二十日，某些工人在工廠內自發起義，阻撓設備的拆卸，痛毆幹部還有那些呼應當局的「積極分子」。人群中可聽見這樣的高喊：「他們要把設備運走，讓我們沒有工作做！」、「頭頭都逃走了，只剩下我們！」、「反正我們有工作做就好了，管他是給希特勒，還是史達林工作！」[80]當局不得不藉遊說和逮捕行動穩定民心，更何況，前線情況好轉，伊萬諾沃州暫且不須撤廠。十月將近尾聲，蘇軍終於成功地阻擋德軍在中央戰區持續推進。這可歸功於蘇聯軍民的集體英雄主義、紅軍的大量犧牲、德軍軍力嚴重耗損，以及秋季的惡劣路況。對莫斯科而言，眼下最重要的任務就是鞏固既有成果，防止德軍再度進攻莫斯科。史達林花費許多心力強化首都周邊防衛，他親自督導部隊新編作業、國防武器生產，並且特別關注坦克和飛機。很多時候他把自己當成坐鎮克里姆林的調度員，指揮調度諸如物資供給、工廠協力、運輸調配等問題。

這種「調度員風格」也可見於史達林的軍隊指揮工作。一如之前幾個月，史達林時時刻刻關注前線戰況，深入考究戰役細節，管理範圍包山包海，就連枝微末節也不放過。他對實施攻擊行動特別有興趣，就算軍隊準備不足也無所謂，只要節奏夠快就好。顯然，他企圖以出其不意、壓制猛攻和先發制人的戰術取勝，畢竟敵方把戰線拉得太長，有軍力分散的風險。十一月初，史達林與西部方面軍司令朱可夫就因此起了爭執。史達林要求在沃洛克蘭姆斯克和謝爾普赫夫一帶即刻施行反攻，以先一步破壞德軍預備中的進攻。但朱可夫反對。他試著向史達林說明我軍前線軍力不足，無論防守或進攻都是強人所難。史達林並不滿意這種說法。他打斷朱可夫的話：「就決定反攻了，沒什麼好談的。今晚就給我行動計畫。」史達林隨即打電話給西部方面軍的軍事委員會成員布爾加寧，威脅他：「你們和朱可夫一道，全都尾巴翹起來了，是吧？沒關係，就連你們這些人，我們也有辦法收拾！」[81]在史達林施壓下倉促實施的攻擊行動並未帶來顯著成果。結果顯示，朱可夫在德軍發動新一波攻勢前，盡力保全蘇軍實力才是正確的做法。

相較於前面提到的軍事或後方調度問題，史達林還是在他熟悉的領域能有比較出色的表現。這個領域就是政治宣傳工作。十一月上半，戰勢稍為緩和，史達林發現機不可失，連忙

7 譯註：伊萬諾沃（Иваново, Ivanovo），位於俄羅斯西側，莫斯科以東約兩百九十公里，同名州的行政中心。

下達指示：十月革命紀念活動將在莫斯科照常舉行。他很清楚，在德軍進逼首府時舉行「傳統」的紀念活動，有助穩定、提振民眾士氣。十一月六日，十月革命紀念會在莫斯科地鐵的馬雅科夫斯基站[8]內隆重展開。站內的其中一組軌道上沿著月台停放著列車車廂，活動期間作為衣帽間和餐飲間使用。軍人以及與當局合作的積極分子都在受邀之列。表定的正式活動結束後，接著進行的是音樂會。當然，眾人焦點仍是史達林及他的演說，而這將是繼七月三日廣播講話後，史達林第二場公開談話。史達林知道，各方希望聽到他解釋為何蘇軍多次打敗仗，以及戰爭的可能前景為何。數百萬人最關心的問題是：戰爭何時結束？史達林承認，國家面臨的威脅「不但未減弱，反而還增強了」。不過整體而言，他仍不失樂觀。他用數據（編造出來的數據）「證明」德方犧牲慘烈，更宣稱德國的人力「即將消耗殆盡」，而蘇聯方面正好相反，「現在才開始要全面發揮」。[82]

為加強「慶祝」氣氛，高層決定在十一月七日舉行閱兵典禮。考量當時的國內外情勢，這個決定其實頗為冒險。因為也不過才是幾天前，十月二十九日，德國空軍對著克里姆林丟了顆大炸彈，受害者達一百四十六人，其中有四十一人死亡。[83]在討論舉辦十月革命紀念活動的相關議題時，高層也曾考慮過，事情可能會不如他們預期的順利，因此計畫在莫斯科城外另擇一備案地點，舉行「替身」性質的閱兵典禮。這個地點就是庫依比雪夫市，也就是所謂的「大後方首都」。為閱兵典禮「找替身」的用意在於，一旦德軍襲擊紅場，莫斯科的典禮被迫取消，廣播電台就能直播來自庫依比雪夫市的典禮實況。由於德國空軍最終並未發動攻擊，實況轉播還是由紅場發出。[84]

史達林在閱兵典禮上只做了簡短的講話，發言地點是列寧墓上的觀禮台。他既回顧革命前俄國軍事將領的光榮事蹟，又提醒眾人布爾什維克黨員在內戰時期也十分英武。他也再次預言德國很快就會被打敗。但與以往不同的是，史達林這次甚至說出了「時間表」：「不消幾個月——半年或一年——希特勒德國就會因罪孽深重而自我毀滅。」[85]這些話反映了史達林對戰況的了解。基於給人民的勝利承諾，史達林過不了多久就對軍隊提出強硬要求：全面發動攻勢。

莫斯科的革命周年慶祝活動及史達林的談話皆具有重要的政治宣傳意義，當局自然也使盡全力幫忙抬轎。紅場閱兵典禮是交由專業電影攝影師拍攝，但史達林的談話來不及入鏡。於是當局決定再拍一次，地點是臨時搭建的攝影棚。在大克里姆林宮的某個廳室，工作人員搭建了列寧墓的實體模型；十一月十五日，史達林紅場閱兵講話的「再現版」錄製完畢。[86]該年十二月，蘇聯全國的電影院放映《一九四一年十一月七日莫斯科紅場閱兵》，其中就包

8 譯註：莫斯科地鐵「馬雅科夫斯基站」（Маяковская），位於莫斯科市中心，建於一九三八年，深度達地下三十三公尺；名稱紀念同名詩人。

括了這段拍攝於閱兵後約一星期的史達林講話片段。十二月四到十一日的一星期間，該片的莫斯科觀影人次達二十萬人；官方製作的數百份電影拷貝流通全國。[87]

十一月十五日，也就是史達林面對攝影鏡頭「再現」紅場閱兵講話當天，德軍再度攻打莫斯科。目前德軍仍有明顯優勢；德軍的新一波攻勢力道強大，在某些地區已直逼蘇聯心臟。然而，不斷獲得後援的紅軍最終還是擊敗了敵軍。德軍因戰力儲備消耗殆盡，停止攻勢；此時，紅軍由守轉攻，而且攻勢幾乎毫無中斷、出敵不意。一九四二年一月，敵軍已退到距離莫斯科一百到兩百五十公里之外。久盼的勝利終於來了。

失敗的一九四二年

蘇軍在莫斯科近郊轉守為攻，在其他戰線也轉敗為勝——這些事件鼓舞了蘇聯人民及國際反法西斯陣營。不過，這些光榮戰役也顯示了紅軍的戰力不足，而德軍仍未喪失優勢。蘇軍確實有強大的求勝意志，但未能達成蘇聯領導人設定的目標；德軍的防守十分成功，而且正積極準備反攻。

一九四二年一月十日，紅軍各分隊收到一份指示函，分析過往作戰行動及未來展望。函文的許多段落透露出，這樣的風格和用字遣詞大概只能出於史達林之手。整體而言，史達林對紅軍於前年十二月突破德軍防禦的方式給了負面評價。他批評紅軍兵力部署過於分散，擴及整個前線，而無法互相支援：「只有在我方於前線特定作戰區域創造極大有利態勢時，攻擊才會有效。」他認為紅軍的另一個失誤是不當使用火砲：「我方常在沒有火砲、沒有砲兵部隊支援時，把步兵丟出去負責進攻，事後還抱怨步兵都不攻擊有防守、有掩蔽的敵人。（…）這不叫進攻，這叫犯罪，犯了傷害國家和軍隊的罪，逼軍隊做無意義的犧牲。」[88]最高統帥部要求，部隊進攻隨時都要伴隨火砲的支援，不能只在進攻前使用砲兵火力攻擊。信件內容也強調，火砲必須集中在主作戰區。

以上意見確實合情合理，畢竟前線進攻往往造成大量傷亡；此外，懂得集中軍力以創造作戰有利條件，以及靈活調度也很重要。問題是，史達林在規畫一九四二年冬季作戰計畫時，忘了自己說過的話，反而強硬地要求軍隊採取同時在數個前線發動攻勢的戰略。他的理想是在一九四二年取得最終勝利；他並在一九四一年十一月七日的紅場閱兵講話中，公開給了全國人民相應的承諾。「一九四二年完勝」的想法也可見於祕密文件。史達林為何會認為這樣的勝利時程是有可能的？因為他相信德軍的軍力即將耗盡，而他之所以這麼相信，是因為蘇聯情報誤導。一九四一年十一月六日，史達林宣稱，作戰的這四個月以來，德軍損失了高達四百五十萬名兵員。他接下來會收到的情資報告也差不多是這種調調。例如，蘇聯情報單位的報告聲稱，截至一九四二年三月一日，德軍死亡人數估計達六百五十萬。[89]這些被誇大五、六倍的數字反映了蘇聯體制虛報謊報的習慣：領導只會知道他想知道的。

一九四二年三月獲得批准的夏季作戰計畫提到軍隊應進入戰略防守階段，並為下一波進攻做儲備。不過，史達林後來下達的新指令等於讓這個決定失去實質效力：他要求軍隊務必在數個戰線同步發動攻擊。瓦西列夫斯基元帥在數十年後寫到：「如今再來看當年通過的一九四二年夏季作戰計畫。我不得不說，同步施行防守與進攻是該計畫最大的致命傷。」[90] 類似的意見可見於許多歷史著作。

根據計畫，一九四二年夏季的進攻應在數個戰場施行：克里米亞、哈爾科夫一帶、中央戰區及列寧格勒近郊。史達林花許多心思在戰役的準備工作，他連兵員補充的問題都操心。他同時也積極物色領導人，首要標準是「夠狠」、「夠硬」。又一次，史達林的人事決定顯示，他並不適任最高軍事統帥。他派梅赫利斯作為中央政府的代表前往克里米亞。梅赫利斯是紅軍總政治部主任，曾任史達林祕書，對上司忠心耿耿。他積極任事，意志堅定，殘酷無情，但不太懂軍事。

史達林還將弗羅希洛夫派往駐紮列寧格勒周邊的沃爾霍夫方面軍，無視弗羅希洛夫幾個月前才因無力勝任而遭解除列寧格勒方面軍司令的職務。仗著與史達林關係良好，弗羅希洛夫這次拒絕受命。史達林暴怒。一九四二年四月一日，政治局在史達林口述下做出決議文，內容是對弗羅希洛夫的猛烈批判，以及號稱是弗羅希洛夫對拒絕受命的說明。公開所謂的

「弗羅希洛夫說法」可謂別有用意。根據決議文內容，弗羅希洛夫表示：「沃爾霍夫方面軍負責的區域很棘手」、「不想在這件事上一敗塗地」。決議文結論為：「第一、認定弗羅希洛夫同志愧對交付予他的前線任務。第二、派遣弗羅希洛夫同志負責後方工作。」[91]這段文字看來威脅性十足，但實際上缺乏殺傷力。弗羅希洛夫仍然是國家的高階領導人。此番對他的攻擊（各級領導人大多對決議文內容有所了解）主要是在收「殺雞儆猴」之效。

西南戰線的軍事領導人沒辜負史達林的期待。西南方面軍司令提莫申科和方面軍軍事委員會委員赫魯雪夫建請攻打哈爾科夫。總參謀部否決提案。史達林決定耍點手段，他准了烏克蘭進攻案，但將之定調為方面軍的內部事務。這樣的定調並不影響事件本質，但有助減輕史達林對戰爭結果的責任。

歷史再度重演。又一次，不完善的攻擊計畫導致軍力大傷、作戰條件急遽惡化。壞消息首先從克里米亞傳來。德軍於一九四二年五月八日反攻，在十二天內打得蘇軍落花流水。這決定了塞瓦斯托波爾市的命運。這個位於克里米亞半島的港口城市已經防守了兩百五十天。可惜，集體英雄主義無法避免災難發生。一九四二年七月，該城落入德軍手中。攻下塞瓦斯托波爾市後，德軍將不少軍力調度到其他前線。根據內閣辦公室主任查達耶夫的證言，梅赫利斯試圖親自向史達林說明事情原委，為此特地在會客室等候。終於，史達林在門口現身。兩人接下來的互動如下：

梅赫利斯猛地跳了起來，說：「您好，史達林同志！請准報告。」史達林稍停。他很快掃了梅赫利斯一眼，從頭到腳。接著，他語帶激動地說：「該死的傢伙！」說完就走進辦公室，用甩的把門關上。梅赫利斯緩緩採立正姿，痛苦地轉身面向窗外。[92]

隔天，一九四二年六月四日，史達林簽署了最高統帥部大本營給各方面軍和軍團軍事委員會的指示函，內容是關於克里米亞敗戰的原因說明。從行文風格看來，其「主筆」十之八九是史達林。指示函特別強調一個事實，就是交戰前，部署於克里米亞的蘇軍有著相對於德軍的兵員數優勢。包括梅赫利斯在內的軍隊領導人被指控專業能力不足、無法獨當一面，因此遭到解職或降階的處分。[93]即便如此，梅赫利斯在史達林跟前還是很吃得開，而且日後還是身居要職。朱可夫認為，史達林對克里米亞大敗戰的罪人手下留情，未加嚴懲，其原因顯然是史達林「知道自己也有責任」。[94]

史達林也支持西南方面軍進攻哈爾科夫。攻擊行動於五月十二日開始，初期進行得頗為順利。不過幾天後，情況急轉直下。蘇方預測德軍意在奪取莫斯科，但他們卻在蘇聯南部發動決定性攻勢。恰好，提莫申科的哈爾科夫作戰計畫漏洞百出，倒幫了德軍一把。人數龐大的蘇軍面臨被包圍的危險。史達林不顧各方警告，拒絕下令停止進攻哈爾科夫。等到蘇方最終還是決定中止攻勢，為時已晚。[95]根據蘇聯總參謀部的資料，在這場哈爾科夫戰役中，紅軍的傷亡及被俘人數總計二十七萬七千人。[96]情勢在根本上轉而對德軍極為有利。希特勒的軍隊在南部戰場獲得往高加索地區及伏爾加河主幹推進的優勢。

史達林將西南方面軍的敗戰責任完全推給該軍指揮部。然而，相較之下，他對克里米亞方面軍的指責更激烈、更具警示意味。[97]數個月後，一九四二年九月二十四日，身為最高統帥部大本營在史達林格勒方面軍（其組建基礎包括由西南方面軍調出的部隊）的代表，馬林科夫發文給史達林，其中提到：「順便談談提莫申科，（⋯）在這裡仔細了解他的工作狀況後，我可以說，他看來無所事事，對蘇聯政權的命運漠不關心，對國家的命運亦然。」[98]馬林科夫行事謹慎，因此我們可以推斷，他對提莫申科的評價是符合史達林心意的。不過，一如處理梅赫利斯的方式，史達林還是將提莫申科留在自己身邊，讓他在重要性相對較低的職位上繼續為己所用。

史達林於一九四二年蘇軍敗戰累累時期發出的數道指示函有個「頑固動機」[9]，那就是指責將領們不斷地犯錯，以及不夠有決心。不過將領們可不這麼認為。舉例而言，洛可索夫斯基元帥在回憶錄中就挺坦率地陳述了自己的意見。他認為，一九四二年夏季的一連串敗戰

9 譯註：在此引用音樂的頑固動機概念，指的是不斷出現的內容。

和最高統帥部大本營重蹈戰爭初期覆轍有關。洛可索夫斯基表示，最高統帥部下達「違背現實的指示，根本是助敵一臂之力」。較為合理的做法應是逐漸將軍隊撤到預備好的陣地（以一九四二年夏季的具體情況而言，應是頓河沿線），但最高統帥部卻要求不間斷地反攻。匆匆迎戰的部隊「還來不及集中戰力，就匆忙、無章法地與敵方戰鬥，而敵軍當下無論在人數或兵力素質上都有極大優勢（…）所有做法都與軍事學校和學院透過兵棋推演與演習所教授的專業不同，也與前兩場戰爭帶給我們的教訓背道而馳。」[99]

史達林不承認最高統帥部有錯。一如以往，他堅持錯都錯在下屬「懦弱怯戰」、「不忠不義」、「能力不足」。這個「史式邏輯」在著名的二二七號令達到巔峰。該令於一九四二年七月二十八日頒布，當時德軍在蘇聯南境已大有斬獲。史達林在命令文中的措辭強烈，不留餘地。他表示，敗戰原因是軍紀不良、軍隊怯戰：「那些大驚小怪、懦弱退縮的人應就地處決」、「未經上級指示即臨陣退戰的指揮官是叛國賊」。史達林要求自軍團司令以上，指揮官若擅自撤退，應送交軍法審判。這道命令也要求在軍隊編制中加入由受懲官兵組成的懲戒營和懲戒連[10]。因為有二二七號令，「在場面混亂及師級部隊慌亂撤退時，應即當場槍斃驚慌失措者及懦夫」的「阻退部隊」也被納入了常規編制。[100]這類「阻退部隊」一直到一九四四年十月才解編。

史達林與「恐慌分子」、「懦夫」、「怠惰者」、「破壞分子」的鬥爭，並非無的放矢。艱苦的戰鬥、看似無止盡的失敗，都難免導致軍隊士氣低落。不過，一如我們在其他例子中看到的，史達林將失敗歸咎於「怠惰」和「破壞」分子的陰謀詭計，這種說法根本站不住腳。畏懼組織良好、軍容壯盛的德軍，不過是紅軍退敗眾多複雜的原因之一。軍隊之所以不遵令行事，往往是因為命令不符現實、缺乏專業，或根本辦不到。管理前線的手段再殘暴，都不會是得勝的充分條件。在二二七號令頒布後數星期，德軍逼近史達林格勒（Stalingrad）。

除了歸咎於「懦夫」、「叛徒」，史達林在解釋失敗時，也常運用「第二戰場」這個概念。根據他的說法，正因為沒有歐洲第二戰場，希特勒才得以調動大量軍力攻打蘇聯。已知文獻顯示，蘇聯高層內部不時會激昂討論盟軍的躊躇不決，以及德國因此得以往東方猛攻的問題。就許多方面而言，正是在史達林的施壓下，當莫洛托夫於一九四二年五到六月訪問英美時，邱吉爾和羅斯福（後者的角色較前者重要）宣告，該年秋天，盟軍可能會開闢歐洲第二戰場。不過，相關承諾自始就沒個具體輪廓，且隨著各前線戰況越來越吃緊，開闢歐洲第二戰場的願景更顯得虛無飄渺。歐洲第二戰場的問題陷入僵局，為了緩和氣氛，邱吉爾親赴莫斯科與史達林見面。[101]一九四二年八月十二日，雙方首次會面。由於蘇軍當時幾乎屢戰屢敗，

10　譯註：是軍隊中的懲罰機制，可見於不同國家；基於政戰、情治考量或其他原因受軍法審判而被編入的官兵，往往被迫承擔最危險的工作。

史達林根本沒有談判的優勢。盟軍自己也在北非和地中海失利；這給了他們拒絕開闢歐洲第二戰場的好藉口。

聽完邱吉爾的發言，史達林絲毫未掩飾自己的惱怒。據邱吉爾對羅斯福所言，談判頭幾個小時，氣氛很「陰沉」、一付「山雨欲來」的態勢。史達林不客氣地暗示盟軍太不夠果斷，還勸他們不要怕德國人。邱吉爾的「回禮」也很「大器」：他提醒史達林，英國有整整一年（一九四〇年）是處於孤軍奮戰的狀態。史達林大概不會聽不出來，談判對手話中有話——我們英國單打獨鬥的時候，貴國可是與希特勒稱兄道弟呢。不過，雙方的針鋒相對就此打住。畢竟，盟友間還是存有很深的依賴關係。已想好談判戰術的邱吉爾在一連串的負面資訊後，替史達林帶來了好消息。英美聯軍計畫於該年秋天登陸法國在非洲領地的北岸。邱吉爾這球一發，史達林就迫不及待地接球，試圖利用這機會和前一秒還在和自己「鬥嘴」的盟友和好。他稱讚這計畫挺好的。接下來的談判過程少了點火藥味。在邱吉爾訪蘇的最後一晚，也就是八月十五到十六日晚上，史達林為表示友好，邀了這位英國貴賓到自己的克里姆林寓所作客。會面氣氛極度溫馨融洽。史達林還把女兒找來和客人見個面，他女兒回憶：

父親非常殷勤熱切。他讓所有人著迷。他說：「這我女兒！」還搔搔我的頭，說：「紅頭髮的！」邱吉爾微笑了一下。他說，他年輕時也是個紅髮，而現在呢——他用雪茄指

自己的頭。[102] 11

邱吉爾訪蘇行的成果顯而易見。蘇聯有望獲得盟友支援，主要是物質方面的支援。史達林告訴邱吉爾，蘇方尤其需要卡車和鋁。德軍暫且可在東方戰場勢如破竹，無須瞻前顧後，提防來自西方的明槍暗箭。紅軍則在數個月間還將經歷無數場失利與失敗。在南方，德軍攻入史達林格勒，占領頓河及庫班河的重要農業區，進逼北高加索和外高加索的油田。根據蘇方資料，一九四二年一到十月這段期間，紅軍死亡、受傷及被俘人數約五百五十萬。[103]然而，前線情勢還是逐漸穩定下來了，重要原因包括軍隊增兵、史達林格勒及高加索地區的軍民奮勇作戰。此外，德軍作戰軍力不足也是重要因素，畢竟希特勒難以同時解決多個艱難任務。在一片烽火廢墟中，史達林格勒的蘇軍與德軍浴血戰鬥，終於粉碎敵方部隊。各種跡象顯示，史達林格勒及高加索地區的戰役重演了一九四一年年末的劇本。失血的德軍無法有效進攻。開戰至今蒙受巨大損失的紅軍則持續給自己注入新血，終於有機會爭取到主動權。現在問題只有一個：何時，以及如何反攻。

11 編註：英文版沒有女兒回憶的細節，此處為參考俄文版翻譯。

史達林格勒與庫爾斯克[12]

蘇軍在史達林格勒近郊展開反攻。這場著名的勝仗是全國軍民壯烈犧牲換來的。史達林格勒會戰顯示，史達林也能從失敗經驗習得教訓。一九四二年十一月十九日，蘇軍在史達林格勒一帶發動攻勢。這場行動經過精心策畫，數天後，第六軍團司令鮑路斯將軍率領的三十三萬人部隊被包圍了。一九四三年二月二日，蘇軍成功阻撓試圖突破封鎖的德軍，並將他們一舉擊潰。德軍在史達林格勒之役損失了數十萬官兵，被俘人數超過九萬。鮑路斯將軍也成了戰俘。這場勝利著實為第二次世界大戰重要的轉捩點。

不過，史達林並未被勝利沖昏頭。一九四三年初的他傾向謹慎行事。軍事領導高層在規畫新一波行動時，試著不讓軍力分散，而將重點放在西南戰線。敵軍在該區已有重大損失，組織性也因此受到影響。史達林希望能「再來一個史達林格勒」，一九四三年一月，他下令包圍從北高加索撤退的德軍。一開始，蘇軍在沃羅涅日和哈爾科夫一帶的進攻十分順利。一月十八日，德蘇戰線的北方戰事結束，列寧格勒解除封鎖，終於恢復與蘇聯中樞地區的陸上交通。這個苦難深重的偉大城市總算盼到了自由，人人心情激動。

歡欣鼓舞的同志們急著要將勝利的桂冠戴到史達林頭上。一九四三年一月十九日，人在沃羅涅日方面軍駐紮區的總參謀部主任瓦西列夫斯基，聯合方面軍的領導層，發了一封密碼信到莫斯科。他們在信中籲請莫洛托夫、貝利亞和馬林科夫封史達林為「蘇聯大元帥」，因為「我軍在各前線業已獲致前所未見的成功」。電文稱史達林為「勝利的創造者、天才、偉大的軍事統帥」。這個形式上「由下而上」，只差不是來自「基層」的呼籲，其實很有可能是黨國高層弄出來的一齣戲。無論如何，軍方的「一片赤誠」受到高層熱烈響應。一月二十三日，莫洛托夫、貝利亞、馬林科夫和米科揚簽署了交給政治局的相關提案。不過案子遭到擱置。[104]史達林認為還是小心一點得好。他心知肚明，目前當大元帥為時尚早。因為蘇軍雖然已取得部分勝利，前線局勢仍十分吃緊。幾十萬個家庭收到陣亡通知書。史達林自己何嘗不想當大元帥，最後也的確當成了。不過那是一九四五的事了。目前，他只願意當個元帥。一九四三年三月七日，相關決議文公告。在此之前，該年一月和二月，朱可夫和瓦西列夫斯基已早史達林一步獲得此項榮譽。元帥肩章上的星星，史達林扛得應該不輕鬆。接下來的戰事顯示，德軍確實很強，而紅軍尚未對敗戰免疫。蘇軍比較重大的勝利包括奪回北高加索、斯塔夫羅波爾邊區及克拉斯諾達爾邊區，不過就連在這些地區也無法全面包圍德軍。敵人保全戰力，撤退到頓巴斯地區、庫班河下游和塔曼半島。一九四三年年初，沃羅涅日、布良斯克和西南方面軍的行動堪稱成功。該年一月，蘇方收復沃羅涅日，二月輪到庫爾斯克、貝爾哥

12 譯註：一般譯為「庫斯克」，但發音近「庫爾斯克」，故本書譯為「庫爾斯克」。

羅德和哈爾科夫。不過很快地，情勢再度轉為對德軍有利。蘇聯最高統帥部的錯誤決策對此不無「貢獻」。蘇軍把戰線拉得很長，敵方則暗中把力量集中在最重要的區塊，進行重點式攻擊。三月，德軍再度攻下哈爾科夫和貝爾哥羅德。紅軍在西線戰場的攻勢卻未帶來顯著成果。此外，西北方面軍二到三月間的行動也不順利。

一九四三年四到六月，德蘇戰區暫時平靜了下來，雙方開始為夏季會戰做準備。根據數位蘇聯軍事領導人在回憶錄中的說法，當時蘇方十分確定，德國人會在夏天進攻庫爾斯克突出部。在側翼有效地支援下，德軍可以包圍並殲滅人數龐大的蘇聯軍團，取得戰勢主控權。對德軍而言，攻下庫爾斯克突出部可大大減少己方安全上的威脅。不過，德國人到底會不會發動攻擊卻還是未知數。無論如何，蘇聯最高統帥部已擬定作戰計畫，將過往的失算與誤判納入考量。史達林拒絕先發制人，決定實施戰略性防守。守勢作戰可望於削弱敵人力量後，在對我方相對有利的條件下，轉為攻勢。

從採取守勢這個決策看來，史達林已從錯誤中得到教訓。以往，他偏好大規模的疾速攻擊（趁敵人還沒回過神時，來個「迎頭痛擊」）；現在他竟然同意花長一點的時間，伺機而動、做縝密的準備是值得的。當然，維持高度的自制力並不容易。一九四三年五月，蘇方兩次收到消息，指出德國人即將進攻。蘇軍進入高度備戰狀態。然而，後來發現相關消息是錯誤的。根據瓦西列夫斯基的說法，史達林在高度緊張的狀態下往往會受「先發制人」戰術誘惑。

瓦西列夫斯基寫道：「我們——也就是朱可夫、我和安東諾夫[105]——花了一些力氣才說服他，不要這麼做。」[106]時序來到六月。德國卻遲遲未發動攻擊。史達林開始不安。他再度開始考慮先發攻擊的可行性。不過，這次他沒有堅持己見。他聽了將領們的話——將領們不斷向他證明，讓德軍先攻，對蘇軍比較有利。

事實證明這樣的盤算是對的。激烈的庫爾斯克會戰從一九四三年七月五日開始，一直打到八月二十三日。德蘇雙方的參戰人數都十分可觀——總計超過四百萬人。這也是史上規模最大的坦克會戰。蘇軍無論在兵員或動用的坦克數量上都是攻擊方德軍的兩倍。然而，納

史達林檢查新重裝武器。克里姆林，1943年9月。
來源：俄羅斯國立政治社會史檔案館。

粹高層認為，組織及技術上的優勢有望讓德軍再度得勝。德國在庫爾斯克會戰中使用了新武器——虎式重型坦克和豹式中／重型坦克。德軍的策略並非完全錯誤。不過，他們這次面對的蘇軍不僅採用「人海戰術」，在品質上也較以往精進。經過一個星期的激烈交戰，紅軍把敵人搞得精疲力盡，並且轉守為攻。

一九四三年八月三到五日，紅軍正熱烈地進行反攻之際，史達林第一次，也是最後一次來到前線。八月二日夜晚，他坐上停靠在離莫斯科州昆切佛村別墅不遠處的專用火車。列車偽裝得很好，看起來像貨車，也配有武器。史達林視察的是勒爵夫—維亞茲馬突出部。這是最靠近莫斯科的前線作戰區域。軍隊在這裡為進攻做準備。一抵達目的地車站，史達林及隨行人員改乘客車。八月三日和四日，史達林在各指揮所，與準備發動攻勢的眾前線領導人見面。就在這時候，捷報傳來：蘇軍攻下厄琉爾和貝爾哥羅德市。史達林撥了通電話到莫斯科，下令施放禮砲慶祝，接著所有人前往史達林的車廂共進午餐。八月五日晚上，史達林回到莫斯科的克里姆林辦公室。[107]

就這樣，史達林形式上視察了斯莫連斯克攻擊行動的準備工作。事實上，這番視察並非必要。順帶一提，就算有史達林親赴前線視察督導，斯莫連斯克戰役最終仍稱不上成功。史達林親赴前線的真正原因和軍事需求無關。他不喜歡公務旅行，承平時期亦然。他只有度假才會離開莫斯科。不過，身為國家領導人，在烽火四起的此刻，他有責任表現自己與軍隊「心連心」、「苦其所苦」。戰爭初期，他不需要考慮這類問題。當時莫斯科本身就位於近前線地帶。一九四一年秋，敵軍兵臨莫斯科城下，史達林此時坐鎮莫斯科無異具有重大政治意義，此舉大大提高了他的個人聲望。不過史達林很清楚，崇高聲望也需要維護、「保鮮」，就算我軍已連傳捷報亦然。

有意思的是，在史達林筆下，他唯一的前線之旅竟成了眾多前線之旅「之一」。一九四三年夏，他和邱吉爾及羅斯福通信，措辭尖銳，語氣強硬。當時，西方盟國再度拒絕於該年在法國北方開闢歐洲第二戰場。史達林的回應則是拒絕參與同盟國高層會議，以示抗議。八月初，為了說明自己為何一再拒絕會面，而且還遲遲不回信，他告訴盟友們：「我剛從前線回來（…）現在不比平日，我必須更常進行部隊視察」、「我必須更常親赴前線各作戰區，以前線利益為重中之重」。[108]

從西部方面軍守區回到莫斯科後，史達林又得對南線戰區勞心勞力了。紅軍在庫爾斯克的進攻行動尚未結束。雖然德軍得勝機率極其渺小，蘇軍卻也無法成功包圍、殲滅敵人。德軍在防禦陣地上奮力作戰。與此同時，企圖乘勝追擊的蘇聯最高統帥部分別在烏克蘭、克里米亞半島及中央戰場發動攻擊，德軍轉而實施戰略性防禦，時不時搭配反攻。一九四三年九月，蘇軍成功奪下德軍在德聶伯河右岸的橋頭堡，同時也收回了具高度經濟價值的頓巴斯地區，以及較南邊的新羅西斯克市和塔曼半島。十一月五日夜，紅軍攻下烏克蘭首府基輔。一九四三年夏、秋季的作戰行動徹底破壞了希特勒軍隊大規模攻擊的能力。蘇軍在南方推進了六百公里，在西方則有三百公里。然而，敵人依舊強大；蘇聯軍民的勝利是用重大犧牲換來的。此外，指揮單位訂定的許多作戰任務仍未達成，紅軍在西線與西北線戰場也未有顯著進展。克里米亞半島依舊受敵軍控制。德軍的強勢反攻也讓蘇軍無法在烏克蘭取得進一步勝利。德軍精於調度，因而得以多次避開攻擊。一九四三年，蘇聯無能重演史達林格勒之役中，成功包圍、摧毀強大敵人的光榮故事。這意謂著血還得繼續流，終戰似乎遙遙無期。

與此同時，同樣在一九四三年，英國和美國在軍事上皆有重要斬獲。在北非，德國有一大型軍團遭到殲滅；西西里及義大利半島南部也被盟軍占領。墨索里尼的法西斯政權垮台，義大利急於退出戰爭。在東邊，盟軍與日本的戰爭也越打越順。德國的潛艇部隊在大西洋遭遇重大損失；遠渡重洋、來自美國的戰略性物資及部隊在運輸過程中蒙受的損耗也因此減少。同盟國空軍轟炸德國的力道不斷加大。英國及美國的策略選項變多了，一方面他們不再擔心蘇聯會撐不下去，進而投降：只要蘇聯可以打、願意打，西方盟國就能省力些；另一方面，盟軍在歐洲南方亦有斬獲，已然推進至巴爾幹半島——這件事降低了在法國北部開闢歐洲第二戰場的必要性。起碼邱吉爾就是這麼想的。至於羅斯福，他則是基於美國利益，仍傾向遵守協議，開闢第二戰場。

對史達林而言，「第二戰場」這個議題在蘇聯與盟國關係中占有舉足輕重的地位。無庸置疑，他確實努力要讓自己嚴重失血的國家好過一點，除此之外，這議題攸關他的政治威望，是他在「三巨頭」中的地位指標。因此，不令人意外地，當史達林於一九四三年六月從邱吉爾和羅斯福處得知，在法國北部開闢第二戰場的計畫將延遲至一九四四年執行，他的反應十分激烈，可說瀕臨失控邊緣。一九四三年六月二十四日，他發信給英美「盟友們」：「我必須聲明，蘇聯政府不僅失望，而且對盟友的信任也大為動搖。」[109]為了展現自己的高度不滿，史達林拒絕與羅斯福會面，雖然雙方為這場會面已經準備了好幾個月。一九四三年八月，蘇聯政府從倫敦召回大使。這位大使與英國權勢集團的關係良好，蘇聯政府這一舉措明顯帶有抗議意味。不過，由於事關各方利益，盟友間的爭執與衝突總有其界限。至少在當下這個階段，沒有任何一方可以承擔同盟關係破裂的風險。「三巨頭」的首次會面再度證明了這一點。這場會面經過各方冗長的爭論之後才定案。一九四三年十一月，「三巨頭」在史達林建議的地點——伊朗的德黑蘭——碰面了。邱吉爾和羅斯福在會談地點上讓步這件事，讓存在於「三巨頭」之間的緊張氣氛稍微緩和。

為了這場「三巨頭」峰會，史達林在執政後首次跨出蘇聯國境，不過旅程不長，而且堪稱舒適。他乘火車到巴庫，再從巴庫搭飛機到德黑蘭。從現有資料看來，這是史達林一生中第一次，也是最後一次的空中旅行。各種跡象顯示，史達林在起飛前很緊張。隨行的什契緬科將軍事後回憶，行程在巴庫機場有些耽擱。史達林拒絕上飛機。按原計畫，服務元首的應當是遠程作戰空軍司令格羅凡諾夫，但史達林希望將他的座機交由名氣沒那麼響亮的飛行員駕駛。據傳，史達林說了這麼一句話：「上將很少開飛機的，我們還是和上校一起飛比較好。」[110]格羅凡諾夫極力否認這樣的說法。不過，他不否認史達林還在莫斯科的時候，就與相關人員鉅細靡遺地討論飛行細節。他甚至要求格羅凡諾夫確認飛行員是否可靠。[111]史達林的首次，也是最後一次飛行經驗沒給他留下好印象。一九四四年九月，在與美國大使哈里曼和英國大使科爾（Archibald Clark Kerr）會面時，史達林說到，他在經歷這場飛越高空的伊朗之旅後，有整整兩星期被耳痛折磨。[112]

一九四三年十一月二十八日，德黑蘭會議開始。史達林再度見到邱吉爾，也首次與羅斯福碰面。與羅斯福的面對面接觸別具意義。史達林知道，美國與英國間有矛盾，包括在開闢第二戰場方面的不同考量。因此，雖然動機不同，史達林與羅斯福在這個問題上是可以同聲一氣的。史達林手上也有王牌：紅軍有打贏的紀錄；此外，史達林承諾，蘇聯將在粉碎德國力量後，對日本開戰。至於羅斯福，他除了努力與蘇聯建立長期的正向關係、期望藉蘇軍之力抵抗日本，也擔心紅軍會因此深入西歐。德黑蘭會議最後做出決議，英美將於一九四四年五月在法國北部開闢第二戰場。除此之外，「三巨頭」也討論了其他重要問題：蘇聯在對德戰爭結束後，與日本開戰；建立戰後國際安全體系；波蘭邊界問題……等。史達林應該沒有理由對這場會議不滿。

勝利與復仇

盟軍在一九四三年的勝仗顯示，德國肯定會潰敗。但何時呢？還需要多少犧牲，才能贏得最終的勝利？戰爭頭幾年刻骨銘心的慘痛教訓讓史達林領悟到，不須公開預言第三帝國的末日何時到來。德國人持續奮勇抵抗。他們堅守每一個防禦陣地，時而反攻。紅軍則持續推進，時快時慢。德蘇雙方都承受巨大損失。

一九四四年的前五個月，紅軍在德蘇戰線側翼，烏克蘭和列寧格勒一帶有重大斬獲。經過激烈地戰鬥，紅軍往前推進數百公里，在某些地區碰觸到蘇聯邊界，甚至進入羅馬尼亞。然而，德軍在其東部戰場的中心地帶仍屹立不搖。因此，紅軍一九四四年夏季的作戰重點便是摧毀德軍在此區域的部隊。在白俄羅斯，紅軍的作戰行動準備充分，不打草驚蛇。德軍在此遭遇重大挫敗。

為了歡慶勝利，史達林下令組織一場務求效果驚人的宣傳活動。七月十七日一早，由被俘將軍及軍官們「領軍」，超過五萬七千名德國戰俘在押解隊帶領下，沿著莫斯科主要街道遊行數小時。當天晚上，這些戰俘們被送上列車，運送至集中營。莫斯科居民成群站在路邊觀看這場不尋常的遊行。貝利亞向史達林報告：「戰俘通過時，民眾沒有脫序行為。」自人群中傳來「陣陣興高采烈的歡呼聲，民眾向紅軍，以及我們的最高總統帥部[13]致敬」，還有「反法西斯口號」：「希特勒去死！」、「法西斯主義去死！」、「一群混帳，全部死光算了！」……等。德國戰俘遊行結束後，當局還刻意用灑水設備清掃街道。[113]八月十六日，類似的「活動」在基輔又辦了一次。貝利亞同樣也給史達林寫了報告。[114]

旨在公開羞辱敵人的戰俘遊行顯示納粹主義的氣數已盡。一九四四年六月六日，英美聯軍在法國北岸登陸（即「諾曼第登陸」）。同年，在紅軍砲火猛攻之下，與德國為盟的羅馬尼亞和芬蘭投降。蘇聯領土全數收回，蘇軍把希特勒的黨羽趕出東歐及巴爾幹地區多數國家。戰線離德國邊界越來越近，甚至超越邊界。

一九四四年數場決定性的勝利，與蘇聯傾全國之力、憑藉驚人意志力達成的軍事及經濟躍進有關。一九四四年六月，蘇軍總人數已超過一千一百萬，作戰部隊則有約六百六十萬人。蘇軍握有十萬挺火砲和迫擊砲、八千輛坦克和自走砲，以及一萬三千架作戰飛機。論軍力，紅軍相較於德軍至少有數量上的優勢，試比較如下：蘇軍與德軍的兵員數比為一點五比一，火砲和迫擊砲為一點七比一，飛機數量則為四點二比一；至於坦克，則雙方數量相當。[115]此外，蘇聯後備兵力充足，但德國及其盟友卻得面臨兵力日漸減少的問題。紅軍及其領導層越來越有自信，他們有充足的戰備資源，也從經驗中汲取教訓。無論是元帥或士兵，都能從實戰經驗中獲取成長養分：除了英雄氣概和犧牲自我的壯烈情操，戰士們還掌握了較以往精進的專業能力。

對史達林而言，領導軍隊並不斷壯大它的實力，是首要之務。不過，收回失土後的重建工作，勢必也得加緊進行。納粹軍隊殺了數百萬名平民，搶劫、搞破壞。許多城鎮和村莊幾近成為空城。[116]我們可以從白俄羅斯領導層於一九四四年七月一日發給史達林的便函中，一窺被德軍蹂躪過後的土地成了什麼樣子：

> 在衛切布斯克市只有八百名活口。戰前，這裡有二十一萬一千名居民。（…）日洛賓市完全被摧毀。只剩下三棟不大的石造建築，還有一些木造的建築。市內完全不見人蹤。[117]

除了讓國家從斷垣殘壁中重生，蘇聯黨國高層還得克服一連串新的政治問題。據估計，居住地在戰爭期間曾被德國占領的蘇聯民眾有數千萬人。德國占領蘇聯各地的時間長短不一，從數星期到三年不等。占領區部分民眾或是被迫、或出於認同，為德國服務；同時也有許多人加入或協助游擊隊。但大多數民眾只想活下來，盡可能適應新的生活現實。史達林大

13 譯註：蘇聯相當於最高統帥部的軍事領導單位，在一九四一年七月以前稱為總統帥部，該年七到八月間稱為最高統帥部，自此以後至二戰結束則稱為最高總統帥部。

概不覺得自己需要對占領區蘇聯公民的苦難負責。占領區居民和戰俘一樣，都被歸類為「可疑分子」。納粹離開後，原德國占領區重新納入蘇聯版圖，被「二度蘇維埃化」。當局透過各種措施，試圖消除占領歷史在當地留下的痕跡，而其中一個重要手段就是「屢試不爽」的大規模迫害。這一次，迫害行動打著「助敵者必受報應」的正義大旗——至於所謂的「助敵」行為，或許真有其事，或許是臆測，或許是「欲加之罪，何患無辭」。無論如何，史達林心意已決。一九四三年十二月二十八日，貝利亞給史達林看一份函，內容指出在烏克蘭有一群「德意志裔人」（Volksdeutsche），也就是有德意志血統的移民或德意志裔移民的後代。貝利亞稱，這類人口在德國占領期間屬於特權階級，是納粹在當地的統治支柱。史達林下令：「全部逮捕，關進特別集中營，嚴加監視，讓他們幹活。」[118]

這時期的史達林政策有個重要元素——與占領者合作，須負集體罪責。基於這個原則，蘇聯境內好幾個民族遭到集體迫遷或流放的命運。一九四三年年底到一九四四年上半，卡爾梅克人及數個北高加索地區的民族——車臣人、印古什人、卡拉恰伊人、巴爾卡爾人、克里米亞韃靼人——被集體流放；遭遇相同命運的還有住在克里米亞半島的保加利亞人、希臘人和亞美尼亞人。史達林決定流放這些民族的其中一個原因是他們之中的確有人通敵、不配合當局的動員措施，包括逃避徵兵。[119]除此之外還有更深層的原因。遠在第二次世界大戰開打多年以前，蘇聯政府就試圖整合多元民族並將其納入新的國家體制，但在過程中遭遇許多困難，戰爭不過是證實了，整合尚未成功。史達林認為把「不聽話」的民族發放邊疆就能一次性地永久解決這個問題。對他而言，重點是不加篩選地集體迫遷團結意識和族群認同相對強大的民族，若把其中一些人留在原居地，想必會刺激其他人逃亡。其中，克里米亞韃靼人因為與土耳其有較深的歷史和文化親緣，特別受到史達林懷疑。史達林認為，土耳其是蘇聯政府的潛在敵人。順著這個邏輯，一九四四年年中，喬治亞共和國的邊界地區被「民族清洗」了一番，包括土耳其人、庫德人和其他少數民族都被驅逐出其原居地。蘇聯當局認為這些民族是土耳其發展其影響力和情報網的重要資產。就本質而言，史達林不過是在「做自己」——「預防性民族清洗」的政策對他來說毫無新意，相關政策在戰前即已獲廣泛實施，戰爭不過為他塑造了可以「大刀闊斧」的良好環境。戰爭可以正當化許多事——這也是它殘忍之處。一九四三到一九四四年間，因民族迫遷政策受害的蘇聯居民總計超過一百萬。執行如此大規模的行動需要投入大量人力，為此動員了大批軍隊和國安人員。民族迫遷比照軍事行動辦理。史達林握有最後決策權，掌握各民族的命運。他會定期收到迫遷執行報告。今天，歷史學者可以在內務部檔案中的所謂「史達林特別卷宗」找到它們。[120]車臣人和印古什人的迫遷規模特別大（約一百五十萬人），過程也特別複雜。或許正因如此，他們的迫遷由貝利亞督導，他甚至為此親自來到北高加索地區。一九四四年二月十七日，貝利亞發了封電報給史達林，告知準備工作已就緒。[121]電報內容清楚顯示，當局最怕的就是有人開先例抵抗迫遷政策。

為了避免這樣的情形發生，當局決定採取「出其不意」的戰術。首先，軍隊以演習為由集中部署，接著將村社中較活躍的人事先「預防性」逮捕。史達林持續追蹤行動的準備進度，甚至建議貝利亞別只是「搞特務和軍隊那一套」，要試著分化被迫遷的人。二月二十二日，貝利亞在另一封電報中向史達林報告，「已完成」指示：貝利亞把車臣－印古什蘇維埃社會主義自治共和國（一九三六～一九四四，一九五七～一九九三）的高幹找來，要求他們配合執行迫遷，排除各種可能導致節外生枝的因素。此外，為穩定民心，還找來宗教界人士及其他「社會賢達」。貝利亞給史達林的報告內容指出，當局承諾這些體制內／外的領袖：若配合行動，他們將在迫遷過程中享有禮遇，包括較優惠的財產運出限額。「我認為，迫遷車臣人和印古什人的行動將十分順利。」[122]隔天，二月二十三日，貝利亞向史達林報告，迫遷行動開始。他不無自豪地補充：「有六起抵抗案例，但滋事分子或被逮捕，或被武器制伏。」[123]史達林可以放心了。

然而，一如多數政治工具，與通敵分子的鬥爭是把雙面刃——無論所謂的「通敵分子」存在於真實，或想像的世界。利用社會中或隱或顯的報復心態，加上戰爭鬆動道德框架、「化殘酷為日常」的特質——與通敵分子的鬥爭給了軍隊恣意妄為、毀紀壞律的「正當理由」。過去與當下的許多事實提醒史達林，失控的戰爭機器巨獸、被捲入嗜血碎骨絞肉機的數百萬男性，足以對政權構成重大威脅——他們是不受控制的非理性力量。戰爭中，英雄主義、自我犧牲的壯烈精神，與卑劣無恥，同時存在；人們既能展現責任感、同理心和對道德準則的堅持，也能犯罪且充滿仇恨。軍隊裡有形形色色的人，包括刑期未滿即獲釋的刑事犯。酒精飲料易於取得也是重要因素。文獻顯示，史達林於一九四四年間多次得到消息，蘇軍對前德國占領區的平民犯下各類罪行。該年七月底，貝利亞向他報告，在摩爾達維亞有一群坦克修護隊的士兵與低階軍官被捕。他們縱飲無度、搶奪平民財物、強姦婦女。[124]九月底，貝利亞又呈給史達林類似的報告，報告開頭敘述，數名紅軍如何輪姦一名克里米亞婦女，接著就是一連串司空見慣的劫掠、與警察的械鬥及其他犯行。[125]同年九到十月及十二月的軍方罪行報告也描述了多起搶奪強盜、強姦及殺人案；犯罪地點包括大後方和在蘇聯境內的近前線區。[126]值得注意的是，這些罪行發生的地點都在蘇聯境內，受害者也都是蘇聯公民。

當軍隊踏上他國土地，尤其是德國領土時，上述情況急遽惡化。激發人民對德國人的仇恨是蘇聯軍事宣傳的重要元素之一。不過蘇聯軍官與士兵對德國平民犯下的搶劫、謀殺，與強暴婦女不能僅以官方宣傳解釋。納粹在蘇聯的獸行、戰爭的殘忍無情、低下的個人素養、部分軍人的犯罪過往、作戰時鬆動的軍紀——這些因素都可以解釋，卻無法正當化任何暴力狂熱。德國人在犯了反人類罪行後，自食苦果，迎來復仇風暴——但並非所有報復行為都是完全公平、適當的。[127]

史達林很清楚自己的軍隊做了什麼。舉例來說，一九四五年三月十七日，貝利亞發了封密函給史達林和莫洛托夫，告知紅軍在東普魯士強姦德國婦女，部分受害者甚至因此自殺。[128]隨著越來越多檔案被公開，研究者無疑會找到越來越多類似的文件。史達林對自己的軍隊向平民施暴有何看法？以下試舉一個活生生的例子。一九四四年年底，當紅軍來到南斯拉夫境內，與當地部隊一同趕走納粹勢力時，傳出蘇軍犯罪的消息。根據南斯拉夫共產主義領導人之一吉拉斯的情報，紅軍犯下的強暴案超過百起，而且這裡指的是強暴後殺人的案件；至於搶奪強盜案則超過千起。心生警戒的南斯拉夫領導層向紅軍司令部反應相關情況卻被狠狠回擊，反而被控誹謗。消息傳到史達林耳裡。他選擇站在紅軍這邊，對南斯拉夫提出強烈的政治指控。經過一段時間，史達林決定不讓衝突持續惡化。一九四五年四月，在一場別墅餐會上，他好聲好氣卻又不失坦率地向吉拉斯說明：

請您想像這麼一個人：他走過的戰爭路橫跨了史達林格勒與貝爾格勒，踏過幾千公里，所到之處荒涼一片，他看著同志和親人一個接一個死去！這樣的人還能保持正常嗎？經歷這些可怕的事之後，玩一下女人——這有什麼嗎？您以為紅軍是完美的。但它並不完美，而且就算我們把裡面的犯罪分子拿掉，它仍然不是完美的——我們把犯人從監獄裡放出來，讓他們到軍隊去。（⋯）我們要體諒戰士。紅軍不是完美的。重點是讓

> 紅軍好好打德國人——在這方面，紅軍做得很好。其他的都是次要問題。[129]

在此有必要強調，史達林對紅軍罪行的態度與軍隊犯罪地點沒有直接關係——就上述例子而言，南斯拉夫是蘇聯的盟友，當權的是與莫斯科友好的共產主義者。在德國的情況當然更糟，而且糟很多，其中一個原因是史達林無意解決問題。他的心思不難理解。他只對軍隊能不能打勝仗有興趣；只要仗打得好，任軍隊把敵方平民當芻狗，藉此「勞軍」，也無所謂。史達林不太擔心西方盟友指責他，因為他們同樣痛恨德國人。此外，相較於紅軍罪行，西方盟友對戰後如何重新分配世界版圖更有興趣。史達林不太可能沒聽到美國總統羅斯福在雅爾達會議上的開場白。時間是一九四五年二月四日：

> 羅斯福說，當他在克里米亞親眼看見德國人造成的、毫無意義的毀壞時，他希望被殺的德國人數是目前的兩倍。一定要殺掉五萬名德國—普魯士軍官。羅斯福記得，史達林元帥曾在德黑蘭舉杯預祝五萬名德國—普魯士軍官被殺。這很棒。[130]

不過，史達林最終還是得做個抉擇。他認為「玩女人」對軍隊有正面意義，但負面效應卻越來越明顯。蘇軍罪行成了納粹宣傳的好材料；毫無意外地，德國人對紅軍的抵抗比對西方盟軍頑強。在關鍵性的柏林戰役前夕，史達林向軍隊發出清楚的政治訊號，說明紅軍罪行與其遭遇抵抗之間的關係。一九四五年四月十四日，《真理報》強烈批判蘇聯著名作家暨評論家愛倫堡的某篇作品。愛倫堡以熱烈呼籲「殺德國人」聞名。不過這次，一直以來都對蘇聯宣傳有利的口號被認定為不適當。《真理報》語帶權威、堆疊冗長地「諄諄教誨」，重點是：現實中，德國不只「一個」；不是所有德國人都「一個」樣，他們之中有許多人——而且這樣的人越來越多——不但拒絕接受納粹主義，更與之對抗。從行文風格判斷，《真理報》這篇「訓示」應該經過史達林的修改，有些句子更可能是他個人的創作。

政治宣示和加強懲戒只能有限地解決問題。在德國的蘇聯占領區，對平民施暴的現象直到作戰結束後仍未停止。時任駐德蘇軍總司令的朱可夫元帥對此現象及其擴散程度感到憂心。一九四五年夏天，他下達了幾道命令，要求軍隊「停止對當地平民為所欲為和搶奪強盜、強暴的行為」。但是由於下多少道命令都沒用，一九四五年九月初，朱可夫決定採用更激烈的手段。他在新頒布的命令中表示，「近來，軍人的犯罪率顯著升高」。接著，他要求士兵不得任意離開營區；此外，軍官必須與士兵一同住在營房，以便監督軍紀。史達林知道有這麼一道軍令後，要求朱可夫收回成命。他提出各種反對理由，其中一個是：「要是這道命令落入外國軍隊領導人手中，他們一定會迫不及待宣告紅軍是趁火打劫的軍隊。」史達林提出的替代方案是加強部隊中的政治工作、將失責軍官交付所謂的「軍官榮譽特別法庭」受審。紅軍在德國的「過激」行為尚未有中斷的趨勢，[131]但偏好激烈手段的史達林，這次明顯地背叛了自己。

軍事獨裁「微整形」

一九四三年七月三十一日，史達林簽署了給南部方面軍的指令，其內容包含以下文字：「方面軍司令部的瀆職和無能造成我四個步兵團被敵軍包圍。這是恥辱。戰爭已進入第三年。該學會怎麼帶軍隊了吧。」[132]這些話無疑反映了史達林對開戰兩年以來，蘇方在帶領軍隊方面應如何累積經驗、「生聚教訓」的想像。以前不會做或做不好的，現在也該學會做好了。身為蘇聯最高軍事統帥的史達林大概不會覺得，這句話也適用在自己身上。不過，史達林的許多行為顯示，他知道自己在戰爭初期犯了不少軍事領導上的錯誤，而他也在後來努力克服。不過，他的軍事「改革」和他在和平時期執行的「總路線修正」，在風格和手段上有諸多相似之處——無論是軍事或非軍事性質的「史達林學堂」，其「學費」都是大量犧牲和鮮血。

蘇聯在戰爭初期之所以經歷一連串災難性的失敗，其中一個原因是各級領導單位的專業能力不足。這一點很難加以否認。由於史達林不信任自己的將領們（這個不信任有時是有根據的），他只好做自己確定有能力做的——例如他嫻熟的各類「非常手段」。循此邏輯，在指揮官之上出現了兩個強大的監督和懲戒單位：政治委員和內務部特別處。[14]為解決軍隊中組織渙散和恐慌失序的問題，在同袍面前當眾槍斃「害群之馬」；其他的應對措施還包括懲戒營和阻退部隊的成立。史達林還習慣派遣大量的全權代表當救火員，到前線和後方緊急處理大大小小的具體問題。前線潰敗、敵人迅速推進——以上狀況不但讓史達林越來越不信任指揮官，也讓他越來越固著於自認為正確的戰略和戰術。史達林的固著性思維和他的恐怖手段讓各級指揮官在行動上缺乏主動性，很難有足夠的彈性和靈活度。這常是造成大量傷亡的原因。

史達林再一次掉進了「非常手段」的陷阱。他確實對暴力和「鐵腕」式控管有偏好，不過他也清楚「非常手段日常化」的危險性。他大概不會不知道，在提升軍隊士氣方面，打勝仗要比當眾槍決臨陣脫逃者有效得多。他無疑也明白，在軍隊中，如同在生產單位，「單一指揮制」（譯註：簡單來說，就是減少各類負責政治和情治工作的人員，例如政治委員，對軍事決策過程和部隊生活的干預。但實務上，這些人員仍舊有不小的影響力。）是必要的。一九四一到一九四二年的災難顯示，政治或軍事委員們的突擊行動，和準備不足、直線式的「硬幹」作風很難帶來成功。軍事政策必須有所改變。主要問題在於何時。顯然不會是在紅軍一心阻止德軍進攻、無暇顧及他務的此刻。轉機出現在一九四二年年初。當時紅軍打了幾場勝仗，不過史達林太心急，想盡快粉碎希特勒的軍隊，結果卻讓紅軍再度遭遇重大挫敗。

一九四二年秋天，前線局勢再度穩定下來。這一次，紅軍善用時機，為史達林格勒會戰中包圍德軍的行動預先做了縝密準備。在此之前，史達林已著手進行原則性的變革。

一九四二年十月九日，政治局批准了「關於建立完全的單一指揮制，以及裁撤紅軍中軍事委員的制度」。[133]昔日的軍事／政治委員轉任命為負責政治事務的副指揮官——也就是說，成了指揮官的手下。此外，軍隊軍官（譯註：這裡指的是國安、情治、警察等單位以外的軍官，也就是專指在軍隊服務的軍官）還獲得額外「優惠」。同樣是在十月九日，史達林簽署了命令，內容是為從排到師的所有分隊指揮官分配勤務兵。勤務兵的職責包括「料理指揮官群的個人生活需求、完成指揮官群下達的公務交辦事項」。[134]一九四三年一月，紅軍恢復「反革命」的帝俄舊制，導入肩章；各軍種也有了新的元帥級軍階。[15]導入單一指揮制、新的獎章、新的軍階——以上現象皆顯示，紅軍軍官和將官的地位越來越強化。出於戰爭的現實需要，史達林被迫更加依賴職業軍人，何況軍官將領們的實戰經驗也越來越豐富。其結果是，

14 譯註：無論政治委員或內務部人員在軍中相對於指揮官在形式上的權力關係為何，實務上，這些政治和情治人員、黨代表在遭到史達林降級並迫使其成為指揮官的手下後，仍保有一定的影響力，甚至足以左右指揮官的職涯發展，畢竟「政治」在蘇聯體系內往往扮演重要角色。

15 譯註：布爾什維克奪權後，為顯示自己與帝俄政權的不同，曾廢除軍階舊制和帝俄時代的勳章，以塑造表面上的平等和「人民性」。這也是改「部長」為「人民委員」的原因之一。

軍隊的指揮系統較先前更加穩固。

戰爭進入第二個階段時，史達林與軍事高層——主要是總參謀部——的互動也有了轉變。瓦西列夫斯基曾表示：「必須說，總參謀部在戰爭初期被搞得分崩離析，因此無法正常運作（…）史達林在戰爭初期把總參謀部搞得好像不存在。」[135]這些話的意思是，就實質而言，當時許多決策都是史達林一個人做的，總參謀部沒有實權。根據瓦西列夫斯基的說法，這樣的情況要到一九四二年九月才改變。[136]近一九四三年秋天時，史達林和總參謀部之間已有了固定的互動模式，大致上是這樣的：在一天的工作開始時，大約是早上十到十一點，史達林透過電話聆聽總參謀部關於前線狀況的第一份匯報。下午約四到五點時，他會聽第二份匯報，內容是關於上半天的情形。近夜半時，總參謀部的領導人們會親自拜訪史達林，呈上一整天的總結報告。他們在史達林的克里姆林辦公室或別墅碰面。所有人一同就著地圖研究過前線情勢後，共同研擬出給軍隊的指令和做其他決定。政治局委員和各類軍方與非軍方單位的領導人不時也會參與這類會商。必要時，總參謀部的人甚至會一日數訪史達林。[137]事實證明，史達林與軍方高層規律、頻繁的互動，確實有助提升軍隊管理效率。

除了總參謀部的報告，史達林還時常召集軍方與非軍方單位領導人開會商議。他也會要求方面軍司令們遠端上呈意見和計畫書。不過，這些司令們仍然常被要求到莫斯科短暫出差。在會議上，史達林的意見確實具有決定性的影響力，但各單位領導人的出席並非徒具形式，與會人員間有實質的討論，爭執也時有所聞，爭論點包括共同行動計畫及較細節的問題。隨著前線情勢好轉，在史達林那兒召開的上述會議氣氛也愈趨和緩、就事論事。這一點也反映在開會流程益發從容不迫上。見證人為後世留下了相關紀錄。根據他們的證言，史達林會在辦公室內邊踱步，邊聽報告。由於他不是坐著，而是站著、走著聽，這讓他和站著報告的軍方代表看似處於相對平等的關係。他菸抽得很重，但其他出席人員也能抽，無須特別請示。桌上總是有裝著菸捲的盒子。蘇聯高層領導人坐在桌邊，在史達林詢問他們之前不會參與討論。[138]史達林對軍事首長們頗為客氣。他不再習慣性地強迫他們接受自己的要求，也不如以往頻繁干涉指揮官的作戰決策：

> （…）在戰爭的第二階段，史達林不再急躁；在研擬問題對策前，他通常會先聽完報告，包括不太好聽的報告，而且不會焦躁，也不會打斷人。他會邊走，邊抽菸，或坐下聆聽。[139]
>
> 他越來越少強迫方面軍司令們接受自己針對局部問題所做的決定，例如不再強迫他們非照他說的方式進攻不可。以前，他往往會逼迫指揮官們接受他的看法；他會給他們指點，在哪個戰場和哪個作戰區域實施進攻或集中軍力是最有利的（…）戰爭近尾聲時，他完全擺脫昔日作風。[140]

可以說，史達林之所以較以往來得「心平氣和」和尊重他人，其中一個原因是他在軍事領域有所成長。他在戰爭過程中累積的經驗正反兼具。瓦西列夫斯基元帥認為：「在史達林格勒和庫爾斯克會戰後，尤其是庫爾斯克會戰後，他在戰略指揮方面達到成就頂峰。如今，他有能力以現代戰爭的概念進行思考，對作戰準備和戰役執行的各類問題都很熟悉。」多數戰爭期間曾與史達林共事的軍事領導人也有和瓦西列夫斯基元帥類似的看法。[141]

由於史達林每天投注極大心力在軍事領導上，對其他問題就無法施以同等的關注。獨裁者「管不了」社會和經濟領域的許多實務問題。不同權責單位間的權限劃分在戰爭期間有了機動性的變化。在軍事獨裁體系內，位於權力最高點的要不是史達林本人，就是在他領導下定期召開的會議。這些會議在史達林的克里姆林辦公室或別墅進行，與會者是軍事領導人以及和史達林最親近的同志。嚴格來說，這些會議沒有清楚的單位歸屬——我們可以稱之為政治局會議、國防委員會會議或最高總統帥部會議。在這些會議上做成的、或史達林一人批准就算有效的決議或決定，會以某高層領導機關的名義頒布或發送給執行單位；至於以哪個機關的名義頒布，則視決議文或命令內容而定。因此，戰爭期間發布的政治局、國防委員會、內閣的決議文，或最高總統帥部令，實際上可能是史達林的克里姆林辦公室或別墅會議的工作成果。與此同時，許多國家治理的實務問題，包括戰時經濟，則是在沒有史達林的直接參與下獲得解決。舉例而言，莫洛托夫領導的內閣業務也會定期召集政府各領導性委員會開會。[142]一九四二年十二月，為更好地統領工業和交通運輸業務，使其符合戰時需求，莫斯科設立了國防委員會營運處。[143]一開始，該單位的領導人是莫洛托夫，等到戰爭進入最後階段，也就是一九四四年五月起，就轉由貝利亞掌管。[144]會進入上述各治理實務領導單位的人選包括政治局和國防委員會委員。他們會聚在一起商議各類問題，也能有效率地做出決策。他們只會將部分決議文送交史達林批准。

除了參與高層的「集體領導」活動，每一位史達林的親近同志也獨立、不假史達林之手地解決許多「自己的」問題。戰時，所謂的「召集人」制度獲得進一步發展。舉例而言，一九四二年二月，國防委員會各委員的職責分配如下：莫洛托夫管理坦克製造，馬林科夫負責飛機，貝利亞負責武器、迫擊砲，並和馬林科夫一同負責飛機的業務，沃茲涅先斯基負責彈藥，米科揚則是掌管軍隊伙食及制服供應等業務。[145]隨著時間過去，這樣的職權分配也有了變化。不過，無論蘇聯高層領導人各自負責的業務為何，在非常時期他們都獲得了高度的行政自主性。莫斯科當時的行事原則可說是「結果導向」，只要產出能照著計畫走，領導人或召集人就成功了。史達林沒有時間，也沒有意願破壞這個自然而然形成的領導體系——畢竟這套體系經實務驗證有效，而戰爭期間最重要的就是實際成果。

另一方面，行政上的獨立自主免不了會影響到政治領域，同志們與史達林的互動也發生了微妙變化。根據米科揚的說法：「戰爭期間，領導層的向心力頗高（⋯）史達林體認到，在艱難時期更需全心投入、義無反顧地工作，因此建立了具備足夠互信基礎的工作環境，而我們每一個人，也就是政治局每一位委員的工作量都非常大。」[146]當然，史達林的獨裁體制仍在，政治局也還不是「寡頭共治」、「集體領導」的路線，「遊戲規則」仍由史達林主導。隨著前線局勢逐漸穩定、勝利似乎越來越唾手可得，史達林拒絕維持「溫和」作風的徵兆就越來越明顯。他暫時放鬆「鐵腕」確實是戰時為情勢所逼。對米科揚個人而言，風向轉變的第一個訊號是一九四四年九月受到史達林責罵。該年九月十七日，米科揚呈給史達林一份草案，內容是准許數個州借糧。[147]雖然這個草案不算「過分」，也只滿足了部分需求、並未完全回應來自地方的心聲，史達林還是公然地表達不滿。史達林在米科揚給他的函文上寫下他的決定：「我反對。米科揚的行為反國家。他不走在前頭帶領州委會，反而跟在他們屁股後面。這就是在腐化它們。他徹底腐化了安德烈耶夫。[148]務必要剝奪米科揚對糧食部的領導權，把這個單位交給馬林科夫管。」[149]隔天，也就是一九四四年九月十八日，政治局就做出了符合史達林心意的決議文。[150]

然而，讓史達林不滿的不只有政治局委員。戰爭期間，軍事將領們的權威和自我評價皆大幅提升。他們的戰果越來越輝煌。一個極具代表性的例子是朱可夫對軍事人才養成教育的看法。一九四四年夏天，蘇聯國防部研議，戰後該如何培養軍官和將才，朱可夫在某份內部文件中陳述了自己的見解。他的陳述很坦率，也充滿批判。例如他表示，戰後訓練指揮官時，相關單位務必謹記蘇聯在第二次世界大戰第一階段的慘痛教訓。朱可夫指出，開戰前夕，紅軍缺乏訓練良好的專業人才。他甚至不避諱來個「庸才」大點名：把遭控叛國的帕夫洛夫和曾是史達林「愛將」的布炯尼和提莫申科等將帥們相提並論。此外，朱可夫還狠狠批評了軍事教育體系一番。他說：「指揮官該有的意志力展現——主動性、勇於負責的精神——我們發展得不夠。我們在戰爭第一階段就嘗到苦果了。」[151]這樣的說法不但挑釁意味濃厚，甚至富含政治性。研究者無法確定，朱可夫陳述的全然是自己的意見，或只是將軍事領導圈內的各類看法做進一步的發展。史達林有可能讀過這份朱可夫寫的文件。他大概不覺得元帥勇於獨立思考、發表批判性意見，是件值得欣慰的事。16

無論如何，一九四四年底，史達林採取了一連串措施，以期壓制「強出頭」的將帥們。他啟動了軍事領導層改組。該年十一月，政治局任命布爾加寧為史達林在蘇聯國防部的副手及國防委員會委員。[152]此外，史達林還把與軍隊互動的重責大任交給布爾加寧。[153]值得注意的是，布爾加寧徹底是個「非軍系」的領導人。他之所以有將軍頭銜只是因為在戰爭期間擔任數個方面軍的軍事委員會委員（擔任政治工作方面的領導人）。把布爾加寧拉拔到國防部、

16 編註：此段英文版無，此處為參考俄文版翻譯。

給他許多權力——這些現象的訊息只有一個，那就是史達林正在建立新的權力平衡機制，目的在抗衡軍方勢力。他的主要目標是國防部副部長、最高副統帥朱可夫元帥。這個說法的有力證據之一是史達林在布爾加寧任命案通過的兩週後，公然斥責了朱可夫一番。一九四四年十二月初，史達林指控朱可夫專斷獨行，自行批准了砲兵作戰準則，除此之外，還將批判朱可夫的命令文廣發給高階軍官將帥親閱。[154]

雖然這些打擊不可謂不痛，但顯然未摧毀權力高層的穩定結構和自然浮現的「集體領導」元素，史達林也還沒完全和政治局委員及軍方「來硬的」。然而，史達林在戰爭期間的「軟化」只有權力高層較有體會；隨著權力位階下行，「軟權力」也跟著「硬化」。戰爭是釋放殘酷的好理由。與無情的敵人鬥爭有助正當化自己的無情。以發生規模和頻率而言，戰爭期間的國家暴力現象與一九三〇年代的恐怖浪潮足堪相比。前線的槍斃恫嚇法、阻退部隊和懲戒營的存在；後方的逮捕行動、槍決及大規模迫遷和動員；農業經濟蕭條及國家徵收農產品造成的大饑荒——就實質論，以上現象不過是戰前的延續。無論戰時或戰前，史達林都精於在政治上運籌帷幄，以期在不改變體制本質的情況下，為其帶來戰術層次的好處。其中最具代表性的例子之一是解散共產國際（Comintern）。

一九四三年五月二十二日，共產國際正式宣告解散。不過早在數星期前，這個組織的解體過程就開始了。[155]部分研究者認為，莫斯科決定解散共產國際的直接原因是「卡廷慘案」。[156]一九四三年四月，德國公布在斯莫廉斯克市近郊的卡廷森林中發現波蘭軍官的集體埋葬地，推斷是死於蘇聯內務部之手。波蘭流亡政府要求啟動獨立調查。史達林趁機斷絕與波蘭流亡政府的外交關係，開始打造「共產主義版」的波蘭流亡政府。這些動作讓英國人和美國人起了戒心。他們對「卡廷慘案」視而不見，企圖讓莫斯科與波蘭人「和好」。史達林不打算放棄未來對波蘭政治的掌控權，但也了解對西方盟友的適度讓步才符合莫斯科的利益。解散共產國際就是其中一個妥協。

除了當下的戰術考量，促使史達林決定正式解散共產國際的還有其他更深層、長遠的動機。該組織長期以來領導世界各地的共產主義運動。西方國家領袖和輿論主流認為，該組織不但在許多地方煽動革命，而且完全被莫斯科控制。這個說法不無道理。不過，各國與納粹勢力的鬥爭改變了共產黨的整體處境。各國共產黨成了反抗運動的重要成員，也開始有一套自己的「愛國」論述。長遠來看，這樣的趨勢有可能給莫斯科帶來珍貴的政治紅利，但「莫斯科在背後上下其手」的說法顯然會壞事。史達林決定放海外共產主義者「自由」——說得精確點，不是給他們「自由」，而是更好地掩飾他們對莫斯科中心的依賴。這份依賴涵蓋人事、組織和物質資源領域。[17]

17 編註：這兩段英文版無，此處為參考俄文版翻譯。

另一個可以很好地呈現史達林務實主義的例子，是他與宗教及其信眾的「和解」。這裡指的主要是他和國家主流——東正教——的和解。一九二〇到一九三〇年代的反神運動、毀壞教堂、大規模處決神職人員及信徒都成了過去式。現在，國家開放教堂、有限度地允許宗教自由，這是官方意識形態調整措施的一部分。戰前，當局鼓勵愛國主義，尤其是「俄羅斯」愛國主義，為此重新招喚歷史中的英雄形象，許多過往的豐功偉業也被賦予和布爾什維克主義及其光榮的革命事業同等的地位。這樣的趨勢在戰時得到進一步的發展。[157]在自己的克里姆林辦公室內，史達林讓帝俄時期名將蘇沃洛夫和庫圖佐夫的肖像畫和列寧的個人照一同自牆上俯視著他。以歷史名將為名的新勳章也出現了；被「重新紀念」的名將計有蘇沃洛夫、庫圖佐夫、涅夫斯基和納希莫夫[18]。在前線，曾打過第一次世界大戰者被允許同時配戴帝俄及蘇聯時期的獎章。

這個政治新路線一步步強化，在一九四三年九月達到高峰——史達林和俄羅斯東正教會的大主教們會面，這是過去無論如何難以想像的情況。九月四日夜，三位都主教被帶到史達林的克里姆林辦公室。史達林和他們談了一個小時又二十分鐘。[158]史達林極盡殷勤，他允許主教們遴選大牧首，而上一次大牧首遴選已經是十八年前的事了。除此之外，為加快選舉流程，史達林決定盡快把主教接來莫斯科，甚至動用飛機也無妨。他同意開設神學課程以培育神職人員，甚至主動建議設立神學院和神學校，對教會代表關於興建新教堂和釋放被捕神職人員的請求也表示支持。為表達關心之意，史達林建議提高教會領導人的物質生活條件，包括建立專門的食品供給管道、提供轎車。史達林還贈送未來的大牧首一棟位於莫斯科市中心、附花園的三層樓獨棟建築。這幢建物在德國對蘇聯宣戰之前是德國駐蘇大使的官邸，開戰後這棟房子連同內部陳設又回到蘇聯政府手上。討論完其他問題後，史達林和都主教們道別，還一路送他們到辦公室門口。[159]第二天，關於這場會面及大牧首選舉的消息就見報了。

當然，神學校畢業、神學院肄業的史達林並不打算重回教會懷抱或藉虔誠祈禱洗刷罪惡。關於史達林教會政策「轉彎」的原因，至今已有許多詳細研究問世。史達林需要加強與同盟國的關係，因此必須回應西方輿論和教會圈對蘇聯信教者處境的關注。將蘇聯土地從德國人手中奪回之後，當局必須處理的問題就包括該拿德國占領時期重建的教堂怎麼辦。時局變了，依循布爾什維克慣例再度關上教堂大門已不可能。政權被迫和教會「和解」——嚴密監控，但不消滅它。當然，史達林改變政策其中一個重要原因，是他十分清楚宗教有助凝聚人心、給予受苦受難大眾心理支持。強行灌入數百萬人腦袋的所謂「蘇聯價值」無法滿足古老民族的一切心理需求。獨裁統治欲達成的單極思考經不起複雜現實的考驗。只要蘇聯領導

18　譯註：納希莫夫（Павел Степанович Нахимов, Pavel Stepanovich Nakhimov, 1802–1855）知名俄國海軍上將，在十九世紀的數次俄土戰爭中展現過人軍事才幹。

層對這一點有較以往深刻一些的認識，他們的國家就會往勝利更接近一步。

勝利之路：克里米亞、柏林、波茨坦、滿洲

紅軍踏上德國土地了。蘇聯人民及其元首對這件事已盼望已久，現在終於可以大快人心。敵人還沒被完全消滅，但他將死在自己的巢穴裡。算總帳的時刻到了。這樣的勝利者心態十分自然，也難以避免。它有助提升集體英雄主義和自我犧牲的精神。只剩最後的幾場仗了。每個人都想撐到最後一刻，體會勝利滋味。史達林有理由為自己的軍隊感到驕傲。他的軍隊正奮力進行最後一擊。

一九四五年一到二月，紅軍相對漂亮地打贏了一仗（進攻快速、傷亡少於敵軍）。在三個星期內，紅軍從維斯瓦河推進五百公里到歐德河流域，這讓他們得以破壞納粹軍隊最重要的幾條防禦線。蘇軍建立了進攻柏林的基地。不過，為確保百分之百的勝利，紅軍還得浴血作戰幾個月。德軍為了捍衛家園持續頑強抵抗，甚至進行反攻。在這樣的情況下，紅軍不計任何代價往前衝可能造成慘敗和大量傷亡。史達林很清楚這一點。他不急著在二月攻下柏林。蘇軍先花了數週時間增加兵力並排除德軍對側翼的威脅。德軍有可能對蘇軍側翼實施反攻。謹慎、盡可能考慮周詳並預先設想可能發生的狀況——以上在在反映蘇聯軍事領導層從

實戰經驗汲取的教訓。

除此之外，史達林之所以能不心浮氣躁、願意調整進攻計畫，還與一九四五年初的幾場勝仗有關。勝仗為莫斯科與西方盟友的談判打下有利的權力分配格局。談判主題多為戰後的國際新局。一九四四年年末，當紅軍推進到巴爾幹地區、西方盟友在法國和義大利也有所斬獲時，這個議題就顯得十分務實。一九四四年十月，邱吉爾飛到莫斯科和史達林見面。戰後如何在歐洲——主要是巴爾幹半島——劃分勢力範圍，他想知道史達林怎麼看。史達林大概不覺得在（國際）政治領域，這樣「玩世不恭」的態度有何大不了。他同意「英國在希臘應有最後決策權」。[160]他也同意在羅馬尼亞、匈牙利、保加利亞和南斯拉夫境內「讓出」一些土地作為西方國家的勢力範圍。與希臘不同，這四個國家之所以進入莫斯科的控制範圍，是因為它們境內有紅軍。這對史達林而言很重要。

一九四四年年底，與前述國家地區相比，波蘭問題要尖銳得多。它也是邱吉爾預計要和莫斯科討論的議題之一。在此之前，蘇聯已與目前流亡倫敦（譯者註：之前是法國）的波蘭共和國政府斷交，積極輔佐波蘭親共勢力上台，而英美運用各種手段抵抗莫斯科在幕前幕後的運作。一九四四年八月一日，眼見紅軍步步進逼，波蘭流亡政府在華沙組織了一場起義。其意圖很明顯：在蘇聯勢力及其扶植的波蘭新政府接管華沙前，盡快奪取中央。不過，流亡政府實力不足。紅軍基於各種考量停止攻勢，占領波蘭的納粹則血腥鎮壓了華沙起義。這場悲劇造成史達林和盟國間發生激烈衝突，盟國指控他蓄意不提供波方援助。就許多方面而言，這樣的指控不能說沒有道理，不過史達林「自有一把尺」，因此也沒有讓步的打算。以史達林的角度，在倫敦的那些波蘭人之所以組織起義，又不是為了助史達林一臂之力，史達林為什麼有義務對他們伸出援手？

一九四五年二月，「三巨頭」在克里米亞半島再度會面，史稱「雅爾達會議」。三人間縱有再多嫌隙，仍得團結面對共同敵人。蘇聯不久前才把納粹勢力趕出克里米亞半島，當地目前仍是一片斷垣殘壁。當局在極短時間內，不計代價地在半島上建立了數個「沙漠綠洲」——供「三巨頭」及其眾多隨行人員使用的住所、迎賓館等。除了硬體建設，蘇方對維安也特別用心：領空防衛務必做得滴水不漏，以防敵軍的空中襲擊；堅實的防空避難所也在很短的時間內蓋好。除此之外，不久前才實施大規模逮捕和迫遷的克里米亞，基於「維安」考量，又被「清洗」了一次，所謂的「可疑分子」紛紛被捕。蘇方也動員大批人力執行保安工作。光是護衛史達林的就有大約六百人：除了平日就隨侍在側的保鑣，還有一百位勤務人員和五百名內務部部隊士兵。[161]

在勝利前夕舉行的雅爾達會議負有重要任務，它得解決大量無法擱置、攸關世界各國命運的重大問題，包括如何處置德國、重新劃定歐洲疆界、戰後世界新秩序的建立等。整體而言，史達林及其盟友的想法很簡單，每個人都想盡可能地拿到最多東西，但處置「戰利品」

的方式不太一樣。各國雖然「各懷鬼胎」，但戰爭還沒結束，盟友間仍得相互依賴。因此他們不能撕破臉，必須坐下來談，節制自己的胃口，也調整自己對國際現實的看法。「三巨頭」在許多問題上不得不接受妥協方案。他們劃分了德國占領區、初步確定了成立聯合國的基本原則。蘇聯確保了自己對烏克蘭西部和白俄羅斯西部土地的權利——這些土地是蘇聯於一九三九年與德國瓜分波蘭後，放入自己口袋的。至於波蘭獲得的「補償」則是領土往西擴張，犧牲的是德國。史達林承諾對日本宣戰，交換條件是在遠東地區取得更多領土，並恢復蘇聯在中國北方的優勢地位。

然而，雅爾達會議勾勒的不只是未來的世界版圖和「和平」方案，還有冷戰雛形。舉例而言，在波蘭問題方面，各方未能在實質上達成任何共識。史達林堅持，波蘭必須由他的人馬，也就是親共政府掌控。為此，他願意在形式上對盟友做一些讓步。德國戰敗賠款也前途未明，而史達林對賠款問題有高度興趣。或許，政治人物的爭執不合還不是彼此間根本差異的有力證明。蘇聯國安單位在克里米亞採取的「維安」措施或許能更好地說明這一點。西方國家代表團人數眾多，對蘇聯國安單位而言，這些「空降部隊」顯然另有目的（而且大概只會是對蘇聯政府不利的目的），意圖滲透我方。盟友用來運送會議所需物資的船艦遭到巡邏偵察隊日夜嚴密防守。內務部對獲准上岸的盟國海員實施嚴格監控。內務部高層的某篇報告稱：「整個諜報組織都得到清楚指示，以查明外國人與港口駐軍，以及與平民間的關係為己任。即將與外國人有近距離互動的女性諜報團隊更獲得特別訓練。」[162]何謂「女性諜報團隊」受到的「特別訓練」？我們大概只能用猜的。

雅爾達會議後，史達林對盟友的不信任感越來越強烈。這影響了蘇聯的軍事計畫。德軍部隊顯然願意在西邊投降，卻不願減少在東邊戰場的反抗力道。史達林有十足理由擔心，盟友可能會和德國私下談和，或背著蘇聯與德國簽訂協議。納粹勢力看來很快就會被瓦解。同盟各國皆心知肚明：對戰後勢力格局及歐洲未來的政治布局而言，盟軍能在戰爭最後幾個月同心協力、取得共同進展十分重要。然而，一九四五年三月，美國情報單位

邱吉爾、羅斯福、史達林在克里米亞，1945年2月。
來源：俄羅斯國立政治社會史檔案館。

代表與納粹代表在瑞士伯恩就德國在義大利投降之事進行談判——這件事只更加深了史達林的疑心。

更糟的是，「伯恩事件」是在蘇聯與盟友間仍就許多問題僵持不下時發生的，其中一個爭執點就是波蘭問題。它甚至引發同盟國公開表達對彼此的不滿。一九四五年四月三日，在彼此爭論了相當長一段時間後，史達林發了一封言詞激烈的文件給羅斯福，其中提到美蘇兩國間「是否有可能保持、強化互信」。檔案資料顯示，有別於大部分的外交文書，這封信顯然完全出自史達林之手，而且他還嫌初稿措辭不夠強烈，親自改寫了一番。[163]基本上，羅斯福是想和史達林合作的，縱使彼此間的摩擦日益嚴重。羅斯福的回應頗為自持。一九四五年四月十三日，史達林收到來自美國的回信。信中指出，伯恩談判是「無關緊要的誤會」，「未來不會再發生這樣的事」。[164]這是羅斯福的最後幾個政治動作之一，甚至可以說是他針對美蘇關係留下的遺言。他在四月十二日就逝世了。各項資料顯示，史達林確實對損失了這位盟友感到哀傷，不過，新的外交與軍事事務容不得他沉浸於傷感悲懷之中。他很快就轉移了注意力。

史達林決定盡快攻下德國首都。他害怕盟友們比他先到一步。進攻柏林的行動於一九四五年四月十六日展開，比史達林告知盟友的時程早了一個月。[165]雖然蘇軍在兵力和武器上有明顯優勢，這場關鍵戰役仍打得辛苦。紅軍及波蘭第一和第二軍總計超過兩百萬的戰士，其中傷亡及失蹤者超過三十六萬。[166]德軍頑強地守護著國家首府。

紅軍的處境因為政治導向的決策而更形艱難。雖然客觀情勢允許他們放慢作戰速度，史達林仍鼓勵方面軍司令們不計任何手段與代價，加快進攻節奏。快速進攻、堅持攻破敵軍幾近固若金湯的陣地——這些作戰行動的成本十分高昂。破紀錄的疾速戰、大量軍力在柏林戰場集結，都使得整體作戰計畫和既有命令必須不斷加以修正。根據總參謀部作戰總局主任什契緬科的說法，柏林戰役期間，最高總統帥部的工作步調大亂。總參謀部領導層成員一天可被最高總統帥部召見數次，幾乎沒有休息時間可言。此外，許多文件都是匆忙趕出來的，「事態發展迅雷不及掩耳，任何框架都沒有意義」。[167]雖然如此，某些史家認為，無論史達林對快速變化的現實有何應對措施，他的應對「永遠都不可能及時」。[168]的確，目前很難說最高總統帥部的反應及事態發展之間的時間差造成了什麼樣的具體後果，一如許多其他問題，蘇聯最高軍事領導層及史達林個人在柏林戰役中的表現優劣，至今仍未被好好研究。

不過，無論紅軍遇到什麼樣的難關，納粹都已無力回天。第三帝國面對的是兵力和士氣都大勝己方的敵人。四月二十五日，蘇軍在易北河上與美軍分隊會合。四月三十日，希特勒在位於柏林的元首地堡內自殺。史達林從朱可夫元帥於五月一日一早發出的緊急話傳電報得知此事。[169]五月二日，柏林駐防軍投降。五月八日夜，德國簽署降書。六月二十四日，久盼的勝利閱兵典禮終於在莫斯科舉行，場面令人印象深刻。六月二十七日，史達林獲封大元帥。

一九四五年七月，史達林前往德國，參與又一次的「三巨頭」會議，史稱「波茨坦會議」。他現在已是公認的強權領袖。這是他逝世前最後一趟蘇聯境外旅行，卻沒有留下任何旅行紀錄。史達林坐在火車車廂內向窗外眺望時，看見了什麼？他在路上和誰碰面、談了什麼？無庸置疑，他思考的事情中肯定包含和盟國領袖的會面。這不會是場輕鬆的會談。盟友之間的矛盾日益深化，史達林在會議上必須和新任美國總統杜魯門交手，而美國政府內部支持對蘇聯採取強硬路線的人越來越多。西方盟友不滿羅馬尼亞和保加利亞日益「蘇維埃化」；波蘭問題也尚未獲得解決，儘管相關爭執已存在許久。史達林不信任美國人和英國人，美國的原子彈試爆（杜魯門在會議期間私下告知史達林此事）只是加深了這個不信任。盟友們就德國的非軍事化、去納粹化和民主化議題沒有明顯的意見分歧，但在許多其他問題上卻吵得不可開交。然而，有幾個因素逼著他們不得不互相退讓、尋求妥協方案：飽受戰爭磨難而顯得血弱氣虛的世界各國經不起再度被捲入腥風血雨；莫斯科試圖與西方建立經濟合作關係；西方希望蘇聯對日宣戰……等等。波茨坦會議的結果是，盟友們支持史達林犧牲德國、讓波蘭領土往西擴張，並將柯尼斯堡[19]劃入蘇聯領土。不過，在戰後賠款及爭取建立黑海海峽和地中海蘇軍基地方面，史達林失敗了。

19 譯註：即今日俄羅斯的「加里寧格勒」（Калининград），名稱紀念加里寧。

史達林在歐洲議題上努力過了。現在他把目光轉向東方，企圖藉由犧牲日本，擴張蘇聯在遠東地區的領土。此外，他也想在中國北方建立軍事基地。根據「三巨頭」在雅爾達會議的協議，史達林必須在德國投降後兩到三個月內向日本宣戰。史達林利用美國亟需蘇聯協助抗日這點，談成了對莫斯科極有利的條件。蒙古人民共和國維持其獨立於中國的地位，但完全依賴莫斯科；蘇聯收回了在一九〇五年日俄戰爭中失去的庫頁島南部、位於中國北部的商港和軍事基地，以及連接商港和基地的鐵路。莫斯科另一個重要收穫是具關鍵戰略性地位的千島群島。以上是「三巨頭」在雅爾達會議的部分「交易」結果。

波茨坦會議前，這些約定尚未失去效力，不過特別之處在於，現在得把核武因素納入考量。美國政府有了原子彈作為籌碼，與蘇聯談判時不如以往綁手綁腳。核武威脅或許也可讓日本提早就範，戰爭就可提早結束——甚至在蘇聯參戰前結束。雖然事態發展仍不明朗，史達林寧願少冒點險，他在遠東地區用了在歐洲用過的戰略。整體而言，每位盟友都得到了他們來得及藉武力獲取的東西。美國對日本投下原子彈後，史達林下令要求紅軍盡快在遠東地區發動攻勢。當時已是一九四五年八月九日。紅軍無論在兵力或士氣上都勝過日軍，加上作戰經驗加持，很快就取得了勝利。不過，蘇軍在日本宣布投降後仍持續推進，並占領了雅爾達協議中，蘇聯「應得的」土地和設施。占領是確保政治協議有效的最佳手段，畢竟占領事實不是動動筆就可以改變的。一旦得到自己「應得的」，一如以往，史達林想要得到更多。

就遠東地區而言，他要求沿用德國模式，和同盟國共同占領及治理日本。從許多方面看來，這個要求比較像是在「試水溫」，雖然在試的同時，莫斯科也做了必要的軍事準備。美方狠狠拒絕了史達林的要求。史達林很快就退讓，但把這筆帳記下了。接下來的幾個月，日本問題一直是美蘇關係的絆腳石。日本不承認蘇聯占領千島群島有任何法源依據。

不過，數以百萬計、飽受戰火磨難的蘇聯民眾並不特別關心政治人物的鬥爭與「宏圖大計」。和平終於來到。未來或許會更好。

家庭

Семья

Family

一九五三年三月二日。近郊別墅。
女兒到來。

一九五三年三月二日，當眾人確定史達林的狀況已經極度糟糕時，他的孩子——思薇特蘭娜和瓦希里——才被找來。他們到最後才被找來的這件事極具象徵性。家庭在史達林生活中占據的分量，確實越來越小。

史達林是在那段革命風雲歲月認識自己的第一位妻子。一九〇五年，他逃離第一次的流放地點，在外高加索地區遊走一陣子之後，回到提夫里斯。他住到斯望尼澤家。這一家有五口人——參與革命運動的亞歷山大·斯望尼澤，他的三個妹妹亞歷山德拉、葉卡切林和瑪麗亞[1]，還有亞歷山德拉的丈夫，他與史達林因就讀同一間神學校而相識。亞歷山德

1 譯註：斯望尼澤的喬治亞語為「სვანიძე」，英音譯為「Svanidze」。至於三姊妹的名字，亞歷山德拉，喬治亞語暱稱音近「Sashiko」；葉卡切林，喬治亞語暱稱音近「Kato」；瑪麗亞，喬治亞語暱稱音近「Masho」。

拉和葉卡切林是城裡著名的裁縫師，和革命運動沒什麼牽連。因此，當亞歷山大帶約瑟夫·朱哈什維利回到家裡住時，他盡量不讓妹妹們接近這位客人，也不讓她們對這位客人的事有太多了解。[1]不過，人算不如天算，約瑟夫和葉卡切林之間萌發了戀情。兩個人都年輕，又都擁有吸引人的外貌。葉卡切林的姊妹們大概很難認同她和約瑟夫的感情，畢竟這位年輕男子又窮，又沒受過完整教育。一封史達林在四十年後，也就是一九四六年收到的信透露了當時的情況。史達林和斯望尼澤一家在提夫里斯的舊識，寫信懇求史達林提供協助。為了打動史達林，這位舊識不加思索地提醒如今的一國之首，自己曾助他一臂之力：史達林和葉卡切林過去都是在她的房間幽會的。此外，史達林後來向葉卡切林求婚時遭到女方家人反對，這位舊識（根據她的說法）曾對葉卡切林說：「如果你喜歡這個男人，那就不要管別人說什麼。」，「她把我的話聽進去了。」[2]

無論如何，葉卡切林的家人只能接受既定事實。一九〇六年七月，約瑟夫和葉卡切林結婚了。[3]斯望尼澤一家加入了新成員，因此與革命的關係越來越深。新婚不久，葉卡切林就因參與革命的罪名被捕，幸好有她的姊姊亞歷山德拉出手，動用警官夫人們的關係，這件事才得以化險為夷。葉卡切林受到約兩個月的羈押，但並非待在看守所，而是住在警察所長家裡。顯然，警察所長聽了妻子的話，而妻子是裁縫師亞歷山德拉和葉卡切林的顧客。[4]此外，葉卡切林懷孕了，這也是結案的重要理由。一九〇七年三月，約瑟夫·朱哈什維利添了個兒子，亞可夫。可惜，家庭生活和革命運動難以兩全。約瑟夫把妻兒送往巴庫，而葉卡切林在當地生了重病。一九〇七年十一月，她過世了。這件事對約瑟夫的打擊很大。他無力教養兒子，亞可夫因而交給妻子的親人照料。史達林接下來又與不同女人開始了關係。資料顯示，一九〇九年，他在流放沃洛格達省的索維切戈德斯克市[2]期間，認識了貴族出身的革命分子斯婕凡尼亞．彼得羅夫斯卡亞。等到刑期結束，彼得羅夫斯卡亞跟著朱哈什維利的腳步來到巴庫。一九一〇年六月，被捕的史達林甚至請求警方高層准許他與彼得羅夫斯卡亞「成婚」。他成功取得許可，但婚沒結成。一九一〇年九月，朱哈什維利再度被流放到索維切戈德斯克市，但是以單身漢的身分。[5]根據紀錄，他這次的臨時住所和另一位被流放的女子——謝拉菲瑪．霍洛珅尼娜——登記在同一個地點（屋主則另有其人）。有人因此推斷朱哈什維利和霍洛珅尼娜之間有親密關係。不過，霍洛珅尼娜很快就被送出索維切戈德斯克市。[6]傳聞指出，史達林後來與臨時住所的女屋主庫札可娃打得火熱，甚至還生了個兒子。不過，這個說法並無可靠的證據支持。幾個月後，朱哈什維利結束流放，揮別他與庫札可娃可能有過的戀情，到沃洛格達市住了一段時間。他在這裡認識了十八歲的女教師培拉給雅．阿奴芙麗耶娃，她是史達林流放期間認識、一位姓區吉科夫的朋友的未婚妻。史達林與年輕女孩調情一點也

2 譯註：革命後，布爾什維克政權將「省」（губерния）改「州」（область），並調整其轄區範圍。

不害臊。他送給女孩一本書，上面還題著字：「怪咖約瑟夫獻給聰慧的壞壞波拉。」培拉給雅離開沃洛格達市後，約瑟夫仍持續寄給她充滿玩笑話的明信片，例如：「小彼得（作者註：區吉科夫）幫您吻了我一下，我記下來了。我在此回一個吻給您——可不只是一般的吻，而是熱情的吻（吻得普通，不如不吻）。約瑟夫上。」[7]在史達林的個人檔案內有區吉科夫和阿奴芙麗耶娃在沃洛格達時期的照片。照片中，培拉給雅（波拉）是位戴著眼鏡，嚴肅卻可人，有著圓圓臉蛋的女孩；區吉科夫（小彼得）則是位相貌端正，蓄著鬍鬚，一臉正經的年輕人。

充滿玩笑的通信內容、禮物、相片……只能證明三十三歲的朱哈什維利和年輕女孩阿奴芙麗耶娃之間友誼深厚，男方對女方有著高度興趣，但無法證明雙方確實有「非比尋常」的關係，頂多只能「懷疑」有這樣的關係存在。一九一二年初，區吉科夫幾乎和史達林同一時間離開沃洛格達市，前往烏克蘭探望雙親，但卻在當地生了病，很快就撒手人寰。他還年輕，甚至來不及和阿奴芙麗耶娃正式結婚。阿奴芙麗耶娃的餘生也不是過得很好。她在區吉科夫死後和別人結了婚，當往日對她頻獻殷勤、風度翩翩的男子成了一國元首，她的丈夫也和其他幾百萬人一樣，成為受迫害的對象。歷史學者不清楚阿奴芙麗耶娃是否曾為丈夫向史達林求情。一九五五年，長住沃洛格達市的她與世長辭。[8]

如前所提，史達林的羅曼史中最「罪證確鑿」的，就是與莉蒂亞．佩雷普利根娜的一段情。事情發生在史達林最後一次流放圖魯漢斯克時，傳聞指出，他們甚至還生了一個兒子，但這僅止於傳言。無論如何，史達林從來不承認有任何「私生子」。

一九一七年二月革命後，史達林回到彼得格勒。無庸置疑，對他來說新生活正要開始。雖然忙於革命事業，但他在阿利路耶夫家找到了家庭的溫暖。這一點都不令人意外。史達林早在一九〇〇年代初期，就於提夫里斯認識阿利路耶夫一家。最後一次被流放到圖魯漢斯克邊區的庫雷伊卡村時，史達林仍持續與他們通信。阿利路耶夫一家之主謝爾蓋是老黨員，多次遭警方逮捕，他有四個孩子，二男二女。他們常常沒有父母照料，像「遊牧民族」一般地生活。史達林喜歡這一家最小的女兒，十六歲的中學生娜潔日達。雖然兩人年齡相差二十三歲，娜潔日達卻也對史達林有好感。史達林是曾經立下戰功的革命家，充滿男子氣概卻不乏神祕感，而且還相當平易近人。對一個來自革命家庭的少女而言，史達林或許體現了男人理想的典型。一九一九年，兩人正式結婚。至於在此之前兩人的關係為何，我們大概只能猜測。

娜潔日達的形象十分符合那個年代對於黨領袖夫人的期待。她在一九一八年入黨，之後到列寧的祕書處工作。列寧也認識阿利路耶夫一家，一九一七年還曾住他們家裡。一九二一年，史達林有了他們的第一個孩子瓦希里，當了媽媽的娜潔日達分身乏術，被迫放棄許多公眾活動。一九二一年底她甚至被開除黨籍，理由是她「完全不關心黨務，不過是個累贅」。只有在包括列寧等黨大老介入後，娜潔日達才得以回歸，但有一年時間不得為正式黨員，只能當候選黨員。這符合當時的規矩，娜潔日達應該也相信黨是講究平等、民主作風，因此不覺得自己受到欺負。在給黨的請求信中，她承諾「好好準備自己，以應付黨務」。[9]

除了瓦希里的出生，讓娜潔日達生活變得複雜的原因還有一個——她與亞可夫，也就是史達林和前妻生的兒子的關係。亞可夫成了父親新家庭的一員。一九二二到一九二三年間，娜潔日達在寫給婆婆葉卡切林的信中不時委婉抱怨：「亞可夫是有在學習，但調皮、抽菸、不聽我的話。」、「亞可夫也健康，但學習上不是太好。」[10]亞可夫當時約十五、十六歲，只比自己的繼母小六歲。數年過後，一九二六年，娜潔日達在寫給自己女性友人的信裡提到亞可夫：「我已徹底絕望，不期待他走上正軌。他沒有任何興趣，沒有任何目標。」[11]亞可夫和父親也處得不好，父子倆因為亞可夫想結婚而起了嚴重衝突。衝突以悲劇收場。為達目的，亞可夫企圖自殺。一九二八年四月九日，史達林寫了封信給娜潔日達：「妳轉告亞可夫，他的行為簡直像流氓，根本是在勒索。我和這種人沒有，也不可能有任何瓜葛。就讓他自生自滅吧，要住哪裡、和誰住，都隨他去。」[12]史達林和長子的關係因此僵持了一段時間。第二次世界大戰開仗前夕，亞可夫正好在砲兵學院學習。從資料看來，史達林對兒子應該頗為滿意。一九四一年五月五日，亞可夫參加了在克里姆林舉辦的，軍事學院盛大的結業活動。史達林在致詞時說：「我認識一個曾就讀於砲兵學院的人。我瀏覽了他的學習筆記，發現他花了許多時間研究某型於一九一六年除役的大砲。」[13]顯然，史達林說的是亞可夫的筆記。這段話透露出父子倆並非沒有往來。

一九二六年年初，娜潔日達生了女兒思薇特蘭娜。她寫信給歐爾忠尼齊澤的太太季娜依達分享這個好消息。當時，季娜依達正在南方度假。「總之，我們現在有個大家庭了。」[14]這是個不平常的家庭。史達林沉浸在他的家國大業，為掌權而激烈鬥爭。他愛妻小這一點無庸置疑，不過他的愛通常是遠距離的，聚少離多，他和他的家人只能在莫斯科郊區別墅和南部度假療養地共處不算長的時間。娜潔日達猶如向她的丈夫看齊般，也總是忙於工作、公共事務和學業。在思薇特蘭娜出生前一個月，她寫信給她的女性朋友，提到了自己真心所想：「我很後悔給自己添了新的家庭枷鎖。在我們這個年代，這可不是件容易的事，因為新偏見多到嚇人，而且如果妳不工作，妳就想當然耳不過是個『娘兒們』（баба / baba）（⋯）一定要有專業能力，才不會盡給人當跑腿的，像個一般的『祕書』，而可以只做與自己專業相關的事。」[15]

年輕、活力充沛的娜潔日達滿懷熱誠，努力讓自己符合「蘇維埃新女性」的理想形象。這可不容易。各項資料顯示，她並不是能力特別強的人，也沒完成中學學業，從她死後留下的信件看來，她的寫作往往有大量的句法錯誤。為了彌補體制內學習的不足，她非常用功。一九二九年，她進入史達林工業學院[3]就讀，以順應潮流，接受高等技術教育。孩子們因此

3 譯註：此校原名工業學院，創立於一九二五年，「史達林」三字是後來才被放進學院名稱。本書「權力場所」一章的

常常交由保姆和家庭教師照料，史達林一家在克里姆林的住所內也配有女管家和女廚師。對瓦希里和思薇特蘭娜來說，親戚及其他同樣住在克里姆林、其他蘇維埃領導人的孩子非常重要，他們會一起在莫斯科郊區的各個別墅、在克里姆林的寓所內喧鬧，共度歡樂時光。

這樣的家庭生活其實有其優點，也自成道理，相處時間少或許反而有助「凝聚家人情感」。不過，保存至今的史達林與娜潔日達之間為數不多、寫於一九二九到一九三一年假期間的信件顯示，他們之間不只有愛，也有關係緊張的時候。娜潔日達曾寫過這樣的文字給她的丈夫：「我給你濃烈的吻，就像你離開時吻我那樣。」她也曾抱怨，十分想念丈夫，很關心他的身體狀況和療養成果。史達林對妻子也十分關愛，會用溫柔的字眼稱呼她，對她撒嬌，寫信時刻意模仿小孩不準確的發音，還送飛吻：「弄力親妳喔，親妳粉多、粉多。」身為一位慈愛的父親，他也常探詢孩子們的狀況：「小瓦希里如何？小娜娜如何？」、「叫小娜娜隨便寫點什麼給我吧。小瓦希里也是。」史達林也會從南方寄諸如檸檬、桃子等的小禮物到莫斯科給家人。然而，這如詩如歌的生活猛地就被妒意和惱怒給破壞了。一九三〇年九月，娜潔日達結束和丈夫一起度過的部分假期，回到莫斯科後，就開始一股腦兒地攻擊史達林：「今年夏天，我不覺得你會高興我晚點走（作者註：指的是晚點離開南方，延長陪伴史達林的時間）。去年夏天正好相反，我強烈地感覺到你希望我晚點走，但今年沒有。當然，心情這麼糟，留下來也沒什麼意思。」過了幾個星期，娜潔日達又重啟戰火：「你怎麼一點消息也沒有？

（…）看來是玩得太開心了（…）我從某位有趣的年輕女子口中聽到關於你的事。她說，你看起來棒透了（…）還說你十分風趣，到處找人取樂（…）我真替你高興啊。」史達林回信了，頗沉著地為自己辯護：「至於妳說，我不希望妳待在索契，妳的埋怨（…）對我不公平」、「妳意有所指地提到我去了某些地方。在此告知，我哪裡都沒去（絕對屬實！），哪裡也不想去。」[16]

顯然，娜潔日達在吃醋，而史達林也給了她吃醋的理由。史達林或許會不太高明地到處獻殷勤，但沒有資料顯示，他輕賤女人或以征服女性為樂。史達林在政治上是獨裁者，但在家裡不見得是個暴君。另一方面，娜潔日達很敏感，只要有關於丈夫行為的一點風聲，她就會感到委屈、生氣。[4]她也容易激動。許多見證他們關係發展的人曾暗指史達林夫人的心理狀態不甚健全。這個說法有其根據，畢竟娜潔日達的母親、其中一位哥哥和姊姊都曾患精神疾病或有明顯的心理異常現象。無論如何，發生在一九三二年十一月八日的悲劇大概是幾個前因交互作用的後果：史達林的粗魯作風、他可能有過的不忠行為、克里姆林的流言蜚語，

原註一提到赫魯雪夫曾於此就讀（但沒畢業），「史達林的政權支柱」原註十五也提到伊格納切夫是該校校友（順利畢業）。

4 編註：此句英文版無，此處為參考俄文版翻譯。

以及娜潔日達不太健康的心理狀態。

一九三二年十一月八日這一天，一如其他的蘇聯高階領導人，史達林偕同妻子參加於克里姆林舉行的十月革命又一個周年慶祝晚宴。目前沒有關於這場晚宴的公開詳細資料。有可能是史達林喝得太醉，和太太們調情得太過火；[17]有可能是娜潔日達剛好心情很差；也有可能是史達林對妻子不太客氣。無論如何，史達林夫婦大吵一架，而開啟這場脣槍舌戰的可能是女方。娜潔日達獨自一人回到他們在克里姆林的家。當晚，也就是一九三二年十一月八日深夜，她自殺了。工具是親哥哥帕維爾送給她的手槍。

有一種說法認為娜潔日達之所以自殺，其中一個原因是她不贊同丈夫的政策，且十分同情史達林鐵腕統治下及大饑荒的受害者。女兒思薇特蘭娜根據他人的「證詞」宣稱，媽媽娜潔日達曾留下一段不長的遺言，內容包含政治控訴：「信應該當場就被銷毀了，**但它確實存在過**，這是那些親眼看見它的人告訴我的。內容讓人難受（…）這不只是私人信件，而是帶有政治意味的文件。」思薇特蘭娜試圖強化事件戲劇性、為母親開脫（娜潔日達遭指責自我控制能力差）、給母親的死增添英雄色彩——身為女兒，她這麼做的動機應該不難理解。不過，心思細膩的讀者很難不對她的說法打上大大的問號。在回憶錄中，還算謹慎的思薇特蘭娜為讓自己的故事版本顯得有說服力，往往會引述他人說法佐證，但在這麼重要的母親自殺事件，卻只是輕描淡寫地搬出看見信的「那些人」的證詞。就算我們假設，證人確實存在好了，思薇特蘭娜卻未說明，「證人」是在什麼情況下不但看見，而且讀完信，因此有理由宣稱，「內容讓人難受」且「帶有政治意味」。史達林抵達現場前，有人敢拿起這封信讀嗎？就算史達林是這封信的第一個讀者，他有可能和其他人分享充滿控訴與揭發性內容的文字嗎？這兩個問題只能有否定的答案。就算真的曾經有這麼一封信，除了史達林，不會有人知道它的內容。

上述「政治性自殺」的說法沒有任何證據支持，甚至連間接性證據都沒有。[5] 娜潔日達生前從未在信件中表現出對時事，包括駭人時事的興趣：農業集體化、數十萬農民被迫大遷徙、大規模逮捕……等等，都不是她關懷的課題。相反地，這些信件讓後世讀者覺得，娜潔日達一如其他布爾什維克金字塔頂端的人，被隔絕於克里姆林堅實的圍牆內，對數千萬人民的苦難有著頑強的免疫力。一九三二年七月十日，就在饑荒肆虐，眾多農村婦女只能眼睜睜看著自己的親生兒女悲慘地活活餓死之際，住在克里姆林的娜潔日達寫信向史達林的助理波斯克琉畢雪夫發牢騷，不滿她已有一陣子沒收到來自海外新的虛構文學作品，還要求國家政治保衛總局局長亞果達整頓一下相關採購業務。[18]當然，為了謹慎起見，我們不能忘記，史達林在南部度假時，他們夫妻倆往往會通信。然而，一九三二年的信件至今仍下落不明，有

5 編註：思微特蘭娜關於母親自殺遺言的段落，英文版無，此處為參考俄文版翻譯。

可能被銷毀了，或是娜潔日達當時一直陪伴在丈夫身邊，因此沒有寫信的必要。現有文件無法提供答案。

妻子的死亡顯然震撼了史達林。對親密愛人（無論歷經多少磨難）的思念、對失去媽媽的小孩的悲憫——這些情緒結合了狂怒，形成一個複雜的綜合體。對史達林而言，娜潔日達的自殺除了是一樁悲劇，也是對他的背叛和羞辱。他的名譽多少受到影響，也讓他的私生活成為眾人議論的話題，相關討論從事發年代開始，至今仍未止歇。妻子死後約兩年半，史達林對親戚說：「她做了很壞的事，她毀了我（…）毀了我一生。」[19]

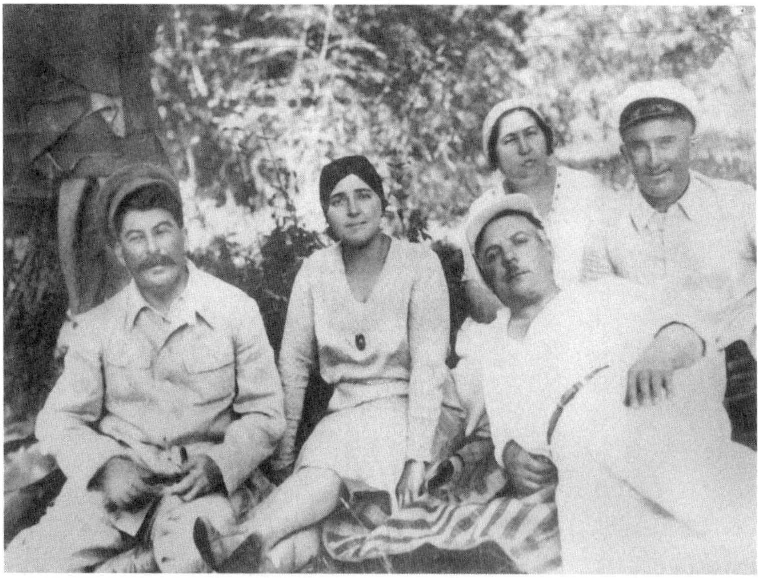
史達林和妻子阿利路耶娃、弗羅希洛夫和妻子，1932年（阿利路耶娃自殺前）。來源：俄羅斯國立政治社會史檔案館。

娜潔日達死後的數年期間，史達林的家庭生活依慣性運行如常。除了娜潔日達缺席，幾乎所有一切都一如以往。為了擺脫沉重的回憶，史達林在克里姆林換了地方住，也開始興建後世熟知的「近郊別墅」。孩子們仍由家教及保姆照料。圍繞史達林、瓦希里和思薇特蘭娜的也是同一批親戚：娜潔日達的兄姊（帕維爾．阿利路耶夫和安娜．阿利路耶娃）及其家人、亞歷山大．斯望尼澤（史達林第一任妻子的哥哥）及其家人……等等。這是個複雜，甚至不乏卑鄙齷齪的世界。親戚們勾心鬥角向史達林「爭寵」。有資料顯示，帕維爾——也就是娜潔日達的哥哥，他的妻子曾與史達林「有一腿」。[20]史達林似乎不為親戚間的糾纏所苦，反而樂在其中。

另一方面，史達林試圖多花點時間在孩子們身上。在克里姆林共進午餐時，他會過問孩子們的學校生活。此外，他也會找時間到別墅探望孩子們、和他們一同上劇院、全家一起到南方度假。他特別鍾愛思薇特蘭娜。思薇特蘭娜的學業表現良好，未來發展看好，而且她還溫柔可親，對父親特別依戀。妻子死後，史達林和女兒的互動往往帶著玩笑。他稱女兒為「女主人」（хозяйка / khoziaika），彷彿是取代已不在人世的母親，卻管自己叫「小小祕書」（секретаришка / sekretarishka），執行女主人交辦事項：「小娜娜女主人的祕書可憐蟲史達林。」思薇特蘭娜也會對父親下令：「本席命令你准許我明天去祖巴洛沃莊園」、「本席命令你帶我一起上劇院」、「本席命令你准許我去電影院，然後你要求放《恰巴耶夫》或隨便哪個美國喜劇片。」面對這樣的命令，史達林也以「公事公辦」的風格回答：「遵命」、「遵旨」、「同意」、「使命必達」。[21]被任命為「祕書」的還有和史達林比較親近、願意「配合演出」的黨同志。一九三五年八月十九日，史達林從南部寫信給卡岡諾維奇：「思薇特蘭娜老闆八月二十七日會在莫斯科。她要求盡速前往莫斯科，以便確實督導祕書群。」八月三十一日，卡岡諾維奇回信了：「我今天向思薇特蘭娜老闆做了業務報告。她似乎還算滿意。」[22]第二次世界大戰開戰前，史達林和思薇特蘭娜的通信內容往往柔情滿溢：「讓我好好親親妳，我的小麻雀。」妻子還在世時，史達林也會這麼寫信給她。[23]

讀者若把這些充滿柔情愛意的信放在當時的歷史脈絡，大概會覺得不太像是真的，甚至很「超現實」。一九三八年七月，史達林寫信給女兒：「妳好，我的小麻雀！我收到信了，謝謝妳送來的魚。不過，女主子親親，我有個要求：以後別再給我寄魚了。如果妳這麼喜歡克里米亞，妳可以整個夏天都待在穆哈拉特卡（作者註：位於南部的公家別墅之一）。給妳深深一吻。妳的爸爸上。」[24]這封信的作者史達林在這一年及前一年（一九三七）都沒到南部度假，因為他得坐鎮莫斯科，組織大規模迫害事宜。同樣在一九三八年七月，他在內務部長葉若夫提供的「敵人」名單上寫：「全部一百三十八人格殺勿論。」[25]對親人關愛備至，對其他人則冷血殘酷，如此明顯的「人格分裂」，看來不合邏輯，在極權體制中卻非罕見現象。

6

史達林和兒子的關係就不太平順了。一如以往，史達林避免接觸亞可夫及其家人；瓦希里則是給他帶來許多麻煩。[26]這個男孩太早知道自己的老爸是何等人物。他不喜歡學習，寧願踢足球；和其他人相處時也常常挑釁、不把他人放在眼裡。一九三五年，祖巴洛沃別墅主管通知史達林：「（…）瓦希里自以為是大人了，而且非常堅持別人必須滿足他的願望，就算是愚蠢的要求亦然。」瓦希里當時十四歲。隨著時間過去，情況只有越來越糟。一九三八年，瓦希里的某位老師對這位達官子弟著實忍無可忍，只好向史達林「申訴」。他抱怨瓦希里仗著自己有校委會當靠山，行為乖張，還威脅老師若不順他意，他就自殺。史達林對老師堅守教導原則表示感謝，也形容兒子是個「被慣壞的庸才、小野人（活像基斯泰人！），不一定老實，喜歡勒索『軟腳』的領導人，常常蠻不講理，但意志不堅定——說得準確點，是缺乏紀律。一堆『乾媽和三姑六婆』都寵他，沒事就強調他是『史達林的公子』」。史達林請老師嚴格一點，也承諾會多多「管束」兒子。

然而，一如我們在許多其他案例看到的，史達林寫給老師的這封信不過是個「展演」。事情終究以典型的「史式風格」結束。學校進行了「人事整頓」，把領導層和那位向史達林告狀的老師掃地出門。瓦希里則被送往位於克里米亞的航空學校就讀。不過，新學校上演的還是舊戲碼。航空學校的領導們在車站盛大歡迎瓦希里，他被另外安排住在旅社，生活起居

6 編註：此段英文版無，此處為參考俄文版翻譯。

史達林和女兒思薇特蘭娜，以及貝利亞，1933。
來源：俄羅斯國立政治社會史檔案館。

不受其他學員影響。此外，他的飲食也和其他的學員不同，由指揮官膳房特別料理。有一次，擺明了是要欺負人，瓦希里指定要吃某道菜。由於當地廚師不清楚該如何烹調這道菜，還特別派了個比較「內行」的人到航空學校隔壁的城市，充當「諮詢人員」。除此之外，瓦希里還坐汽車、機車在克里米亞到處遛達。他的學業有莫斯科高階軍官們「關照」，一九四〇年他畢業了，軍階是中尉。他喜歡飛行，不過這位年輕飛行員的人品還是沒有長進。父親一手打造的治理體系讓他徹底墮落。

瓦希里前往克里米亞求學時，史達林—阿利路耶夫—斯望尼澤家族已幾乎不存在。在大恐怖年代，史達林消滅了不少親戚。一九三七年年末到一九三九年，被捕、接著被槍斃的有亞歷山大・斯望尼澤及其妻子，還有安娜・阿利路耶娃的丈夫，國安情治高幹雷登斯。一九三八年底，帕維爾・阿利路耶夫顯然因為承受不了巨大身心壓力去世。史達林不再與其他親戚來往。戰爭更加深了史達林—阿利路耶夫—斯望尼澤家族的不幸。亞可夫在開戰後不久就被德軍俘虜。和瓦希里不同，亞可夫未受到蘇聯當局特別關照。史達林甚至下令逮捕亞可夫的妻子，雖然一段時間過後還是把她放了。有種說法是，曾有人建議史達林拿一位被蘇軍俘虜的德軍將領——一般認為是鮑羅斯——換亞可夫，但史達林拒絕。然而，沒有歷史文獻可證明這一點。此外，這個說法有許多不合理之處，例如換俘對希特勒政府的好處為何。一九四三年，亞可夫死於戰俘營。戰爭末期，史達林從和亞可夫同營的其他戰俘處得知兒子的情形。[27]德國被擊潰後，蘇方獲取了亞可夫一九四一年的訊問筆錄，以及戰俘營守衛和主管的證詞。[28]從這些文件看

史達林和女兒思薇特蘭娜，1933。
來源：俄羅斯國立政治社會史檔案館。

來，亞可夫並未失去榮譽感，雖然他在一九四三年是因為企圖穿越戰俘營邊界而被哨兵擊斃。也許，正是因為兒子在戰俘營的行為未「敗壞家風」，史達林開始對他比較有好感了。晚年，他對亞可夫的女兒，也就是自己的孫女顯得頗為關心。

相反地，瓦希里和思薇特蘭娜在戰爭期間讓父親失望了。瓦希里被分派到離莫斯科不遠的營區，因此可以時常到祖巴洛沃別墅，在那裡飲酒作樂。一九四二年年末，在某一次的祖巴洛沃宴會上，十六歲的思薇特蘭娜結識了三十八歲的電影編劇卡普勒。這位先生最為人所知的事蹟，是戰前曾為數部以列寧和革命為主題的熱門電影作品寫劇本。兩

家庭合照：兒子瓦希里、日丹諾夫、女兒思薇特蘭娜、史達林、大兒子亞可夫，1930年代中。來源：俄羅斯國立政治社會史檔案館。

人開展了一段「羅曼史」，但好戲不長。數月後，史達林下令逮捕卡普勒。對思薇特蘭娜來說，卡普勒應該是她的年少初戀。不過震怒的父親根本不認為這樣的友誼是適當的，尤其是在烽火年代。根據思薇特蘭娜的說法，後來發生的事徹底破壞了她和父親的關係：

我從來沒看過父親這個樣子（…）他因為極度憤怒而喘不過氣，只能勉強說話（…）「你的卡普勒是英國間諜，他被捕了！」（…）「可是，我愛他！」我終於說出話來了。「愛他！？」父親大叫，似乎對「愛」這個字有無比恨意。然後，他就打了我兩巴掌。生平第一次。「奶媽，您看看，她墮落到什麼程度了！」父親再也忍不住了。「現在外面仗打得什麼樣子，而她卻忙著……！」以下就是他的一連串粗話。[29]

下一個讓史達林備受打擊的是瓦希里。一九四三年初，他已經是個上校，指揮一個航空軍團。該年四月，他和部屬們一起去釣魚。他們用砲彈炸魚。過程中，一顆砲彈在岸上引爆。一位軍官因此死亡，瓦希里則被砲彈碎片擊傷，被送往克里姆林醫院接受治療。史達林得知兒子又幹了一樁「好事」，簡直氣瘋了。資料顯示，瓦希里闖的禍、犯的錯可謂不勝枚舉。試看史達林以國防部長身分發出的以下命令，時間是一九四三年五月二十六日：

一、即刻解除V．I．史達林航空團長的職務。在我下令之前，不得給他任何指揮職。

二、對團及前團長瓦希里上校宣布，瓦希里上校因酗酒、放蕩及腐化敗壞團的風氣遭解除團長職務。[30]

縱使一再遭到訓斥，瓦希里還是不當一回事。父親虛張聲勢的威脅恫嚇他聽多了。果然，沒過多久，瓦希里再度獲得升遷，接著連升數級。戰爭結束時他已官拜將軍，而他的年紀只有二十四歲。身為史達林的兒子，他幾乎百無禁忌。與此同時，思薇特蘭娜結婚了，對方是她的昔日同窗。結婚當時，兩人都還在大學唸書。他們生了一個兒子，為光耀外祖父，孩子被取名為約瑟夫。不過，史達林拒絕見這位女婿。他的女婿是猶太人，也沒上過戰場。也許史達林之所以答應這門婚事，不過是為了避免重演思薇特蘭娜和卡普勒相戀所引發的父女關係悲劇。

戰後，當局勢不再緊張時，史達林沒有回歸家庭，或者精確一點地說，他沒讓家庭回到自己身邊。他不常與孩子們碰面，對孫輩也沒有特別的感情，永遠有一堆要求和埋怨的親戚則讓他煩躁。不過，這也沒什麼好奇怪的。史達林已習慣一個人，也習慣過「夜生活」。他年歲已高，開始顯露疲態，還有一身病痛。他害怕被背叛，因此不斷尋找潛在敵人。在這樣的背景下，阿利路耶夫一家再度被重重打擊。帕維爾・阿利路耶夫的妻子和安娜・阿利路耶娃雙雙遭到逮捕。要等到史達林辭世後，她們才會被釋放。7

一連串的死亡和逮捕破壞了史達林原本的家庭生活圈。晚年，圍繞他的都不是親人，而是侍衛和僕人。資料顯示，他應該沒有新的感情依賴，雖然針對他的長年女管家瓦倫亭娜・伊斯托明娜一直有許多臆測。無庸置疑，伊斯托明娜不但對老闆忠心耿耿，也愛他。不過我們無從得知，這份「愛」對她本人及史達林的意義是什麼。晚年，針對浪漫情愛關係，史達林總能找到尖酸惡毒的字眼加以評論。例如，根據赫魯雪夫的說法，在提到死於一九四五年的薛爾巴科夫時，史達林說：「他是個笨蛋——已經開始痊癒了，卻不聽醫生的警告，結果死在晚上，和女人胡搞瞎搞的時候。」[31] 8

在此必須為史達林說句「公道話」：他的孩子們確實稱不上是他的「快樂泉源」。瓦希里

7 譯註：前妻娜潔日達的父親謝爾蓋・阿利路耶夫一心想出版回憶錄，但由於不少內容涉及史達林，史達林一直沒准。娜潔日達的姊姊安娜・阿利路耶娃（她已經有回憶錄出版）為此數次向史達林提出加快審閱、出版回憶錄的要求；此外，她還就住房（例如她原本寬敞的住家被迫數次接納還沒領到配給房舍的黨國官僚家庭）及其他個人問題多次「打擾」史達林，結果就是惱怒的史達林決定逮捕她，就算曾經在西伯利亞流放時期給他寄物資、有恩於他的安娜和娜潔日達的母親奧爾嘉（Olga）多次求情，也無濟於事。

8 編註：此段英文版無，此處為參考俄文版翻譯。

不斷墮落，一去不復返。他變成一個紮紮實實的酒鬼，三十歲不到就活像個老頭兒，身上一堆慢性病。靠著父親庇蔭，他不但在軍中官越做越大，還揮霍公帑。瓦希里可謂縱情享受人生：反覆新建、重建郊區莊園；建設大型狩獵場；打造體育競技隊伍，狂熱地用高薪及豪宅吸引運動員入隊；不斷地換老婆和情婦；在阿諛奉承者的陪伴下成天飲酒作樂。在又一個醜聞爆發後，即將不久於人世的史達林終於把兒子從莫斯科軍區空軍司令的高階職位給拉下來。瓦希里被送到軍事學院就讀，實際上是允許他不受控制地酗酒。思薇特蘭娜則和不受父親青睞的丈夫離婚了，嫁給另一個父親中意的男人——尤利．日丹諾夫，也就是史達林已逝同志安德烈．日丹諾夫的兒子。不過，這段婚姻也不幸福，很快就結束了。

史達林死後，他孩子們的命運可謂極具象徵性。瓦希里繼續花天酒地，但酒後侮辱父親的同志們，因此史達林死後掌權的那些人就把他關進了大牢。瓦希里不到四十歲就死了，死於流放期間。思薇特蘭娜後來嫁給一位印度共產黨員。她利用取得出境許可出國參加丈夫葬禮之便，向美國尋求政治庇護，接著遷居該國。二〇一一年，她死於美國。在國外生活期間，思薇特蘭娜出版了史達林家族傳記《給朋友的二十封信》，內容充滿懷舊情調，也不無粉飾、理想化之嫌。她認為，父親之所以有病態的殘忍性格，好耍陰謀詭詐、搧風點火的貝利亞得負起責任。不過，思薇特蘭娜自己對父親一手打造的體系倒是立場明確：她逃往了美國，而這個國家正是史達林眼中，社會主義最邪惡的敵人。

6

絕對的大元帥

Абсолютный генералиссимус

The Generalissimo

說明戰爭

蘇聯在第二次世界大戰的勝利把史達林推向前所未見的榮耀高峰。一九四五年六月在莫斯科舉行的勝利遊行盛大且歡騰。這場遊行的壯容、史達林獲封大元帥——兩者強而有力地合理化了他牢牢握在手中的權柄，也讓他的地位達到前所未有的穩固。不過，史達林的從政經驗夠豐富，他不會不知道，戰爭上的勝利和紅軍的強盛不過是開始，眼前面對戰後復原，還有艱辛的漫漫長路要走。此外，蘇聯仍得努力維持世界強國的地位，雖然在強國形象之下是個許多方面受盡摧殘、嚴重失血的孱弱軀體。國家受害於戰爭的程度或許令人難以想像。當代的人口學家指出，死於戰爭的人數可能高達兩千七百萬！在許多案例中，死去的正是國家最優秀、最具發展潛力的人。數千個城鎮和村落倒在廢墟中；人們住在窯洞、土房裡；數百萬個傷殘士兵亟待國家扶持。復員一千一百萬名兵員、將工業由軍用導向民用——這兩個艱難任務也需要大量資源投入。悲慘的戰後饑饉顯示戰爭的破壞力有多大，史達林的資源分配體系有多無能，集體化政策對農業發展的傷害有多深遠。一九四六到一九四七年是饑荒高峰，因為饑餓或過度饑餓引起的疾病而死去的大約有一百五十萬人；另外，數百萬人有營養不良的問題，或因罹患重病，導致身體機能明顯弱化，甚至殘廢。如同在饑餓年代常見的，當時也發生了人吃人的情形。烏克蘭西部及波羅的海國家有大片區域在戰前不久才被納入蘇聯領土、領教史達林的「大恐怖」。戰後，這些地區的人民馬上就奮不顧身地對布爾什維克政權發動游擊戰，帶著拚死一搏的決心。

國內有棘手問題待解決，國際局勢則越來越緊張。蘇聯與盟友的關係趨於冷淡。史達林的蘇聯和西方的民主國家之間存在巨大鴻溝，雙方暫時結盟不過是為了共同抵禦納粹侵略勢力，何況這盟友關係還十分錯綜複雜。一次又一次困難的外交談判，證明戰勝國瓜分世界的後果可能是出現新的衝突。不過，蘇聯被戰火蹂躪得太脆弱，無法在國際爭端中堅持自己的立場。此外，美國在核武方面的壟斷地位也讓莫斯科備感壓力。為了改變這個局勢，蘇聯政府投入大量資源在相關的研發及生產工作。

不過，對史達林體制而言，更危險的狀況應該是民間的勝利者心態，遇上了敗破崩壞的現實。數百萬蘇聯人隨戰線推進踏上了歐洲的土地，這可能是他們生平首度踏上歐洲土地。毫不令人意外地，對大多數人而言，這是個「震撼體驗」。「勝利者」猶如被重重打了一拳——

「資本主義奴隸」竟然過得比他們好這麼多，蘇聯官方宣傳原來是一場虛妄。國內數千萬農民之中，也有上過戰場，親眼見過歐洲的，他們期待摧毀集體農場，也認為自己視死如歸地與敵國作戰，理應得到一點獎賞。這就導致了對當局而言非常危險的局面——自視為勝利者的人民對未來充滿期待，也認為美好未來實屬理所當然，但現實處境卻又令人失望。日復一日面對沉重無比的生活挑戰、對亡者的思念、前線作戰人員對歐洲生活的描述——這一切自然讓人們開始有了「不太好」的討論：關於勝利的代價、社會公義、官員的特權、貧窮與饑饉的根源。面對類似的探詢追索，體制給的答案通常非常簡單：逮捕，以及冠上「反蘇宣傳」的罪名。不過，在戰後新現實中，這樣的做法是否保證「有效」？

從現有資料看來，對於該如何應對戰後生活的挑戰，史達林並未很快理出頭緒。納粹勢力被擊潰後不久，他向國內民眾發出一些幾乎可說是「自由派作風」的訊號，其中一個最具代表性的例子就是他在一九四五年五月二十四日接見紅軍司令們時的發言：

> 我們政府犯了不少錯誤。一九四一到一九四二年，當我們的軍隊節節撤退、拋棄祖國的村落城鎮時，我們的處境的確令人絕望（…）其他人民這時可能就會對自己的政府說：你們讓我們失望，快滾吧，我們會給自己設一個新政府，這個新政府會和德國談和，然後，我們就可以平靜過日子了。但俄羅斯人民沒這麼做。他相信政府是對的，所以願

> 意犧牲，以便痛擊德國。這就是俄羅斯人民對蘇聯政府的信任，而這信任就是確保歷史性勝利——戰勝全人類公敵法西斯主義——得以發生的關鍵力量。感謝俄羅斯人民對政府的信任！[1]

承認自己的錯誤、自成一格的「公然懺悔」——這是充滿自信、受擁戴的勝利者的故作姿態。不過，史達林很快就會體認到，類似的發言是有政治風險的，因為它會「打開話匣子」，社會上針對戰爭的批判性提問和討論會增加。關於民心躁動，史達林已有所耳聞。例如，一九四五年十一月，一封來自布里雅特—蒙古蘇維埃社會主義自治共和國政治宣傳人員的信被上呈給史達林。這位政宣人員在信中表示，演講時，聽眾往往會提問，史達林所說的蘇聯政府的錯誤，到底有那些？「當然，我無法好好說明這個問題……懇請史達林同志說明，這個問題該怎麼回答。」[2]另一封信語氣較為強烈，這是來自薩拉托夫州小烏津村的赫梅可夫寫的。這封信於一九四六年三月被上呈給史達林。他問：「我們怎能允許這樣的事發生：戰爭即將開打時，德軍的裝備竟然勝過我軍？」信中還提到，戰前，政府曾承諾會直接在敵方領土上給予敵人迎頭痛擊。最後，信的作者對史達林提出了關鍵問題，而這問題的正當性至今仍遭到史達林主義者質疑：

勝利者不須受審，但戰勝國人民應當了解，勝利的代價有多大：耗費的力量和資源、犧牲的人命，是否已盡可能減少。如果答案是否定的，那人民應該問：備戰時間是否太少、複雜機器裡的小螺絲釘是否沒做好自己的工作（…）機器裡比較複雜的部分是否運作得不太穩定？[3]

史達林下令把這封信放得遠遠的，存入檔案，不多做處理。[4]他沒有意願回覆這樣的來信，當然也沒有興趣「分析」政府的錯誤。尤有甚者，為防止民眾探討勝利的代價、高層的軍事領導能力，打破社會對自由化和管制鬆綁的想望，史達林展開了一場意識形態逆襲。

第一波逆襲應當是對戰爭結果的重新評價，以及重新探討幾場敗仗的初因。一九四六年三月，史達林公開宣稱，「由於德國入侵，蘇聯永久失去了大約七百萬的人口，其中包括死於與德國人的戰鬥、死於德軍占領及死於苦役的民眾。」他顯然企圖讓勝利的代價看起來不那麼驚人。[5]七百萬這個數字與事實有很大的差距，但也不是完全沒根據。為有所本，史達林採用的是總參謀部的數據。根據總參謀部的的資料，戰爭期間，被殺害、受傷致死及因病而死的部隊人員共計約七百萬人。[6]無庸置疑，當史達林把死於敵軍占領行動及被趕到德國服苦役的平民也算到軍方損失的七百萬中時，他是有意識地扯謊。七百萬看來是個「還算可以接受」的人命成本，因此接下來有好幾年，「勝利的代價」被視為「已經解決」的歷史議題。

然而，就算戰爭期間的死亡人數可以被掩蓋，紅軍悲慘地節節敗退、納粹軍隊浩浩蕩蕩地挺進伏爾加河流域，卻是眾人皆知的既成事實。既然見證者眾多，就無法掩蓋事實，只能不去提它。蘇方在戰爭頭十八個月的悲慘處境確實給史達林及其體制籠罩上陰影。作為軍事統帥的史達林該如何為自己辯護？在蘇聯的官方宣傳「彈藥庫」中，有幾種比較常被拿來作為輿論轟炸的說法：納粹的戰爭機器過於強大，甚至能把整個歐洲收為禁臠；紅軍來不及在開戰前更新裝備、進行改革；希特勒突然改變心意、背信棄義。史達林顯然對以上說法都不太滿意。他謹慎地漸次推進，努力把某個論點帶進官方宣傳之中，以合理化他身為最高統帥的種種作為。這個論點就是：紅軍是有計畫、有組織地，一步步把戰線往後拉，以便「誘敵深入」、消耗敵人的戰鬥力。為了讓這個論點看來更具說服力、明白易懂，官方宣傳還會做歷史對照：一八一二年，庫圖佐夫元帥也曾採用類似的戰術，因此俄國雖然在抵抗拿破崙軍隊入侵時失去了莫斯科，但保住了軍隊及國家。

為何需要有新的論述呢？原因就在軍事學院講師的一封信。一九四六年初，史達林收到一封拉津講師寫來的信。他在信中向國家元首提了幾個理論性的問題。像他這樣試圖與史達林進行「思想的上下求索」的蘇聯民眾並不罕見。對史達林來說，重要的是，軍事學院講師的來信給了他「把話說清楚」的好機會。藉由回覆這封信，他為蘇聯的軍事史書寫訂下清楚具體、影響深遠的指導性綱領。其中兩個論點，尤其重要。首先，史達林宣稱，列寧根本「不懂軍事」，在內戰期間亦然。史達林因此順理成章地成了蘇聯領袖中唯一的軍事權威。第二個論點則為蘇聯官方宣傳鋪路，以推廣對蘇方有利的詮釋，說明二戰初期與德軍交戰時，蘇軍為何節節敗退。史達林寫道：「在如此惡劣的條件下，一如進攻，撤退也是合理的作戰方式。」循此脈絡，他認為，有必要多加研究敵軍成功進攻後，防守方的反攻行動，探討防守方「如何累積實力，進入反攻階段，最後給敵方致命一擊」。為了讓自己的「進攻—反進攻說」更具說服力，史達林搬出歷史事件作為類比。他舉例，古代的安息王國也是先把羅馬軍隊引誘至領土深處，接著才「猛然反攻，徹底擊潰敵軍」。另一個反攻的例子就是俄國的庫圖佐夫元帥在一八一二年的俄法戰爭中採取的「堅壁清野」戰術。史達林在寫給軍事學院講師的回信中給了庫圖佐夫元帥至高無上的評價，稱他為「軍事天才」。

自然，史達林並未將上述歷史事件直接拿來類比一九四一到一九四二年間在蘇聯戰場上發生的事。不過，他的「暗示」幾乎等於「明示」。蘇方在「偉大衛國戰爭」[1]初期所經歷的一連串失敗，在史達林的詮釋中成了在當局掌握中的「反攻準備階段」、「合理的作戰方式」。

1 譯註：「偉大衛國戰爭」(Великая Отечественаая война) 作為一個固定說法和官方宣傳用詞一直要到戰後才確立。在此之前，「衛國戰爭」多指涉俄法一八一二年戰爭。不少論者認為，確立「衛國」戰爭的概念、將德蘇戰爭獨立於第二次世界大戰脈絡之外，有助當局操縱相關的意識形態論述。

失敗、災難都沒有了，造成它們發生的軍事統御上的失誤也自然不復存在。由於對自己的明示、暗示沒有十足信心，史達林決定延後發表這篇回信。信是在一九四六年二月底寫的，但過了一年後才公開發表。[7]

史達林給軍事學院講師的回信中還包含一個重要想法，這個想法在戰後數個月占據了他的大半心思。這裡指的是號召蘇聯社會停止對西方「卑躬屈節」，尤其是對德國軍事專家的「過度尊崇」。從現有文獻看來，停止對西方卑躬屈節的號召首次出現於一九四五年秋天，見於史達林度假期間與同志的通信。他攻擊未具名的「資深工作人員」，批判他們在聽到外籍領導人肯定他們的工作表現時，「興奮得要融化」。史達林嚴正指出：

> 我認為，這樣的心情很危險，足以讓我們對外國人習慣性地卑躬屈膝。必須進行堅定的鬥爭，消除對外國人的逢迎諂媚。[8]

以上想法就是史達林對蘇聯社會遭西方意識形態「汙染」的回應。他明白，赤貧的勝利者面對發展比自己優越的戰敗者會有自卑感，而這樣的自卑心態足以構成對政權的威脅。漸漸地，抽象的「反卑躬屈節」論述被提煉為具體的政治行動。一九四六年八月，蘇聯共產黨中央委員會發布決議——「關於《星》與《列寧格勒》雜誌」，一同公開的還有中央委員會書記日丹諾夫對列寧格勒作家們的攻擊。在這些文件中，被點名以做「殺雞儆猴」之用的是散文家、諷刺作家左申科及詩人阿赫瑪特娃。日丹諾夫批判左申科的作品「有毒」，而這個「毒」就是他個人「對蘇聯體制的動物性敵意」[2]。至於阿赫瑪特娃，日丹諾夫稱她是「淫婦兼修女——一邊縱欲，一邊禱告」。[9]中央委員會的決議文成了全國上下必須研讀、討論的材料。此討論也開啟了新一波針對知識分子與藝術創作者的批判運動。恐懼令知識分子不得不遵循意識形態道統。

無論形式如何變化，這波對作家的攻擊有個主調：揭發知識分子「對當代西方布爾喬亞文化的屈膝諂媚」。這樣的口號讓史達林「露出馬腳」。檔案文件顯示，正是史達林在背後主導日丹諾夫的行動，甚至修改他預計公開發表的文字或發言。[10]學者們近年來的細部研究顯示，史達林是許多意識形態恐嚇行動的主導者，例如著名的克琉耶娃和羅斯金學者案，就是由他「督導」。當時，克琉耶娃和羅斯金夫妻倆正在莫斯科研發抗癌製劑。一九四七年，兩位學者在缺乏罪證的情況下被控向美國人洩漏機密。在這場針對學者的迫害行動中，我們可以看到印有「史達林正字標記」的論述：務必批判對外國的「卑躬屈節與逢迎諂媚」。[11]

就其本質而言，這些執拗的意識形態陳腔濫調不過是重複了列寧—史達林的「金科玉

2 譯註：這裡的「動物性敵意」指涉的主要是左申科的作品《Приключения обезьяны》（暫譯：猴子歷險記）。

律」，雖然「配方」已經過調整：蘇聯永遠在各方面超越全世界，因為它建設的是最進步的社會主義體制。資本主義國家意識到自己必然一死，因此隨時做好不惜與社會主義祖國一戰的準備。這樣的想法在大戰烽火方酣，世界卻漸次陷入「冷」戰泥沼的背景下，特別容易獲得支持。

國際間進行多年的冷戰研究，在前蘇聯及前社會主義陣營國家開放檔案後經歷了一場「復興」。相關研究工作的成果豐碩。然而，針對某些問題，諸如冷戰起因、誰是「罪人」或始作俑者、對立雙方領導人的動機和算計等，研究者大概永遠不會有共識。冷戰本身並不是一樁有明確開端的事件，而是一個過程。被捲入這過程的各國領導人不僅以自己國家的利益為行動考量基準，在面對往往是意料之外的狀況時，也會採取同樣是意料之外、甚至違背邏輯的應對措施。史達林也不例外。

昔日共同抵禦納粹的盟友如今衝突不斷──這個現象倒屬於「意料之中」。衝突的背景原因包括彼此的社會體系差異過大、無法相容；擔心對方擴張勢力；大戰前的長年敵對狀態；彼此對「敵人」的需求。美國在核技術上的壟斷地位、美國不願蘇聯參與占領日本事務，以及美方設下的種種其他「阻礙」，在在令史達林惱怒。一九四五年十月，他在南部別墅接見美國駐蘇大使哈里曼，並數落了美方的不是：「美國在日本需要的大概不是盟友，而是小老弟吧？我必須說，蘇聯不適合這種角色（⋯）蘇聯還是從日本離開得好，別再自欺欺人了，如此還勝過被當作道具晾在一邊。」[12]從西方的視角看來，史達林的不滿和各項主張，他那難以掩飾、強行「蘇維埃化」東歐各國的野心——無論是藉紅軍或當地的共產主義者之力——在在都激怒了西方國家領導人。自然，對共產主義的反感也是西方難與蘇聯交好的原因之一。

差異如此大的體系有可能不完全決裂嗎？很難說。戰術需求與眼下的政治因素不過是把「攤牌」、公開對立的時間往後推遲。另一個足以延緩對峙的因素，是西方社會一直存在可以與莫斯科合作交好的錯覺。至於蘇聯社會的民心動向，對當局制訂對外政策的過程沒有實質上的影響力。史達林對外一向採取「謹慎為上」的策略——至少是在他期待從盟友那兒獲得支持的時候。戰後，他希望盟友能對蘇聯提供經濟援助，也期待德國賠償蘇聯所受的損失。飽受戰火及饑饉蹂躪的蘇聯尤其需要經濟援助。此外，被納入蘇聯勢力範圍的東歐也不平靜——內部紛亂、沉重的經濟局勢、饑饉、難以壓制的反共產主義力量，在在都是迫使史達林小心行事的因素。不過，小心謹慎是暫時的，並非史達林對東歐國家長期的戰略。

戰後初期，在與西方領導人的私人關係上，史達林以不同形式表現出其沉著自制和運籌帷幄能力。史達林傾向將「骯髒」的外交工作推給莫洛托夫，在激烈的談判過程中強迫他代替自己說「不」。至於史達林自己則不時展演似地做出讓步，讓西方不至於顏面盡失，也讓談判過程得以持續。一如在戰爭期間，史達林試著從英美之間的矛盾獲取好處。一九四六年四月，在邱吉爾於三月發表「鐵幕演說」（Sinews of Peace）後，史達林在莫斯科和美國駐蘇大使會面。他從大使那兒收到小禮物——安全刮鬍刀和電晶體收音機，「回禮」則是對美方的「友善」警告：「邱吉爾和他的朋友們」有可能為了個人利益，刻意讓美蘇正面衝突。[13]

然而，類似的外交計謀仍抵擋不了來自現實世界的壓力。為了回應史達林對伊朗、土耳其及希臘施加的壓力，美國總統杜魯門提出支援歐洲的政策，包括提供經濟協助（馬歇爾計畫）。至於史達林對西方日益團結的回應，就是拒絕讓蘇聯參與馬歇爾計畫，其他東歐國家也在莫斯科的壓力下被迫對該計畫說「不」。蘇聯共產黨更建立了國際性的共產主義組織——共產黨和工人黨情報局（Cominform）。在組織的成立大會上，日丹諾夫傳達了史達林的論點：世界已經分成「兩個陣營」。[14]原來的盟友關係，終究讓位於傳統對抗「世界帝國主義」的論述。

事實上，蘇聯黨國高層在此之前就已有走回頭路的跡象。史達林本人的保守主義作風是其中的重要因素。帶領人民走向勝利的領袖已快要七十歲了。在複雜的局勢中，他並沒有推行改革、打破慣性的強烈動機。他對經濟發展願景的想像在戰後並沒有根本上的改變。一九四六年二月九日，史達林在蘇聯最高蘇維埃（國會）以具體數字說明了國家的經濟發展目標：五億噸煤、六千萬噸鋼、五千萬噸鐵、六千萬噸石油。同一年，蘇聯實際上生產了九百九十萬噸鐵、一千三百三十萬噸鋼、一億六千三百八十萬噸煤、兩千一百七十萬噸石油。理想與現實的差距不可謂不大。正如知名的蘇聯經濟史專家札列斯基所言，史達林的計畫顯示他對經濟發展的想像過度簡化，「重量不重質」，而且計算方式也很粗糙。[15]

在很大程度上，史達林在一九四六到一九四七年的饑荒期間，就展現了他對老法子的「忠誠」，一如他在一九三二年回應人道災難的方式，是制訂與侵吞國家財產有關的殘暴法令。一九四七年六月四日發布的「反竊盜令」給了司法機關判處違法者高達二十五年勞改的權限，一九四七到一九五二年間因竊盜而被判刑者超過兩百萬人；此外，被判處長期徒刑者的人數也大幅增加。許多，甚至可以說是大多數，被定罪的人並非刑事慣犯，而是一般民眾。這些民眾缺乏基本物資，違法程度也很輕微。舉例而言，為了餵飽饑腸轆轆的孩子，父母偷了一條麵包就會被判七年以上的勞改。「竊盜者」並非大規模迫害行動的唯一目標。持續有人因政治性罪名被捕，違反勞動紀律者也會遭到嚴刑峻法制裁。一九四六到一九五二年間，司法機關發出了約七百萬紙徒刑令，也就是說，一年有約一百萬。[16]史達林逝世前，不斷擴張、膨脹的古拉格在蘇聯體制中已占有舉足輕重的地位。資料顯示，至一九五三年一月一日止，勞改營、監獄和其他種類懲治場所的人口總計超過兩百五十萬，在所謂「特殊移住點」(它們通常位於偏遠地區）的人口則大約有兩百八十萬。[17]總而言之，受監禁者及被迫移住者，約占了蘇聯總人口百分之三。[18]大規模迫害行動的發生地點，在很大程度上有往蘇聯領土西側遷移的傾向，那裡主要是反蘇游擊戰較為激烈的地區。「造反」、「叛變」的共和國們遭到鎮壓，史達林也定期收到鎮壓成果報告，內容包括大規模逮捕、槍決和強迫移住的執行「進度」。[19]根據不完整的官方資料，一九四四到一九五二年間，被殺害、逮捕和強迫移住的立陶宛、拉脫維亞和愛沙尼亞居民約有五十萬人，烏克蘭西部遭受同樣對待的居民也約莫有五十萬人。[20]對居民數不多，只有幾百萬人口的共和國和州來說，前面提到的數字不可謂不驚人。戰後的史達林體系依舊充滿壓迫性，而這一點正展現了它的「恆定性」。

新領導小組

戰後，史達林凝聚、鞏固其體系的重要方法包括再度「重整」權力高層結構，並且對同志進行「預防性」的羞辱、貶低——雖然就算沒有經過這些程序的洗禮，同志們對他也已經夠「忠誠順服」了。對史達林而言，戰爭期間成型的高層權力體系比較像是順應時勢妥協的結果。國防委員會中有部分委員和元帥們的政治影響力特別大，但他們已做完該做的事，史達林對他們的需求自然不如以往。此外，這位獨裁者的身體越來越差，而這讓他變得越來越多疑。

一九四五年十月九日，政治局做出決議，讓史達林「休假一個半月」。[21]這是史達林在中斷九年後，首次到南方度假。相隔多年後，再次前往遠離權力中心的南部「休養」，史達林的心情或許特別沉重，因為他不斷聽到克里姆林權力鬥爭的風聲，也擔心自己的地位不保。國外報刊尤其喜歡渲染相關話題。一九四五年十月十一日，也就是政治局正式放史達林休假不久，史達林收到塔斯社的匯報，內容顯示西方正討論蘇聯領袖的病情及潛在繼任者之間的權力鬥爭。美國《芝加哥論壇報》駐倫敦記者引述外交圈的消息指出，「莫斯科正進行激烈的幕後權力鬥爭，對立雙方為朱可夫元帥及外交部長莫洛托夫。他們試圖取代獨裁者史達林。」根據報導，軍方支持元帥，而黨機器則站在外交部長這一邊。[22]十月十九日，塔斯社又上呈了一份外電匯報，內容包含蘇聯駐法大使館的聲明：「在過去的十個月間，我們被要求證實史達林死亡消息的次數已達十五次。」某份挪威報紙則刊登了與莫洛托夫有關的文章，頗具代表性地展現了西方對史達林繼任者候選人的興趣：「對美國、英國及其他熱愛自由的人民而言，莫洛托夫代表了新的強盛蘇聯，有條件與其他世界強權平起平坐。」[23]這篇文章未對史達林多加著墨。

外電內容透露了西方世界對戰後蘇

戰後，大元帥史達林。
來源：俄羅斯國立政治社會史檔案館。

聯權力結構的看法。可怕的長年戰爭已過去，隨之而退出歷史舞台鎂光燈的還有帶領人民走向勝利的領導人：美國總統羅斯福逝世；英國保守黨在國會大選中落敗，邱吉爾卸下首相職務；圍繞史達林健康狀況的各種傳言……。對西方觀察家來說，打贏戰爭和讓出權力並不衝突，但史達林不這麼想。任何足以暗示蘇聯領袖可能換人的訊息都加深他的不滿與多疑，受害者就是他身邊的「戰友」們，尤其是繼任者候選人中呼聲最高的莫洛托夫。對莫洛托夫的攻擊也為整頓戰間期形成的「五人組」打下「好的開始」。除了史達林本人，五人組成員還包括莫洛托夫、貝利亞、馬林科夫和米科揚。

一九四五年九月，盟軍在倫敦舉行外交部長會議。會議上討論了戰後新秩序，主要是同盟國與戰敗國之間的和平協議。會議期間，史達林相當明顯地表現了自己對莫洛托夫日益增強的氣惱。[24]會議開始不久，莫洛托夫就在程序問題上自作主張。他對盟友們讓步，同意除了蘇聯、美國和英國的代表，法國和中國的代表也能參與討論所有和約草案。這違反先前的約定：按照同盟國之間講定的條件，法國只能參與討論對義大利和約，而中國只能討論對日本的那份。不過，莫洛托夫不認為這有什麼大不了的。確實，問題不大。法國和中國參與了討論，但沒有投票權，莫洛托夫的讓步並非不合理。他希望會議能順利進行，因此不想在次要問題上和盟友起衝突。

顯然，若非談判過程不順，莫洛托夫的行為大概不會引起注意。昔日盟友們在倫敦一直談不攏，利益衝突達到高點。史達林要求，蘇聯必須實質參與解決日本問題，但盟友們甚至不願把這個問題納入議程。史達林主張將義大利在北非的其中一個殖民地劃歸蘇聯保護，以確立蘇聯在地中海的戰略利益。然而，盟友們堅定拒絕了。此外，羅馬尼亞與保加利亞給同盟國製造的矛盾也難以化解。史達林將這兩國視為蘇聯的「附庸國」（史達林在倫敦會議期間發給莫洛托夫的某封電報中，用的就是「附庸國」這個字眼），在當地扶植了親共產主義政權。[25]美國與英國拒絕承認這兩國的政府，也不願和它們簽署協議。史達林決定不惜冒著會議破裂的風險，加大對昔日夥伴們施壓的力道。法國和中國的程序問題給了他好機會——這兩國支持美國和英國。九月二十一日，史達林就程序問題狠狠責備了莫洛托夫一番。莫洛托夫懺悔：「我承認，我犯了大錯。我會盡快處理（⋯）」[26]隔天，莫洛托夫收回自己的決定。盟友們大表不滿。由於各方就程序問題一直僵持不下，談判只好就此打住。

倫敦會議事件再度凸顯史達林的某些人格特質。他努力在盟友眼中顯得不慍不火、行為可預測，把會弄髒手的工作推給同志們。當莫洛托夫對外聲明，要求改變程序的是史達林，史達林簡直要氣瘋了。這個，以及其他性質相似的「帳」，史達林記得可牢了。他將一再地提醒莫洛托夫，這麼做等於是讓他「扮黑臉」——唯獨莫洛托夫個人行事有彈性，而「史達林和蘇聯政府」則無。[27]

史達林讓莫洛托夫越來越焦慮不安，但他目標不僅於此。他要把事情鬧大。就連在休假期間，他也仔細閱讀塔斯社的外電匯報。英國《每日先驅報》於一九四五年十二月一日刊載的某篇報導可謂開啟了史達林的逆襲計畫。這篇報導轉述了各種與史達林有關的流言，包括他可能卸下閣揆職務，由莫洛托夫回鍋頂替。報導稱，「現在掌握蘇聯政治領導實權的是莫洛托夫，雖然政治局仍會就大方向做出決議。」[28]大概很難有哪個說法會比這個對莫洛托夫來說更危險了，尤其當史達林必須在相隔多年首次離開莫斯科前往南部度假。十二月二日，盛怒的史達林打了電話，要求莫洛托夫加強新聞檢查。莫洛托夫因此對他管轄的外交部新聞處下達相應指示。[29]不過，隔天就出了差錯。塔斯社十二月三日的外電彙整收錄了美國《紐約時報》記者於十二月一日，也就是史達林下令加強言論管制前，發表的短文。就內容而言，這篇短文和前述《每日先驅報》的報導大同小異。《紐約時報》提到，蘇聯領導層有內部矛盾，而且史達林的地位不如以往。[30]史達林是在十二月五日讀到這篇短文的。資料顯示，他應該也是在同一天看到路透社十二月三日的報導。報導稱，蘇聯對其境內的外國記者放鬆了新聞管制。根據路透社的說法，在西方記者集體表達不滿後，十一月七日，莫洛托夫在某個紀念十月革命周年的慶祝大會上對一位美國記者說：「我知道，你們記者想排除俄國的新聞檢查。如果我在彼此讓步的條件下同意你們的要求呢，你們認為如何？」報導聲稱，幾天後，西方記者就感受到，言論管制確有鬆綁。[31]

以上資訊及事件給了史達林理由指責莫洛托夫搞陰謀，打算造反。十二月五日，史達林發了封電報給莫洛托夫、貝利亞、米科揚及馬林科夫，要求針對外電報導內容展開調查。隔天，「四人組」（譯者註：五人組扣掉史達林）呈了一份詳細報告給史達林。[32]《紐約時報》的文章相對好處理，它在十一月三十日就已通過新聞檢查，當時史達林還沒要求莫洛托夫加強對外國記者的限制。路透社的「言論管制鬆綁」說也被清楚地解釋了。莫洛托夫確實曾於十一月下達鬆綁指示，因為檢查人員「時常在非必要的情況下，從外國記者的電報刪除個別字詞」。至於與美國記者的對話，莫洛托夫澄清，「外國人把他沒講的話放到他嘴裡。」[33]

對同志的說明做一番了解後，史達林真的——或看起來像真的——生氣了。同一天，也就是十二月六日，他發了一封語氣十分強烈的電報到莫斯科。他不理會「四人組」合情合理的解釋，主張莫洛托夫無論如何都必須為外國媒體「傷害蘇聯政府名譽」負責。此外，史達林表示，莫洛托夫有意改變「我們的政策走向」，因此刻意對外國記者寬容。他還指控馬林科夫、貝利亞和米科揚姑息莫洛托夫，更激烈批判後者：「我確定，莫洛托夫不太在意國家利益，也不珍惜政府名譽。他只顧著在某些外國人圈子中增加自己受歡迎的程度。我無法讓這樣的同志繼續當我的第一副手。」為了進一步貶低莫洛托夫，史達林只把電報傳給馬林科夫、貝利亞和米科揚。他要求這三位同志把莫洛托夫找來，當面把內容唸給他聽，但不要把電文給他。史達林這麼解釋自己的行為：「我沒把它（作者註：電報）發給莫洛托夫，因為我不相信，某些與他走得近的人靠得住。」莫洛托夫被羞辱了。[34]

在發出一九四五年十二月六日的電報前，史達林從未對親近同志做出如此嚴厲的指控。在此之前，他曾猛烈攻擊某些政治局委員，但他們已被槍決。史達林的激烈反應確實嚇著了「四人組」。十二月七日，貝利亞、馬林科夫和米科揚送加密電文給史達林，向他報告，他們對莫洛托夫有多強硬：「我們把莫洛托夫叫來，把電報一字不漏地唸給他聽。他沉思了一會兒後說，他確實犯了大量錯誤，但不該因此不被信任。他激動落淚。」[35]我們很難判斷，會面經過是否如密函所述。不過，很明顯，這是一場戲，觀眾只有一人，但他並不在現場。事實上，戲本身並不重要，「演後報告」才是重點。史達林應該對報告頗為滿意。作為這齣戲的演員之一，莫洛托夫十分「配合演出」。就在同一天，他另外發了電報給史達林：

> 你的密電充滿對我作為一位布爾什維克黨員及作為人的不信任。我認為，這是黨對我的嚴厲警告，足以影響我接下來的工作，無論我的服務地點為何。我將努力透過實際行動贏取你的信任。任何一位誠實的布爾什維克黨員必將你個人的信任視同黨的信任。黨對我的信任比我自己的生命還珍貴。[36]

接下來的書信來往內容顯示，史達林對事件結果相當滿意。無論如何，他已充分體認到，莫洛托夫的「過錯」並沒那麼嚴重。畢竟，他從未違背史達林直接下達的指示，也只有在史達林的「遠端遙控」時有時無、且缺乏具體命令時，他才會多給自己一點裁決空間、審勢而行。

史達林對莫洛托夫的攻擊為時不長還有一個原因，那就是莫洛托夫本身不是目標，重整高層領導小圈才是。目前的圈子是在戰爭期間成型的。一結束南部休養行程、回到莫斯科，史達林馬上就投入領導小圈改組工作。一九四五年十二月二十九日，他把日丹諾夫也納入這個圈子。現在，「五人組」擴編為「六人組」。一九四六年十月，「六人組」又有「新血」加入，成了「七人組」。「新人」是沃茲涅先斯基。[37]

日丹諾夫和沃茲涅先斯基都是所謂的「列寧格勒派」。他們成為史達林親近圈一員，意謂政治局的內部鬥爭將益發激烈。馬林科夫和貝利亞曾在戰爭期間排擠「列寧格勒派」，現在則被迫讓一些位置給他們。一九四六年五月，史達林解除馬林科夫中央委員會書記的職務。他被控包庇航空工業中的濫權行為，而這個產業從戰爭期間就是由他擔任召集人。馬林科夫領導中央委員會辦公室的角色遭史達林剝奪、轉由日丹諾夫擔綱。同時，貝利亞也遭殃了。史達林怒氣沖沖地把貝利亞安插的人馬——蘇聯國家安全部長梅爾庫洛夫——趕下台。[38]對貝利亞來說更危險的是，代替梅爾庫洛夫的是前軍事反情報頭子阿巴庫莫夫。[39]貝利亞和阿巴庫莫夫的關係不佳。根據史達林式人事調整的潛規則，新部長可以、甚至有義務揭發前任的濫權行為，若有犯罪行為更佳。阿巴庫莫夫很適合「揭發者」這個角色。梅爾庫洛夫和他的「老大」貝利亞備感威脅。史達林逝世後，梅爾庫洛夫曾說：「（⋯）我離開國家安全部的過程讓貝利亞不太開心。他親口告訴我，因為我，史達林同志讓他不太好受。」[40]

不過，以史達林時代的標準而言，貝利亞和馬林科夫再怎麼「不好受」，也不過像是被打了幾針而已——畢竟，他們保住了自己在高層領導圈的職位。政治名譽受損也比較像是「預防性措施」：史達林藉此提醒同志們，他們有多渺小脆弱。顯而易見，史達林並不想徹底破壞已成型的體系，他不過是企圖在體系內部打造新的多極競爭、相互制衡的環境。

在操縱軍方人事方面，史達林也發揮了他高度「精打細算」的特長。戰爭近尾聲時，軍事將領們在蘇聯社會的地位一飛沖天。對於極度重視自己軍事強人形象的史達林來說，這個現象在政治上對他不利。勝利的功勞只能一人獨享。此外，史達林顯然也擔心軍方陰謀叛變。將軍們被勝利的喜悅沖昏頭，也開始有自命不凡的跡象，而這只會堅定史達林「預防勝於治療」的信念。與軍方有競爭關係的國安單位向史達林報告將軍們聚餐時的談話內容。根據情報，將軍們聚會時會彼此吹捧，而且對一國之首不太尊敬。史達林對此沒什麼特殊反應——反正，啟動迫害行動就是了。首要目標非朱可夫莫屬，畢竟他是二戰軍事首長中最知名、最具影響力的。他的處境非常危險。史達林下令，逮捕與朱可夫親近的將軍們，並開始調查朱可夫本人。馬林科夫和梅爾庫洛夫被拉下後一個月，輪到朱可夫和其他軍事首長「適得其所」了。一九四六年六月九日的蘇聯國防部長令中有這麼一段：

朱可夫元帥喪失謙虛的能力，沉迷於個人野心之中，認為自己的功勞未獲應有的肯定，更在與下屬的談話中，宣稱偉大衛國戰爭的主要軍事行動都是由他策畫、執行的——就連那些和他根本一點關係也沒有的行動，也不例外。[41]

這道命令有史達林簽核。以上對朱可夫的貶損顯示史達林的妒意與憤慨已到了難以掩飾的地步。不過，他無法下定決心除掉朱可夫，永絕後患。這位元帥是具有高度象徵性的人物。因此，

史達林跟一干同志們，1947年1月。
來源：俄羅斯國立政治社會史檔案館。

他沒被「消滅」，僅僅被公開批判，威信受損，職位降級——現在，他不過是軍區司令。以史達林時代的標準，這甚至是一種獎賞、肯定——朱可夫失去了很多，但並非全部。晚年，史達林更同意讓朱可夫重返中央委員會，具體顯示他至少部分恢復了之前的地位。

接近一九四六年尾聲時，史達林已給自己的「戰友」圈好好地洗牌了一番。「預防性」的羞辱、貶抑和撤職，形塑了新的權力高層均勢。在很大程度上，史達林讓戰前數月成型的領導結構「還魂」。完成人事整頓後，他讓驚魂未定的同志們稍事休息，自己則著手處理急迫的經濟問題。

體制「照妖鏡」——貨幣改革

全面軍事化、大量崩壞、饑荒、缺乏經濟效率的配給制、奄奄一息的農業經濟、衰敗的社會基礎建設、強迫勞動和人力動員——以上都是戰後蘇聯經濟的特色。國家預算結構顯示，國內經濟危機四伏。數目龐大的軍事開支主要靠增加貨幣發行量彌補。通貨膨脹因此加劇，必須擺脫多餘的貨幣。蘇聯政府在這一點上和許多其他國家一樣，希望藉由改革減少貨幣總量，方法就是「沒收」民眾存款——說得準確點，就是強迫他們「拿舊鈔換新鈔」，導入新版貨幣。

根據時任財政部長茲維列夫的回憶，他和史達林早在一九四三年底就討論過貨幣改革的問題。[42]檔案資料顯示，在此之前，財政部已擬定幾個可能的方案。一九四三年年底，財政部確定立場：改革將在戰後實施，主要概念是降低盧布的購買力，方法是提高物價和發行新版貨幣、回收舊版。根據計畫，將在施行貨幣改革時，廢除配給制。[43]茲維列夫一九四三年和史達林會面時，提出的建言應和前述相去不遠。無論如何，數年後，這個計畫付諸實行了。

戰後，穩定國家財政和廢除配給制不僅是重要經濟課題，也具有重大政治意義。蘇聯政府設定的目標是盡快取消配給制，越快越好——無論如何都要比資本主義國家快，以彰顯社會主義制度的優勢。根據計畫，改革得在一九四六年啟動。然而，饑荒打亂了計畫。配給制不得不延緩「除役」，新貨幣的發行也必須等一等。計畫停留在紙上談兵的階段。一九四六年間，財政部長茲維列夫就改革議題給史達林寫了幾份簡要報告。從文件上留下的註記看來，史達林對內容頗感興趣。[44]一九四七年，當計畫準備階段接近尾聲時，茲維列夫和史達林會面的頻率突然大幅提升。訪客紀錄簿顯示，一九四七年間，在改革於該年十二月十四日開始前，茲維列夫造訪史達林的克里姆林辦公室共計十三次。[45]

終於，一九四七年十二月十三日，政治局通過了施行貨幣改革與廢除配給制的主要文件。決議文預計於莫斯科時間十二月十四日晚上六點透過廣播傳達給全國民眾，見報則是隔天。也就是說，一九四七年莫斯科時間十二月十四日的晚上，蘇聯民眾迎來新貨幣，卻送走了大量存款。根據政府公告，現金的兌換率是十單位的舊盧布對一單位的新盧布。至於銀行存款則被「重新估價」，而且公式非常複雜：三千盧布（含）以下的存款得以一比一的比例進行兌換；超過三千，但一萬盧布（含）以下，則是以三（舊）比二（新）的比例兌換；超過一萬盧布是二（舊）換一（新）。

蘇聯領導人們了解，這樣的改革不可能受歡迎。因此，見報文字有大部分是在詳細解釋，為何相關措施不可避免，且符合公眾利益和公平正義。政府的說明還巧妙地討好民眾、善用他們的偏見：根據官方說法，改革的主要受害者將是「在戰爭期間積攢大量金錢的投機分子」。這明顯與事實不符，因為只有經濟狀況相對優裕的蘇聯公民才擁有把貨幣轉換成物質財富的優勢。然而，民眾被官方說服了——沒收「不義之財」的概念很受歡迎。依照往例，政治局在決議文中也提到，資本主義國家的勞動人民身陷「水深火熱」之中，物質生活困頓。從用字遣詞看來，史達林在這篇決議文上著力甚深——他甚至到最後一刻都還在修改決議文草案。「這將是蘇聯人民的『最後一次犧牲』」——這個承諾也是他加的。[46]

改革意義重大，但也帶來許多行政事務上的挑戰。一九四七年啟用的新貨幣在一九四六年開始印鑄，但初期有許多報廢品。為維護其機密性，新貨幣並非運到國家銀行（Gosbank）的隸屬單位，而是送到特別安排的貯藏庫存放。國家銀行的單位太多，容易引起注意，而特別設置的「錢庫」則相對平均地分布在全國各地。新貨幣由火車專用車廂運送，有護衛隨行。

為方便民眾換錢，國家銀行還在自己的隸屬單位外安排了四萬六千個兌換點，其工作人員總計有十七萬人。[47]

顯而易見，無論當局如何盡力保密，影響範圍如此廣大的行動無法完全避人耳目。社會上開始流傳各種臆測，尤其在十一月下半的薪資和退休金提早發放後，或虛或實的耳語更是甚囂塵上。無論如何，民眾對改革具體內容並不知情。各種相互矛盾的資訊讓人心惶惶，焦慮不安的民眾開始一窩蜂試圖搶救自己的積蓄，方法包括一開始的大量搶購耐久財和貴重物品。一九四七年十一月二十九日，內務部長克魯格洛夫向史達林報告，十一月二十八到二十九日期間，莫斯科居民大量湧入販售消費用品的店鋪，也從銀行大批提取存款。他們在商店裡什麼都買，包括先前乏人問津的商品。在家具行，售價三萬、五萬到六萬盧布的家具組都有買主，而且三萬、六萬盧布可不是小數字，工人和公務員的平均年薪也不過才約七千盧布。在某家商店，有一組售價十萬零一千盧布的家具，展示三、四年了，都沒人願意下手，現在竟然有四組人馬爭相搶購。民眾大批添購的還有毛皮衣物、布料、鐘錶、珠寶首飾、鋼琴、地毯。[48]十一月三十日，莫斯科百貨商店開店前就有幾百人排隊，等著門一開，蜂擁而入。人龍中不只有莫斯科居民——鄰近地區的民眾持續大量湧入相對富裕的首都。銀行的排隊人數可達一、兩千人。商品搶購熱潮持續兩天後，當局終於有所行動。克魯格洛夫向史達林報告，大多數商店都以整修或盤點為由，關門休息了。至於那些還持續營業的商店，貨架上已看不見諸如黃金首飾這類的貴重物品，因為都被強制下架了。還有一些商店則純粹因為無貨可賣，完全停止營業。[49]

十二月二日，克魯格洛夫再度向史達林進行報告，但內容和前幾次的差不多。商品短缺，人們的反應是「不管什麼，都先買下來就對了」，甚至連樂器和留聲機也成了「熱賣商品」。光是十一月三十日和十二月一日，某家商店就賣掉了庫存的十一架鋼琴，雖然在此之前，一架鋼琴平均得花兩個月才賣得出去。由於消費用品短缺，人們開始把囤購目標轉向貯存期限較長的食品（燻腸、罐頭食品、糖果、茶、糖……）。由於搶購情形太嚴重，十一月三十日，這些商品也遭到強制下架。餐廳的來客數也急遽竄升，「一些人喝醉了，就從口袋拿出一大疊錢，高聲說：『喂，看我有多少張（廢）紙。』」大城市以外的地區，民眾也有類似的集體行為。[50]若史達林果真讀了相關報告——他讀的機率很高——則他對蘇聯一般民眾的生活情形和行為邏輯應該會有較先前更深刻的認識。

有意思的是，莫斯科當局並未採取激烈或壓迫手段以遏制改革實施前的這波集體狂熱。就連在十二月初，當民眾開始「反其道而行」，將錢存入銀行，但大量將存款「化整為零」時，[51]面對這個對政府不利的趨勢，莫斯科也沒有使出限制性手段。各項資料顯示，史達林十分清楚，改革不受歡迎，因此不願進一步刺激民眾。

十二月十五日，「蜜月期」結束了。新舊貨幣兌換、存款重新估價的工作進入常軌，開始依規定執行。一九四七年十二月十六到二十三日，在這八天期間，史達林在克里姆林辦公室共會客五次，而且每次都有茲維列夫出席。在改革施行的頭兩天，也就是十二月十六和十七日，茲維列夫每次拜訪都和史達林長談約兩小時，出席的還有政治局大多數委員。[52]一九四八年一月三日，茲維列夫向史達林報告貨幣改革的推行成果。報告內容透露，改革對政府有利，但對人民不盡然。至一九四七年十二月一日的有效數據顯示，在改革施行前，共有五百九十億盧布在民間流通，但在瘋狂搶購商品、兌換新盧布後只剩下四十億。此外，銀行存款在重新計價後，也從一百八十六億舊盧布掉到一百五十億新盧布。[53]取消配給制後，物價也有變化，但其下降程度和民眾財力縮水幅度不成正比。舉例而言，麵包平均便宜了約百分之二十，肉類卻只有百分之十二。某些商品甚至明顯變貴，例如毛料售價平均漲了約百分之二十七，而衣著則漲了百分之十一。整體而言，改革實施後，蘇聯的零售物價指數大約是改革前的百分之八十三。[54]民眾拿十單位舊盧布換得一單位新盧布後，帶著一單位新盧布只能在商店裡買到過去八分之一的商品量。人民大部分存款被無償充公。

照理來說，「櫥窗效果」理應減輕（譯者註：至少在心理上）新措施對民眾的打擊。所謂的「櫥窗效果」指的是配給制取消後，過去時常短缺的商品如今在「櫥窗」出現的機率變大了，雖然買得起的人不見得多。然而，在史達林治下的蘇聯，「櫥窗效果」的作用不大。由於農業和民生工業的生產水平低落、國家控制的買賣行為缺乏彈性，民眾的需求甚至在被改革大力削減後，也無法獲得滿足。一如以往，當局只願意對城市——尤其是大型城市莫斯科和列寧格勒——遭遇的問題提出較為積極的回應。相關單位甚至早就在莫斯科和列寧格勒預備好「以防萬一」的食品和消費用品。不過，就連這兩個大城市也有單人單次購買量的限制：兩公斤麵包、一公斤肉類和肉製品、零點五公斤臘腸或香腸、一公升牛奶、一雙鞋子、兩雙襪子、一塊肥皂、兩盒火柴……等等，不勝枚舉。[55]在城市以外的地區，廢除配給制的後果是商品供應出現問題。改革啟動後沒幾個星期，許多民眾就寫信給莫斯科當局，抱怨商店裡沒東西可買，實質上的配給制仍存在，而且地方官們竟有「隱藏版」的交易點可以購買各式商品。有封來自貝爾哥羅德的信是這麼寫的：「我的太太為了買到麵包，已經排隊好幾天了。今天是第六天，她從半夜兩點一直站到早上十點。很不幸，她又是兩手空空回來。」如此來回幾次征戰似乎綿延無盡的人龍後，人們竟開始懷念起配給制了。[56]

每個人被新現實影響的程度不同。大城市居民的受害程度最小，尤其是那些薪資相對高或富有的人。他們的「起跑點」與國內多數人不同——他們比較有條件搶在改革施行前消耗舊盧布、拿它換取實質商品。改革開始後，他們又擁有另一種優勢——他們可以相對容易地買到需要的商品，而且在市面上流通的商品種類和數量不但變多，市區內，市集上的物價還明顯變低。市集物價下降反映的是農民處境劇烈惡化，因為他們之中有不少人會帶自己的自留地（譯者註：國家允許農民自行支配、在農業經濟上扮演「輔助性」角色的土地）作物到市區內的市集兜售。農民們不只存款被剝奪，在集體農場實際上是無償勞動，而且還得承受各種苛捐雜稅，因此極度需要可以即刻到手的現金。然而，國營店內的零售價若有些許下滑，也會順勢把市場上的行情價往下拉，農民收入自然就受到影響。又一次，受害於史達林政策最深的是國內多數人，也就是廣大的農民群體。

雖然政府不斷對人民強調，推行改革是為了向「不義之財」宣戰，事實是，財力寬裕者在改革實施後仍得以保有經濟和社會優勢。熟諳「地下經濟」之道者、商品交易點的職員及官員總能「洞燭機先」，早一步將自己的存款轉換為商品，甚至奢侈品，以便在改革施行後，靠轉賣賺一筆。在莫斯科的圖申諾區，兩名店經理（這兩位當然都是共產黨員）就想出了這樣的獲利模式：先自掏腰包買了數百雙鞋和大量套裝、布料等，然後把貨囤在自己管理的商店裡，待貨幣改革一開始，就逐批透過市場上的商販或自己的店鋪賣掉這些商品。整個蘇聯境內並非只有這兩位「聰明人」。以下數據或許可以幫助讀者想像，類似的獲利模式有多「風行一時」。一九四七年十二月的最後兩個星期，大約有三千名零售業員工因涉及類似的不法行為被捕，而被捕者中有一千一百位店經理，九百位左右的共產黨員。一九四八年一月和二月，類似的數據每兩個星期都會在官方資料出現一次。[57]事實上，這不過是冰山一角。

除了大批買進、囤積貨物，更常見的集體行為是在改革施行細則公告後，才去銀行存款，但把存款日期押在改革以前。此外，許多人更「化整為零」，把存款分成以三千盧布（含）

以下的數筆，以求「穩操勝算」。實際上到底有多少人這麼做？歷史學者不清楚，不過，從文獻看來，這樣的「取巧」行為在當時的蘇聯隨處可見，尤以官員們特別熱衷此道[3]。根據不完整的資料，一九四八年三月底前，在二十六個州、邊區和共和國境內，有超過兩千名職員因違反貨幣改革法遭起訴，其中包括黨機關及司法單位領導人。[58]在某些地區，因不法行為遭起訴的還有地方高階領導人，包括州黨委書記、國家安全部及內務部州支部領導們。不少地方官員還暗中抵制、搞破壞。舉例而言，中央委員會不時在文件中提到，「有些地方黨機關刻意拖延，不盡快審理違反貨幣改革法相關案件；它們有時甚至包庇『大牌』的黨和政府幹部，把罪全推給下級。」[59]；「大多數的黨和政府機關幹部沒受到應有的制裁。」[60]

貨幣改革實施期間，黨國機關幹部和領導人濫權的案例不勝枚舉，而這透露了他們道德感低下的程度。目前，研究者尚無法從文獻得知，史達林對此有何反應。由於貨幣改革施行後，史達林並未啟動任何具代表性的「人事整頓工程」，我們可以推斷，他大概是對相關的大規模貪贓枉法行為不太在意、「看不上眼」。這樣的態度「了無新意」，畢竟在這之前及之後，我們都可以看到，史達林對黨國機關整體的道德水準往往睜一隻眼、閉一隻眼，「寬大為懷」。確實，對他來說，「做官」最重要的是政治忠誠、辦事俐落，其他的都是次要問題。

貨幣改革不但展現了史達林體制的諸多特色，也對國家的經濟發展造成深遠影響。預計於一九四八年完成的、目標遠大的基礎建設計畫「超標」達成。貨幣改革讓政府手上的錢變多了，因此可以大幅增加貨幣發行量，甚至彌補預算缺口。一九四九年初開始，金融體系相對穩定了，政府因此啟動重工業領域的批發價改革，為未來的工業化發展提供新的刺激。一九四八年，蘇聯的各項經濟指數表現讓人們有理由認為，「最壞的已經過去了」，戰後重建的幾個主要目標已經達成。一九四六到一九四七年間的嚴重饑饉也暫時成了過去式。一九四八年，穀物總收成量幾乎已回到戰前水準，而馬鈴薯（蘇聯民眾的主要糧食之一）的生產量也提高了，甚至比戰前任何一年都高。根據歷史學者菲爾澤的說法，蘇聯從此進入「衰減恢復」（attenuated recovery）時期。然而，雖然戰後饑饉已不在，但史達林式的工業化也僅能應付廣大民眾最基本、最低水準的需求。[61]

整合蘇聯空間

蘇聯內部局勢穩定下來了（至少與挨餓受凍的年代相較是如此），但國際情勢正好相反。一九四八年初，捷克斯洛伐克的自由民主派政府被強行趕下台，標誌歐洲共產國家集團「整合完畢」。然而，這些國家的共產主義化不過是它們「史達林主義化」的重要一步。何謂「史

3 譯註：除了官員，主要是金融和商業領域的工作人員。

達林主義化」？其內涵是採用史達林的國家發展模式，承認自己是蘇聯的附庸國，並且完全遵從史達林的領導，承認他是共產主義陣營的最高領袖。不過，東歐的史達林主義化過程並非一帆風順。雖然這些國家的共產主義政府也鎮壓異己（包括布爾喬亞階級），對經濟活動的控制越來越深，甚至還有蘇聯軍隊駐紮「助陣」，在共產體制建立初期，這些國家的社會、經濟、文化和政治領域仍保有一定程度的多樣性，而且多數民眾對共產主義沒有好感。共產黨內部則是鬥爭不斷，各方競相角逐領導權，因此獨裁者暫難出線——雖然獨裁者是史達林式社會主義體制不可或缺的元素。此外，某些東歐國家領導人犯了莫斯科無法饒恕的「錯誤」，那就是決心不夠堅定，「太過自由主義」，認為與其採用蘇聯模式，不如打造較具彈性、符合國家特色與利益的社會主義。[62]

南斯拉夫國家領導人狄托就是頗具指標意義的「搖擺派」。一九四八年春，他和蘇聯當局發生衝突。雙方關係很快就劍拔弩張。作為敵對方，狄托「配得上」史達林。他有獨裁者性格，且他的權力不像其他共產國家領導人是莫斯科給的，而是憑著自己打敗國內納粹勢力贏來的。一九四八年的南斯拉夫境內沒有蘇聯軍隊。狄托希望在政治上獨立自主，也認為自己有資格成為共產世界領導人之一。他不僅這樣想，更把想法化為行動。總而言之，狄托無視史達林主義化的重要原則——讓自己的國家完全臣服於莫斯科和史達林本人。

史達林曾試圖藉由公開嚴厲批判狄托，分化南斯拉夫領導層，但事與願違。狄托「解決」

了克里姆林在南斯拉夫的代理人，鞏固了自己的權力。這對史達林來說，無疑是「會痛的」打擊。托洛茨基以後，世界共產主義運動已多年未出現足以與史達林相抗衡的領導人。更糟的是，不同於托洛茨基，狄托握有實權，也有足夠的實力對抗史達林的職業殺手們。狄托不但讓史達林的自尊心受創，更立下「不服從」先例，打破蘇聯集團鐵板一塊的局面，對莫斯科來說，狄托確實是個「壞榜樣」。

狄托主義的危險性因蘇聯與西方的衝突加劇而更顯致命。一九四八年，蘇聯一方面遭南斯拉夫公然槓上，另一方面則與昔日盟友首度發生武裝衝突，地點在德國。蘇聯封鎖西柏林，卻遭遇頑強抵抗。美國和英國對封鎖區民眾空投物資，展現其實力，而蘇聯的作為反倒促進德國西占區的美、英、法聯合勢力團結一致。一九四九年四月，北大西洋公約組織的十二個創始國於美國華府簽署條約，正式成立。一個月後，史達林被迫解除柏林封鎖。一九四九年秋天，德國正式分裂為東、西德。

國際政治的動盪不安和「南斯拉夫症候群」[4]在在加深史達林的多疑和不安全感，逼得他加快歐洲共產陣營的史達林主義化進程。莫斯科越來越公開、直接介入附庸國的內政事務，也越來越強硬要求各國加快「蘇維埃化」。史達林甚至動用「大清洗」和冤錯假案的老

4 譯註：主要指狄托主義對周邊國家和其他社會主義國家的影響，以及史達林因此感受到的威脅。

套，發起並主導政治案件，以對抗潛伏於其他社會主義國家領導層中的「敵人」。一九四八年底，史達林擺脫了「任性的」波蘭領導人戈穆卡。另一方面，在莫斯科顧問們的協助下，前匈牙利內政部長萊克也被冠上領導「間諜組織」的罪名。一九四九年九月，他被判死刑。該年十二月，同樣是在蘇聯國家安全部顧問的協助下，前保加利亞共產黨中央委員會書記科斯托夫也被槍決了，雖然編造罪名的過程稍嫌冗長。史達林十分關心這些案件的進展，也支持捏造罪名、處「罪人」以極刑。科斯托夫和萊克受審一事在其他社會主義國家境內啟動了逮捕潮。[63]東歐因此有幾位獨裁者趁勢而起，借助一波波迫害行動將權力集中在自己手裡，但他們同時又受制於史達林，須藉由討好他鞏固自己的地位。這些「獨裁者小老弟」在國內占盡優勢——至少在史達林逝世前是如此。在這之後，一樣是由莫斯科發出「去史達林主義化」的信號，東歐共產主義陣營又經歷了一次政治洗牌。

除了要求附庸國進行史達林主義化，史達林也沒忘了鞏固——或者「預防性鞏固」——自己的權力。為了給附庸國「做榜樣」，史達林在蘇聯又啟動了一波政治清洗，其目標和方向往往充滿偶然性。其中一個案例就是日丹諾夫的死亡。事情發生在一九四八年八月。日丹諾夫曾是史達林最親近的同志之一，是他在黨務方面的副手，也領導蘇聯共產黨（布）中央委員會的組織事務。日丹諾夫死後，取代他的是馬林科夫。這樣的人事變動破壞了史達林親近圈內既有的權力平衡。所謂的「列寧格勒派」——其代表性人物包括蘇聯國家計畫委員會主席沃茲涅先斯基及蘇共中央委員會書記庫茲涅措夫——因為失去了「保護人」日丹諾夫，勢力減弱；相反地，與「列寧格勒派」競爭的貝利亞和馬林科夫陣營卻鞏固了自己的地位。天平的兩端不斷上下起伏，這促使史達林身邊的同志們又開始激烈地明爭暗鬥。黨內勾心鬥角、國際衝突升高、國內外各種政治算計——這就是蘇聯最高權力階層最後一波人事清洗的發生背景。清洗以「血洗」作收。這就是歷史上著名的「列寧格勒案」。[64]

貝利亞和馬林科夫處心積慮要鬥倒政敵，因此提供了史達林許多足以讓他「自由發揮」打擊「列寧格勒派」的素材。素材提供者不見得清楚鬥爭可能帶來什麼樣的後果。對「列寧格勒派」不利的事證往往不過是一些輕度的行政違規案例，包括未確實取得各單位同意即於列寧格勒舉辦大型展售會，沃茲涅先斯基領導的國家計畫委員會在擬定計畫時犯了一些錯誤，還遭舉發丟失文件……等等。事實上，蘇聯極度官僚化的行政體系本來就暗藏許多讓人「犯錯」的陷阱。以列寧格勒為主的一些地方領導人曾試圖在沃茲涅先斯基和庫茲涅措夫的羽翼下取得保護，而這不過是蘇聯黨國機關內常見的「保護人—被保護人（手下）」關係的又一個例子罷了。總而言之，面對類似的「違規慣例」，領導人或同志們可以選擇裝作沒看到，或者把它們當作政治鬥爭的素材。一如以往，史達林選擇了後者。未來，他也將忠於自己的選擇。

一九四九年二月，在某場史達林出席的政治局會議上，沃茲涅先斯基、庫茲涅措夫和幾位與他們親近的幹部被控企圖挾列寧格勒黨組織之勢與中央對抗。在政治局的決議文中，有個論點特別具殺傷力。這個論點是說，已遭槍決的季諾維耶夫在一九二〇年代也玩過這樣的把戲，「當他試圖讓列寧格勒的黨組織為自己的反列寧陣營所用時」。[65]接下來的幾個月間，黨內針對「列寧格勒派」的指控如雪球般越滾越大。他們被控與黨國為敵、從事間諜活動。經過連續數月的訊問和刑求，一九五〇年九月，沃茲涅先斯基、庫茲涅措夫和其他領導人在列寧格勒舉行的祕密審判被處以死刑。因「列寧格勒案」遭判槍決、監禁和流放的，共計數百人。受牽連的包括出身列寧格勒、或者曾經尋求「列寧格勒派」支持的其他地方領導人。

從「列寧格勒案」的發展過程看來，它的主導者應有「一石多鳥」的企圖。史達林藉此案既恫嚇同志，又鞏固個人專權——一如他習於操作的。他執著於政治圈中非正式的「保護關係」，對其做頑固的指控，也大規模剷除在列寧格勒崛起的一干領導人。史達林的作為在在顯示，他意圖再度「預防性打擊」非正式的官員利益網絡。[66]此外，對他來說，「列寧格勒案」大概也是權力高層人事清洗不可或缺的環節。無論如何，偽造本案罪證的過程在一開始是伴隨著史達林對其他老戰友發動的攻勢——這裡指的是莫洛托夫和米科揚。至少有兩個事實足以證明，這兩件事的確有關聯：莫洛托夫和沃茲涅先斯基之間長年有業務關係，而且兩人私交不錯。此外，米科揚的兒子在「列寧格勒案」鬧得正熱時，剛巧準備和失勢的庫茲涅措夫的女兒舉行婚禮，而且還不打算「識時務」取消婚約。

無論史達林對他們不滿的具體原因為何，莫洛托夫和米科揚本來就是他下手的當然目標，因為他們不但是跟隨他最久，也是功業最為卓著的其中兩位「戰友」，更何況他們的存在還提醒眾人，「集體領導」是可能的，年邁的獨裁者並非沒有繼任人選。史達林念茲在茲的就是鞏固個人權力，為此他得不時破壞最具影響力的同志的威信、給他們「拆台」，以減少他們對他個人的政治威脅性。

史達林於一九四五年底對莫洛托夫發動的攻勢只有政治局少數委員知情，而這情況維持了數年之久。莫洛托夫繼續執行重要領導工作：主持內閣中的數個領導性單位，掌管外交部、在黨國機關中擁有舉足輕重的地位。一九四八年，情況開始有明顯的變化。史達林利用各種藉口，處心積慮貶低莫洛托夫，對他不假辭色，也限制職權。在這場針對莫洛托夫發動的戰爭中，史達林手上最具殺傷力的武器就是對手的妻子：在史達林主導下，莫洛托夫的猶太裔妻子珍姆區金娜被控與「反蘇」猶太組織有聯繫。這又是一樁政治性假案。史達林要求莫洛托夫離婚。根據莫洛托夫事後的回憶：「在中央委員會，史達林走向我。他說：『你非離婚不可！』太太對我說：『如果黨認為有必要，我們就離婚吧。』一九四八年底，我們離婚了。」[67]

一九四八年十二月二十九日，政治局審議國安單位提供的「珍姆區金娜案」相關材料。珍姆區金娜被開除黨籍，這意謂她一定會被逮捕。莫洛托夫鼓起勇氣，在投票表決時棄權。

政治局內部因此有了爭執。史達林占上風。[68]一月二十日，莫洛托夫寫了份聲明給史達林：

當中央委員會就開除珍姆區金娜黨籍的問題進行表決時，我棄權了。我承認，我犯了政治錯誤。在此聲明，經過一番透徹思考後，我決定支持中央委員會的意見。中央委員會的看法符合黨及國家的利益，也指導人們，該如何正確理解共產黨的黨性。此外，我承認，我罪孽深重，未及時遏制親近之人珍姆區金娜做出錯誤行為、讓她與米霍耶爾斯一般的反蘇猶太民族主義分子建立聯繫。[69]

一九四九年三月，莫洛托夫被解除外交部長的職務；同一時間，作為外貿部長的米科揚也面臨同樣的命運。這些職務調動並不意謂莫洛托夫和米科揚完全失去領導地位。他們仍是政治局委員和副總理，在黨國機關扮演重要角色。然而，他們在官僚系統的威信已受到影響，而這也是史達林的目的。

針對莫洛托夫妻子而發的、具反猶色彩的是蘇聯「反猶主義」的一部分。「反猶主義」運動由史達林發起，其背景是與西方日益強化的衝突。一九四八年初，受史達林指示，國安單位「消滅」了著名的猶太裔導演米霍耶爾斯。一九四八年底，也是在史達林授意下，建立於戰時、宗旨為動員國際社會支持蘇聯的猶太反法西斯委員會遭解散。當局宣稱委員會是間諜組織，和外國情報單位有聯繫。隨著時間過去，「猶太反法西斯委員會案」如雪球般越滾越大，最後以一九五二年五到七月的祕密審判作結。除了一個人，所有被告都被槍決。[70]一九四九年起，除了猶太裔活躍公眾人物和文化界代表被捕外，國家反猶運動更擴大為所謂的「反世界主義」(campaign against "cosmopolitanism")鬥爭。受害於這場「反世界主義」政治運動的蘇聯猶太裔公民為數眾多，他們遭逮捕、剝奪工作、受歧視和羞辱。

無論是「反猶」或「反世界主義」運動，都不可能在沒有史達林直接支持或領導的情況下發生。近來開放的檔案不過是再次證明了這一點。這讓我們不得不問，史達林為何反猶？有種頗為吸引人的說法是，史達林晚年毫不掩飾地公開表現自己的「恐猶」心態，而「恐猶」一直是組成他世界觀與偏見、成見體系的重要元素。不過，我們有更多理由認為，史達林的戰後反猶主義主要是與國內外政治情勢有關、經過盤算與規畫的現象。一系列複雜的歷史因素促使史達林在政治操作上積極使用反猶主義這個工具。

其中一個首要因素是在戰後的蘇聯境內，反猶情緒確實升高。納粹宣傳對蘇聯社會各階層也發揮了作用，某些高階黨國幹部在戰爭期間向史達林報告時，也不忌諱坦率反猶。一九四四年一月，空軍副司令沃洛傑伊金將軍向史達林及其他蘇聯領導人就各司令部及軍事單位中的「猶太冗員」問題進行報告。在觸及軍方買賣活動時，他寫道：「在前線，這種買賣不叫『軍方買賣』，而叫『猶太買賣』(…)這些猶太買賣人都該送去打仗。」[71]戰後，史達林也收到內容反猶的各類信件，以及民眾抱怨國內反猶情緒擴散。舉例而言，某位民眾就在信中控訴猶太人逃避體力活，甚至提出自己的「猶太人改造計畫」：「把猶太人分離出來，讓他們住在另外一個共和國。他們值得被這樣對待（…）在有組織、確保公平的基礎上要求他們從事勞動。這樣的做法理應獲得蘇聯其他民族的認同。」[72]無論如何，史達林無疑對國內的反猶情緒有所了解，在研擬政策時也考量了相關因素。

一如其他的集權體制，史達林的獨裁統治也需要高度的社會動員作為支持基礎。社會動員的「燃料」可以是所謂的外來威脅，也可以是國內受歧視、排擠的特定社會群體。無論是外來或國內威脅，都有助將集體不滿的明波暗流引導到特定的「代罪羔羊」身上。從反猶情緒在民眾間擴散的程度看來，猶太人無疑是最方便的社會不滿宣洩目標。不過，史達林無法在戰後即刻將這個社會現象為己所用。複雜的國際局勢及與西方殘存的同盟情結迫使他不得不小心行事。因此，戰後頭幾年的意識形態打擊目標就是沒有明顯社會和族裔身分特徵的「崇洋媚外」行為（對西方的卑躬屈節）。然而，打擊「崇洋媚外」心態的主要效果是「重新教育」對西方有所認識的知識分子階層。為動員群眾，需要提出另一個議題。

就在這個時候，莫斯科與西方的衝突高度尖銳化，給群眾動員創造了良好條件。主要敵對方是美國及其境內政治影響力強大的猶太社群。蘇聯和以色列的關係破裂、以色列成為美國盟友——這些事件可謂「最後一根稻草」：「作為構成蘇聯的多元民族之一，猶太人如今成了敵國的潛在盟友。」[73]成型於一九四八到一九四九年的意識形態典範把「打擊崇洋媚外」和反猶太主義結合起來，其結果就是「反世界主義」運動。在大眾的理解中，「反世界主義」就是打倒蘇聯猶太裔及其外國保護人。某封於一九四九年呈給史達林的民眾來信就很清楚地反映了社會集體情緒：「一如德國民眾對希特勒的侵略行為負起責任，所有猶太人也該對布爾喬亞世界主義者的作為負責。」[74]蘇聯的國家反猶主義成了重要的社會動員工具。

無庸置疑，史達林對蘇聯政府的政治路線變化影響至鉅。許多跡象顯示，晚年的史達林視猶太人為可疑的「反革命」族群，一如戰前及戰爭期間的波蘭裔、德裔和北高加索地區民族等。一九三〇年代的迫害行動、納粹大屠殺時蘇聯無力保護自己的猶太裔公民、戰後的反猶主義——以上事件消磨了許多蘇聯猶太裔的革命熱情，而這個熱情在布爾什維克政權存在的頭幾年不可謂不明顯。然而，根據史達林的說法，現在猶太人已把目光投向西方、轉向美國，帶著他們當初推動俄國革命的熱情投奔與蘇聯政府敵對的陣營。一九五二年十二月一日，也就是他過世前幾個月，史達林在某個黨高層會議上宣稱：「任何猶太民族主義者都是美國情報系統的走狗。猶太民族主義者認為，是美國解救了他們的民族（因為美國給他們機會成為布爾喬亞階級的一分子、變成有錢人……等等）。他們視美國人為恩人。」[75]史達林的疑心已經夠重了，親近同志們的猶太裔妻子和女兒的猶太裔配偶只是讓他的症狀加劇。他主導的政治反猶主義在他生命晚年越演越烈，成為重要的國內及國際政治工具。

與毛澤東交手

史達林雖然在歐洲失利，在亞洲推進共產主義倒是頗有斬獲。一九四九年十月一日，中國共產黨在長年內戰後勝出，中華人民共和國宣告成立。蘇聯領導層即刻宣布與中國的新政府建立外交關係並與新政府的敵人，也就是國民黨政府，斷絕所有關係。

無庸置疑，中國共產黨的勝利增強了蘇聯在冷戰中的地位，但同時也帶來了新課題——如何打造新的蘇中關係。雖然共產中國的確對蘇聯有所依賴，但其勢力已超過一般所謂的「衛星國」。史達林有理由懷疑，共產中國會重演「狄托主義」的戲碼。果真如此，憑其遼闊幅員及其在第三世界的影響力，共產中國搞「狄托主義」給蘇聯帶來的後果可能會更嚴重。此外，經濟問題也是造成蘇聯與共產中國之間不時摩擦、緊張的主因之一。為支持飽受戰火蹂躪、百廢待舉的友邦「新中國」，蘇聯必須提供各項恐怕只會有增無減的援助。這對還未從第二次世界大戰恢復、經濟疲弱的蘇聯而言，無疑是一大負擔。

在共產中國建立以前，史達林就把經營與中國共產黨的關係牢牢抓在自己手裡。透過軍事情報單位的安排，史達林和毛澤東可以透過無線電通訊直接溝通。當時，毛澤東的軍隊駐紮在中國東北，蘇方為確保無線電通訊正常運作，派遣了密使到中國。這些人同時還充任毛澤東的醫生。雖然與史達林之間固定有書信往來，毛澤東仍多次表示希望有機會親自造訪蘇聯。對毛來說，蘇聯行大概不僅是出於公務需要，還有非比尋常的象徵意義。毛渴望藉著造訪蘇聯確認自己的地位：他是中國人民的領袖，也是史達林的夥伴（就算是「小夥伴」也好）。不過，毛這廂堅持往莫斯科「衝」，史達林這方卻也想盡辦法拖延、「緩衝」。畢竟，史達林在一開始是避免表現出與中國共產主義分子有緊密接觸的，尤其這樣的接觸又是繞過當時代表中國的政府。此外，中國內部的情勢不明，共產黨能否在短時間內取得最終勝利？誰也說不準。

就這樣，莫斯科堅守拖延戰術，毛澤東的蘇聯行改了好幾次期，最後，毛失去耐心了。一九四八年七月四日，毛澤東語氣頗為堅定地告知史達林，他預計於七月中前往哈爾濱，然後從哈爾濱飛莫斯科。十天後，毛收到史達林的回覆，內容很明顯是要「壓」住這位一直要往莫斯科衝的中國共產黨領導人：

> 由於新一波的糧食徵購行動開始了，擔任領導的同志們從八月開始就會到全國各地工作，一直待到十一月。因此，蘇聯共產黨中央委員會請毛澤東同志切勿在十一月底以前抵達莫斯科，如此方能和所有領導同志們見上一面。[76]

毛澤東不得不同意照辦，但這次，他不再掩飾自己的不滿。史達林想出的藉口不太高明，甚至足以讓對方感到受辱。毛公開表示，他了解史達林的真實心意。蘇方駐中聯絡員認為有必要向史達林特別著墨中國共產黨領導人對莫斯科再度拖延的反應：

根據我對毛澤東超過六年的認識，他聽翻譯時說，「好，好」，臉上還掛著微笑，絕不表示他對收到的電報感到滿意。這其實顯而易見（…）他深信，他馬上就能到莫斯科去了。顯然，這其中有個人需求。他迫不及待要收到回覆電報（…）毛澤東早已開始打包行李，連皮鞋都買了（他和所有本地人一樣穿布鞋），厚呢子大衣也縫了（…）他現在表面上看來平靜，彬彬有禮，殷勤周到，完全就是中國式的客氣。至於他真實的內心世界，那就是深不可測（…）。

毛的蘇聯行成了嚴重的政治問題。一九四八年八到十二月，當中國共產黨連續在幾場關鍵戰役中取得勝利，毛澤東依舊堅持必須造訪蘇聯。他在一九四八年九月二十八日發出的電報中寫道：「有些問題我必須親自向蘇聯共產黨中央委員會及當家的做報告。」一九四九年一月初，毛澤東再度表示，希望前往莫斯科「見大當家同志」。不過，史達林依然故我。一九四九年一月，莫斯科再度取消毛的蘇聯行，但提供了「替代方案」：派政治局成員米科揚到中國。根據米科揚後來的證詞，史達林與同志們討論毛的蘇聯行時，曾解釋為何拒絕毛來訪：「西方大概會認為，毛澤東來莫斯科是為了接收指令（⋯）這可能會傷害中國共產黨的名譽，也給帝國主義者和蔣介石機會，將這件事操作得對中國共產主義者不利。」[77]這個說明確實符合史達林務求謹慎和維持表面中立的對外事務方針。

一九四九年二月初，當米科揚還在中國時，屢傳捷報的中國共產黨離「完勝」階段越來越近。米科揚訪中期間，蘇方和中國共產黨也就蘇對中軍事和經濟援助展開談判。蘇聯與國民黨政府簽訂的條約也被重新檢視。中蘇友好同盟互助條約及其相關協定是蘇聯政府在一九四五年八月和蔣介石政權簽訂的，其基礎是同盟國在雅爾達會議上達成的共識。根據此共識，史達林承諾加入盟軍的對日作戰，條件為美國和英國必須支持蘇方收回俄羅斯帝國在一九〇五年因日俄戰爭敗戰而在遠東（譯註：包括在日本和中國東北）失去的利益。中國政府承認蘇聯衛星國外蒙古（蒙古人民共和國）獨立，認可蘇聯在旅順建立軍事基地的權利，也同意蘇聯長期租借大連港。蘇方也實際控制了連接中國旅順、大連和蘇聯領土的中國長春鐵路。多虧有相關條約和協議，蘇聯不但在太平洋獲得不凍港，也在戰略要地占有進攻基地。中國內部對這些不得不為的讓步普遍反應不佳。蘇聯在中國的勢力擴張越看越像是危險的政治「倒退走」，無論是莫斯科，或是中國共產黨領導圈，對此皆了然於心。問題關鍵就在於雙方分別做了多大讓步。

共產黨在中國取得最終勝利後，史達林再也沒有理由拒毛澤東於千里之外了。更何況，毛的蘇聯行的確有事務上的必要：形勢變了，中蘇必須討論、解決雙方關係中的關鍵議題。一九四九年十二月六日，毛澤東從北京出發。十天後，十二月十六日，他抵達莫斯科的亞勒斯拉夫車站，時間剛好是正午。毛的翻譯員還記得，車站時鐘剛好開始打十二下。[78]這樣的「良辰吉時」讓毛澤東在莫斯科的首次登場顯得更加光彩隆重。在某張攝於車站月台的著名照片中，站在第一排的是亮出軍刀的儀隊隊長、身著元帥軍服的布爾加寧、莫洛托夫和毛澤東。穿著寬毛領大衣、戴著高毛帽的毛澤東看來頗有架式，加上他比較高壯，在個子不高的莫洛托夫和布爾加寧襯托下，更顯得突出。同一天晚上，入夜好一段時間後，史達林才在自己的克里姆林辦公室接見這位來自中國的客人。

蘇聯和中國領導人對彼此的第一印象是否正面？答案很有可能是肯定的。畢竟，史達林和毛澤東之間有不少相似之處。兩人都是在大國內的「邊陲地帶」出生，家境貧苦，但還不到赤貧的地步。他們都瞧不起自己的父親，卻都對媽媽充滿愛。雖然生活艱困，史達林和毛澤東都受了教育，並因此得以掙脫出身背景給他們的制約，走出不一樣的人生路。兩個人的閱讀量都不小，在自我教育上都費了不少心思，而且就連閱讀品味也有相似之處：他們都偏好激進的抽象性人文思辨和知識。此外，他們也都寫詩，也視「江湖文學」作品中崇尚「造反」、追求肉體和精神「強人」形象的主角為個人榜樣。史達林和毛澤東都是在年輕時加入革命。兩人的語言天分都不突出，都不會外語，但對自己的母語也沒有百分之百的掌握力：

史達林說俄語有很重的喬治亞腔，毛說「官話」則有很重的湖南腔。[79] 5他們都殘忍、果敢。實際上，在確立個人獨裁專制及治理國家方面，毛澤東運用了和史達林相似的手法，可謂「英雄所見略同」，且無論在史達林生前或死後，毛都重複使用了這些手段：「大清洗」、「大躍進」、「大饑荒」、除掉同志。一九四九年十二月，跟在毛身邊的醫生兼聯絡員奧爾羅夫為蘇聯領導層準備了一份對毛的評述，裡面有這麼一段：「不疾不徐，甚至慢條斯理（…）堅定向目標邁進，但不一定走直路，常常是繞道而行（…）是一位天生的演員。他很會掩飾自己的感受，也可以演好符合他需求的角色（…）。」[80]這些特質在史達林身上也可以找到。一九四九年十二月，當史達林慶祝自己的七十歲生日時，毛澤東也滿五十六歲了。毛十分尊敬史達林。中國共產黨領導層私下稱史達林為「老頭子」。[81]

一九四九年十二月十六日，和史達林會面時，毛澤東的言行也是畢恭畢敬的。他沒有要求，也沒有堅持，倒是就不同問題請史達林給予建議，也很專心聽他說話。史達林並不排斥這樣的溝通方式。當毛澤東終究提了不討喜，卻也並非意料之外的中蘇條約相關問題時，史達林開始滔滔不絕了起來。他的說明重點為，蘇方希望可以「形式上」保留現有的、簽於一九四五年的條約，但願意以對中國有利的方式做「實質上」的修正。史達林解釋，之所以需

5 譯註：說話口音和實際上的語文造詣並無對等關係，作者在此或許有些誤會。

要在政治上加以掩飾，是因為這份一九四五年的中蘇條約是蘇聯、美國及英國的雅爾達協定的一部分。根據史達林的說法，解除中蘇舊約將「給予美國和英國法律上的依據，要求重新檢視雅爾達協定。這個協定要求日本把千島群島和薩哈林島（譯註：也就是庫頁島）南部交給蘇聯。」這明顯是臆測。我們不清楚，毛是在談話當下就心領神會，或者稍晚才理解到這一點，不過，初聽見史達林的說明，毛的確表示同意。接著，雙方進入比較令人愉快的話題。史達林同意援助中國。會面在振奮人心的氣氛中結束。史達林還奉承了一下毛，提議把他的著作整理起來，出版俄文譯本。[82]

雖然當下的氣氛稱得上友善懇切，但與史達林的會面帶給毛澤東的感受應該相當矛盾、複雜。當然，中國領導人得到了許多承諾，表面上也受到足夠尊重。不過，若就事論事，針對關鍵議題，也就是和共產中國重新簽訂平等的中蘇條約，史達林實際上是拒絕了毛澤東。對毛而言，這樣的條約具有重大政治意義。我們可以從後來發生的一些事件看出，毛並未放棄向蘇方爭取簽署新條約，但決定伺機而動。

接下來的幾天，毛就在歡慶式的哄鬧忙碌中度過了。這樣的氛圍無助討論正事。為了慶祝史達林的七十歲生日，大量外國賓客陸續抵達莫斯科。十二月二十一日，因史達林大壽而特別舉行的慶典式會議在波修瓦劇院[6]盛大召開。毛備受尊榮禮遇。他坐在史達林身旁，就在主席台的第一排，而且也是外賓中第一位致詞的。當時在場的匈牙利共產黨領導人拉克西事後回憶：「當毛澤東走上講台時，場內鼓掌歡呼聲大作，其熱烈程度大概是波修瓦劇院史上前所未見。我親眼看見，這樣的盛況和歡迎確實對毛澤東有所影響了毛澤東……。」[83]

然而，絢爛的「煙火」過後，毛澤東仍不得不面對眼前的窘境。史達林拒絕與中方簽訂新條約，這件事可壞了毛預先設想的牌局。若只看「公務」部分，毛此趟蘇聯行的價值可謂正隨著時間流逝而減少。多數歷史學者將接下來幾天在莫斯科發生的事詮釋為毛澤東與史達林之間暗中進行的「精神角力」。史達林不加掩飾地提醒毛澤東，「誰才是老大」。為了反擊，毛澤東用自己的方式向「老大」施壓。日後，當史達林已不在世，毛將堅稱，他當時可是鍥而不捨地要求蘇方配合他。這應該是誇張的說法——毛的行動並非如他自稱的決絕，他也未大膽提出多項主張。事實上，他宣稱自己生病了（他當時的確不是處於最佳狀態），接著就刻意以引人注目的方式迴避公眾。他拒絕參加各項表定活動，甚至宣布，將提早一個月回中國。[84]這一招果然奏效。史達林讓步了。

對於史達林為何改變心意，有許多不同的說法。不過，很有可能，史達林根本從未改變心意，「始終如一」。有證據顯示，他自始就不排斥與中方重訂協議，但擔心氣勢如虹的新中國領導人在強烈的民族主義情緒影響下會獅子大開口。為避免這樣的狀況發生，史達林決定

6 譯註：Большой театр，原意為「大劇院」，「波修瓦」為約定俗成的音譯。

先來個下馬威，打出「否決牌」，藉此對中方代表施壓。不過，毛看來也不是省油的燈，對史達林的把戲大抵心裡有數。他倆可謂棋逢對手。在獲得史達林應允，就中蘇關係問題繼續談判後，換成毛澤東開始拖時間了。他一副對談判不感興趣的樣子，態度沉著、冷淡。根據計畫，新一輪的中蘇談判應該要等到其他中國領導人也到莫斯科後再開始，但毛要他們慢慢來。這些中國領導人先是在本國逗留了一段時間，接著又繞遠路，搭火車緩緩朝莫斯科前進。

一直要到一九五〇年一月二十二日，毛澤東和史達林才再度在克里姆林辦公室聚首，身邊是他們的同志。兩人確認，簽署新的中蘇協定實屬必要，並正式要求相關人員起草協定內容。經過幾番攻防後，一九五〇年二月十四日，「中蘇友好同盟互助條約」及其他補充協定在克里姆林簽訂了。蘇方實際上失去了從雅爾達會議及一九四五年中蘇舊約獲得的巨大利益。舉例而言，根據一九四五年簽訂的中蘇舊約，蘇聯擁有對中國長春鐵路和旅順港的使用和經營特權，為期三十年，但根據一九五〇年的新約，這些特權必須於一九五二年底以前歸還中國。此外，中國在一九五〇年就已開始回收蘇聯在大連租借的財產。總而言之，蘇聯失去了在太平洋上的不凍港和金額頗高的利益。某些研究者甚至認為中蘇新約及相關協定的「慷慨」程度是「國際首見」。[85]這樣說或許沒錯，但中方可是付了代價的。中方不再主張對外蒙古的權利，也和蘇方簽了祕密議定書，禁止第三國資本及公民於滿洲和新疆從事商業活動或任何租賃行為。這些措施讓蘇聯得以在兩國間的「緩衝帶」維持優勢。

當時看來，蘇聯雖然放棄了許多地區性的利益，卻贏得全球性的優勢。不說別的，光是世界上人口最多的國家——中國——加入蘇聯陣營這點，就夠有意思了。中國成了亞洲地區反抗西方強權運動的引力中心和實質援助者。如果在此之前蘇聯的官方宣傳每每不厭其煩地說明，資本主義世界如何陰險惡毒地圍堵社會主義建設，則眼下的事態發展或許正恰恰往相反的方向挺進：備感威脅的是資本主義。

簽署了中蘇新約後，史達林很快地又再度表現了對中國新領導人的特殊情感。他高調出席了簽約當天中國大使館在「大都會飯店」（Metropole Hotel）安排的宴會。根據史達林的翻譯費德連科的說法，史達林和毛澤東還特別就設宴地點做了討論。史達林建議在克里姆林舉辦，毛卻認為這有失中方尊嚴。毛向史達林解釋：「克里姆林是蘇聯政府舉行官方活動的地方，這不太適合像我們這樣的主權國家。」史達林回應，他無法出席中方舉辦的宴會，因為他「（…）從來不出席在餐廳或外國使館舉行的招待會。從不」。毛堅持己見。史達林沉默。在這談話停頓的片刻，毛澤東的目光緊緊抓著蘇聯最高領導人不放。史達林又「屈服」了：「好吧，毛澤東同志，我會到，如果您這麼想要我到場的話。」[86]關鍵問題獲解決後，中方以中國駐蘇聯大使的名義向各方發出邀請函。邀請函上，受邀人姓名及其他的活動資訊是用手寫的。中方請史達林大元帥偕同夫人出席（這有可能是外交禮儀使然，但中方大概是不清楚史達林的婚姻狀況為何）。賓客被要求盛裝出席、配戴勳章。[87]

毫無意外地，活動的重頭戲是史達林蒞臨的那一刻。他比表定時間晚到。根據費德連科的說法，宴會廳瀰漫期待之情，賓客議論紛紛：史達林到底會不會來？費德連科回憶，在場賓客是這樣歡迎遲到的史達林的：他們「大聲鼓掌、高聲歡呼鼓譟」。史達林停下腳步，停格「亮相」了一下，再往毛澤東的方向走。現場開始舉杯敬酒。費德連科這樣描述當時的情景：「所有能言善道的人，還有其他人，都無法把視線從那並肩站立、時不時交談的兩人身上移開。」在一陣冗長、累人的舉杯致詞後，史達林做了個手勢。現場一片安靜。他特別針對毛澤東說了敬酒詞，也祝願中華人民共和國國運昌隆。在場賓客很有默契地把手中的酒給乾了。「再度響起隆隆掌聲、熱烈高呼，現場一片歡騰。」[88]

一九五〇年二月十六日，史達林設午宴歡送中國來的客人。隔天，中國代表團搭火車返回北京。中蘇關係進入繁榮發展期，「中蘇友誼」口號喊得響亮。在蘇聯協助下，中國的經濟逐漸復甦，重要產業領域也有數以百計的新企業誕生。數千名蘇聯技術人員和專家在中國工作，幾萬名中國學生和工人在蘇聯受訓。毛澤東訪蘇後不久，韓戰開打。朝鮮半島上的戰事讓中蘇兩國的互動更為緊密，也加強了兩國合作關係的軍事色彩。然而，縱使中蘇同盟日益深化、強化，也消除不了兩國間既有的矛盾。事實上，這些矛盾在毛澤東訪蘇時已初有顯露。就算中蘇雙方宣告將對共同的意識形態目標忠誠，也表示將團結對抗共同敵人，但兩國終究有各自的國家利益，百分之百的「同心協力」只能是空談。共產黨在中國掌權不過是開啟了兩國間複雜關係的扉頁。這兩國都有當強權的野心，也企圖領導世界共產主義運動。史達林執政時給中蘇關係打下的運作基礎只有在中國領導人亟需蘇聯幫助及支持時才有效。中國這位不可小覷的東方鄰居有自己的盤算。史達林奠定的中蘇合作原則並非長久之計，「有效期限」並不長——話說回來，這樣的評價也適用於史達林留給權力繼承者的諸多「遺產」。

第三次世界大戰的威脅

共產黨在中國得勢的同時，尚有另一件重大事件發生。一九四九年八月底，蘇聯首次實施核彈試爆。[89]核彈製造耗費了大量資源。史達林統治體系再度證明，為完成重點軍事任務，它能在動員各項資源和人員上無所不用其極。在這方面，蘇聯核子計畫的召集人貝利亞可謂極具象徵性。一般認為，他殘忍、決絕。此外，他也是實際主掌全國勞改營事務的人。不過，核彈試驗成功與否，對他來說，幾乎是攸關生死：他可以因此榮光閃耀，或者黯淡殞落——不但事業泡湯，甚至連命都沒了。日後，當史達林已不在世，貝利亞將坦承，他當時是「帶著黯然的心情」前往位於哈薩克的試驗場。[90]幸好，一切都很順利。

雖然核武能大幅強化蘇聯的軍事實力，史達林應該是沒被勝利的喜悅沖昏頭。他足夠冷靜，知道就算蘇聯擁有核武，派上用場的機率大概不高。此外，他也清楚國際勢力分配的真實情況。西方國家對抗蘇聯陣營的決心不減，也持續增強自己早已不可輕忽的軍事力量。史達林不能只依靠「硬實力」。相較於國內政治，史達林在對外政治領域顯得謹慎、實際得多。一九五〇年爆發的韓戰是西方與共產陣營的第一次「熱戰」。有好幾年，史達林在處理韓戰方面的表現就很好地說明了他在對外政治領域的現實主義作風。

日本於一九四五年敗戰後，以北緯三十八度為界，韓國被分成兩個部分。占領韓國的日軍在北緯三十八度線以北及以南分別向蘇軍和美軍投降。就像在歐洲，韓國的蘇聯和西方勢力占領區內分別出現親蘇和親西方的政權。這個現象的根源是戰勝國向不同地區輸出傀儡政權。美方在南韓扶植七十歲的教授、在美國受教育的韓僑李承晚為國家領導人，莫斯科則任命三十三歲的紅軍軍官金日成為北韓領袖。

日本投降後的數年間，分裂的韓國一直處於緊張、前景難料的狀態。零星的武裝衝突和軍事示威恫嚇成了韓國人民的生活日常。南北雙方越來越了解，統一韓國的路只有一條：戰爭。不過，韓國境內的蘇聯和美國駐軍讓戰爭無法「一觸即發」。史達林和美國領導人在韓國都盡量小心，避免正面衝突。史達林在一九四七年五月對蘇聯駐北韓代表的指示就體現了他的外交行事準則：「不值得介入韓國事務太深」。[91]一九四八年底，蘇軍自韓國撤離。隔年夏天，美軍也開始撤軍。

然而，北韓領導人卻把美國人撤退視為開啟戰事的好時機。一九四九年秋，史達林一再否決北韓方面的強力請求：請莫斯科支持北韓武力進攻南韓，以一統南北。這樣的事態直到一九五〇年初才開始改變，重要轉折點包括毛澤東在中國取得最終勝利、曾和中國共產黨員並肩作戰的北韓部隊戰後回歸鄉里。金日成期待中方能對韓方有所回報。與此同時，他加強對莫斯科施壓，更小心暗示，他有可能會選擇以中國馬首是瞻。[92]擺在史達林面前的是一團相互矛盾、頭緒紛陳、針對參戰與否而發的正反意見。歷史學者至今都還在梳理相關議論。

史達林在國際政治領域遵循的實用主義原則讓他傾向謹慎行事。他大可繼續讓韓國處於分裂狀態並強化朝鮮民主主義人民共和國的實力，以防堵美國在該地區持續挺進。事實上，就算金日成不厭其煩地強力請求蘇聯支持北韓以武力統一韓半島，史達林要嚴厲拒絕並不難——畢竟，他已不是第一次讓金日成失望。中國因素的確存在，但影響力不大，北韓領導人終究得看史達林的臉色。朝鮮民主主義人民共和國的領導層，包括金日成本人，是經過莫斯科挑選的；無論是武器或其他國家賴以生存的資源，北韓政府都只能仰仗蘇聯供給。打贏內戰的中國共產黨自己都免不了需要蘇聯幫助，更遑論支援北韓。

與此同時，天平的另一端是強權的貪婪和領土野心——看似無人好好看管的東西不拿來收進自己口袋，實在可惜。許多研究者認為，史達林之所以開始在韓國問題上有比較大的動作，應該和美方在一九五〇年一月做的聲明有關。當時，美國就其在國際上的利益和勢力範圍做了說明，韓國（南韓）則未被劃入。當時看來，這似乎顯示美國在中國吃了敗仗後，區域政策轉為保守。金日成的樂觀預測和保證、南韓親共勢力在後方起義的可能性——這些因素影響了莫斯科的判斷，認為進行一場讓美方措手不及的閃電戰不無勝算。此外，蘇聯參戰的主要原因還包括該國，以及史達林本人，有領導第三世界革命運動的野心。當然，我們也不能排除，在歐洲失利促使史達林亟欲於遠東地區一展身手。

無論史達林打的算盤是什麼，一九五〇年初，他決定介入韓半島衝突。金日成獲得知會，可以準備南攻了。是年四月，他來到莫斯科，以便與蘇方討論相關細節。他和史達林見了面。[93]兩人一同擬定具體的軍事計畫、排了時程。北韓在蘇聯協助下加強備戰。開戰前，他們已有相對於南韓的巨大武力優勢。一九五〇年六月二十五日，金日成的軍隊進攻了。然而，一如其他許多閃電戰，這場也以失敗作收。局勢在美國迅速介入後有了重大轉變。史達林怕的正是美國出手，但他寧願相信，這不會發生。美方將蘇聯在韓國的作為詮釋為莫斯科企圖發動新一波對外侵略，目標之一可能就是位於歐洲的西德。[94]一旦介入戰爭，美方很快就在外交戰場上勝出。在開戰當天緊急召開的聯合國安全理事會會議，在僅有南斯拉夫棄權、蘇聯代表缺席的情況下，通過譴責朝鮮民主主義人民共和國侵略行為的決議。[95]很快地，美軍在南韓登陸。接著，有十五國部隊加入美軍陣營。就實質效益而言，他國部隊支援美方的政治意義大過軍事價值。

雖然北韓在戰爭初期曾取得優勢，但接下來的事態發展卻急轉直下，這讓金日成簡直要氣瘋了。史達林要求繼續打，還給北韓人加油打氣，熱心提供建議和軍火。一九五〇年七月一日，史達林發信給蘇聯駐平壤大使：「我們認為，無論如何都得繼續進攻。南韓越快被解放，他國干涉的機會就越小。」[96]然而，蘇方再度失算了。北韓並未在美方深度介入戰事前取得勝利。雖然北韓方面在九月前就幾乎占領了全南韓，但他們無力讓南韓政府徹底垮台。與此同時，美方在該月獲得強力反擊的機會，聯合國部隊迅速挺進，在十月底前就奪取了大部分的北韓領土，包括平壤。該是打出最後一張牌的時候了。這裡指的是中國人民「志願軍」。

史達林和中國領導人開始進行一連串複雜的談判，其真實情況至今仍有諸多待研究之處。在某個時間點，雙方看來是談不下去了。十月十三日，史達林向金日成下達指示：

我們認為，繼續抵抗是沒有希望的。中國同志們拒絕參戰。在這樣的情況下，您應該準備向中國和／或蘇聯全面撤退。務必將所有部隊和武器撤走。請據此擬定詳細的行動計畫並嚴格遵行之。有必要保全未來與敵人作戰的能力。[97]

蘇聯大使緊急與北韓領導人會面，將來自史達林的電報唸給他們聽。根據大使傳達給史達林的資訊，「金日成抱怨，這是個艱難的決定，但『既然建議是這樣，他們會照做』。」[98]

史達林下達類似指令時有多「認真」呢？他果真願意放棄北韓？有可能。一旦中方拒絕出兵，史達林就沒別的資源可用了，因為他堅決不願自蘇聯派兵。不過，也有可能，要北韓撤退也是一種向中方施壓的手段：美方勢力挺進——這對中方的威脅勝過對蘇聯的。與此同時，史達林雖然表示，該是北韓軍撤退的時候了，他卻極力引誘中國加入戰局。他承諾提供武器，也比較明確地保證，蘇方將支援空中掩護。史達林的苦心果然沒有白費。毛澤東同意參戰。他告訴同志，「老頭子」寫信來，要求中方有所行動。[99]

南韓及其盟友在中方猛攻下從北韓撤退。一九五一年初，南韓方再度失去首都——首爾。不過，他們並未停止反擊。戰事似乎離盡頭越來越遠，雙方都無法取得決定性的勝利。局勢陷入膠著之際，蘇聯仍堅持不改「低調」初衷。史達林只同意「暗中」替金日成和毛澤東的軍隊提供空中掩護。強權之爭的最大受害者是韓半島民眾，死傷者數以百萬計。韓國就這樣被迫長年分裂。此外，北韓依據史達林模式，建立了人類史上最殘酷的獨裁政權之一。

韓戰激化國家間的矛盾，也升高軍備競賽的熱度。全力發展軍工業一直是蘇聯政府的優先工作項目，史達林在世的最後幾年，國防相關產業的規模還持續擴大。一九五一年一月，蘇聯與社會主義陣營領導人在莫斯科開會。相關檔案至今仍未解密。歷史學者是從回憶錄性質的文獻得知，曾經有這麼一個會議，也對其過程有些了解。其中，回憶相對詳盡的是前匈牙利共產黨領導人拉克西。根據他的說法，在會議上，蘇方出席者有史達林、數位政治局成員和軍方人員。來自東歐國家的參與者則有各國共產黨領導人（波蘭共產黨書記除外）和國防部長。蘇聯總參謀長什契緬科發表了報告。拉克西回憶，報告內容主要是關於來自北大西洋公約組織日益升高的威脅及社會主義國家在軍事上與之抗衡的必要性。蘇聯領導層給附庸國們下達任務：在三年內大幅擴軍、打造相應的軍工業基礎。什契緬科甚至言明，該達成哪些具體目標。

拉克西寫道，蘇方的計畫引發了一場議論。波蘭國防部長洛可索夫斯基表示，蘇方要求波蘭在一九五三年底前達成的建軍目標，波蘭原本計畫要在一九五六年底前達成。其他國家的代表也懷疑，是否能在如此短的時間內更新武裝。然而，莫斯科方面十分堅持。舉例而言，史達林對波蘭國防部長說，波蘭大可照原定計畫行事，只要部長能保證，在一九五六年以前不會有國際戰爭。既然波蘭方面無法給這樣的保證，接受什契緬科的建議應該就是比較正確的做法。[100]

我們目前尚不完全清楚，蘇聯的軍事規畫包含了哪些計畫，其落實程度又有多高。不過，多項資料顯示，史達林的確打定主意大幅提升他能動用的軍事力量。根據官方紀錄，蘇聯軍隊在戰後復員後，一九四九年初的人數約為兩百九十萬，到了一九五三年，該數據就成長了整整兩倍，來到五百八十萬。[101]政府對軍事和國防工業相關部門的投資在一九五一年成長了百分之六十，在一九五二年成長了百分之四十。只消拿一個數據作比較，讀者就能對以上領域的成長速度有清楚認識：蘇聯政府對國民經濟的投資額在扣除對軍事和軍工業單位的投資後，在一九五一年只成長了約百分之六，一九五二年則是約百分之七。[102]

對當時的蘇聯政府來說，最昂貴，但同時也占首要地位的軍事計畫是發展核武及其運輸系統。除此之外，許多資源也被用在打造火箭與飛彈科技、噴射機及莫斯科防空系統等。[103]從史達林死前數月做的各項決定看來，他有意讓軍備競賽的節奏更加緊湊。一九五三年二月，他批准了空軍和海軍的擴張計畫。第一個計畫要求在一九五五年底前打造一百零六個師的轟炸機部隊，以取代一九五三年為止三十二個師的編制。為了武裝新編部隊，根據計畫，一九五三到一九五五年間須生產一萬零三百架飛機，並新增空軍及海軍的編制員額二十九萬人。發展軍艦的計畫則要求在一九五九年前投入大量資源打造重型和中型巡洋艦。在堪察加和楚科奇半島，也就是緊鄰美蘇國界的地區，則興建蘇聯的軍事基地。[104]

這是否意謂，史達林有意「先發制人」、開啟第三次世界大戰呢？這樣的說法不時引發歷史愛好者熱議，且專業歷史研究者的措辭、敘述和分析還比較謹慎自持，至於各路評論家則不乏渲染、「虛實交錯」、「聳人聽聞」者。不過，到目前為止，相關說法都還停留在「假說」的層次。畢竟，光是前面提到的大型整軍經武計畫就需要幾年的時間執行。此外，研究蘇聯對外政策的歷史學者也多次提到，史達林在國際舞台上的行動是相對謹慎、實際的。第二次世界大戰後，在處理與西方各國的關係方面，史達林採取了與戰前處理納粹德國差不多的策略。他避免直接衝突，好用迂迴手段，審勢而行。這樣的戰術在柏林危機及更棘手的韓戰都可見端倪。他使盡手段不讓韓戰「熄火」，卻不讓蘇軍大力支援，同時也堅決不與美方正面衝突。他有意識地拖延停戰協議的簽訂，把這場戰爭看作假他人之手削弱美國力量的好機會。在去世前半年，史達林曾私下對周恩來坦白：

> 這場戰爭給美國人帶來很大的麻煩。北韓人沒輸掉什麼，除了有人命犧牲以外（…）要有毅力、耐心。當然，我們得同理韓國人，他們死了不少人，但我們必須向他們解釋，這是個大事業。要有耐心和強大毅力。[105]

要不是史達林過世，韓國人民大概還得繼續為他人利益犧牲。史達林的繼承者決定降低國際緊張態勢、給自己減少軍備競賽所帶來的負擔。一九五三年七月，南北韓簽署了停戰協定。礙於現實條件，史達林耗資不菲的軍備更新計畫，包括打造海軍艦隊與轟炸機群的計畫，都被埋葬了。國家難以繼續負擔軍備競賽的巨大成本，且各項改革已勢在必行——更何況，大力抗拒改革的史達林已不在世。

頑固的保守分子

龐大的軍事支出並不是史達林生命最後幾年蘇聯國家開支迅速成長的唯一原因。許多文獻皆顯示，這位蘇聯領袖對大型、昂貴的計畫有偏好。官方宣傳將許多這類計畫稱為「史達林的共產主義建設工程」。這些計畫包括興建大型水力發電站、運河和通往蘇聯極圈地帶的鐵路。此外，為加強歐俄與遠東地區新領土的連結，還有建造通往薩哈林島的渡輪口及大型海底隧道（十三點六公里）的規畫，隧道也將配有連接現有路網的新建鐵路。一如史達林體系常見的現象，誘人的宣傳櫥窗包裝的是醜陋的現實。「共產主義建設工程」在很大程度上是靠囚犯的雙手打造的。[106]

日益膨脹的基本建設工程及越來越多的巨型計畫讓蘇聯經濟再度陷入危機。投入的資金越多，一旦計畫因故無法完成，隨之而來的損失就越大，而損失越大，接下來得付出的成本就越高。一九五一到一九五二年間，這樣的政策似乎要撐不下去了。諸多基本建設工程無法達標，新企業一直無法開始運作，農業及社會支出也陷入停滯——而這兩者卻是重工業的主要「贊助者」。然而，雖然問題顯而易見，史達林尚在世時擬定的一九五三年建設計畫卻要求大幅提升政府支出。[107]這無疑是死路一條。在他生命的最後幾年，史達林頑固地重蹈覆轍，不斷「重溫」第一個五年計畫時期在加速國家工業化方面犯的錯誤。

從現有文件看來，權力高層不曾嚴肅討論越來越棘手的國家問題。史達林自己直到死前都還保守地捍衛大力發展重工業、不計一切代價在軍備競賽得勝的路線。一如以往，若問題不嚴重到足以釀成「災難」，他是連有限的讓步和修正都不願意做的。他顯然不了解危機就潛藏在他一手打造的體系，因此只願意針對局部性、比較外顯的問題進行修補。

同樣是一如以往，災禍將至的信號是從農業領域開始陸續傳來的，畢竟這是蘇聯經濟最弱勢的一環。蘇聯農村對經濟政策失衡、國家為彌補財務缺口而導入的新課賦稅和義務有特別強烈的負面反應。農業生產被缺乏效率的集體農場制壓抑得死氣沉沉，根本無力餵飽國家。畜牧業的情況尤其糟糕。官方資料顯示，一九五三年初，全國母牛總頭數還停留在狀況不佳的一九三九年的水準，甚至還不到一九二八年數據的三分之二。至於豬隻總頭數，一九五三年初的數字只勉強符合一九二八年的水準。[108]民眾寫了許多抱怨信給莫斯科當局，信中對悲慘的現實生活多有著墨，但並非所有信件內容都能被史達林看到。

在一九五二年十到十一月這段期間特別挑出來轉達給史達林、來自蘇聯各地的「人民心聲」中，有幾封就是在描述集體農場的嚴峻景況。[109]例如，在莫斯科州奧列賀沃－祖耶佛區工作的獸醫師霍勒德夫，一如其他「上信」莫斯科中央的農村居民，就提出呼籲，適度給予集體農場成員勞動動機，而不只是強迫他們幾乎是免費地勞動。這位獸醫師還分享了他親眼所見的農業現況：

> 根據報刊報導，我們在農業領域獲得了巨大成就（…）那我們就來看看真實情況為何吧。黑麥的收割情況不佳，不佳的原因是收成方式導致巨大損失（…）馬鈴薯看起來是採收完畢了，但這是哪門子採收？負責採收的是被動員的工廠工人，他們在協助採收期只能領百分之五十的工廠薪水，而且根本不盡心盡力幹農活，因為缺乏動機。他們只想快點把工作結束掉，只收了最上面一層的農作（…）
>
> 現在，讓我們來看看畜牧業的狀況。我認為，談論它簡直令人羞愧——加料飼養的母牛，每頭每年的年產乳量都不超過一千兩百到一千四百公升。這是很可笑的數字。這樣的產乳量大概是母羊的水準（…）[110]

一九五二年底，民眾寫給史達林的信件中，除了有對農村慘狀的描述，也有生動描繪商店中貨架「光」景的文字。該年十一月初，梁贊州某火車站黨委員會書記蝶伊金娜的來信特別引起史達林注意。信中有這麼一段：

> 現在是十月，但黑麵包只要沒排隊就買不到，而且就算排隊了，也有可能落空。工人們說了很多難聽話，也不相信報上寫的。他們說，那都是騙人的（…）我只列舉事實，

因為一旦加以描述，那簡直再多的紙都不夠用，就算夠用，也會多到寄不出去。

一、買黑麵包要排隊。
二、白麵包根本沒有。
三、沒有植物油，也沒有奶油。
四、商店裡沒肉。
五、沒有香腸。
六、沒有任何種類的穀類。
七、沒有通心粉及其他麵粉製品。
八、沒有糖。
九、商店裡沒馬鈴薯。
十、沒有乳類及其他乳製品。
十一、沒有油脂（薩洛[7]及其他）。

（……）我不是會詆毀侮蔑、陰險找碴的人。我寫的都是事實，雖然令人心痛，卻千真萬確（……）地方上的領導都是用非法方式得到他們要的，也就是所謂的偷雞摸狗，屬下

7 譯註：薩洛（сало），音「salo」，斯拉夫傳統食物，為固化的、在動物身上累積成形的脂肪。

直接把東西送到他們住處。他們才不管人民死活（⋯）我請求派出調查委員會，將犯罪者繩之以法，也教訓一下該被教訓的人，讓他們知道該怎麼規畫民生需求。否則，吃飽飽的人是不會相信餓肚子的人的。[111]

雖然這封信的批判性頗強，政治上，它倒很「正確」。蝶伊金娜鬥的是有缺失、濫用職權、不會「規畫民生需求」的地方領導人。也就是說，她針對的是有問題的個人，對國家缺糧的根本性、結構性原因則未加以探討。這樣的信符合史達林的胃口。前不久才被任命的蘇聯共產黨中央委員會書記阿利斯特夫被派往梁贊州了解情況。他的職責包含對地方上的黨組織進行監督。一九五二年十一月十七日，史達林在自己的辦公室召集了蘇聯共產黨中央委員會的書記們。根據阿利斯特夫數年後的說法，史達林要求他報告到地方進行調查的結果。阿利斯特夫告訴史達林，當地早就有麵包、食用油及其他食品供應不足的問題。史達林勃然大怒，下令將梁贊州黨委書記撤職。阿利斯特夫和其他在場人士趕忙為州領導們辯護。他們向史達林解釋，其他地區也有類似的問題，包括傳統上豐饒多產的烏克蘭。[112]

在經過一陣討論後，莫斯科中央決定撥一部分國家儲糧給梁贊州使用。當然，這樣的做法並不能真正解決問題。國家領導層得再次面對拯救農業經濟的難題。遭現實逼迫的史達林不得不同意考慮提高國家自集體農場收購畜產的價格。這個問題對處理國家與農民間的關係而言很重要。由於所謂的「收購價」非常低，這樣的低價不過是勉強掩飾了一個不爭的事實：國家對農民施行的是農畜產品無償徵收。農牧業因此長期處於虧損狀態，農民自然沒有動力做任何「發展」。

為了給糧食收購價調整令擬定草案，當局在一九五二年十二月成立了專門委員會，由赫魯雪夫領導。[113]委員會工作了數星期，但最後還是敗給了心懷不滿的史達林。他對改變現行的壓榨農村機制有疑慮。在同意提高畜產收購價後，史達林提議大幅提高對農民的課稅。同志們十分訝異。米科揚記得史達林是怎麼思考這件事的：「農民會怎樣嗎？多交出一隻母雞就沒事啦。」[114]政治手腕嫻熟的赫魯雪夫及其他進入專門委員會的蘇聯領導圈成員最後採取了最安全，卻也極度缺乏建設性的行動策略。他們盡量拖時間。為了不惹惱史達林，避免給自己添麻煩，這些蘇聯領導高層成員決定等他死了再說。史達林一去世，箭在弦上的農業改革很快就實施了，且其施行規模比預計的還要大。史達林的繼承者們不但提高了農畜產品收購價，還降低了農民必須負擔的稅賦。雖然集體農場制的根本缺陷仍然存在，史達林繼承者們的作為確實有正面效益。這是數十年來農民首次有機會喘息一下。「喘息」的同時，農畜產品的產量卻提高了。

既然國家不再對農村予取予求，虛胖的基本建設工程就不得不「瘦身」了。一九五三年三月十日，史達林死後沒幾天，蘇聯國家計畫委員會主席就向新的蘇聯政府首長馬林科夫針

1952年10月黨代表大會上的史達林。四個月後，明顯老化的他將與世長辭。蘇聯民眾不會在報紙上看到這類不太「正面」的領袖照片。
來源：俄羅斯國立政治社會史檔案館。

對工程延宕的大型建設做了報告。[115]文中指出，報告本身是馬林科夫要求製作的。這個官方辭令告訴我們，史達林一死，蘇聯領導高層成員馬上就著手進行他們認為非做不可、僅礙於史達林因素而不得不擱置的工作。我們怎麼確定史達林繼承者早就準備好推動重大改革呢？證據之一就是許多野心勃勃的史達林計畫，包括建設通往偏遠、環境惡劣地區的運河、水利樞紐和鐵路網，都在短時間內被取消了。此外，軍事開支也遭到削減。[116]政府因此可以運用釋放出的經費在解決農業及社會支出的棘手問題上。史達林的工業化模式被逐步拆解。這個模式有兩大支柱：民眾的低生活水準和如內部殖民般被剝削的農民。

「搶救國家」的行動在史達林死後數星期就以前所未見的速度展開。新領導群的決心和「快刀」手法證明，長期以來，改革的主要障礙正是史達林。這位獨裁者的個人政治和經濟偏好一直以來都是非常保守、反動的。他的死亡為顯然早已成熟的制度革新開了大道。

獨裁體制的死前抽搐

史達林在晚年達到自己的權力頂峰。他居高臨下，高不可攀，也未遭遇明顯的挑戰。但史達林本人可不這麼想。一如其他的獨裁者，他從未停止為權力而戰，也不相信臣民果真如他們表現的順服。事實上，獨裁者鞏固權力的手段普世皆然，也沒有特別的講究。這些手段包括消滅身邊所有潛在威脅、嚴密監視國安單位、鼓勵不同黨政部門相互競爭及相互監督、進行社會動員以對抗外在及內部敵人。

在除掉了「列寧格勒派」後，史達林逐步在政治局內部打造新的均勢局面。他的目標明確：制衡影響力升高的馬林科夫和貝利亞。一九四九年，史達林把赫魯雪夫從烏克蘭調到蘇聯首都，任命他為莫斯科市黨組織的領導人及蘇聯共產黨中央委員會書記。很快地，史達林開始積極拉拔布爾加寧。布爾加寧在擔任國防部長期間成功證明了自己對領袖足夠忠誠。一九五〇年四月，經史達林推薦，布爾加寧被任命為蘇聯第一副總理。有段時間，位居要職的布爾加寧有接近史達林的特權，但很快地，史達林對自己提攜的人才失望，因此剝奪了布爾加寧曾經擁有的權力。這件事未引起明顯的風波，布爾加寧仍在高階領導圈內。就這樣，政治局關鍵人物之間的均勢得以維持一段不算長的時間。然而，這一切不過是暴風雨前的寧靜。

新一波的政治清洗即將展開，而這和史達林的身體狀況不無關係。一國之首的健康亮紅燈，但他從沒想過給自己減輕權力負擔，也未啟動任何交接機制。相反地，他積極鞏固自己的獨裁統治，並在這方面展現驚人活力。他的體力變差，但侵略性倒是增強了，而這或可作為彌補。他對權力階層中最易被攻破的環節下手特別重。首先遭殃的是祕密警察，一直以來，史達林都緊抓相關單位的領導權不放。蘇聯國家安全部內部掀起了一波逮捕潮，為史達林死前的最後一場權力保衛戰揭開序幕。一九五一年七月，史達林再度運用了可謂「歷久彌新」的手段，羅織罪名、編造告發信函，下令逮捕前不久還受寵於他的國家安全部部長阿巴庫莫夫。為填補職位缺口，黨幹部伊格納切夫受命領導國家安全部。部長被拔除、逮捕，這自然是預告了內部即將展開「大清洗」。「大清洗」的運籌帷幄者就是史達林。恫嚇了國安人員一輪之後，史達林就度假去了，這回他在南部待了超過四個月。雖說是度假，但他「心繫公務」，依舊緊盯國家安全的大小事務不放。一九五一年八月十一日至十二月二十一日這段期間，在史達林收到的資料中，有超過一百六十筆是來自國家安全部的各項紀錄和報告。此外，史達林還持續接收來自該部、總量尚無法確認的加密文件，以及政治局和內閣的國安相關決議文。[117]一九五一年十月，史達林把伊格納切夫叫來南部，對他下達指令：把「所有猶太人」「趕出」國家安全部。伊格納切夫直覺反應：「趕去哪裡？」史達林不得不向經驗不足的新部長解釋：「我不是要你把他們趕到街上，我是要你把他們關進監獄，讓他們在那裡好好待著（⋯）。」[118]事實證明，伊格納切夫「學得很快」，很快就掌握了史達林的「教學」精髓。新國安部長嚇得半死，乖乖地啟動了逮捕行動，也十分聽話地編造了所謂「錫安主義陰謀分子」的萬惡罪證，且這些陰謀分子就藏在他轄下部內。將國家推動的反猶主義延伸至對國家安全部的「整頓」——這對史達林而言是符合邏輯的做法。猶太人身為「可疑民族」的代表、世界帝國主義的潛在幫兇，自然不該在政府內最「神聖」的單位工作。繼國家安全部之後，史達林將「清洗」範圍擴大至黨國機器的各階層，包括高階幹部。恐怖清洗的機制一啟動，相關行動只會「越演越烈」。

度假期間，史達林又發動了一場迫害。一九五一年九月，他在南部度假別墅召見了喬治亞蘇維埃社會主義共和國的國家安全部部長魯哈澤。根據後來被捕的魯哈澤的說法，他和史達林坐在餐桌邊談話，史達林大概提了一下梅格列爾人[8]在喬治亞「坐大」的問題，還談到他們的靠山正是同為梅格列爾人的貝利亞。[119]就這樣，新的迫害目標確定了：喬治亞各級官員及他們的「保護人」貝利亞。一段時間過後，史達林的護衛長弗拉西克告訴主子，有人抱怨，在喬治亞，不行賄是進不了高等院校就讀的。弗拉西克為何如此「熱心」？這很好解釋。他長期跟在史達林身邊，幾乎是人生的大部分都投注在服侍主子。他能迅速掌握老闆的心情變化，也很努力地「配合演出」。史達林嗜血，弗拉西克就去找犧牲者，並提供足以合理化老闆嗜血行為的「黑材料」。魯哈澤受命調查喬治亞境內入學行賄一事。

一九五一年十月二十九日，魯哈澤向史達林報告，高等院校入學行賄的相關情資未獲調查證實。[120]不過，這件事已不重要了。史達林一心要在喬治亞來個「大清洗」，理由遲早會找到。十一月三日，史達林給魯哈澤打了電話，希望他能寄來簡要的報告，內容是關於喬治亞共產黨第二書記巴拉米亞如何袒護被控收賄的蘇乎米市前檢察官。魯哈澤順利完成任務，打造了一份文件，從中可以推斷，巴拉米亞特別「照顧」有違法行為的梅格列爾裔官員。[121]事情急速發展。在史達林的積極參與下，喬治亞境內發生了大規模的迫害，為數眾多的喬治亞蘇維埃社會主義共和國領導人，包括巴拉米亞，都被捕了。超過一萬一千人遭迫遷至偏遠地區。[122]

在很大程度上，「梅格列爾案」是依循「列寧格勒案」的模式發展的，其「標準流程」大約是：提出「濫權」及「拉幫結派」（又稱「庇護行為」）的指控；接著逮捕失勢的領導人；然後是刑求、虐待，並偽造「反蘇組織」、「間諜組織」的罪證。「列寧格勒案」和「梅格列爾案」都有助史達林削弱「政治派系」在黨國機器的影響力，尤其當這些派系有連動中央與地方的人脈時。[123]不知是為了取笑他，或是為了好好地羞辱、教訓他一番，史達林要求貝利亞在一九五二年主持喬治亞共產黨中央委員會全體會議。奉命行事的貝利亞在會議上用特別憤慨的方式「揭發」自己的昔日人馬。無庸置疑，貝利亞將喬治亞境內的迫害行動視為對他個人的威脅。史達林一死，他馬上就施展手段讓「梅格列爾案」告停，被捕的梅格列爾裔黨員不但被釋放，還被拱上領導職。[124]

雖然貝利亞的確「烏雲罩頂」，暴風圈最終還是閃過他了。一如史達林的許多其他「戰友」，他不過是再度領教，自己的政治生涯、甚至生命，有多麼脆弱、經不起重擊。這段期間，史達林還有比貝利亞更重要的下手目標。一九五二年十月，第十九次黨代表大會召開後，

8 譯註：梅格列爾人（მეგრელები），是喬治亞民族的一支，傳統居住區域為喬治亞西部，有自己的方言。

史達林出手了。距離上次黨代表大會已經過了整整十三年。史達林決定不擔任大會主要報告人，僅在大會即將結束時，發表短暫結語。可以說，他是在節省自己正逐漸衰竭的精力，以迎接關鍵戰局——蘇聯共產黨中央委員會在重新選舉後所舉行的全體會議。這個會議在黨代表大會結束後隨即召開，其任務包括選出黨領導機關成員，主要是政治局委員。選舉只會是徒具形式。一般而言，聽話的中央委員不會多說什麼，照著上頭指示的投票就對了。不過，這一次，史達林決定來一個不一樣的變革。

史達林的主要「創意」在解散政治局，建立兩個新機關。第一個機關形式上代替了政治局，名稱為「蘇聯共產黨中央委員會主席團」。[125]過去，政治局由九位全權委員及兩位候補委員組成，共十一位，皆經中央委員會選舉選出，但新的主席團人數卻不止於此，共有二十五位全權委員及十一位候補委員。相較於政治局，主席團多出來的委員名額主要由較年輕、名氣較低的領導人充數。藉由操縱新人，史達林更能對老同志「上下其手」。米科揚是這麼解讀「組織改造」的政治意義的，其看法應屬中肯：

> 主席團這麼龐大，若有任何史達林看不慣的成員在必要的時候消失，大概也不容易被發現吧。以這二十五位成員來說好了，若每次黨代表大會召開都消失個五、六人，看起來也不過像是些微變化。反過來說，若過去的政治局九位委員突然消失個五、六位，那

應該會很明顯。[126]

史達林要的就是這個。他要老同志和可能的繼任者害怕。不過，這還不夠。他要求在主席團中建立一個領導小圈子，並稱之為「蘇聯共產黨中央委員會主席團常務局」，成員有九人。整體而言，這樣的安排看起來頗合理，畢竟主席團太過龐大，很難有效率地工作。與此同時，我們不能忽略一個明顯的事實：就算沒有中央委員會全體會議形式上的同意，史達林也能建立領導小圈子，而且他已這樣做過不只一次。不過，史達林搬演「民主」戲碼的真正目的很快就顯露了。他提議用選舉的方式組成中央委員會主席團常務局，卻宣稱無法讓自己最親近的兩位同志——莫洛托夫和米科揚——進入該機關。此外，他還公開強烈批判這兩人。

莫洛托夫和米科揚被單獨挑出批鬥的原因為何？其原因不難理解：這兩人無論是在黨內或民間都被視為理所當然的接班人。就是因為這樣，史達林才決定公然破壞他們的名聲，對黨內大員宣稱，這兩人不配領導黨和國家。不過，我們無法確知，史達林到底對莫洛托夫和米科揚做了什麼指控。全體會議上並沒有人速記。我們只能從與會者事後相互矛盾的回憶推論，史達林再度藉由混雜虛實、放縱自己的謬誤及隨意曲解，創造了又一個假政治議題。他翻出陳年舊事，重提子虛烏有的所謂莫洛托夫對外國記者屈服一事，還提到莫洛托夫在一九四五年的多國外交部長會議上犯了錯。史達林堅稱，莫洛托夫在米科揚支持下，建議提高糧食徵購價，以刺激農民生產意願。史達林宣告，這是「右派機會主義」。此外，他也有可能提到，莫洛托夫對猶太人有異常好感，甚至連莫洛托夫的妻子也可能被拿來大做文章。[127]無論如何，指控內容並非重點，結論才是。在場每一個人都知道結論是什麼——沒有人夠格當史達林的接班人。在這樣的情況下，全國人民只能寄望領袖長命百歲。莫洛托夫和米科揚走上發言台，公開宣示自己對領袖一片赤誠。這一幕更凸顯了史達林的偉大。史達林毫不留情地表示，莫洛托夫和米科揚的自我辯護根本不值得在意。根據某位目擊者的說法，史達林甚至沒等米科揚講完，就大手一揮，意思是不想再聽下去——「在場的人馬上激動了起來，開始高喊：『夠了，不要辯了！（⋯）』、『不要再誤導中央委員會了！』米科揚還想說點什麼，但現場的鼓譟聲打斷了他，他只好回到自己的位置坐下。」[128]全體會議就在對領袖萬般輸誠、對「變節者」盡顯仇恨的政治展演中「熱烈」結束了。

雖然被譴責的莫洛托夫和米科揚名義上仍保有大部分職權，也保住了小命，但他們一如史達林的其他親近同志，無法確定自己是安全的。更何況，蘇聯的社會主義鄰居們也不斷捎來令人心驚的消息。一九五二年十一月，蘇聯共產黨第十九次代表大會結束不久，幾位以斯蘭斯基為首的捷克斯洛伐克高階共產黨員在國內被審判、槍斃。最新的研究結果顯示，史達林親自「督導」了「斯蘭斯基案」。[129]斯蘭斯基是猶太裔。此案可謂給史達林主持的下一個政治恐嚇行動做了鋪排。這裡指的是所謂的「猶太醫生案」。

史達林死前幾個月花了許多時間在處理「猶太醫生案」上。這個案子的前導因素是國家公然倡議反猶，直接導火線則是國家安全部掌握相關「情資」，在國營醫療機構內有一群「奪命醫師」執業，且他們絕大多數是猶太人。這些醫師被控蓄意造成蘇聯領導人死亡，或者意圖造成死亡。類似的說法並無新意，一九三〇年代已用於諸多政治審判。史達林在遲暮之年「舊疾復發」，再度對醫療人員有病態恐懼。這有可能是因為他對自己的死亡感到害怕，也有可能是因為他企圖藉由迫害醫師向他們在克里姆林的病人施壓。有好幾個月，史達林緊盯偽造罪證的進度，處心積慮要入罪這些猶太醫生及他們在國家安全部的「保護人」。他耐不住性子，粗暴地用各種不堪的髒話威脅伊格納切夫。史達林揚言，一旦被他發現辦事不力，他會像趕蠢羊一樣把國家安全部職員通通趕走。他還威脅用拳頭給這些職員好好「打臉」，甚至至管他們叫「發福的河馬」。[130]

一九五二年十到十一月，當黨國的最高權力機關被初步「整頓」了一番後，史達林示意，該是逮捕醫生的時候了。被捕的包括克里姆林醫療衛生管理處處長葉果勒夫、史達林的私人醫生維諾格拉德夫，以及沃夫喜和瓦西連科兩位教授。史達林「督導」調查工作，為此數次召集國家安全部的領導人，給他們下指導棋，要求務必刑求、虐待被捕者。[131]一九五二年十一月十五日，伊格納切夫向史達林報告了相關命令的執行狀況：

已針對葉果勒夫、維諾格拉德夫和瓦西連科動用施行於肉體的手段，加強訊問，尤其著力於他們和國外情報單位的聯繫（⋯）已挑選並已派用兩位適合的職員以針對特別重要及特別危險的罪犯執行特別任務（肉體懲罰）。[132]

史達林很快地就把殘忍刑求逼出來的「自白」拿來用。一九五二年十二月一日，蘇聯共產黨中央委員會主席團會議討論的題目就包括「醫療行為中的顛覆破壞活動」和「蘇聯國家安全部現況相關資訊」。史達林的主要攻擊目標是「猶太民族主義者」及國安人員。這完全符合史達林的原初構想：醫療領域中的「破壞分子」和國家安全單位內的「陰謀分子」沆瀣一氣。十二月四日，中央委員會主席團又開了一次會，這次通過了「關於蘇聯國家安全部現況」的決議。此決議要求相關單位在情報工作上採取「積極主動攻勢」，也指示黨機關對國家安全部加強監督。對抗「敵人」可使用任何手段、不惜一切代價的「理論基礎」為：「許多國安人員拿來當掩護的是（⋯）一些腐敗、有害的說法，號稱對階級敵人使用佯騙和恐怖手段不容於馬克思—列寧主義。這些蹩腳的國安人員已從革命的馬克思—列寧主義墮落到布爾喬亞自由主義及和平主義的立場。」[133]無庸置疑，以上論點出自史達林。不過，他在小圈圈內就不這麼「理論派」了，而是直接了當地丟出自己的看法：「那些不正眼看待情報和國安工作、怕弄髒手的共產黨員，通通都該被頭下腳上地丟進井裡。」[134]

事情有了一定程度的發展後，史達林決定把「猶太醫生案」提升到大規模政治運動的層次。一九五三年一月初，在史達林的積極介入下，有兩篇材料問世：塔斯社的關於一群「醫師—破壞分子」被捕的報導草稿及《真理報》就相同主題發表的社論。根據這些材料，「由醫生組成的恐怖組織」曝光，其目標為「藉由破壞性的醫療行為縮短蘇聯活躍人士的壽命」，背後主使者為國際性的猶太布爾喬亞民族主義組織及英美情報單位。[135]文章呼籲蘇聯人民保持警醒，提防受帝國主義世界支持的「敵人」。

一九五三年一月十三日，上述兩篇文章在定稿後獲刊登。這是一個政治信號：當局即將啟動新一波大規模意識形態運動。蘇聯境內的反猶情緒不斷升高，「保密防諜」的歇斯底里狀態也越演越烈。許多人都聽過流言，當局可能會以暴力或迫遷的方式解決「猶太問題」。在接下來的數十年，謠言逐漸演化成史達林曾打算針對醫師進行公開審判，並把猶太人從蘇聯的歐洲部分趕到遠東地區，比照第二次世界大戰期間針對高加索民族施行的迫遷政策。然而，上述假設性的說法皆未獲檔案資料證實。雖然民間對相關歷史事件一直有興趣，研究者也努力尋找相關文件，但就連足以間接支持上述說法的證據至今都不見著落。考量事件的高度複雜性和龐大規模，我們可以說，當局若有任何動作，就不可能全然不留下一點痕跡；若連蛛絲馬跡都沒有，那就表示當局沒有前面提到的迫遷猶太人等規畫。[136]

雖然史達林晚年的各項計畫可以「瘋狂」、「病態」形容（他確實生病了，而且很快就會死於中風），但他不一定曾想過在「猶太醫生案」之外再來幾場大逮捕或大遷徙。「猶太醫生案」就夠「好用」了。這個案子還沒被「做大」，就已成功激起必要的群眾反應、讓當局得以操控輿論、讓民眾在非戰期間也能保持在備戰或被動員的狀態、將人民的注意力從艱困的生活轉移到當局指定的「敵人」身上。此外，逮捕高階醫師也成了對他們的高階病患施壓的有效手段。史達林的高階同志們無法確切知道，他們的醫師在國安人員刑求逼供的過程中，到底「招」了什麼。另一方面，一如史達林所策畫的許多其他「示範性」懲治行動，「猶太醫生案」也有自己的國際政治脈絡。一些史家認為，史達林或許把反猶運動視為對西方敵人施壓的工具，尤其是對美國。蘇聯境內的猶太人實際上是被當人質來利用了。藉由操作「當局和民間以暴力手段解決猶太問題」的可能性，史達林得以間接對西方各國領導人施壓——畢竟他們除了妥協、讓步外，沒有其他方法可以制衡蘇聯獨裁體制。[137]

無論史達林在生命最後幾年策畫的政治行動有多瘋狂，或者有多精打細算，它們都證明了一件事：史達林鞏固權力的欲望無比強大，只有死亡才能制止他。邁向死亡的最後一哩路則是從一九五三年二月二十八日星期六晚算起的。當晚，史達林邀了「四人組」——馬林科夫、貝利亞、赫魯雪夫和布爾加寧——到別墅共享他生命中的最後一次筵席。隔天，史達林的護衛們將發現老闆全身癱瘓。經過一連串的拖延和冗長討論，相關人士才終於給史達林叫來醫生。

獨裁政權崩壞

Разрушение диктатуры

The Dictatorship Collapses

一九五三年三月二到五日。克里姆林會議。史達林過世。

一九五三年三月二日早上，醫師們抵達史達林的別墅。情況急轉直下。醫師被召集前來這件事本身就顯示，當局高層已經承認史達林的狀況危急。經過診斷，醫師確認中風後的史達林命在旦夕。就這樣，毫無預警地，蘇聯當局被迫面對黨國最高權力交接的問題，而且是數十年來首次。跟列寧一樣，史達林生前未指定接班人，也未建立權力交接的法律機制。此外，他還盡其所能地防止可能的接班人出頭，不遺餘力地對同志灌輸政治自卑感。他緊抓所有重大問題的裁決權，刻意限制政治局委員的職能、塑造政治局內部資訊不對稱的環境，迫使委員們只能針對他們直接負責的事務行使權力、獲取資訊。這位蘇維埃獨裁者貪戀權力、在政治上奉行利己主義（簡單來說，就是自私）、對後進滿懷嫉妒和猜忌。實際上，他的行事原則就是：「我死後，哪管洪水滔天？」

史達林的繼任者在權力空窗期的「危機排除」方面展現了驚人效率，可說是「舉重若輕」。這和幾個因素有關。史達林還在世時，他領導圈的同志們就已從實務經驗獲得一定的自主性以及「集體領導」能力。他們每個人都有各自主要負責的黨國事務，此外他們也不時在史達林缺席的狀況下碰面，商議如何解決當下的實務性問題。內閣組織架構中，行合議制的機關尤其要常開會研商。這些機關名義上也得接受史達林領導，但史達林從未參與它們的實際工作。此外，史達林放長假時，政治局也會在頭頭缺席的狀況下行合議制。團結史達林「戰友」的因素還有一個，就是他們對獨裁者共同的恐懼。他們「爭寵」，但同時也對「老大」的易怒及善變性格感到害怕，因此試著維持領導圈內的均勢。「列寧格勒案」證明，每個人都有可能成為下一個受害者。蘇聯最高領導圈成員處於一種微妙的情境，受三股作用力影響：自保本能、個人轄下單位的利益，以及體制整體面臨的威脅。由於得日復一日處理實務上的難題，這些領導者比史達林本人更清楚改革的必要性。這有助他們勾勒出一個非正式的行動藍圖，唯一得排除的障礙就是史達林。在這位蘇聯領袖的獨裁體制中，一種「寡頭共治」文化逐步成熟，而且勢不可擋，其力量在史達林死前最後幾天就已露出端倪。

三月二日一早，十點四十分，在史達林的克里姆林辦公室，蘇聯共產黨中央委員會主席團常務局召開正式會議。數年來第一次，辦公室主人缺席了。出席者包括除了史達林以外的常務局所有委員，還有莫洛托夫、米科揚、蘇聯最高蘇維埃（國會）主席什維爾尼克、黨監察委員會主席什基里亞特夫、克里姆林醫療衛生管理處處長庫培林，以及神經病理學家同時也是醫師的特卡喬夫。二十分鐘的會商只討論一個問題：「醫師會診後斷定，I・V・史達林同志於三月二日腦溢血，病情嚴重。」[1]主席團常務局批准了醫師的診斷，也排定日夜輪流看守史達林的班表。這裡有一點很重要：被史達林逐出中央委員會主席團常務局的莫洛托夫和米科揚竟獲邀出席。同志們的行為顯然違背史達林的心意，也展現他們重建「集體領導制」的企圖心。這樣的做法就危機處理的角度而言是合理的，也有助凝聚同志。這些蘇聯領導人深信，史達林的病不會好了，因此在獨裁者尚留一絲氣息之際，他們就開始改變現有的權力體制，彷彿已掌握主場優勢。

三月二日晚上，八點二十五分，「寡頭」們在史達林的辦公室再度舉行了一場中央委員會主席團常務局會議，出席人員沒變。這次討論的主題是：「I・V・史達林同志至三月二日晚間為止的健康狀況。」參考資料為醫療部門領導所提交的報告。[2]隨著時間過去，情況越來越明朗：史達林活不久了。米斯尼可夫醫師回憶：

（三月）三日早，醫師們會診後必須給馬林科夫回覆，告知他我們的診斷。我們只給得出負面回覆：死定了。馬林科夫示意，他預期的診斷也是如此，不過，他隨即聲明，醫療行為就算無法保全病患性命，應該至少可以讓他再撐一段時間。我們了解，馬林科夫想說的是，為順利組織新政府、形塑特定的社會輿論，需要一些時間營造適當條件。[3]

確實如此。文件顯示，三月三日早上，蘇聯領導人們終於有了共識，一旦史達林撒手人寰，該如何行動。午間十二點，他們再度會商，這次沒邀請醫師出席。史達林的狀況再明白不過。與會人士做了兩個重要決定：在報紙將史達林的病情昭知公眾、舉行蘇共中央委員會全體會議。[4]舉行中央委員會全體會議的決定顯示，權力交接的程序起跑了。不過，新領導層的組成尚未明朗，還需要一些時間釐清。馬林科夫和貝利亞自願承擔起擬定各種方案的責任；他們有足夠的時間做這件事。黨中央委員會主席團常務局委員兩兩一組，輪流在史達林的別墅值班——馬林科夫和貝利亞一組，赫魯雪夫和布爾加寧則是另一組。每次輪班就是好幾個小時，同為一組的委員可以「無話不談」。

三月四日，所有事情大致塵埃落定。蘇聯民眾一早就在報紙讀到關於史達林病情的官方消息。這表示領袖康復無望了。對莫斯科當局而言，眼前最重要的任務之一，是讓國內民眾及國際社會習慣沒有史達林的新局面。當天，馬林科夫和貝利亞共同提出了權力高層改組方案；接著，包括莫洛托夫和米科揚在內的領導圈就開始進行相關討論。馬林科夫和貝利亞方案的手稿（日期正是押在三月四日）後來被保存在馬林科夫助理的保險箱中，但在一九五六年被取走了。[5]目前，研究者無法確知草案內容，不過可以肯定的是，它和隔天，也就是三月五日，黨國高層做出的正式決議相差不遠。[6]

史達林的繼任者完全破壞了他在生命最後幾個月打造的權力結構。應史達林要求成立於一九五二年十月的蘇聯共產黨中央委員會主席團被輕而易舉地解散了，取而代之的是納入莫洛托夫和米科揚後的黨中央委員會主席團常務局，至於獲史達林提拔進入黨中央委員會主席團的年輕黨員則被排除在權力高層以外。以上操作顯示，一個以昔日的中央委員會政治局為骨幹的集體領導圈正在成形，雖然名稱變了。史達林閣揆的位子被分配給馬林科夫，不過這並不表示馬林科夫是史達林的接班人，可因此順理成章接收前人的所有權力。新的權力體系由多重制衡力量構成，目的是避免新的獨裁暴君出現，是各個「寡頭」的自保之道。不同於史達林，馬林科夫並未兼任蘇共中央委員會書記，領導中央委員會辦公室的工作由赫魯雪夫接手。馬林科夫的第一副手們則是與他有同等權威的人物：貝利亞、莫洛托夫、布爾加寧和卡岡諾維奇。新的職位分配大抵遵循均勢原則，也符合最高領導圈所有成員的利益。沒有一位當事人提過圈內曾發生意見不合或發生爭執。

「寡頭」們事先做好所有決定後，就交由蘇共中央委員會全體會議、內閣及蘇聯最高蘇維埃（國會）主席團於一九五三年三月五日所舉行的共同會議批准。蘇聯大員們在大克里姆林宮的其中一個廳聚首。作家西蒙諾夫也參與了盛會。他如此描述當時在克里姆林感受到的特殊氣氛：

我比表定時間早到很多，大約提早了四十分鐘，但廳裡已經有超過一半的受邀與會者，而且十分鐘過後，所有人都到了，可能只有兩位或三位是在大會開始前不到半小時才抵達現場的。出席者有數百位，幾乎所有人都認識彼此（⋯）眾人沉默端坐，等著開始。大家比鄰而坐，可能還不時碰到彼此的肩膀，目光掃到彼此，但沒有人開口說話（⋯）大會開始前，現場是這麼的安靜。如果我自己沒在這樣的寂靜中待過四十分鐘，我大概永遠不會相信，三百位坐得這麼近的人可以如此沉默。[7]

接著，新的黨中央委員會主席團成員現身，其陣容已實質確定。大會只進行了約四十分鐘，也就是晚上八點到八點四十分。一如以往，高層早就做好的決定，在場人士都聽話地給予正式同意。領導高層堪稱優雅巧妙地成功減少了「史達林因素」對當下政治過程的影響力。他們先解除史達林分別在黨及政府機關的最高領導職位，接著又名義上把他納入新的中央委員會主席團。自此，史達林的政治命運已無翻轉可能，他的「戰友」們也完全脫離暴君掌控，就算他病情突然好轉，也無力回天了。西蒙諾夫寫道：「有這麼一種感覺，主席團的那些人似乎被解放了，掙脫了某種共同的壓迫、束縛。可以這麼說嗎？他們好像是終於脫了尿褲的孩子。」[8]

史達林雖然被剝奪了權力，但也不過失去權力一小時而已。當天，一九五三年三月五日晚上九點五十分，史達林過世了。他死得痛苦，彷彿證實了民間的智慧格言：好人才得好死。

他女兒思薇特蘭娜在史達林生命的最後幾天一直陪在他身邊。她回憶：

> 那痛苦的垂死掙扎十分嚇人。每個人都看到，他如何被折磨得喘不過氣。在某個時間點——我不知道，實際狀況是否如此，但至少我當時有這樣的感覺——看起來，就在最後一分鐘，他突然睜開雙眼，環視所有站在他身旁的人。那眼神很可怕，可以說是瘋狂的，或是憤怒的，充滿對死亡的恐懼、對從上方挨近他觀察的陌生醫師的恐懼。在那一分鐘內，每個人都被這樣的眼神掃射到了。突然——這真令人摸不著頭緒，也很可怕，我到現在還不太明白，但怎麼也忘不了——突然，他舉起左手（當時這隻手有動靜）朝上，看起來既像是指著上面的不知道什麼，又像是在恐嚇我們。手勢的涵義不清，但看起來很有威脅性。我們無法確定，這個手勢是針對誰或針對什麼……下一刻，他的心在做了最後的努力後，從他的肉體掙脫了。[9]

蘇聯高階領導人在收到史達林的死訊後，動身前往死者所在的近郊別墅。他們沒在死去的史達林身邊待很久，幾分鐘而已。一九五三年三月五日晚上十點二十五分，也就是史達林斷氣後約半小時，昔日同志們趕了幾公里路，又在他克里姆林的辦公室內聚首。[10]重要問題都已解決，只剩追悼和喪葬儀式等事項得處理。新的黨國最高領導人們為此設立了一個殯葬委員會，由赫魯雪夫主掌。他們也決定將裝著史達林屍體的石棺放入列寧墓中，史達林的屍體也要做防腐處理。國安單位及宣傳機關都收到了相應的指示。《真理報》主編薛毗勒夫出席這場會議約十分鐘。他永遠都不會忘記一個頗具代表性的細節：「史達林坐了將近三十年的主席位子就這麼空著，沒有人坐。」[11]

獨裁者的空椅子具有高度的象徵性。有段時間，蘇聯的最高領導人們權力相等，也有共同的追求——防堵新暴君出現的可能性。由於自己也曾受害，他們並不排斥消滅恐怖統治系統，就算這有可能引發棘手的政治效應亦然。一九五三年四月三日，蘇聯共產黨中央委員會主席團做成決議，「釋放並徹底平反因所謂的『醫師—破壞分子案』而在押的醫師及其家人。」總計有三十七人獲釋。至於那些「在捏造這起煽動性假案特別處心積慮的國安單位軍官」則須移送法辦。[12]隔天，蘇聯民眾在報紙看見相關消息。社會反應不一，正反兼具，史達林的忠實支持者甚至頓時茫然無所適從。但「猶太醫師案」不是例外，集體領導圈成員特別關注的其他政治案件也很快被重新審視，過程堪稱低調。莫洛托夫的妻子獲釋；卡岡諾維奇的哥哥被證實無罪，雖然已經太遲了——他在戰前（譯註：一九四一年）就已因遭控從事「顛覆破壞行為」而自殺身亡。攸關貝利亞名譽的「梅格列爾案」也被重新檢視。許多其他高階的政治迫害受害者也重獲「自由」或獲平反——雖然他們可能已不在人世。史達林的繼任者在「自我解放」的同時，不可避免地也推了國家整體的解放一把。新的黨國最高領導人之所以勇於反史達林之道而行，並非僅出於道德考量或衝動，還有挽救體制免於崩壞的迫切危機感。體制危機在史達林尚在世時即已有明顯的徵兆。史達林不想有任何改變，但現在他死了，繼任者立刻展現驚人效率和決心，一出手就擊中要害。

獨裁統治的重要支柱——國家安全系統及「古拉格」體系——也被大大地「組織改造」了一番。一九五三年四月四日，內務部長對相關單位下達命令，不可對被捕者施用刑求虐待。這件事頗具象徵性。命令文承認，「無辜的蘇聯公民被捕」是常態，「各種刑求虐待方式也很常見——被捕者被殘酷毆打；雙手一整天被反銬在背上，甚至如此持續幾個月；不被允許睡覺；被脫光衣服關在冰冷的禁閉室等等。」內務部更要求關閉監獄內的刑求室、銷毀刑求工具，不服者將遭嚴格懲處。[13]命令文不僅下達所有國安單位，更被唸出來給所有勤務人員聽。他們應該覺得印象深刻。一九五三年春夏期間，勞改營體系也有了重大變革。非政治犯獲集體特赦，囚犯人數因此減半。大量在此之前由內務部主管、使用囚犯勞動力的工廠和建設工程要不被喊停，就是被轉交經濟部門處理。[14]在烏克蘭西部和波羅的海地區，莫斯科當局對反蘇游擊隊也採取了相對有彈性的政策。為了爭取民心及知識分子的支持，當地的黨國機關開始較大量地進用本地人。[15] [1]很快地，許多史達林恐怖統治的受害者也獲平反。短短幾個

1 編註：此句英文版無，此處為參考俄文版翻譯。

星期內，如同前文所提，史達林的繼任者也大幅地變更了他的經濟政策。花費不貲的基礎建設工程計畫遭縮減，部分「共產主義建設工程」及「宏圖遠大」的軍武重整計畫也被畫上句點。因此釋放出的資源被用在處理農業及社會領域的危機。農產品的徵購價格提高了，農民的稅賦降低了。這些作為很快就帶來正面結果，而且速度很快，尤其是在畜牧業。[16]當局也推出一些重要的社會政策，例如大量建設國民住宅。這一切都和史達林的工業化模式天差地別。

內政改革進行的同時，國際政策也變溫和了。一九五三年三月十九日，蘇聯內閣做出決議，將致力「促使韓國境內的戰爭盡快結束」。[17]一九五三年七月二十七日，在幾輪氣氛緊張的談判後，終於簽訂了停戰協定。此外，在莫斯科同意下，東歐的共產政權也啟動了一系列自由化的措施。一九五三年六月二日，蘇聯內閣對德意志民主共和國（東德）政府發出訓令以表達對該國政策的否定立場，同時也提出幾個有助改善該國政治情勢的辦法。[18][2]

總而言之，「不知感恩」的史達林繼任者在短短幾個月的時間內就不甚費力地擺脫了他治下許多極端的措施和現象。蘇聯政權的性格因此有了明顯改變，不再是史達林式的統治：它變得較不嗜血、易預測，也較有自我修正能力。獨裁統治被重重打擊了，而且復原無望。高層內部的鬥爭讓「第一主角」不斷換人，但再沒人當得了獨裁者。

2 譯註：六月十六日東德就爆發大規模工人抗議，上百萬人參與，可見蘇聯集體領導的警告並非空穴來風。

葬禮：領袖，體制，人民

Похороны. Вождь, система, народ

The Funeral

史達林過世了。從一九五三年三月六日算起，他的告別式進行了整整三天。靈柩就放在工會大廈的圓柱廳。工會大廈位於莫斯科市中心，過去是莫斯科貴族宴會宮，後來成了人民與蘇聯領袖訣別的慣例地點。一九五三年三月六日下午四點，遺體開放瞻仰。整個流程安排得並不好，相關單位未完善地規畫並且管制前往工會大廈的周邊動線，想要前往工會大廈的人群必須經過幾條相對狹窄的街巷，沿途又到處是警察及充當路障的貨車。人流龐大、動線管制欠佳導致現場混亂，群眾焦慮、慌張，有不少人因此受到重傷，甚或活活被壓死、踩死。相關事件的調查材料至今仍未公開。一九六二年，在某個只有少數人出席的場合，赫魯雪夫曾說，在史達林告別式進行的那幾天，有一百零九人死於洶湧人潮之中。[1]

當然，報紙上沒有關於這場「陪死」悲劇的任何消息。讀者看見的是各種「死後哀榮」、民眾的無限悲痛和哀悼，還有對領袖和黨的忠誠宣誓。不過，人們倒是不忌諱給政府寫信，抒發他們真實的感受。莫斯科街頭慘劇的目擊者向主管機關如此抱怨：

這已經不是第一次了。之前就發生過這樣的事情：面對大量人潮，警察不但無能為力，更成了秩序破壞者。就在好幾百人，包括帶著相機在人群中鑽來鑽去的外國人面前，把受重傷和被狠狠壓踩的人拖出來、送上救護車。這場景真是令人痛心。太震撼了。[2]

接下來有五個小時，人們在整個莫斯科市區被趕過來、趕過去，警方不知道隊伍到底在哪裡！警察駕車直接往好幾千人的人龍開去，因此造成死亡，到處都是尖叫、呻吟。幾十萬人繞著被圍住的、通往圓柱廳的街道走，卻找不到路！（……）只有破壞分子會宣布從下午四點開放（作者註：瞻仰遺容），卻直到晚上九點才公告路線。[3]

整體而言，這些信件在風格及內容上堪稱史達林時代的典型。例如，特別提到「帶著相機在人群中鑽來鑽去」的外國人，以及用「破壞分子」這樣的字眼。此外，「警察成了秩序破壞者」也是對史達林統治體系的精準比喻。獨裁統治依賴暴力，為達目的在所不惜，「有序」與「無序」間的界線因此模糊不清，負責維持秩序者反而造成秩序崩壞。莫斯科街頭慘劇有可能迫使史達林的繼任者再次思考警察國家的侷限性，不過他們暫時也只能憑藉獨裁統治遺留下來的制度和方法辦事。史達林的葬禮預計於三月九日舉行。葬禮的準備工作還是照原來的劇本走，只是莫斯科街頭的不幸事件或許讓相關單位小心謹慎了一些。首先，安全措施變得比較嚴格，總計動員兩萬兩千六百位國安人員、警員以及軍人。此外，有三千五百輛車被調來當作路障。[4]葬禮儀式計畫書的內容非常詳盡，幾乎是以「分鐘」為單位進行規畫——把靈柩從工會大廈抬出來，把靈柩放在紅場上的列寧墓前，舉行哀悼集會，把靈柩放入列寧墓中，史達林的不朽之身放在列寧的不朽之軀旁。典禮開始前數小時，有六千名軍人及一萬五千名所謂的「勞動者代表」被帶往紅場待命。[5]這一次，一切照表定流程走，沒有重大意外發生。

雖然莫斯科街頭的公安意外主要得歸咎於權責單位，但不可否認，其初因仍是許多莫斯科人希望能見上領袖最後一面。是什麼力量驅動著他們？是對領袖的敬愛、好奇心，是某種精神狂亂，還是對「自由」的渴望？畢竟，秩序鬆動了，個人難得不是被動員群眾中的一分子，有機會「趁亂」表現個人意志。顯然，這些驅動力都存在，但不僅限於此。為數不多的公開文件顯示，群眾對元首生病、死亡的反應其實頗為複雜。[6]一九五三年三月五日，國家安全部長伊格納切夫對蘇聯最高領導人們報告了，軍方對史達林生病、很有可能不久於人世的消息有何反應。根據文件紀錄，軍方的反應大致符合「忠誠」原則，但同時也透露出就連軍人也對史達林個人有所同情。受官方宣傳影響，不少人認為史達林是善意與美德的化身：「我的家人認為，國家面臨重大不幸」、「他勞心勞力，所以健康受到影響。」這些「正面評價」

反映的其實是民眾對國家未來及個人未來的不安。多年來，官方宣傳把史達林塑造為無可取代的人物，甚至是避免戰火再起的關鍵因素：「有些害怕。他死了，誰來接他的位子？」、「第三次世界大戰有可能會提早開打。」除此之外，國安人員的報告中也列舉了各種「負面」、「有敵意」的說法，例如「好走，不送」、「很好啊」、「史達林撐不久了。不過，這樣更好。等著看吧，一切很快就會變了。」[7]至於說出這些「負面」話語的人通常要不被逮捕，就是被調查。

一九五三年三月一波逮捕和審判潮，就是針對那些嚴厲批評史達林，和「慶幸」他即將一命嗚呼的民眾而來。他們被控「進行反蘇宣傳」。四十四歲的莫斯科居民、科學研究員切連可夫在電車上語帶醉意地說：「今天真是個好日子，我們把史達林埋了，世界上少了一個混帳，現在我們可以過好日子了。」來自羅斯托夫州的二十八歲女工雷芭爾珂因使用髒話咒罵史達林而獲罪。來自哈薩克的迫遷受害者裴特因在哀悼大會後撕毀、踐踏史達林的肖像而獲判徒刑。來自烏克蘭羅弗諾的三十二歲鐵路工人卡爾培庇在聽到史達林的死訊後罵了一聲，接著說：「喂，我都聞到屍臭了。」四十八歲的外高加索鐵路員工格里德紐娃忍不住對同事說：「壞人果然不得好死。不過呢，他還是死的好。不會有集體農場了，生活會比較好過一點。」類似的例子不勝枚舉。[8]

雖然針對史達林而發的負面言論在他死後確實不少，但這不過是人民不滿情緒的冰山一角，在偶然的情況下被執法單位掌握到罷了。跟蹤、監視／監聽及威嚇——當局這些措施在在限制人民的表達自由，更不用談較為積極的抗議行動了。基本上，人民只有兩種選擇：第一、接受，或者至少表面上接受官方認可的價值；第二、被關進勞改營或被槍斃。如此一來，就連像日記這種極為私密的文字資料，其「誠實度」也有待商榷。我們可以這麼說，蘇聯人民甚至在獨處時，也無法對自己坦誠。日記對他們來說比較像是「不在場證明」，而非「自白」。報紙針對大型集會所做的報導、國安單位的民情匯報、人民上書權責機關留下的文字紀錄……，這些歷史材料不過反映了部分現實，更不用說它們大多還沒被公開。如果歷史學者認為他們能夠針對史達林統治時期的民心動向提出單一模組化的解釋，就是太高估自己的責任範圍了。他們的論述中有太多臆測和自由心證，往往說服力不足。

史達林死前，蘇聯人口約為一點九億。當時的蘇聯社會非常複雜多樣，但和雜誌封面上的「新人類」理想典型差距頗大。[9]促成社會團結和民眾「力挺」當局的因素很多，而之所以「挺」，其原因從真切的熱情、妥協認命，到順勢而為以明哲保身的心態都有可能。史達林體系的主要支柱就是大規模的暴力和恐怖，及其引發的寒蟬效應，而非表面上的群眾熱情。不過，我們不能因此論斷暴君之下沒有忠誠懇切的臣民。持續性的恐怖威嚇是政權團結人民及壓制獨立思考的主要武器，但為確保這武器有效，還得有「正向」的社會操控手段予以加持。「棒子和蘿蔔」的策略必須善加運用。

當局有意識地培養出一個支持體制，以及因此體制而享有特權的階級。被拔擢的各級領導和幹部享有眾多特權，包括較高的社會地位和相對優渥的物質生活。經歷了一九三〇年代下半的「大清洗」，蘇聯官僚系統的組成大致穩定。戰後，官員被壓迫已不再是常態。文件顯示，在史達林死前，高階幹部及其親人有實際上的法律豁免權。由於逮捕、提審和制裁黨員必須事先和黨委會領導層商量，這就讓司法系統產生「一國兩制」的現象。史達林逝世前不久，蘇聯總檢察長就曾向蘇聯共產黨中央委員會做了這樣的報告：「事實上，我們有兩部刑法，一部是給共產黨員，另一部是給其他人用的。」[1] 許多實例可以證明「王子犯法不與庶民同罪」——同樣的違法行為，高階幹部及其親人可規避責任，但一般民眾卻會被嚴懲。[10]

在社會地位方面，最接近龐大黨國官僚群的是所謂的「國家菁英」。每個社會階層或職業都有自己的「菁英」——工人、農民、作家、藝術家、學者等等。這是蘇聯「社會工程」的重要元素，其中最有名的例子之一是所謂的「斯達漢諾夫運動」。「斯達漢諾夫式勞動者」（Strakhanovites）指的是勞動模範或勞動先進分子，他們可能是真實存在、虛構或半真半假的人物，但無論如何都扮演了「指路明燈」的角色，也是當局用以塑造布爾什維克政權「草根性格」的符號性存在。他們的社會地位介於一般民眾和官僚之間，但很容易就吸收了黨國官僚的價值觀；他們扮演利益或意見代表的角色，為自己的工作單位和居住區域向各機關遊說，在物質生活方面享有特權……等等。「斯達漢諾夫運動」的「創始人」斯達漢諾夫本人是個礦工，就是上述情況的典型代表。史達林認識他，也支持他。切身體會到何謂「特權」的斯達漢諾夫毫無顧忌地對史達林予取予求：

> 約瑟夫·維薩里翁！給我一台好車，我不會讓您失望的。斯達漢諾夫運動就快滿十年了。我會到頓巴斯地區，再一次示範，什麼叫正確的工作方式。不管我要求了多少次、多少人，每次拿到的都只是從戰場上帶回來的破爛戰利品。要不是他們從不給我好車，我才不會這樣一直煩您（…）還有，住家方面（…）我怎樣都要求不到裝修。牆壁很髒，家具破爛、壞掉（…）可是呢，有些人卻可以一彈指就一個月換兩次壁布，還能有各種各樣的家具。這樣不對。請讓我有辦法裝修住家、換家具，這樣我才不會羞於邀請客人到家裡。[11]

以社會上層階級的利益為導向的資源重分配是「城市優先」政策的一部分，大型城市尤其是發展重點。強制的工業化及軍事化措施造成身為農民的多數人與住在城市的少數人在生活水平和社會地位上的差距越來越大。[12]許多城市居民，尤其是莫斯科、列寧格勒和大型工

1 編註：此句英文版無，此處為參考俄文版翻譯。

業城市的居民，享有相對多的資源和權力，工資也較高。在饑荒肆虐的年代，這批人就算挨餓，也不至於像農民那樣大量死亡，因為他們可以寄望國家配給。農民沒有護照[2]，但都市人有；農民缺乏行動自由，但都市人在移動方面有相對多的自由。城市居民享有比較好的醫療、文化及教育資源和基礎設施。許多民生消費品會優先送往莫斯科和列寧格勒的商店，因此當地居民不但可以購買，還有機會「選擇」。[13]城市住民比較容易受教育和找到報酬較高的工作，而這也給他們比較大的社會發展空間。政府執行貨幣改革、降低國營買賣中的商品售價、提高農業稅賦等政策，都是以莫斯科、列寧格勒和大型工業城市居民的利益為優先考量。政府的上述作為等於是強迫需要現金的農民以不合理的低價出售農產品。有證據顯示，史達林其實很清楚這樣的經濟政策會導致什麼樣的社會後果。在這方面，米科揚的證言極有參考價值。交易行為正屬於他的職責範圍：

我說過，不可以降低肉類、奶油和白麵包的售價，因為，第一、這些東西的供應量不足，第二、降低售價等於是降低收購價，而這會對生產帶來負面影響。供應量不足、售價降低，結果就是人們大排長龍，接著就是各種投機行為，因為工人白天無法去商店，商品就會被投機分子收購（⋯）史達林卻堅持己見。他說，我們必須這樣做才符合知識分子階層的利益。[14]

米科揚頗精準地預告了泛政治化的商品降價政策會帶來什麼後果：缺貨、長長的人龍、黑市。不過，史達林的考量也不難理解。他關注的是享有相對資源優勢的階級以及大城市的居民。畢竟，政權維穩還得靠他們。受惠於國家政策，就連社經地位只算得上一般的城市居民也比農民富裕好幾倍。有個社會現象可以很好地說明這種不平等：許多年輕的農村婦女到都市當傭人，只為求溫飽。由此可見，以全國規模來看，為數不多的城市居民和占全國人口多數的農村居民對「現實」的理解可以完全不同。然而，後世往往是透過當時的城市居民之眼想像史達林時期的蘇聯生活日常——這是因為城市居民普遍較有能力，也相對積極地寫回憶錄和日記，擁有話語權。

戰爭是另一個維持社會穩定、鞏固獨裁體制的重要因素。對第一次世界大戰和內戰慘狀的記憶、犧牲兩千七百萬條人命換來對納粹的勝利、對第三次世界大戰及核戰的恐懼——以上這些在在影響數以百萬計的人，包括蘇聯以外的民眾對現實的感知。在這樣的情境中，史達林政權可以擺出一副拯救世界於可怕敵人之手的救世主姿態。一九四五年的勝利替史達林及後史達林政府保了長期險，到了二十一世紀的今天都還是當局鞏固其政權正當性的重要立

2 譯註：俄文為「паспорт」（passport），這裡指的是「國內用」，而非「國外用」護照，有身分證的功能。

論點。[15]

我們可以繼續列舉有利史達林體制延長其壽命的歷史因素。不過，就算有這些因素，再加上各種壓迫手段支持，仍無法完全壓制大量的社會矛盾和群眾不滿。從一開始，作為激進革命黨的布爾什維克政權就是建立在對社會的強硬劃分／分化之上。此外，它也習於針對那些出身背景或社會性格與社會主義「敵對」的人進行壓迫、甚至「肉體消滅」。[16]史達林由上而下的「革命」為「社會清洗」帶來巨大動能。被迫害的不只是那些在一九一七年革命後就被貼標籤的昔日貴族、布爾喬亞階級、軍官和帝俄官員，還有主要為農民出身的廣大蘇聯群眾。他們之中的許多人在農業集體化政策推行的過程中歸類為「富農」，被槍斃、流放或趕出家園。數以百萬計、來自不同社會階層的人基於不同理由被迫害、趕入勞改營或被剝奪生命。獨裁者並非不知道這樣的政策會催生潛在敵人，因此不斷加強「預防性清洗」的強度，這在一九三七到一九三八年間尤為明顯。壓迫只會製造更多壓迫，舊的迫害需要由新的迫害來將其合理化。在史達林統治晚期，曾被逮捕、發送至勞改營、迫遷或遭受懲罰性歧視的蘇聯公民為數眾多，甚至可說占了總人口的大多數。

當然，受害者不一定就會成為權力的反對者。事實往往正好相反。統治者的恐怖手段令人害怕，人民因此變得較易操控，成為順民，甚至覺得自己有必要隨時隨地展現對當局的高度忠誠。不過，我們不能因此誤判，認為這就是民眾唯一的可能反應。歷史文件顯示反政府情緒在當時的蘇聯社會並不少見，積極抵抗的例子也並非付之闕如。我們不難理解，最激烈的反政府行動是發生在獨裁統治逐步成形時，其中最鮮明的例子是一九三〇年的「農村戰爭」、接下來的數場農民抵抗運動及一九三〇年代初的城市騷亂。[17]然而，大恐怖和統治體系的穩定化讓公開的反政府行動越來越不可能，更不用說大規模的群眾運動了。不過，在討論相關議題時，我們不能忘記，特務機關還有許多檔案至今仍未公開，包括那些反映史達林統治晚期國內狀況的資料。有可能，我們之所以認為一九四〇年代是個噤聲、服從的年代，是因為我們知道的還太少。生活水準過低長期導致群眾不滿。[18]農業經濟被集體化政策徹底搞砸、一再陷入危機或發展停滯。史達林治下的蘇聯幾乎每一年都在挨餓，或「遭遇棘手的糧食問題」，而受害的或者是國內大部分區域（例如一九三一到一九三三年，和一九四六到一九四七年間的狀況），或者是零星地區。就連在供糧情況相對良好的那幾年，蘇聯一般民眾的飲食仍乏善可陳。史達林治下的蘇聯人民主要吃麵包和馬鈴薯維生。一九五二年，也就是史達林死前不久，政府對民眾的飲食狀況進行了一系列調查。結果顯示，一位蘇聯公民平均每日食用約五百公克的麵粉製品（主要是麵包）、少量穀類、四百到六百公克的馬鈴薯、兩百到四百公克的奶類和乳製品。這是一日餐食的基礎。其他的食物都頗稀有，尤其是肉製品。此外，他還可能吃幾匙糖和一點魚。算下來，蘇聯民眾平均每人每天食用約四十到七十公克的肉類和肉製品、十五到二十公克的油脂（動物或植物油、乳瑪琳、薩洛）。平均而言，蘇聯公民大約每六天可以吃一顆蛋。為了讓讀者能更好地理解以上數據的意義，我們可以說，這樣的飲食和勞改營的主流標準差不多，而這還是在生活水平較以往偏高的一九五二年。[19]不過，必須留意的是前引數據有可能經過美化，畢竟調查主責機關——中央統計局——長期備感政治壓力。為了讓平均數字好看一點，該機關可能提高收入較佳工人或集體農場農民的樣本數。此外，中央統計局也未把食物本身的品質納入考量。諸多資料顯示，當時的食品往往品質低下。如同一封於一九五二年十一月寄自闕爾尼果夫州、指名給史達林的信中所述：「現在會烤黑麵包，但品質不好。這種麵包，生病的人根本不能吃。」[20]

除了食品，消費用品也有供應吃緊的問題。一般而言，它們的價格一直很高，人們盡其所能地屈就最簡單、最便宜的產品，但就連如此低規格的要求也得節制。例如，在一九五二年的蘇聯，每四位農民中只有一位有皮鞋。[21]但就連相對簡單的鞋款或服飾也不是人人都有。一九五二年十二月，坦波夫州的某位村民寫信給史達林，抱怨「在我們的集體農場，一個三、四口人的家庭只有一件冬衣。冬天時，百分之六十的小孩無法上學，因為沒有衣服穿。」[22]

此外，絕大多數蘇聯民眾的居住條件也很糟糕。在史達林治理期間，國家對住宅建設的基本態度是「有多的錢再來談」。政府對住宅及公共建設的投資極度不足。長久積累的問題在戰後國內百廢待舉的情況下更加嚴重。以下數據可供參考：一九五二年年末到一九五三年年初，蘇聯城市居民的平均居住空間是每人四點五平方公尺（譯者註：約一點三六坪）。[23]由於住所內可能有暫時居住、未做戶口登記或未被權責單位納入管理的人口，實際的數據可能比四點五平方公尺更小。此外，住房品質也難以令人滿意。在市區，只有百分之四十六樓地板總面積的公有住宅有供水系統，百分之四十一連接到下水道系統，百分之二十六有中央暖氣系統，百分之三有熱水，百分之十三有浴室。[24]必須留意的是，這些數據主要還是來自生活水平較高、基礎建設較佳的大城市，也就是莫斯科和列寧格勒。住宅建設的慘狀還可從市區內常見的簡陋臨時住所看出，而且把戶口登記在這些建物內的人竟然越來越多。一九四五年，大約有兩千八百萬人住在「簡易臨時建築」內，到了一九五二年，這樣的人口已來到三千八百萬之譜，光是莫斯科的數據就有三十三萬七千人。[25]

至於蘇聯工業和農業的勞動條件，則同樣可以「沉重」來形容。由於經濟不發達，難以用物質激勵的方式促進生產，只好強迫勞動。古拉格體系就是這種奴役式勞動的最佳代表。不過，就連名義上為「自由人」的工人和集體農場成員也多是在鞭子的驅策下從事勞動。所謂的「招募」工人，尤其是前往危險或有害健康的生產基地工作，實際上往往是「強徵」年輕勞動力，不從者就會被送往勞改營。自一九四〇年起，受制於非常時期的勞動法令，勞動者和勞動地點被綁在一起[3]。至於農民，他們不但在集體農場幾乎是無償工作，而且一旦產

3 譯註：也就是說，以工人為主的勞動者不可自由更換工作地點，其生活各層面的權利和義務都依附於工作單位，甚至涵蓋民生用品配給。

量沒達標，還得上法庭接受審判。一九四〇到一九五二年間，大約有一千七百萬人因為擅自「離職」、工作遲到、躲避工農生產單位的「招工」，以及在集體農場未能達成個人生產目標而獲罪。[26]一千七百萬是個驚人數字，但尚未能反映真實全貌。由此可見，蘇聯官方宣傳的勞動者捨己忘我精神及偉大情操實際上是怎麼一回事。

在對政權忠心耿耿及憤恨不滿的兩個意識極端間，是一大群，而且是絕大多數對公眾領域漠然、冷感，表面上卻一副對體制忠誠無欺的人。他們有限度地回應官方宣傳，偽裝、掩飾，避免恐怖統治的暴風圈直接掃到自己，但在生活上卻默默遵循傳統和習慣。特別是在一九三〇年代，雖然國家強力打壓宗教，也迫害神職人員和教會活躍分子，多數民眾仍保持自己的信仰。一九三七年一月的人口普查顯示，十六歲以上的蘇聯民眾有百分之五十七宣稱自己是教徒（超過五千五百萬人）。實際的數字可能更大，因為許多人擔心公開自己的信仰會招來禍害。[27]

對多民族的蘇聯來說，史達林在民族問題方面留下的政策「遺產」也是十足敏感和危險的。依循歷史學者馬丁的概念，布爾什維克掌權初期企圖建立的是「積極平權帝國」（affirmative action empire），在民族問題方面採取相對自由主義的作風，但這一切在一九三〇年代初就壽終正寢。[28]在史達林治下，莫斯科當局施行的是越來越殘酷、壓迫的民族政策。依照族裔屬性而進行的大規模逮捕、槍決和迫遷，制度一統化及透過「俄羅斯化」（русификация / russification）

建立單一均質的蘇聯認同——以上在在給龐大的蘇聯體制埋下殺傷力極高的地雷。[29]事實上，有幾顆地雷在史達林統治時期就爆了。在烏克蘭西部及波羅的海地區，反蘇游擊戰不時捲土重來。在官方的「民族友誼」宣傳背後（當然，完全否認「民族友誼」的存在也是不對的）是為數眾多的民族衝突。[30]所謂的「俄羅斯問題」越來越尖銳。「俄羅斯問題」反映了蘇聯俄羅斯人的矛盾處境：他們是蘇聯人口大多數，因此同時是體制的主要支柱與受害者。如霍斯金所言，「俄羅斯問題」終究毀了蘇聯。[31]

史達林對這些問題有多少了解？他對「自己的」人民及其真實生活有多少認識？阿爾巴尼亞共產主義者領導人霍札在一九四七年來到莫斯科。他記得史達林曾說：「要統御有方，就不能不了解群眾；要了解群眾，就得走入群眾。」[32]不過，史達林自己倒是沒遵循這個原則。他沒走入群眾。在知名的一九二八年西伯利亞行之後，他就再也沒「走入人群」了，何況就連在西伯利亞期間，與他來往的也多是地方幹部。至於官方所謂的與「勞動代表」會面，則是經過仔細規畫的宣傳戲碼。有幾次，對戲劇效果有偏好的史達林會出人意表地出現在人群中。不過，就連這樣的「偶遇」和「即興演出」也免不了「領袖尊體向民眾顯現」的調調。一九三五年九月，史達林在其他黨國領導人的陪同下，在索契周邊地區旅遊。途中，他們遇見幾位同樣是來休憩的一般民眾，史達林提議來場「與民同樂」的聯歡活動。某位遊客很生動地記錄了這個場景：

（…）史達林同志（…）讓我們停下腳步。他說：「同志們，你們為什麼要離開呢？你們怎麼這麼傲驕，不屑與我們為伍？來，靠近一點。你們是從哪裡來的？」我們走近。（…）「怎麼，來認識一下吧。」史達林同志說，接著就一一介紹我們和他的同行者認識，他自己也和我們認識了。「這是加里寧同志、這是莫洛托夫同志的太太（…）然後，我是史達林。」他說，還跟我們每個人握手。「現在，我們要一起照相。」史達林同志邀請我們站在他附近。（…）攝影師還在忙的時候，史達林同志就不停跟我們開攝影師的玩笑，說他們是「要命的敵人」，每次都努力地妨礙彼此工作。他還要求不只拍他，要拍「所有人」（…）接著，史達林同志開始邀請在售貨亭裡賣蘋果的女人一起拍照（…）還邀了小吃部的店員。售貨亭裡的女人因為感到困窘，遲遲不肯走出來。史達林同志對她說：「自尊心這麼強不太好。」還建議攝影師，若是那個女的不出來，就先不要拍攝。史達林同志說：「女店員必須成為我們國家最受尊敬的女人。」最後，那個女店員總算走出來了。拍攝活動繼續進行。來了一台空空如也的巴士（…）史達林同志邀請司機和車掌一起來留影。（…）[33]

顯而易見，這種類型的「走入民間」對於增進領導人對「民間」的理解毫無幫助。史達林沒看到，也看不到，人民實際的生活條件為何，他們在哪裡採買、買的都是些什麼，他們在哪裡看病、在哪裡接受教育。基本上，史達林是從辦公室認識所謂的「人民群眾」。歷史學者目前已知，史達林對民間日常生活的認識主要依賴兩個資訊來源：國安單位的國內情勢和民情匯報，以及「平凡老百姓」寫給他的信件和抱怨、申訴文。一般而言，百姓不會只上書黨國最高領導，也會同時向多個權責機關發出信件。

從檔案資料看來，前面提到的國安單位匯報在一九二〇和一九三〇年代特別常見。這些匯報很高程度地反映了國內的真實情況，雖然「輿情」和資料收集者是情治機關，而情治人員通常在國家面臨的危機和困境中，看到的是敵人的陰謀詭詐。這些匯報分成好幾類，其中一些是社會政治情勢的綜合分析，其他的則處理較具體的經濟或政治問題。這些文件的數量往往過於龐大，黨國領導人要讀完長篇累牘的報告，得花不少時間。近來，一些年份標記為戰前年月的匯報已由歷史學者整理出版，[34]不過根據的是藏於國安單位檔案庫的複本資料，在史達林的個人檔案中則沒有這類文件。研究者目前還不清楚，昔日的政治局檔案，也就是今日的俄羅斯總統檔案館內是否藏有這些文件，以及若有，則其狀況和數量為何。因此，歷史學者無法確切了解，蘇聯領導人，尤其是史達林，是如何利用情治機關針對國內情勢所做的報告。目前看來，這些報告被仔細閱讀、運用的機率不大。

相較於國安或情治機關的匯報，歷史學者對史達林閱讀「百姓心聲」的狀況有比較好的了解。許多機關單位都會收到各類抱怨、申訴、懇求、舉發和主張，而且會寫信表達心聲的不在少數。這樣的說法一點也不誇張。「上書」再平常不過，而且當局甚至鼓勵這類行為。在蘇聯這種高度中央集權的體系，寫信給權責單位是少數可以解決問題的方法，包括解決極其瑣碎的生活問題。國家實質控制了所有工作機會；無論是企圖取得房子、或蓋自己的房子，都必須透過國家；多數生活必需品也得在國營商店購買；健康出狀況或面臨生命危險，也只有在國營醫療院所能得到治療照護；能領到退休金及各式津貼的只有少數人，而且哪些人能領、領多少，也完全由國家決定。由於司法系統有名無實，蘇聯民眾大多透過大小官僚解決各類糾紛和問題，而龐大的官僚機器及其濫權自然引起民眾不滿。許多民眾對應的方式就是寫信給特定官僚或單位的上級，希望上級能對下級「發揮影響力」。數千萬人被逮捕、驅逐、迫遷、關入勞改營或槍斃，後果之一就是有數百萬封求情信、申訴信被送進各機關。寫信的都是哪些人呢？通常是被捕者和他們的親人，偶爾會有勇於捍衛親友、同事權益的擔保人。一般而言，國家鼓勵這類「追求真理」、「揭發真相」的行動，因為這有利於塑造高層「不沾鍋」的形象。

類似的鼓勵機制也可見於國家對告密，以及各類揭露、舉發的態度。史達林對密函和告密者特別有好感，且不只一次公開表現自己的這項偏好。例如，一九三七年六月二日，他曾這麼訓示國防部長軍事會議出席人員：「每一位黨員、每一位誠實的無黨無派人士、每一位蘇聯公民不僅有權力，也有義務通報他發現的缺失。就算通報內容只有百分之五與事實吻合，也很有價值。」在他生命的最後幾個月，史達林還吹捧某位「小人物、大英雄」——琪瑪舒科，因為她向當局發出的「警訊」引爆了「猶太醫生案」。所有的密函，包括匿名信件，都經過檢查。國家到底有多重視「上書」和告密機制呢？一個有力證據是就連囚犯（譯註：包括勞改營內的）也被鼓勵「上書」權責機關，而這幾乎是囚犯唯一擁有的權利。一九三六年二月，蘇聯內務部長簽署命令，要求相關單位在勞改營、監獄和其他服刑地點設置「內務部長和古拉格主管專用信箱」，受刑人可以把自己的意見、心聲、舉報內容……等寫好，投入箱內。內務部長命令文明示：「箱子必須用勞改營管理處的章封印好。只有勞改營主管及其副手、監禁場所管理單位主管及其副手有權打開信箱。」至於信函本身，則必須指名送交內務部長，「萬不可擅自拆閱」。此外，命令文還要求相關單位務必向受刑人說明「這些箱子的用途」。[35]

不少蘇聯公民利用當局對「揭發」行為的偏好和「誹謗無罪」（譯註：請見前引史達林的訓示）的好處，積極寫密函，並視之為少數可以影響國家權力的手段。確實，許多密告者藉由國家之手滿足自己的私利——報仇、把鄰居趕出合住單位、在職場上排除競爭對手……等等，不一而足。我們也不該忘記，對無權無錢的「底層」而言，要報復「既無能，又無所不能」的官僚，寫密函大概是唯一有效的方法。然而，慫恿、逼迫人民用如此猥瑣、可恥的手段捍衛自己權益的，正是國家。

除了抱怨、申訴和舉發信，「內容正向」的信函仍不在少數，我們可以在檔案館中發現大量的倡議信。這些信件觸及的議題包括公部門改組、社會經濟改造、城市改名、報載內容「更正」、新的節日和節慶活動導入……等等。書寫倡議信是蘇聯公民在極其有限的國家許可範圍內滿足社會主動性的方式。當然，這些倡議信的作者也不一定是完全「無私為公」的：藉由積極表現，他們或許能在上級眼中顯得「出類拔萃」。

無論各權責單位收到的民眾來信是否「如雪片般飛來」，對所有寫信、有所求的人來說，最具權威、「最夠力」的收件人當然還是史達林。目前，研究者還不清楚，指名史達林收件的民眾來函數量到底有多少。不過各項資料顯示，一年大概不會少於數十萬封。[36]顯然，並非所有指名給史達林的信件都會交到他手上。到他手上的都是經過挑選的。不過，就連這些經過挑選的信件，對研究者來說也很有價值。它們顯示史達林對「民間」的了解程度，也透露史達林在信件內容方面的偏好。當然，相關單位也有工作須知，說明選信標準和領袖興趣所在。

處理給史達林的信是一道非常複雜的流程。在蘇聯共產黨（布）中央委員會特別處——也就是史達林個人的文書室，有個專門處理通信和文書往返的單位。戰後，這個單位被授予「特別處第五科」（Special Sector's Fifth Section）的名稱。一九五〇年初，第五科共計有二十位職員。[37]他們接收並將指名給史達林的信登記下來，多數信件在這之後就直接轉交各單位處理，其中最重要或有閱讀價值的信函會被呈報給特別處的長官，包括史達林的助理波斯克琉畢雪夫。[38]多項資料顯示，這位助理還會對來信再做一次過濾，只留下史達林會有興趣看的。經過層層篩選，史達林只會看到寫給他數十萬封信中的一小部分，而且隨著時間過去，他有機會親閱的信越來越少。一九四六年前半，來到他眼前的民眾來信每個月平均有十封，但在一九五二年，數量已經降到每個月一到兩封。[39]

那些「有幸」來到史達林書桌的少量信件並不能很好地呈現人民生活。這些信件大約可分為三類：理論探討、舊識來信和大量的問候信。偶爾，相關人員會向史達林呈報有批判性內容的信件，但這些信件的作者在反映現實「黑暗面」時也處處小心。事實上，選信標準透露史達林越來越靠著回憶過往或預測未來而活，他不想面對實實在在、緊迫逼人的當下。

無論史達林對人民的真實生活有多不了解，人民對領袖的真實面貌恐怕所知更少。一方面是個性及個人特質使然（他的俄語有濃厚的喬治亞口音、行動不甚敏捷、有時明顯口齒拙笨），另一方面是有意為之，史達林很少在人數眾多的公開場合發表演說。這點與其他許多獨裁者不同。他比較喜歡書寫。史達林充滿侵略性的宣傳文字、訪談紀錄和理論著作，有助塑造一種「他無所不在，卻又無形無影」的神祕領導人形象。

史達林不多話，難以捉摸，但這反而增添他的群眾魅力。此外，官方更藉由經嚴格控管的、以史達林為主題的文學藝術作品施行「政治煉金術」。這些作品塑造了不符事實、過度膨脹的史達林偉人偉業形象。[40]然而，「煉金術」的「效期」竟比史達林本人的壽命要長得多，而且在當代俄羅斯還「不褪流行」。蘇聯解體及轉型期帶來的挑戰、貪腐、貧窮與怵目驚心的社會不平等——以上都是催生「烏托邦思想」的養分。不少俄羅斯人企圖從史達林在位期間的歷史尋求解決當代問題的方案。居心叵測的論者和政客別有所圖地操弄與史達林及其「偉大帝國」有關的刻板形象，卻正中大眾下懷，投其所好。常見的似是而非刻板形象包括：史達林治下的國家沒有不平等或貪腐問題；那遙遠的過往是如此美好，卻被「敵人」摧毀殆盡。

史達林神話4

當代俄羅斯評論有幾個常見的刻板說法，包括根據蘇聯空軍元帥戈羅萬諾夫回憶、號稱史達林於一九四三年十二月所說的一句話：「我知道，當我不在人世，很多人會往我頭上倒髒水（譯者註：意指「汙衊」）。不過，我確定，歷史會還我公道。」[41]研究者都知道，就資訊來源而言，回憶錄並不可靠。它們通常混雜了真實與虛構，作者往往會受後來發生的事件及主觀印象影響。前引那句戈羅萬諾夫的回憶未免太直接對上赫魯雪夫的「去史達林化」運動。

一如其他的獨裁者，史達林認為自己在打造的是歷史永業，因此不斷地積極展現他的想法和作為如何經得起考驗、具有劃時代的意義。既然如此，他何必在與年紀輕輕的將領戈羅萬諾夫談話時「敞開心扉」，坦承自己對未來有不確定感呢？為何在其他情況下，他就能把自己的不安全感藏得這麼好呢？我們永遠無法回答這個問題，也無法確認，戈羅萬諾夫的回憶是否有誤。

無論史達林是否說過這樣的話——或就算說過，又是在何種脈絡下說的——都不妨礙我們承認：這話，說得可對了，但完全不是戈羅萬諾夫認為的那個意思。這裡要說的是，史達林已離世多年，而他的真實面貌果然被一堆言論垃圾掩蓋，其結果就是當代俄羅斯的史達林神話。

這個神話由來已久，可追溯至史達林對蘇聯歷史的詮釋。在他死後，蘇聯境內的確發生了「去史達林化」運動，但其發展缺乏連貫性，且後續力不足，無法有力翻轉過往的歷史詮釋、增加人們批判思考的能力。赫魯雪夫只不過稍微掀起遮蓋事實與真相的布幕，而且他也創造了新的迷思。過往的反對派仍然遭到中傷、抨擊，社會主義建設的意識形態基礎與實務經驗未被重新評價。大規模的恐怖迫害行動被塑造為黨國官僚系統的人事大清理，無視當時

4 編註：「史達林神話」此節英文版無，此處為根據俄文版的「後記」翻譯，意在補充當代俄羅斯對史達林的看法及評價。

史達林尚在世時，其著作被譯為多種語言，印刷量以百萬計，但在他辭世後，這些印刷品大部分都被當成廢紙回收掉了。
來源：俄羅斯國立政治社會史檔案館。

有數百萬平民受害。史達林崇拜者對赫魯雪夫簡直是見獵心喜，因為這位蘇聯政治社會「解凍」（оттепель / Thaw）之父往往自我矛盾、立場游移，甚至捏造事實。

蘇聯境內有幾代人，從小要不接受史達林式的宣傳教育，不然就是受赫魯雪夫只做半套的「去史達林化」運動影響。這兩套思維方式在戈巴契夫的「改革」（перестройка / Perestroika，字面意義為「重建」）時期發生碰撞。當時，官方的路線是重拾赫魯雪夫那一套，但這無助消解史達林神話，一直到一九九〇年代初期檔案開放，情況才開始好轉。新出土的歷史文件改變人們對史達林及其體制的想像，使其想像更深入、立體，也徹底解決了許多各方爭論已久的問題。然而，新知識主要只有專業的研究者，以及具備足夠史學涵養的讀者能有機會接觸得到，大眾的想像仍由媒體聳人聽聞的材料餵養，也難以擺脫史達林或赫魯雪夫時代的刻板思維。為何經得起學術檢驗的歷史論述與書寫會被大眾所排斥？原因很多，其中最重要的有兩個。首先，國家在一九九〇年代遭遇危機，科學研究亦然，因此學術界無暇顧及知識傳播和普及化的工作。第二，史達林不只是歷史問題，更是政治問題。蘇聯解體和緊接而來的過渡時期，其挑戰和壓力助長了社會中對於新領導人的反抗情緒，這種反抗情緒的精神象徵就是史達林神話。同時，社會對「鐵腕」及「秩序」的需求為政治人物所用，也促使他們進一步為史達林辯護。就許多方面來看，今日的史達林神話趨近史達林時期的官方宣傳，更甚布列日涅夫時代堪稱含蓄內斂的「再史達林化」。

就內容而言，當代俄羅斯的史達林神話有幾個重要成分。首先，史達林式的工業化和動員模式被定調為效率極高，是當時唯一可行的方案，更是今日俄羅斯的學習典範。在這樣的論述脈絡下，諸如大恐怖或大饑荒等眾所周知的悲劇，都被詮釋為有心人士的誇大渲染，或是不可避免、甚至有益之惡，或是在史達林無法干涉的狀況下由黨國官僚主導。一九三〇到一九五〇年代的黨國官僚在史達林神話中的反派形象一如當今俄羅斯的資本寡頭（oligarchs）或權貴。因此，消滅這些人是史達林的「德政」，是史達林體制的成功關鍵。既然被消滅的是貪腐之人和何不食肉糜的官僚，這就證明史達林政權有明顯的人民性格。擺脫專斷濫權官僚的人民才得以享有平權、經濟蓬勃發展、物價下降的生活。此外，史達林還嚴厲打擊犯罪，促進人民生活安康。最後，史達林神話最重要的成分：蘇聯贏了第二次世界大戰[5]、成為世界強權。這兩項成就主要歸功（或完全歸功）於史達林的過人才略。史達林神話另一個重要層面，是對其治國前後的歷史時期多所詆毀。革命前帝俄時期的工業化成就被低估；第一次世界大戰英雄的功績遭到埋沒——他們打了許多場勝仗，而且不似史達林讓敵方得以深入國土；赫魯雪夫尤其為人們所厭惡，他主導了「反史達林個人崇拜」運動，雖然其中不可避免有諸多粗糙、不合理之處。他被控參與恐怖統治獸行，雖然和任何一位史達林治下的州或加盟共和國黨委書記相比，他的罪責並沒有更大，因為他只有在自己未參與擬定的命令上簽名的權力。神話支持者讚揚史達林發展核武，但在提到蘇聯的太空科學成就時，卻刻意不提赫魯雪夫的貢獻。他們原諒史達林讓人民住在簡陋木屋，甚至土窯地穴，卻嘲笑「赫魯雪夫樓」[6]，即使這些「貌不驚人」的集合式住宅快速且大幅改變了數百萬蘇聯民眾（無房一族）的生活。神話的信仰者與散播者極力為史達林辯解為何偉大目標值得讓數百萬人死於饑荒，卻譴責從國外進口糧食，以滿足國內需求的赫魯雪夫。

一如其他神話，史達林神話也經不起檢驗，因此其支持者極力避免被檢視。神話塑造者精心挑選對他們有利的事實，有時還偽造歷史文件和所謂的「證據」。他們投注許多心力在抽象思辨上，甚至宣稱對史達林及其時代只需「相信」，無須「理解」。當然，有良知、態度嚴謹的歷史學家和讀者無法接受這種重建過去的手法。有太多具體事實和文獻可以破解史達林神話。

無庸置疑，一如帝俄及一九二〇年代的布爾什維克政府，推動工業化是史達林的優先政策。沒有現代工業，國家就無法生存——這一點是布爾什維克黨內各對立派系的共識。主要的爭執點只在於，什麼樣的工業發展模式才是最正確的。相關議題爭論已久，對國家命運也

5 譯註：俄國習慣稱「偉大衛國戰爭」，原因見第六章譯註一。

6 譯註：「赫魯雪夫樓」指的是赫魯雪夫時代開始大量興建的一種造價不高、一般不超過五層樓的預鑄或砌體結構、功能主義式建築。史達林時代的「國民住宅」是低矮的木造或磚造建築，特權階級則可以住有水電等公共設施、新古典主義的「史達林樓」。

造成重大影響，至今仍是歷史學家討論的議題。有一派同意史達林的說法，認為「新經濟政策」已不符需求，推動國家工業化只能使用暴力和非常手段。另一派的研究者則試圖證明，結束「新經濟政策」和實施「大躍進」與其說是經濟決策，不如說是政治決定，而影響這個決定的因素中，包括史達林個人追求專權、具有暴力傾向，以及試圖在短時間內建立無貨幣的國家社會主義。持此觀點的歷史學者認為，當時並沒有結束「新經濟政策」的必要，其理由有二。首先，蘇聯在一九二〇年代的工業發展速度已相當可觀，當時正是「新經濟政策」進行得如火如荼的年月；第二，「新經濟政策」不時遭遇的挑戰，不過是證明了政策改造的必要性，而一九二〇年代的政治局集體領導圈處理的就是這類問題。史達林方案造成的負面後果終究勝過正面影響。[42]

第二次世界大戰前的幾次「五年計畫」[7]成功建立了高產能，導入現代科技和新的產品種類，包括軍工業產品。重工業的發展帶來社會文化的重大變革。城市人口快速增加。全國孩童幾乎都能受到四年教育，在市區許多人還能唸完七年，甚至十年。國內出現許多年輕的專業人員——他們都是高等院校與中等技術學校的畢業生。

上述的工業化成就是蘇聯在偉大衛國戰爭期間打贏戰爭的重要推手，這點無庸置疑。歷史學家和經濟學家討論的是其他問題：史達林的政策是最理想的嗎？工業化的成本與報酬率為何，投資與所得是否不符比例？蘇聯工業是否體質優良？不少人認為，史達林提出的政策是唯一可行且「逃不掉」的。不過，這個觀點經不起事實檢驗。

如同讀者在本書所見，史達林領導下的政府至少實施過兩種經濟發展模式。第一個五年計畫的主要特點是忽略經濟學管理手法和足以刺激經濟成長的物質誘因，反而一股腦兒地投資重工業、在農村重建「戰時共產主義」。第二個五年計畫期間，當局自動放棄缺乏效益的左傾路線，轉而進行較為節制、精打細算的投資，也重新啟動經濟性的調節機制，農民獲得從事私人農業副業的權利……等。若以同樣的目標為基準，這些措施的各項成本明顯較先前的「左傾」路線為低。那為何不在一開始就採用近似第二個五年計畫的工業化模式呢？若非史達林，這是有可能的。

比較蘇聯和其他國家的工業化經驗，或將史達林的蘇聯和革命前俄羅斯的工業化歷程兩相對照，我們可以得出有意思的結論。一八六〇到一九一三年這段大約五十年的期間，俄羅斯大型工業的平均年成長率約為百分之五；在循環高峰時，這個數據還會更高。[43] 雖然蘇聯在戰前的幾個五年計畫在工業成長速度上更勝一籌，但整體經濟發展的圖像卻更複雜。在史達林治下，強力發展重工業的代價是農村凋敝、輕工業發展不足、社會建設被犧牲、國民生

7 譯註：戰前有兩個五年計畫，執行時間分別是一九二八到一九三二年、一九三三到一九三七年；第三個則跨入戰爭期間——一九三八到一九四二年。

活水準下降。社會和經濟領域發展失衡的情形嚴重，結果是為工業本身帶來不良影響、延緩了技術的進步。

至今已有不少研究告訴我們，史達林工業化模式的主要特點以及強弱項為何。一方面，這個模式可以有效率地在短時間內動員大量資源，解決特定的優先項目，尤其是軍事工業項目。另一方面，整體而言它其實缺乏效益，因為物質、金錢和人力成本太高。史達林打造的高度中央化經濟對技術進步的反應相對遲緩，也缺乏內建的追求卓越與鼓勵靈活應變的誘因。這樣的經濟系統從一開始就充滿弱點，本質上也不適宜作為長久之計，在史達林逝世前就不斷「出包」。史達林的繼任者視改革為當務之急，因此在他死後不久，短短數個月內就啟動一連串重要改革，改善農業經濟和社會建設狀況，大力促進技術進步。蘇聯進入發展巔峰，在太空科學取得重大成就，社會趨於穩定，國民生活水平提升。雖然差異顯著，但歷史學者在比較研究史達林與後史達林時代的蘇維埃社會主義體制方面，仍有許多工作要做。

如果說，史達林在建立非市場型動員式經濟的過程中扮演何種角色，仍是個爭議頗多的題目，則他在組織大規模恐怖迫害行動中占有的關鍵地位就是個已不需要熱烈爭辯的問題。大量以檔案文件為基礎所做的研究顯示，史達林就是一九三〇到一九五〇年代初一系列懲治行動的策動與主導者。史達林有如下的個人特質：疑心重、冷血無情、傾向極端。恐怖治國是極權體制不可或缺的一部分，但由於史達林有前述個人特質，因此他的恐怖統治規模特別大，也特別殘酷，其極端和激烈程度甚至已超過獨裁統治的需求。這不但無助鞏固，反而削弱了獨裁體制。[44]

雖然推崇史達林的人受到迷思影響，相信受害於他治下大規模迫害行動的是那些因專斷濫權而受懲的官僚們，但實際上，主要受害者是數百萬的「一般人」。沒有必要低估黨國官僚受到保護的程度。史達林確實在一九三六到一九三八年間實施了人事清洗，消滅舊人、讓自己扶植的年輕人出頭。不過，在此之後，黨國幹部們就不太會受到叨擾。一直到他逝世（一九五三）前的十五年間，官僚們大多只是在不同職位間調動，各層級的領導人遭到拘捕的情況已不多見。

史達林神話傾向誇大這位獨裁者的「反貪腐」績效。從歷史文獻看來，「反貪腐」從來不是史達林的優先政策目標。史達林式的優秀官僚並不以操守高潔著稱，服從、忠誠度與命令執行力才是其主要的評量標準。史達林熟知，也善於利用人性弱點。當國家監察部於一九四八年在亞塞拜然查出大量賄賂與貪腐案時，史達林選擇堅定地站在對自己忠心耿耿的巴吉洛夫[8]這邊。對於該加盟共和國的領導人們，史達林只不過稍加責罵，反而回過頭來大幅限

8 譯註：巴吉洛夫（Mir Cafar Abbas oğlu Bağırov〔亞塞拜然文〕，Mir Jafar Baghirov, 1896-1956），一九四八年時為亞塞拜然蘇維埃社會主義共和國共產黨中央委員會第一書記。

縮國家監察部的權責。[45]由此可見史達林的立場，而二戰戰利品和貨幣改革引發的各種大規模濫權貪腐，不過是冰山一角。與廣大民眾的極低生活水準相較，蘇聯黨國領導人的景況甚至稱得上優渥。

蘇聯一般民眾在史達林時期的生活現實和當代的史達林神話根本天差地別。當代神話可謂拿蘇聯官方電影宣傳做樣板。節慶遊行、熱烈歡呼不過是生活現實的一部分，為生存而艱苦戰鬥才是日常——食用品和消費用品不足、排不完的隊、惡劣的居住環境，面對情治和官僚系統缺乏法律保障，法律對民眾卻又十分嚴苛。許多民眾，尤其是農民，沒有身分證，因此沒有遷徙自由。各加盟共和國的首都和大城市是受特別管制的行政區域，並非任何人都有在當地居住的權利。任意轉移工作地點將遭移送法辦。大量女性受害於墮胎禁令——她們不得不求助於衛生條件堪慮的地下墮胎服務。官方許可的伏特加生產倒是成長穩定：由一九二四到一九二五會計年度的三億公升，增加到一九五二年的八億一千萬公升。[46]醫療服務和個人衛生的整體水平低落。

史達林神話中關於刑事犯罪在強人治下絕跡的說法則是毫無根據。根除犯罪本非易事，尤其當諸如饑荒、大規模恐怖迫害、戰爭等社會災難發生，必定導致「流氓無產階級」、孤兒，以及流浪兒的增加。「枝繁葉茂」的勞改營系統也讓犯罪滋長——僅僅是犯了小罪、基本上不挑戰法律的受刑人，在服刑地被迫與犯罪網絡產生關聯。有個常見的迷思是，一九五三年史達林逝世後，一些受刑人因大赦獲釋，導致治安變差。這個說法只對了一部分。一九五三年大赦前，刑事犯也頗為「優游自在」，蘇聯各地民眾甚至因此上書中央，以下僅舉數例說明。「在伊萬諾沃市，我國的紡織業重鎮，工人在市郊已經生活不下去了，他們無法在晚上下工，因為有盜匪作亂，就連警察也害怕在晚上靠近市郊，因為他們自己也會被殺。」——這是一九五二年二月，一群伊萬諾沃市工人寫的申訴信。一九五二年一月，克拉斯諾達爾市的居民也寫信給中央，描述數起武裝搶劫和殺人案的犯罪事實。主要的搶劫目標是大衣——當時的生活水準，由此可見。前述的兩封申訴信都引來當局進行調查。調查結果證實，這兩個城市內的犯罪狀況嚴峻。[47]

前述及眾多其他事實足以證明，史達林一手打造的體制充滿矛盾，而且並不穩定。許多研究者對其工業化政策的評價也適用於整體：史達林模式僅對解決特定的短期問題有效，但整體而言缺乏效益。戰前十年確立的黨國機器幾乎以領袖為一切的依歸，領袖是一切的主宰——這無疑提升了犯錯和災難發生的機率。史達林在偉大衛國戰爭中扮演的角色也與此相關。一方面，體制的強大動員能力和國家最高領導人的某些個人特質有助得勝。另一方面，史達林和他打造的國家不僅取得最終勝利，也必須為勝利之路上的連番慘敗負責。正是史達林和他的體制讓勝利之路特別崎嶇顛險。史達林的失算是蘇聯在戰爭初期災禍連連、失去大量軍力和經濟資源的主要原因之一。可以想見，較為平衡、少些迫害的治理模式（獨裁者不一定就是暴君）應可讓軍事和經濟資源有較合理的配置和運用。蘇聯在戰前取得的軍事和經濟成就可是由全國人民付出巨大代價換來的。

事實上，史達林在戰爭中的表現仍未被好好研究。歷史學家至今主要仍依賴回憶錄和蘇聯將帥對史達林的評價。史達林身為「三巨頭」之一，在外交領域的表現已有眾多研究。以上都是重要工作，但還不夠。後世套用在軍事統帥史達林身上的宣傳性說法，不但忽略史達林以外的致勝因素，更無助我們了解這位「奇才」在戰爭中的真實面貌。軍事領導層經歷的演變也尚未被徹底研究——領導人從敗戰中得到什麼啟示、經濟政策的運作機制，以及如何在資源短缺的情況下確保軍事生產成長……等。

勝利及戰後時期無疑是史達林的光榮歲月，也是他得以正當化個人權力的重要政治資產。乍看之下，他的繼任者在他過世後不出數月就打破既有體制的重要基石，似乎令人費解。古拉格系統在很大程度上被拆解，大規模迫害遭到禁止[9]，野心勃勃但難以完成的計畫（包括帶有軍事性質的）遭到凍結，農村經濟獲得鬆綁，韓戰終止……等。前述廣泛而整體性的「去史達林化」措施，首見於赫魯雪夫著名的蘇聯共產黨第二十次代表大會「祕密報告」（一九五六）的兩年半前。繼任者對史達林應無惡意。一九五三年，他們之中確實有人不喜史達林，但也有人對他一片赤膽忠心。無論是哪一種人，他們全都了解，史達林的政策方針已無以為繼，甚至足以威脅蘇聯存在本身。大量事實顯示，史達林尚在世之際，其未來的繼任者對政權面臨的風險已有清楚認識。無奈史達林不願讓步、作風保守，因此延遲了改革。

史達林之死開啟了漫長的體制調整之路。為延長集權體制的壽命而拒絕獨裁、加強社會建設、嘗試改革經濟、增加對世界的開放程度——以上都是蘇聯式社會主義發展的新基礎。雖然在這之後的確需要進一步的改革，但蘇聯政府已無力應付。不過，就連體制面臨危機、蘇聯解體時，蘇聯黨國領導層也未選擇走史達林模式的回頭路。今天，在實務上遵奉史達林政治遺產的只有北韓；不先入為主的人能從觀察此政權得知，史達林主義的實際潛力為何。然而，缺乏責任感與良知的論者和政治人物別有用心地渲染、利用史達林神話，卻可謂投大眾所好，就連客觀環境也有利神話的孕育和傳播。這個歷史無知與社會不滿的綜合體有多危險呢？

二十一世紀的俄羅斯會重蹈二十世紀的覆轍嗎？

9 譯註：迫害當然仍舊持續，但已不似史達林治下的規模龐大，殘酷程度也減輕了不少。

致謝

當Jonathan Brent和Vadim Staklo（兩位當時分別是耶魯大學出版社Annals of Communism的主編和專案負責人）邀請我撰寫史達林傳時，我與其說是欣喜，不如說是困惑。現在，書完稿了，我不得不感謝他們。*

很少人比我的朋友們更懂史達林的時代，他們是Yoram Gorlizki、Andrea Graziosi、Jan Plamper和David Shearer，我很感激他們願意撥冗閱讀手稿並提供寶貴意見。這部作品也有賴出版社執行編輯William Frucht的巧思、手稿複本編輯Bojana Ristich的銳眼與驚人記憶力，以及製作編輯Margaret Otzel的高度專業，以臻完善。

這本傳記綜合了我對蘇聯歷史的多年研究心得。多年的研究工作讓我得以與許多學養豐富的同行建立合作和友誼關係。和他們每個人的互動都有助我完成寫書的任務。

致謝或許得從那些已不在人間的學者開始。首先，我受

*本書在俄羅斯由CORPUS出版社發行。

惠於Moshe Lewin、Viktor Petovich Danilov、Victor Zaslavsky和Derek Watson良多。他們都是卓越的歷史學者和很棒的人。

再來，若沒有文獻研究同行兼友人與我一同工作多年，這本書可能也無法問世。我有幸在俄羅斯國立政治社會史檔案館（РГАСПИ / RGASPI）與Andrei Sorokin、Lyudmila Kosheleva、Marina Astakhova、Galina Gorskaia及Elena Kirillova共事。此外，我在國立俄羅斯聯邦檔案館（ГАРФ / GARF）也受到以下諸位的長期協助：Sergei Mironenko、Larisa Rogovaya、Larisa Malashenko、Dina Nokhotovich、Sofia Somonova、Galina Kuznetsova及Tatiana Zhukova；沒有他們，我在檔案館的工作勢必不如預期。我和這些同事們也一起完成了數部檔案彙編。

我感到莫大榮幸，得以和Robert Davies教授的團隊共事超過二十五年。教授對歷史研究的熱忱和豐碩的學術研究成果堪為所有人的表率。

與許多歷史研究者的合作、互動和友誼對我寫作此書有莫大助益。我想對Golfo Alexopoulos、Jörg Baberowski、Alain Blum、Yves Cohen、Marta Craveri、Victor Dönninghaus、Michael David-Fox、Mark Elie、Benno Ennker、Klaus Gestwa、Mark Harrison、Jana Howlett、Melanie Ilic、Nicolaus Katzer、Vladimir Kozlov、Sergei Kudryashov、Hiroaki Kuromiya、Terry Martin、Silvio Pons、Valeri Pozner、Arfon Rees、Andrea Romano、Ingrid Schierle、Robert Service、Jeremy Smith、Takeshi Tomita、Aleksandr Vatlin、Lynne Viola、Amir Weiner、Nicolas Werth、

Stephen Wheatcroft、以及Elena Zubkova表達真切的感激之情。

此外，Paul Gregory、Ron Suny、Sheila Fitzpatrick、Piter Solomon和Dietrich Beyrau多年來一直認真、有耐心地與我對話。在此也要感謝他們。

我也必須感謝位於莫斯科的德國歷史研究中心（German Historical Institute）、人文之家基金會（Fondation Maison des sciences de l' homme）及烏克蘭研究基金（Ukrainian Studies Fund）提供支持。

一如以往，我想利用這個機會祝我的女兒Dasha成功。

基於命運的安排，當我著手從事本書寫作計畫時，我的妻子Katya生病了。當我完成手稿時，她已不在人世。

我將這本書獻給她。

譯後記

陳韻聿

翻譯本書絕非易事。除了必須對內容涉及的當代和歷史議題有一定程度的了解，還得盡可能將作者在用字和敘事分析鋪排上的巧思，以「引人入勝」卻不失準（相關判定得有基本的訓練與知識支持）的中文傳達，以免辜負在相關研究領域早已「熟門熟路」的作者欲引領讀者「見樹又見林」、帶著問題意識自由轉換視角的苦心。此外，本書原由俄文寫就，翻譯時我參考了兩個版本的俄文原文及一個版本的英譯，除了希望中譯本可以因此免於二度翻譯造成的失真與「錯誤再生產」，也期待讀者在譯者努力自原文再現作者的生花妙筆下，得以更貼近歷史現場並領略箇中趣味，捕捉歷史人物或許不自覺透露的內心世界。作者的用字遣詞堪稱活潑，但不少文字和概念運用上的巧思確實在英譯本稍嫌表現不足，讀者可以自行琢磨中譯本點出的版本差異問題，甚至試著體會表現於各語言的不同思維模式。當然，翻譯免不了「轉化」與適度的「再創作」；我在合理的範圍內偶爾也會給譯文「多灑幾顆鹽巴」，目的不外乎是「提鮮」，盡可能「逼出」原文的精華所在。

本書作者奧列格·賀列夫紐克的國際學術地位在此就不多說，但我想以一位譯者、曾在俄國學習歷史，並曾與作者面對面交談的角度，分享一下我對這本書的感覺。本書架構十分特別：來回穿梭的線性敘事穿插主題式分析，而且線性敘事能靈活往外延伸，與主題式分析有機呼應，過程中處處可見作者史料運用之精彩、論述之犀利、與當代之微妙扣合，且筆法暗藏機鋒、不失幽默，「治大題如烹小鮮」，足見其功力之深厚。我在翻譯過程中不時想起二○○七年初到俄國求學的震撼：各種很「潮」的理論和「-ism」哪裡去了？老師們的作風不嫌「老派」嗎，怎麼不鼓勵研究生「標新立異」呢？當然，時間總會帶來變化，研究方法問題探討也不是短短一篇譯後記可以容納的，這牽涉到許多複雜因素，我在此只想說：紮實的史料研究和資料分析判斷能力才是永不退流行的基本功（對語言的掌握也很重要）；沒有和各種曾經的「實在」近身交手過，就容易生產出各種空有「創意」、卻經不起檢驗的「虛有」或「美麗的誤會」（例如誤把爭取有限自由的行為詮釋為自由存在的證據）。本書作者長年浸淫於各種檔案文獻與歷史資料，又有「局內人」在「對比古今」上的優勢，其信手拈來卻往往正中紅心的功力，讀者想必已領教。

除此之外，對我來說很重要的是作者的時代關懷。對歷史與當代的了解是一個相互增強的過程，原因之一當然是人性可謂「亙古不變」，但更重要的或許是歷史研究者可以在當代各類層次複雜的議題中扮演極具建設性的角色。這裡我想特別指出的是歷史研究（必須再次強調檔案開放的重要性！）可以如何破解各種政治神話、排除成見，促進社會往更自由、符合公義的道路上去。舉本書作者為例，他就曾在探討歷史記憶和轉型正義的語境中為背景各異的聽眾演講，分析各社會群體和個人如何利用歷史形塑當代，又如何被歷史制約，不同論述及政治操作背後的利益及意識形態結構為何。當代俄羅斯及其他前蘇聯「陣營」國家在歷史記憶和轉型正義方面各自有不同的發展軌跡、關懷的重點也有差異。讀者或許可透過本書略窺一二。

回到翻譯本身，某些讀者或許會覺得人名附上原文，但原文是沒幾個人懂的「小眾」語言，根本多此一舉。在此先不討論台灣對「小眾」的定義是否在某些情況下反映的正是自己的侷限性。藉由呈現各語言及其承載的文化具體化為文字的形象，我想間接提醒讀者：俄羅斯帝國及蘇聯史不該，也不可能只有一種聲音、一個版本；其多民族性所從何來、引發的效應為何？身在台灣的我們是否容易犯「俄羅斯／帝國中心主義」的毛病，認同莫斯科視角的「中心—邊陲」和「本質—異質」觀，傾向讓各種「多元」扮演消極、陪襯性的角色，忽略其主體性與能動性？俄羅斯到底是橫跨歐亞的泱泱大國，還是卡在歐洲與亞洲間、充滿各種糾結與矛盾的邊陲？就翻譯而言，譯者也應時時提醒自己，不應將強勢民族的習慣和偏好視為「理所當然」的標準。舉個小例子，就拿喬治亞姓名來說好了，「貝利亞」在原文的發音近「貝利阿」，寫成俄文時，本來應為「a」的字尾卻受俄語使用習慣影響而被扭曲為「ya」。本書在處理專有名詞音譯時以盡量趨近原文發音、「還其本色」為原則，但中文音譯有其彈性，一方面是完全呈現原文發音幾不可能，另一方面還得考慮用字「美觀」和翻譯習慣（包括積非成是的約定俗成）等問題。不足之處在所難免，譯作本該接受公評，但也希望讀者能以建設性的態度檢視本書編輯團隊的工作成果。

在此我得感謝編輯德齡的用心和信任，以及家人的支持和包容。對於我丈夫黎亞力（ალექსანდრე ნვერიანაშვილი）一直以來在翻譯上提供的幫助，我得特別致謝，尤其他父親一方的家族來自哥里，奶奶及其兄弟不但是本書主角的同代人，更是曾有第一手互動的同鄉。相關的家族故事，有助我想像當時的歷史情境。

譯名對照

* 俄文的人名、地名，在英文中的拼音並未統一，本書以英文原書的拼音為主。

一畫

《一九四一年十一月七日莫斯科紅場閱兵》 *The Parade of Our Troops on Moscow's Red Square on 7 November 1941*

三畫

下諾夫哥羅德　Novgorod, Nizhny
大克里姆林宮　Grand Kremlin Palace
小烏津　Maly Uzen

四畫

中央委員會　Central Committee, TsK
中央委員會主席團常務局　Central Committee Presidium Bureau
中央黨檔案館　Central Party Archive
什契緬科　Shtemenko, Sergei
什基里亞特夫　Shkiriatov, Matvei
什維爾尼克　Shvernik, Nikolai
切連可夫　Telenkov, S.
切爾登　Cherdyn
厄琉爾　Orel
巴什基里亞　Bashkir
巴吉洛夫　Baghirov, Mir Jafar
巴別洛夫斯基　Baberowski, Jörg
巴里茨基　Balitsky, Vsevolod
巴拉米亞　Baramiia, Mikhail
巴庫　Baku
巴圖母　Batum
巴爾卡爾人　Balkars
戈爾巴喬夫　Gorbachev, Mikhail
戈爾基　Gorki
戈穆卡　Gomu ka, W adys aw
〈扎波羅熱人給土耳其蘇丹回信〉 *Reply of the Zaporozhian Cossacks*
日丹諾夫　Zhdanov, Andrei
日丹諾夫，尤利　Zhdanov, Yuri
日丹諾娃，葉卡切琳娜　Zhdanova, Ekaterina
日洛賓　Zhlobin
比薩拉比亞　Bessarabia
丘巴爾　Chubar, Vlas

五畫

加里寧　Kalinin, Mikhail
卡岡諾維奇　Kaganovich, Lazar
卡拉恰伊人　Karachai
卡茲貝基　Kazbegi, Alexandre
卡莫　Kamo
卡普勒　Kapler, Aleksei
卡爾培庇　Karpets, P.
卡爾梅克人　Kalmyks
卡緬涅夫　Kamenev, Lev
史達林工業學院　Industrial Academy
《史達林的團隊：在蘇聯政治刀口上討生活》　*On Stalin's Team: The Years of Living Dangerously in Soviet Politics*
尼可拉耶夫　Nikolaev, Leonid
尼可拉耶夫斯基　Nicolaevsky, Boris
左申科　Zoshchenko, Mikhail
布列日涅夫　Brezhnev, L.
布列斯特和約　Treaty of Brest-Litovsk
布呂漢諾夫　Briukhanov, N.
布良斯克　Bryansk
布哈林　Bukharin, Nikolai
布柯維納　Bukovina
布炯尼　Budenny, Semen
布琉赫爾　Bliukher, Vasily
布爾什維克　Bolsheviks
布爾加科夫　Bulgakov, Mikhail
布爾加寧　Bulganin, Nikolai
布蘭特　Jonathan Brent
弗里德里希　Friedrich, Carl
弗拉西克　Vlasik, Nikolai
弗羅希洛夫　Voroshilov, Kliment
弗蘭格爾　Vrangel', Pete
札古緬尼　Zagumenny, Sergei
札列斯基　Zaleski, Eugene
札波洛爵茨　Zaporozhets, Ivan
瓦西列夫斯基　Vasilevsky, Aleksandr
瓦西連科　Vasilenko, Vladimir
瓦希里　Vasily
瓦雷津斯基　Valedinsky, L.
皮切林諾　Pitelinsky

六畫

伊凡諾夫　Ivanovo
伊利薩洛夫　Ilizarov, B.
伊格納切夫　Ignatiev, Semen
伊斯托明娜，瓦倫亭娜　Istomina, Valentina
《伏爾加河》　*Volga-Volga*
列文　Lewin, Moshe
《列寧格勒》　*Leningrad*
列賓　Repin, Ilya
印古什人　Ingush
吉拉斯　Djilas, Milovan
安東諾夫　Antonov, Aleksei
托夫斯圖赫　Tovstukha, Ivan
托姆斯基　Tomsky, Mikhail
托洛茨基　Trotsky, Lev
朱可夫　Zhukov, Konstantinovich
朱哈什維利，約瑟夫　Jughashvili, Ioseb
朱哈什維利，維薩里翁　Jughashvili, Besarion
米亥伊爾　Mikhail, Duke
米科揚　Mikoyan, Anastas
米斯尼可夫　Miasnikov, Aleksandr
米霍耶爾斯　Mikhoels, Solomon
考茨基　Kautsky, Karl
艾依賀　Eikhe, Robext
西蒙諾夫　Simonov, Konstantin

七畫

伯爾喬米　Borzhomi
佛朗士　France, Anatole

八畫

九畫

十畫

十一畫

十二畫

註釋

緒論 Preface

1. Adam. B. Ulam, *Stalin: The Man and His Era* (New York, 1973); Robert C. Tucker: *Stalin as Revolutionary, 1879–1929: A Study in History and Personality* (New York, 1973), and *Stalin in Power: The Revolution from Above, 1928–1941* (New York, 1990).
2. Robert Service, *Stalin: A Biography* (London, 2004); Hiroaki Kuromiya, *Stalin: Profiles in Power* (New York, 2005); Sarah Davies and James Harris, eds., *Stalin: A New History* (New York, 2005); Miklos Kun, *Stalin: An Unknown Portrait* (Budapest and New York, 2003); Ronald Grigor Suny, *Stalin and the Russian Revolutionary Movement: From Koba to Commissar* (forthcoming from Oxford University Press).（譯註：「柯巴」（Koba）為史達林綽號之一。）就史達林作為一位獨裁者及其與同志的關係，可參見：Oleg V. Khlevniuk, *Master of the House: Stalin and His Inner Circle* (New Haven and London, 2008), and Yoram Gorlizki and Oleg Khlevniuk, *Cold Peace: Stalin and the Soviet Ruling Circle, 1945–1953* (New York, 2004).

   與此同時，一些研究者則嘗試深入史達林的內心世界。這方面的著作可參考：A. J. Rieber, "Stalin, Man of the Borderlands," *American Historical Review* 106, no. 4 (2001): 1651–1691; Erik van Ree, *The Political Thought of Joseph Stalin: A Study in Twentieth-Century Revolutionary Patriotism* (London and New York, 2002); B. S. Ilizarov, *Tainaia zhizn' Stalina* (Moscow, 2002); Donald Rayfield, *Stalin and His Hangmen: The Tyrant and Those Who Killed for Him* (New York, 2005).

   針對史達林如何策畫大規模迫害行動所做的相關研究，提供了我們大量與恐怖統治和古拉格有關的資訊。可參考：Jonathan Brent and Vladimir Naumov, *Stalin's Last Crime: The Plot against the Jewish Doctors, 1948–1953* (New York, 2003); В. Н. Хаустов

и Л. Самуэльсон. *Сталин, НКВД и репрессии. 1936–1938* (М., 2009); Jörg Baberowski, *Verbrannte Erde: Stalins Herrschaft der Gewalt* (Munich, 2012).
最後，雖然關於第二次世界大戰的著作汗牛充棟，但針對史達林以軍隊最高統帥的身分所做的決策及行動，研究質量仍嫌不足。同樣的情形也可見於冷戰研究，史達林在蘇聯對外政治中的角色仍缺乏深度探討。

3. Dmitri Volkogonov, *Stalin: Triumph and Tragedy* (New York, 1991); Edvard Radzinsky, *Stalin: The First In-Depth Biography Based on Explosive New Documents from Russia's Secret Archives* (New York, 1997); Simon Sebag Montefiore: *Stalin: The Court of the Red Tsar* (London, 2003), and *Young Stalin* (London, 2007).
4. 部分重要書信集可見於「共產主義誌」(Annals of Communism Series, «Анналы коммунизма»)：Lars T. Lih, Oleg V. Naumov, and Oleg Khlevniuk, eds., *Stalin's Letters to Molotov, 1925–1936* (New Haven, 1995), and R. W. Davies et al., eds., *The Stalin-Kaganovich Correspondence, 1931–1936* (New Haven and London, 2003).
5. А. А. Чернобаев (ред.) *На приеме у Сталина. Тетради (журналы) записей лиц, принятых И.В. Сталиным (1924–1953 гг.).* М., 2008.
6. С. В. Девятов и др. *Московский Кремль в годы Великой Отечественной войны.* М., 2010. С. 113–114.

7 РГАСПИ. Ф. 558. Оп. 1–11.(Оп. 相當於檔案館中的一個抽屜)Оп. 11 收藏的是由俄羅斯總統檔案館(前政治局檔案館)移交給俄羅斯國立政治社會史檔案館的史達林檔案。

8 這裡指的「主題式卷宗」(тематические папки, "Thematic" folders)為依照主題整理、政治局及史達林審閱過的文件。這是俄羅斯總統檔案館裡史達林檔案主要的構成基礎。

9 Sergei Khrushchev, ed.: *Memoirs of Nikita Khrushchev,* vol. 1: *Commissar* (University Park, PA, 2004); *Memoirs of Nikita Khrushchev,* vol. 2: *Reformer* (University Park, PA, 2006); and *Memoirs of Nikita Khrushchev,* vol. 3: *Statesman* (University Park, PA, 2007); А. И. Микоян. *Так было. Размышления о минувшем.* М., 1999; Anastas Ivanovich Mikoyan, *The Memoirs of Anastas Mikoyan* (Madison, CT, 1988).

10 米科揚的回憶錄問世不久，艾爾曼(Michael Ellman)發表了精彩評論並提出犀利洞見：他認為主編對回憶錄上下其手(請見：Michael Ellman, "The Road from Il'ich to Il'ich," *Slavic Review* 60, no. 1 [2001]: 141)。對此，米科揚的兒子謝爾國(Sergo)堅定回應：「我沒對父親的敘事作任何『修正』」。(請見：*Slavic Review,* 60, no. 4 [2001]: 917)。這樣模稜兩可的回應實則有深刻的言外之意：米科揚的兒子否認的並不是「修正」「回憶錄口述紀錄手稿」。也就是說，他給自己預留空間，以便日後聲明，自己不過是「補充」「回憶錄口述紀錄手稿」，其補充根據則為父親

「事後的口述」，而他的確未「修正」父親「事後的口述」。當然，出版者有義務特別聲明這類「補充」的存在，且最好另做註解。另外也可參考：О. Хлевнюк. *Сталин на войне. Источники и их интерпретация // Cahiers du Monde Russe*, 52 (2–3), 2011, С. 205.

11 可參考：Sergo Beria, *Beria, My Father: Inside Stalin's Kremlin* (London, 2001).

12 Е. Ю. Зубкова. *О «детской» литературе и других проблемах нашей исторической памяти. // Г.А. Бордюгов (ред.) Исторические исследования в России. Тенденции последних лет.* М., 1996, С. 155–178.

史達林的權力場所 The Seats of Stalin's Power

1 馬林科夫（Георгий Максимилианович Маленков, Georgy Maksimilianovich Malenkov, 1902–1988），黨官僚，長期任職於黨中央委員會，於1930年代末，大規模恐怖迫害正在浪頭上時，受史達林提拔進入權力高層。在史達林晚年占據黨國高職，包括擔任史達林在蘇聯政府及黨中央委員會書記處的副手。史達林逝世後，獲任命為蘇聯政府主席（總理），因此可視其為史達林的非官方名義上的繼任者。然而，他在權力鬥爭中輸給了赫魯雪夫，接著就被革職、調任低階職位，直到退休。馬林科夫及赫魯雪夫的其他競爭者之所以能「善終」，是受惠於蘇聯的相對民主化。在史達林治下，失勢者往往遭肉體消滅。

貝利亞（ლავრენტი ბერია〔喬治亞文〕, Лаврентий Павлович Берия, Lavrenty Pavlovich Beria, 1899–1953），從國安單位開始自己的政治生涯。1930年代初，賞識他的史達林將其任命為喬治亞共和國的黨最高領導人；1938年，史達林把他調到莫斯科，任內務部長（等於是國安系統首長）。身為內務部長，他的任務之一是在部內實施必要的逮捕行動，以便「大恐怖」順利退場。接下來幾年，他一直是史達林最親近的同志之一，是史達林在蘇聯政府內的副手，擔任「原子彈計畫」及其他包括古拉格（Gulag）在內的政府單位的召集人。史達林過世後，貝利亞將所有懲治機關的領導權集中在自己手裡。這讓其他蘇聯領導人心生警戒，決定聯合起來對抗貝利亞。貝利亞因此被捕、承受多項罪名，最後被槍決。這樣的事態發展讓某些人認為，貝利亞對史達林有特別的影響力，且史達林體制的諸多罪行實際上出自貝利亞之手。這並不符合事實。貝利亞不過是執行史達林的命令，在大規模迫害行動中也未扮演獨立角色。可進一步參考：Amy Knight, *Beria: Stalin's First Lieutenant* (Princeton, NJ, 1993)。

赫魯雪夫（Никита Сергеевич Хрущев, Nikita Sergeevich Khrushchev, 1894–1971），音譯應近「赫魯曉夫」。他於烏克蘭開始自己的政治生涯，曾就讀位於莫斯科的工業學院，並在那裡結識了史達林的妻子阿利路耶娃。這是他事業發展的起點。在這之後，他在莫斯科黨委會步步高升。1930年代末，受惠於大規模恐怖迫害

行動，他的政治事業更加蓬勃發展。他獲命擔任最重要的蘇聯共和國之一——烏克蘭——的黨領導人，戰後則領導莫斯科的黨組織。史達林死後，他因主管黨中央委員會，得以排除其他權力競爭者，成為新的蘇聯領袖。不過，他不但沒效法史達林，還推動了一系列民主改革，也就是史稱的「解凍」(оттепель)，為蘇聯帶來新的發展動力。他譴責史達林個人崇拜、釋放部分古拉格受刑人。但民主化措施及他犯下的眾多錯誤為他引來反對者的密謀造反。1964年底，他被合法解除職務，保住了性命，得以退休人士的身分安度晚年。退休期間，他口述了著名的回憶錄。可進一步參考：William Taubman, *Khrushchev: The Man and His Era* (New York, 2003).

布爾加寧(Николай Александрович Булганин, Nikolai Aleksandrovich Bulganin, 1895–1975)，1930年代「大恐怖」的眾多受惠者之一。「大恐怖」為蘇聯的黨國機器騰出許多容納新人的空間。二戰末期，為抗衡軍人勢力，史達林授予非軍事官僚的布爾加寧重要國防職位；戰後，布爾加寧甚至官拜國防部長。當代許多對他的評價為，他是一位沒有個人特色、聽史達林之命行事的幹部。史達林去世後，布爾加寧擔任過一段時間的總理(1955–1958)，接替失勢的馬林科夫。可惜，他做了錯誤決定，選擇加入反對赫魯雪夫的陣營。赫魯雪夫將布爾加寧逐出國家最高領導圈，讓他退休。

2 莫洛托夫(Вячеслав Михайлович Молотов, Vyacheslav Mikhailovich Molotov, 1890–1986)，是史達林最親近的同志之一，兩人共事經驗可追溯至革命前。莫洛托夫對史達林在權力鬥爭中勝出貢獻良多，可謂史達林的左右手。1930到1941年為蘇聯總理；1941年，當史達林自己當了總理時，莫洛托夫成了副總理。莫洛托夫長期擔任蘇聯外交部長(1939–1949、1953–1956)。國內及黨內咸認他為史達林的繼任者。基於這個原因，史達林在晚年開始排擠莫洛托夫；1952年甚至將他逐出最高領導圈。但這並不妨礙他在史達林死後持續對昔日領袖忠心耿耿。他不認同赫魯雪夫的改革方針，也無法苟同「反史達林個人崇拜」，因此成了反赫魯雪夫陣營的領導人。1957年，他敗在赫魯雪夫手下，在此之後被迫退居二線，最後成了退休人士。可進一步參考：Derek Watson, *Molotov and Soviet Government: Sovnarkom, 1930–41* (Basingstoke, UK, 1996).

米科揚(Անաստաս Միկոյան〔亞美尼亞文〕, Анастас Иванович Микоян, Anastas Ivanovich Mikoyan, 1895–1978)，外高加索地區領導人之一，受史達林之助而在莫斯科「飛黃騰達」。掌控蘇聯貿易、糧食問題和民生消費品的製造數十年。1952年底，米科揚和莫洛托夫皆失勢。史達林逝世後，米科揚重回第一線，成了赫魯雪夫的忠實戰友。米科揚在調停1962年的美蘇飛彈危機(古巴飛彈危機)中扮演重要角色。赫魯雪夫下台後，米科揚的政治生涯開始走下坡；不過，在蘇聯政治人物中，他仍是政治生涯最長壽的之一。一般認為，這是因為他在政治

上展現了足夠彈性。

弗羅希洛夫（Климент Ефремович Ворошилов, Kliment Yefremovich Voroshilov, 1881–1969），1918到1920年內戰期間，他是史達林最親近的友人之一。1920年代中受史達林拔擢，成了紅軍領導人。由於弗羅希洛夫顯然無力勝任國防部長一職，史達林被迫在戰前（1940年）將他自國防部長一職撤換下來。不過，無論是戰爭期間或在此之後，弗羅希洛夫仍是名義上的黨國最高領導圈一分子，但僅負責次要工作。史達林過世後，他獲任命為蘇聯總統，但此職僅具裝飾功能。1957年，當莫洛托夫和其他蘇聯領導人公開反對赫魯雪夫時，弗羅希洛夫選擇支持反對派。過沒多久，他就被革職了。

3 Yoram Gorlizki, "Ordinary Stalinism: The Council of Ministers and the Soviet Neopatrimonial State, 1946–1953," *Journal of Modern History* 74, no. 4 (2002): 699–736.

4 К. Симонов. *Глазами человека моего поколения.* М., 1989. С. 433. Интервью с адмиралом И.С. Исаковым.

5 А. А. Чернобаев (ред.) *На приеме у Сталина.* С. 7.

6 В. А. Богомолова и др. (сост.) *Московский Кремль цитадель России.* М. 2009. С. 310–313.

7 這些紀錄在舒米亞庇基於1938年被捕後，被轉交給史達林、收入他的個人檔案中。紀錄本身可見於：*Кремлевский кинотеатр. 1928–1953* / К.М. Андерсон и др. (сост.) . М., 2005. С. 919–1053.

8 阿利路耶娃（Надежда Сергеевна Аллилуева, Nadezhda Sergeevna Allilueva, 1901–1932），出身於工人革命者家庭，其父親為史達林舊識。1919年嫁給史達林。曾任職於某莫斯科雜誌的編輯部、列寧的祕書處，並於工業學院就讀。詳情見本書「家庭」一章。

9 此處及下文與史達林別墅有關的資訊取自：*1953 год. Между прошлым и будущим.* Каталог выставки. М., 2003; С. Девятов, А. Шефов, Ю. Юрьев. *Ближняя дача Сталина. Опыт исторического путеводителя.* М., 2011.

10 Svetlana Alliluyeva, *Twenty Letters to a Friend,* trans. Priscilla Johnson McMillian (New York, 1967), p. 21.（俄文版：Светлана Аллилуева, *Двадцать писем к другу.* М., 1990. С. 20.）

11 С. Девятов, А. Шефов, Ю. Юрьев *Ближняя дача Сталина.* С. 287. 羅茲哥喬夫的資料年代應是第二次世界大戰以後。不過，在此之前，史達林也以對別墅庶務饒有興趣著稱。

12 卡岡諾維奇曾提過這本小冊子。Ф. И Чуев *Каганович. Шепилов.* М., 2001. С. 137.

13 給卡岡諾維奇的信，1931年9月24日。可見於：R. W. Davies, et al., eds., *The Stalin-Kaganovich Correspondence, 1931–36* (New Haven and London, 2003), p. 98.

14 In Sergei Khrushchev, ed., *Memoirs of Nikita Khrushchev,* vol. 2: *Reformer* (University Park, PA, 2006), p. 117.

15 Исторический вестник. *Жизнь в тени вождей*. Т. 5. М., 2013. С. 118–119 Воспоминания Н.П. Новикова, заместителя начальника управления правительственной охраны в июле 1952 – марте 1953 г.

16 同前，第124頁。

17 In Sergei Khrushchev, ed., *Memoirs of Nikita Khrushchev,* vol. 1: *Commissar* (University Park, PA, 2004), p. 290.

18 Милован Джилас. *Лицо тоталитаризма*. М., 1992. С. 108.

19 Исторический архив. 1997. No.3. С. 117 Воспоминания венгерского лидера М. Ракоши.

20 *1953 год. Между прошлым и будущим*. С. 75.

21 日丹諾夫（Андрей Александрович Жданов, Andrei Aleksandrovich Zhdanov, 1896–1948），革命前即為布爾什維克黨員；革命後，在省區擔任不同職務。1934年受史達林提拔，被調至莫斯科，成了蘇聯共產黨（布）中央委員會書記。基洛夫遇刺後，成了列寧格勒的黨領導人。直到逝世前，都是史達林最親近的戰友之一，兩人關係良好。他的兒子曾和史達林的女兒有過一段為時不長的婚姻。

22 In Khrushchev, *Memoirs of Nikita Khrushchev,* vol. 1, pp. 102–103.

23 In Khrushchev, *Memoirs of Nikita Khrushchev,* vol. 2, p. 68.

24 同前，第117頁。

25 同前，第146–147頁。

26 Dmitri Volkogonov, *Stalin: Triumph and Tragedy* (New York, 1991), p. 571.

27 詳見：Erik van Ree, *The Political Thought of Joseph Stalin: A Study in Twentieth-Century Revolutionary Patriotism* (London and New York, 2002).

28 歷史研究者以意識形態因素解釋史達林人格及作為的傳統由來已久。可參見其中一部近期出版的著作：Robert Gellately *Stalin's Curse. Battling for Communism in War and Cold War.* New York, 2013.

29 Г. Димитров *Дневник*. София, 1997. С. 128.

30 В.М. Бережков *Рядом со Сталиным*. М., 1999. С. 371. 別列日科夫是史達林的傳譯。

Chapter 1 革命前 Before the Revolution

1 Л. М. Спирин *Когда родился Сталин: поправки к официальной биографии* // Известия. 1990. 25 июня; Известия ЦК КПСС. 1990. No. 11. С. 132–134.

2 А. Островский *Кто стоял за спиной Сталина?* М., 2002. С. 88–89. 奧斯特洛夫斯基這本名為《史達林的背後有誰？》（暫譯）的著作，是第一部詳細的青年史達林傳記，運用了許多莫斯科及喬治亞檔案館的新文獻。在此之後，有其他人出版了類似的著作：M. Kun, *Stalin, An Unknown Portrait* (Budapest and New York, 2003); S. S. Montefiore, *Young Stalin* (London, 2007); R. G. Suny, *Stalin and the Russian Revolutionary*

Movement: From Koba to Commissar（將由Oxford University Press出版）。近來還有一本關於史達林母親、篇幅不大的回憶錄問世，內容取自她於1930年代所做的口述，相關資料後來被收入檔案：Е. Джугашвили *Мой сын Иосиф Сталин*. М., 2013. 本書（《我兒史達林》）關於年幼及青年史達林的敘述在不同程度上運用了前述著作。

3 Островский, *Кто стоял за спиной Сталина?* С. 86–88, 93, 99.

4 РГАСПИ. Ф. 558. Оп. 11. Д. 878. Л. 73.（除非另有說明，皆由Nora Favorov翻譯。）

5 R. G. Suny, "Beyond Psychohistory: The Young Stalin in Georgia," *Slavic Review* 46, no. 1 (1991): 52.

6 與德國作家埃米爾・路德維希於1931年12月13日的談話。И. В. Сталин *Сочинения*. Т. 13. М., 1951. С. 113.

7 取自：Ю.Г. Мурин (Y.G. Murin) (сост.) *Иосиф Сталин в объятиях семьи. Из личного архива*. М., 1993. С. 6–19.

8 РГАСПИ. Ф. 558. Оп. 11. Д. 1549. Л. 83.

9 Островский, *Кто стоял за спиной Сталина?* С. 96–97, 102–104.

10 РГАСПИ. Ф. 558. Оп. 11. Д. 876. Л. 12.

11 РГАСПИ. Ф. 558. Оп. 4. Д. 4. Л. 1; Д. 5. Л. 1.

12 Dmitri Volkogonov, *Stalin: Triumph and Tragedy* (New York, 1991), pp. 7–8.

13 L. D. Trotsky, *Stalin,* (Benson, VT, 1985), vol. 1, pp. 32–33. 托洛茨基（Лев Давидович Троцкий, Lev Davidovich Trotsky, 1879–1940），在布爾什維克控制的國家地區內外，被視為列寧之下、萬人之上的領袖。他的政治生涯高峰在內戰時期，當時他領導屢屢勝仗的紅軍。內戰後，尤其是列寧逝世後，他加入蘇聯黨國領導人間的權力鬥爭。1927年，權力鬥爭失敗的他被流放國外。他在國外仍積極參與政治，對揭發主要的政敵史達林尤為著力。1940年，因史達林下令謀殺，在墨西哥死於特務之手。

14 Островский, *Кто стоял за спиной Сталина?* С. 108–111.

15 同前，第124–125頁。

16 И. В. Сталин *Сочинения*. Т. 13. С. 113–116. Беседа с немецким писателем Э. Людвигом 13 декабря 1931 г.

17 В. Каминский, И. Верещагин (V. Kaminskiy, I. Vereshchagin) *Детство и юность вождя: документы, записки, рассказы* // Молодая Гвардия. 1939. No.12. С. 65.

18 Robert C. Tucker, *Stalin as Revolutionary, 1879–1929: A Study in History and Personality* (New York, 1973), pp. 80–82.

19 РГАСПИ. Ф. 558. Оп. 4. Д. 600. Л. 1-7; Ф. 71. Оп. 10. Д. 266. Л. 7–11.

20 РГАСПИ. Ф. 558. Оп. 4. Д. 32. Л. 1–2.

21 Suny, *Stalin and the Russian Revolutionary Movement,* ch. 3.
22 РГАСПИ. Ф. 558. Оп. 4. Д. 53. Л. 1–15; Островский, *Кто стоял за спиной Сталина?* С. 148.
23 А. Островский, *Кто стоял за спиной Сталина?* С. 149.
24 Каминский, Верещагин *Детство и юность вождя: документы, записки, рассказы*. С. 84–85.
25 РГАСПИ. Ф. 558. Оп. 4. Д. 53. Л. 13.
26 РГАСПИ. Ф. 558. Оп. 4. Д. 60. Л. 1-3.
27 РГАСПИ. Ф. 558. Оп. 11. Д. 879. Л. 45.
28 РГАСПИ. Ф. 558. Оп. 4. Д. 65. Л. 1-4.
29 Trotsky, *Stalin,* vol. 1, p. 44.
30 А. Островский, *Кто стоял за спиной Сталина?* С. 154–155.
31 A. J. Rieber, "Stalin, Man of the Borderlands," *American Historical Review* 106, no. 5 (2001): 1651–1691; Alfred J. Rieber, "Stalin as Georgian: The Formative Years," in *Stalin: A New History,* ed. Sarah Davies and James Harris (Cambridge, 2005), pp. 18–44.
32 Jörg Baberowski. *Враг есть везде. Сталинизм на Кавказе.* М., 2010. С. 15.
33 Вопросы истории. 2012. No.14. С. 16. Документы из архива Б.И. Николаевского, опубликованные Ю.Г. Фельштинским и Г.И. Чернявским.
34 РГАСПИ. Ф. 558. Оп. 4. Д. 72. Л. 9.
35 А. Островский, *Кто стоял за спиной Сталина?* С. 188–189.
36 РГАСПИ. Ф. 558. Оп. 4. Д. 619. Л. 175–177.
37 А. Островский, *Кто стоял за спиной Сталина?* С. 212–218.
38 Erik van Ree, "The Stalinist Self: The Case of Ioseb Jughashvili (1898–1907)," *Kritika* 11, no. 2 (2010): 265–266; Suny, *Stalin and the Russian Revolutionary Movement,* ch. 4.
39 Erik van Ree, "Reluctant Terrorists? Transcaucasian Social-Democracy, 1901–1909," *Europe-Asia Studies* 40, no. 1 (2008); Suny, *Stalin and the Russian Revolutionary Movement,* ch. 9.
40 А. Островский, *Кто стоял за спиной Сталина?* С. 254.
41 РГАСПИ. Ф. 558. Оп. 11. Д. 896. Л. 115.
42 關於此類假設的細節可參見：S. Montefiore, *Young Stalin*。事件細節亦可參見：R. G. Suny, *Stalin and the Russian Revolutionary Movement,* ch. 11。Miklos Kun 提出了幾個史達林協助友人卡莫組織行動的證據（*Stalin,* pp. 77–79）。
43 尼可拉耶夫斯基收藏的文件可見於：Вопросы истории. 2010. No.7. С. 34; 2010. No.9. С. 11.
44 А. Островский, *Кто стоял за спиной Сталина?* С. 292.
45 З. И. Перегудова (Z.I. Peregudova) *Политический сыск России (1880–1917 гг.).* М., 2000. С.

242–274.

46 А. Островский, *Кто стоял за спиной Сталина?* С. 329–330.

47 Перегудова. *Политический сыск России (1880–1917 гг.).* С. 246.

48 馬林諾夫斯基（Роман Вацлавович Малиновский, Roman Vatslavovich Malinovsky, 1876 1918），金屬工人，工會活躍分子，布爾什維克黨員，特別受到列寧愛護。1912年獲選為杜馬議員，1913年起為杜馬的布爾什維克黨團主席。與警方合作多年。1914年，為避免被揭發而逃離俄羅斯。1918年回到俄羅斯，希望取得昔日同志的原諒，但被槍斃。

49 這些信件因為遭警方檢查而得以留存在警察單位的檔案中。史達林檔案中亦有複本。А. Островский, *Кто стоял за спиной Сталина?* С. 396–398; РГАСПИ. Ф. 558. Оп. 11. Д. 1288. Л. 12-14, 18, 28, 32-35.

50 1913年11月底給馬林諾夫斯基的信。

51 1913年11月20日給斯洛娃欽斯卡亞（Т. А. Словатинская, T. A. Slovatinskaya）的信。

52 РГАСПИ. Ф. 558. Оп. 1. Д. 52. Л. 1; А. Островский, *Кто стоял за спиной Сталина?* С. 402–403.

53 РГАСПИ. Ф. 558. Оп. 1. Д. 5394. Л. 2-3; А. В. Квашонкин и др. (сост.) *Большевистское руководство. Переписка. 1912–1927.* М. 1996. С. 19.

54 Я. М. Свердлов , *Избранные произведения.* Т. 1. М., 1957. С. 227.

55 С. Аллилуева. *Воспоминания.* М., 1946. С. 115.

56 見赫魯雪夫編：*Memoirs of Nikita Khrushchev,* vol. 2: Reformer (University Park, PA, 2006), p. 132. Translation slightly edited.

57 Свердлов, *Избранные произведения.* Т. 1. С. 280.

58 РГАСПИ. Ф. 558. Оп. 11. Д. 1288. Л. 15–16; Б.С. Илизаров (B.S. Ilizarov). *Тайная жизнь Сталина.* М., 2002. С. 289, 291, 294–297; А. Островский, *Кто стоял за спиной Сталина?* С. 393.

59 РГАСПИ. Ф. 558. Оп. 11. Д. 773. Л. 79–82; Б. Илизаров. *Тайная жизнь Сталина.* С. 297–298.

60 無論如何，史達林後來把莉蒂亞・佩雷普利根娜從自己的人生一筆勾銷。史達林離開後，莉蒂亞另嫁他人，後來成了八個孩子的寡婦。（*Тайная жизнь Сталина.* М., 2002. С. 310.）

61 РГАСПИ. Ф. 558. Оп. 11. Д. 851. Л. 15.

62 1915年11月25日給阿利路耶娃的信。РГАСПИ. Ф. 558. Оп. 1. Д. 55. Л. 2; Квашонкин и др. (сост.) *Большевистское руководство. Переписка. 1912–1927.* С. 21.

63 Trotsky, *Stalin,* vol. 1, pp. 248–249.

64 Квашонкин и др. (сост.) *Большевистское руководство. Переписка. 1912–1927.* С. 17–20;

Островский, *Кто стоял за спиной Сталина?* С. 397–401, 412–413, 415. РГАСПИ. Ф. 558. Оп. 1. Д. 54. Л. 1.

65 РГАСПИ. Ф. 558. Оп. 1. Д. 54. Л. 1.

66 В.И. Ленин (V.I. Lenin), *Полное собрание сочинений.* Т. 49. М. 1970. С. 101, 161.

史達林的政權支柱 The Bulwarks of Stalin's Power

1 長期以來一直存在一種說法，認為史達林人生最後階段的疾病和最終的死亡是貝利亞刻意毒害的結果。近年使用醫學證據以支持這種說法的可參考：J. Brent, V. Naumov. *Stalin's Last Crime: The Plot against the Jewish Doctors, 1948–1953* (New York, 2003). 史達林人生最後幾天發生的事可藉由比較不同文獻重建。除了許多研究者熟知的赫魯雪夫回憶錄（赫魯雪夫編，*Memoirs of Nikita Khrushchev,* vol. 1: *Commissar* [University Park, PA, 2004], pp. 147–149.），還有其他新的資訊來源。例如由沃科鞏諾夫及拉德津斯基（Э. Радзинский, E. Radzinsky）所記錄下來的史達林侍衛們的證言。參見：Dmitri Volkogonov, *Stalin: Triumph and Tragedy* (New York, 1991), p. 571–572；Edvard Radzinsky, *Stalin: The First In-Depth Biography Based on Explosive New Documents from Russia's Secret Archives.* (New York, 1997), pp. 566–572. 我在寫作本書的過程中參考了以上著作。

2 關於警衛總局，可見檔案資料：РГАСПИ. Ф. 17. Оп. 166. Д. 858. Л. 2–20。文件中看不出來數據指涉的是單一近郊別墅或史達林的所有別墅。無論如何，警衛總局及服侍團隊的主力都集中在史達林長期居住的近郊別墅內。

3 С. В. Девятов (S.V. Devyatov) (ред.) *Гараж особого назначения.* 1921–2011. М., 2011. С. 162–163.

4 РГАСПИ. Ф. 17. Оп. 162. Д. 9. Л. 54. В.Н. Хаустов и др. (сост.) *Лубянка. Сталин и ВЧК-ГПУ- ОГПУ-НКВД. Январь 1922–декабрь 1936.* М., 2003. С. 255–256.

5 國家政治保衛總局（OGPU）在給史達林的報告中指出，暗殺威脅遭排除端有賴該單位某幹員早已成功滲透進相關反蘇組織，因此得以伴隨組織的外籍特派員入境。被捕的外籍人士則在訊問過程中宣稱，事發當時他不過是來不及迅速掏出手槍，因為它被藏在衣服底下太深的地方。他曾想過再試著掏槍，但史達林的隨扈陣容太過龐大，他無法得逞。參考資料：«Записка ОГПУ Сталину. 18 ноября 1931 г.». *Источник.* 1996. No. 3. С. 161–162; В.Н. Хаустов и др. (сост.) *Лубянка.* Январь 1922–декабрь 1936. С. 286.

6 *Государственная охрана России. 1881–2006.* Каталог выставки. М., 2006. С. 47–49.

7 基洛夫（Сергей Мироонович Киров, Sergei Mironovich Kirov, 1886–1934），曾參與俄羅斯革命運動及內戰。在1921到1926年期間是亞塞拜然的黨領導人。他之所以能高升是因為他是史達林在外高加索的「人馬」之一，也和史達林有私交。

1926年，由於黨內反對派被擊潰，基洛夫接替季諾維耶夫成為列寧格勒的黨領導。他後來（1930年）成了政治局委員。1934年12月1日遭恐怖分子暗殺。有很長一段時間，基洛夫命案普遍被認為是出自史達林之手。不過，這個觀點近來已被歷史學者反駁。

8 弗拉西克（Николай Сидорович Власик, Nikolai Sidorovich Vlasik, 1896–1967），出身於白俄羅斯的農民家庭，在初等學校讀過幾年書，接著就靠做粗活維生。第一次世界大戰期間，跟著軍隊到前線作戰，後來加入紅軍。1919年，從紅軍轉入國家政治保衛總局，從此步步高升。1937到1938年的一系列大規模逮捕造成許多職缺，弗拉西克的職涯從此迅速發展。1952年遭逮捕。史達林逝世（1953年）後兩年，弗拉西克遭判流放十年。1956年獲赦免。

9 經過一番冗長的調查後，該名士兵遲至1950年才遭槍決。

10 С. В. Девятов и др. *Московский Кремль в годы Великой Отечественной войны.* С. 161, 164–167.

11 Е. Ю. Зубкова и др. (сост.) *Советская жизнь. 1945–1953.* М., 2003. С. 501; В. П. Попов *Российская деревня после войны.* М., 1993. С. 146.

12 Н. В. Петров (N.V. Petrov). *Первый председатель КГБ Иван Серов.* М., 2005. С. 87–89.

13 取自弗拉西克在1955年審判過程中的證詞。В. М. Логинов *Тени Сталина. Генерал Власик и его соратники.* М., 2000. С. 152.

14 РГАСПИ. Ф. 17. Оп. 166. Д. 858. Л. 2–8.

15 伊格納切夫（Семен Денисович Игнатьев, Semen Denisovich Ignatiev, 1904–1983），出身農民家庭，從共青團起家。1935年結束在工業學院的學業後，進入蘇聯共產黨中央委員會辦公室工作。有多年領導地方黨組織的經驗。1950年成了黨中央委員會高階人事部門的主管。1951年間，蘇聯國家安全部有多位領導人遭逮捕，史達林任命伊格納切夫為該部部長。他受史達林之命捏造多起政治案件。史達林過世後，伊格納切夫差點因這段過往斷送政治生涯，甚至賠上生命，還好有赫魯雪夫對他伸出援手。結果是伊格納切夫被派往外省工作，1960年安然退休。

16 РГАНИ. Ф. 5. Оп. 29. Д. 3. Л. 2; Д. 16. Л. 94, 108.

17 此類「創意」論述由修正派西方歷史學者於1980年代率先提出，可參見：J. A. Getty, *Origins of the Great Purges. The Soviet Communist Party Reconsidered, 1933–1938.* (Cambridge 1985). 多年後，部分俄羅斯研究者借用了西方同行的理論，可參見：Ю. Н. Жуков *Тайны Кремля. Сталин, Молотов, Берия, Маленков.* М., 2000; Ю. Н. Жуков *Иной Сталин. Политические реформы в СССР в 1933–1937 гг.* М., 2003. 然而，無論是西方或俄羅斯的修正派歷史研究者都無法以經得起檢驗的事實證明自己的觀點正確，其論述多屬臆測且泛政治化。

18 更多關於下文列舉的數據來源可參見賀列夫紐克：*Сталин у власти. Приоритеты*

и результаты политики диктатуры // История сталинизма: Итоги и проблемы изучения. М., 2011. С. 63–65.

19 1937年初的蘇聯總人口數為1億6200萬人，1953年初則為1億8700萬人。成年人口則少得多，例如在1937年大約是1億人。

20 蘇聯的安全機關多次遭改組、更名，但無論「招牌」怎麼換，相關單位仍依習慣被稱作「非常委員會」（чрезвычайная комиссия, ЧК；契卡，ChK），其職員則是「契卡工作人員」（чекист, chekist）。史達林也常使用「契卡」相關詞彙。

21 庫利克（Григорий Иванович Кулик, Grigory Ivanovich Kulik, 1890–1950），內戰時期和史達林並肩作戰，後來在史達林支持下軍事生涯發展順遂。1940年成了元帥。在德蘇戰爭（第二次世界大戰）期間，庫利克一如許多其他內戰時期的指揮官，表現並不稱職。1942年他被移送法辦並降階。接下來，他只負責次要的指揮工作。名譽受損的庫利克未能成功贏回史達林的信任。1947年，他與其他幾位將軍一同遭到逮補，他們曾在私下談話的過程中「真情流露」、批評史達林。1950年被槍斃。

22 黨監察委員會主席安德烈耶夫（А. А. Андреев, A. A. Andreev）就庫利克案給史達林寫的信，1940年5月。РГАНИ. Ф. 73. Оп. 2. Д. 17. Л. 128–148；К.А. Столяров *Палачи и жертвы.* М., 1998. С. 272–276.

23 Столяров. *Палачи и жертвы.* С. 267–271.

24 米霍耶爾斯（Соломон Михайлович Михоэлс, Solomon Mikhailovich Mikhoels, 1890–1948），導演、演員、社會活躍人士。在德蘇戰爭（第二次世界大戰）期間領導蘇聯的「猶太反法西斯委員會」，因委員會的努力，西方國家加強支持蘇聯對抗納粹。戰後，米霍耶爾斯獲頒史達林獎章，這對創作者而言是至上榮耀。然而，他很快就成了史達林對外政治方針轉彎及蘇聯反猶太運動的受害者。

25 Г. В. Костырченко (G.V. Kostyrchenko). *Тайная политика Сталина. Власть и антисемитизм.* М., 2001. С. 388–392.

26 *Палачи.* М., 2011. С. 66–68.

27 不少著作都探討過史達林的病態暴力傾向作為恐怖統治重要元素的可能性。近年出版的作品包括：Jörg Baberowski, *Verbrannte Erde: Stalins Herrschaft der Gewalt.* 2012.（俄文版：*Выжженная земля. Сталинское царство насилия.* М., 2014.）

28 此處引用伊格納切夫在1953年3月27日的口供。參見：*Палачи.* М., 2011. С. 307.

Chapter 2 跟隨列寧，「放下」列寧 In Lenin's Shadow

1 卡緬涅夫（Лев Борисович Каменев, Lev Borisovich Kamenev, 1883–1936），出身於工程師家庭，曾就讀莫斯科大學法律系，但因從事革命活動遭到退學。他是列寧最親近的戰友之一。卡緬涅夫和史達林在外高加索地區從事革命工作時相識。

1917年革命後，卡緬涅夫曾在政府不同單位內擔任要職。列寧逝世後，他加入了權力鬥爭。1920年代下半是黨內反對派領導人之一。史達林自黨內鬥爭勝出後，逐步開始「解決」自己的老友。1934年底，卡緬涅夫和其他的黨內「異議分子」遭到逮捕，更被無端指控與基洛夫謀殺案有關。1936年8月，卡緬涅夫在「第一次莫斯科公開大審」中，被判為間諜、恐怖分子，過不久就被槍斃。

2 Lars T. Lih, Oleg V. Naumov, and Oleg Khlevniuk, eds., *Stalin's Letters to Molotov, 1925–1936* (New Haven, 1995), pp. 101–103, 131–132.

3 關於布爾什維克在革命期間的活動，有許多資料可參考，包括：E. N. Burdzhalov, *Russia's Second Revolution: The February 1917 Uprising in Petrograd,* trans. and ed. D. J. Raleigh (Bloomington and Indianapolis, 1967); Alexander Rabinowitch, *The Bolsheviks Come to Power* (Chicago and London, 2004); Richard Pipes, *The Russian Revolution* (New York, 1990). 關於史達林在其中的角色，可參見：Robert M. Slusser, *Stalin in October: The Man Who Missed the Revolution* (Baltimore and London, 1987), and Ronald Grigor Suny, *Stalin and the Russian Revolutionary Movement: From Koba to Commissar* (Oxford University Press, forthcoming), chs. 18 and 19.

4 А. В. Квашонкин и др. (сост.) *Большевистское руководство.* С. 16.

5 В. И. Ленин. *Полное собрание сочинений.* Т. 31. М., 1969. С. 11–22, 504.

6 В. И. Ленин. *Полное собрание сочинений.* Т. 31. С. 103–112.

7 Н. Н. Суханов. *Записки о революции.* Т. 2. Кн. 3. М., 1991. С. 16.

8 *Седьмая (Апрельская) Всероссийская конференция РСДРП (б). Протоколы.* М., 1958. С. 323.

9 季諾維耶夫（Григорий Евсеевич Зиновьев, Grigory Yevseevich Zinoviev, 1883–1936），是列寧親近的黨同志之一，革命後陸續成了列寧格勒黨組織及共產國際的領導人。列寧辭世後，他企圖成為黨領袖，是黨內反對派的其中一位領導人。然而，他在奪權之爭中失敗後，開始受到迫害。1934年和卡緬涅夫一同遭到逮捕，理由是涉入基洛夫謀殺案。1936年8月，在「第一次莫斯科公開大審」中和卡緬涅夫一同遭判槍決。

10 1917年8月3日，史達林在第六次黨大會上的發言。*Шестой съезд РСДРП (большевиков). Август 1917 г. Протоколы.* М., 1958. С. 250.

11 РГАСПИ. Ф. 558. Оп. 11. Д. 890. Л. 8.

12 相關事件的深入研究，包括引用新文獻者，可參見：В. Т. Логинов. *Неизвестный Ленин.* М., 2010. С. 261–264.

13 ГАРФ. Ф. Р-5446. Оп. 87. Д. 1238. Л. 1–4; Оп. 86. Д. 3451. Л. 49–53.

14 季諾維耶夫及卡緬涅夫於1917年10月11日做的聲明。*Протоколы Центрального Комитета РСДРП(б). Август 1917–февраль 1918.* М., 1958. С. 87-92.

15 РГАСПИ. Ф. 558. Оп. 1. Д. 66. Л. 1.
16 *Протоколы Центрального Комитета РСДРП(б). Август 1917–февраль 1918.* М., 1958. С. 115.
17 R. W. Davies, Mark Harrison, and S. G. Wheatcroft, eds., *The Economic Transformation of the Soviet Union, 1913–1945* (Cambridge, 1994), pp. 62–64.
18 政治局會議紀錄。РГАСПИ. Ф. 17. Оп. 3. Д. 1–125.
19 史達林寫給列寧和托洛茨基的信，1918年6月22日。РГАСПИ. Ф. 558. Оп. 1. Д. 5403. Л. 1; А.В. Квашонкин и др. (сост.) *Большевистское руководство* С. 40.
20 史達林寫給列寧的信，1918年7月7日。РГАСПИ. Ф. 558. Оп. 1. Д. 248. Л. 1; И.В. Сталин. *Сочинения.* Т. 4. М.,1947.
21 史達林發給列寧和托洛茨基的電報，1918年7月11日。РГАСПИ. Ф. 558. Оп. 1. Д. 1812. Л. 1–2; А.В. Квашонкин и др. (сост.) *Большевистское руководство.* С. 42.
22 史達林寫給列寧的信，1918年10月3日。РГАСПИ. Ф. 558. Оп. 1. Д. 5410. Л. 1.; А.В. Квашонкин и др. (сост.) *Большевистское руководство.* С. 52.
23 РГАСПИ. Ф. 558. Оп. 1. Д. 5718. Л. 177, 178, 191, 195, 197.
24 РГАСПИ. Ф. 558. Оп. 1. Д. 5718. Л. 196–198.
25 弗羅希洛夫在1919年3月的第八次黨大會上的發言。Известия ЦК КПСС. 1989. No. 11. С. 160.
26 史達林寫給列寧的信，1918年8月31日。РГАСПИ. Ф. 558. Оп. 1. Д. 5408. Л. 4; А.В. Квашонкин и др. (сост.) *Большевистское руководство.* С. 46.
27 И. С. Ратьковский *Красный террор и деятельность ВЧК в 1918 году.* Спб., 2006. С. 151, 170.
28 Известия ЦК КПСС. 1989. No. 11. С. 157, 168.
29 А. В. Квашонкин и др. (сост.) *Большевистское руководство.* С. 54.
30 同前，第52–53頁。
31 I. V. Stalin, *Works.* Vol. 4. Moscow, 1947, p. 271.
32 В. И. Ленин *Полное собрание сочинений.* Т. 50. М. 1970. С. 389.
33 РГАСПИ. Ф. 558. Оп. 1. Д. 1815. Л. 2-4.; А. В. Квашонкин и др. (сост.) *Большевистское руководство.* С. 142–143.
34 РГАСПИ. Ф. 558. Оп. 1. Д. 5521. Л. 2.; А. В. Квашонкин и др. (сост.) *Большевистское руководство.* С. 148.
35 РГАСПИ. Ф. 558. Оп. 1. Д. 4137. Л. 1; Д. 1943. Л. 1; А. В. Квашонкин и др. (сост.) *Большевистское руководство.* С. 155.
36 РГАСПИ. Ф. 558. Оп. 1. Д. 1961. Л. 1-2; I. V. Stalin, *Works.* Vol. 4, p. 358.
37 РГАСПИ. Ф. 558. Оп. 1. Д. 4681. Л. 1.

38 РГАСПИ. Ф. 558. Оп. 1. Д. 4458. Л. 1-3; I. V. Stalin, *Works*. Vol. 4, p. 360-362.

39 РГАСПИ. Ф. 558. Оп. 11. Д. 126. Л. 4.

40 РГАСПИ. Ф. 558. Оп. 1. Д. 5213. Л.1. А. В. Квашонкин и др. (сост.) *Большевистское руководство*. С. 156.

41 РГАСПИ. Ф. 17. Оп. 3. Д. 106. Л. 5.

42 РГАСПИ. Ф. 17. Оп. 3. Д. 106. Л. 3, 4.

43 Известия ЦК КПСС. 1991. No. 3. С. 167.

44 *Девятая конференция РКП(б). Протоколы*. М., 1972. С. 60-61, 76-77; Ю. Н. Амиантов и др. (сост.). *В. И. Ленин. Неизвестные документы. 1891–1922*. М., 1999. С. 382, 390.

45 РГАСПИ. Ф. 558. Оп. 1. Д. 5541. Л. 1-2.; А. В. Квашонкин и др. (сост.) *Большевистское руководство*. С. 160–161.

46 由於篇幅有限，我在此不探討史達林在1920年冬春兩季涉入所謂「烏克蘭勞動軍」建制工作的程度。相關工作是布爾什維克政權「勞動軍事化」的初步嘗試，其內涵包括把軍隊當勞動大隊使用，且主要是用在烏克蘭的煤礦場。

47 Известия ЦК КПСС. 1991. No. 4. С. 170. Заседание секции 12 съезда РКП(б) по национальному вопросу. 25 апреля 1923 г. 更多關於史達林在民族事務部的作為可參見：J. Smith. "Stalin as Commissar of Nationalities" in S. Davies, J. Harris (eds.) *Stalin: A New History*, New York, 2005, pp. 45–62; В. Деннингхаус. *В тени «большого брата». Западные национальные меньшинства в СССР. 1917–1938 гг.* М., 2011. С. 84–91.

48 РГАСПИ. Ф. 17. Оп. 3. Д. 234. Л. 2.

49 РГАСПИ. Ф. 17. Оп. 3. Д. 310. Л. 2.

50 政治局1922年10月19日決議文。РГАСПИ. Ф.17. Оп. 3. Д. 318. Л. 4.

51 歐爾忠尼齊澤（გრიგოლ ორჯონიკიძე〔喬治亞文〕, Григорий Константинович Орджоникидзе, Grigory Konstantinovich Ordzhonikidze, 1886-1937）是史達林的親密戰友之一，在1920年代是諸外高加索共和國的黨領導人，接著被調至莫斯科擔任重要職位——黨監察委員會主席。任職主席期間，他幫助史達林自奪權之爭中勝出。歐爾忠尼齊澤在1930年代主管蘇聯重工業，也試圖抗衡史達林對領導幹部們的迫害。這導致他和史達林起衝突。1937年2月，歐爾忠尼齊澤自殺身亡，但這件事要到史達林辭世後才廣為人知。可參見：Oleg V. Khlevniuk, *In Stalin's Shadow: The Career of "Sergo" Ordzhonikidze* (New York, 1995).

52 納札列強寫給歐爾忠尼齊澤的信，1922年6月14日及8月9日以後。РГАСПИ. Ф. 85. Оп. 1 с. Д. 13. Л. 6, 10; А. В. Квашонкин и др. (сост.) *Большевистское руководство*. С. 256, 257, 262, 263.

53 納札列強寫給歐爾忠尼齊澤的信，1922年7月12日及8月9日以後。РГАСПИ. Ф. 85. Оп. 1 с. Д. 13. Л. 7, 10.; А. В. Квашонкин и др. (сост.) *Большевистское руководство*. С.

259, 263.

54 納札列強寫給歐爾忠尼齊澤的信，1922年8月9日以後。РГАСПИ. Ф. 85. Оп. 1 с. Д. 13. Л. 10.; А. В. Квашонкин и др. (сост.) *Большевистское руководство*. С. 263.

55 寫於1925年1月的回憶，也就是在史達林確立個人專制統治前；引述者為烏格蘭諾夫（Н. А. Угланов, N.A. Uglanov）。Известия ЦК КПСС. 1989. No. 4. С. 196.

56 布哈林（Николай Иванович Бухарин, Nikolai Ivanovich Bukharin, 1888–1938），布爾什維克領導人、理論家。在史達林與托洛茨基、季諾維耶夫和卡緬涅夫的鬥爭中，選擇支持史達林，但在史達林勝出後，反而成為受害者。布哈林支持較為溫和的政治路線和漸進式改造新經濟政策。史達林批判布哈林和他的支持者們搞「右傾」。將所謂的「右傾」勢力逐出黨的領導層後，史達林逐步確立自己的獨裁體制。布哈林於1937年遭到逮捕、1938年槍決。可參見：Stephen F. Cohen, *Bukharin and the Bolshevik Revolution: A Political Biography, 1888–1938* (New York, 1973); Paul R. Gregory, *Politics, Murder, and Love in Stalin's Kremlin: The Story of Nikolai Bukharin and Anna Larina* (Stanford, CA, 2010).

57 Известия ЦК КПСС. 1989. No. 12. С. 198。瑪莉亞另一個版本的回憶參見：Известия ЦК КПСС. 1991. No. 3. С. 188.

58 Известия ЦК КПСС. 1989. No. 4; РГАСПИ. Ф. 17. Оп. 3. Д. 303. Л. 5.

59 Известия ЦК КПСС. 1989. No. 12. С. 198. 這些回憶是瑪莉亞過世後，在她的文件中找到的，其內容顯然不是為了公諸於世而寫，因此頗為坦白，甚至像是「告白」。這讓它們成為可信度頗高的歷史研究材料。

60 Известия ЦК КПСС. 1989. No.9. С. 191–216.

61 同前，第209頁。

62 Известия ЦК КПСС. 1989. No.12. С. 191.

63 同前，第189、191頁。

64 同前，第198–199頁。

65 В. И. Ленин. *Полное собрание сочинений.* Т. 45. М., 1970. С. 345.

66 同前，第346頁。

67 傑爾仁斯基（Феликс Эдмундович Дзержинский, Feliks Edmundovich Dzerzhinsky, 1877–1926），在俄羅斯革命圈十分活躍，帝俄時代曾經歷多年流放、監禁和苦役生活。革命成功後，領導肅反委員會，也就是布爾什維克的知名懲治機關。傑爾仁斯基在1920年代不但是政治警察頭子，還是交通運輸和工業等經濟部門的領導人。他及時自然死亡（死於心臟病），未遭遇大恐怖風暴。

68 В. И. Ленин. *Полное собрание сочинений.* Т. 54. М., 1975. С. 329.

69 同前，第329–330頁。

70 Robert C. Tucker, *Stalin as Revolutionary, 1879–1929: A Study in History and Personality* (New

York, 1973), p. 277.
71 В. И. Ленин. *Полное собрание сочинений.* Т. 54. С. 330.
72 Известия ЦК КПСС. 1990. No.9. С. 151. 重點標記出自卡緬涅夫。
73 Известия ЦК КПСС. 1989. No.12. С. 193.
74 Известия ЦК КПСС. 1990. No.9. С. 151–152.
75 В. А. Сахаров. *Политическое завещание Ленина: реальности истории и мифы политики.* М., 2003. 對此著作的批判性討論請見：Отечественная история. 2005. No.2. С. 162–174.
76 Moshe Lewin, *Lenin's Last Struggle* (New York, 1968).
77 В. П. Вилкова (сост.) *РКП(б). Внутрипартийная борьба в двадцатые годы. Документы и материалы.* 1923. М., 2004. С. 129. 重點標記出自季諾維耶夫。
78 同前，第135–136頁；重點標記出自史達林。
79 РГАСПИ Ф. 17. Оп, 3. Д. 370. Л. 4.
80 1923年8月21日政治局討論國際局勢會議紀錄。Источник . 1995. No.5. С. 118, 124.
81 同前，第126頁。
82 雷科夫（Алексей Иванович Рыков, Aleksei Ivanovich Rykov, 1881-1938），是知名布爾什維克黨員，於列寧逝世後擔任蘇聯總理。他在經濟議題方面屬於「溫和派」；曾與史達林一同對抗托洛茨基、季諾維耶夫和卡緬涅夫。後來與布哈林雙雙遭史達林指控搞「右傾」，並因此被剝奪領導職。1937年被捕，1938年遭槍決。
83 同前，第126頁。
84 В. П. Вилкова (сост.) *РКП(б). Внутрипартийная борьба.* С. 147–151.
85 *Тринадцатый съезд РКП(б). Стенографический отчет.* М., 1963. С. XXI-XXII.
86 РГАСПИ. Ф. 55. Оп. 11. Д. 126. Л. 68.
87 Ю. Надточеев. *«Триумвират» или «семерка»?* 收錄於：В.В. Журавлев (ред.) *Трудные вопросы истории.* М., 1991. С. 68–70.
88 Известия ЦК КПСС. 1991. No.8. С. 182.
89 РГАСПИ. Ф. 558. Оп. 11. Д. 777. Л. 27–28.
90 基洛夫給歐爾忠尼齊澤的信，1926年1月10日、16日。А. В. Квашонкин и др. (сост.) *Большевистское руководство.* С. 315, 318.
91 Lih, Naumov and Khlevniuk, *Stalin's Letters to Molotov,* pp. 115–116.
92 *КПСС в резолюциях и решениях съездов, конференций и пленумов ЦК.* Т. 4. М., 1984. С. 49–50.
93 參見史達林給雷科夫、弗羅希洛夫和莫洛托夫的信，1927年9月20日。РГАСПИ. Ф. 558. Оп. 11. Д. 797. Л. 84–85.
94 奧辛斯基（Валериан Валерианович Осинский, Valerian Valerianovich Osinsky, 1887-1938），資深布爾什維克，在黨內曾參與不同的反對派，曾支持托洛茨基。在寫

給史達林本書所引信件後，他就失去了中央統計局主任的職位，但仍持續在其他經濟部門擔任領導職。「大恐怖」時期遭到槍決。

95 РГАСПИ. Ф. 558. Оп. 11. Д. 780. Л. 12–14; Источник. 1994. No.6. С. 88.

96 斯米爾諾夫（Владимир Михайлович Смирнов, Vladimir Mikhailovich Smirnov, 1887–1937），資深布爾什維克黨員，在革命和內戰時期十分活躍，1920年代加入黨內反對派陣營。1928年獲判流放至烏拉爾地區三年，後來刑期更被延長至1935年。1935年再度遭到逮捕，1937年遭到槍決。

97 薩普羅諾夫（Тимофей Владимирович Сапронов, Timofei Vladimirovich Sapronov, 1887-1937），資深布爾什維克黨員，是莫斯科布爾什維克的其中一位頭頭。革命成功後，在政府擔任不同的領導職。1920年代加入黨內反對派陣營。1928年獲判流放至阿爾漢格爾斯克州三年。一如斯米爾諾夫，刑期被延長至1935年。1935年再度遭到逮捕，1937年遭到槍決。.

98 馬爾托夫（Юлий Осипович Мартов, Yuly Osipovich Martov,1873–1923）是俄羅斯社會民主主義運動的活躍分子，在革命事業初期與列寧是戰友。1903年，兩人決裂；馬爾托夫成了孟什維克的領導人。1917年，他先是譴責布爾什維克搞政變，接著試圖與對方合作，目標為改善布爾什維克的專制領導文化、促進其民主化。1920年奉命前往國外。死於肺結核。

99 奧辛斯基寫的信和史達林的回覆。РГАСПИ. Ф. 558. Оп. 11. Д. 780. Л. 12–14; Источник. 1994. No.6. С. 88.

100 索科利尼軻夫（Григорий Яковлевич Сокольников, Grigory Yakovlevich Sokolnikov, 1888–1939），老布爾什維克，曾遭流放至西伯利亞，後來從當地出逃國外。革命成功後，進入國家領導層。他事業發展最成功的時候是1920年代，當時蘇聯正施行貨幣改革，並因此有了價值穩定的貨幣。由於隸屬黨內反對派，索科利尼軻夫常遭受壓迫。1927年，他宣告與反對派斷絕關係。曾擔任不同的領導職。「大恐怖」時期被槍斃。

101 詳見 Ю. М. Голанд *Кризисы, разрушившие нэп*. М., 1998.

102 在1927年12月的第十五次黨代表大會上，史達林再度指出西方敵對勢力正準備干涉蘇聯內政，並再次將沃伊柯夫遇刺案與引爆第一次世界大戰的塞拉耶佛事件相比擬。（И. В. Сталин. *Сочинения.* Т. 10. С. 281, 288.）

103 РГАСПИ. Ф. 558. Оп. 11. Д. 71. Л. 2–4об.

104 魯祖塔克（Ян Эрнестович Рудзутак, Yan Ernestovich Rudzutak, 1887–1938），是老布爾什維克，帝俄時期遭囚禁多年。革命成功後，在黨及政府機關擔任領導職。「大恐怖」期間遭槍決。

105 РГАСПИ. Ф. 558. Оп. 11. Д. 767. Л. 35–39, 45–48, 56–60.

106 加里寧（Михаил Иванович Калинин, Mikhail Ivanovich Kalinin, 1875-1946），資深布

爾什維克黨員，革命成功後不久擔任蘇聯「國會」主席，至死前一直是名義上的蘇聯「總統」——這是個裝飾性遠勝實質性功能的職位，在位者的實權極其有限。在布爾什維克大老中屬於「溫和派」，但立場不堅定。在一陣猶豫後，決定支持史達林。加里寧的妻子於1930年代遭到逮捕，在加里寧過世前不久才獲釋。

107 РГАСПИ. Ф. 558. Оп. 11. Д. 767. Л. 35–39, 45–48; Д. 71. Л . 11, 13–14.

108 莫洛托夫稱政治局為「七人組」，因為參與投票的不只有政治局委員，還有監察委員會主席歐爾忠尼齊澤。就職位而言，歐爾忠尼齊澤並無加入政治局之權。

109 РГАСПИ. Ф. 558. Оп. 11. Д. 767. Л. 56–60.

110 Lih, Naumov, and Khlevniuk, *Stalin's Letters to Molotov,* p. 139.

111 РГАСПИ. Ф. 558. Оп. 11. Д. 1110. Л. 181.

閱讀與思索的世界 A World of Reading and Contemplation

1 РГАСПИ. Ф. 558. Оп. 11. Д. 105. Л. 20-126; Д. 117. Л. 1–173.

2 РГАСПИ. Ф. 558. Оп. 11. Д. 70. Л. 85–114.

3 Б. С. Илизаров. *Тайная жизнь Сталина.* М., 2002. С. 143.

4 М. Я. Вайнскопф. *Писатель Сталин.* М., 2000. С. 17–22

5 史達林加註藏書移交書。РГАСПИ. Ф. 558. Оп. 3. Д. 1–392; Дело фонда 558. 史達林的克里姆林及別墅藏書中，不含評註的部分，在他過世後被移交給馬克思－列寧主義學院及其他學術圖書館。研究者至今仍無法確定在史達林死後，其藏書保存的完整度有多高。部分含有評註的書籍確實已佚失。不過，我們仍可以確定，目前留存下來的藏書已具有足夠的代表性。

6 歷史學者G. A. Kumanev（Г. А. Куманев）與前蘇聯交通部長I. V. Kovalev（И. В. Ковалев）的訪談。Новая и новейшая история. 2005. No.3. С. 165.

7 Cited in R. W. Davies et al., eds., *The Stalin-Kaganovich Correspondence, 1931–1936* (New Haven and London, 2003), p. 381.

8 引自：А. Артизов, О. Наумов (сост.) *Власть и художественная интеллигенция.* М., 1999. С. 499, 583, 613. 史達林針對《伊凡雷帝》電影劇本所寫的備忘便條，1943年9月13日；史達林在組織委員會會議上的發言，1946年8月9日；史達林與影片《伊凡雷帝》創作團隊的對談，1947年2月26日。詳見：M. Perri. *The Cult of Ivan the Terrible in Stalin's Russia.* Basingstoke, (New York, 2001).

9 B. S. Ilizarov（Б. С. Илизаров）稱，他在史達林藏書中還發現了杜斯妥也夫斯基的長篇小說《卡拉馬佐夫兄弟》，上面有史達林的評註。參見：*Тайная жизнь Сталина.* С. 411.

10 布爾加科夫（Михаил Афанасьевич Булгаков, Mikhail Afanasyevich Bulgakov, 1891–

1940），是作家、劇作家。部分他寫於1920年代的早期劇作曾在劇院演出，但基於政治因素遭到當局強烈批判。他的作品逐漸被禁，他的收入來源也被剝奪。史達林喜歡布爾加科夫的作品，因此不排斥幫他一把。作家得到了工作機會，但大部分的作品仍遭禁。他聞名於世的作品《大師與瑪格麗特》（*The Master and Margarita*）要等到史達林逝世多年以後才得以出版。

11 高爾基給共青團領導的信，1936年4月14日。Л. В. Максименков (сост.) *Большая цензура. Писатели и журналисты в Стране Советов. 1917–1956.* М., 2005. С. 413.
高爾基（Максим Горький, Maxim Gorky, 1868–1936），親布爾什維克作家，但初期對布爾什維克激烈的「革命」行為多有批判。曾長期旅居國外，後來受史達林鼓動，返回蘇聯，成了官方認可的蘇聯文學泰斗，並因此享有眾多物質上的優惠待遇。其代價就是完全失去自由。

12 如同前文所提，1934到1936年期間主管蘇聯電影工業、和史達林及其他黨國高階領導人一同在克里姆林觀影的舒米亞茨基做了數十筆類似的紀錄。參見：К. М. Андерсон и др. (сост.) *Кремлевский кинотеатр.* С. 919–1053.

13 С. Аллилуева. *Двадцать писем другу.* С. 145.

14 史達林給俄羅斯無產階級作家協會會員的一封信，1929年2月28日。А. Артизов, О. Наумов (сост.) *Власть и художественная интеллигенция.* С. 110.
梅耶荷德（Всеволод Эмильевич Мейерхольд, Vsevolod Emilyevich Meyerhold, 1874–1940），劇場導演，倡議革命性的劇場實驗。在史達林「社會主義寫實主義」地位穩固之際，梅耶荷德的創作遭到猛烈批判，並接著在1939年被捕，1940年遭到槍決。

15 蕭士塔高維契（Дмитрий Дмитриевич Шостакович, Dmitry Dmitryevich Shostakovich, 1906–1975），是二十世紀重要的作曲家之一。在史達林授意下，作曲家於1936和1948年因崇尚「形式主義」而遭受迫害。受情勢所迫，他有時必須順應史達林心意，創作「正確的」、經得起意識形態考驗的音樂。

16 В. А. Невежин. *Застолья Иосифа Сталина. Большие кремлевские приемы 1930-х–1940-х гг.* М., 2011. С. 282–308.

17 С. Аллилуева. *Двадцать писем другу.* С. 13. 史達林總計收集了2700片唱盤。*1953 год. Между прошлым и будущим.* С. 76.

18 *1953 год. Между прошлым и будущим.* С. 76.

19 *Тоталитаризм. Из истории идеологий, движений, режимов и их преодоления.* // Руководители авторского коллектива Я. С. Драбкин, Н. П. Комолова. М., 1996. С. 226–227. Автор раздела В. М. Володарский. 更多關於史達林時代的藝術品味和視覺藝術的政治化可參考：Я. Плампер. *Алхимия власти. Культ Сталина в изобразительном искусстве.* М., 2010

20 С. Аллилуева. *Двадцать писем другу*. С. 21–22.
21 С. Девятов, А. Шефов, Ю. Юрьев. *Ближняя дача Сталина*. С. 421–424.
22 史達林寫作上的問題很難在翻譯上呈現，更多例子可參見：М. Я. Вайнскопф. *Писатель Сталин*. С. 23.
23 可參見：РГАСПИ. Ф. 17. Оп. 163. Д. 471. Л. 16; Д. 494. Л. 14.
24 А. Островский. *Кто стоял за спиной Сталина?* С. 399, 400–401, 409, 413.
25 Ю. Г. Мурин (сост.) *Иосиф Сталин в объятиях семьи*. С. 30–31.
26 赫魯雪夫的回憶。Вопросы истории. 1990. No.4. С. 62.
27 Л. Е. Решин и др. (сост.) *1941 год: в 2 кн. М., 1998. Кн. 2.* С. 383.
28 Н. В. Петров *Палачи*. С. 299.
29 А. Ю. Ватлин, Л. Н. Малашенко. *История ВКП(б) в портретах и карикатурах ее вождей*. М., 2007. С. 110.
30 Б. С. Илизаров. *Почетный академик Сталин и академик Марр*. М., 2012.
31 近年全面性探討此議題的著作包括：Ethan Pollock, *Stalin and the Soviet Science Wars* (Princeton, 2006).

Chapter 3 他的革命 His Revolution

1 РГАСПИ. Ф. 558. Оп. 11. Д. 767. Л. 76.
2 蘇聯共產黨（布）西伯利亞邊區委員會常務局會議紀錄，史達林出席。1928年1月18日。Известия ЦК КПСС. 1991. No. 5. С. 196–199.
3 Известия ЦК КПСС. 1991. No. 5. С. 199–201.
4 史達林在蘇聯共產黨（布）西伯利亞邊區委員會常務局閉門會議上的發言。1928年1月20日。РГАСПИ. Ф. 558. Оп. 11. Д. 118. Л. 23-34; Известия ЦК КПСС. 1991. No. 6. С. 203–212.
5 РГАСПИ. Ф. 558. Оп. 11. Д. 119. Л. 84.
6 РГАСПИ. Ф. 558. Оп. 11. Д. 119. Л. 106; Известия ЦК КПСС. 1991. No. 7. С. 178.
7 И. И. Иконникова, А.П. Угроватов. *Сталинская репетиция наступления на крестьянство* // Вопросы истории КПСС. 1991. No. 1. С. 76.
8 托姆斯基（Михаил Павлович Томский, Mikhail Pavlovich Tomsky, 1880–1936），資深布爾什維克黨員，革命後成為工會領導人之一。1922年成了蘇聯全國總工會主席，進入黨的最高領導層。在黨內「右派」被史達林鬥倒後，托姆斯基被調往二線職位。1936年，面臨逮捕威脅的他選擇自殺。

烏格蘭諾夫（Николай Александрович Угланов, Nikolay Alexandrovich Uglanov, 1886–1937），資深布爾什維克黨員，革命後在國家中央及地方都曾擔任領導職。1924年成為莫斯科黨組織的領導人，因此逐漸晉升第一線。1928年，因史達林從中

操弄，烏格蘭諾夫遭到革職、被調往二線職位，接著遭到迫害，最後在「大恐怖」期間被槍斃。

9 Н. С. Тархова *Красная армия и сталинская коллективизация. 1928–1933.* М., 2010. С. 95–114.

10 許多著作都已深入研究史達林的黨內「右派」攻擊過程和手法，可參見：С. Коэн. *Бухарин. Политическая биография. 1888–1938.* М., 1988. С. 341–402*; Как ломали нэп. Стенограммы пленумов ЦК ВКП(б). 1928–1929 гг.* Т. 1–5 / под ред. В.П. Данилова, О. В. Хлевнюка и др. М., 2000.

11 РГАСПИ. Ф. 85. 新進檔案文件：Д. 2. Л. 1–11, 28–30.

12 А. В. Квашонкин и др. (сост.) *Советское руководство.* С. 58.

13 關於布哈林與卡緬涅夫的談話內容，及此內容如何為他人知曉，參見：В. П. Данилов, О. В. Хлевнюк и др. (ред.) *Как ломали нэп. Стенограммы пленумов ЦК ВКП(б). 1928–1929 гг.* Т. 4. М., 2000. С. 558–567, 685–699.

14 1931年2月4日在第一次全社會主義工業領導人大會上的發言。V. Stalin, *Works,* vol. 13 (Moscow, 1954), p. 43. The translation has been slightly revised.

15 РГАСПИ. Ф. 558. Оп. 11. Д. 145. Л. 43–54.

16 在此我是借用Andrea Graziosi「war on the peasants」的概念，參見：*The Great Soviet Peasant War: Bolsheviks and Peasants, 1917–1933* (Cambridge, MA, 1996).

17 В. П. Данилов и др. (ред.) *Трагедия советской деревни. Коллективизация и раскулачивание. 1927- 1939.* Т. 2. М., 2000. С. 35–78.

18 同前，第75–76、85–86頁。

19 同前，第11頁。

20 同前，第703、789頁。也可參考：Lynne Viola, *Peasant Rebels under Stalin: Collectivization and the Culture of Peasant Resistance* (New York and Oxford, 1996).

21 1960年代，學者丹尼洛夫（В. П. Данилов, V. P. Danilov）得以一窺這些至今仍未公開的文件樣貌。*Трагедия советской деревни.* Т. 2. С. 833.

22 同前，第279、324頁。Л. Виола и др. (ред.) *Рязанская деревня в 1929–1930 гг. Хроника головокружения.* М., 1998.

23 В. П. Данилов и др. (ред.) *Трагедия советской деревни.* Т. 2. С. 270.

24 同前，第303–305頁。

25 同前，第804頁。根據國家政治保衛總局的資料，1930年代共有13,800起抗議行動，其中10,000起經過該單位比較仔細的調查。這10,000起騷亂的參與人數約為250萬人。由於每場行動平約有245人參與，我們可以由此計算出13,800場行動的總參與人數，也就是大約340萬人。不過，我們必須考慮到，國家政治保衛總局的資料有可能是不完整的。

26 В. Васильев, Л. Виола *Коллективизация и крестьянское сопротивление на Украине.* Винница, 1997. С. 213–219, 221.

27 РГАСПИ. Ф. 85. Оп. 1с. Д. 125. Л. 2.; В. Васильев, Л. Виола. *Коллективизация и крестьянское сопротивление на Украине.* С. 233.

28 В. Н. Земсков. *Спецпоселенцы в СССР. 1930–1960.* М., 2003. С. 16, 20.

29 Lynne Viola, *The Unknown Gulag: The Lost World of Stalin's Special Settlements* (New York, 2007).

30 R. W. Davies, Mark Harrison, and S. G. Wheatcroft, eds., *The Economic Transformation of the Soviet Union, 1913–1945* (Cambridge, 1994), p. 289.

31 1933年1月7日在蘇聯共產黨（布）中央委員會全體會議上的發言。Stalin, *Works,* vol. 13, pp. 161–217.

32 О. Лацис. *Проблема темпов в социалистическом строительстве* // Коммунист. 1987. No. 18. С. 83.

33 R. W. Davies and Stephen G. Wheatcroft, *The Years of Hunger: Soviet Agriculture, 1931–1933* (Basingstoke, 2004), pp. 412–415.

34 James C. Scott, *Weapons of the Weak: Everyday Forms of Peasant Resistance* (New Haven, 1985).

35 更多關於史達林於1932年收到的導入固定徵糧標準的提案，可參見：Н. А. Ивницкий. *Коллективизация и раскулачивание (начало 30-х годов).* М., 1994. С. 191.

36 1932年4月29日政治局決議文。РГАСПИ. Ф. 17. Оп. 162. Д. 12. Л. 115.

37 從徵糧委員會領導人呈給史達林的報告看來，至1933年7月1日為止，也就是新收成入庫以前，蘇聯所有種類與用途的穀類儲備總計為140萬噸，包括超過100萬噸的食用穀類。（АПРФ. Ф. 3. Оп. 40. Д. 27. Л. 123, 133）Davies和Wheatcroft也在徵糧委員會的檔案中發現一樣的資料（R.W. Davies, S.G. Wheatcroft. *The Years of Hunger*, p. 229）俄羅斯農家每戶每年消耗約262公斤的穀類。也就是說，將兩個數據合併考慮後，當時的穀類儲備理應可保障大約400萬人一整年的食用需求，而在更嚴苛、不求飽餐的條件下，甚至能養活更多人。如果我們再把饑餓年代的出口糧食量納入考慮，結果會更驚人。雖然因為產出減少等客觀因素，出口量降低，但光看數據，量仍是非常大，舉例而言：1932年為180萬噸，1933年前六個月為22萬3千噸。（В.П. Данилов и др. (ред.) *Трагедия советской деревни. Коллективизация и раскулачивание.* Т. 3. М., 2001. С. 33–34; R.W. Davies, S.G. Wheatcroft. *The Years of Hunger*, p. 440.）

38 Oleg V. Khlevniuk, *The History of the Gulag from Collectivization to the Great Terror* (New Haven and London, 2004), p. 62; В.Н. Земсков. Спецпоселенцы в СССР. С. 20.

39 雖然北高加索地區是今日俄羅斯聯邦領土的一部分，在地理、經濟和民族組成

上（該地有許多烏克蘭裔居民），它卻和烏克蘭共同構成一個有整體性的蘇聯農業基地。

40 Davies and Wheatcroft, *The Years of Hunger,* pp. 448–449, 470.

41 肖洛霍夫（Михаил Александрович Шолохов, Mikhail Alexandrovich Sholokhov, 1905–1984）是蘇聯官方奉為經典的作家，特別獲史達林眷顧。雖然地位崇高，他仍長住家鄉，也就是頓河地區的農村裡，因此得以親身體驗1930年代農業集體化政策及恐怖統治的實際「成果」。他本人就曾數次向史達林尋求援助。見：Ю. Мурин (сост.) *Писатель и вождь. Переписка М.А. Шолохова с И.В. Сталиным. 1931–1950 годы.* М., 1997. С. 68.

42 R. W. Davies et al., eds., *The Stalin-Kaganovich Correspondence, 1931–1936* (New Haven, 2003), pp. 179–181.

43 H. Kuromiya. *Stalin.* (London, 2005), p. 111–112. 針對這場饑荒是否含有「反烏克蘭」的成分、是否為種族屠殺，學者至今仍爭論不休。可參見：A. Graziosi. *Stalinism, Collectivization and the Great Famine. Ukrainian Studies Fund*, 2009.

44 Stalin, *Works,* vol. 13, pp. 253–254.

45 史達林在此指的是1932年8月7日通過的法律，其內容充斥各種嚴刑峻罰，包括槍斃偷竊集體農場財產的人。

46 РГАСПИ. Ф. 558. Оп. 11. Д. 799. Л. 24–25, 30–31. 談話記錄首次於1951年公開（И.В. Сталин. *Сочинения.* Т. 13. М. 1951. С. 260–273），但該文字紀錄是被「修整」過的，例如這裡引述的與農村狀況及饑餓有關的文字，就遭到移除。

47 В. П. Данилов и др. (ред.) *Трагедия советской деревни.* Т. 3. С. 527–528, 661–665.

48 Ю. Мурин (сост.) *Писатель и вождь.* С. 28–58.

49 同前，第68、145–147頁。

50 R. W. Davies, S.G. Wheatcroft *The Years of Hunger: Soviet Agriculture, 1931–1933.* (Basingstoke, 2004), pp. 456–457.

51 黨內許多人都知道托洛茨基的相關言論，還在1933年1月蘇聯共產黨（布）中央委員會全體會議上引用他的意見，雖然引用目的是要證明他「誹謗」。РГАСПИ. Ф. 17. Оп. 2. Д. 514. Вып. 1. Л. 55.

52 Khlevniuk, *History of the Gulag,* pp. 56, 57–58, 68.

53 РГАСПИ. Ф. 558. Оп. 11. Д. 779. Л. 47.

54 РГАСПИ. Ф. 17. Оп. 162. Д. 15. Л. 154–155. Г.М. Адибеков и др. (ред.) *Политбюро ЦК РКП(б)-ВКП(б) и Европа. Решения «особой папки».* М., 2001. С. 305–306.

55 И. В. Сталин. *Сочинения.* Т. 13. М., 1951. С. 252.

56 R. W. Davies, M. Harrison and S.G. Wheatcroft (eds) *The Economic Transformation of the Soviet Union.*, p. 127.

57 РГАСПИ. Ф. 17. Оп. 2. Д. 530. Л. 78–98.

58 Khlevniuk. *History of the Gulag*, p. 63.

59 Peter H. Solomon, Jr., *Soviet Criminal Justice under Stalin* (New York, 1996), pp. 153–195.

60 АПРФ. Ф. 3. Оп. 58. Д. 71. Л. 11–31.

61 РГАСПИ. Ф. 17. Оп. 162. Д. 16. Л. 88–89. 謝里亞夫金在此之後的人生道路堪稱平順。他安然度過「大恐怖」風暴，二戰後已是位上校。他甚至在1980年代初出版了回憶錄：А. И. Селявкин *В трех войнах на броневиках и танках*. Харьков. 1981. 以蘇聯標準而言，他算「命好」的。

62 Khlevniuk, *History of the Gulag*, pp. 121–123.

63 РГАСПИ. Ф. 17. Оп. 162. Д. 17. Л. 31; В.Н. Хаустов и др. (сост.) *Лубянка. Январь 1922–декабрь 1936*. С. 566; В.Н. Хаустов, Л. Самуэльсон *Сталин, НКВД и репрессии*. С. 70.

64 Roy Medvedev的著作讓這些資料得以廣為流傳，可參見：Roy Medvedev, *Let History Judge: The Origin and Consequences of Stalinism* (New York, 1972).

65 詳見：Oleg V. Khlevniuk, *Master of the House: Stalin and His Inner Circle* (New Haven and London, 2008), pp. 108–116.

66 與上述調查有關的史料中，最重要的部分已有英譯問世，且已在以下著作中被詳細研究：Matthew E. Lenoe, *The Kirov Murder and Soviet History* (New Haven and London, 2010). 下文我將大量援引這份深入精湛的研究，也將參考著作：А. Кириллина. *Неизвестный Киров*. СПб, М., 2001.

67 近年針對此題目而寫的著作中，有部分是參考俄羅斯聯邦防衛局的檔案文件。該防衛局保護的是國家高階領導人。參見：С. Девятов и др. *Гибель Кирова. Факты и версии* // Родина. 2005. No. 3. С. 64.

68 Ф. Чуев. *Сто сорок бесед с Молотовым*. М., 1991. С. 310.

69 葉若夫（Николай Иванович Ежов, Nikolai Ivanovich Yezhov, 1895–1940）是史達林1935到1938年間大規模迫害和整肅行動的主要執行者。葉若夫起初是以黨中央委員會書記的身分擔任相關工作的召集人、監控內務部的業務。1936年底，他成了蘇聯內務部長。在史達林主導下，葉若夫實現了1937到1938年的「大恐怖」，而當史達林對他不再有需求後，隨即遭到逮捕、槍決。

寇薩列夫（Александр Васильевич Косарев, Aleksandr Vasilyevich Kosarev, 1903–1939）是蘇聯青年組織（共青團）領導人，於1938年遭到逮捕、1939年被槍決。

以上可參見：Вопросы истории, No. 2 (1995), С. 16–17.

70 А. Н. Артизов и др. (сост.) *Реабилитация: Как это было*. Т. 2. М. 2003. С. 546, 548–549; Т. 3. М. 2004. С. 491–492.

71 基洛夫謀殺案讓尼可拉耶夫的親人命運多舛，幾乎所有人——包括母親、兩位親姊妹、親妹妹的丈夫、親哥哥的妻子、未婚妻德拉烏蕾及其親姊妹、姊妹

的丈夫、甚至還有尼可拉耶夫的鄰居——都被槍斃或在服刑地死亡。參見：А. Кирилина. *Неизвестный Киров.* С. 367).

72 亞果達（Генрих Григорьевич Ягода, Genrikh Grigoryevich Yagoda, 1891–1938）自1923年起擔任國家政治保衛總局副局長，而在1934到1936期間擔任蘇聯內務部長一職。於1937年遭到逮捕、1938年被槍決。

73 А. Н. Артизов и др. (сост.) *Реабилитация.* Т. 3. С. 466-467. 尼可拉耶夫曾分別在1924和1930年依官方規定登記了自己的手槍。

74 同前，第490、499頁。

75 同前，第493頁。

76 А. Кирилина. *Неизвестный Киров.* С. 344–347; А. Н. Артизов и др. (сост.) *Реабилитация.* Т. 3. С. 494–498.

77 Мурин Ю.Г. (сост.) *Иосиф Сталин в объятиях семьи.* С. 168.

78 РГАСПИ. Ф. 17. Оп. 163. Д. 1052. Л. 152.

79 РГАСПИ. Ф. 17. Оп. 163. Д. 1052. Л. 152, 153. 史達林說明的完整內容可見於：РГАСПИ. Ф. 71. Оп. 10. Д. 130. Л. 13–15.

80 《真理報》，1935年12月2日。

81 瑪麗亞・斯望尼澤的日記。Мурин Ю.Г. (сост.) *Иосиф Сталин в объятиях семьи.* С. 173–175.

82 1937年3月在蘇聯共產黨（布）中央委員會全體會議上所做的報告。Вопросы истории. 1995. No. 3. С. 14.

83 Д. А. Волкогонов. *Триумф и трагедия.* М., 1989. Кн. 2. Ч. 2. С. 249.

84 Известия ЦК КПСС. 1989. No. 7. С. 86–93.

85 恩努齊澤（აბელ ენუქიძე〔喬治亞文〕, Avel Safronovich Yenukidze, 1877-1937），是資深布爾什維克黨員，和史達林在外高加索地區共同從事地下活動時成為其好友。革命後，恩努齊澤在蘇聯最高蘇維埃（國會）中擔任要職；除此之外，他還得負責蘇聯高階領導人的物質供給，並因此得到「美好生活熱愛者」的名聲。或許這就是史達林對他不滿的原因。1935年，恩努齊澤因假造的政治案獲罪，並於1937年被槍斃。

86 В. Н. Хаустов и др. (сост.) *Лубянка. Январь 1922–декабрь 1936.* С. 599, 601–612, 618–619, 626–637, 638–650, 663–669.

87 兩人之間的關係詳見：Oleg V. Khlevniuk, *In Stalin's Shadow: The Career of "Sergo" Ordzhonikidze* (New York, 1995).

88 圖哈切夫斯基（Михаил Николаевич Тухачевский, Mikhail Nikolaevich Tukhachevsky, 1893-1937）是布爾什維克的內戰英雄，在紅軍中擔任領導職，官拜蘇聯國防副部長。在這個職位上，常與自己的上司弗羅希洛夫起衝突；史達林則對圖哈切

夫斯基和其他將官一直有疑慮，認為他們是潛在的陰謀叛亂者，畢竟他們之中的不少人在內戰期間和托洛茨基有業務上的關係。圖哈切夫斯基後來和許多其他軍官因受累於假造的政治案件而遭到槍決。

89 В. Хаустов, Л. Самуэльсон. *Сталин, НКВД и репрессии*. С. 106–121.

戰友們 Trepidation in the Inner Circle

1 就這一點，赫魯雪夫和護衛的說法是吻合的，參見：Sergei Khrushchev, ed., *Memoirs of Nikita Khrushchev,* vol. 2: *Reformer* (University Park, PA, 2006), p. 147; Edvard Radzinsky, *Stalin: The First In-Depth Biography Based on Explosive New Documents from Russia's Secret Archives* (New York, 1997), p. 573.

2 S. Khrushchev, *Memoirs of Nikita Khrushchev,* vol. 2, p. 147.

3 Radzinsky, *Stalin,* p. 573.

4 А. Авторханов. *Загадка смерти Сталина: заговор Берия.* Франкфурт-на-Майне, 1976. 近來試圖利用醫學證據支持貝利亞謀害說的還有著作：Дж. Брент, В. Наумов. *Последнее дело Сталина.* М., 2004.

5 А. Л. Мясников. *Я лечил Сталина.* М., 2011. С. 302, 304–305.

6 卡岡諾維奇（Лазарь Моисеевич Каганович, Lazar Moiseevich Kaganovich, 1893–1991）是史達林在1930年代的親近戰友，自1931年起是史達林在黨務方面的實質副手。第二次世界大戰前失去了部分政治影響力，受命負責經濟領域的工作。由於對史達林十分忠心，他一直是蘇聯高階領導圈的一員。1957年公開反對赫魯雪夫，因此被革職。卡岡諾維奇活了近一百歲，至死都支持史達林。可參見：E. A. Rees, *Iron Lazar: A Political Biography of Lazar Kaganovich* (London and New York, 2012).

7 沃茲涅先斯基（Николай Алексеевич Вознесенский, Nikolai Alekseevich Voznesensky, 1903–1950）是史達林提攜的「革命後」世代黨國幹部代表人物。沃茲涅先斯基內戰後才入黨。他畢業自位於莫斯科的紅色教授學院，曾在政府內擔任不同職位，並在時任列寧格勒領導人的日丹諾夫手下工作。這段經歷對他的職涯發展有很大助益。隨著日丹諾夫的影響力擴大，他的「人脈」也逐漸占據黨國要職。當然，「大恐怖」清除許多舊幹部，也有助新人出頭。1938年，沃茲涅先斯基成了國家計畫委員會領導人；1941年，當時兼任總理的史達林任命他為自己的第一副手。雖然沃茲涅先斯基在第二次世界大戰後的政治地位穩定上升，但日丹諾夫於1948年過世後，他和其他同為日丹諾夫人馬的黨國幹部開始失勢。1949年，史達林策畫了「列寧格勒案」，沃茲涅先斯基因此遭到逮捕並槍決。

庫茲涅措夫（Алексей Александрович Кузнецов, Aleksei Aleksandrovich Kuznetsov, 1905–1950）和沃茲涅先斯基同為日丹諾夫的人馬，在列寧格勒從事黨務多年。第二次世界大戰後被調往莫斯科，擔任蘇聯共產黨（布）中央委員會書記，負

責人事相關工作。同樣因「列寧格勒案」遭到逮捕並槍決。

8 М. А. Меньшиков. *С винтовкой и во фраке.* М., 1996. С. 138.

9 伊格納切夫給貝利亞的說明簡報。1953年3月27日。Н. Петров. *Палачи.* С. 299.

10 К. Симонов. *Глазами человека моего поколения.* С. 341–343.

11 國安、情治人員蘇德普拉特夫（Павел Анатольевич Судоплатов, Pavel Anatolyevich Sudoplatov）表示，史達林於1950年要求在莫洛托夫及米科揚的住處和辦公室裝監聽設備（參見：Pavel Sudoplatov et al., *Special Tasks: The Memoirs of an Unwanted Witness—A Soviet Spymaster* [New York, 1994], p. 332；俄文版：*Разведка и Кремль.* С. 383）雖然蘇德普拉特夫事實上有可能搞錯時間和監聽對象，但類似的命令確實很有可能存在過，並讓這位高階特務留下深刻印象。

12 К. Симонов. *Глазами человека моего поколения.* С. 160–161. Quoted from Yoram Gorlizki and Oleg Khlevniuk, *Cold Peace: Stalin and the Soviet Ruling Circle, 1945–1953* (New York, 2004), p. 83.

13 與外交官圖魯漢諾夫斯基V. G. Trukhanovsky（В. Г. Трухановский）的訪談。Новая и новейшая история. 1994. No. 6. С. 78-79. Интервью с В.Г. Трухановским.

14 О. В. Хлевнюк и др. (сост.) *Политбюро ЦК ВКП(б) и Совет Министров СССР. 1945–1953.* М., 2002. С. 399.亦可見：Yoram Gorlizki, "Ordinary Stalinism: The Council of Ministers and the Soviet Neopatrimonial State, 1946–1953," *Journal of Modern History* 74, no. 4 (2002): 723–725.

15 О. В. Хлевнюк и др. (сост.) *Политбюро ЦК ВКП(б) и Совет Министров СССР. 1945–1953.* М., 2002. С. 409.

16 Ф. Чуев. *Сто бесед с Молотовым.* С. 319.

17 О. В. Хлевнюк и др. (сост.) *Региональная политика Хрущева. ЦК ВКП(б) и местные партийные комитеты. 1953–1964.* М., 2009. С. 161.

18 1951年初，蘇聯部長的月薪是20萬盧布，副部長是10萬盧布（參見：РГАНИ. Ф. 5. Оп. 25. Д. 279. Л. 17.）中央及地方層級的領導人除了領取以千為計算單位的薪資，也享有明顯較一般民眾豐厚的物質資源。關於作家的百萬酬勞，參見：Л. В. Максименков (сост.) *Большая цензура.* С. 627. 試比較如下：1950年，每戶農家的人均月收入皆少於100盧布（參見：В. П. Попов *Российская деревня после войны (июнь 1945–март 1953).* М., 1993. С. 146.）除此之外，黨國領導幹部們的薪酬中，有滿大一部分是不須扣稅的；反之，一般民眾的稅賦負擔卻越來越重。

19 S. Khrushchev, *Memoirs of Nikita Khrushchev,* vol. 2, p. 89.

20 И. М. Гронский *Из прошлого... Воспоминания.* М., 1991 С. 152.

21 Н. Федоренко. *Ночные беседы.* Правда. 1988. 23 октября. С. 4.

22 Известия ЦК КПСС. 1990. No. 9. С. 113, 118.

Chapter 4 恐怖與戰爭 Terror and Impending War

1 Robert Conquest, *The Great Terror: Stalin's Purges of the 1930s* (New York, 1968). 與1937到1938年大規模迫害行動有關的命令及其他文件已被多次出版，也包括了英譯本，可參見：Oleg V. Khlevniuk, *The History of the Gulag from Collectivization to the Great Terror* (New Haven and London, 2004), pp. 140–165. 與恐怖統治運作機制有關的著作也很多，以英文寫就的概論式作品及文件彙編包括：J. Arch Getty and Oleg V. Naumov, eds., *The Road to Terror: Stalin and the Self-Destruction of the Bolsheviks, 1932–1939,* updated and abridged edition (New Haven, 2010); David R. Shearer, *Policing Stalin's Socialism: Repression and Social Order in the Soviet Union, 1924–1953* (New Haven and London, 2009); Paul Hagenloh, *Stalin's Police: Public Order and Mass Repression in the USSR, 1926–1941* (Washington, D.C. and Baltimore, 2009).

2 ГАРФ. Ф. Р-9401. Оп. 1. Д. 4157. Л. 201–205. 相關資料已多次出版。詳見：O. Khlevniuk, *The History of the Gulag,* pp. 165–170, 289–290.

3 以下著作較有邏輯地闡述了類似的想法：J. A. Getty *Origins of the Great Purges. The Soviet Communist Party Reconsidered, 1933–1938.* (Cambridge, 1985); G. T. Rittersporn *Stalinist Simplifications and Soviet Complications. Social Tensions and Political Conflicts in the USSR, 1933–1953.* (Philadelphia, 1991).

4 歷史研究者朱可夫（Ю. Н. Жуков）可謂將西方修正主義觀點移植俄國的先行者。他的著作 «Иной Сталин»（暫譯：《另類史達林》，莫斯科，2005年出版）再現了J. A. Getty的主要概念，卻未指出來源。可參考：J. A. Getty, "State and Society Under Stalin: Constitutions and Elections in the 1930s." *Slavic Review* 50, no. 1. (1991): 18–35.

5 史達林在內務部思維爾德洛夫州支部首長傳來的電報上留下的裁示。1937年9月10日。В. Н. Хаустов и др. (сост.) *Лубянка. Сталин и Главное управление госбезопасности НКВД. 1937–1938.* М., 2004. С. 348–351.

6 同前，第352頁。應為史達林給葉若夫下達的指示。1937年9月13日。

7 同前，第352–359頁。史達林在葉若夫關於「波蘭情報人員消滅行動」的報告上留下的裁示。1937年9月14日。

8 同前，第527–537頁。史達林在內務部被捕者口供彙整資料上留下的指示。1938年4月30日。

9 同前，第546–547頁。史達林在關於「橡膠工業恐怖組織」活動情形的機密報告上留下的指示。1938年9月2日。

10 Н. С. Тархова и др. (сост.) *Военный совет при народном комиссаре обороны СССР. 1–4 июня 1937 г.* М., 2008. С. 137.

11 В. А. Невежин (сост.) *Застольные речи Сталина. Документы и материалы* М., 2003. С.

132–135.

12 羅森戈爾茨於1937年10月7日遭到逮捕。В. Хаустов, Л. Самуэльсон. *Сталин, НКВД и репрессии.* С. 138–139.

13 1937年3月22日給史達林和莫洛托夫的簡函。РГАСПИ. Ф. 82. Оп. 2. Д. 887. Л. 17.

14 內務部報告出處：А. Берелович и др. (ред.) *Советская деревня глазами ВЧК-ОГПУ-НКВД.* Т. 4. 1935–1939。此書亦收錄1936到1937年間，內務部各地方支部領導人針對饑荒情形向史達林所做的其他報告。

15 РГАСПИ. Ф. 17. Оп. 162. Д. 20. Л. 87.詳見：Ю. Рыбалкин. *Операция «Х». Советская военная помощь республиканскй Испании (1936–1939).*М., 2000.

16 АПРФ. Ф. 3. Оп. 65. Д. 223. Л. 90; Oleg Khlevniuk, "The Reasons for the 'Great Terror': The Foreign-Political Aspect," in *Russia in the Age of Wars 1914–1945, ed.* Silvio Pons and Andrea Romano (Milan, 2000), pp. 165–166.

17 АПРФ. Ф. 3. Оп. 65. Д. 223. Л. 142.

18 РГАСПИ. Ф. 558. Оп. 11. Д. 772. Л. 14.

19 РГАСПИ. Ф. 558. Оп. 11. Д. 772. Л. 88.

20 1937年2-3月全體會議紀錄。Впросы истории. 1995. No. 3. С. 13–14.

21 РГАСПИ. Ф. 558. Оп. 11. Д. 203. Л. 62, 77–78.

22 *Военный совет при народном комиссаре обороны СССР.* С. 133.

23 Edward Hallet Carr, *The Comintern and the Spanish Civil War* (London and Basingstoke, 1984), p. 44.

24 РГАСПИ. Ф. 17. Оп. 162. Д. 21. Л. 157. Н.Ф. Бугай. *Выселение советских корейцев с Дальнего Востока,* Вопросы истории. 1994. No. 5. С. 144.

25 Ф. Чуев. *Сто сорок бесед с Молотовым.* М., 1990, С. 390, 391, 416.

26 Л. М. Каганович *Памятные записки.* М., 1996. С. 549, 558.

27 А. С. Яковлев. *Цель жизни.* М. 1987. С. 212.

28 特務之所以有逼供壓力，其中一個主要原因是他們被要求務必查出「反革命組織」，而不只是單獨的「敵人」。

29 РГАСПИ. Ф. 558, Оп. 11, Д. 729, Л. 94-95; Khlevniuk, *The History of the Gulag,* p. 163.

30 以下著作對史達林在政治恐怖中的角色有深入研究，而且運用了許多檔案文獻：В. Хаустов, Л. Самуэльсон. *Сталин, НКВД и репрессии.*

31 此處計算運用了對葉若夫機密報告文件編號的分析，報告可見於：В. Н. Хаустов и др. (сост.) *Лубянка. 1937–1938.* 我在此必須對N. V. Petrov（Н.В. Петров）致上萬分謝意，因為他提醒我可以從這本著作得到我需要的資訊。

32 Oleg V. Khlevniuk. *Master of the House: Stalin and His Inner Circle* (New Haven and London, 2008), p. 270.

33 РГАСПИ. Ф. 671. Оп. 1. Д. 265. Л. 22.

34 *Исторический архив*. 1992. No. 1. С. 125–128.

35 根據官方資料，各年工業成長率分別為：1936年28.7%，1937年11.2%，1938年11.8%。當代經濟學者得出的數據則分別為：10.4%、2.3%，以及1.1%（R. W. Davies, Mark Harrison and S.G. Wheatcroft [eds] *The Economic Transformation of the Soviet Union*, p. 302–303）。

36 1937到1938年間大約有35,000名紅軍（不包括空軍和海軍）指揮官遭到革職，有些人還遭到逮捕。至1940年年初，他們其中的11,000人獲准回紅軍部隊，但如此一來，紅軍仍損失了24,000人。為讓讀者更清楚地了解損失規模，在此僅需指出，1935到1937年間，軍事學院和學校的畢業生（軍官）總數只比27,000多一些（資料來源：Известия ЦК КПСС. 1991. No. 1. 186-189）。此外，我們必須考慮到，那些遭到革職、逮捕，接著再復職的軍官們在過程中已經歷嚴重的精神創傷，而這對他們日後的專業表現也有負面影響。就算是僥倖躲過迫害的指揮官也難免受到長期高壓及恐懼的影響。

37 ГАРФ. Ф. Р-8131. Оп. 37. Д. 112. Л. 16.

38 А. И. Картунова *1938-й. Последний год жизни и деятельности маршала В. К. Блюхера //* Новая и новейшая история. 2004. No. 1. С. 175.

39 РГАСПИ. Ф. 17. Оп. 162. Д. 24. Л. 17.

40 1939年3月10到21日蘇聯共產黨（布）第十八次代表大會逐字記錄，莫斯科，1939，第12-15頁。

41 李特維諾夫（Максим Максимович Литвинов, Maksim Maksimovich Litvinov, 1876–1951），資深布爾什維克黨員，長年擔任蘇聯外交副部長，後來升任部長。在1930年代末失勢。第二次世界大戰期間，史達林決定善用李特維諾夫的人脈和他在西方的良好聲譽，並因此任命他為駐美大使。戰爭即將結束時，李特維諾夫被史達林徹底排擠，但未遭到逮捕，因此得以壽終正寢。

42 А. И. Микоян. *Так было.* М., 1999. С. 534.

43 С. З. Случ. *Сталин и Гитлер, 1933-1941: расчеты и просчеты Кремля,* // Отечественная история. 2005. No. 1. С. 98–119.

44 РГАСПИ. Ф 17. Оп. 166. Д. 592. Л. 107.

45 Г. Я. Рудой (сост.) *Откровения и признания. Нацистская верхушка о войне «третьего рейха» против СССР.* М., 1996. С. 65.

46 В. Г. Комплектов и др. (ред.) *Документы внешней политики СССР. 1939. Т. XXII. Кн. I.* М., 1992. С. 624; Кн. 2. С. 585. 相關通信亦可見於史達林的個人檔案：РГАСПИ. Ф. 558. Оп. 11. Д. 296. Л. 1–3.

47 С. З. Случ. *Речь Сталина, которой не было.* // Отечественная история. 2004. No. 1. С.

114. S. Z. 作者在這篇文章中詳細描述了這份「文件」的歷史並強而有力地證明其為偽品。

48 Г. М. Адибеков и др. (ред.) *Политбюро ЦК РКП(б)–ВКП(б) и Коминтерн. 1919–1943. Документы.* М., 2004. С. 780–781.

49 Anna M. Cienciala, Natalia S. Lebedeva, and Wojciech Materski, eds., *Katyn: A Crime without Punishment* (New Haven and London, 2007).

50 Alfred Bilmanis, comp., *Latvian-Russian Relations: Documents* (Washington, D.C., 1944), pp. 196–197.

51 Л. Е. Решин и др. (сост.) *1941 год.* Кн. 2. М., 1998. С. 595–596.

52 1939年11月13日白俄羅斯共產黨中央委員會書記P. K. Ponomarenko（П. К. Пономаренко）給史達林的加密文件。РГАСПИ. Ф. 558. Оп. 11. Д. 66. Л. 13.

53 О. А. Ржешевский, О. Вехвиляйнен (ред.) *Зимняя война 1939–1940.* Кн. 1. М., 1999. С. 324-325.

54 Sergei Khrushchev, ed., *Memoirs of Nikita Khrushchev,* vol. 1: *Commissar* (University Park, PA, 2004), p. 266.

55 Khlevniuk, *The History of the Gulag,* p. 236.

56 蘇方為莫洛托夫與希特勒和李賓特洛普於1940年11月13日會面所留下的紀錄可見於：Г. Э. Мамедов и др. (ред.) *Документы внешней политики.* Т. XXIII. Кн. 2. Ч. 1. М., 1998. С. 63–78.

57 Г. Э. Мамедов и др. (ред.) *Документы внешней политики.* Т. XXIII. Кн. 2. Ч. 1. С. 135–137.

58 Г. А. Куманев, *Рядом со Сталиным.* Смоленск, 2001. С. 463–470.

59 查達耶夫宣稱，時任蘇聯國家計畫委員會的沃茲涅先斯基也出席會議，但其實沃當時還不是政治局委員。

60 А. А. Чернобаев (ред.) *На приеме у Сталина. Тетради (журналы) записей лиц, принятых И. В. Сталиным (1924–1953 гг.).* М., 2008. С. 317–318.

61 薛爾巴科夫（Александр Сергеевич Щербаков, Aleksandr Sergeevich Shcherbakov, 1901–1945），是受史達林提拔的黨內「革命後」世代，在中央委員會負責宣傳工作。1938年成了莫斯科黨組織的第一書記，後來也兼任中央委員會書記。英年早逝。

62 史達林於1941年1月17日會議上的發言可見於V. A. Malyshev（В. А. Малышев）的日記。Источник, No. 5. (1997), С. 114.

63 РГАСПИ. Ф. 17. Оп. 163. Д. 1304. Л. 150–151.

64 Микоян, *Так было.,* С. 346.

65 РГАСПИ. Ф. 558, Оп. 11, Д. 769, Л. 176–176 об.

66 Исторический архив, No. 5. (1994), C. 222.

67 ГАРФ. *Воспоминания Я.Е. Чадаева.* 可見以下著作引用：Yoram Gorlizki and Oleg Khlevniuk, "Stalin and His Circle," in *The Cambridge History of Russia,* ed. Ronald Grigor Suny, vol. 3 (Cambridge, 2006), p. 248.

68 事實上，史達林在此場合上作了數次講話，但為了讓敘述清楚簡潔，我把所有講話當作一個整體來處理。目前無法找到史達林發言的逐字紀錄，但不同與會者的紀錄基本上都呈現同一個版本的史達林主張。可參見：В. А. Невежин (сост.) *Застольные речи Сталина.* С. 273-296.

69 史達林在莫斯科與列寧格勒宣傳人員會議上的發言。Исторический архив. 1994. No. 5. С. 13.

70 Е. Н. Кульков, О. А. Ржешевский (ред.) *Зимняя война 1939–1940.* Кн. 2. М., 1999. С. 281-282.

71 這個問題近二十年來激發了特別多的討論。「史達林是否採取先發制人攻擊」這個議題已引發過多不必要，且周而復始的爭論，其中某些甚至帶有政治或商業動機。不過，在這個脈絡下倒是出現了一些論點和舉證都頗有意思的文字作品，例如我就運用了M. Mel'tiukhov（М. Мельтюхов）研究作品中的數據，雖然我對他的整體概念不甚認同。參見：М. Мельтюхов. *Упущенный шанс Сталина. Советский Союз и борьба за Европу. 1939–1941.* М., 2002.

72 М. Мельтюхов. *Упущенный шанс Сталина.* С. 360, 392–393.

73 R. W. Davies, M. Harrison and S. G. Wheatcroft (eds.) *The Economic Transformation of the Soviet Union,* p. 321.

74 М. Мельтюхов. *Упущенный шанс Сталина.* С. 392, 393.

75 Е. А. Осокина. *За фасадом «сталинского изобилия».* М., 2008. С. 272–277.

76 Военно-исторический журнал. 1991. No. 1. С. 17.

77 1940年9月，蘇聯政府違背法律，准許相關單位將這類依新法獲判監禁者以囚犯的身分送至勞改營（ГАРФ. Ф. Р-5446. Оп. 57. Д. 79. Л. 31）。這類囚犯的命運十分悽慘，而且就算依法判定的短暫刑期滿了，也有可能不被釋放。

78 史達林與畢琉可夫（Н. И. Бирюков, N. I. Biriukov）將軍於1942年4月15日的談話。畢琉可夫當時是自動裝甲兵總局的其中一位領導人。Н. Бирюков. *Танки–фронту. Записки советского генерала.* Смоленск., 2005. С. 143–144.

79 Л. Е. Решин и др. (сост.) *1941 год.* Кн. 2. С. 54–55.

80 М. Мельтюхов. *Упущенный шанс Сталина.* С. 246; М. Ю. Мухин *Авиапромышленность СССР в 1921–1941 годах.* М. 2006. С. 154–155, 291–299.

81 David Murphy十分仔細地研究過了所有已開放的、蘇聯情報單位於二戰前夕寫就的報告，並給予相關單位頗高的評價。他注意到蘇聯情報單位領導層確實極

力配合史達林的既定想法，但也指出這並非歷史特例。Murphy舉例，1930年代英國的保守黨政府就不願正視納粹威脅，而美國情報單位積極在伊拉克尋找大規模毀滅性武器，卻錯失及早發現恐怖分子可能在美國境內發動攻擊的機會。D. E. Murphy, *What Stalin Knew. The Enigma of Barbarossa,* (New Haven, London, 2005), p. 18–19.

82 Л. Е. Решин и др. (сост.) *1941 год.* Т. 2. С. 382–383.

頭號病人 Patient Number 1

1 Sergei Khrushchev, ed., *Memoirs of Nikita Khrushchev,* vol. 2: *Reformer* (University Park, PA, 2006), p. 148.

2 А. Л. Мясников. *Я лечил Сталина.* С. 294–295.

3 同前，第302頁。

4 Б. С. Илизаров. *Тайная жизнь Сталина.* С. 110.

5 РГАСПИ. Ф. 558. Оп. 1. Д. 4327. Л. 1.

6 РГАСПИ. Ф. 558. Оп. 4. Д. 619. Л. 172, 173.

7 Б. С. Илизаров. *Тайная жизнь Сталина.* С. 110.

8 史達林寫給馬林科夫的信，1913年11月。А. Островский. *Кто стоял за спиной Сталина.* С. 397-398.

9 Б. С. Илизаров *Тайная жизнь Сталина.* С. 110.

10 РГАСПИ. Ф.17. Оп. 3. Д. 154. Л. 2.

11 РГАСПИ. Ф.17. Оп. 3. Д. 303, Л. 5.

12 Svetlana Alliluyeva, *Twenty Letters to a Friend,* trans. Priscilla Johnson McMillan (New York, 1967), p. 33.

13 目前研究者尚未發現史達林於1924年前往南部度假的資料，雖然政治局曾於1924年8月做出決議，讓史達林休假兩個月。РГАСПИ. Ф.17. Оп. 3. Д. 459. Л. 2.

14 Б. С. Илизаров. *Тайная жизнь Сталина.* С. 112–113, 118–119.

15 Lars T. Lih, Oleg V. Naumov, and Oleg Khlevniuk, eds., *Stalin's Letters to Molotov, 1925–1936* (New Haven, 1995), p. 91.

16 РГАСПИ. Ф. 558. Оп. 11. Д. 69. Л. 53–54.

17 Lih, Naumov, and Khlevniuk, *Stalin's Letters to Molotov,* p. 113.

18 РГАСПИ. Ф. 558. Оп. 11. Д. 69. Л. 67 об.

19 РГАСПИ. Ф. 558. Оп. 11. Д. 69. Л. 68.

20 瓦雷津斯基的回憶。Источник. 1998. No. 2. С. 68.

21 Lih, Naumov, and Khlevniuk, *Stalin's Letters to Molotov,* p. 138.

22 Источник. 1998. No. 2. С. 69.

23 同前；Б. С. Илизаров. *Тайная жизнь Сталина.* С. 112–113.

24 Lih, Naumov, and Khlevniuk, *Stalin's Letters to Molotov,* p. 175.

25 Ю. Г. Мурин (сост.) *Иосиф Сталин в объятиях семьи.* С. 32.

26 РГАСПИ. Ф. 558. Оп. 11. Д. 728. Л. 29.

27 Ю. Г. Мурин (сост.) *Иосиф Сталин в объятиях семьи.* С. 37.

28 I. V. Stalin, *Works,* vol. 13 (Moscow, 1954), p. 136. Translation slightly revised.

29 О. В. Хлевнюк и др. (сост.) *Сталин и Каганович. Переписка. 1931–1936.* М. 2001. С. 180.

30 С. В. Девятов и др. *Гараж особого назначения. 1921–2011* (М., 2011), С. 157.

31 史達林給恩努齊澤的信，1933年8月16日、9月13日。РГАСПИ. Ф. 558. Оп. 11. Д. 728. Л. 38, 40.

32 日期標示為1933年9月7日的信件。А. В. Квашонкин и др. (сост.) *Советское руководство.* С. 254.

33 瑪麗亞・斯望尼澤的日記。Ю. Г. Мурин (сост.) *Иосиф Сталин в объятиях семьи.* С. 158.

34 給烏賈洛夫（А. Угаров, A. Ugarov）的信，1934年8月16日。А. Кирилина. *Неизвестный Киров.* С. 141.

35 瑪麗亞・斯望尼澤的日記。Ю. Г. Мурин (сост.) *Иосиф Сталин в объятиях семьи.* С. 183.

36 瓦雷津斯基醫師的回憶。Источник. 1998. No.2. С. 70.

37 同前，第70頁。

38 РГАСПИ. Ф. 558. Оп. 11. Д. 377. Л. 61.

39 1945年，史達林在10月9日離開莫斯科，並於12月17日回來。參見：О. В. Хлевнюк и др. (сост.) *Политбюро ЦК ВКП(б) и Совет Министров СССР.* С. 398.

40 同前。

41 *Гараж особого назначения.* С. 201.

42 我們可以從喬治亞共產黨領導人A. Mgeladze的回憶錄，一窺史達林在南部各別墅度假的生活樣態。A. Mgeladze是受到史達林提攜照顧，年輕一輩的領導人。見：А. И. Мгеладзе. *Сталин. Каким я его знал.* Б.м. 2001.

43 史達林病史。РГАСПИ. Ф. 558. Оп. 11. Д. 1483. Л. 1–101.; Б. С. Илизаров. *Тайная жизнь Сталина.* С. 126, 129.

44 М. Джилас. *Лицо тоталитаризма.* С. 60.

45 Исторический архив. 1997. No. 3. С. 117.

46 А. И. Мгеладзе. *Сталин.* С. 125.

47 Э. Ходжа. *Со Сталиным. Воспоминания.* Тирана, 1984. С. 137.

48 Alliluyeva, *Twenty Letters,* p. 22.

49 同前，第206–207頁。
50 А. Л. Мясников. *Я лечил Сталина.* С. 302.
51 Alliluyeva, *Twenty Letters,* p. 207.
52 А. Л. Мясников. *Я лечил Сталина.* С. 304–305.
53 1978年3月對談記錄。Ф. Чуев. *Сто сорок бесед с Молотовым.* М., 1991. С. 324.

Chapter 5 戰爭中的史達林 Stalin at War

1 接下來與1941年6月21、22日史達林會議有關的敘述參考以下著作：Г. К. Жуков. *Воспоминания и размышления.* Т. 1. М., 2002. С. 260–269; А. И. Микоян. *Так было.* С. 388; А. А. Чернобаев (ред.) *На приеме у Сталина.* С. 337–338.

2 提莫申科（Семен Константинович Тимошенко, Semen Konstantinovich Timoshenko, 1895–1970），在內戰期間為第一騎兵軍團的其中一位指揮官，該兵團曾與史達林緊密互動。軍事生涯發展順利。在蘇聯對芬蘭的冬季戰爭失敗後，史達林任命提莫申科為國防部長，取代弗羅希洛夫，並授予元帥軍階。然而，在接下來的德蘇戰爭（第二次世界大戰期間）中並未展現過人才幹，因此被迫退居第二線。戰後直到1960年退役都只能擔任軍區司令等二線職位。

朱可夫（Георгий Константинович Жуков, Konstantinovich Zhukov, 1896–1974），曾參與內戰，在紅軍中擔任過不同的領導職。他的軍事生涯在1930年代末急速攀升，其中一個重要原因為軍隊受害於史達林發起的大規模迫害，因此出現大量職缺。不過，朱可夫本身是有能力的人，在1939年的日蘇軍事衝突中就成功領導各部隊。德蘇戰爭爆發前受命擔任參謀總長，並於戰爭期間展現軍事才略，因此成為地位最崇高的其中一位蘇聯元帥，是最高統帥史達林的副手。戰後，史達林逼迫朱可夫自第一線退下。史達林逝世後，朱可夫曾短暫回到權力高層。1955到1957年間，朱可夫是蘇聯國防部長。不過，當時領導蘇聯的赫魯雪夫對野心勃勃的朱可夫有疑慮，要求他退役。赫魯雪夫下台後，朱可夫獲高層應允撰寫、出版回憶錄（1969年首度出版）。回憶錄都經過嚴格的言論檢查，但就算如此，仍是研究德蘇戰爭的重要史料。此外，再版的回憶錄已納入先前被當局拿掉的段落，但研究者至今仍無法確知，朱可夫寫作當下的「自我檢查」程度為何。

3 Г. К. Жуков. *Воспоминания и размышления.* Т. 1. С. 260.
4 Г. К. Жуков. *Воспоминания и размышления.* Т. 1. С. 264.
5 朱可夫於1956年5月為蘇聯共產黨中央委員會「史達林個人崇拜」問題探討全體會議寫就的報告草稿。會議後來未召開。Источник. 1995. No.2. С. 147.
6 А. А. Чернобаев (ред.) *На приеме у Сталина.* С. 337.
7 Г. К. Жуков. *Воспоминания и размышления.* Т. 1. С. 265.

8 Л. Е. Решин и др. (сост.) *1941 год.* Кн. 2. С. 432.

9 А. А. Чернобаев (ред.) *На приеме у Сталина.* С. 337. 梅赫利斯（Лев Захарович Мехлис, Lev Zakharovich Mekhlis, 1889–1953），在1920年代為史達林其中一位助手，極受史達林信任，擔任過不同的黨國要職。在德蘇戰爭初期，史達林命他主管紅軍中的政治部門，任務為監控眾指揮官。梅赫利斯在前線的一連串失敗作為令史達林憤怒，但就算如此，史達林仍視他為可信任的助手，讓他在各方面軍擔任領導職。戰後，梅赫利斯成了蘇聯國家監察部部長，後來基於健康考量退休。他在史達林逝世前數週過世，獲得與其他蘇聯領袖、英雄同葬於克里姆林牆邊的榮耀。

10 Г. К. Жуков. *Воспоминания и размышления.* Т. 1. С. 265.

11 Л. Е. Решин и др. (сост.) *1941 год.* Т. 2. С. 431.

12 莫洛托夫演說的各種版本可見於：Исторический архив. 1995. No.2. С. 34–39.

13 John Erickson, *The Road to Stalingrad* (London, 2003), p. 177.

14 沙波什尼科夫（Борис Михайлович Шапошников, Boris Mikhailovich Shaposhnikov, 1882–1945），紅軍中少數受史達林信任的高階軍官。在德蘇戰爭爆發前及其初期曾擔任參謀總長、蘇聯國防副部長等要職，後因病退隱。於柏林陷落前數週過世。

15 Л. Е. Решин и др. (сост.) *1941 год.* Т. 2. С. 439–440.

16 Г. К. Жуков. *Воспоминания и размышления.* Т. 1. С. 268.

17 Родина. 2005. No. 4. С. 4.

18 М. И. Мельтюхов. *Упущенный шанс Сталина.* С. 413.

19 Г. К. Жуков. *Воспоминания и размышления.* Т. 1. С. 340.

20 查達耶夫的回憶。Отечественная история. 2005. No.2. С. 7.

21 布炯尼（Семен Михайлович Буденный, Semen Mikhailovich Budenny, 1883–1973），內戰期間領導第一騎兵軍團，也是史達林的追隨者。後來成了元帥、高階軍事領導人，官拜蘇聯國防副部長。

22 庫茲涅措夫（Николай Герасимович Кузнецов, Nikolai Gerasimovich Kuznetsov, 1902–1974），上將，1939到1946年間為蘇聯海軍部長、海軍總司令。戰後失勢、遭到降職，但在1951到1953年間再度擔任海軍部長。1955年因戰列艦失事，徹底被剝奪領導海軍的權力。

23 РГАСПИ Ф. 17. Оп. 162. Д. 36, л. 22; Известия ЦК КПСС. 1990. No. 6. С. 196-197.

24 Н. Г. Кузнецов. *Накануне.* М. 1989. С. 327.

25 Н. В. Петров. *Палачи.* С. 85-93.

26 Отечественные архивы. 1995. No.2. С. 29–32; Известия ЦК КПСС. 1990. No.6. С. 208–209, 212–214.

27 G. A. Kumanev（Г. А. Куманев）與I. V. Kavalev（И. В. Ковалев）的訪談。戰爭初期，I. V. Kavalev是蘇聯國家監察部副部長，主管鐵路運輸。Новая и новейшая история. 2005. No.3. С. 149–150.

28 米科揚的回憶。Л. Е. Решин и др. (сост.) *1941 год.* Кн. 2. С. 497；Ф. Чуев. *Сто сорок бесед с Молотовым.* С. 52.

29 朱可夫在回憶錄中稱，史達林二度前往國防部大樓，但沒有其他資料可以證實這個說法。參見：Г. К. Жуков. *Воспоминания и размышления.* Т. 1. С. 287.

30 米科揚的回憶。Л. Е. Решин и др. (сост.) *1941 год.* Кн. 2. С. 497–498.

31 貝利亞於被捕後寫給蘇聯高層的信。Источник. 1994. No.4. С. 7；米科揚的回憶，Л. Е. Решин и др. (сост.) *1941 год.* Кн. 2. С. 498–499.

32 Л. Е. Решин и др. (сост.) *1941 год.* Кн. 2. С. 498.

33 Ф. Чуев. *Сто сорок бесед с Молотовым.* С. 330.

34 米科揚的回憶。Л. Е. Решин и др. (сост.) *1941 год.* Кн. 2. С. 498–499.

35 原文收藏於俄羅斯國立政治社會史檔案館（РГАСПИ）的米科揚個人檔案中。

36 А. И. Микоян. *Так было.* С. 391.

37 Ю. А. Горьков. *Государственный комитет обороны постановляет (1941–1945).* М., 2002. С. 30–31.

38 Известия ЦК КПСС. 1990. No. 7. С. 208; 1990. No. 8. С. 208; РГАСПИ. Ф. 17. Оп. 163. Д. 1319. Л. 93.

39 G. A. Kumanev（Г. А. Куманев）與前蘇聯交通部長I. T. Peresypkin（И. Т. Пересыпкин）的訪談。Отечественная история. 2003. No.3. С. 65.

40 Правда. 1941. 3 июля.

41 蘇聯國防部長史達林1941年7月28日令。В. А. Золотарев (ред.) *Русский архив. Великая Отечественная. Приказы народного комиссара обороны СССР. 22 июня 1941–1942 гг.* Т. 13 (2-2). М., 1997. С. 37–38.

42 Г. Ф. Кривошеев и др. *Великая Отечественная без грифа секретности. Книга потерь.* М., 2009. С. 60–61.

43 史達林與西區司令部的對談，1941年7月26日。В. А. Золотарев (ред.) *Русский архив. Великая Отечественная. Ставка ВГК. 1941 г.* Т. 16 (5-1). М., 1996. С. 92–93.

44 РГАСПИ. Ф. 17. Оп. 167. Д. 60. Л. 49.

45 Д. А. Волкогонов. *Триумф и трагедия.* Кн. 2. Ч. 1. С. 167.

46 В. А. Золотарев (ред.) *Русский архив. Великая Отечественная. Ставка ВГК. 1941 г.* С. 361.

47 РГАСПИ. Ф. 558. Оп. 11. Д. 492. Л. 35. Известия ЦК КПСС. 1990. No.9. С. 211–213.

48 В. Н. Хаустов и др. (сост.) *Лубянка. Сталин и НКВД-НКГБ-ГУКР «Смерш». 1939–1946.*

M., 2006. C. 317–318.

49 經史達林修正的相關決議參見：*Вестник Архива Президента Российской Федерации. Война. 1941-1945.* M., 2010. C. 37–40.

50 В. Н. Хаустов и др. (сост.) *Лубянка. Сталин и НКВД-НКГБ-ГУКР «Смерш». 1939-1946.* M., 2006. C. 317–318.

51 Л. Е. Решин и др. (сост.) *1941 год.* Кн. 2. С. 476–479.

52 Известия ЦК. 1990. No.7. С. 209.

53 Исторический архив. 1993. No.1. С. 45–46.

54 G. A. Kumanev（Г. А. Куманев）與I. V. Kavalev（И. В. Ковалев）的訪談。Новая и новейшая история. 2005. No.3. С. 160–161.

55 РГАСПИ. Ф. 558. Оп. 11. Д. 235. Л. 123.

56 Г. К. Жуков. *Воспоминания и размышления.* Т. 1. С. 350–353.

57 Г. Ф. Кривошеев и др. *Великая Отечественная без грифа секретности.* С. 84.

58 В. А. Золотарев (ред.) *Русский архив. Великая Отечественная. Ставка ВГК. 1941 г.* С. 108–109; Известия ЦК. 1990. No.9. С. 199–200.

59 А. М. Василевский. *Дело всей жизни.* М., 1978. С. 132.瓦西列夫斯基（Александр Михайлович Василевский, Aleksandr Mikhailovich Vasilevsky, 1895–1977），是蘇聯偉大衛國戰爭中的其中一位知名元帥，曾任副參謀總長、參謀總長，在蘇聯遠東地區領導對日作戰。戰後官拜國防部長（1949–1953）。

60 Г. Ф. Кривошеев и др. *Великая Отечественная без грифа секретности.* С. 85.

61 與朱可夫的訪談。К. Симонов. *Глазами человека моего поколения.* С. 361.

62 В. А. Золотарев (ред.) *Русский архив. Великая Отечественная. Ставка ВГК. 1941 г.* С. 175–176.

63 К. Симонов. *Глазами человека моего поколения.* С. 361–363.

64 Военно-исторический журнал 1992. No.1. С. 77; No.6–7. С. 17; В. А. Золотарев (ред.) *Русский архив. Великая Отечественная. Ставка ВГК. 1941 г.* С. 378–379.

65 А. Е. Голованов. *Дальняя бомбардировочная...* М., 2004. С. 78.

66 Известия ЦК КПСС. 1990. No.12. С. 210–211.

67 А. И. Микоян. *Так было.* С. 417.根據米科揚的說法，當時是10月16日，但他同時也指出，會上討論的是莫斯科撤退行動，而相關決議是15日做成的。各項資料顯示，會面地點應為史達林的克里姆林寓所。

68 Известия ЦК КПСС. 1990. No.12. С. 217.

69 與瓦西列夫斯基的訪談。К. Симонов. *Глазами человека моего поколения.* С. 446.

70 蘇聯內務部簡報，1941年10月21日。Источник. 1995. No.5. С. 152.

71 М. М. Горинов и др. (сост.) *Москва военная. 1941–1945. Мемуары и архивные документы.*

M., 1995. C. 550; Известия ЦК КПСС. 1991. No.1. C. 217.

72 M. M. Горинов и др. (сост.) *Москва военная.* C. 111, 116–119; А.И. Микоян. *Так было.* C. 419–420.

73 Г. Куманев. *Говорят сталинские наркомы.* Смоленск, 2005. C. 205.

74 А. И. Шахурин. *Крылья победы.* C. 156–157.

75 Известия ЦК КПСС. 1991. No.1. C. 215–216; No.4. C. 210–214. Исторический архив. 1997. No.3. C. 92.

76 下文將引用內務部對史達林做的報告的段落，這些段落可見於：B. C. Христофоров *Общественные настроения в СССР: июнь–декабрь 1941 г. // Великая Отечественная война. 1941 год: Исследования, документы, комментарии.* M., 2011. C. 450–474.

77 同前，第456頁。

78 同前，第463頁。

79 同前，第474頁。

80 C. B. Точенов. *Волнения и забастовки на текстильных предприятиях Ивановской области осенью 1941 года. // Отечественная история.* 2004. No.3. C. 42–47; Исторический архив. 1994. No.2. C. 111–136.

81 Г. К. Жуков. *Воспоминания и размышления.* T. 2. C. 26–27.

82 Правда. 1941. 7 ноября.

83 C. B. Девятов и др. *Московский Кремль в годы Великой Отечественной войны.* C. 87.

84 同前，第57–61、64頁。

85 Правда. 1941. 8 ноября.

86 C. B. Девятов и др. *Московский Кремль в годы Великой Отечественной войны.* C. 61.

87 K. M. Андерсон и др. (сост.) *Кремлевский кинотеатр.* C. 639.

88 B. A. Золотарев (ред.) *Русский архив. Великая Отечественная. Ставка ВГК. 1942 г.* T. 16 (5–2). M., 1996. C. 33–35.

89 P. B. Мазуркевич. *Планы и реальность. // Военно-исторический журнал.* 1992. No.2. C. 24–25.

90 A. M. Василевский. *Дело всей жизни.* C. 189.

91 Источник. 1995. No.5. C. 41.

92 俄羅斯聯邦國家檔案館（ГАРФ）查達耶夫的回憶資料。

93 B. A. Золотарев (ред.) *Русский архив. Великая Отечественная. Ставка ВГК. 1942 г.* C. 236–239.

94 與朱可夫的訪談。K. Симонов. *Глазами человека моего поколения.* C. 366.

95 A. M. Василевский. *Дело всей жизни.* C. 195–196.

96 Г. Ф. Кривошеев и др. *Великая Отечественная без грифа секретности.* С. 179.

97 В. А. Золотарев (ред.) *Русский архив. Великая Отечественная. Ставка ВГК. 1942 г.* С. 263–264.

98 史達林讀完這封信後，把它歸檔，不處理。РГАСПИ. Ф. 558. Оп. 11. Д. 762. Л. 6–8.

99 К. К. Рокоссовский. *Солдатский долг.* М., 1997. С. 211.洛可索夫斯基（Константин Константинович Рокоссовский, Konstantin Konstantinovich Rokossovsky, 1896–1968）是蘇聯偉大衛國戰爭知名元帥。1937到1940年間遭監禁，但在戰爭期間受命領導軍隊，1949到1956年間為波蘭國防部長。曾在蘇聯國防部擔任高階領導職。著有堪稱坦率的回憶錄（*Солдатский долг*，暫譯：《軍人的責任》）。1968年，經大量刪節後，回憶錄獲出版。完整的回憶錄要等到1997才問世。

100 В. А. Золотарев (ред.) *Русский архив. Великая Отечественная. Приказы народного комиссара обороны СССР. 22 июня 1941 г.* С. 276–279.

101 О. А. Ржешевский. *Сталин и Черчилль. Встречи. Беседы. Дискуссии.* М., 2004. С. 348–383.

102 С. Аллилуева. Двадцать писем к другу. С. 132.

103 Г. Ф. Кривошеев и др. *Великая Отечественная без грифа секретности.* С. 60–61.

104 Родина. 2005. No. 4. С. 65.

105 安東諾夫（Алексей Иннокентьевич Антонов, Aleksei Innokentievich Antonov, 1896–1962）是蘇聯軍事領導人，在德蘇戰爭期間為副參謀總長，多次向史達林做報告。

106 А. М. Василевский. *Дело всей жизни.* С. 311.

107 А. Еременко *Годы возмездия.* М., 1986. С. 36, 38; С. В. Девятов и др. *Московский Кремль в годы Великой Отечественной войны.* С. 184, 186. Dmitri Volkogonov, *Stalin: Triumph and Tragedy* (New York, 1991), p. 481.

108 *Переписка председателя Совета Министров СССР с президентами США и премьер-министрами Великобритании во время Великой Отечественной войны 1941-1945 гг.* М., 1957. 史達林給邱吉爾的信，1943年8月9日（Т. 1. С. 141–142）；史達林給羅斯福的信，1943年8月8日（Т. 2. С. 77）。

109 *Переписка председателя Совета Министров СССР с президентами США и премьер-министрами Великобритании.* 史達林給邱吉爾的信，1943年6月24日（Т. 2. С. 72–75）。同一天，史達林把此信也寄給了羅斯福參考。

110 С. М. Штеменко. *Генеральный штаб в годы войны.* М., 1989. С. 148.

111 А. Е. Голованов. *Дальняя бомбардировочная...* С. 351–356.

112 РГАСПИ. Ф. 558. Оп. 11. Д. 377. Л. 61.

113 М. М. Горинов и др. (сост.) *Москва военная.* С. 694–695; Источник. 1995. No.2. С. 138–139.

114 Исторический архив. 1997. No.1. С. 66–68.

115 В. А. Золотарев (ред.) *Русский архив. Великая Отечественная. Ставка ВГК. 1944–1945.* Т. 16 (4). М., 1999. С. 12.

116 關於德國與蘇聯領土之間受害於史達林與希特勒大規模殺戮行動的人口總數，參見：Timothy Snyder, *Bloodlands: Europe between Hitler and Stalin* (New York, 2010).

117 *Вестник Архива президента Российской Федерации. Война. 1941–1945.* С. 346–348.

118 В. Н. Хаустов и др. (сост.) *Лубянка. 1939-1946.* С. 405.

119 Alexander Statiev, "The Nature of Anti-Soviet Armed Resistance, 1942–1944: The North Caucasus, the Kalmyk Autonomous Republic, and Crimea," *Kritika: Explorations in Russian and Eurasian History* 6, no. 2 (Spring 2005): 285–318.

120 В. А. Козлов, С. В. Мироненко (ред.) «Особая папка» Сталина. Из материалов Секретариата НКВД-МВД СССР. 1944–1953. М., 1994.

121 ГАРФ. Ф-9401. Оп. 2. Д. 64. Л. 167.

122 同前，Л. 166.

123 同前，Л. 165

124 同前，Л. 9–10, 40–46.

125 同前，Л. 334 –340.

126 同前，Д. 67. Л. 319–324; Д. 68. Л. 268–273.

127 N. M. Naimark, *Russians in Germany: A History of the Soviet Zone of Occupation, 1945–1949* (Cambridge, MA, 1995).

128 В. Н. Хаустов и др. (сост.) *Лубянка. 1939-1946.* С. 502-504.

129 М. Джилас. *Лицо тоталитаризма.* С. 82.

130 史達林與羅斯福的談話紀錄。РГАСПИ. Ф. 558. Оп. 11. Д. 235. Л. 8.

131 Н. В. Петров. *По сценарию Сталина: роль органов НКВД-МГБ СССР в советизации стран Центральной и Восточной Европы. 1945-1953.* М., 2011. С. 44–52.

132 В. А. Золотарев (ред.) *Русский архив. Великая Отечественная. Ставка ВГК. 1943 г.* Т. 16 (5-3). М., 1996. С. 185.

133 РГАСПИ. Ф. 17. Оп. 3. Д. 1045. Л.55.

134 В. А. Золотарев (ред.) *Русский архив. Великая Отечественная. Ставка ВГК. 1942 г.* С. 420.

135 與瓦西列夫斯基的訪談。К. Симонов *Глазами человека моего поколения.* С. 446.

136 А. М. Василевский. *Дело всей жизни.* С. 496–497.

137 С. М. Штеменко. *Генеральный штаб в годы войны.* С. 102–104. В.А. Золотарев (ред.) *Русский архив. Великая Отечественная. Генеральный штаб в годы Великой Отечественной войны. 1941.* Т. 23 (12-1). М., 1997. С. 11–12.

138 I. S. Konev（И. С. Конев）元帥給蘇聯共產黨中央委員會主席團的便函，1965

年4月2日。С. М. Штеменко. *Генеральный штаб в годы войны.* С. 104, 192; *Записки командующего фронтом.* М., 2000. С. 498.

139 與朱可夫的訪談。К. Симонов. *Глазами человека моего поколения.* С. 377.

140 И. С. Конев. *Записки командующего фронтом.* С. 498.

141 А. М. Василевский. *Дело всей жизни.* С. 497.

142 內閣常務局時務委員會的運作期間為1941年6月至1942年12月，內閣常務局則在1942年12月至1945年8月這段時間定期召開會議。相關單位的建置資料見：РГАСПИ. Ф. 17. Оп. 163. Д. 1326. Л. 233; Д. 1350. Л. 40; Д. 1356. Л. 120–121; Д. 1406. Л. 27.

143 同前，Д. 1356. Л. 120–121.

144 同前，Д. 1406. Л. 27.

145 國防委員會1942年2月4日令。РГАСПИ. Ф. 644. Оп. 2. Д. 36. Л. 32–35.

146 А. И. Микоян. *Так было.* С. 465.

147 АПРФ. Ф. 3. Оп. 52. Д. 251. Л. 93.

148 蘇聯共產黨（布）中央委員會書記、政治局委員安德烈耶夫於1943年12月獲任命為蘇聯農業部部長。

149 АПРФ. Ф. 3. Оп. 52. Д. 251. Л. 93; А.И. Микоян. *Так было.* С. 466.

150 РГАСПИ. Ф. 17. Оп. 163. Д. 1420. Л. 136.

151 РГАСПИ. Ф. 83. Оп. 1. Д. 30. Л. 95–96.

152 史達林對弗羅希洛夫不滿，因此捨棄他而任命布爾加寧為國防委員會委員。РГАСПИ. Ф. 17. Оп. 3. Д. 1051. Л. 44, 46.

153 В. А. Золотарев (ред.) *Русский архив. Великая Отечественная. Приказы народного комиссара обороны СССР. 1943–1945 гг.* Т. 13 (2–3). М., 1997. С. 332.

154 同前，第337–338頁。

155 Г. М. Адибеков. Э. Н. Шахназарова, К. К. Шириня. *Организационная структура Коминтерна. 1919–1943.* М., 1997. С. 228–230.

156 Д. Робертс. *Иосиф Сталин. От Второй мировой до «холодной войны»*; R. Gellately, *Stalin's Curse,* p. 73–75.

157 David Brandenberger, *National Bolshevism: Stalinist Mass Culture and Formation of Modern Russian National Identity, 1931–1956* (Cambridge, MA, and London, 2002).

158 А. А. Чернобаев (ред.) *На приеме у Сталина.* С. 417.

159 俄羅斯東正教教會事務委員會（譯註：此為蘇聯政府下屬單位）主席 G. G. Karpov（Г. Г. Карпов）為史達林與主教們會面所做的紀錄。ГАРФ. Ф. Р-6991. Оп. 1. Д. 1. Л. 1–10; М. И. Одинцов *Русские патриархи XX века.* М., 1994. С.283–291.

160 О. А. Ржешевский. *Сталин и Черчилль.* С. 420; Michael Ellman, "Churchill on Stalin: A

Note," *Europe-Asia Studies* 58, no. 6 (September, 2006): 969–970.

161 ГАРФ. Ф. Р-9401. Оп. 2. Д. 94. Л. 15–27. Исторический архив. 1993. No.5. С. 123–128.

162 Д. Омельчук, С. Юрченко. *Крымская конференция: неизвестные страницы. // Свободная мысль.* 2001. No.2. С. 122–123.

163 *Переписка председателя Совета Министров СССР с президентами США и премьер-министрами Великобритании.* Т. 2. С. 204, 205; В. Печатнов. *Сталин, Рузвельт, Трумэн: СССР и США в 1940-х гг.* М., 2006. С. 305–306.

164 *Переписка председателя Совета Министров СССР с президентами США и премьер-министрами Великобритании.* Т. 2. С. 211, 212; Commission for the Publication of Diplomatic Documents under the Ministry of Foreign Affairs of the U.S.S.R., comp., *Correspondence between Stalin, Roosevelt, Truman, Churchill and Atlee during World War II* (Honolulu, 2001), p. 214.

165 史達林在柏林戰役前夕給艾森豪的密電。Новая и новейшая история. 2000. No.3. С. 180–181.

166 Г. Ф. Кривошеев и др. *Великая Отечественная без грифа секретности.* С. 171.

167 С. М. Штеменко. *Генеральный штаб в годы войны.* С. 265.

168 В. А. Золотарев, Г.Н. Севастьянов (ред.). *Великая Отечественная война. 1941–1945. Военно-исторические очерки.* Кн. 3. М., 1999. С. 279.

169 Родина. 2005. No.4. С. 99.

家庭 Family

1 А. Островский. *Кто стоял за спиной Сталина?* С. 235–236.

2 這封信是獲選為上呈史達林的信件之一，它同時也被轉交給布爾加寧，推斷應是讓布爾加寧衡量來信者所提請求。РГАСПИ. Ф. 558. Оп. 11. Д. 895. Л. 59.

3 А. Островский. *Кто стоял за спиной Сталина?* С. 249.

4 同前，第251–252頁。

5 同前，第308–309、329、332–334頁。

6 同前，第340–341頁。

7 同前，第349、357頁。

8 Известия ЦК КПСС. 1989. No.10. С. 190.

9 Известия ЦК КПСС. 1991. No.8. С. 150.

10 Ю. Г. Мурин (сост.) *Иосиф Сталин в объятиях семьи.* С. 7–8.

11 同前，第154頁。

12 同前，第22頁。

13 В. А. Невежин. *Застолья Иосифа Сталина. Большие Кремлевские приемы 1930-х–1970-х*

гг. M., 2011. C. 279.

14 *Письма Н. С. Аллилуевой З. Г. Орджоникидзе. // Свободная мысль.* 1993. No.5. C. 74.

15 阿利路耶娃給瑪麗亞・斯望尼澤的信，1926年1月11日。Ю. Г. Мурин (сост.) *Иосиф Сталин в объятиях семьи.* С. 154.

16 同前，第22–40頁。

17 S. Sebag Montefiore就是以詳細描述這個事件作為他著作的開頭：*Stalin: The Court Of The Red Tsar*（London, 2003）.

18 РГАСПИ. Ф. 558. Оп. 11. Д. 786. Л. 123–124.

19 瑪麗亞・斯望尼澤的日記。Ю. Г. Мурин (сост.) *Иосиф Сталин в объятиях семьи.* С. 177.

20 同前，第157–158頁。

21 Svetlana Alliluyeva, *Twenty Letters to a Friend,* trans. Priscilla Johnson McMillan (New York, 1967), pp. 151–152.（俄文版：С. Аллилуева. *Двадцать писем другу.* С. 119–120.）

22 R. W. Davies et al., eds., *The Stalin-Kaganovich Correspondence, 1931–1936* (New Haven, 2003), pp. 297, 304.

23 Svetlana Alliluyeva, *Twenty Letters,* p. 151.（俄文版：С. Аллилуева. Двадцать писем другу. С. 119.）

24 Аллилуева. *Двадцать писем другу.* С. 118–119.

25 *Лубянка. 1937–1938.* С. 540–544.

26 本書針對瓦希里與史達林的關係所作的探討參考：Ю. Г. Мурин (сост.) *Иосиф Сталин в объятиях семьи.* С. 54–65, 68–69.

27 ГАРФ. Ф. Р-9401. Оп. 2. Д. 93. Л. 276–278; В.Н. Хаустов и др. (сост.) *Лубянка. 1939–1946.* С. 493-494; Мурин Ю. Г. (сост.) *Иосиф Сталин в объятиях семьи.* С. 92–93.

28 Ю. Г. Мурин (сост.) *Иосиф Сталин в объятиях семьи.* С. 69–89, 96–100.

29 Svetlana Alliluyeva, *Twenty Letters,* p. 180.（俄文版：С. Аллилуева. *Двадцать писем к другу.* С. 138–139.）

30 Ю. Г. Мурин Ю.Г. (сост.) *Иосиф Сталин в объятиях семьи.* С. 91–92.

31 Вопросы истории.1991. No.11. С. 54.

Chapter 6 絕對的大元帥 The Generalissimo

1 Правда. 1945. 25 мая.

2 G. Tsydenov的來信，1945年10月23日。РГАСПИ. Ф. 558. Оп. 11. Д. 865. Л. 6.

3 日期標示為1946年2月16日的信件。РГАСПИ. Ф. 558. Оп. 11. Д. 867. Л. 14–15; Е. Ю. Зубкова и др. (сост.) *Советская жизнь.* С. 612–613.

4 在來信摘要匯總中，這封信上有祕書波斯克琉畢雪夫做的標記：「歸檔『不處

理』」。這樣的標示肯定是史達林授意的；部分信件則被轉交給各黨國機關領導人處理。РГАСПИ. Ф. 558. Оп. 11. Д. 867. Л. 1–2.

5 Правда 1946. 14 марта.

6 Г. Ф. Кривошеев и др. *Великая Отечественная без грифа секретности.* С. 42. 沃科鞏諾夫在未指出資訊來源的情況下聲稱，1946年1月史達林被告知，死於這場戰爭的蘇聯民眾共計1500萬人，其中包括750萬名遭殺害、因傷死亡及失蹤的軍人。見：Д. А. Волкогонов. *Триумф и трагедия.* Т. 2. Кн. 2. С. 26. 這項資訊無法被查證。

7 經史達林修改的信件原件收於俄羅斯國立政治社會史檔案館（РГАСПИ. Ф. 558. Оп. 11. Д. 794. Л. 85–89.），信件刊載於1947年的《布爾什維克》雜誌（No.3. С. 6–8）。

8 史達林給莫洛托夫、貝利亞、馬林科夫和米科揚的密電，1945年11月10日。引自：Л. Максименков (сост.) *Большая цензура.* С. 556–557.

9 左申科（Михаил Михайлович Зощенко, Mikhail Mikhailovich Zoshchenko, 1895–1958），是作家、劇作家，著有多篇知名的諷刺作品，1946年因遭到當局嚴厲批判，被剝奪從事文學活動的權利。史達林逝世後，左申科在不同的雜誌社工作過，但遭到歧視性的待遇。1946年批判左申科和阿赫瑪特娃的決議文一直要到1980年代末戈巴契夫的「改革」時期才獲撤銷。

阿赫瑪特娃（Анна Андреевна Ахматова, Anna Andreevna Akhmatova, 1889–1966）是俄羅斯地位崇高的詩人之一，在史達林時代持續遭到排擠、迫害。她的第一任丈夫被槍斃、第二任丈夫則死於勞改營。此外，她的獨子也在勞改營度過許多年。她的反史達林作品廣為人知，尤其是她的《安魂曲》（Реквием）。

10 РГАСПИ. Ф. 558. Оп. 11. Д. 732. Л. 1–19.

11 Nikolai Krementsov, *Stalinist Science* (Princeton, 1997); В. Д. Есаков, Е. С.Левина. *Сталинские «суды чести». Дело «КР».* М., 2005.

12 В. Печатнов. *Сталин, Рузвельт, Трумэн.* С. 392–393.

13 РГАСПИ. Ф. 558. Оп. 11. Д. 382. Л. 45. В. Печатнов *Сталин, Рузвельт, Трумэн.* С. 421.

14 G. Procacci and G. Adibekov et al., eds., *The Cominform: Minutes of the Three Conferences, 1947/1948/1949* (Milan, 1994), pp. 225–226.

15 Eugene Zaleski, *Stalinist Planning for Economic Growth, 1933–1952* (Chapel Hill, 1980), pp. 347–348.

16 Н. Верт, С. В. Мироненко (ред.) *История сталинского Гулага. Конец 1920-х–первая половина 1950-х годов.* Т. 1. *Массовые репрессии в СССР.* М., 2004. С. 610.

17 А. И. Кокурин, Н. В. Петров (сост.) *ГУЛАГ. 1917–1960.* М., 2000. С. 435, 447; В. Н. Земсков. *Спецпоселенцы в СССР.* С. 225.

18 1953年初，蘇聯的總人口數為1億8800萬人。參見：В. П. Попов. *Экономическая политика советского государства. 1946–1953 гг.* М., Тамбов, 2000. С. 16.

19 В. А. Козлов, С. В. Мироненко (ред.) *«Особая папка» Сталина.*

20 Е. Ю. Зубкова *Прибалтика и Кремль.* М., 2008. С. 256.; В. Наумов, Ю. Сигачев (сост.) *Лаврентий Берия. 1953. Стенограмма июльского пленума ЦК КПСС и другие документы.* М., 1999. С. 47.

21 РГАСПИ. Ф. 558. Оп. 11. Д. 1481. Л. 45.

22 РГАСПИ. Ф. 588. Оп. 11. Д. 97. Л. 35–36.

23 РГАСПИ. Ф. 588. Оп. 11. Д. 97. Л. 96–99.

24 V. O. Pechatnov, "'The Allies Are Pressing on You to Break Your Will. . . .' Foreign Policy Correspondence between Stalin and Molotov and Other Politburo Members, September 1945–December 1946," Cold War International History Project, Working Paper No. 26 (September 1999).

25 同前，第2頁。

26 同前，第4頁。

27 О. В. Хлевнюк и др. (сост.) *Политбюро ЦК ВКП(б) и Совет Министров СССР.* С. 198–199.

28 РГАСПИ. 558. Оп. 11. Д. 771. Л. 9–10.

29 О. В. Хлевнюк и др. (сост.) *Политбюро ЦК ВКП(б) и Совет Министров СССР.* С. 195, 196.

30 РГАСПИ. Ф. 558. Оп. 11. Д. 771. Л. 11.

31 РГАСПИ. Ф. 558. Оп. 11. Д. 771. Л. 7–8.

32 О. В. Хлевнюк и др. (сост.) *Политбюро ЦК ВКП(б) и Совет Министров СССР.* С. 195. 關於這場衝突亦可見以下作品的描述：V. O. Pechatnov, "The Allies are Pressing on you to Break your Will···", pp. 8–15.

33 О. В. Хлевнюк и др. (сост.) *Политбюро ЦК ВКП(б) и Совет Министров СССР.* С. 196–197.

34 同前，見第197–198頁。

35 同前，見第198–199頁。

36 同前，見第200頁。

37 同前，見第24–25、38頁。

38 梅爾庫洛夫（Всеволод Николаевич Меркулов, Vsevolod Nikolaevich Merkulov, 1895–1953），長年擔任貝利亞的助理，於1938年跟隨貝利亞至莫斯科，擔任其在內務部的第一副手（貝利亞為部長），1943年成為國家安全部部長（國家安全部是自內務部劃分出來的單位），在不太體面地被革職後，仍身居黨國要職。在史達林晚年，梅爾庫洛夫是國家監察部部長（1950–1953）。由於是貝利亞的人馬，他在1953年底，貝利亞遭槍決後，也步上前「老闆」的後塵，被槍斃。

39 阿巴庫莫夫（Виктор Семенович Абакумов, Viktor Semenovich Abakumov, 1908–1954），自國安單位起家，在德蘇戰爭期間是國防部長史達林的副手，領導軍事反情報工作。1946到1951年間任國家安全部部長。他在1951年被捕；史達林逝世後，他未獲釋放，遭槍決身亡。

40 梅爾庫洛夫的紀錄，1953年7月23日。В. А. Козлов (ред.) *Неизвестная Россия. XX век.* Вып. 3. М., 1993. С. 73.

41 РГАСПИ. Ф. 558. Оп. 11. Д. 442. Л. 202–206; В. Наумов и др. (сост.) *Георгий Жуков. Стенограмма октябрьского (1957 г.) пленума ЦК КПСС и другие документы.* М., 2001. С. 16–17.

42 А. Г. Зверев. *Записки министра.* М., 1973. С. 231–234.

43 Ю. И. Кашин (сост.) *По страницам архивных фондов Центрального банка Российской Федерации.* Вып. 3. М., 2007. С. 31–32.

44 В. П. Попов. *Экономическая политика Советского государства.* С. 83–88. 茲維列夫在某篇日期標示為1946年10月8日的關鍵性簡報中，綜合分析了蘇聯1922到1924年間的貨幣改革經驗及隨後的國內貨幣流通問題。該篇報告（包含史達林的評註）已刊行（Источник. 2001. No.5. С. 21–47.），原件則藏於俄羅斯總統檔案館（АПРФ）。

45 А. А. Чернобаев (ред.) *На приеме у Сталина.* С. 617.

46 РГАСПИ. Ф. 17. Оп. 163. Д. 1506. Л. 22.

47 Ю. И. Кашин (сост.) *По страницам архивных фондов Центрального банка.* Т. 3. С. 96–97.

48 Э. Ю. Завадская, Т. В. Царевская (сост.) *Денежная реформа 1947 года: реакция населения. По документам из «особых папок» Сталина. // Отечественная история.* 1997. No. 6. С. 135–137.

49 Е. Ю. Зубкова и др. (сост.) *Советская жизнь.* С. 561–564.

50 同前，第564–567頁。

51 Ю. Аксенов, А. Улюкаев. *О простых решениях непростых проблем. Денежная реформа 1947 года. // Коммунист.* 1990. No.6. С. 82–83.

52 А. А. Чернобаев (ред.) *На приеме у Сталина.* С. 495–496.

53 Источник. 2001. No. 5. С. 51.

54 Е. Ю. Зубкова и др. (сост.) *Советская жизнь.* С. 529.

55 蘇聯內閣1947年12月14日第3867號決議文：「關於食品及消費品單人單次購買規範」。見：ГАРФ. Ф. Р-5446. Оп. 1. Д. 316. Л. 288–289. 相關規範施行至1958年。

56 Ю. Аксенов, А. Улюкаев. *О простых решениях непростых проблем.* С. 84–85.

57 Julie Hessler, *A Social History of Soviet Trade: Trade Policy, Retail Practices, and Consumption, 1917–1953* (Princeton, 2004), p. 314.

58 Е. Ю. Зубкова и др. (сост.) *Советская жизнь*. С. 578.
59 РГАСПИ. Ф. 17. Оп. 122. Д. 308. Л. 183.
60 РГАСПИ. Оп. 88. Д. 900. Л. 178.
61 Donald Filtzer, *Soviet Workers and Late Stalinism: Labour and the Restoration of the Stalinist System after World War II* (Cambridge, 2002), pp. 77–116.
62 近年來有大量學術作品探討東歐蘇維埃化過程及史達林在其中扮演的角色。欲對相關議題有整體性的了解，可參考：Т. Волокитина, Г. Мурашко, А. Носкова, Т. Покивайлова. *Москва и Восточная Европа. Становление политических режимов советского типа (1949–1953)*. М., 2008.
63 同前，第430–550頁。
64 詳見：Y. Gorlizki, O. Khlevniuk. *Cold Peace: Stalin and the Soviet Ruling Circle, 1945–1953* (New York, 2004), pp. 79–89.
65 О. В. Хлевнюк и др. (сост.) *Политбюро ЦК ВКП(б) и Совет Министров СССР*. С. 67.
66 關於「列寧格勒案」作為史達林對蘇聯官場上非正式的「保護人－被保護人」關係日益普遍、強化的回應，可參考：B. Tromly, "The Leningrad Affair and Soviet Patronage Politics, 1949–1950," *Europe-Asia Studies* 56. no.5 (July 2004): 707–729.
67 Ф. Чуев. *Сто сорок бесед с Молотовым*. С. 475.
68 表決以「意見調查」(也就是說，當時未舉行會議，委員並非在會議上進行表決)的方式進行。從波斯克琉畢雪夫的註記看來，支持開除珍姆區金娜黨籍的有史達林、布爾加寧、弗羅希洛夫、沃茲涅先斯基、什維爾尼克(Н. М. Шверник, N. M. Shvernik)、卡岡諾維奇、米科揚、安德烈耶夫、貝利亞、馬林科夫、柯希金(А. Н. Косыгин, A. N. Kosygin)，「莫洛托夫同志棄權」。見：РГАСПИ. Ф. 17. Оп. 163. Д. 1518. Л. 162；*Политбюро ЦК ВКП(б) и Совет Министров СССР*. С. 312.
69 РГАСПИ. Ф. 17. Оп. 163. Д. 1518. Л. 164; О.В. Хлевнюк и др. (сост.) *Политбюро ЦК ВКП(б) и Совет Министров СССР*. С. 313.
70 Joshua Rubenstein and Vladimir P. Naumov, eds., *Stalin's Secret Pogrom: The Postwar Inquisition of the Jewish Anti-Fascist Committee* (New Haven, 2001).
71 *Вестник Архива президента Российской Федерации. Война*. С. 333.
72 軍人Gorbenko(Горбенко)的來信，1945年7月15日。РГАСПИ. Ф. 558. Оп. 11. Д. 863. Л. 79–86.
73 Yuri Slezkine, *The Jewish Century* (Princeton, 2004), p. 297.
74 軍事記者S. A. Lifshits(С. А. Лифшиц)的來信，1949年3月。РГАСПИ. Ф. 558. Оп. 11. Д. 876. Л. 15; Ф. 17. Оп. 132. Д. 118. Л. 1–3.
75 與會者之一V. A. Malyshev(В. А. Малышев)部長的日記可見於：Источник. 1997. No.5. С. 140–141.

76 關於毛的蘇聯行，在此引用的文件可見於：S. Radchenko, D. Wolff, "To the Summit via Proxy-Summits: New Evidence from Soviet and Chinese Archives on Mao's Long March to Moscow, 1949," *The Cold War International History Project Bulletin,* no 16. (Spring 2008): 118–129.

77 А. М. Ледовский. *СССР и Сталин в судьбах Китая. Документы и свидетельства участника событий. 1937–1952.* М., 1999. С. 55.

78 Chen Jian, "The Sino-Soviet Alliance and China's Entry into the Korean War," Cold War International History Project, Working Paper No. 1 (June 1992), p. 19.

79 А. В. Панцов. *Мао Цзэдун.* М., 2007. С. 47.

80 А. В. Панцов (сост.) *Мао Цзэдун. Автобиография. Стихи.* М., 2008. С. 166.

81 А. М. Ледовский. *Сталин, Мао Цзэдун и корейская война 1950–1953 годов. // Новая и новейшая история.* 2005. No.5. С. 106.

82 РГАСПИ. Ф. 558. Оп. 11. Д. 329. Л. 10–17; Chen Jian et al., eds., "Stalin's Conversations: Talks with Mao Zedong, December 1949–January 1950, and with Zhou Enlai, August–September 1952," *Cold War International History Project Bulletin,* nos. 6–7 (Winter 1995–1996): 5–7.

83 拉克西的回憶。引自：Исторический архив. 1997. No.3. С. 142–143.

84 Odd Arne Westad, "Fighting for Friendship: Mao, Stalin, and the Sino-Soviet Treaty of 1950," *Cold War International History Project Bulletin,* nos. 8–9 (Winter 1996–1997): 227–228; Dieter Heinzig, *The Soviet Union and Communist China, 1945–1950: The Arduous Road to the Alliance* (London, 2003), pp. 281–282, 286–289.

85 А. М. Ледовский. *СССР и Сталин в судьбах Китая.* С. 143.

86 Н. Федоренко. *Ночные беседы.* Правда. 1988. 23 октября. С. 4.

87 РГАСПИ. Ф. 558. Оп. 11. Д. 329. Л. 51, 89.

88 Н. Федоренко. *Ночные беседы.*

89 關於史達林在蘇聯核子計畫中的角色，可參見：David Holloway, *Stalin and the Bomb: The Soviet Union and Atomic Energy, 1939–1956* (New Haven, 1996).

90 貝利亞自監獄寫給蘇聯高層的信，1953年7月1日。В. Наумов, Ю. Сигачев (сост.) *Лаврентий Берия.* С. 75.

91 А. В. Торкунов. *Загадочная война: корейский конфликт 1950-1953 годов.* М. 2000. С. 6–8.

92 Kathryn Weathersby, "To Attack, or Not to Attack? Stalin, Kim Il Sung, and the Prelude to War," *International History Project Bulletin,* no 5. (Spring 1995): 7–8.

93 K. Weathersby. "To Attack, or Not to Attack?" P. 9; А. А. Чернобаев (ред.) *На приеме у Сталина.* С. 533.

94 К. Везерсби. *Советские цели в Корее, 1945–1950 гг. //* М. М. Наринский (ред.) *Холодная*

война. Новые подходы, новые документы. М., 1995. С. 316.

95 蘇聯自1950年1月起即杯葛聯合國，要求該組織承認新成立的共產主義政府的中國代表權。有鑑於當時的國際政治環境及蘇聯代表在聯合國安全理事會缺席，史達林選擇開啟韓戰無疑是外交上的失誤。美國政府也善用了這一個失誤。

96 Kathryn Weathersby (introduction and translations), "New Russian Documents on the Korean War," *Cold War International History Project Bulletin,* nos. 6–7 (Winter 1995–1996): 40.

97 А. В. Торкунов. *Загадочная война.* С. 97.

98 Alexandre Y. Mansourov, "Stalin, Mao, Kim, and China's Decision to Enter the Korean War," *Cold War International History Project Bulletin,* nos. 6–7 (Winter 1995–1996): 118. (Bracketed insertion is Mansourov's.)

99 А. М.Ледовский. *Сталин, Мао Цзэдун и корейская война.* С. 106.

100 拉克西的回憶。參見：Исторический архив. 1997. No.5–6. С. 7–8. 捷克斯洛伐克國防部長Alexej Čepička亦證實有此會議。Вопросы истории. 1999. No.10. С. 85–86.

101 Zaleski, *Stalinist Planning for Economic Growth,* pp. 668–669.

102 РГАЭ. Ф. 4372. Оп. 11. Д. 677. Л. 9–10. 軍事支出相關數據取自史達林逝世後成立的四個蘇聯軍事部門：國防部（整合了昔日的國防及海軍部）、國防工業部（以昔日的武裝部為基礎）、航空工業部及中型機械工業部。這些部會消化了大部分的軍事預算。

103 Н. С. Симонов *Военно-промышленный комплекс СССР в 1920–1950-е годы.* М., 1996. С. 210–266.

104 1953年2月9日和19日的蘇聯內閣決議文；А. А. Данилов, А. В. Пыжиков. *Рождение сверхдержавы. СССР в первые послевоенные годы.* М., 2001. С. 92–93.

105 РГАСПИ. Ф. 558. Оп. 11. Д. 329. Л. 65–66. А. М. Ледовский. *СССР и Сталин в судьбах Китая.* С. 160.

106 А. И. Кокурин, Ю. Н. Моруков. *Сталинские стройки ГУЛАГА. 1930–1953.* М., 2005.

107 РГАЭ. Ф. 4372. Оп. 11. Д. 282. Л. 66.

108 *Народное хозяйство СССР. Статистический сборник.* М., 1956. С. 118.

109 РГАСПИ. Ф. 558. Оп. 11. Д. 882. Л. 57–58.

110 日期標示為1952年11月1日的信件；РГАСПИ. Ф. 558. Оп. 11. Д. 903. Л. 42–46.

111 信件未標明日期，史達林的個人祕書處於1952年11月4日將該信轉交馬林科夫處理。РГАСПИ. Ф. 558. Оп. 11. Д. 901. Л. 39–40.

112 А. А. Чернобаев (ред.) *На приеме у Сталина.* С. 551; Н. Ковалев и др. (сост.) *Молотов, Маленков, Каганович. 1957. Стенограмма июньского пленума ЦК КПСС и другие документы.* М., 1998. С. 193–194.

113 關於委員會工作及史達林的立場，可參考：Y. Gorlizki, O. Khlevniuk. Cold Peace, pp. 139–140.
114 А. И. Микоян. *Так было.* С. 578.
115 РГАЭ. Ф. 4372. Оп. 11. Д. 459. Л. 164–170.
116 А. И. Кокурин, Н. В. Петров (сост.) *ГУЛАГ. 1917–1960.* С. 788–791; РГАЭ. Ф. 4372. Оп. 11. Д. 677. Л. 9.
117 РГАСПИ. Ф. 558. Оп. 11. Д. 117. Л. 1–173. 檔案目錄未顯示密函的單位出處。
118 伊格納切夫於1953年3月27日的口供中作此陳述。Н. В. Петров. *Палачи.* С. 307.
119 К. А. Столяров. *Палачи и жертвы.* С. 163.
120 同前，第225–226頁。
121 同前，第167–168頁。
122 В. Наумов, Ю. Сигачев (сост.) *Лаврентий Берия.* С. 34–35.
123 更多細節可參見：Timothy Blauvelt, "Abkhazia: Patronage and Power in the Stalin Era," *Nationalities Papers* 35, no. 2 (2007): 220, 222–223.
124 В. Наумов, Ю. Сигачев (сост.) *Лаврентий Берия.* С. 29–40.
125 在第十九次黨代表大會上，蘇聯共產黨（布）（ВКП(б)）有了新名稱（КПСС），原本的「布」（布爾什維克）被拿掉。這個新名稱直到1991年蘇聯解體才無效。
126 А. И. Микоян. *Так было.* С. 573.
127 同前，第574–576頁；Ф. Чуев. *Сто сорок бесед с Молотовым.* С. 469; Л. Н. Ефремов. *Дорогами борьбы и труда. Ставрополь,* 1998. С. 12–16.
128 Н. Мухитдинов. *Река времени. От Сталина до Горбачева. Воспоминания.* М., 1995. С. 88–89.
129 Т. Волокитина, Г. Мурашко, А. Носкова, Т. Покивайлова. *Москва и Восточная Европа.* С. 558–566.
130 伊格納切夫給貝利亞的說明短信，1953年3月27日。引自：Н. Петров. *Палачи.* С. 297.
131 同前，第287、299–300頁。
132 В. Н. Хаустов и др. *Лубянка. Сталин и МГБ СССР. Март 1946–март 1953.* М., 2007. С. 522–523.
133 Н. В. Петров. *Первый председатель КГБ Иван Серов.* М., 2005. С. 124.
134 1952年11到12月，史達林在國家安全部情報單位改組委員會會議上的發言。Источник . 2001. No. 5. С. 132.
135 文件皆經史達林修改。РГАСПИ. Ф 558. Оп. 11. Д. 157. Л. 9–14, 29–33; О. В. Хлевнюк и др. (сост.) *Политбюро ЦК ВКП(б) и Совет Министров СССР.* С. 392–397.
136 關於猶太人流放迫遷的問題及議題現況，可參考：Г. В. Костырченко *Сталин*

против «космополитов». Власть и еврейская интеллигенция в СССР. М., 2009. С. 329–380.

137 Б. С. Клейн. *Политика США и «дело врачей».* // *Вопросы истории*. 2006. No.6. С. 35–47.

獨裁政權崩壞 The Dictatorship Collapses

1 А. А. Чернобаев (ред.) *На приеме у Сталина*. С. 553; О. В. Хлевнюк и др. (сост.) *Политбюро ЦК ВКП(б) и Совет Министров СССР*. С. 436.已出版的史達林辦公室訪客紀錄簿中，Ткачев 遭誤植為 Толкачев。

2 А. А. Чернобаев (ред.) *На приеме у Сталина*. С. 553. О. В. Хлевнюк и др. (сост.) *Политбюро ЦК ВКП(б) и Совет Министров СССР*. С. 436.

3 А. Л. Мясников. *Я лечил Сталина*. С. 295.

4 О. В. Хлевнюк и др. (сост.) *Политбюро ЦК ВКП(б) и Совет Министров СССР*. С. 436–437.

5 Н. Ковалева и др. (сост.) *Молотов, Маленков, Каганович*. С. 42, 45.馬林科夫的助理遭逮捕，其文件遭沒收。

6 蘇聯共產黨中央委員會主席團、內閣及最高蘇維埃（國會）主席團聯合會議，1953年3月5日。Источник. 1994. No.1. С. 107–111.

7 К. Симонов. *Глазами человека моего поколения*. С. 257–258.

8 同前，第260頁。

9 Svetlana Alliluyeva, *Twenty Letters to a Friend,* trans. Priscilla Johnson McMillan (New York, 1967), p. 10.（俄文版：С. Аллилуева. *Двадцать писем другу*. С. 11–12.）

10 А. А. Чернобаев (ред.) *На приеме у Сталина*. С. 553.

11 薛毗勒夫的回憶。Вопросы истории. 1998. No.3. С. 15.

12 А. Н. Артизов и др. (сост.) *Реабилитация: Как это было*. Т. 1. М., 2000. С. 19.

13 В. Наумов, Ю. Сигачев (сост.) *Лаврентий Берия*. С. 28–29.

14 Oleg Khlevniuk, "The Economy of the OGPU, NKVD and MVD of the USSR, 1930–1953: The Scale, Structure and Trends of Development," in *The Economics of Forced Labor: The Soviet Gulag,* ed. Paul R. Gregory and Valery Lazarev (Stanford, CA, 2003), pp. 54–55.

15 В. Наумов, Ю. Сигачев (сост.) *Лаврентий Берия*. С. 46–52, 61–62; Е. Ю. Зубкова *Прибалтика и Кремль*. С. 320–337.

16 根據官方資料，全國母牛總數自1953年1月1日至該年10月1日由2430萬增加至2600萬頭，其中幾乎有100萬的數據是來自集體和國有農場系統以外。在同一時期，豬隻總頭數由2850萬增長至4760萬，其中有大約1200萬頭是來自農民的私人農地。參見：*Народное хозяйство СССР. Статистический сборник*. М., 1956. С. 119–120. 就算排除季節波動因素，以上數據仍令人印象深刻。這樣的農業經濟

成長只能歸功於稅賦降低、收購價升高。

17 А. В. Торкунов. *Загадочная война*. С. 272–279.

18 在許多方面，這是蘇聯政府針對大量東德居民逃往西德所作的回應。參見：В. Наумов, Ю. Сигачев (сост.) *Лаврентий Берия*. С. 55–59.

葬禮：領袖，體制，人民 The Funeral

1 赫魯雪夫以官方身分拜訪保加利亞時，於1962年5月16日在該國瓦爾納市的某場晚餐會上所作的發言。引自：Источник . 2003. No.6. С. 130.

2 一群公民寫給蘇聯共產黨中央委員會及最高蘇維埃（國會）的信，日期標示為1953年3月10日。見：ГАРФ. Ф. Р-7523. Оп. 52. Д. 18. Л. 94–95.

3 寫給馬林科夫的匿名信，日期標示為1953年3月6日。見：РГАСПИ. Ф. 558. Оп. 11. Д. 1486. Л. 157.

4 РГАСПИ. Ф. 558. Оп. 11. Д. 1487. Л. 55.

5 РГАСПИ. Ф. 558. Оп. 11. Д. 1487. Л. 66–71.

6 關於這個時期的蘇聯民情，可參考：М. Добсон. *Холодное лето Хрущева. Возвращены из ГУЛАГа, преступность и трудная судьба реформ после Сталина.* М., 2014.

7 В. А. Козлов (ред.) *Неизвестная Россия. XX век.* Т. 2. М., 1992. С. 254–258.

8 В. А. Козлов, С. В. Мироненко. *58-10. Надзорные производства Прокуратуры СССР по делам об антисоветской агитации и пропаганде. Аннотированный каталог. Март 1953–1991.* М., 1999. С. 13, 21, 23, 32.

9 關於史達林體制中的民眾心態、社會操縱機制、社會適應過程和特殊的主觀意識，已有大量文件彙編和研究作品出版。然而，各作者的立場，以及其作品反映的現實面向，差異頗大。參見：S. Fitzpatrick. *The Cultural Front. Power and Culture in Revolutionary Russia* (Ithaca, 1992); S. Kotkin. *Magnetic Mountain: Stalinism as a Civilization* (University of California Press, 1995); S. Davies. P*opular Opinion in Stalin's Russia: Terror, Propaganda and Dissent, 1934–1941* (Cambridge, 1997); E. Zubkova. *Russia After the War: Hopes, Illusions, and Disappointments, 1945–1957* (New York, 1998); S. Fitzpatrick. *Tear off the Masks! Identity and Imposture in Twentieth-Century Russia* (Princeton, 2005); J. Hellbeck. *Revolution on My Mind. Writing a Diary under Stalin* (Cambridge, MA, 2006).

10 Yoram Gorlizki, "Political Reform and Local Party Interventions under Khrushchev," in *Reforming Justice in Russia, 1864–1996,* ed. Peter H. Solomon (New York and London, 1997), pp. 259–260.

11 斯達漢諾夫給史達林的信，1945年5月。見：РГАСПИ. Ф. 558. Оп. 11. Д. 891. Л. 128. 斯達漢諾夫在戰前也曾寫類似的信給莫洛托夫，見：ГАРФ. Ф. Р-5446. Оп. 82. Д. 108. Л. 145; Д. 120. Л. 74.

12 根據官方資料，近1953年初時，都市居民總數占蘇聯全國人口40%以上，但他們大多住在小型城鎮，生活水平也趨近農民。

13 1952年，預計透過蘇聯國營及合作社商家出售的44萬3千噸肉類中，有11萬噸被送往莫斯科，5萬7400噸被送往列寧格勒。見：ГАРФ. Ф. Р-5446. Оп. 87. Д. 1162. Л. 171.

14 А. И. Микоян. *Так было.* С. 355.

15 Amir Weiner, *Making Sense of War: The Second World War and the Fate of the Bolshevik Revolution* (Princeton, 2000).

16 Golfo Alexopoulos, *Stalin's Outcasts: Aliens, Citizens, and the Soviet State, 1926–1936* (Ithaca, NY, and London, 2003). Т.М. Смирнова. *«Бывшие люди» Советской России. Стратегии выживания и пути интеграции. 1917–1936 гг.* М., 2003.

17 Lynne Viola, *Peasant Rebels under Stalin: Collectivization and the Culture of Peasant Resistance* (New York and Oxford, 1996); Lynne Viola, ed., *Contending with Stalinism: Soviet Power and Popular Resistance in the 1930s* (Ithaca, NY, 2002); Jeffrey J. Rossman, *Worker Resistance under Stalin: Class and Revolution on the Shop Floor* (Cambridge, MA, and London, 2005).

18 近年來，歷史學者就此問題完成了不少極富價值的研究。參見：S. Fitzpatrick. *Everyday Stalinism: Ordinary Life in Extraordinary Times: Soviet Russia in the 1930s* (New York, 1999); E. Osokina. *Our Daily Bread: Socialist Distribution and the Art of Survival in Stalin's Russia, 1927–1941*(New York, London, 2001); D. Filtzer. *The Hazards of Urban Life in Late Stalinist Russia: Health, Hygiene, and Living Standards*, 1943–1953 (Cambridge, 2010).

19 計算參考以下資料：Е. Ю. Зубкова и др. (сост.) *Советская жизнь.* С. 102–103; О.В. Хлевнюк и др. (сост.) *Политбюро ЦК КП(б) и Совет Министров СССР.* С. 388–389. 可比較：А.И. Кокурин, Н.В. Петров (сост.) *ГУЛАГ. 1917–1960.* С. 543–551.

20 馬林科夫讀了這封信。РГАСПИ. Ф. 558. Оп. 11. Д. 901. Л. 37.

21 Е. Ю. Зубкова и др. (сост.) *Советская жизнь.* С. 107.

22 同前，第263頁。

23 關於各蘇聯城市中的公有和私有住宅，數據來源：РГАЭ. Ф. 1562. Оп. 41. Д. 56. Л. 30–33. 1953年初蘇聯城市總人口：Попов В.П. *Экономическая политика Советского государства.* С. 16.

24 РГАЭ. Ф. 1562. Оп. 41. Д. 56. Л. 30–33. 統計數據中，公有住宅包含裝修最佳、公共設施最齊全、供各委員會和政府機關使用的房舍。除此之外，許多市區住所雖屬私有，狀況卻很糟。

25 Е. Ю. Зубкова и др. (сост.) *Советская жизнь.* С. 178–179.

26 Н. Верт, С.В. Мироненко (ред.) *История сталинского Гулага.* Т. 1. С. 623–624.

27 В. Б. Жиромская, И. Н. Киселев, Ю. А. Поляков. *Полвека под грифом "секретно":*

Всесоюзная перепись населения 1937 года. М. 1996. С. 98, 100.

28 Terry Martin, *The Affirmative Action Empire: Nations and Nationalism in the Soviet Union, 1923–1939* (Ithaca, NY, and London, 2001).

29 最近的研究可見：Timothy Snyder, *Bloodlands: Europe between Hitler and Stalin* (New York, 2010).

30 欲進一步了解蘇聯境內於史達林執政晚期發生的民族衝突，可參考以下著作所附文件和信件：Л. П. Кошелева и др. (сост.) *Советская национальная политика. Идеология и практики реализации.* М., 2013.

31 Geoffrey Hosking, *Rulers and Victims: The Russians in the Soviet Union* (Cambridge, MA, and London, 2006).

32 E. Khodzha [Enver Hoxha], *So Stalinym. Vospominaniia* (Tirana, 1984), p. 90.（俄文版：Э. Ходжа. Со Сталиным. С. 90.）

33 РГАСПИ. Ф. 558. Оп. 11. Д. 1479. Л. 14–18.

34 А. Берелович, В. Данилов (ред.) *Советская деревня глазами ВЧК-ОГПУ-НКВД: 1918–1939 гг.: Документы и материалы в 4 томах.* М., 1998–2005; Г. Н. Севостьянов и др. (ред.) *«Совершенно секретно»: Лубянка–Сталину о положении в стране (1922–1934).* Т. 1–9. М. 2001–2013.

35 ГАРФ. Ф. Р-9401. Оп. 12. Д. 100. Л. 91–92.

36 1939年，負責處理史達林信件的特別處正進行組織架構調整，過程中出現了15個所謂的「信件處理員」職缺。「信件處理員」的職責包括了解信件內容並加以分類（見俄羅斯總統檔案館：АПРФ. Ф. 3. Оп. 22. Д. 65. Л. 37）。若我們假設「信件處理員」處理每封來信的時間平均是10分鐘，那麼一日8小時的工作時數應可讓15位「信件處理員」在一個工作天內讀完720封，或者一年大約26萬封的信件。事實上，數據應該更高。經驗老到的「信件處理員」可以迅速處理來信，而且許多來信本來就篇幅不大。此外，因為有輪班制，且沒有所謂的「正常」工時，信件處理單位幾乎是24小時日夜無休地工作。

37 АПРФ. Ф. 3. Оп. 22. Д. 65. Л. 51. 特別處第五科也負責處理史達林的圖書收藏。

38 現存1945到1953年間呈給特別處長官的信件可見於：РГАСПИ. Ф. 558. Оп. 11. Д. 888–904.

39 獲挑選給史達林親自了解的信件是跟著一份題為「指名給史達林同志的信件、請求和主張」，並附上簡介記要的清單呈給他。清單也包含針對已轉交給其他蘇聯領導人批準的信件所作的簡介記要。這些已預先轉交其他領導人處理的信件顯然是史達林不須親自了解，但必須對其存在有所知悉的信件。在史達林的個人檔案中，這類清單保存得相對完整的時期（扣除度假期間）只有1945到1952年。РГАСПИ. Ф. 558. Оп. 11. Д. 862–882.

40 Jan Plamper, *The Stalin Cult: A Study in the Alchemy of Power* (New Haven, 2012).

41 А. Е. Голованов, *Дальняя бомбардировочная.* М., 2004. С. 366.

42 Ю. Голанд *Опыт индустриализации при нэпе и его использование в современных условиях. // Вопросы экономики.* 2013. No.10. С. 109–135.

43 R. W. Davies, Mark Harrison, and S. G. Wheatcroft, eds., *The Economic Transformation of the Soviet Union, 1913–1945* (Cambridge, 1994).

44 Alec Nove, eds., *The Stalin Phenomenon* (New York, 1993), pp. 24–29.

45 *ЦК ВКП(б) и региональные партийные комитеты.* С. 7–10.

46 同前，第113–120頁。

47 ГАРФ. Ф. Р-5446. Оп. 89. Д. 855. Л. 144.

左岸｜人物271

史達林

Stalin: New Biography of a Dictator

從革命者到獨裁者

作　　者　奧列格・賀列夫紐克（Oleg V. Khlevniuk）
譯　　者　陳韻聿

總 編 輯　黃秀如
責任編輯　孫德齡
企畫行銷　蔡竣宇
封面設計　盧卡斯工作室
電腦排版　宸遠彩藝

社　　長　郭重興
發 行 人　曾大福
出　　版　左岸文化／遠足文化事業股份有限公司
發　　行　遠足文化事業股份有限公司
　　　　　23141新北市新店區民權路108-2號9樓
電　　話　02-2218-1417
傳　　真　02-2218-8057
客服專線　0800-221-029
E-Mail　rivegauche2002@gmail.com
左岸臉書　https://www.facebook.com/RiveGauchePublishingHouse/
團購專線　讀書共和國業務部　02-22181417分機1124

法律顧問　華洋法律事務所　蘇文生律師
印　　刷　成陽印刷股份有限公司
初　　版　2018年05月
初版四刷　2023年05月
定　　價　700元
ISBN　978-986-5727-70-3

國家圖書館出版品預行編目資料

史達林：從革命者到獨裁者 / 奧列格．賀列夫紐克（Oleg Khlevniuk）著，陳韻聿譯. -- 初版. -- 新北市 : 左岸文化出版 : 遠足文化發行, 2018.05
面 ; 14.8×21公分. -- (左岸人物 ; 271)

譯自 : Stalin: New Biography of a Dictator

ISBN 978-986-5727-70-3(平裝)

1. 史達林(Stalin, Joseph, 1879-1953)
2. Stalin,Joseph, 3. 傳記 4. 俄國史

784.88 107005616